Das große Heyerdahl-Buch

DAS GROSSE HEYERDAHL BUCH

KON-TIKI

Ein Floß treibt über den Pazifik

AKU-AKU

Das Geheimnis der Osterinsel

Mit 29 einfarbigen und 22 vierfarbigen Abbildungen auf 32 Tafelseiten und 2 Karten

Ein Gelbes Ullstein Buch

Satz: SVA, Ludwigsburg
Druck und Einband: May & Co., Darmstadt
Printed in Germany 1980
ISBN 3 550 06081 5

Inhalt

KON-TIKI

AKU-AKU

KON-TIKI

Ein Floß treibt über den Pazifik

Titel der norwegischen Originalausgabe:
Kon-Tiki Ekspedisjonen
Erschienen bei Gyldendal Norsk Forlag, Oslo, 1948
Lizenzausgabe für Deutschland
Deutsche Übersetzung von Karl Jettmar

Meinem Vater

Eine Theorie

Ein Rückblick. Der Alte auf Fatuhiva. Wind und Strömung. Auf der Jagd nach Tiki. Woher kamen die Polynesier? Rätsel der Südsee. Theorien und Tatsachen. Legenden um Kon-Tiki und die weiße Rasse. Kriegsausbruch.

Ein Mensch kann sich manchmal in merkwürdigen Situationen wiederfinden. Er kann geradewegs und auf die natürlichste Weise hineingeraten sein. Aber wenn er dann darinsteckt, wundert er sich plötzlich sehr und fragt sich, wie er das nur fertiggebracht hat.

Es soll zum Beispiel vorkommen, daß einer auf einem Floß in See sticht mit einem Papagei und fünf Kameraden an Bord. Da ist es dann unausbleiblich, daß er – früher oder später – eines schönen Morgens draußen auf dem Meer erwacht, vielleicht ein wenig besser ausgeruht als gewöhnlich, und nachzudenken beginnt.

So saß ich an einem solchen Morgen und schrieb in ein durchfeuchtetes Logbuch:

»17. Mai. Schwere See. Guter Wind. Heute bin ich Koch und fand sieben fliegende Fische auf Deck, einen Tintenfisch auf dem Dach und einen unbekannten Fisch in Torsteins Schlafsack...«

Da stockte der Bleistift, und der Gedanke schlich sich ein: Es ist im Grunde ein komischer 17. Mai, ja, im ganzen genommen auch ein höchst eigenartiges Dasein – nichts als Himmel und Meer rundum. Wie fing das eigentlich an?

Wenn ich mich nach links wendete, hatte ich freien Ausblick auf die mächtige blaue See mit ihren schäumenden Wogen, die sich in endlosem Lauf vorbeiwälzten, einem ewig weichenden Horizonte nach. Wenn ich mich nach rechts drehte, sah ich in das Innere einer dämmrigen Hütte, die seit Wochen unsere Heimstatt war. Dort lag ein bärtiges Individuum auf dem Rücken, las Goethe und grub seine bloßen Zehen nachdenklich zwischen die Querleisten des niedrigen Bambusdaches.

»Bengt«, sagte ich und verjagte den grünen Papagei, der es auf mein Logbuch abgesehen hatte, »kannst du mir zum Teufel sagen, wie wir auf dies verfallen sind?«

Goethe versank unter dem rotblonden Bart.

»Verdammt noch mal, das mußt du ja wohl selbst am besten wissen, das war ja deine blöde Idee. Aber mir gefällt sie ganz ausgezeichnet!«

Er schob seine Zehen drei Sprossen weiter hinauf und wandte sich wieder Goethe zu. Vor der Hütte arbeiteten drei andere Kerle in der prallen Sonne auf dem Bambusdeck. Sie waren halbnackt, braungebrannt und bärtig, mit Salzkrusten über dem Rücken und mit einer Miene, als hätten sie nie etwas anderes getan, als den Pazifik auf einem Floß überquert. Da zwängte sich Erich durch die Türöffnung herein mit seinem Sextanten und einem Bündel Papier in der Hand:

»Neunundachtzig Grad und sechsundfünfzig Minuten West, acht Grad und zehn Minuten Süd. Gute Fahrt in den letzten Tagen, Jungens!«

Er packte meinen Bleistift und zeichnete einen winzigen Kreis auf eine Karte, die an der Bambuswand hing, einen winzigen Kreis am Ende einer Kette von neunzehn anderen, die sich von der Hafenstadt Callao an der peruanischen Küste zu unserem Standpunkt herüberschwang. Hermann, Knut und Torstein kamen ebenfalls eifrig hereingekrochen, um den neuen kleinen Kreis zu bewundern, der uns um gute vierzig Meilen näher an die Südseeinseln heranbrachte als der vorige.

»Jungens, seht her!« rief Hermann stolz, »damit sind wir eintausendfünfhundertsiebzig Kilometer von der peruanischen Küste weg!«

»Und haben nur mehr sechstausendvierhundertdreißig Kilometer bis zur nächsten Insel vor uns«, setzte Knut vorsichtig hinzu.

»Und um ganz genau zu sein«, sagte Torstein, »fünftausend Meilen über dem Meeresgrund und etliche Faden unter dem Mond!«

Damit wußten wir nun alle zur Genüge, wo wir waren, und ich konnte fortfahren, über das Warum nachzudenken. Der Papagei war auch zufrieden und begann wieder an dem Logbuch zu ziehen. Und das Meer war so rund und himmelumkränzt, blau in blau, wie zuvor.

Vielleicht begann das Ganze im letzten Winter in der Direktion eines New Yorker Museums. Oder vielleicht begann es bereits vor zehn Jahren auf einer kleinen Insel der Marquesas-Gruppe mitten im Stillen Ozean. Vielleicht würden wir auf derselben Insel landen, wenn uns der Nordost nicht weiter nach Süden treiben sollte auf die Tahiti- und Tuamotu-Guppe zu. Ich konnte die kleine Insel deutlich vor mir sehen mit den rostroten, kahlgefegten Bergspitzen, dem grünen Dschungel, der sich die Hänge herunterzog, und den schlanken Palmen am Strande, die sich ewig im Winde wiegten. Die Insel heißt Fatuhiva, und es lag kein Land zwischen ihr und der Stelle, an der wir jetzt im Meer trieben, aber sie war doch einige Tausende von Seemeilen entfernt. Ich konnte das schmale Oula-Tal vor mir sehen, wie es sich gegen das Meer öffnete, und weiß noch, wie wir an dem einsamen Strande saßen und Ausschau hielten über das endlose Meer, Abend für Abend. Ich war damals auf Hochzeitsreise, nicht unter bärtigen Seeräubern wie jetzt. Wir sammelten allerlei Tiere und Götterbilder und sonstige Erinnerungen einer ausgestorbenen Kultur. Ich erinnere mich so gut an einen bestimmten Abend. Die zivilisierte Welt war unendlich fern und unwirklich. Wir hatten als einzige Weiße fast ein Jahr auf der Insel gelebt und hatten die Errungenschaften der Zivilisation mit all ihren Segnungen und Übeln gleich gern über Bord geworfen. Wir wohnten in einer Art Pfahlbau, den wir uns unter Palmen an der Küste errichtet hatten, und aßen, was der Tropenwald und der Ozean uns boten.

Wir gingen in eine harte, aber praktische Schule und bekamen Einblick in die vielen merkwürdigen Probleme des Pazifik. Ich glaube, daß wir sowohl seelisch als auch körperlich oft auf den Spuren der ersten primitiven Menschen wandelten, die diese Inseln von einer unbekannten Heimat her erreichten und deren polynesische Nachkommen frei über ihr Inselreich herrschten, bis unsere eigene Rasse kam, die Bibel in der einen Hand, Gewehr und Schnapsflasche in der anderen.

An jenem Abend nun saßen wir, wie schon so oft vorher, im Mondschein unten am Strand, das Meer zu unseren Füßen. Hellwach und erfüllt von unserer abenteuerlichen Umwelt, ließen wir uns keinen Eindruck entgehen. Wir sogen den starken Brodem des Dschungels ein, gemischt mit der würzigen Salzluft des Meeres. Wir horchten auf den Wind, der im Gefieder der Palmen und im dichten Laubwerk rauschte. Aber immer wieder wurde alles überdröhnt von der heranrollenden schweren Dünung, vom Donnern der Brecher, die sich am Geröll des Strandes in tausend schäumende Wirbel zerschlugen. Das war ein Tosen und Brausen und Versprühen in Millionen glitzernden Tropfen, bis sich die See wieder beruhigte und zurückzog, um sich aufs neue zu sammeln zum nächsten Angriff auf die nie bezwungene Küste.

»Merkwürdig«, meinte Liv, »auf der anderen Seite der Insel gibt es niemals solche Brandung.«

»Nein«, sagte ich, »hier ist ja auch die Windseite, da steht die See direkt drauf.«

Und so saßen wir wieder da und bewunderten das Meer, das anscheinend nicht aufhören wollte vorzuführen, woher es eigentlich kam, hereinrollend von Osten, von Osten, von Osten! Es war der ewige Ostwind, der Passat, der die Meeresfläche aufwühlte, sie vor sich herrollte über den östlichen Horizont herauf, hierher auf die Inseln zu, wo die Wogen sich endlich brachen zwischen Klippen und Riffen, während sich der Ostwind nur ein wenig höher hob und über die Küste, die Wälder und die Berge ungehindert seinen Weg nach Westen fortsetzte, von Insel zu Insel bis gegen Sonnenuntergang. So waren auch seit Anbeginn der Zeiten die leichten Wolkengebilde von Osten her über die Inseln hinweggezogen. Die ersten Menschen, die diese Inseln erreichten, wußten wohl genau, wie es sich damit verhielt, ebenso wußten es Vögel und Insekten. Auch die Vegetation der Eilande war vollständig von diesem Gesetz beherrscht. Es war uns wohl bewußt, daß weit, weit hinter dem Horizont dort im Osten, wo die Wolken aufstiegen, Südamerikas offene Küste lag. Es waren achttausend Kilometer bis dahin, achttausend Kilometer nichts als blanke See.

Wieder verloren wir uns an die treibenden Wolken und an das vom

Mondlicht überflutete Meer. Da begann der alte Eingeborene, der halbnackt vor uns hockte und in die sterbende Glut einer kleinen, ausgebrannten Feuerstelle starrte, zu sprechen:

»Tiki«, sagte der Alte geheimnisvoll, »war Gott und Häuptling zugleich. Tiki war es, der unsere Vorväter auf die Inseln gebracht hat, auf denen wir heute leben. Früher wohnten wir in einem großen Lande weit hinter dem Meer.«

Er stocherte mit einem Zweig in der Glut, um ihr Erlöschen zu verhindern. In sich zusammengesunken hockte er da und sann, ein uralter Mann, der noch in der Vorzeit lebte und ihr mit allen Fasern seines Wesens verhaftet war. Er verehrte seine Vorväter, wußte um ihr Schicksal bis in die Zeiten der Götter und wartete darauf, sich mit ihnen wieder zu vereinigen. Tei Tetua war der letzte Überlebende von all den ausgestorbenen Stämmen auf Fatuhivas Ostküste. Er wußte nicht, wie alt er war, aber seine runzlige, borkigbraune Haut sah aus, als hätten Sonne und Wind sie in hundert Jahren gegerbt. Er war sicher einer von den wenigen auf diesen Inseln, die sich noch an die Sagen um ihre Väter und Vorväter und den großen polynesischen Häuptlingsgott Tiki, den Sohn der Sonne, erinnerten und daran glaubten.

Als wir in dieser Nacht in unserem winzigen Pfahlbau in die Koje krochen, spukten die Erzählungen des alten Tei Tetua über die heilige Heimat jenseits des Meeres noch immer in meinem Hirn, in der Ferne begleitet vom dumpfen Getose der Wogen. Es klang wie eine Stimme aus der Urzeit, die uns da draußen in der Nacht etwas erzählen wollte. Ich konnte nicht schlafen. Es war, als ob die Zeit nicht mehr existierte und Tiki und seine seefahrenden Männer gerade an Land gehen wollten, da unten am Strand in der Brandung. Da stürzte plötzlich ein Gedanke auf mich ein:

»Liv, hast du eigentlich gemerkt, daß die riesigen Steinbilder von Tiki droben im Dschungel auffallend an die mächtigen Steinplastiken in Südamerika erinnern, an diese Reste längst ausgestorbener Kulturen?!«

Da hörte ich deutlich ein anerkennendes Murmeln von der Brandung herauf. Und dann wurde sie langsam ruhig. Ich schlief ein.

So fing es vielleicht an. Auf jeden Fall begann so eine Kette von Geheimnissen, die schließlich uns sechs samt einem grünen Papagei auf ein Floß vor Südamerikas Küste brachte.

Es ist mir heute noch schrecklich, wie ich meinen Vater verärgert und meine Mutter und meine Freunde vor den Kopf gestoßen habe, als ich nach Norwegen zurückkam und meine Sammlungen von Käfern und Fischen von Fatuhiva dem Zoologischen Museum der Universität übergab. Ich wollte meine Tierstudien abschließen und mich auf die Erforschung primitiver Volksstämme verlegen. Die ungelösten Rätsel der Südsee hatten mich in ihren Bann gezogen. Sie mußten eine vernünftige Lösung haben, und ich setzte mir zum Ziel, die Sagengestalt Tiki zu identifizieren.

In den folgenden Jahren waren Brandung und Dschungelruinen wie ein ferner und unwirklicher Traum, der hinter meinen Arbeiten über die Stämme der Südsee stand.

So sinnlos wie der Versuch, mit Bücherstudium und Museumsbesuchen die Gedanken und Handlungen eines Naturvolkes verstehen zu wollen, so sinnlos ist es aber auch für einen Forschungsreisenden der Gegenwart, all die Gegenden selbst aufzusuchen, die er in einem einzigen Band dargestellt finden kann.

Wissenschaftliche Werke, Darstellungen aus den Tagen der Entdeckungen und endlose Sammlungen in den Museen Europas und Amerikas boten mir eine Überfülle an Material für das Puzzlespiel, das ich zusammenzusetzen versuchte.

Seit die Südseeinseln nach der Entdeckung Amerikas von Europäern erreicht wurden, haben Forscher verschiedenster Wissensgebiete einen nahezu unübersehbaren Berg von Nachrichten über die Polynesier und ihre Nachbarn zusammengetragen. Aber es gab nie eine Einigung über die Herkunft dieses isolierten Menschenschlages oder über die Ursache, warum er sich gerade auf die einsamen Inseln des östlichen Pazifiks beschränkt.

Als die ersten Europäer sich auf dieses größte aller Weltmeere hinausgewagt hatten, entdeckten sie zu ihrem Erstaunen mitten darin eine Menge kleiner gebirgiger Inseln und flacher Korallenriffe, getrennt voneinander und der übrigen Welt durch unendliche Seestrecken. Und jede einzelne dieser Inseln war bereits von Menschen bewohnt, die viel früher hierhergekommen waren. Schön und hochgewachsen, liefen sie ihnen am Strande mit Hunden, Schweinen und Hühnern entgegen. Woher waren sie gekommen? Sie redeten eine Sprache, die kein anderes Volk verstand, und unsere Rasse, die sich keck Entdecker der Inseln nannte, fand hier wohlbestelltes Land und Dörfer mit Tempeln und Hütten auf jedem kleinsten bewohnbaren Eiland. Ja, auf manchen Inseln gab es sogar uralte Pyramiden, gepflasterte Straßen und steinerne Statuen in den Ausmaßen eines vierstöckigen Hauses.

Aber die Klärung des Geheimnisses blieb aus. Wer waren diese Leute, und woher kamen sie?

Man kann ruhig sagen, daß die Antworten auf diese Rätsel ebenso zahlreich sind wie die Bücher, die sich damit befassen. Die Spezialisten der verschiedenen Kulturbereiche haben auch verschiedene Lösungen ausgeheckt, aber ihre Behauptungen wurden stets widerlegt durch logische Beweise der Fachleute, die in anderer Richtung arbeiteten. Die malaiischen Inseln, Indien, China, Japan, Arabien, Ägypten, der Kaukasus, Atlantis, ja sogar Deutschland und Norwegen wurden für die Herkunft der Polynesier verantwortlich gemacht, aber immer ergab sich irgendein entscheidender Haken, der wieder die ganze Theorie in der Luft schweben ließ.

Wo aber die Wissenschaft stehenbleiben mußte, hatte die Phantasie freies Spiel. Die geheimnisvollen Riesenpfeiler aus Stein auf der Osterinsel und all die anderen Kulturreste unbekannten Ursprungs auf diesem winzigen offenen Eiland, das so mutterseelenallein genau in der Mitte zwischen der nächsten Insel und der Küste Südamerikas liegt, verleiteten geradezu zu den verschiedensten Spekulationen. Viele wollten in den Funden auf der Osterinsel offenkundige Überreste von Südamerikas prähistorischen Kulturen sehen. Vielleicht waren die Osterinsel und all die anderen Südseeinseln, die entsprechende Denkmäler besaßen, Reste eines versunkenen Kontinents, die noch über die Meeresfläche ragten?

Das wäre nun eine brauchbare Theorie und eine annehmbare Erklärung gewesen, aber sie war weder bei Geologen noch anderen Forschern geschätzt. Im Gegenteil! Die Zoologie bewies ganz scharf an Hand der Untersuchung von Insekten und Schnecken auf den Südseeinseln, daß diese in der ganzen Menschheitsgeschichte vollständig isoliert voneinander und von den umgebenden Kontinenten waren, genauso, wie sie es auch heute noch sind.

Wir wissen daher mit aller Bestimmtheit, daß die urpolynesische Rasse einmal treibend oder fahrend diese abgelegenen Inseln erreicht hat – mit oder gegen ihren eigenen Willen. Unterzieht man die Südseeinsulaner einer gründlicheren Untersuchung, so wird man entdecken, daß es nicht allzu viele Jahrhunderte her sein kann, da sie an Land gingen. Denn obwohl die Polynesier über eine Meeresfläche verteilt leben, viermal so groß wie ganz Europa, so sind sie doch nicht so weit, wirklich verschiedene Sprachen auf den verschiedenen Inseln entwickelt zu haben. Von Hawaii im Norden nach Neuseeland im Süden, von Samoa im Westen zur Osterinsel im Osten sind es Tausende von Seemeilen, und trotzdem sprechen diese isolierten Stämme Dialekte einer Sprache, die wir Polynesisch nennen. Die Schrift ist auf all diesen Inseln unbekannt, mit Ausnahme einiger Holzplatten mit unentzifferbaren Hieroglyphen, die die Eingeborenen auf der Osterinsel aufbewahrten, ohne daß sie selbst oder irgendein anderer sie lesen konnte. Aber Schulen hatten sie, und ein poetischer Geschichtsunterricht war ihr wichtigstes Fach, denn in Polynesien war Geschichte dasselbe wie Religion. Sie verehrten ihre Ahnen und pflegten die Erinnerung an die toten Häuptlinge bis in die fernen Zeiten Tikis, von dem sie zu berichten wußten, er sei der Sohn der Sonne gewesen.

Auf fast jeder einzelnen Insel kannten gelehrte Männer die Namen aller Häuptlinge auswendig bis zurück in die Zeit, in der die Eilande besiedelt wurden. Als Erinnerungshilfe verwendeten sie dabei oft ein verwickeltes System von verzweigten Knotenschnüren gleich dem, das die Inka-Indianer in Peru gebrauchten. Moderne Forscher haben alle diese lokalen Genealogien der verschiedenen Inseln verglichen und dabei herausgefunden, daß sie untereinander verblüffend genau übereinstimmen, sowohl in den Namen wie in der Anzahl der Generationen. Daraus konnte man errechnen, daß die Südseeinseln, wenn man eine durchschnittliche polynesische Generation von fünfundzwanzig Jahren annimmt, nicht vor etwa 500 n. Chr. bevölkert wurden. Eine neue Kulturwelle mit wieder einer neuen Häuptlingsreihe deutet auf eine andere und noch spätere Einwanderung, die dieselben Inseln erst um 1100 n. Chr. erreicht haben kann.

Aber woher konnte diese späte Einwanderungswelle kommen? Die wenigsten Forscher scheinen den entscheidenden Faktor in Betracht gezogen zu haben, daß es ein rein steinzeitliches Volk war, das die Inseln in so später Zeit erreichte. Trotz Intelligenz und erstaunlich hoher Kultur in allen anderen Bereichen, brachten diese Seefahrer eine bestimmte Art von Steinbeilen mit sich und eine Reihe anderer charakteristischer steinzeitlicher Geräte, die sich auf den Inseln verbreiteten. Wir dürfen nicht vergessen, daß es, abgesehen von dem primitiven, isolierten Volk der Urwälder und gewissen tiefstehenden Stämmen, keine fortpflanzungsfähige Kultur in der Welt gab, die sich noch um 500 oder 1100 n. Chr. im Steinzeitalter befand, außer denen in der Neuen Welt. Dort war selbst den höchsten Indianerkulturen der Gebrauch des Eisens völlig unbekannt. Sie verwendeten Steinäxte und -geräte derselben Typen, die auch auf den Südseeinseln bis zur Zeit der Entdeckung in Gebrauch waren.

Diese zahlreichen Indianerkulturen waren die nächsten Verwandten der Polynesier im Osten. Im Westen wohnten nur Australiens oder Melanesiens dunkelhäutige und primitive Naturvölker, entfernte Verwandte der Neger, und dahinter lagen wieder Indonesiens und Asiens Küste, wo die Steinzeit weiter zurückliegt als vielleicht irgendwo anders in der Welt.

So richteten sich meine Aufmerksamkeit und meine Vermutungen immer mehr fort von der Alten Welt, wo schon so viele gesucht und noch keiner gefunden hatte, hinüber auf Amerikas bekannte und unbekannte Indianerkulturen, die bisher keiner in Erwägung gezogen hatte. Und gerade auf der nächsten Küste, genau ostwärts, wo die südamerikanische Republik Peru sich heute vom Stillen Ozean in die Berge hinauf erstreckt, fehlte es nicht an Spuren, wenn einer nur suchen wollte. Hier hat einmal ein unbekanntes Volk gelebt und eine der seltsamsten Kulturen der Welt begründet, bis es plötzlich in der Vorzeit wieder verschwand, wie vom Erdboden verschluckt. Es hinterließ ungeheure, menschenähnliche Steinstatuen, die an die von Pitcairn, Marquesas und von der Osterinsel erinnern, und mächtige Stufenpyramiden, die denen auf Tahiti und Samoa entsprechen. Steinblöcke, so groß wie Eisenbahnwagen, meißelten diese Menschen mit Steinbeilen aus dem Berg und transportierten sie meilenweit durch die Gegend, stellten sie auf oder schichteten sie übereinander, um Tore, Zyklopenmauern und Terrassen zu bauen gleich denen, die wir auf einzelnen Südseeinseln finden.

Als die ersten Spanier nach Peru vordrangen, hatten die Inka-Indianer ihr gewaltiges Reich in diesem Bergland. Sie erzählten ihnen, daß die ungeheuren Denkmäler, die so verlassen in der Landschaft standen, von einem Geschlecht weißer Götter erbaut worden seien, die hier gewohnt hätten, bevor die Inkas selbst die Macht übernahmen. Diese verschwundenen Baumeister wurden als weise und friedliebende Lehrer geschildert, die ursprünglich einmal, im Anfang der Zeiten, von Norden hergekommen waren und die primitiven Vorväter der Inkas in Baukunst und Ackerbau wie auch in Sitten und Gebräuchen unterwiesen hatten. Sie unterschieden sich von allen anderen Indianern durch weiße Haut und lange Bärte und waren auch höher von Wuchs. Schließlich verließen sie Peru so plötzlich, wie sie gekommen waren. Die Inkas übernahmen selbst die Macht im Lande, und die weißen Lehrmeister verschwanden für allezeit in westlicher Richtung von Südamerikas Küste in den Stillen Ozean.

Nun war es so, daß die Europäer, als sie auf die Südseeinseln kamen, baß erstaunten, wie viele von den Eingeborenen fast weiße Hautfarbe besaßen und Bärte trugen. Auf vielen Inseln waren es ganze Familien, die durch ihre auffallend helle Haut und ihr rötliches bis blondes Haar, durch ihre blaugrauen Augen und ein fast semitisches Aussehen infolge ihrer Adlernase hervorstachen. Die Polynesier selbst hatten ansonsten goldbraune Haut mit rabenschwarzem Haar und flache, stumpfe Nasen. Die Rothaarigen nannten sich selbst »Urukehu« und erzählten, daß sie direkt von den ersten Häuptlingen auf der Insel abstammten, die weiße Götter waren wie eben Tangaroa, Kane und Tiki. Die Legenden um die geheimnisvollen weißen Männer, von denen diese Insulaner sich herleiteten, waren über ganz Polynesien verbreitet. Als Roggeween die Osterinsel im Jahre 1722 entdeckte, traf er zu seinem Erstaunen auch dort hellhäutige Männer an. Die Osterinselleute wußten selbst noch recht gut, daß ihre Vorväter einmal alle weiße Hautfarbe gehabt hatten, damals zu Tikis und Hotu Matuas Zeit, als sie über das Meer gekommen waren »aus einem gebirgigen Lande im Osten, das unter der Sonne verdorrt war«.

Nach allem, was ich las, tauchten in Peru überraschende Spuren kultureller, mythologischer und sprachlicher Art auf, die mich ständig tiefer und konzentrierter nachschürfen ließen, um die Ursprungsstätte des polynesischen Stammvaters Tiki zu identifizieren.

Und ich fand, was ich erhoffte. Eines Tages saß ich und las die Legenden der Inkas vom Sonnenkönig Virakocha, der selbst der Führer des verschwundenen weißen Volkes in Peru gewesen war. Hier stand:

»Der Name Virakocha stammt aus der Inkasprache (ketchua) und ist folglich neueren Datums. Der ursprüngliche Name des Sonnengottes Virakocha, der scheinbar in der alten Zeit Perus verwendet wurde, war Kon-Tiki oder Illa-Tiki, was Sonnen-Tiki oder Feuer-Tiki bedeutet. Kon-Tiki war der oberste Priester und Sonnenkönig der weißen Männer aus den Legenden der Inkas, die die ungeheuren Ruinen am Titicacasee hinterlassen haben. Die Legende berichtet, daß Kon-Tiki von einem Häuptling namens Cari angegriffen wurde, der aus dem Coquimbotal kam. In einer Schlacht auf einer Insel des Titicacasees wurden die geheimnisvollen weißen und bärtigen Männer vollständig massakriert, während Kon-Tiki selbst und seine nächsten Gefolgsleute entkamen und schließlich an die Küste gelangten, von der sie am Ende über das Meer nach Westen entschwanden.«

Ich war nun nicht mehr länger im Zweifel, daß der weiße Häuptlingsgott Sonnen-Tiki, von dem die Inkas berichteten, daß ihn ihre Vorväter auf den Stillen Ozean getrieben hatten, mit dem weißen Häuptlingsgott Tiki identisch war, mit Tiki, dem Sohn der Sonne, den alle Bewohner der östlichen Südseeinseln als ihren ursprünglichen Stammvater feierten. Die Details um Sonnen-Tikis Leben in Peru mit den alten Ortsnamen rund um den Titicacasee tauchten in den historischen Erzählungen der Eingeborenen der Südsee wieder auf.

In ganz Polynesien fanden sich aber auch andere Spuren, die darauf hindeuteten, daß die Inseln nicht lange allein Sonnen-Tikis friedlichem Geschlecht verblieben. Es gibt Zeichen dafür, daß seetüchtige Kriegskanus, groß wie Wikingerschiffe, zwei und zwei zusammengebunden, Nordwestindianer über das Meer nach Hawaii und weiter über den Ozean zu all den anderen Inseln gebracht hatten. Ihr Blut vermischte sich mit dem Geschlechte Kon-Tikis, und sie brachten eine neue Kultur nach dem Inselreich. Das war das andere Steinzeitvolk, das Polynesien erreichte, ohne Metall, ohne Töpferei, ohne das Rad, ohne Webstuhl und ohne Getreide, in den Jahren um 1100 n. Chr.

Und das war nun auch die Ursache, daß ich in Britisch-Columbien saß und Felsbilder in altpolynesischem Stil unter den Nordwestindianern ausgrub zu der gleichen Zeit, als der Krieg in Norwegen begann.

Rechtsum! Linksum! Ganze Abteilung kehrt! Militärisches Treppenwaschen, Stiefelputzen, Funkerschule und Fallschirmausbildung – das Ganze endete mit dem Murmansk-Konvoi nach Finnmarken. Dort hauste der Kriegsgott der Technik, während sich der Sonnengott für einen langen Winter empfahl.

Dann kam der Friede.

Eines Tages war die Theorie fertig. Ich wollte nach Amerika und sie vorlegen.

Eine Expedition kommt zustande

Bei den Spezialisten. Der springende Punkt. Im norwegischen Seemannsheim. Letzter Ausweg. Der »Explorers Club«. Die neue Ausrüstung. Der erste Gefolgsmann. Ein Triumvirat. Ein Maler und zwei Kriegskameraden. Nach Washington. Konferenz im Kriegsdepartement. Mit der Wunschliste beim Generalquartiermeister. Schwierige Finanzprobleme. Bei den Diplomaten der UN. Flug nach Ecuador.

So hatte es also angefangen, am Strande einer Südseeinsel, wo uns ein alter Eingeborener die Sagen und Erzählungen seines Geschlechts berichtete. Viele Jahre später saß ich mit einem anderen Alten beisammen, diesmal aber in dem finsteren Büro in den oberen Stockwerken eines großen New Yorker Museums.

Rund um uns herum lagen in wohlgeordneten Glasschränken die toten Hüllen einer vergangenen Wirklichkeit, die in die graue Vorzeit zurückwiesen. Im übrigen waren die Wände mit Büchern bedeckt. Manche davon hatte ein Mensch geschrieben, und kaum zehn andere auf der Welt hatten sie gelesen. Der alte Mann, der alle diese Bücher gelesen und eine ganze Reihe davon auch selbst geschrieben hatte, saß, weißhaarig und gütig, hinter seinem Schreibtisch. Aber ich mußte ihm doch zu nahe getreten sein, denn unwillig umklammerte er die Armlehne seines Stuhls. Er sah gerade so aus, als hätte ich ihm einen Strich durch die Rechnung gemacht.

»Nein«, sagte er, »niemals!«

Genauso hätte wohl der Weihnachtsmann dreingeschaut, wenn jemand ihm hätte beweisen wollen, daß nächstes Jahr Heiligabend auf den Johannistag fallen würde.

»Sie haben unrecht, vollkommen unrecht«, fing er wieder an und schüttelte indigniert den Kopf, wie um einen unangenehmen Gedanken loszuwerden.

»Aber Sie haben ja meine Argumente noch gar nicht gelesen!« unternahm ich noch einen schwachen Versuch und deutete hoffnungsvoll auf das Manuskript, das auf dem Tisch lag.

»Argumente!« sagte er unwillig. »Sie dürfen ethnographische Probleme nicht wie ein Detektiv angehen!«

»Warum nicht?« entgegnete ich. »Ich habe alle Schlußfolgerungen aus eigenen Beobachtungen und aus den Tatsachen gezogen, die mir die Wissenschaft auf den Tisch gelegt hat.«

»Die Aufgabe der Wissenschaft ist reine Forschung und nicht, etwas

Vorgefaßtes zu beweisen«, lächelte er. Vorsichtig legte er das ungeöffnete Manuskript zur Seite und beugte sich über den Tisch vor:

»Es ist zwar völlig richtig, daß in Südamerika eine der merkwürdigsten Kulturen der Weltgeschichte zu Hause war und daß wir weder wissen, wer ihre Träger waren, noch wo sie geblieben sind, als die Inkas an die Macht kamen. Aber eines wissen wir jedenfalls mit Sicherheit: daß nämlich keines von den Völkern Südamerikas zu den Inseln im Stillen Ozean übergesiedelt ist.«

Er sah mich forschend an und fuhr fort:

»Wissen Sie auch warum? Die Antwort ist einfach genug – sie konnten diese Inseln niemals erreichen. Sie hatten keine Schiffe!«

»Sie kannten Flöße«, versuchte ich zögernd einzuwenden, »sie kannten Flöße aus Balsaholz.«

Der Alte lächelte wiederum:

»Ja. Sie können ja einmal versuchen, mit einem Balsafloß von Peru nach den Südseeinseln zu reisen.«

Ich blieb die Antwort schuldig. Es war spät geworden. Wir erhoben uns. Der alte Gelehrte schlug mir wohlwollend auf die Schulter, als er mich zur Tür begleitete, und versicherte mir, wenn ich Hilfe brauchte, sollte ich nur zu ihm kommen. Er gäbe mir aber den guten Rat, mich entweder auf Polynesien *oder* auf Südamerika zu spezialisieren und nicht zwei verschiedene Erdteile durcheinanderzubringen. Er wandte sich zum Tisch zurück.

»Sie haben das bestimmt vergessen«, sagte er und gab mir das Manuskript zurück. Ich sah auf den Titel: »Polynesien und Amerika. Das Problem ihrer Kulturverwandtschaft.« Ich klemmte also mein Manuskript unter den Arm und rauschte die Treppen hinunter, hinaus in den Trubel der Straßen.

An diesem Abend ging ich aus und klopfte an die Tür einer alten Behausung in einem versteckten Winkel von Greenwich Village. Hier suchte ich immer Zuflucht mit den kleinen Problemen meiner Existenz.

Ein schmächtiges Männchen mit einer langen Nase musterte mich vorsichtig, bevor es mir mit einem breiten Lächeln die Tür öffnete und mich einließ. Er zog mich hinein bis in die kleine Küche, wo er mich Teller und Gabeln aufdecken ließ, während er selbst die Dose mit den unbestimmbaren, aber wohlriechenden eingemachten Früchten öffnete, die er über dem Gas gewärmt hatte.

»Nett, daß du gekommen bist«, sagte er, »wie geht's?«

»Schlecht«, erwiderte ich, »kein Mensch ist auf mein Manuskript neugierig.«

Er füllte die Teller, und wir beschäftigten uns mit ihrem Inhalt.

»Die Sache ist die«, sagte er, »daß alle, die du aufgesucht hast, nur glauben, du hättest eine beiläufige Idee. Du weißt, wieviel Leute mit merkwürdigen Ideen hier in Amerika auftauchen.«

»Und noch etwas!« sagte ich.

»Ja«, sprach er weiter, »die Beweisführung. Sie alle sind Spezialisten und glauben deshalb nicht an eine solche Arbeitsmethode, die in alle Fachgebiete – von der Botanik bis zur Archäologie – hineingreift. Sie begrenzen sich selbst im Umfang ihrer Forschungstätigkeit, um desto konzentrierter in der Tiefe schürfen zu können, um Details zu finden. Die Wissenschaft der Gegenwart fordert, daß jedes Fachgebiet seinen eigenen Boden umgräbt. Man ist es gar nicht mehr gewöhnt, daß einer die vielen Teilergebnisse durchsieht, die aus den verschiedenen Gebieten erwachsen, um sie zu einem großen Bilde zusammenzusetzen.«

Er griff nach einem umfangreichen Manuskript.

»Schau her«, sagte er, »mein letztes Werk über das Vogelmuster in der chinesischen Bauernstickerei. Es hat mich geschlagene sieben Jahre gekostet, aber jetzt wurde es sofort zum Druck angenommen. Die Zeit fordert Detailstudien.«

Karl hatte recht. Aber Probleme des Stillen Ozeans zu lösen, ohne sie von allen möglichen Seiten zu beleuchten, bedeutet meiner Meinung nach dasselbe, wie ein Puzzlespiel nur mit Hilfe der Teile, die die gleiche Farbe haben, zusammensetzen zu wollen.

Wir hoben die Tafel auf, und ich half ihm beim Abwaschen.

»Was Neues von der Universität in Chicago?«

»Nein.«

»Na, und was sagt heute dein alter Freund vom Museum?«

Darauf ging ich ein:

»Er war überhaupt nicht interessiert. Er sagte, solange die Indianer nur offene Flöße hatten, könnte man unmöglich damit rechnen, daß sie die Inseln des Stillen Ozeans je erreicht hätten.«

Der kleine Mann begann plötzlich aufgeregt an seinem Teller zu reiben. »Ja«, sagte er, »also das war der springende Punkt! Tatsächlich, das ist auch für mich das Hindernis, an die Haltbarkeit deiner Theorie zu glauben.«

Ich blickte finster auf den kleinen Ethnologen, den ich bisher für einen verschworenen Bundesgenossen gehalten hatte.

»Aber mißverstehe mich nicht«, beeilte er sich hinzuzusetzen, »einerseits glaube ich, daß du recht hast, aber andererseits leuchtet es so wenig ein. Meine Vogelarbeit stützt ja deine Theorie.«

»Karl«, sagte ich, »ich bin so sicher, daß die Indianer den Stillen Ozean auf ihren Flößen überquert haben, daß ich bereit bin, ein solches Floß selbst zu bauen und über den Ozean zu fahren, nur um die Möglichkeit zu beweisen.«

»Ach, du bist ja verrückt!« Mein Freund nahm das als schlechten Scherz und lachte halb erschreckt allein bei der Vorstellung.

»Du glaubst also nicht, daß es möglich ist?«

»Ach, du bist wirklich verrückt! Mit einem Floß?«

Er wußte nicht, was er erwidern sollte, und starrte mich nur an, als warte er auf das Lächeln, das den Spuk in nichts auflösen würde.

Er fand es nicht. Ich sah nun ein, daß praktisch keiner meine Theorie gutheißen würde, weil eine scheinbar endlose Meereswüste zwischen Peru und Polynesien lag, die ich nur mit Hilfe eines urzeitlichen Floßes überbrükken wollte.

»Hör zu«, Karl sah mich unsicher an, »gehen wir einen heben!«

Das taten wir und ließen es nicht bei einem bewenden.

Diese Woche lief meine Miete ab. Gleichzeitig teilte mir ein Brief der norwegischen Staatsbank mit, daß ich keine Dollars mehr zu gewärtigen hätte. Valutaeinschränkungen. Ich packte die Koffer und stieg in die Untergrundbahn nach Brooklyn. Hier kam ich im norwegischen Seemannsheim unter, wo es eine kräftige und reichliche Kost gab und die Preise meiner Brieftasche angemessen waren. Ich bekam einen kleinen Raum unterm Dach und aß mit all den Matrosen drunten in einem großen Speisesaal.

Das seefahrende Volk flutete herein und hinaus. Sie waren unterschiedlich in ihren Typen, Dimensionen und Nüchternheitsgraden, aber eines hatten sie alle gemeinsam: sie wußten genau, was sie redeten, wenn sie von der See sprachen.

Ich lernte dabei, daß sich Wogen und Brecher nicht mit der Tiefe der See oder dem Abstand vom Lande verstärkten, ganz im Gegenteil, oft war eine Bö vor der Küste weit tückischer als auf offener See. Untiefen, die Brandung längs einer Küste oder Meeresströmungen, die sich am Lande entlangpreßten, konnten weit höhere Wellen emporwälzen, als sie draußen auf See üblich waren. Ein Fahrzeug, das sich an einer offenen Küste durchsetzen konnte, konnte sich auch weiter draußen halten. Mir wurde klar: eine grobe See konnte bei großen Schiffen Bug und Achterdeck in die Wassermassen tauchen, viele Tonnen Seewasser über Deck ergießen und Stahlrohre wie Zündhölzer knicken; daneben konnte ein kleines Boot in derselben See gut bestehen, solange es Platz genug zwischen den Wellenkämmen hatte, um frei darüberzutanzen wie eine Möwe. Unter den Leuten war einer, der sich in einem Rettungsboot hatte bergen können, nachdem die Wogen das Schiff zum Sinken gebracht hatten.

Aber sie hatten nur eine geringe Erfahrung mit Flößen. Ein Floß, das war ja für sie auch kein Fahrzeug, das hatte weder Kiel noch Reling, es war eben nur etwas Schwimmendes, um sich in äußerster Not zu retten, bis man von irgendeinem Schiff aufgenommen wurde. Aber einer hatte doch großen Respekt vor Flößen auf schwerer See, denn er war drei Wochen auf einem solchen getrieben, nachdem ein deutscher Torpedo sein Schiff mitten auf dem Atlantik versenkt hatte.

»Aber auf einem Floß kann man nicht steuern«, setzte er hinzu, »es treibt hin und her, je nachdem der Wind geht.«

In der Bibliothek grub ich die Aufzeichnungen der ersten Europäer aus, die die Küste des Stillen Ozeans in Südamerika erreichten. Es mangelte weder an Skizzen noch Beschreibungen der großen Balsaflöße der Indianer. Sie hatten Rahsegel, Schwerter und achtern ein langes Steuerruder, also konnte man auch manövrieren.

Wochen vergingen im Seemannsheim. Keine Antwort, weder von Chicago noch aus irgendeiner anderen Stadt, wohin ich Kopien meiner Theorien geschickt hatte. Niemand hatte sie gelesen.

So raffte ich mich eines Samstags auf und marschierte zu einem Schiffshändler unten an der Water Straat, wo ich höflich als Kapitän angeredet wurde, als ich eine Pilotenkarte über den Stillen Ozean kaufte. Mit der Kartenrolle unter dem Arm nahm ich die Vorortbahn hinaus nach Ossining, wo ich ein gern gesehener Weekendgast bei einem jungen norwegischen Ehepaar auf einem hübschen Landsitz war. Er war früher Kapitän gewesen und jetzt Kontorchef bei der Fred Olsen Line in New York.

Nach einem erfrischenden Sprung ins Schwimmbassin war das Großstadtleben für den Rest des Wochenendes vergessen, und als Ambjörg mit dem Cocktailtablett kam, setzten wir uns im Sonnenschein auf die Wiese. Ich konnte jetzt nicht mehr länger an mich halten, sondern rollte die Karte auf und überfiel Wilhelm mit der Frage, ob er daran glaube, daß ein Floß Menschen lebendig von Peru zu den Südseeinseln transportieren könne.

Halb verblüfft, sah er mehr auf mich als auf die Karte, aber plötzlich gab er eine bejahende Antwort. Ich fühlte mich so leicht, als ob ich plötzlich Flügel bekommen hätte, denn ich wußte, alles, was mit Seefahrt zusammenhing, war für Wilhelm Beruf wie Leidenschaft. Rasch wurde er in meine Pläne eingeweiht. Zu meiner Entrüstung stellte er nur fest, daß dies der reine Wahnwitz sei.

»Aber du hast ja gerade gesagt, daß du es für möglich hältst«, unterbrach ich ihn.

»Ganz richtig«, gab er zu, »aber es besteht genau dieselbe Chance, daß es schiefgeht. Du hast ja noch nie in deinem Leben auf einem Balsafloß gestanden, und so stellst du dir plötzlich vor, du könntest mit einem solchen den Pazifik überqueren. Vielleicht geht es, vielleicht aber auch nicht. Die alten Indianer in Peru hatten wohl im Floßbau die Erfahrung von Generationen. Vielleicht gingen immer zehn Flöße kaputt, ehe eines die Überfahrt bestand, oder vielleicht gar Hunderte im Laufe der Jahrhunderte. Wie du bereits gesagt hast, manövrierten die Inkas auf offener See mit ganzen Flottillen von Balsaflößen. Da konnten sie auch vom Nachbarfloß gerettet werden, wenn etwas passiert war. Aber wer soll dich aus dem Wasser ziehen, mitten auf offenem Meer? Selbst wenn du Radio für den Notfall mitnimmst, so wird es wohl ziemlich schwer sein, zwischen den Wellenbergen tausend Meilen vom Land weg ein kleines Floß zu finden. Im Sturm kann man ja vom Floß hinuntergespült werden und schon längst ertrunken sein, bevor jemand zu Hilfe eilen kann. Es ist wohl besser, du wartest ruhig, bis einer Zeit gefunden hat, dein Manuskript zu lesen. Schreib weiter und laß den Leuten keine Ruhe, alles andere ist sinnlos.«

»Ich kann nicht länger warten. Ich habe bald kein Geld mehr in der Tasche.«

»Dann kannst du zu uns übersiedeln. Wie kannst du übrigens ohne Geld daran denken, eine solche Expedition von Südamerika aus in Gang zu setzen?«

»Es ist viel leichter, für eine Expedition Interesse zu wecken als für ein ungelesenes Manuskript.«

»Aber was kannst du damit erreichen?«

»Das wichtigste Gegenargument gegen die Theorie zu Fall zu bringen, ganz abgesehen davon, daß die Wissenschaft auf die Angelegenheit aufmerksam wird.«

»Und wenn es schiefgeht?«

»Dann ist eben der Beweis noch nicht erbracht.«

»Da würdest du ja deine eigene Theorie in den Augen aller bloßstellen.«

»Vielleicht. Aber trotzdem hätte ja einer von zehn Erfolg haben können, wie du früher gesagt hast.«

Die Kinder des Hauses kamen, um Krocket zu spielen, und so sprachen wir an diesem Tag nicht mehr davon.

Am nächsten Wochenende stellte ich mich wieder in Ossining ein, abermals mit der Kartenrolle unter dem Arm, und als ich ging, führte ein langer Bleistiftstrich von der peruanischen Küste nach den Tuamotu-Inseln im Stillen Ozean. Mein Freund, der Kapitän, hatte die Hoffnung aufgegeben, mir meine Idee auszureden, und so hatten wir stundenlang beisammengesessen und hatten die voraussichtliche Trift des Floßes berechnet.

»Siebenundneunzig Tage«, sagte Wilhelm, »aber leider nur unter theoretisch idealen Verhältnissen mit chronischem Rückenwind und vorausgesetzt, daß das Floß wirklich so segeln kann, wie du glaubst. Du mußt absolut mit mindestens vier Monaten Fahrzeit rechnen, aber auf mehr vorbereitet sein.«

»All right«, sagte ich zufrieden, »dann rechnen wir eben mit vier Monaten, machen es aber in siebenundneunzig Tagen.«

Der winzige Raum im Seemannsheim schien mir doppelt anheimelnd, als ich an diesem Abend zurückkam und mich mit der Karte auf die Bettkante setzte. Ich schritt den Fußboden ab, soweit es mir das Bett und die Kommode gestatteten, mich durchzuwinden.

Gott sei Dank, das Floß würde größer werden als dieser Raum. Ich lehnte mich weit aus dem Fenster, um einen Blick auf den fast vergessenen Sternenhimmel der Großstadt zu werfen, von dem nur ein kleiner Ausschnitt zwischen den hohen Hinterhofmauern sichtbar war. Und wenn auch wenig Platz auf dem Floß sein würde, es würde doch genug Raum für einen Sternenhimmel über uns sein.

Im Westen, 42. Straße, am Zentralpark, liegt einer der exklusivsten Klubs von New York. Nur ein kleines Messingschild »Explorers Club« verrät dem Vorübergehenden, daß hinter der Tür etwas Ungewöhnliches zu erwarten ist. Tritt man aber erst ein, so ist es, als sei man nach einem Sprung mit dem

Fallschirm mitten in einer fremden Welt gelandet. Tausende Meilen weit von den Automobilrennen New Yorks, über denen sich die Wolkenkratzer erheben. Wenn sich die Tür nach New York hinter einem geschlossen hat, wird man von einer Atmosphäre von Löwenjagden, Bergbesteigungen und Polarleben verschlungen, die sich merkwürdig mit dem Gefühl mischt, im Salon einer komfortablen Jacht zu sitzen, die sich gerade auf Weltreise befindet. Trophäen von Nilpferd und Hirsch, mächtige Geweihe, Stoßzähne, Kriegstrommeln und Spieße, Indianerteppiche, Götterbilder und Schiffsmodelle, Flaggen, Photographien und Karten umgeben die Mitglieder des Klubs von allen Seiten, wenn sie sich hier zum Fest oder zum Vortrag über ferne Länder vereinigen.

Seit meiner Reise nach den Marquesas-Inseln war ich zum aktiven Mitglied des Klubs gewählt worden, und als Fuchs versäumte ich selten eine Versammlung, wenn ich in der Stadt war. Als ich deshalb an einem regenschweren Novemberabend den Klub betrat, war ich trotzdem erstaunt, das Lokal in einer ganz anderen Verfassung als gewöhnlich vorzufinden. Mitten auf dem Boden lag ein aufgeblasenes Gummifloß mit Rettungsbootrationen und Zubehör, während Fallschirm, Gummikleidung, Rettungswesten und Polarausrüstungen Wände und Tische bedeckten. Daneben lagen Wasserdestillationsapparate und andere bemerkenswerte Erfindungen. Ein neugewähltes Mitglied des Klubs, Oberst Huskin vom Ausrüstungskommando der Luftwaffe, wollte einen Vortrag mit Vorführungen über eine ganze Reihe vo neuen militärischen Erfindungen halten, die seiner Meinung nach in Zukunft auch für wissenschaftliche Expeditionen in der Arktis wie in den Tropen von Nutzen sein konnten.

Nach dem Vortrag gab es eine lebhafte und rege Diskussion. Dänemarks allbekannter Polarforscher Peter Freuchen erhob sich, groß und breit, und fuhr sich skeptisch durch den mächtigen Bart. Er hatte kein Zutrauen zu solchen neumodischen Patenten. Er hatte selbst einmal Eskimokajak und Schneehütte mit Gummiboot und Taschenzelt auf einer seiner Grönlandexpeditionen vertauscht, aber das hätte ihm auch um ein Haar das Leben gekostet. Zuerst wäre er fast in einem Schneesturm erfroren, weil der Gleitverschluß des Zeltes so stark vereist war, daß es unmöglich war, hineinzukommen, und später war er auf Fischfang gewesen, als der Haken sich in dem aufgeblasenen Gummiboot verfing, so daß dieses ein Loch bekam und ihm wie ein Stein unter den Füßen wegsackte. Kaum konnte er sich und seinen Eskimofreund in ein Kajak hinüberretten, das ihm zu Hilfe eilte. Seitdem war er davon überzeugt, daß kein noch so phantasievoller moderner Erfinder durch Laboratoriumsversuche etwas Besseres austüfteln könnte, als die Erfahrung von Jahrtausenden die Eskimos gelehrt hatte, in der ihnen vertrauten Umgebung zu verwenden.

Die Debatte endete mit einem überraschenden Angebot Oberst Huskins: aktive Mitglieder des Klubs konnten für ihre nächste Expedition alles, was sie sich nur wünschten, von den neuen Erfindungen, die er gerade demonstriert hatte, aussuchen unter einer einzigen Bedingung, nämlich dem Laboratorium ihre Erfahrungen mitzuteilen, wenn sie zurückkehrten.

Und dabei blieb es.

Ich war der letzte, der an diesem Abend die Klubräume verließ. Ich mußte jedes kleinste Detail der glänzenden neuen Ausrüstung studieren, die plötzlich in meine Hände gelegt war und mir zur Verfügung stand, wenn ich nur den Wunsch äußerte, sie zu verwenden. Es war genau das, was ich suchte: eine Ausrüstung für den Versuch, das Leben zu retten, wenn sich das Floß wider alle Erwartungen auflösen sollte und wir keine anderen Flöße in der Nähe hätten.

Am nächsten Morgen beim Frühstückstisch im Seemannsheim beschäftigte diese ganze Ausrüstung noch immer meine Gedanken, als ein gutgekleideter, athletisch gebauter junger Mann sich mit seinem Frühstückstablett zu mir setzte. Wir kamen ins Gespräch, und es zeigte sich, daß er genausowenig Seemann war wie ich, sondern ein Diplom-Ingenieur aus Trondheim, der hier in Amerika Maschinenteile kaufen und Erfahrung in Kältetechnik erwerben wollte. Er wohnte in der Nähe und aß oft im Seemannsheim, dessen gute norwegische Küche er schätzte. Er fragte mich, was ich treibe, und ich berichtete ihm in kurzen Zügen meine Pläne. Ich erwähnte, daß ich, wenn ich bis Ende dieser Woche keine positive Antwort in bezug auf mein Manuskript bekäme, alles daransetzen würde, um die Floßexpedition in Gang zu bringen. Darauf sagte mein Gegenüber nicht viel, aber er hörte interessiert zu.

Vier Tage später stießen wir wieder im Speisesaal zusammen.

»Hast du dich schon entschlossen, ob du die Tour unternimmst oder nicht?« fragte er.

»Ja«, sagte ich, »es geht los.«

»Wann?«

»So bald als möglich. Wenn ich mir Zeit lasse, dann kommen die Stürme herauf über die Südsee, und die Zeit der Orkane um die Inseln ist da. Man muß also Peru in wenigen Monaten verlassen, aber vorher heißt es, Geld besorgen und die ganze Angelegenheit organisieren.«

»Wieviel Leute sollen es werden?«

»Ich habe an insgesamt sechs Mann gedacht. Das gibt einige Abwechslung im Zusammenleben auf dem Floß und reicht gerade aus, um vierstündige Steuerwachen im Tag einzurichten.«

Einen Augenblick stand er in Gedanken versunken, dann kam es aber mit aller Entschiedenheit:

»Weiß Gott, ich hätte Lust, dabei mitzumachen. Ich könnte technische Messungen und Versuche anstellen. Du hast ja selber gesagt, daß du das Experiment mit entsprechenden Messungen von Wind und Strom und Wellen unterbauen wolltest. Denk daran, du willst durch enorme Meeresgebiete treiben, die fast unbekannt sind, weil sie außerhalb jedes Schiffsverkehrs liegen. Hier kann eine solche Expedition interessante hydrographische und meteorologische Untersuchungen anstellen, und ich bekäme einmal eine gute Verwendung für meine Thermodynamik.«

Ich wußte nicht mehr von dem Mann, als ein offenes Gesicht verrät. Manchmal genügt das.

»All right!« stimmte ich zu. »Fahren wir miteinander.«

Der Mann hieß Hermann Watzinger, er war genauso eine Landratte wie ich.

Wenige Tage später nahm ich Hermann als Gast mit in den »Explorers Club«. Hier trafen wir glücklicherweise gerade auf den Polarforscher Peter Freuchen. Freuchen hat die gesegnete Eigenschaft, niemals in der Menge unterzugehen. Groß wie ein Scheunentor, mit wallendem Bart, sieht er aus wie ein Bote der offenen Tundra. Er verbreitet eine Atmosphäre um sich, als führe er einen grauen Bären an der Leine.

Wir schleppten ihn an eine mächtige Landkarte und unterbreiteten ihm unseren Plan, mit einem Indianerfloß über den Stillen Ozean zu fahren. Beim Zuhören wurden seine blauen Jungenaugen groß wie Zinnteller, und vor Erstaunen strich er sich fortwährend den Bart. Dann stieß er das Holzbein gegen den Boden und zog sich den Hosenriemen einige Löcher fester.

»Ha, das ist ein Plan!« sagte er. »Weiß der Teufel, da sollte man dabeisein!«

Der alte Grönlandfahrer füllte unsere Biergläser und begann, sich über sein Vertrauen zu den Fahrkünsten der Naturvölker zu verbreiten. Er sprach von ihrer Geschicklichkeit, sich an die Natur zu Lande und auf dem Wasser anzupassen und sich auf diese Weise durchzusetzen. Er selbst war auf Flößen die großen Ströme Sibiriens hinuntergefahren und hatte Eingeborene auf Flößen und Booten längs der Küste des Polarmeeres geschleppt. Und dabei hörte er nicht auf, sich den Bart zu streichen und uns zu versichern, daß wir einer wunderbaren Zeit entgegengingen.

Durch Freuchens Eifer, unseren Plan zu unterstützen, geriet alles ins Rollen, und so fanden wir uns plötzlich in den Spalten der skandinavischen Presse wieder.

Schon am nächsten Morgen klopfte es mit aller Gewalt an meine Tür im Seemannsheim. Man rief mich ans Telephon drunten im Gang. Das Ergebnis des Gesprächs war, daß Hermann und ich am selben Abend an der Tür einer fashionablen Wohnung im vornehmsten Teil der Stadt läuteten. Wir wurden von einem gepflegten jungen Herrn in Lackpantoffeln empfangen, der einen seidenen Schlafrock über seinem blauen Schlafanzug trug. Er machte einen ziemlich verweichlichten Eindruck. Ein parfümiertes Taschentuch unter der Nase, bat er um Entschuldigung, er sei schwer erkältet. Trotzdem wußten wir, daß dieser Mann sich in Amerika durch seinen erfolgreichen Einsatz als Flieger während des Krieges einen Namen gemacht hatte. Außer unserem sichtlich bettlägerigen Wirt waren zwei energische junge Presseleute zur Stelle, der eine ein angesehener Korrespondent.

Bei einer Flasche gutem Whisky erklärte unser Wirt, daß er an unserer Expedition interessiert sei. Er erbot sich, uns das notwendige Kapital zur Verfügung zu stellen, wenn wir damit einverstanden wären, uns für Artikelserien und Vortragstourneen nach der Heimkehr zu verpflichten. Wir wurden schließlich einig und stießen auf eine glückliche Zusammenarbeit zwischen »Geldgeber« und Expeditionsteilnehmern an. Von nun an sollten unsere ökonomischen Probleme gelöst sein. Sie wurden von Presseleuten übernommen und brauchten uns nicht mehr zu bekümmern. Unverzüglich sollten Hermann und ich beginnen, Mannschaft und Ausrüstung zu besorgen, das Floß zu bauen, um vor Beginn der Stürme abzufahren.

Am nächsten Tag kündigte Hermann seinen Posten, und wir gingen ernstlich an unsere Aufgabe. Ich hatte bereits die Zusage vom Versuchslaboratorium der Luftwaffe bekommen, eine solche Expedition sei außerordentlich geeignet, ihre Ausrüstung zu erproben. Sie wollten mir alles und noch mehr durch den »Explorers Club« zur Verfügung stellen, worum ich gebeten hatte. Unsere wichtigsten Aufgaben waren weiterhin, vier brauchbare Männer zu finden, die bereit waren, mit uns auf das Floß zu gehen, und Proviant für die Reise anzuschaffen.

Eine Gruppe von Menschen, die miteinander auf einem Floß über den Ozean treiben soll, muß sehr sorgfältig ausgesucht werden, sonst gibt es Krach und Meuterei nach wenigen Wochen Isolierung auf dem Meer. Ich wollte das Floß nicht mit Seeleuten bemannen. Einmal verstanden sie kaum mehr von der Floßschifferei als wir selber, und außerdem wollte ich später nicht das Argument gegen mich haben, daß wir unser Gelingen dem Umstande verdankten, daß wir bessere Seeleute als die alten Flößebauer in Peru waren. Trotzdem brauchten wir einen Mann an Bord, der auf alle Fälle mit einem Sextanten umgehen und unsere Fahrt über das Meer als Unterlage für alle wissenschaftlichen Berichte auf der Karte festhalten konnte.

»Ich kenne einen netten Kunstmaler«, sagte ich zu Hermann, »einen Mordskerl. Er spielt Gitarre und ist voller Übermut. Er machte die Steuermannschule und fuhr schon ein paarmal um die Welt, bevor er sich zu Hause mit Pinsel und Palette niederließ. Ich kenne ihn noch von den Kindertagen her und habe ein paarmal mit ihm zu Hause Wanderungen in die Berge gemacht. Wenn ich ihm schreibe und ihn frage, so ist er sicher dabei.«

»Das klingt annehmbar«, stimmte Hermann zu, »und dann brauchen wir einen, der das Radio übernehmen kann.«

»Radio?!« fragte ich entsetzt. »Was zum Teufel sollen wir damit? Das gehört ja gewiß nicht auf ein vorgeschichtliches Floß!«

»Sag das nicht, es ist eine Sicherheitsmaßnahme, die keinerlei Einwirkung auf deine Theorie hat, solange wir nicht SOS aussenden. Und dann brauchen wir Funk, um Wetterbeobachtungen und andere Meldungen weiterzugeben. Sturmwarnungen würden uns ja doch nichts nützen, einmal weil es keine Meldungen für diese Meeresstriche gibt, und selbst wenn es welche gäbe, was würden sie uns auf unserem Floß helfen?«

Seine Argumente erstickten allmählich alle meine Proteste, die vermutlich einer mangelnden Liebe zu Steckkontakten und Drehknöpfen entsprangen.

»Merkwürdig genug«, gab ich zu. »wenn es galt, Verständigung über große Abstände mit winzigen Apparaten zu bekommen, dann habe ich immer die besten Verbindungen gehabt. Ich landete in einer solchen Radioabteilung während des Krieges. Du kennst ja das militärische Prinzip: Jeder Mann auf den Platz, auf den er gehört! Aber ich werde am besten wohl einige Worte an Knut Haugland und Torstein Raaby schreiben.«

»Kennst du sie?«

»Ja. Knut traf ich das erstemal in England 1944. Damals war er bereits vom britischen König ausgezeichnet worden, weil er als Radiotelegraphist beim Sabotageunternehmen gegen die Fabrik des ›schweren Wassers‹ bei Rjukan mit war. Als ich ihn traf, war er gerade zurückgekommen, nachdem er einen Auftrag in Norwegen erfüllt hatte. Dabei war er von der Gestapo überrascht worden, während er mit einer geheimen Radiostation im Rauchfang der Frauenklinik in Oslo saß. Die Nazis hatten ihn angepeilt, und das ganze Gebäude wurde von deutschen Soldaten umringt. Maschinengewehrposten standen vor jeder Tür. Der Gestapochef Fehmer stand persönlich auf dem Hof und wartete, daß man ihm Knut herunterbringen sollte, aber es waren die eigenen Leute des Gestapochefs, die man herunterbrachte. Knut schoß sich nämlich mit seiner Pistole durch, vom Dachboden herunter bis in den Keller, von dort in den Hinterhof, wo er über die Krankenhausmauer verschwand, einen ganzen Kugelregen hinter sich her. Ich traf ihn auf einer Geheimstation in einem englischen Schloß, wohin er zurückgekommen war, um das unterirdische Zusammenspiel von über hundert Sendestationen innerhalb des deutschbesetzten Norwegen zu organisieren.

Damals war ich gerade erst zum Fallschirmspringer bestimmt worden, und wir planten, miteinander in Nordmarken niederzugehen. Aber gerade damals marschierten die Russen in der Kirkenesgegend ein, und eine kleine norwegische Abteilung wurde von Schottland nach Finnmarken geschickt, hier gleichsam die Operationen vom ganzen russischen Heer zu übernehmen. Dorthin wurde nun ich geschickt. Und dort traf ich Torstein.

In diesen Gegenden oben war der reine Polarwinter, und das Nordlicht züngelte in den Sternenhimmel empor, der sich pechschwarz über uns wölbte, den ganzen Tag lang. Als wir blaugefroren und pelzvermummt in die verkohlte Brandwüstenei nach Finnmarken kamen, da kroch aus einer kleinen Hütte droben in den Bergen ein munterer blauäugiger Riese mit buschigem blondem Haar. Das war Torstein Raaby. Der war zuerst nach England gekommen und auf Kurs gegangen, und darauf war er nach Norwegen in die Tromsögegend hineingeschmuggelt worden. Dort hatte er mit einem kleinen Sender in unmittelbarer Nähe des Kriegsschiffes ›Tirpitz‹ verborgen gelegen, und zehn Monate lang hatte er täglich Berichte über alles, was an Bord vor sich ging, nach England gefunkt. Er sendete seine

Meldungen mit Hilfe der Empfängerantenne eines deutschen Offiziers, in die er sich während der Nacht einschaltete. Es waren *seine* regelmäßigen Berichte, die die britischen Bomber dirigierten, die schließlich der ›Tirpitz‹ den Garaus machten.

Torstein flüchtete nach Schweden und ging von dort nach England zurück und sprang im Fallschirm mit einer neuen Radiostation hinter den deutschen Linien oben in der Gegend von Finnmarken wieder ab. Als die Deutschen sich zurückzogen, fand er sich plötzlich hinter unseren eigenen Linien und kam aus seinem Versteck, um uns mit seinem winzigen Apparat zu helfen, als unsere Hauptstation durch eine Mine kaputtgegangen war. Ich wage zu schwören, daß Knut und Torstein nicht viel Freude daran haben, zu Hause herumzusitzen. Aber bestimmt hätten sie größte Lust zu einer Floßreise.«

»Na schreib und frag«, schlug Hermann vor.

So schrieb ich eben einen kurzen Brief ohne lange hinterhältige Überredungskünste an Erich, Knut und Torstein:

»Reise demnächst auf Floß quer über Pazifik, um meine Theorie zu unterbauen, daß Südseeinseln von Peru aus bevölkert. Kommt ihr mit? Garantiere nichts außer freier Reise nach Peru und Südseeinseln und zurück, und daß eure technischen Kenntnisse dringendst benötigt. Bitte um sofortige Antwort.«

Folgendes Telegramm lief umgehend ein:

»Bin dabei. Torstein.«

Die anderen sagten ebenfalls zu.

Als sechsten Mann setzten wir einen um den anderen auf die Liste, aber immer kam etwas dazwischen. Währenddessen mußten Hermann und ich an das Proviantproblem herangehen. Wir hatten keinerlei Absicht, unterwegs altes Lamafleisch oder getrocknete Kumarakartoffeln zu schlucken, wir hatten ja auch nicht die Absicht, zu beweisen, daß wir selbst einmal Indianer waren. Der Sinn unserer Fahrt war, die Qualität des Inkafloßes zu erproben, seine Seetüchtigkeit und Tragfähigkeit, und ob die Elemente es wirklich quer über das Meer nach Polynesien schaukeln würden und dabei Menschen an Bord ließen. Unsere eingeborenen Vorgänger konnten leicht von trockenem Fleisch und Fisch und von gedörrten Kumaras an Bord gelebt haben, da sie sich ja im wesentlichen von denselben Dingen auch an Land ernährten. Während der Reise selbst wollten wir weiterhin untersuchen, ob sie sich frischen Fisch und Regenwasser unterwegs auf dem Meer beschaffen konnten. Als eigene Diät hatte ich mir einfache Feldrationen gedacht, so wie sie uns vom Krieg her nur zu gut bekannt waren.

In diesen Tagen bekam unser Militärattaché in Washington einen neuen Herrn zugewiesen. Ich hatte als nächster Untergebener in seiner Kompanie in Finnmarken Dienst gemacht und wußte, daß er ein Feuerkopf war, der mit unbändiger Energie alle Probleme zu Ende führte, die er sich gesetzt hatte. Björn Rörholt gehörte zu jenem vitalen Typ, der sich fehl am Platze fühlt, wenn er sich durch etwas durchgebissen hat.

Brieflich weihte ich ihn in die Situation ein und bat ihn, all seinen Spürsinn einzusetzen, um einen Verbindungsmann zum Proviantverwalter der amerikanischen Armee ausfindig zu machen. Unsere Chance war, daß das Laboratorium mit einer neuen Feldverpflegung experimentierte, die wir vielleicht auf dieselbe Weise als Versuchskaninchen erproben konnten wie das neue Rettungsgerät der Luftwaffe.

Zwei Tage später rief uns Björn von Washington an. Er hatte Kontakt mit der »Auswärtigen Abteilung« des amerikanischen Kriegsdepartements bekommen. Dort wollte man gern Näheres wissen. Mit dem ersten Zug fuhren Hermann und ich nach Washington. Wir trafen Björn in seinem Zimmer in der Militärdelegation.

»Ich glaube, daß es gehen wird«, sagte er; »wenn wir bloß von unserem Oberst einen entsprechenden Brief bekommen, werden wir morgen im ›Auswärtigen‹ empfangen.«

Der Oberst war Otto Munthe-Kaas, der norwegische Militärattaché. Er war uns günstig gesinnt und gern bereit, uns ein passendes Empfehlungsschreiben mitzugeben, als er hörte, worum es ging.

Als wir am nächsten Morgen uns den Brief abholen kamen, stand er plötzlich auf und meinte, am besten ginge er gleich selbst mit. In seinem Auto fuhren wir hinaus zum Pentagongebäude, dem größten Block der Welt, in dem das Kriegsdepartement seine Verwaltungsräume hat. Vorn saßen der Oberst und Björn in voller militärischer Gala, und dahinter saßen Hermann und ich. Wir sahen durch die Scheibe auf das mächtige Pentagonhaus, das vor uns aus dem Boden zu gigantischer Höhe emporschoß. Dieser Riesenbau mit dreißigtausend Angestellten und über fünfundzwanzig Kilometern Korridoren sollte den Rahmen für unsere bevorstehende Floßkonferenz mit den Militärchefs abgeben. Ich mußte mich selbst an der Nase zupfen. Niemals vorher noch nachher war mir und Hermann das winzige Floß so rettungslos nichtig erschienen. Nach endlosen Wanderungen in Korridoren und Seitenkorridoren kamen wir an die Tür der »Auswärtigen Abteilung«, und bald saßen wir, umgeben von glänzenden Uniformen, rund um einen großen Mahagonitisch, an dem der Abteilungschef selbst präsidierte.

Der wohlgebaute und kurz angebundene Offizier, dem man die Militärakademie Westpoint von weitem ansah, hatte zuerst gewisse Schwierigkeiten, den Zusammenhang zwischen dem Kriegsdepartement der USA und unserem Floß richtig zu begreifen, aber die wohlgesetzten Worte unseres Obersten und der günstige Ausfall der Erkundigungen der Offiziere rund um uns (die sich wie ein Sturzbach über mich ergossen) brachten ihn langsam auf unsere Seite, und so las er mit wachsendem Interesse den Brief von der Versuchsstation der Luftwaffe. Dann erhob er sich, gab seinem Stab freie Hand, uns durch die richtigen Kanäle Hilfe zukommen zu lassen, und verließ, indem er uns für den weiteren Verlauf Glück wünschte, gewichtigen Schrittes den Raum.

Als sich die Tür hinter ihm geschlossen hatte, raunte mir ein junger Stabskapitän ins Ohr:

»Ich möchte schwören, Sie kriegen alles, was Sie wollen. Ein bißchen erinnert es doch an eine kleine militärische Operation. Sie glauben nicht, wie wir uns in dem täglichen Bürobetrieb seit dem Frieden nach einer kleinen Abwechslung sehnen! Und außerdem ist es ja wirklich eine prima Gelegenheit, die Ausrüstung planmäßig zu überprüfen.«

Die »Auswärtige Abteilung« arrangierte unverzüglich eine Audienz bei Oberst Lewis in der Versuchsstation des Generalquartiermeisteramtes, und Hermann und ich wurden gleich im Auto hinübergeschickt.

Oberst Lewis war ein gemütlicher Riese von einem Offizier, ein Sportsmann vom Scheitel bis zur Sohle. Unverzüglich rief er die Versuchsleiter der verschiedenen Abteilungen zusammen. Augenblicklich schlugen sie eine Menge von Ausrüstungsgegenständen vor, von denen sie gern wollten, daß sie ausprobiert würden. Es überstieg unsere kühnsten Hoffnungen, was sie uns hier an irgend Denkbarem aufzählten, von Verpflegungsrationen bis zu Sonnencreme und wasserdichten Schlafsäcken. Sie schleppten uns gleich mit, damit wir einen Blick auf die Sachen tun könnten. Wir kosteten Spezialrationen in handlichen Packungen. Wir probierten Zündhölzer aus, die noch besser brannten, wenn man sie ins Wasser hielt, neumodische Primuskocher und Wassertanks, Gummisäcke und Spezialschuhe, Küchengeräte und Klappmesser, kurz, alles, was eine Expedition sich nur wünschen konnte.

Ich warf Hermann einen Blick zu. Er sah so erwartungsvoll aus wie ein lieber kleiner Junge, der mit seiner reichen Tante durch ein Schokoladengeschäft geht. Der lange Oberst ging voran und zeigte die verschiedenen Herrlichkeiten, und als wir endlich durch waren, hatte das Stabspersonal bereits alles in Frage Kommende samt der benötigten Menge notiert. Ich hielt also die Schlacht bereits für glücklich gewonnen und verspürte in mir bloß den Drang, möglichst rasch das Hotel zu gewinnen, um mich dort lang zu machen, damit ich endlich in Frieden und Ruhe über den Stand der Dinge nachdenken konnte. Da sagte plötzlich der lange, freundliche Oberst:

»So, und jetzt müssen Sie zum Chef und mit ihm reden, denn er muß uns erlauben, daß wir Ihnen das alles ausfolgen können.«

Das Herz begann mir in die Hosen zu rutschen. Jetzt konnte ich also meinen Sermon wieder von vorn beginnen, und der Himmel allein mochte wissen, von welchem Typ der hießige Boß war.

Wir fanden, daß der »Boß« ein kleiner, grabesernster Offizier war, der hinter seinem Schreibtisch saß und uns mit scharfen blauen Augen durchbohrte, als wir in sein Büro traten. Er bot uns Sitze an.

»Well, und was wünschen die Herren?« fragte er kurz Oberst Lewis, ohne den Blick aus dem meinen zu lösen.

»Ach, nur eine Kleinigkeit«, beeilte sich Lewis zu versichern und berichtete von unserem Anliegen in kurzen Zügen.

»Und was können Sie dabei für uns leisten?« fragte der Chef, gänzlich unbeeindruckt.

»Well«, sagte Lewis zuvorkommend, »wir hoffen, daß uns die Expedition über den neuen Proviant berichten kann und daß wir erfahren, wie sich die Ausrüstung unter den schwierigen Verhältnissen bewährt, in die sie vermutlich kommt.«

Der grabesernste Offizier lehnte sich in seinem Sessel, noch immer völlig unberührt, zurück, ohne seinen Blick von mir zu lassen, und ich fühlte mich meinerseits in den tiefen Ledersessel zurücksinken, als ich seine kühle Antwort hörte:

»Ich sehe in keiner Weise, daß Sie etwas Entsprechendes für uns tun können...«

Im Raum wurde es totenstill. Oberst Lewis biß sich auf die Lippe, und keiner von uns sagte ein Wort.

»... aber«, sagte der Eiskalte plötzlich mit scharfer Betonung, und es kam ein Blitzen in seine Augen, »Mut und Forscherdrang zählen auch. Oberst Lewis, folgen Sie aus!«

Noch saß ich halb benommen im Taxi auf der Rückfahrt zum Hotel, als Hermann neben mir plötzlich zu murmeln und in sich hineinzukichern begann.

»Fehlt dir was?« fragte ich besorgt.

»Nein«, lachte er übermütig heraus, »aber siehst du, ich habe inzwischen ausgerechnet, daß in dem Proviant, den wir bekommen haben, sechshundertvierundachtzig Büchsen mit Ananas sind, und dafür lebe und sterbe ich!«

Tausend Dinge müssen getan werden und alle auf einmal, wenn man sechs Mann mit einem Floß und seiner ganzen Ausrüstung an der peruanischen Küste versammeln will. Wir hatten nur drei Monate Zeit, und leider stand Aladins Wunderlampe nicht zu unserer Verfügung. Mit einer Empfehlung der »Auswärtigen Abteilung« flogen wir nach New York und suchten Professor Behre von der Columbia-Universität auf, der dem Komitee des Kriegsdepartements für Geographische Forschung vorstand. Er drückte auf alle Knöpfe, und im Handumdrehen hatte Hermann all die kostbaren Instrumente und Apparate, die er für seine wissenschaftlichen Messungen brauchte.

Wir flogen nach Washington, um Admiral Glover vom Hydrographischen Institut der Marine aufzusuchen. Der gutgelaunte alte Seelöwe versammelte seine Offiziere, zeigte auf seine große Wandkarte des Pazifiks und stellte Hermann und mich mit den Worten vor:

»Diese jungen Herren beabsichtigen, unsere Seekarten zu korrigieren. Helfen Sie ihnen!«

Im weiteren Verlauf berief Oberst Lumsden auch bei den Engländern eine Zusammenkunft in der britischen Militärkommission in Washington ein, um die Probleme, die uns erwarteten, und die Chancen für einen günstigen Erfolg zu diskutieren. Hier bekamen wir vor allem gute Ratschläge, aber auch eine Auswahl von britischem Gerät, das man von England brachte, damit es auf der Floßfahrt ausprobiert würde. Der britische Sanitätschef war ein eifriger Fürsprecher für ein mysteriöses Haipulver. Wir sollten davon einige Krümel ins Wasser streuen, wenn die Haie zudringlich würden, dann würden sie alle in weitem Umkreis verduften.

»Sir«, fragte ich höflich und besorgt, »können wir uns auch auf dieses Pulver verlassen?«

»Well«, erwiderte der Engländer mit entgegenkommendem Lächeln, »genau das wollen wir ja dabei sehen!«

Wenn die Zeit knapp ist und das Flugzeug den Zug ersetzen muß, das Auto die Füße, dann schrumpft die Brieftasche ein wie ein vertrocknendes Herbarium. Mein Retourbillett nach Norwegen war längst zu Bargeld geworden. Deshalb klopften wir bei unseren Freunden, den Geldgebern in spe, in New York an, um unsere Finanzen zu sanieren. Hier trafen wir auf ungeahnte und finstere Probleme. Der Finanzchef war krank und lag mit Fieber im Bett. Seine zwei Kollegen waren machtlos, bis er wieder in Aktion treten konnte. Sie hielten wohl an unserer finanziellen Abmachung fest, aber vorläufig konnten sie nichts unternehmen. Sie baten uns, die Sache aufzuschieben, eine Bitte, die für uns völlig sinnlos war. Wir konnten gar nicht mehr die zahlreichen Räder anhalten, die wir gerade in Bewegung gesetzt hatten. Wir wurden auf jeden Fall mitgerissen, es war zu spät, stehenzubleiben oder zu bremsen. Unsere Freunde, die Geldgeber, verstanden sich schließlich dazu, die ganze Koalition aufzulösen, damit wir freie Hand bekamen, um rasch und selbständig ohne sie handeln zu können.

So standen wir wieder auf der Straße, die Fäuste in den Hosentaschen.

»Dezember, Januar, Februar«, sagte Hermann.

»Und zur Not auch März«, ergänzte ich, »aber dann müssen wir starten.«

Wenn auch alles schlimm aussah, eines war weiterhin für uns klar: Unsere Fahrt hatte ihren guten Sinn, und wir wünschten, uns nicht mit Akrobaten auf eine Stufe zu stellen, die sich in einem hohlen Faß den Niagara hinunterrollen lassen oder auf einer Flaggenstange siebzehn Tage als Säulenheilige hocken bleiben.

»Also keine Hilfe von Kaugummi- oder Coca-Cola-Konzernen«, sagte Hermann, und darin waren wir uns zutiefst einig. Norwegische Kronen konnten wir beschaffen, aber damit waren die Probleme auf unserer Seite des Atlantiks nicht zu lösen. Wir konnten uns um einen Mäzen umschauen, aber es mochte wohl keiner seinen Namen unter eine so umstrittene Theorie setzen. Deshalb wollten wir ja schließlich unsere Floßfahrt unternehmen. Wir fanden bald, daß weder die Presse noch private Spender es wagten, Bargeld in eine Sache zu stecken, die sie selbst im Verein mit allen Versicherungsgesellschaften für eine Selbstmörderpartie ansahen. Aber kamen wir mit heilen Knochen zurück, so war das natürlich eine andere Sache...

Es sah wirklich ziemlich finster aus, und viele Tage sichteten wir kein Land. Da tauchte Oberst Munthe-Kaas wieder auf der Bildfläche auf.

»Ja, ja, die jungen Leute haben es nicht leicht! Hier ist ein Scheck, damit ihr einmal anfangen könnt. Ihr könnt mir das Geld ja wiedergeben, wenn ihr von den Südseeinseln heimkommt.«

Der Oberst zog andere mit, und bald hatten wir von privater Seite genug erhalten, um uns weiterzuhelfen, ohne Agenten und ähnliches Volk zu brauchen. Es war Zeit, nach Südamerika zu fliegen und mit dem Floßbau zu beginnen.

Die alten Flöße in Peru sind aus Balsastämmen zusammengesetzt, die in trockenem Zustand leichter als Kork sind. Der Balsabaum wächst auch in Peru, aber nur hinter den Andenketten, so daß die Seefahrer der Inkazeit entlang der Küste nach Ecuador zogen, wo sie ihre enormen Balsastämme ganz unten an der Küste des Stillen Ozeans schlugen. Wir hatten die fromme Absicht, dasselbe zu tun.

Die Reiseprobleme der Gegenwart sind etwas anders als die der Inkazeit. Es ist der Menschheit geglückt, Auto, Flugzeug und Reisebüro zu schaffen, aber um die Sache nicht allzuleicht zu gestalten, haben wir uns auch Dinge angeschafft, die man Landesgrenzen nennt, mit messingbeknöpften Zerberussen, die das Alibi des harmlosen Reisenden bezweifeln, sein Gepäck mißhandeln und auch den noch mit gestempelten Formularen ins Knie zwingen, der sonst glücklich hineingeschlüpft wäre. Die Furcht vor diesen Messingbeknöpften bewirkte, daß wir es gar nicht wagten, in Südamerika mit Kisten und Koffern voll merkwürdiger Gegenstände aufzutauchen, den Hut zu lüpfen und höflich in gebrochenem Spanisch um Einlaß zu bitten, um mit einem Floß wieder abzuhauen. Wir wären sicher hinter Schloß und Riegel gelandet.

»Nein«, sagte Hermann, »wir brauchen eine offizielle Einführung.«

Einer unserer Freunde aus dem aufgelösten Finanztriumvirat war Korrespondent bei den UN und nahm uns im Auto dorthin mit. Wir waren mächtig beeindruckt, als wir in den großen Versammlungssaal kamen, wo Männer aller Nationen nebeneinandergeschichtet saßen und in andächtigem Schweigen dem Redestrom eines schwarzhaarigen Russen lauschten, der vor der gigantischen Weltkarte, die die Rückwand schmückte, gestikulierte.

Unserem Freund, dem Korrespondenten, gelang es in einer kleinen Pause, eines der Delegierten von Peru habhaft zu werden, knapp darauf brachte er auch einen Repräsentanten von Ecuador herbei. In einem tiefen Ledersofa draußen in einem Vorraum lauschten sie interessiert unserem Plan, über das Meer zu fahren, um die Theorie zu stützen, daß ein altes Kulturvolk aus ihrem eigenen Heimatland zuerst die Südseeinseln entdeckt hätte. Beide versprachen, ihre Regierungen zu verständigen, und garantierten uns beste Unterstützung, wenn wir in ihre Heimat kämen.

Trygve Lie, der die Vorhalle passierte, besuchte uns, als er hörte, daß wir Landsleute wären, und jemand schlug vor, er solle uns auf dem Floß begleiten, aber er hatte genug mit den Stürmen an Land zu tun. Der Vizesekretär der UN, Dr. Benjamin Cohen aus Chile, war selbst ein bekannter Amateurarchäologe und gab uns einen Brief an den Präsidenten von Peru mit, der sein persönlicher Freund war.

Im Saal trafen wir auch den Gesandten Norwegens, Wilhelm Morgenstierne, der von da an der Expedition unschätzbare Dienste leistete.

Dann kauften wir zwei Flugkarten und flogen nach Südamerika. Als die vier schweren Motoren einer nach dem anderen zu dröhnen begannen, sanken wir erschöpft in die tiefen Lederpolster zurück. Wir hatten das unsäglich erleichternde Gefühl, daß die erste Phase des Programms überstanden war. Jetzt ging es geradewegs ins Abenteuer.

Nach Südamerika

Landung am Äquator. Balsaprobleme. Flug nach Quito. Kopfjäger und Bandidos. Im Jeep über die Anden. In die Dschungeltiefe. In Quevedo. Wir fällen Balsabäume. Auf dem Floß den Palenquefluß hinab. Der verlockende Marinehafen. Im Marineministerium in Lima. Beim Präsidenten von Peru. Bengt Danielsson. Von neuem nach Washington. Zwölf Kilo Akten. Hermanns Feuertaufe. Floßbau im Kriegshafen. Wohlmeinende Warnungen vor dem Start. Harte Argumente. Taufe der »Kon-Tiki« im Jacht-Club von Callao. Abschied von Südamerika.

Als das Flugzeug den Äquator passierte, tauchte es schräg durch die milchweiße Wolkendecke, die bisher wie eine blendende Schneefläche in der prallen Sonne unter uns gelegen hatte. Weiße Nebelschwaden zogen an den Fenstern vorbei, bis sie sich wieder auflösten und über uns als Wolken schwebten, während sich unter uns das grüne Dach des wogenden Dschungels zeigte. Wir flogen über die südamerikanische Republik Ecuador und landeten in der tropischen Hafenstadt Guayaquil. Jacke, Weste und den unzeitgemäßen Wintermantel auf dem Arm, krochen wir hinaus in die Treibhauswärme unter plappernde Südländer im Tropenanzug. Plötzlich fühlten wir das Hemd wie nasses Papier am Rücken kleben. Zollbeamte und Einwanderungsoffiziere umringten uns und trugen uns förmlich hinaus in ein Taxi, das uns zu dem besten und auch einzig möglichen Hotel der Stadt brachte, wo wir uns beide aufs rascheste in unsere Badewannen verzogen.

Wir waren jetzt glücklich in dem Land, wo die Balsabäume wachsen, um hier die Stämme für unser Floß zu kaufen.

Der erste Tag verging, bis wir uns mit dem Geld auskannten und genügend Spanisch verstanden, um zum Hotel zurückzufinden. Am zweiten Tag wagten wir uns in ständig größer werdenden Kreisen von der Badewanne fort, und als Hermann endlich die Sehnsucht seiner Jugend gestillt hatte, auf eine richtige Palme zu klettern, und ich wie eine lebende Schale von Fruchtsalat herumwandelte, entschlossen wir uns, an den Balsahandel zu schreiten.

Dies war indessen leichter gesagt als getan. Balsa konnten wir zwar in Mengen kaufen, aber nicht in Form ganzer Bäume, wie wir sie ja brauchten. Die Tage waren längst vorbei, in denen dieses wunderbare Holz leicht erreichbar unten an der Küste gewachsen war. Auch dem hatte der letzte Krieg ein Ende gesetzt. Man hatte die Bäume zu Tausenden gefällt und in die Flugzeugwerke transportiert, weil sie so leicht und luftig waren. Die einzige Stelle, wo sie noch in Mengen wuchsen, war in den Dschungeln im Inneren des Landes, das bekamen wir überall zu hören.

»So fahren wir hin und schlagen sie uns selbst«, sagten wir.

»Unmöglich«, sagten die Zuständigen. »Die Regenzeit hat bereits eingesetzt, und alle Straßen in den Dschungel sind unpassierbar. Dafür sorgen schon die Wildbäche und der tiefe Schlamm. Brauchen Sie Balsabäume, dann kommen Sie in einem halben Jahr wieder nach Ecuador, da ist die Regenzeit vorüber, und die Straßen ins Land hinein sind wieder abgetrocknet.«

In unserer Not besuchten wir Don Gustavo von Buchwald, den Balsakönig von Ecuador, und Hermann rollte eine Skizze des Floßes auf und gab ihm die Maße der Stämme, die wir brauchten. Der kleine, zaundünne Balsakönig griff eifrig nach dem Telephon und setzte alle seine Agenten in Bewegung. Fast in jedem Sägewerk gab es Planken, leichte Bretter und vereinzelte kurze Stümpfe, aber nicht einen einzigen für uns brauchbaren Stamm. In Don Gustavos eigenem Lager befanden sich zwei große trockene Stämme, aber damit kamen wir nicht weit. Es wurde deutlich, die Jagd war umsonst. Aber Don Gustavo gab uns noch einen Hinweis.

»Ich habe einen Bruder, der eine große Balsaplantage besitzt. Er heißt Don Federico und wohnt in Quevedo, einem kleinen Dschungelnest mitten im Lande. Er kann Ihnen alles beschaffen, was Sie brauchen, sobald wir mit ihm nach der Regenzeit Verbindung bekommen. Jetzt aber ist es sinnlos wegen des Dschungelregens.«

Und wenn Don Gustavo sagte, daß es sinnlos war, so war es auch sinnlos für alle Balsakundigen in Ecuador. So standen wir in Guayaquil, ohne die Stämme für das Floß und ohne die Möglichkeit, selbst hinzufahren und die Stämme vor Ablauf vieler Monate zu schlagen, dann, wenn es bereits zu spät war.

»Die Zeit ist knapp«, sagte Hermann.

»Und Balsa müssen wir haben«, fügte ich hinzu. »Das Floß muß eine genaue Kopie sein, sonst haben wir keine Garantie, lebend aus der Sache herauszukommen.«

Im Hotel bekamen wir eine kleine Schulkarte mit grünem Dschungel, braunen Bergen und rotumringelten Orten. Sie verriet uns, daß der Urwald sich ununterbrochen vom Stillen Ozean bis an den Fuß der himmelhohen Anden erstreckte. Mir kam eine Idee. Es war sichtlich unmöglich, jetzt aus dem Küstenstrich durch den Dschungel zu den Balsastämmen zu gelangen, aber wie wäre es, wenn man von der anderen Seite, von den kahlen Flanken der Andenketten in das Innere des Dschungels hinabstieg? Hier bestand eine Möglichkeit, die einzige, die wir entdecken konnten. Draußen am Flugplatz lag eine kleine Lastenmaschine. Man war gern bereit, uns mit nach Quito hinaufzunehmen, der Hauptstadt dieses merkwürdigen Landes, die hoch oben auf dem Andenplateau liegt, dreitausend Meter über dem Meeresspiegel. Zwischen Kisten und Möbeln durchblickend, erhaschten wir einzelne Ausschnitte von grünem Dschungel und blitzenden Wasserläufen, bevor wir in den Wolken verschwanden. Als wir daraus hervortauchten, lag das Tiefland unter einem endlosen Meer von wogenden Schwaden verborgen.

Vor uns aber türmten sich kahle Hänge und nackte Bergspitzen aus dem Nebelmeer empor und ragten in einen strahlenden, tiefblauen Himmel.

Wie mit einem unsichtbaren Aufzug hob sich das Flugzeug über die Ketten. Trotz des Klimas und obwohl der Äquator in unserem Gesichtskreis war, hatten wir schließlich schimmernde Schneefelder unter uns. Geschickt glitt das Flugzeug zwischen den Gipfeln hindurch und kam über ein saftiges, frühlingsgrünes Hochgebirgsplateau, wo wir in unmittelbarer Nähe einer der eigenartigsten Hauptstädte der Welt landeten.

Von Quitos über zweihunderttausend Einwohnern sind die allermeisten mehr oder minder reinblütige Bergindianer, denn Quito war schon lange, bevor Kolumbus Amerika erreichte, die Hauptstadt ihrer Vorväter. Uralte Klöster mit unfaßbar reichen Kunstschätzen prägen das Bild der Stadt. Sie und andere prachtvolle Bauwerke der Spanierzeit überragen weitaus die niedrigen Dächer der nach dem Gebrauch des Landes aus großen Blöcken erbauten und mit Lehm verschmierten Indianerhütten. Ein Labyrinth gewundener Gänge zieht sich zwischen ihnen hin, und hier trafen wir ein lebendiges Gewimmel von Bergindianern in rotbunten Mänteln mit großen, selbstgemachten Hüten. Viele waren mit ihren Packeseln auf dem Weg zum Markt. Andere kauerten an den Häusern und dösten in der Sonne. Mit halber Fahrt und unter ständigem Hupen gelang es manchmal primitiven Autos, in denen weißgekleidete Aristokraten spanischer Herkunft saßen, sich in den schmalen Durchgängen zwischen Kindern, Eseln und barfüßigen Indianern ihren Weg zu bahnen. Die Luft hier auf dem Hochplateau war so leuchtend kristallklar, daß die Berge ringsum unmittelbar hinter den Häusern aufzuragen schienen und dadurch noch dazu beitrugen, diese Atmosphäre des Unwirklichen und Jenseitigen zu erhöhen.

Unser Freund vom Lastenflugzeug, Jorge, mit dem Zunamen »der spinnende Pilot«, gehörte zu einem der alten spanischen Geschlechter Quitos. Er brachte uns in einem altertümlichen und gemütlichen Hotel unter, von wo er teils mit, teils ohne uns loszog, um uns eine sichere Reisemöglichkeit über die Berge in den Quevedo-Dschungel zu verschaffen. Am Abend trafen wir uns in einem alten spanischen Café. Jorge steckte voll schlechter Neuigkeiten. Wir sollten uns den Gedanken an Quevedo ja aus dem Kopf schlagen. Es wären weder Fahrer noch Fahrzeuge aufzutreiben, die uns über die Berge hinunter mitnehmen wollten, noch weniger aber in den Dschungel hinein, wo der Regen bereits begonnen hatte und wo sofort ein Überfall drohte, wenn man sich im Schlamm festfuhr. Erst im letzten Jahr war eine Patrouille von zehn amerikanischen Ölingenieuren, von vergifteten Pfeilen getroffen, im östlichen Teil des Landes gefunden worden. Besonders dort gab es noch genug Waldindianer, die splitternackt den Urwald durchzogen und mit vergifteten Pfeilen auf Jagd gingen.

»Es gibt noch Kopfjäger darunter!« sagte Jorge mit hohler Stimme, als er sah, daß sich Hermann unangefochten mit noch mehr Beefsteak und Rotwein versah.

»Sie glauben wohl, ich übertreibe«, setzte er geheimnisvoll hinzu, »aber trotz aller strengen Verbote gibt es noch genug Leute, die davon leben, eingeschrumpfte Menschenköpfe zu verkaufen. Es ist leider nicht möglich, das zu kontrollieren. So kommt es fast täglich vor, daß die Waldindianer ihren Feinden unter den anderen umherziehenden Stämmen den Kopf abschneiden. Sie zertrümmern und entfernen die Schädelknochen und füllen die leere Haut mit glühheißem Sand, so daß der Zeitgenosse einschrumpft, ohne dabei seine Form und seine Gesichtszüge zu verlieren, bis er nur mehr die Größe eines Katzenkopfes hat. Solche eingeschrumpften Feindesköpfe waren einmal kostbare Trophäen, jetzt sind sie eine seltene Schmugglerware. Zwischenmänner unter den Halbblutindianern sorgen dafür, daß sie bei den Aufkäufern unten an der Küste landen, die sie den Touristen zu schwindelnden Preisen verkaufen.«

Jorge sah uns triumphierend an. Wenn er jetzt noch gewußt hätte, daß Hermann und ich am selben Tag in ein Vorhaus gezogen waren, wo man uns zwei solcher Köpfe um tausend Sucres das Stück angeboten hatte! Heutzutage sind solche Schädel oft Fälschungen, die aus Affenköpfen hergestellt werden. Aber die beiden angebotenen waren sicher echte Köpfe von Vollblutindianern und so naturgetreu, daß jeder einzelne kleine Zug bewahrt schien. Es waren die Schädel eines Mannes und einer Frau, beide so groß wie Apfelsinen. Den ihren konnte man sogar schön nennen, wenn auch nur die Augenwimpern und das lange schwarze Haar ihre natürlichen Maße bewahrt hatten. Mir graute jetzt noch, wenn ich daran dachte, aber laut äußerte ich meinen Zweifel, daß es Kopfjäger im Westen der Berge gäbe.

»Kann man nie wissen«, sagte Jorge düster. »Was würden Sie sagen, wenn ein guter Freund von Ihnen verschwunden wäre und sein Kopf käme in Miniatur auf den Markt? Das geschah mir einmal mit einem meiner Freunde«, fügte er hinzu und blickte mich starr an.

»Erzählen Sie doch«, sagte Hermann und kaute langsam und ohne besonderen Appetit an seinem Beefsteak.

Ich legte die Gabel vorsichtig zur Seite, als Jorge begann: Er lebte einmal mit seiner Frau auf einem entlegenen Posten im Dschungel, wo er Gold wusch und den Gewinn der anderen Goldwäscher aufkaufte. Die Familie hatte damals einen eingeborenen Freund, der regelmäßig mit seinem Gold kam, um es gegen Handelsware einzutauschen. Eines schönen Tages wurde der Freund im Dschungel umgebracht. Jorge spürte den Mörder auf und wollte ihn zur Strafe erschießen. Nun war aber der Mörder einer von denen, die im Verdacht standen, eingeschrumpfte Menschenköpfe zu verkaufen. So versprach Jorge ihm das Leben, wenn er ihm augenblicklich den Schädel auslieferte. Sofort kam der Indianer mit dem Kopf von Jorges Freund, der allerdings nur noch faustgroß war. Jorge war sehr gerührt, seinen Freund so wiederzusehen, denn er war ganz unverändert, natürlich davon abgesehen, daß er etwas kleiner geworden war. Bewegt nahm er das winzige Haupt entgegen und brachte es seiner Frau nach Hause. Die fiel in Ohnmacht, als sie es sah, so daß Jorge seinen Freund in einen Koffer verschwinden lassen mußte. Nun war es jedoch im Dschungel so feucht, daß ganze Bärte von grünem Schimmel auf dem Schädel wuchsen, und so mußte Jorge ihn ab und zu hervorholen und an der Sonne trocknen. Hier hing er dann für eine Weile und pendelte an seinen langen Haaren. Seiner Gattin wurde es jedesmal übel, wenn sie ihn zu sehen bekam. Eines schönen Tages allerdings fraß sich eine Maus in den Koffer und richtete den armen Freund übel her. Das war nun ein großer Schmerz für Jorge, der ihn alsdann mit allem erforderlichen Zeremoniell in einem winzig kleinen Loch am Flugplatz feierlich begrub. »Denn er war ja schließlich doch einmal ein menschliches Wesen«, schloß Jorge.

»Gesegnete Mahlzeit!« sagte ich.

Als wir im Nachtdunkel nach Hause gingen, plagte mich die unbehagliche Vorstellung, daß Hermanns Hut ihm furchtbar weit über die Ohren hinge. Aber vielleicht hatte er ihn nur wegen des kühlen Nachtwindes, der von den Anden herabwehte, so weit herabgezogen.

Am nächsten Tag saßen wir bei unserem Generalkonsul Bryhn und seiner Frau unter den Eukalyptusbäumen draußen auf deren großer Hazienda vor der Stadt. Bryhn glaubte zwar kaum, daß wir auf unserer geplanten Dschungeltour nach Quevedo zu einer so drastischen Veränderung unserer Hutnummer genötigt würden, aber man konnte schließlich nie wissen! Es gab genug Räuber in den Gegenden, wohin wir zu fahren gedachten. Der Generalkonsul hatte aus den Lokalblättern Mitteilungen ausgeschnitten, die verkündeten, daß in der Trockenzeit Soldaten ausgeschickt werden sollten, um die Bandidos auszurotten, die sich in der Gegend um Quevedo aufhielten. Dorthin zu reisen wäre der reinste Wahnsinn, meinte er, und wir würden auch niemals Führer und Unterstützung für die Tour bekommen. Im Verlauf des Gesprächs sahen wir aber einen Jeep von der amerikanischen Militärdelegation draußen auf der Straße vorbeijagen, und im selben Augenblick hatten wir auch schon einen Plan gefaßt. Lebhaft vom Generalkonsul bedauert, begaben wir uns auf die amerikanische Gesandtschaft, wo es uns gelang, zum Militärattaché persönlich vorzudringen. Der war ein schlanker, geschmeidiger junger Mann in Khaki und Reitstiefeln, der uns lachend fragte, wie wir uns in die Gipfel der Anden verirrt hätten, während Lokalblätter von uns behaupteten, wir wollten mit einem Floß in See stechen.

Wir erklärten ihm nun, unser Floß stecke vorläufig noch mit seinen Wurzeln im Quevedo-Dschungel, und wir säßen nun hier auf dem Dach des Kontinents und könnten es nicht erreichen. Wir forderten daher den Militärattaché auf, uns unverzüglich entweder ein Flugzeug und zwei Fallschirme oder einen Jeep und einen Chauffeur mit Ortskenntnissen zu borgen. Der Militärattaché war zuerst ganz verdutzt über unsere Frechheit, dann ließ er sich die Geschichte durch den Kopf gehen und sagte mit einem Lächeln: »All right!« Nachdem wir ihm keine dritte Alternative geben wollten, zöge er es vor, die zweite zu wählen.

Ein Viertel über fünf am nächsten Morgen rollte ein Jeep vor unseren

Hoteleingang, und ein ecuadorischer Ingenieurkapitän sprang heraus ins Dunkel und meldete sich zu Diensten. Er hatte – Schlamm hin, Schlamm her – den Befehl, uns nach Quevedo zu fahren. Der Jeep war mit Benzinkannen vollgestopft, denn es gab kaum Radspuren, geschweige denn Tankstellen längs des ganzen Weges, den wir fahren wollten. Auf Grund der Meldungen über die Bandidos war unser neuer Freund, der Kapitän Agurto Alexis Alvarez, bis zu den Zähnen mit Dolchen und Schießeisen bewaffnet. Nun waren wir jedoch ganz friedfertig ins Land gekommen, in Jacke und Schlips, um für gutes Geld unten an der Küste Stämme zu kaufen, so daß unsere ganze Ausrüstung an Bord des Jeeps nur aus einem wasserdichten Kleidersack bestand, abgesehen davon, daß wir in aller Eile uns noch eine gebrauchte Kamera und jeder die unumgängliche Khakihose beschafft hatten. Darüber hinaus hatte uns dann der Generalkonsul noch seine schweren Parabellumrevolver angehängt samt reichlicher Munition, um alles auszurotten, was unseren Weg kreuzen sollte.

So sauste denn der Jeep los durch die menschenleeren, engen und winkligen Durchgänge, und das Mondlicht leuchtete spukhaft auf den weißgekalkten Adobewänden. Schließlich kamen wir aufs offene Land hinaus, wo wir in rasender Fahrt einen guten Sandweg nach Süden, auf die Bergketten zu, verfolgten.

Der Weg blieb gut über den ganzen Höhenzug bis zu dem Bergdorf Latakunga, wo sich auf einer mit Palmen bestandenen Ebene fensterlose Indianerhäuser wie blind um eine weißgekalkte Kirche scharten. Hier bogen wir in einen Saumpfad ein, der sich mit vielen Windungen nach Westen über Berg und Tal in die Andenketten hineinschlängelte. Wir kamen in eine Welt, die zu erleben wir uns nie hätten träumen lassen. Es war die ureigenste Welt der Bergindianer, ein Märchenland jenseits von Zeit und Raum. Auf der ganzen Fahrt sahen wir weder Wagen noch Rad. Bloßfüßige Hirten, die, in farbenreiche Ponchos gehüllt, verwirrte Herden von steifbeinigen, würdigen Lamas vor sich hertrieben, stellten den ganzen Verkehr dar. Manchmal kamen auch Indianer familienweise die Straße entlang. Der Mann ritt meist selbstherrlich auf einem Maultier voraus, während seine kleine Frau mit ihrer ganzen Sammlung von Hüten auf dem Kopf und dem Jüngsten der Familie auf dem Rücken hinterhertrippelte und dabei unterm Gehen noch mit flinken Fingern Wolle spann. Hinterdrein trotteten bedächtig Esel und Maultiere, beladen mit Flechtwerk, Binsen und Töpferwaren.

Je länger wir fuhren, desto weniger Indianer verstanden Spanisch, und bald waren Agurtos Sprachkenntnisse ebenso nutzlos wie unsere eigenen. Hie und da lag eine Schar von Hütten oben auf den Bergen. Nur noch selten waren sie aus Lehm gebaut und häufig und immer häufiger aus Büscheln von getrocknetem Gras zusammengesetzt. Es schien, als seien sowohl die Hütten als auch das braungebrannte, zerknitterte Volk, das sie bewohnte, derselben Erde entwachsen, dem kargen Andenboden, auf dem die Bergsonne glühte. Sie gehörten zu Erde und Fels, so natürlich wie die Pflanzen selbst. Arm an irdischen Gütern und klein von Wuchs, haben die Bergindianer die zähe Gesundheit des Wildes und den wachen Kindersinn der Naturmenschen. Je weniger sie mit uns sprechen konnten, desto fröhlicher lachten sie uns an. Strahlende Augen und schneeweiße Zähne leuchteten uns aus allen Gesichtern, die wir sahen, entgegen. Nichts erinnerte daran, daß ein weißer Mann in diesen Gegenden je Geld verloren oder verdient hatte. Hier gab es weder Reklameschilder noch Wegweiser, und wenn wir eine Blechbüchse oder einen Fetzen Papier an den Straßenrand warfen, so wurden sie gleich als brauchbares Hausgerät aufgesammelt.

Wir fuhren über sonnenverbrannte Hänge ohne Busch oder Baum und wieder hinunter in Täler mit Wüstensand und Kakteen, bis wir noch höher kletterten und schließlich den obersten Kamm erreichten. Schneefelder umgaben uns, und der Wind war so beißend kalt, daß wir, wollten wir nicht zu Eiszapfen erstarren, die Fahrt verlangsamen mußten. So saßen wir frierend in unseren Hemden und sehnten uns nach der Dschungelwärme. Aber wir mußten noch lange Strecken fahren, an den Kämmen entlang, über Steilhänge und Grasflecken, und immer wieder nach der nächsten Wegspur suchen. Als wir dann den Westabfall erreichten, wo die Andenkette unvermittelt hinab ins Tiefland stürzt, da war ein schmaler Saumpfad entlang der Abhänge in den brüchigen, lockeren Fels hineingeschlagen, und Schluchten und Abgründe umgaben uns allerorten. Wir setzten unser ganzes Vertrauen auf unseren Freund Agurto, der aussah, als würde er jeden Augenblick über dem Steuerrad einnicken. An allen Abgründen nahm er grundsätzlich die äußere Bahn. Plötzlich fuhr uns ein mächtiger Windstoß entgegen. Wir hatten den äußeren Höhenzug des Andenrückens erreicht, an dem der Fels in steilen Wänden abbricht, senkrecht hinunter in die Dschungeltiefe, die wir in einem bodenlosen Abgrund, viertausend Meter unter uns, ahnten. Aber wir wurden um den schwindelnden Ausblick über das Dschungelmeer betrogen, denn als wir den Abgrund erreichten, wälzten sich eben dicke Wolkenbänke herauf wie Dampf aus einem Hexenkessel. Dafür ging es nun ungehindert hinunter in die Tiefe, ständig bergab in steilen Kurven, an Schneiden und Graten entlang. Dabei wurde die Luft feuchter und wärmer und sättigte sich immer mehr mit dem schweren und erschlaffenden Treibhausdunst aus der Dschungelwelt da unten.

Dann begann der Regen, zuerst langsam, aber bald stürzte er nur so herunter und schlug mit Trommelschlägen auf den Jeep. Das Schokoladenwasser rann bald rund um uns auf allen Seiten den Abhang hinunter. Wir flossen förmlich mit hinab. Von den trockenen und kahlen Bergflanken hinter uns kamen wir in eine andere Welt, wo Stock und Stein und Lehmwände überquollen von Moos und grünen Pflanzen. Blätter schossen nur so in die Luft. Bald wurden sie zu mächtigen Riesenfächern, die wie grüne Regenschirme tropfnaß über den Berg hinaushingen. Dann kamen die ersten gebrechlichen Vorposten des Dschungels, behängt mit schweren Moosfransen, Bärten und Schlingpflanzen. Und über alles gluckste und rauschte es dahin. Wegspuren waren kaum noch zu sehen. Eine Armee von grünen Riesengewächsen wälzte sich uns entgegen und verschluckte den winzigen Jeep, der nur mehr langsam auf dem schlammerfüllten Weg weiterplatschte. Jetzt waren wir im Dschungel, und die Luft war beklemmend und gesättigt mit Pflanzenduft.

Als die Dunkelheit einbrach, erreichten wir ein Gruppe von palmengedeckten Hütten. Klatschnaß vom warmen Wasser, versorgten wir den Jeep unter einem trockenen Dach. Was unsere armen Körper in der Nacht an stechenden Schmarotzern sammelten, ertrank erfreulicherweise am nächsten Tag wieder im Regen. Den Jeep mit Bananen und Südfrüchten beladen, ging es weiter durch den Dschungel, tiefer und tiefer hinunter, unserer Meinung zum Trotz, daß wir schon längst am Grunde der Tiefe sein müßten. Der Schlamm wurde immer ärger, aber das bekümmerte uns nicht, und die Räuber hielten sich in unbekanntem Abstand.

Erst als der Weg durch einen breiten Fluß versperrt war, der sein lehmiges Wasser durch den Dschungel wälzte, mußte der Jeep kapitulieren. Hier saßen wir nun fest und konnten nach keiner Richtung am Strombett entlangfahren. Auf einer Rodung fanden wir schließlich eine Hütte, an deren Sonnenseite soeben einige Halbblutindianer ein Jaguarfell ausspannten. Daneben taten sich Hunde und Hühner an Kakaobohnen gütlich, die zum Trocknen ausgebreitet waren. Als der Jeep herankroch, kam Leben ins Bild. Alles lief zusammen, und ein paar Leute, die Spanisch sprachen, erklärten uns, daß wir am Palenque-Fluß standen und daß Quevedo gleich auf der anderen Seite lag. Es gab keine Brücke hier, und der Wasserlauf war reißend und tief. Die Indianer aber waren gern bereit, uns und den Jeep auf einem Floß überzusetzen. Am Ufer drunten lag das Weltwunder. Armdicke Stämme waren mit Bambus und Pflanzenfasern zu einer Art Floß zusammengebunden, doppelt so lang und so breit wie unser Jeep. Eine Planke unter jedem Rad und mit angehaltenem Atem fuhren wir den Jeep hinaus auf das Balkenwerk. Wenngleich die meisten Balken im Schlammwasser untertauchten, so trugen sie dennoch den Jeep und uns und noch vier halbnackte Schokoladenmänner, die uns mit langen Stangen hinausstakten.

»Balsa?« fragten Hermann und ich wie aus einem Munde.

»Balsa«, nickte einer von den Kerlen und gab den Stämmen respektlos einen Fußtritt.

Die Strömung ergriff uns und wirbelte uns den Fluß hinunter, während die Leute an den richtigen Stellen stakten und so das Floß in Kurs hielten, schräg über den Strom hinüber und in das stillere Wasser auf der anderen Seite hinein. Das war unsere erste Begegnung mit dem Balsaholz und unsere erste Fahrt auf einem Balsafloß. Am anderen Ufer zogen wir das Floß an Land und fuhren triumphierend in Quevedo ein. Zwei Reihen von geteerten Holzhäusern mit bewegungslosen Geiern auf den Palmendächern bildeten eine Art Straße, die die ganze Ortschaft ausmachte, Die Bevölkerung ließ alles, was sie in Händen hatte, liegen und stehen, und Schwarze und Braune,

Junge und Alte quollen förmlich aus Türen und Fenstern. Wie ein reißender Strom von tausend plappernden Zungen wälzten sie sich dem Jeep entgegen und hängten sich wie die Kletten auf allen Seiten an ihn. Während wir verzweifelt unser irdisches Eigentum zusammenhielten und Agurto heroisch um das Steuer kämpfte, ging unserem Jeep die Luft aus, und er sank pfeifend in die Knie. Wir waren in Quevedo angekommen und mußten die Empfangsumarmung aushalten.

Don Federicos Plantage lag noch ein Stück weiter den Fluß hinunter. Als der Jeep mit Agurto, Hermann und mir entlang einem Wege zwischen Mangobäumen in den Hof hineingehumpelt kam, lief uns der kleine, zaundürre Dschungelbewohner mit seinem Neffen Angel schon in raschen Sprüngen entgegen. Angel war noch ein Bub und hauste mit dem Alten hier in der Einsamkeit. Wir überbrachten Grüße von Don Gustavo, und bald stand der Jeep allein auf dem Hofplatz, während ein neuer Tropenregenschauer über den Dschungel niederprasselte. Für uns aber gab es ein Fest im Bungalow Don Federicos, bei dem Spanferkel und junge Hühner über dem offenen Feuer brieten, während wir um überquellende Schalen mit Südfrüchten saßen und unser Anliegen vorbrachten. Der Dschungelregen, der draußen niederging, sandte eine warme, süße Mischung von Blumenduft und Moder durch die Fensteröffnung herein.

Don Federico war lebhaft wie ein kleiner Bub. Ja, Balsaflöße habe er schon seit seinen ersten Hosen gekannt, sagte er. Vor fünfzig Jahren, als er unten am Meere wohnte, kamen die Indianer von Peru noch immer auf großen Balsaflößen die Küste heraufgesegelt, um in Guayaquil Fische zu verkaufen. Sie konnten ein paar Tonnen getrockneten Fisch in einer Bambushütte mitten auf dem Floß mitbringen, oder sie hatten Frauen und Kinder, Hunde und Hühner an Bord. So große Balsabäume, wie sie damals zu den Flößen verwendet hatten, würden jetzt allerdings im Regen nur schwer zu finden sein. Schlamm und Überschwemmung hatten bereits die Balsaplantage oben in den Bergen selbst zu Pferde unzugänglich gemacht. Aber Don Federico würde sein Bestes tun. Vielleicht wuchsen noch einzelne Bäume wild im Wald, näher am Bungalow. Wir brauchten ja nicht viele.

Abends hörte der Regen einen Augenblick auf, und wir machten einen kleinen Ausflug unter die nächsten Mangobäume. Hier hatte Don Federico die verschiedensten wilden Orchideen von den Ästen niederhängen, in halbe Kokosschalen wie in Blumentöpfe gepflanzt. Im Gegensatz zu den kultivierten Orchideen kam ein wunderbarer Duft von diesen seltenen Pflanzen, und Hermann beugte sich herunter, um seine Nase in eine hineinzustecken, als etwas Langes, Dünnes und Glitzerndes sich aus dem Laubwerk über ihm herauswand. Wie ein Blitz fuhr ein Peitschenschlag Angels dazwischen, und eine Schlange fiel zuckend zu Boden. Im nächsten Augenblick war sie mit einer Astgabel über dem Nacken an die Erde geheftet.

»Tödlich«, sagte Angel und entblößte die Giftzähne, um zu zeigen, was er meinte.

Nun sahen wir allerorten Giftschlangen im Laubwerk lauern. Angels Trophäe leblos über einen Stecken gehängt, traten wir den Rückzug ins Haus an. Hermann begann das grüne Scheusal abzuhäuten, und Don Federico erzählte reine Gespenstergeschichten von Giftschlangen und Riesenschlangen, so dick wie Suppentöpfe. Plötzlich erblickten wir an der Wand die Schatten zweier enormer Skorpione, die sich dort wie richtiggehende Hummer ausnahmen. Sie stürzten sich aufeinander und trugen mit ihren Scheren einen tödlichen Kampf aus, während sie den krummen Giftstachel am Ende des Unterleibes zum Todesstoß erhoben. Es war ein unsympathischer Anblick, und erst als wir die Paraffinlampen hoben, sahen wir, daß zwei gewöhnliche Skorpione, die auf der Kante der Kommode im Kampf lagen, diese übernatürlichen Riesenschatten hervorgerufen hatten.

»Laßt sie nur in Ruhe«, lachte Don Federico, »der eine bringt schon den andern um, und den überlebenden dulden wir im Haus. Er muß uns die Kakerlaken vom Hals halten. Aber schließt ja das Moskitonetz dicht um das Bett und schüttelt die Kleider aus, bevor ihr sie anzieht, dann seid ihr sicher. Ich wurde schon viele Male von Skorpionen gestochen und bin noch immer nicht tot.«

So schlief ich dann auch gut und erwachte nur dann und wann mit dem Gedanken an giftige Stiche, wenn Vierbeiner oder Fledermäuse allzu beunruhigend an meinem Kopfende zirpten und kratzten.

Am nächsten Morgen standen wir zeitig auf, um auf die Jagd nach Balsabäumen zu gehen.

»Es ist von Vorteil, die Kleider auszuschütteln«, sagte Agurto, gleichzeitig fiel ein Skorpion aus seinem Hemdärmel und verschwand in einer Bodenritze.

Kurz nach Sonnenaufgang sandte Don Federico seine Männer hoch zu Roß in alle Richtungen, um nach zugänglichen Balsabäumen entlang der Wege zu suchen. Unsere eigene Patrouille bestand aus Don Federico, Hermann und mir. Wir fanden auch bald auf einer offenen Stelle einen alten Riesenbaum, der Don Federico bekannt war. Der reichte weit über alle Bäume im Umkreis hinaus und maß seine drei Fuß im Querschnitt. Nach gut polynesischer Sitte tauften wir den Baum, bevor wir Hand an ihn legten. Wir gaben ihm den Namen »Ku« nach einer polynesischen Gottheit amerikanischer Herkunft. Dann schwangen wir das Beil und trieben es in dem Stamm, daß es durch den Urwald hallte. Aber einen saftstrotzenden Balsabaum zu fällen, war eine Hundearbeit. Das Holz federte, als würde man mit einem stumpfen Beil auf Kork schlagen. Die Axt prellte förmlich zurück, und ich hatte noch nicht allzuviel Hiebe getan, als Hermann mich schon ablösen mußte. So wanderte das Beil zwischen uns hin und her, während die Splitter flogen und der Schweiß in der Dschungelhitze nur so floß. »Ku« stand hinaus in die Luft wie ein Hahn auf einem Bein und zitterte unter den Schlägen. Bald schwankte er und brach schwer über den Wald herein, während in weitem Umkreis große Äste und kleine Bäume in den Fall des Riesen mit hineingezogen wurden. Wir entästeten den Stamm und begannen die Rinde zickzack auf Indianermanier zu entfernen, als Hermann plötzlich das Beil fahren ließ und in die Luft sprang wie in einem polynesischen Kriegstanz, die Hand auf seinen Schenkel gedrückt. Aus dem Hosenbein fiel ein glänzendes Insekt, groß wie ein Skorpion, mit einem langen Giftstachel am Ende. Das Biest mußte eine Schale wie ein Hummer haben, denn es war fast unmöglich, es am Boden zu zertreten.

»Ein Kongo«, erklärte Don Federico bedauernd, »das kleine Schwein ist schlimmer als ein Skorpion, aber nicht gefährlich für einen gesunden Mann.«

Hermann war einige Tage lang mürb und steif. Aber er konnte doch mit uns auf Jagd nach weiteren Balsariesen zu Pferd die Dschungelwege entlanggaloppieren. Ab und zu hörten wir Knacken und Brechen, ein dumpfes Dröhnen weiter drinnen im Urwald. Don Federico nickte zufrieden. Das waren seine Halbblutindianer, die einen neuen Balsariesen für das Floß gefällt hatten. Und in einer Woche waren »Ku« die Bäume »Kane«, »Kama«, »Ilo«, »Mauri«, »Ra«, »Rangi«, »Papa«, »Taranga«, »Kura«, »Kukara« und »Hiti« nachgefolgt, zusammen zwölf mächtige Balsariesen, alle getauft zu Ehren der polynesischen Sagenfiguren, deren Namen einmal mit Tiki von Peru her übers Meer gebracht worden waren. Saftglänzend wurden die Stämme durch den Dschungel gezogen, zuerst von Pferden und das letzte Stück von Don Gustavos Traktor, der sie bis an die Uferböschung vor dem Bungalow brachte.

So voller Saft waren die Stämme keineswegs leicht wie Kork. Jeder wog sicher eine Tonne, und wir erwarteten mit großer Spannung, wie sie im Wasser schwimmen würden. Wir rollten sie einzeln an die Kante der Böschung, wo wir Seile aus zähen Schlingpflanzen an ihre Enden banden, damit sie uns nicht mit dem Strom davontrieben, wenn wir sie hinunterkippten. Einen nach dem anderen rollten wir sie dann über die Böschung hinab und in den Fluß hinein, so daß große Schlammfontänen in die Höhe schossen. Sie wälzten sich herum. Als sie sich beruhigt hatten, lagen sie etwa zur Hälfte über der Wasserfläche und rührten sich auch nicht mehr, als wir hinausbalancierten. Mit zähen Lianen, wie sie von den Kronen der Dschungelbäume herabhingen, banden wir die Stämme zu zwei mittelgroßen Flößen zusammen, so daß das eine im Schlepp hinter dem anderen hing. Wir beluden sie mit dem, was wir später an Bambus und Lianen brauchen würden, und dann gingen Hermann und ich an Bord, zusammen mit zwei Männern einer geheimnisvollen Mischrasse, mit denen wir leider keinerlei Sprache gemeinsam hatten.

Als wir die Vertäuung kappten, wurden wir von den wirbelnden Wassermassen erfaßt und zogen in rascher Fahrt den Fluß hinunter. Das letzte, was wir im Duschregen sahen, bevor wir die erste Kurve rundeten, waren unsere prächtigen Freunde, die noch weit draußen auf der Landzunge vor dem Bungalow standen. Dann krochen wir unter ein kleines Regendach von frischen Bananenblättern und überließen die Probleme der Steuerung unseren braunen Experten, deren einer sich vorn, der andere hinten aufgebaut hatte. Mit ihren gewaltigen Rudern beherrschten sie das Floß mit spielender Leichtigkeit auch in der reißendsten Strömung. So tanzten wir zwischen versunkenen Bäumen und Sandbänken in eleganten Kurven hinunter.

Wie eine geschlossene Mauer stand der Dschungel auf beiden Seiten die Ufer entlang, und Papageien und farbenreiche Vögel schreckten aus dem dichten Laubwerk auf, wenn wir vorbeizogen. Ein paarmal warf sich ein Alligator in den Fluß und verschwand im Schlammwasser. Aber bald bekamen wir noch ein viel merkwürdigeres Ungetüm zu Gesicht. Es war dies eine Rieseneidechse, eine Iguana, groß wie ein Krokodil, mit schwerem Kehlsack und ausgezacktem Rücken. Es lag und döste auf der Schlammbank, als hätte es sich aus prähistorischer Zeit verschlafen, und rührte sich nicht, als wir vorbeiglitten. Die Ruderer machten uns Zeichen, nicht zu schießen. Kurz darauf sahen wir ein kleineres Exemplar, immer noch meterlang. Es kroch einen dicken Ast entlang, der über den Fluß hinaushing. Dort droben lag es in Sicherheit, glänzend blau und grün, und fixierte uns mit kalten Schlangenaugen, als wir vorbeitrieben. Später kamen wir an einem dicht mit Farnkraut überwachsenen Felsen vorüber, und auf der Spitze lag das größte von allen. Wie die Silhouette eines zackigen chinesischen Drachens, phantastisch in Stein gehauen, Brust und Schädel erhoben, zeichnete es sich unbeweglich gegen den Himmel ab. Es bewegte nicht einmal den Kopf, während wir den Felsen rundeten und wieder im Dschungel verschwanden.

Später rochen wir Rauch und glitten an mehreren strohgedeckten Hütten vorüber, die in den Rodungen längs des Flusses lagen. Wir auf dem Floß waren der Gegenstand intensiver Aufmerksamkeit seitens der verdächtigen Individuen an Land, einer ganz unangenehmen Mischung von Indianern, Negern und Spaniern. Ihre Fahrzeuge waren Einbäume, die hochgezogen am trockenen Strand lagen.

Zu den Mahlzeiten lösten wir unsere Freunde am Steuerruder ab. Über einem kleinen Feuer, von nassem Lehm gebändigt, brieten sie Fisch und Brotfrucht. Gebratenes Huhn, Eier und Südfrüchte waren ein anderer Teil des Menüs an Bord.

Und unablässig trugen die Stämme sich und uns in einem rasenden Tempo stromab auf dem Weg zum Meer. Was schadeten uns Schlamm und Überschwemmung, je höher der Fluß, desto rascher die Fahrt!

Als die Dunkelheit hereinbrach, begann ein beunruhigendes Konzert an den Ufern. Kröten und Frösche, Zikaden, Sirissen und Moskitos quakten, pfiffen und summten in einem anhaltenden und vielstimmigen Chor. Manchmal schnitt der Schrei einer Wildkatze durch das Dunkel, oft kreischten Vögel, die die nächtlichen Räuber des Dschungels aufgescheucht hatten. Seltener sahen wir den Feuerschein aus einer Eingeborenenhütte und hörten Geschrei und Hundegebell, während wir im nächtlichen Dunkel vorbeiglitten. Meist aber saßen wir allein mit dem Dschungelorchester unter den

Sternen, bis uns Schlaf und Regen in die Blätterhütte trieben, wo wir einschliefen, die Pistolen griffbereit.

Je weiter wir den Fluß hinabkamen, desto dichter wurden die Hütten und Plantagen der Eingeborenen. Bald säumten ganze Dörfer das Ufer. Der Verkehr wurde auch hier von Einbäumen besorgt, die man mit langen Stangen vorwärts trieb. Hie und da trafen wir ein kleines Balsafloß, beladen mit Bergen grüner Bananen.

Wo der Palenque-Fluß in den Rio Guayas mündet, war der Wasserstand so hoch geworden, daß eine lebhafte Schiffsverbindung mit Raddampfern zwischen Vinces und Guayaquil unten an der Küste bestand. Um Zeit zu sparen, verlegten Hermann und ich unsere Hängematte auf das Schiff, und so dampften wir durch das dicht besiedelte Tiefland an die Küste. Unsere braunen Freunde trieben allein mit dem Floß hinterher.

In Guayaquil mußten wir uns trennen. Hermann blieb an der Mündung des Guaya-Flusses zurück, um die Balsastämme in Empfang zu nehmen. Von hier sollte er sie mit dem Küstenschiff weiter nach Peru verfrachten und dort den Bau des Floßes leiten, das eine getreue Kopie von den alten Fahrzeugen der Indianer werden mußte. Ich selbst nahm das Postflugzeug nach Süden, Richtung Lima, der Hauptstadt von Peru, um einen passenden Bauplatz für das Floß ausfindig zu machen.

Der Flug führte mich in großer Höhe an der Küste des Stillen Ozeans entlang. Auf der einen Seite hatte ich die Felswüsten Perus, auf der anderen das blinkende Weltmeer. Von hier aus sollten wir mit dem Floß starten. Das Meer war schier endlos, wenn man es vom Flugzeug betrachtete. Längs einer unbestimmbaren Kontur verschmolzen Himmel und Meer weit drunten im Westen. Ich konnte mich nicht von dem Gedanken frei machen, daß selbst hinter dem Horizont noch Hunderte solcher Meeresflächen sich ausdehnten über ein Fünftel der Erdfläche hinweg, bis es wieder Land gab – in Polynesien. Ich versuchte mir vorzustellen, wie wir in wenigen Wochen auf der winzigen Fläche eines Floßes geradewegs in das Blau da drunten hineintreiben würden.

Aber rasch schlug ich mir den Gedanken aus dem Kopf. Ich hatte dasselbe unangenehme Gefühl im Magen, das den ergreift, der bereitsitzt, im Fallschirm auszusteigen.

Von Lima brachte mich der Zug nach Callao hinüber, der Hafenstadt, in der wir das Floß zu bauen gedachten. Man sah auf den ersten Blick, daß der ganze Hafen mit Schiffen, Kränen, Warenschuppen, Zollbuden und Hafenkontoren und allem, was sonst drum und dran hängt, vollgestopft war. Weiter draußen aber, am offenen Strand, wimmelte es von Badeleben. Wir hätten dem Floß und der Ausrüstung nicht einmal den Rücken zuwenden können, da hätten uns die Neugierigen schon Stück für Stück davongetragen. Die Zeiten für Floßbaumeister hatten sich in Peru noch stärker als in Ecuador verändert. Callao ist heute der wichtigste Hafen in einem Land mit sieben Millionen weißer und brauner Landeskinder. So sah ich nur eine einzige Möglichkeit vor mir: hinter die himmelhohen Betonmauern des Marinehafens zu gelangen, wo Seesoldaten an den Eisentoren Wache hielten und mit beängstigendem Mißtrauen mich wie jeden anderen Unwillkommenen beäugten, der außen an den Mauern vorbeistrolchte. Konnte man da hineingelangen, dann war man endlich in einem sicheren Hafen.

Ich hatte den Marineattaché von Peru in Washington angetroffen und von ihm einen Empfehlungsbrief erhalten. Diesen Brief in der Hand, ging ich am nächsten Morgen ins Marineministerium und suchte um Audienz bei dem Marineminister Manuel Nieto nach. Er empfing mich am nächsten Vormittag in dem eleganten Empiresaal des Ministeriums, der von Vergoldungen und Spiegeln prangte. Nach einem Augenblick des Wartens erschien der Marineminister in volle Uniform, ein kurzer, breitgebauter Offizier, stramm wie Napoleon, mit einer scharfen und präzisen Redeweise. Es gab ein Warum von ihm und eine Erklärung von mir. Ich bat ihn, ein Floß in der Marinewerft bauen zu dürfen.

»Junger Mann«, sagte der Minister und trommelte ungeduldig mit den Fingern, »Sie sind leider durchs Fenster statt durch die Tür gekommen. Ich würde Ihnen gern helfen, aber dafür brauche ich eine Order vom Außenminister, ich kann keinesfalls ohne weiteres einen Ausländer in das Sperrgebiet der Marine hineinlassen und ihn über die Werft verfügen lassen. Aber ich wünsche Ihnen viel Glück zu einem schriftlichen Ansuchen beim Auswärtigen Amt.«

Ich dachte mit Schrecken an Gesuche, die so lange weitergereicht wurden, bis sie ins Blaue verschwanden. Glücklicher waren Kon-Tikis rauhe Zeiten, als Eingaben noch unbekannt waren.

Eine Audienz beim Außenminister zu erreichen, war wesentlich schwieriger. Norwegen hatte keine Delegation in Peru, und unser hilfsbereiter Generalkonsul Bahr konnte mich daher nur in die subalternen Referate mitnehmen.

Ich fürchtete bereits, es würde alles im Sande verlaufen. Vielleicht konnte mir Dr. Cohens Brief an den Präsidenten der Republik von Nutzen sein. So ersuchte ich durch die Adjutantur um eine Audienz bei Seiner Exzellenz Don José Bustamante Rivero, dem Präsidenten von Peru. Einige Tage später bekam ich Bescheid, mich mit Schlag zwölf im Palast einzufinden.

Lima ist eine moderne Stadt mit einer halben Million Einwohner und liegt auf einer grünen Ebene am Fuße der Bergwüsten. Sie ist in ihrer Architektur und vor allem in ihren öffentlichen Gärten und Anlagen eine der schönsten Hauptstädte der Welt, ein Stück moderner Riviera oder Kalifornien, mit einem Schuß altspanischer Architektur versetzt. Der Palast des Präsidenten liegt mitten in der Stadt und wird von bewaffneten Paradeposten in farbenprächtigen Kostümen gründlich bewacht. Eine Audienz in Peru ist eine ernste Angelegenheit, und die meisten Bürger kennen den Präsidenten nur aus der Wochenschau. Soldaten mit leuchtenden Schärpen führten mich die Treppe hinauf bis an das Ende eines langen Korridors, wo ich von drei

Zivilisten registriert wurde, ehe ich durch eine kolossale Eichentür in einen Saal hineinschlüpfen durfte. Hier wurde ich an einem großen Tisch mit langen Stuhlreihen von einem Weißgekleideten empfangen, der mich einlud, Platz zu nehmen, während er selbst verschwand. Einen Augenblick später ging eine große Tür vor mir auf, und ich wurde in einen erheblich eleganteren Saal geführt, wo eine stattliche Gestalt in tadelloser Uniform mir entgegenkam. Der Präsident, dachte ich und riß mich zusammen. Aber keineswegs! Der Mann in der goldbetreßten Uniform bot mir einen altertümlichen Stuhl mit vornehm-steifer Rückenlehne an und verschwand. Einen Augenblick saß ich verloren auf der Sesselkante, als wieder eine Tür aufging und ein Diener mich in ein großes, vergoldetes Zimmer mit prachtvollen Möbeln von höchster Eleganz hineinkomplimentierte. Der Führer verschwand wieder so rasch, wie er gekommen war, und so saß ich denn wieder mutterseelenallein auf einem antiken Sofa und sah durch eine Flucht leerer Säle, deren Türen weit offenstanden. Es war so still, daß ich jemand mehrere Säle weiter husten hören konnte. Dann kamen wieder taktfeste Schritte. Ich sprang auf und grüßte zögernd einen stattlichen Herrn in Uniform. Aber nein, das war er natürlich auch nicht. Aber soweit ich ihn verstehen konnte, teilte er mir mit, daß mir der Präsident seine Grüße sende und gleich nach einem Ministerrat zu meiner Verfügung stehen würde.

Nach zehn Minuten gegenseitigen Schweigens wurden wir durch neuerliche, taktfeste Schritte unterbrochen, und auftauchte ein Mann mit Gold, Schnüren und Epauletten. Ich sprang rasch vom Sofa und legte eine tiefe Verbeugung hin. Mein Gegenüber verbeugte sich aber noch tiefer und führte mich durch mehrere Säle und schließlich über eine Treppe, belegt mit schweren Teppichen. Dann verließ er mich in einem winzigen Raum, in dem nur einige moderne Ledersessel und ein Sofa standen. Ein trat ein kleiner Mann, einmal wieder im weißen Anzug. Aufgeregt lauerte ich, wohin er mich zu führen gedächte. Aber diesmal führte er mich nirgends hin, grüßte nur freundlich und blieb stehen. Es war der Präsident Bustamante Rivero.

Der Präsident konnte gerade noch einmal so viel Englisch, wie ich Spanisch konnte, und so war nach der Begrüßung und nachdem er mir bedeutet hatte, Platz zu nehmen, unser gemeinsamer Wortvorrat aufgebraucht. Man kann zwar Verschiedenes mit Zeichen und Gebärden klarmachen, aber man kann auf diese Art nicht um Zugang in den Marinehafen von Peru bitten. Das einzige, was ich begriff, war, daß der Präsident nicht verstand, was ich sagte. Und das begriff er sichtlich noch rascher als ich selbst, denn nach kurzem Verlauf verschwand er und kam mit dem Luftfahrtminister wieder. Der Luftfahrtminister, General Reveredo, war ein fescher und sportlicher Mann in Fliegeruniform, Schwingen auf der Brust. Er sprach ein glänzendes Englisch mit amerikanischem Akzent. Ich entschuldigte mich für das Mißverständnis, ich hätte mich nicht um einen Flughafen, sondern um einen Floßhafen bemüht. Der General erklärte lächelnd, er sei nur als Dolmetsch beigezogen worden. Stück um Stück wurde unsere Theorie dem Präsidenten übersetzt, der interessiert zuhörte und mich einem gründlichen Verhör unterzog. Schließlich sagte er:

»Sicher ist es möglich, daß die Südseeinseln zuerst von Peru entdeckt wurden, damit ist die Expedition auch von Interesse für Peru. Können wir etwas für Sie tun, so geben Sie uns Bescheid.«

Ich bat nun, einen Platz zum Bau des Floßes innerhalb der Mauern der Kriegsmarine angewiesen zu bekommen. Ich bat ferner um Lagerplätze und Zugang zu den Werkstätten der Marine, um Erleichterungen bei der Einfuhr der Ausrüstung, um Erlaubnis, das Trockendock verwenden zu dürfen, um die Hilfe des Marinepersonals bei der Arbeit, schließlich um ein Fahrzeug, das uns beim Start von der Küste wegschleppen könnte.

»Worum hat er gebeten?« fragte der Präsident so gespannt, daß selbst ich es verstehen konnte.

»Bagatellen!« antwortete Reveredo mit einem Wort. Der Präsident nickte zufrieden sein Ja.

Bevor die Audienz beendet war, versprach Reveredo, der Außenminister werde noch am selben Tage den eigenhändigen Befehl des Präsidenten erhalten, und Nieto bekäme freie Hand, uns in allem zu helfen, um was wir gebeten hätten.

»Gott beschütze Sie alle!« lachte der General und nickte mit dem Kopf. Der Adjutant begleitete mich bis zu dem wartenden Posten.

Die Zeitungen von Lima brachten an demselben Tag die Neuigkeit von der norwegischen Floßexpedition, die von Peru starten sollte, in dem sie auch schrieben, daß eine schwedisch-finnische wissenschaftliche Expedition ihre Studien unter den Dschungelindianern in der Amazonasgegend abgeschlossen hatte. Zwei von den schwedischen Teilnehmern dieser Expedition waren im Kanu den Amazonas hinauf nach Peru gefahren und waren so schließlich nach Lima gekommen. Der eine davon war Bengt Danielsson von der Universität Upsala, der jetzt die Bergindianer in Peru studieren wollte. Ich hatte die Notiz ausgeschnitten und saß im Hotel über einen Brief an Hermann betreffs des Bauplatzes, da wurde ich durch ein Klopfen an der Tür unterbrochen. Ein trat ein langer, sonnenverbrannter Mann im Tropenanzug, und als er den weißen Helm vom Kopf nahm, sah es aus, als hätte der flammend rote Bart ihn im Gesicht verbrannt und ihm das Haar bis auf den blanken Kopf abgesengt. Der Kerl kam aus der Wildnis, aber zu Hause gehörte er in einen Lehrsaal.

»Bengt Danielsson«, sagte der Mann und hatte sich damit vorgestellt.

Er hat wohl von unserem Floß gehört, dachte ich und bat ihn, Platz zu nehmen.

Ich habe gerade von Ihren Reiseplänen gehört«, sagte der Schwede.

Und jetzt kommt der als Fachethnologe daher, um meine Theorie niederzusäbeln, dachte ich. Aber da sagte der Schwede ganz friedlich:

»Und jetzt komme ich, Sie zu fragen, ob Sie mich mitnehmen wollen. Ich bin an der Wanderungstheorie interessiert.«

Ich wußte nicht mehr von dem Mann, als daß er Wissenschaftler war und daß er direkt aus dem finsteren Dschungel daherkam. Aber wenn ein einzelner Schwede mutig genug war, sich mit fünf Nordleuten auf ein Floß zu begeben, so konnte er nicht von Pappe sein. Und selbst der imponierende Bart konnte das friedliche Wesen und den guten Humor des Mannes nicht verbergen.

Bengt wurde der Sechste im Bunde, denn der Platz stand ja noch offen. Und er war der einzige von uns, der Spanisch sprach.

Als der Postflieger ein paar Tage später die Küste nach Norden brummte, sah ich von neuem respektvoll hinunter auf das endlose blaue Meer. Es sah aus, als würde es geradewegs in den Himmelsraum fließen. Dort unten, wo es so viel Wasser gab, daß es aussah, als wollte es über den Horizont überlaufen, würden wir demnächst zu sechst wie Mikroben auf einem Punkt vereinigt sein. Eine ganze, öde Welt würde uns umgeben, ohne daß wir uns auch nur ein paar Schritte voneinander entfernen konnten. Vorläufig hatten wir jedoch noch Spielraum genug. Hermann saß in Ecuador und wartete auf die Bäume. Knut Haugland und Torstein Raaby waren soeben im Flugzeug in New York gelandet. Erich Hesselberg saß auf einem Schiff von Oslo mit Kurs auf Panama. Ich selbst war mit dem Flugzeug unterwegs nach Washington, und Bengt saß im Hotel in Lima bereit und wartete auf die anderen.

Keine zwei von den Burschen hatten einander früher gesehen, und alle waren in ihrem Typ restlos verschieden. Auf diese Art konnten nämlich einige Wochen auf dem Floß vergehen, bevor sie ihrer gegenseitigen Geschichten müde wurden. Keine Sturmwolke mit Tiefdruck und Unwetter lag drohender vor uns als die Gefahr eines psychischen Schiffbruchs, wenn sechs Mann monatelang auf ein treibendes Floß beschränkt waren. Hier war ein guter Witz oft ebenso wichtig wie eine Schwimmweste.

In Washington gab es weiterhin beißende Winterkälte und hohen Schnee. Es war Februar, als ich zurückkam. Björn war auf das Radioproblem losgegangen und hatte mit Erfolg die amerikanischen Amateure interessiert, Rapporte und Meldungen des Floßes abzuhören. Knut und Torstein waren gerade dabei, die Verständigung vorzubereiten, die teils mit speziellen Kurzwellensendern vor sich gehen sollte, teils auch mit den Geheimsendern, wie sie die Sabotagekommandos während des Krieges gebrauchten. Tausend kleine und größere Dinge mußten bedacht werden, wenn wir das ausrichten wollten, was wir planten.

Der Papierberg im Archiv wuchs. Militärische und zivile Schreiben auf weiß, gelb und blau, auf englisch, spanisch, französisch und norwegisch. In unserem praktischen Zeitalter kann selbst eine Floßreise die Papierindustrie eine halbe Fichte kosten. Gesetze und Verfügungen banden uns an allen Ecken und Enden, und Knoten um Knoten mußte der Reihe nach gelöst werden.

»Möchte schwören, daß die Korrespondenz zehn Kilo wiegt«, sagte Knut ergeben eines Tages, als er wieder an der Schreibmaschine hing.

»Zwölf«, sagte Torstein trocken, »ich hab' sie gewogen.«

Meine Mutter muß eine klare Vorstellung von den Verhältnissen in diesen dramatischen Vorbereitungen gehabt haben, als sie schrieb: »... und ich wünsche jetzt nur, ich wüßte, daß Ihr alle sechs sicher an Bord des Floßes beisammen seid!«

Da kam ein Eiltelegramm aus Lima. Hermann war von der Brandung an Land geschleudert worden und lag, häßlich zugerichtet, mit ausgerenktem Hals im Krankenhaus Lima in Behandlung.

Torstein Raaby wurde mit Gerd Vold, unserer populären Sportsekretärin aus den Londoner Kriegstagen, die uns jetzt in Washington half, rasch im Flugzeug hinuntergeschickt. Sie fanden ihn bereits gebessert, nachdem er dreißig Minuten mit dem Kopf in einer Schlinge aufgehängt worden war, so daß die Ärzte den Atlaswirbel wieder hatten einrenken können. Das Röntgenbild zeigte, daß dieser oberste freie Halswirbel ausgekugelt war und völlig quergestanden hatte.

Hermanns Bärengesundheit hatte ihm das Leben gerettet, und blau und grün, steif und rheumatisch war er bald wieder zurück im Marinearsenal, wo er jetzt endlich die Balsastämme beisammen hatte und die Arbeit begann. Er brauchte weiterhin ärztliche Behandlung durch viele Wochen, und es war zweifelhaft, ob er die Fahrt mitmachen konnte. Selbst zweifelte er nicht einen Augenblick daran, trotz seines Denkzettels beim ersten Zusammenstoß mit dem Pazifik.

Dann kamen Erich im Flugzeug von Panama, Knut und ich von Washington, und damit waren wir alle in der Startgruppe in Lima vereinigt.

Drunten im Marinearsenal lagen die großen Balsastämme aus dem Quevedo-Urwald. Es war geradezu ein rührender Anblick. Roh zugeschlagene Rundstämme, gelber Bambus, Binsen und grüne Bananenblätter lagen zuhauf als Baumaterialien mitten zwischen den Reihen dräuender, grauer U-Boote und Zerstörer. Sechs hellhäutige Nordländer und zwanzig braune Marinesoldaten mit Inkablut in den Adern schwangen Beile und lange Machetemesser und spannten und knoteten an langen Tauen. Geschniegelte Marineoffiziere in Gelb und Blau schlenderten vorbei und betrachteten verständnislos diese bleichen Fremden und ihre vegetabilischen Materialien, die plötzlich ausgerechnet mitten unter sie ins Arsenal hereingeschlüpft waren.

Zum erstenmal seit Hunderten von Jahren war ein Balsafloß wieder in der Callao-Bucht im Bau. Dort, wo die Sage erzählt, daß die Küstenindianer zuerst solche Flöße von dem verschwundenen Geschlecht Kon-Tikis bauen lernten, dort weiß die Geschichte zu berichten, daß die Küstenindianer später von unserem Geschlecht davon abgebracht wurden, solche Flöße zu verwenden. Ein primitives und zerbrechliches Floß kann Menschen das Leben kosten. Die Verwandten der Inkas sind mit der Zeit gegangen, sie haben Bügelfalten in den Hosen und tragen steife Kragen. Bambus und Balsa sind Vergangenheit. Auch hier geht es vorwärts zu Panzer und Stahl!

Eine einzigartige Unterstützung bekamen wir durch das hypermoderne Arsenal. Mit Bengt als Dolmetscher und Hermann als Bauleiter verfügten wir über die Tischler- und Segelmacherwerkstätten sowie über das halbe Depot zur Lagerung unserer Ausrüstung und über einen kleinen Schwimmkran, der das Holz bei Baubeginn aufs Wasser hinaushievte.

Neun der dicksten Stämme bildeten die Grundlage. Tiefe Kerben wurden in das Holz geschlagen, um den Tauen Widerlager zu geben, die sie und damit das ganze Floß zusammenhalten sollten. Nicht eine einzige Spieke, kein Nagel und keine Stahlseilzurrung wurde bei der ganzen Konstruktion benutzt. Die neun großen Stämme wurden zuerst lose Seite an Seite ins Wasser gelegt, damit sie sich frei in ihre natürliche Schwimmstellung einspielen konnten, bevor sie endgültig zusammengezurrt wurden. Der größte Stamm, vierzehn Meter lang, wurde in der Mitte eingebaut und stand lang auf beiden Enden heraus. Daneben folgten symmetrisch immer kürzere Stämme, so daß die Seiten des Floßes zehn Meter lang wurden und der Bug wie ein stumpfer Pflug vorstand. Achtern war das Floß quer abgeschnitten, nur daß die drei mittelsten Stämme herausragten und die Unterlage für einen kurzen und dicken Balsaklotz bildeten, der quer lag und die Widerlager für das lange Steuerruder hielt. Als die neun Balsastämme solide mit verschiedenen Rollen von fünfviertelzölligen Hanftauen zusammengebunden waren, wurden die dünneren Balsastämme quer darüber festgebunden mit ungefähr einem Meter Zwischenraum. Damit war das Floß selbst fertig, mühsam zusammengezurrt mit fast dreihundert verschiedenen Taustükken, jedes mit einem soliden Knoten versehen. Ein Deck aus gespaltenem Bambus wurde darübergelegt, in Form von offenen Gittern festgebunden und mit losen Matten aus geflochtenem Bambusstroh belegt. Mitten auf dem Floß, aber näher dem Heck, bauten wir eine kleine offene Hütte aus Bambusrohr mit Wänden aus geflochtenem Bambusstroh und einem Dach aus Bambusstreben, gedeckt mit lederartigen Bananenblättern, die ziegelförmig übereinandergelegt wurden. Vor der Hütte pflanzten wir zwei Masten Seite an Seite. Sie waren aus eisenhartem Mangleholz und lehnten schräg gegeneinander. An der Spitze waren sie übers Kreuz zusammengebunden. Zwei Bambusstangen wurden sorgfältig zu einer Raa verbunden, die so das ganze vierkantige Segel mit doppelter Kraft tragen konnten.

Die neun großen Riesenstämme, die uns übers Meer tragen sollten, wurden vorher sorgfältig geglättet, damit sie das Wasser leicht durchschnitten. Niedrige Wellenbrecher befestigten wir über der Wasserfläche am Bug. An verschiedenen Stellen, wo große Zwischenräume zwischen den Stämmen waren, steckten wir insgesamt fünf solide Kiefernbretter durch, die senkrecht ins Wasser tauchten. Sie standen rundherum ohne System verteilt und reichten anderthalb Meter unter das Floß hinunter. Sie waren einen Zoll dick und maßen ein paar Fuß in der Länge. Tauwerk und Keile hielten sie an ihrem Platz fest. Sie dienten als kleine parallele Kiele oder Schwerter. Solche Senkkiele wurden auf allen Balsaflößen der Inkazeit längst vor der Entdekkung benutzt und sollten verhindern, daß die flachen Flöße mit Wind und Wetter quertrieben. Wir machten weder Reling noch Gurte rund um das Floß, nur ein langer Balsastamm lag als Halt für die Füße an jeder Längsseite.

Die ganze Konstruktion war eine getreue Kopie der alten Fahrzeuge in Peru und Ecuador, mit Ausnahme der Wellenbrecher am Bug, die sich in der Folge auch als völlig überflüssig erwiesen.

Abgesehen davon, stand es uns selbstverständlich frei, die Details an Bord nach unserem Geschmack zu arrangieren, solange das keinen Einfluß auf das Fahrzeug hatte. Wir wußten, daß dieses Floß in der Zeit, die vor uns lag, unsere ganze kleine Welt werden würde und daß infolgedessen jede kleinste Kleinigkeit an Bord im Verlauf der Wochen an Dimension und Wichtigkeit wachsen würde.

Deshalb gaben wir dem kleinen Verdeck so viel Abwechslung wie nur möglich. Der Bambus durfte nicht das ganze Floß bedecken, sondern bildete nur einen Fußboden vor und an Steuerbord der Hütte, da, wo die Wand frei blieb. Die Backbordseite der Hütte wurde als Hinterhof für Kisten und Ausrüstungsgegenstände verwendet, die hier festgebunden wurden. Darüber bauten wir einen schmalen Gehweg. Am Bug und achtern der Hütte lagen die neun Riesenstämme völlig unbedeckt. Wenn wir uns also rund um die Bambushütte bewegten, so stiegen wir vom gelben Bambus und Flechtwerk hinunter auf die grauen Stämme am Achterdeck und wieder hinauf auf den Lastenstapel auf der anderen Seite. Das waren nicht viele Schritte, aber der psychologische Effekt der Unregelmäßigkeit gab uns Abwechslung und glich die so begrenzte Bewegungsfreiheit aus. Selbst oben in der Mastspitze brachten wir ein Holzbrett an, nicht so sehr, um einen Ausguckposten zu haben, wenn wir auf der anderen Seite des Meeres wieder an Land kämen, sondern um unterwegs emporklettern zu können und das Meer unter einem anderen Winkel zu sehen.

Als das Floß Form anzunehmen begann und golden und frisch von reifem Bambus und grünen Blättern zwischen den Kriegsschiffen dalag, kam der Marineminister selbst zur Inspektion. Wir waren furchtbar stolz auf unser Fahrzeug, das wie ein frisches kleines Apropos aus der Inkazeit zwischen den großen, unheimlichen Marinefahrzeugen wirkte. Aber der Marineminister war über das, was er zu sehen bekam, entrüstet bis auf den Grund seiner Seele. Ich wurde ins Marineamt beordert, um einen Schrieb zu unterzeichnen, der die Marine von jeder Verantwortung für das, was wir in ihrem Hafen gebaut hatten, befreite. Anschließend wurde ich ins Marinegericht zitiert. Hier mußte ich unterschreiben, daß, wenn ich schon mit Menschen und Lasten an Bord in See stach, das vollständig auf eigene Verantwortung und eigenes Risiko geschah.

Später bekam eine ganze Reihe von ausländischen Marinefachleuten und Diplomaten Zugang zum Arsenal, um das Floß zu besichtigen. Das verlief auch nicht ermutigender, und ein paar Tage später wurde ich zu dem Gesandten einer Großmacht berufen.

»Leben Ihre Eltern?« fragte er, und da er eine bejahende Antwort erhielt, sah er mir tief in die Augen und sprach mit hohler und unheilverkündender Stimme:

»Ihre Mutter und Ihr Vater werden es sehr schwernehmen, wenn sie die Nachricht von Ihrem Tod bekommen.«

Als Privatmann stellte er mir dann nochmals anheim, die Fahrt aufzugeben, solange es noch Zeit war. Ein Admiral, der das Floß besichtigt hatte, hatte ihm erzählt, daß wir niemals lebend hinüberkommen würden. Zum ersten hatte das Floß blödsinnige Dimensionen, es war klein genug, um in einem hohen Brecher zu kentern, aber andererseits war es genau lang genug, um gleichzeitig von zwei Wogenkämmen emporgehoben zu werden, und beladen mit Lasten und Menschen würden die spröden Balsastämme unter dem Druck brechen. Und was noch schlimmer war, des Landes größter Balsaexporteur hatte ihn aufgeklärt, daß die porösen Balsastämme nur den vierten Teil der Entfernung über das Meer schwimmen könnten. Völlig mit Wasser durchtränkt, müßten sie uns unter den Beinen wegsinken.

Das hörte sich schlimm an, aber da wir bei unserem Standpunkt blieben, bekamen wir eine Bibel verehrt, die wir mit auf die Fahrt nehmen sollten. Es war tatsächlich wenig Ermutigendes von den Fachleuten zu hören, die das Floß gesehen hatten. Sturm und vielleicht sogar Orkan würden uns über Bord waschen und dem niedrigen und offenen Fahrzeug ein Ende bereiten. Hilflos würde es von Wind und Wetter auf dem offenen Ozean herumgetrieben werden. Selbst ganz gewöhnlich daherplätschernde Wellen würden schon bewirken, daß wir dauernd von Salzwasser durchnäßt würden, was Haut und Knochen aufzehren und alles an Bord zerstören sollte. Wenn wir alles zusammentrugen, was die verschiedenen Fachleute jeder für sich als wesentliche Fehler der Grundkonstruktion bezeichneten, so blieb nicht ein Tauende, ein Knoten, ein Maß oder ein Holzstück auf dem ganzen Floß, das nicht entscheidend zu unserem Untergang auf See führen sollte.

Das Wettfieber ging hoch, wie viele Tage unser Floß wohl halten würde, und ein leichtsinniger Marineattache' verwettete allen Whisky, den die Mitglieder der Expedition für den Rest ihres Lebens trinken konnten, wenn sie lebend eine Südseeinsel erreichten.

Am schlimmsten wurde es, als ein norwegisches Schiff im Hafen einlief und wir den Kapitän und ein paar von seinen erfahrenen Seebären mit ins Arsenal nehmen konnten. Wir waren auf ihre praktische Reaktion sehr gespannt, und die Enttäuschung war groß, als sich alle einig waren, daß das dicke und plumpe Fahrzeug niemals das Segel ausnutzen könnte. Der Kapitän behauptete gar, daß das Floß, wenn wir fahren würden, ein oder zwei Jahre brauchte, um mit dem Humboldtstrom überzusetzen. Der Bootsmann sah auf die Zurrungen und schüttelte den Kopf. Wir brauchten uns keine Sorgen zu machen, das Floß würde nicht vierzehn Tage halten, bis jedes einzelne Tau zerissen war, weil die schweren Baumstämme sich ständig auf und nieder bewegten und im Wogengang gegeneinander rieben. Wenn wir nicht Stahlseil und Kette brauchen wollten, dann könnten wir glatt zusammenpacken.

Das waren harte Argumente, gegen die wir taub bleiben mußten. Es hätte genügt, daß eines zutraf, damit uns keine Chancen blieben. Ich fürchtete, daß ich mich selbst oft gefragt habe, ob wir wußten, was wir taten. Ich konnte selbst nicht den einzelnen Warnungen begegnen, weil ich kein Seemann war, aber im Hintergrund hatte ich jenen einzigen Trumpf, auf den die ganze Reise aufgebaut war. Mir stand die ganze Zeit vor Augen, daß eine prähistorische Kultur von Peru hinüber zu den Inseln in einer Zeit verbreitet wurde, als solche Flöße die einzigen Fahrzeuge an dieser Küste waren. Ich schloß daher ganz allgemein, wenn das Balsaholz im Jahre 500 n. Chr. für Kon-Tiki geschwommen war und die Zurrungen gehalten hatten, daß sie dasselbe auch für uns machen würden, wenn wir nur blindlings das Floß ähnlich genug herstellten. Bengt und Hermann hatten sich gründlich in die Theorie eingearbeitet, und während sich die Experten Sorgen machten, nahmen es alle unsere Jungens mit größter Seelenruhe und unterhielten sich königlich in Lima. Nur ein einziges Mal nahm mich Torstein besorgt zur Seite: ob ich auch ganz sicher wäre, daß die Meeresströmung den richtigen Weg einhielt. Wir waren nämlich im Kino gewesen und hatten Dorothy Lamour im Strohröckchen unter Palmen und Hulamädchen auf einer entzückenden Südseeinsel herumtanzen sehen.

»Dort wollen wir hin!« sagte Torstein. »Gnade dir, wenn die Strömung nicht so läuft, wie du gesagt hast!«

Als sich der Tag der Abreise näherte, begaben wir uns zu der üblichen Paßkontrolle, um die Ausreiseerlaubnis zu bekommen. Bengt als Dolmetsch stand als erster in der Schlange.

»Wie heißen Sie?« fragte ein kleiner, eifriger Beamter und schielte mißtrauisch über die Brillengläser auf Bengts mächtigen Bart.

»Bengt Emmerich Danielsson«, antwortete Bengt andächtig.

Der Mann spannte ein langes Formular in die Schreibmaschine.

»Mit welchem Schiff kamen Sie nach Peru?«

»Ja, sehen Sie«, sagte Bengt erklärend und beugte sich über den kleinen erschreckten Mann, »ich kam nicht im Schiff, ich kam in einem Kanu nach Peru.«

Der Mann sah stumm vor Verwunderung auf Bengt und klapperte »Kanu« in eine der offenen Rubriken.

»Und mit welchem Schiff wollen Sie Peru verlassen?«

»Ja, sehen Sie mal«, sagte Bengt höflich, »ich möchte Peru nicht mit einem Schiff verlassen, sondern mit einem Floß.«

»Was denn nicht noch alles!« rief der Beamte erbost und riß das Papier aus der Maschine. »Ich muß schon sehr bitten um eine anständige Antwort auf meine Frage!«

Ein paar Tage vor der Abreise wurden Proviant, Wasser und unsere gesamte Ausrüstung an Bord des Floßes verstaut. Wir nahmen ausreichend

Proviant für sechs Mann und vier Monate, und zwar in Form von kleinen soliden Pappkartons mit Militärrationen. Hermann hatte die Idee, Asphalt zu kochen und in einer gleichmäßigen Lage rund um jede einzelne Schachtel zu gießen. Dann streuten wir Sand darauf, daß die Kartons nicht aneinanderkleben konnten, und verstauten sie unter dem Bambusdeck, wo sie den Zwischenraum zwischen den neun niedrigen Querstämmen, die das Deck trugen, ausfüllten.

In einer kristallklaren Quelle, hoch oben auf dem Berg, füllten wir sechsundfünfzig kleine Wasserkannen mit zusammen elfhundert Liter Trinkwasser, die wir auch zwischen den Querstämmen festzurrten, so daß die See sie ständig umspülen konnte. Auf dem Bambusdeck banden wir den Rest unserer Ausrüstung fest.

In der Bambushütte bekamen Knut und Torstein eine Ecke zugewiesen, um hier das Radiogerät zu montieren, und unten, zwischen den Querstämmen, banden wir acht Holzkisten fest. Zwei wurden für wissenschaftliche Instrumente und Filme beschlagnahmt, die übrigen sechs wurden verteilt, eine für jeden Mann, mit dem Bescheid, daß jeder so viel von seinen privaten Besitztümern mitnehmen konnte, als er in seiner eigenen Kiste unterbringen würde. Da Erich einige Rollen Zeichenpapier und eine Gitarre mitbrachte, wurde seine Kiste so voll, daß er seine Strümpfe nebenan bei Torstein einquartieren mußte. Dann kamen vier Marinesoldaten, die Bengts Kiste schleppten. Er hatte keine anderen Besitztümer als Bücher. Aber es war ihm geglückt, dreiundsiebzig soziologische und ethnologische Werke zu verstauen. Über die Kisten legten wir geflochtene Binsenmatten und jeder seinen Strohsack, und damit waren wir klar zum Start.

Das Floß wurde zuerst aus dem Marinegelände gezogen und ein wenig im Hafen herumgerudert, damit man sah, ob die Last gleichmäßig verteilt war. Dann wurde es zum Yacht-Club von Callao hinübergeschleppt, wo geladene Gäste und andere Interessenten am Tag vor der Abreise der Taufe des Floßes beiwohnen durften.

Am 27. April wurde die norwegische Flagge gehißt, und längs einer Raa in der Mastspitze wehten die Flaggen der fremden Länder, die der Expedition tatkräftige Unterstützung erwiesen hatten. Der Kai wurde schwarz von Menschen, die die Taufe des wunderlichen Fahrzeugs sehen wollten. Gesichtsfarbe und -form brachten in Erinnerung, daß viele von denen, die da standen, Nachkommen derer waren, die einst hier die Küste auf Balsaflößen entlanggesegelt waren, aber es gab auch Abkömmlinge der alten Spanier, vor allem unter den Repräsentanten der Marine und der hohen Regierungsstellen. Außerdem waren erschienen die Gesandten der Vereinigten Staaten, Großbritanniens, Frankreichs, Chinas, Argentiniens und Cubas, der Exgouverneur der britischen Pazifikkolonien, die Vertreter von Schweden und Belgien und unsere Freunde von der kleinen norwegischen Kolonie mit ihrem Generalkonsul Bahr. Es wimmelte von Presseleuten, die Filmkameras schnurrten, und es fehlten nur Hörnerklang und Trommelwirbel.

Eines war uns Beteiligten allen klar: Wenn das Floß sich vor der Bucht in seine Bestandteile auflöste, so wollten wir lieber jeder auf seinem Balken nach Polynesien paddeln, bevor wir hierher zurückkehrten!

Gerd Vold, Sekretärin der Expedition und Verbindungsglied zum Festland, sollte das Floß mit der Milch einer Kokosnuß taufen, teils um im Stile der Steinzeit zu verbleiben, teils aber auch, weil der Champagner durch ein Mißverständnis zu unterst von Torsteins Privatkiste gelandet war. Nachdem unsere Freunde auf englisch und spanisch zu wissen bekommen hatten, daß das Floß seinen Namen zur Erinnerung an den mächtigen Vorgänger der Inkas erhielt, jenen Sonnenkönig, der vor eineinhalb Jahrtausenden von Peru über das Meer nach Westen entschwand und in Polynesien wieder auftauchte, wurde das Floß von Gerd Vold »Kon-Tiki« getauft. Sie klatschte die (angespaltene) Kokosnuß so hart gegen den Stamm am Bug, daß die Milch und die Nußkerne allen in die Haare spritzten, die andächtig rundherum standen.

Dann wurde die Bambusraa gehißt, und das Segel entfaltete sich. Mitten darauf prangte groß und rot Kon-Tikis bärtiges Antlitz, eine Schöpfung von Kunstmaler Erich. Es war eine getreue Kopie vom Kopf des Sonnenkönigs, der in rotem Stein in einen Pfeiler oben in der Ruinenstadt Tiahuanaco gemeißelt war.

»Ah, Señor Danielsson!« rief unser Vorarbeiter überwältigt, als er die bärtige Figur auf dem Segel sah.

Zwei Monate lang hatte er Bengt mit »Señor Kon-Tiki« tituliert, nachdem wir ihm das bärtige Gesicht auf einem Blatt Papier gezeigt hatten. Aber jetzt war ihm endlich aufgegangen, daß »Danielsson« Bengts richtiger Name war.

Bevor wir fuhren, waren wir alle in Abschiedsaudienz beim Präsidenten. Dann machten wir noch einen Ausflug weit hinauf in den schwarzen Fels, um uns an Steinen und Abhängen zu sättigen, ehe wir unsere Reise hinaus auf den Ozean begannen. Solange wir am Floß unten an der Küste gearbeitet hatten, wohnten wir in einer Pension in einem Palmenhain vor Lima und fuhren von da hin und zurück im Auto des Luftfahrtministeriums mit einem Privatchauffeur, den Gerd für die Expedition glücklich »geliehen« bekommen hatte.

Nun baten wir den Chauffeur, uns an die Felsen heranzufahren und so weit hinein in die Berge zu bringen, als er in einem Tage schaffen konnte. So fuhren wir die Wüstenstraßen empor, an den alten Bewässerungskanälen der Inkazeit entlang, bis wir in die schwindelnde Höhe von viertausend Metern über dem Mast des Floßes kamen. Hier verzehrten wir förmlich Stein und Bergformen und grünes Gras mit den Augen und versuchten, uns an dem schönen Bergmassiv der Andenkette, das vor uns lag, zu überessen. Wir bildeten uns ein, daß wir des Steins und festen Grundes überdrüssig waren, so wollten wir denn hinaus und das Meer kennenlernen.

Über den Stillen Ozean

Dramatischer Start. Wir werden auf See geschleppt. Der Wind frischt auf. Kampf mit den Wogen. Das Leben im Humboldtstrom. Das Flugzeug findet uns nicht. Die Stämme ziehen Wasser. Holzwerk kontra Tauwerk. Mahlzeit aus fliegenden Fischen. Ein rarer Schlafgenoß. Der Schlangenfisch vergreift sich. Inseln im Meer. Meeresspuk. Begegnung mit dem größten Fisch der Welt. Jagd auf Seeschildkröten.

An dem Tag, an dem die »Kon-Tiki« auf See geschleppt werden sollte, herrschte emsiges Leben und Treiben im Hafen von Callao. Minister Nieto hatte den Marineschlepper »Guardian Rio« beordert, uns aus der Bucht zu ziehen und uns aus dem Küstenverkehr zu lösen, bis in die Gewässer hinaus, wo die Indianer einst mit ihren Flößen gefischt hatten. Die Tageszeitungen brachten die Neuigkeit in roten und schwarzen Schlagzeilen, und das Volk lief schon früh in den Morgenstunden des 28. April auf den Kais zusammen.

Wir sechs, die wir zusammen an Bord gehen sollten, hatten alle unsere kleinen Anliegen in elfter Stunde zu erledigen, und als ich an den Kai herunterkam, war bloß Hermann als Wache auf dem Floß zur Stelle. Absichtlich ließ ich das Auto schon lange vorher halten und schritt die ganze lange Mole aus, um mir die Beine noch einmal ordentlich zu vertreten, das letzte Mal für unbekannte Zeit. Dann sprang ich an Bord des Floßes. Hier sah es schlankweg chaotisch aus. Bananenbüschel. Fruchtkörbe und Säcke hatte man in allerletzter Stunde an Bord geworfen. Sie mußten noch verstaut und vertäut werden, sobald wir uns einigermaßen an Bord eingerichtet hatten. Mittendrauf auf dem wüsten Haufen saß Hermann ergeben und hielt einen Käfig mit einem grünen Papagei, der letzten Abschiedsgabe einer freundlichen Seele in Lima, auf den Knien.

»Paß einen Augenblick auf den Papagei auf«, sagte Hermann, »ich muß noch auf einen Sprung an Land auf ein Glas Bier, es dauert sicher noch ein paar Stunden, bis der Schlepper kommt.«

Kaum war er in dem Gewimmel am Kai verschwunden, als die Leute zu zeigen und zu winken begannen, und um die Ecke kam er denn mit Volldampf, unser Schlepper »Guardian Rio«. Er warf Anker vor dem wiegenden Meer von Masten, das den Weg zur »Kon-Tiki« versperrte, und schickte ein dickes Motorboot herein, um uns zwischen den Segelbooten hindurchzubugsieren. Dieses war gestopft voll von Marinesoldaten, Offizieren und Filmfotografen, und während die Kommandorufe dröhnten und die Kameras schnurrten, wurde ein Tauende am Bug unseres Floßes befestigt.

»Un momento«, rief ich verzweifelt, der ich dasaß mit meinem Papagei, »es ist zu früh, wir müssen auf die anderen warten, los expedicionarios«, erklärte ich und deutete in die Stadt.

Aber niemand nahm von mir Notiz. Die Offiziere lachten nur höflich, und der Knoten am Bug wurde besonders exemplarisch befestigt. Ich knüpfte die Schlinge los und warf sie mit allerhand Zeichen und Gebärden über Bord. Der Papagei benutzte die gute Gelegenheit in diesem Wirbel, seine Krallen aus dem Bauer herauszustrecken und den Türverschluß zu drehen. Als ich mich umwandte, stolzierte er eben vergnügt aufs Bambusdeck. Ich versuchte ihn zu greifen, aber er schimpfte auf spanisch los und flatterte über die Bananenbüschel davon. Ein Auge auf die Matrosen, die den Bug in eine Schlinge zu legen versuchten, startete ich zu einer wilden Jagd auf den Papagei. Schreiend suchte er in der Bambushütte Zuflucht. Dort konnte ich ihn in eine Ecke treiben und ihn an einem Fuß erwischen, als er versuchte, über mich hinwegzukurven. Als ich herauskam und meine flügelschlagende Trophäe wieder im Käfig hatte, hatten die Matrosen an Land glücklich alle Vertäuungen des Floßes gelöst, und so tanzte es hilflos hinaus und herein im Sog der langen Dünungen, die über die Mole hereinschlugen. In meiner Verzweiflung erwischte ich ein Paddelruder und versuchte vergebens, die knirschenden Stöße zu parieren, wenn das Floß gegen die Pfähle des Kais geschleudert wurde. Da sprang das Motorboot an, und mit einem Ruck begann die »Kon-Tiki« ihre lange Fahrt. Mein einziger Begleiter war ein leider nur spanisch sprechender Papagei. Auch er war verbiestert und stierte erbittert aus seinem Käfig. Das Volk an Land jubelte und winkte, und die geschniegelten Filmfotografen fielen fast ins Wasser vor Eifer, alle Details vom dramatischen Start der Expedition von Peru mitzubekommen. In einsamer Verzweiflung stand ich auf dem Floß und spähte nach meinen verlorenen Trabanten, aber niemand kam. Wir näherten uns bereits dem »Guardian Rio«, der unter Dampf lag und unverzüglich Anker lichten und auslaufen würde.

In einem Satz war ich die Strickleiter hinauf und machte so viel Spektakel an Bord, daß der Start gestört wurde. Man schickte ein Rettungsboot an den Kai zurück. Dieses blieb eine gute Weile aus und kam vollbeladen mit schönen Señoritas zurück, aber nicht mit einem einzigen von den vermißten Leuten der »Kon-Tiki«. Das war ja nun schön und gut, aber keine Lösung für mein Problem, und während das Floß von graziösen Señoritas nur so wimmelte, ging das Rettungsboot neuerlich auf Jagd nach los expedicionarios noruegos.

In der Zwischenzeit kamen Erich und Bengt an den Kai heruntergeeilt, mit ihren Siebensachen und mit Lesestoff beladen. Sie stießen auf den Menschenstrom, der auf dem Heimweg war, und wurden zum Schluß bei der Polizeiabsperrung von einem liebenswürdigen Beamten aufgehalten, der ihnen erklärte, daß es nichts mehr zu sehen gäbe. Bengt teilte dem Constabel unter einer flotten Geste mit der Zigarette mit, daß sie nicht um zu sehen herunterkämen, sie gehörten selbst aufs Floß.

»Nutzt leider nichts«, sagte der Constabel bedauernd, »die Kon-Tiki« ist schon vor einer Stunde ausgelaufen.«

»Unmöglich«, behauptete Erich und zog ein Paket hervor, »hier ist die Lampe.«

»Und er ist der Steuermann, und ich bin der Steward«, ergänzte Bengt.

Sie drängen sich vorbei, aber das Floß war tatsächlich weg. Sie liefen verzweifelt vor und zurück, die Mole entlang, wo sie die übrige Mannschaft trafen, die ebenfalls auf eifriger Suche nach dem verschwundenen Floß war. Endlich bekamen sie das hereinkommende Rettungsboot zu Gesicht, und dann waren wir alle plötzlich wieder vereint. Das Wasser schäumte um das Floß, als uns der »Guardian Rio« auf See schleppte.

Es war später Nachmittag geworden, als wir starteten, und der »Guardian Rio« wollte uns nicht loslassen, bevor wir nicht am nächsten Morgen frei vom Küstenverkehr waren. Gleich außerhalb der Mole bekamen wir unruhige See, und alle die kleinen Boote, die uns begleiteten, wendeten nach und nach und kehrten zurück. Nur einige von den großen Lustjachten folgten uns ganz hinaus bis zum Ausgang der Bucht, um zu sehen, wie es uns da draußen ergehen würde.

Die »Kon-Tiki« folgte dem Schlepper wie ein stoßender Bock an der Leine und steckte den Bug in die stampfende Seen, daß das Wasser nur so über Bord schäumte. Das sah wenig vertrauenerweckend aus, denn das war hier ruhige See im Vergleich zu dem, was wir zu erwarten hatten. Kaum waren wir mitten in der Bucht, als das Kabel, an dem das Floß hing, riß und das längere Ende auf unserer Seite langsam versank, während der Schlepper weiterdampfte. Wir legten uns entlang der Kante des Floßes platt nieder, um nach dem Ende des Kabels zu fischen, während die Jachten an uns vorbeizogen und den Schlepper anzuhalten versuchten. Nesselquallen, dick wie Bottiche, klatschten mit den Wellen entlang des Floßes auf und nieder und umgaben alle Taue mit einem schleimigen und brennenden Belag. Wenn das Floß sich hob, hingen wir flach über die Kante und angelten mit den Armen gegen die Wasserfläche hinunter, bis die Hände das glitschige Kabel berührten. Wenn dann das Floß wieder hinuntertauchte, steckten plötzlich alle Mann ihren Kopf tief in die Wellen, während sich Salzwasser und Riesenquallen über unsere Rücken ergossen. Wir spuckten und fluchten und zogen uns die Quallenfäden aus dem Haar. Aber als der Schlepper zurückkam, war das Kabelende wieder an Deck und klar zum Spleißen. Als wir es dann an Bord des Schleppers werfen wollten, trieben wir plötzlich unter das überhängende Heck des Schiffes und waren in Gefahr, durch den Wasserdruck zerquetscht zu werden. Wir ließen alles liegen und stehen, war wir in den Händen hatten, und bemühten uns, uns mit Bambusstangen und Paddelrudern frei zu halten, bevor es zu spät war. Aber wir kamen nie richtig zurecht, denn wenn wir in einem Wellental waren, erreichten wir das Eisendach über uns nicht, aber wenn das Wasser uns wieder hob, dann schlug der ganze Steven des »Guardian Rio« in den Wasserspiegel und hätte uns flachgedrückt, wenn wir

Über die Andenkette auf der Suche nach Balsaholz. Im Jeep auf 4000 Meter Meereshöhe. Bergindianer mit Packtieren stellen den einzigen ,,Verkehr" in diesem einsamen Gebirgsland dar

In den Dschungeln von Ecuador finden wir den Balsabaum. Wir schlagen die größten Stämme und entrinden sie fachmännisch nach Indianerart

Die Stämme werden zu einem Floß zusammengestellt und von uns den Palenquefluß hinunter zum Stillen Ozean geführt

Oben: v. l. Knut Haugland, Bengt Danielsson, der Verfasser Erik Hesselberg, Torstein, Raaby, Hermann Watzinger. Unten: Die Balsastämme werden mit Hanftauen zusammengebunden. Nicht ein Stück Metall wird dabei verwendet

Mit vollen Segeln auf schwerer See. Wir haben eine bittere Lehrzeit draußen im Humboldtstrom. Die letzten Meister im Floßsegeln, die es uns hätten lehren können, sind ja schon seit vielen hundert Jahren tot

in den Sog geraten wären. Oben an Deck lief das Volk durcheinander und schrie. Endlich begann der Propeller neben uns sich in Gang zu setzen, und das half uns, von dem Strudel unter dem »Guardian Rio« in letzter Minute klarzukommen. Der Bug des Floßes hatte einige kräftige Schläge auszuhalten gehabt und hing nun etwas windschief in den Zurrungen, aber das richtete sich langsam von selbst zurecht.

»Wenn etwas so schlecht anfängt, dann muß es ja gut gehen«, sagte Hermann, »wenn nur dieses Schleppen ein Ende hat, ehe es das Floß in Stücke zerreißt.«

Aber die Schlepperei dauerte in langsamer Fahrt die ganze Nacht und verlief bis auf ein paar kleine Zwischenfälle glatt. Längst hatten uns die Jachten Lebewohl gesagt, und das letzte Leuchtfeuer war achteraus verschwunden. Nur einige wenige Schiffslichter passierten uns im Dunkeln. Wir teilten die Nacht in Wachen , um ein Auge auf das Kabel zu halten, und alle taten einen guten Schlaf. Als es wieder tagte, lag dichter Nebel über der Küste von Peru, während wir einen strahlend blauen Himmel im Westen vor uns hatten. Die See rollte in langen ruhigen Dünungen, von leichten Schaumkämmen gekrönt, und Kleider und Baumstämme und alles, was wir in die Hand nahmen, war dampfend naß vom Tau. Es war kühl, und das grüne Wasser um uns war erstaunlich kalt für zwölf Grad südlich des Äquators. Es war der Humboldtstrom, der seine kalten Wassermassen von der Antarktis heraufwälzte, sie nach Norden die ganze peruanische Küste entlangschob, um dann dicht unterhalb des Äquators nach Westen hinaus über das Meer zu biegen. Hier draußen waren Pizarro, Zarate und die anderen frühen Spanier das erstemal auf die großen Segelflöße der Inka-Indianer gestoßen, die sich fünfzig bis sechzig Seemeilen aufs Meer hinauswagten, um Thunfische und Dolfine mitten im Humboldtstrom zu fischen. Tagsüber kam der Wind vom Lande, während er am Abend wieder auf das Land zu stand und ihnen heimhalf, wenn sie es wünschten.

Der Schlepper lag in der Nähe, und da wir ängstlich besorgt waren, das Floß möglichst weit weg zu halten, setzten wir unser kleines aufgeblasenes Gummiboot zu Wasser. Das hüpfte wie ein Fußball über die Wellen und tanzte mit Erich, Bengt und mir los, bis wir die Strickleiter zum »Guardian Rio« zu fassen bekamen und an Bord klettern konnten. Bengt verdolmetschte uns unsere genaue Position auf der Karte. Wir waren jetzt fünfzig Seemeilen von Land, nordwestlich von Callao, und mußten in den ersten Nächten noch Laternen tragen, um nicht von Küstendampfern gerammt zu werden. Weiter draußen würden wir keinem Schiff mehr begegnen, denn es gab keine Route, die diesen Teil des Pazifiks durchschnitt.

Wir nahmen feierlich Abschied von allen an Bord, und viele freundliche Blicke folgten uns, als wir wieder ins Gummiboot hinunterstiegen und über die Wogen zurück zur »Kon-Tiki« davontanzten. Dann wurde das Schlepptau gekappt, und das Floß lag allein. Fünfunddreißig Mann an Bord der »Guardian Rio« standen an der Reling und winkten, solange wir die Konturen unterscheiden konnten, und sechs Mann saßen ihrerseits auf den Kisten an Bord des Floßes und folgten dem Schlepper mit den Augen, solange wir ihn sehen konnten. Erst als sich die dunkle Rauchsäule hinter der Kimmung auflöste und verschwand, schüttelten wir uns und nickten einander zu.

»Gute Fahrt!« sagte Torstein. »Jungens, jetzt können wir den Motor in Gang setzen.«

Alles lachte. Wir prüften die Windrichtung. Es ging ein ganz schwaches Lüftchen, das sich von Süden nach Südosten gedreht hatte. Wir hißten die Bambusraa mit dem großen vierkantigen Segel, aber das hing ganz schlaff und gab dem Kon-Tiki-Gesicht ein runzliges, unzufriedenes Aussehen.

»Der Alte schaut sich gar nicht gleich«, sagte Erich, »wie der jung war, hat es wahrscheinlich stärker geblasen.«

»Am liebsten möchte man antauchen!« meinte Hermann und warf einen Balsaspan am Bug hinaus:

»Eins – zwei – drei – – – neununddreißig, vierzig, einundvierzig.«

Der Balsaspan lag immer noch ruhig und fest neben dem Floß. Noch hatte er den ganzen Weg an der Seite entlang nicht zurückgelegt.

»Wir werden wohl mit ihm zugleich hinüberkommen«, sagte Torstein optimistisch.

»Ja, hoffentlich treiben wir nicht mit der Abendbrise zurück«, meinte Bengt. Es war ja sehr unterhaltsam beim Abschied in Callao, aber auf den nächsten Willkomm kann ich wohl verzichten!«

Der Span hatte endlich das Ende des Floßes erreicht. Wir riefen Hurra und begannen jetzt alles zu verstauen und festzubinden, was in letzter Minute an Bord geschleppt worden war. Bengt stellte einen Primus auf den Boden einer leeren Kiste, und bald tranken wir warmen Kakao und aßen Keks und öffneten eine frische Kokosnuß. Die Bananen waren noch nicht richtig reif.

»Jetzt haben wir es schon ganz gut«, brummte Erich zufrieden. Er stieg einher in einer dicken Schafpelzhose und einem mächtigen Indianerhut, mit dem Papagei auf der Schulter.

»Nur eins schätze ich dabei weniger«, lachte er dann, »und das sind alle diese ungenauen Gegenströme, die uns geradewegs auf die Klippen vor der Küste setzen können, wenn wir hier auf diese Art liegenbleiben.«

Wir erwogen die Möglichkeit zu paddeln, aber wurden uns einig, uns dem Wind zu überlassen.

Und der Wind kam. Sachte und stetig blies er von Südost daher. Bald füllte sich das Segel und blähte sich wie eine frohlockende Brust, mit dem Kon-Tiki-Kopf strotzend von Unternehmungslust. Die »Kon-Tiki« begann, sich in Bewegung zu setzen.

Wir drehten gegen Westen und zogen an Schoten und Seilen. Das Steuerruder wurde achtern ins Wasser gelassen, und die Wachliste trat in Kraft. Wir warfen Papierkugeln und Späne neben den Bug und standen achtern mit der Uhr:

»Eins – zwei – drei – – – acht – neun – jetzt!« Das Papier und die

Holzstückchen passierten das Steuerruder, und bald lagen sie wie Perlen einer Schnur und tauchten in den Wellentälern hinter uns auf und nieder. Es ging voran, Meter für Meter. Die »Kon-Tiki« pflügte die See, zwar nicht so wie ein schnittiges Rennboot – dick und breit, schwer und solid schob sie sich bedächtig vor über die Wogen. Sie übereilte sich nicht, aber wenn sie einmal in Gang gekommen war, dann arbeitete sie sich mit unwandelbarer Energie voran.

Die Steuerung bedeutete augenblicklich unser größtes Dilemma. Das Floß war wohl genauso gebaut, wie es die Spanier beschrieben, aber heutzutage konnte uns kein Mensch mehr einen praktischen Einführungskurs im Segeln auf Indianerflößen geben. Das Problem war zwar unter Experten an Land gründlich diskutiert worden, aber mit mageren Resultaten. Sie verstanden genausowenig davon wie wir selbst.

Da der Südost rasch an Stärke zunahm, wurde es notwendig, den Kurs des Floßes so zu halten, daß das Segel von achtern gut gefüllt wurde. Wenn das Floß die Seite zu stark gegen den Wind drehte, schlug plötzlich das Segel um und drängte auf Last und Volk und Hütte, während sich das ganze Floß wendete und denselben Kurs zurück nahm. Das wurde ein schwerer Gefechtsgang, wenn dann drei Männer mit dem Segel rauften und die drei anderen an dem langen Steuerruder arbeiteten, um die Nase des Floßes herum und wieder an den Wind zu bekommen. Und sobald wir es fertiggebracht hatten, mußte der Steuermann aufpassen wie ein Schießhund, daß nicht im gleichen Augenblick das ganze Theater von vorn losging.

Das sechs Meter lange Steuerruder lag frei zwischen zwei Haltepflöcken auf einem mächtigen Klotz am Achterende. Dasselbe Steuerruder hatten unsere eingeborenen Freunde gebraucht, als wir den Palenquefluß in Ecuador hinuntergetrieben waren. Die lange Stange aus Mangleholz war zäh wie Stahl, aber schwer genug, um wie ein Stein zu sinken, wäre sie über Bord gegangen. Am Ende der Stange war ein großes Ruderblatt aus Kiefernholz mit einem Tau festgebunden. Es nahm alle unsere Kräfte in Anspruch, dieses lange Steuerruder festzuhalten, wenn die Wogen dagegen schlugen, und die Hände wurden von dem krampfhaften Griff müde, mit dem wir den Schaft umklammerten, damit das Ruderblatt senkrecht in die See niedertauchte. Dieses letzte Problem wurde gelöst, als wir einen Querstock am Handgriff des Steuerruders befestigten, so daß ein Hebelarm entstand, an dem wir drehen konnten. Dabei versteifte sich die Brise ständig.

Schon am Nachmittag blies der Passat mit voller Stärke. Bald wühlte er das Meer in brausende Seen auf, die sich von achtern über uns stürzten. Erst jetzt wurde uns allen klar, daß hier das Meer selbst uns entgegenkam. Jetzt war es ernst. Alle Brücken waren abgebrochen. Ob es gut gehen würde, das hing ganz allein von der Seetüchtigkeit des Balsafloßes ab. Wir wußten, von jetzt ab würden wir nie wieder den Wind aufs Land zu bekommen und damit auch keine Chance, je wieder umzukehren. Wir waren mitten in den Passat hineingekommen, und jeder Tag würde uns weiter und weiter hinaus aufs

Meer führen. Es lag nur mehr daran, jetzt mit vollen Segeln durchzuhalten. Selbst wenn wir versuchen sollten, die Nase heimwärts zu drehen, so würden wir trotzdem rücklings aufs Meer hinaustreiben. Es gab nur mehr einen einzigen Kurs: den Wind von achtern zu nehmen, den Bug gegen Sonnenuntergang gerichtet. Das war ja schließlich und letzten Endes der Sinn unserer Fahrt. Wir wollten der Sonne auf ihrem Weg folgen, wie Kon-Tiki und die alten Sonnenanbeter es einmal gemacht hatten, wenigstens unserer Meinung nach, als sie von Peru aufs Meer getrieben wurden.

Wir bemerkten mit Triumph und Erleichterung, wie sich das Floß über die ersten drohenden Wogenkämme schwang, die wider uns schäumten. Aber es war unmöglich für den Steuermann, das Ruder festzuhalten, wenn sich brausende Seen über ihn wegwälzten und das Ruder aus dem Widerlager hoben oder es zur Seite drückten. Dann wurde er herumgeschleudert wie ein hilfloser Akrobat. Selbst zwei Mann zugleich konnten das Ruder nicht festhalten, wenn sich die Seen gegen uns erhoben und sich über die Steuerwache am Heck ergossen. So verfielen wir darauf, Stricke vom Ruderblatt zu jeder Seite des Floßes zu ziehen. Mit anderen Tauen banden wir das Ruder in seinem Widerlager fest, so daß ihm nur mehr eine begrenzte Bewegungsfreiheit verblieb. Auf diese einfache Art konnten wir auch den schwersten Seen trotzen, wenn wir uns nur selbst festzuhalten vermochten.

Als sich die Wellentäler immer tiefer eingruben, wurde uns klar, daß wir in den reißendsten Teil des Humboldtstroms gekommen waren. Hier wirkte die Strömung und nicht nur der Wind. Das Wasser war grün und kühl und umgab uns auf allen Seiten. Die zackigen Berge Perus waren in den dichten Wolkenbänken hinter uns versunken. Als sich die Dunkelheit über das Meer senkte, begann unser erster Zweikampf mit den Elementen. Noch waren wir unsicher auf See, noch war es gänzlich ungewiß, ob sie sich als Freund oder Feind jener engen Gemeinschaft zeigen würde, die wir selbst gesucht hatten. Als wir im Dunkel der Nacht hörten, wie das Heulen des Meeres rund um uns plötzlich von dem Dröhnen eines nahenden Wogenrückens übertönt wurde und ein weißer Kamm in der Höhe des Hüttendaches auf uns zukam, klammerten wir uns fest und warteten düsteren Sinnes, daß die Wassermassen über uns und dem Floß zusammenschlugen. Aber jedesmal erlebten wir dieselbe Überraschung und dieselbe Erlösung: »Kon-Tiki« wippte ruhig ein Ende in die Höhe und hob sich unangefochten in die Luft, während die Wassermassen am Floß vorbeirauschten. Dann sanken wir wieder in ein Wellental und warteten auf die nächste große See. Die größten kamen mit Vorliebe zwei und drei hintereinander, dann kam eine lange Reihe von kleineren. Aber wenn zwei große Wellen allzu dicht hintereinander liefen, dann brach die letzte über das Heck herein, während die erste noch den Bug in die Höhe hob.

Es war daher unverbrüchliches Gesetz, auf Steuerwache ein Tau um den Leib zu haben, dessen anderes Ende am Floß befestigt war, denn es gab keine Reling. Auftrag war, den Achtersteven gegen See und Wind zu wenden und geradewegs aufs Meer zu halten. Wir hatten einen alten Rettungsbootkompaß in einer Kiste achtern montiert, so daß Erich den Kurs kontrollieren und Position und Trift errechnen konnte. Vorläufig war es ungewiß, wo wir uns befanden, denn der Himmel war bewölkt und der Horizont ein einziges Wogenchaos. Zwei Mann zogen immer gleichzeitig auf Wache, und Seite an Seite brauchten sie all ihre Kraft im Kampf mit dem tanzenden Steuerruder, während die anderen in der offenen Bambushütte ein Auge voll Schlaf zu nehmen versuchten. Wenn eine schwere See kam, überließen die zwei die Steuerung dem Tauwerk, sprangen selbst empor und hängten sich an eine Bambusstange am Hüttenfirst, während die Wassermassen von achtern hervorzischten und zwischen den Stämmen und über die Seiten des Floßes abliefen. Dann mußten sie sofort wieder an das Ruder springen, bevor das Floß sich herumdrehte und das Segel umschlug. Denn hätte die nächste Woge das Floß von der Seite überrascht, dann hätte sie sich geradewegs in die Bambushütte hinein ergossen. Kam sie aber von achtern, so verschwand sie zwischen den auseinandergespreizten Stämmen so rasch, wie sie an Bord gekommen war, und reichte nur selten bis an unsere Hüttenwand heran. Der Vorteil eines Floßes war ganz offenkundig, denn je mehr Zwischenraum, desto besser. Durch die Spalten im Boden strömte das Wasser ab, aber niemals herein.

Um zwölf Uhr nachts passierte ein Schiffslicht in nördlicher Richtung. Schlag drei passierte noch eins mit demselben Kurs. Wir winkten mit unserem kleinen Paraffinlicht und blinkten mit einer Taschenlampe, aber man sah uns nicht, und die Lichter glitten ruhig nach Norden ins Dunkel und verschwanden. Sie ahnten wohl kaum an Bord, daß hier ein quietschlebendiges Inkafloß lag und sich zwischen den Wellen hindurchraufen mußte. Und wir ahnten ebensowenig auf dem Floß, daß dies unser letztes Schiff und unsere letzte Begegnung mit Menschen gewesen war, bevor wir drüben auf der anderen Seite des Meeres ankamen.

Wie Kletten klammerten wir uns in der Finsternis an das Steuerruder und spürten das frische Seewasser aus unseren Haaren rinnen. Das Ruder schlug uns vorn und rückwärts mürbe, und die Fäuste wurden steif in der Umklammerung. Das war eine harte Schule in den ersten Tagen, sie verwandelte uns rasch aus Landratten in Seebären. In den ersten Tagen wechselte jeder Mann unaufhörlich zwischen zwei Stunden Steuerwache und drei Stunden Ruhe. Wir hatten es so eingerichtet, daß jede Stunde ein frischer Posten kam und den ablöste, der schon zwei Stunden gestanden war. Jeder Muskel im Körper war während der Wache bis zum äußersten angespannt, um einigermaßen die Steuerung zu bewältigen. Wenn wir vollständig erschöpft waren vom Drücken des Ruders, so gingen wir auf die andere Seite hinüber und zogen es, und waren Arm und Brust vom Druck wund, nahmen wir den Rücken zu Hilfe. So schlug uns das Ruder auf Brust und Rücken schön gleichmäßig grün und blau. Wenn endlich Ablösung kam, krochen wir halb erstarrt in die Bambushütte, schlangen ein Tau um die Füße und schliefen in den salzigen

Kleidern ein, bevor wir noch in den Schlafsack hineinkamen. Und schon zog es wieder brutal am Tau, drei Stunden waren um, und wieder mußte man hinaus und einen von den beiden ablösen, die am Steuerruder standen.

In der nächsten Nacht war es noch schlimmer, die See wilder, statt daß sie sich beruhigt hätte. Zwei Stunden ununterbrochenes Raufen mit dem Steuerruder war zu lang. Wir taugten nicht mehr viel in der zweiten Hälfte der Wache, die Seen bekamen Oberhand und schleuderten uns herum wie einen Ball, während das Wasser über Bord schäumte. So gingen wir dazu über, eine Wache von einer Stunde bei eineinhalb Stunden Ruhe einzurichten. Die ersten sechzig Stunden waren ein einziger Kampf gegen ein Chaos von Wogen, die sich auf uns zuwälzten, eine nach der anderen, unaufhörlich, hohe Wellen und niedrige Wellen, spitze Wellen und runde Wellen, schräge Wellen und Wellen oben auf der Spitze von anderen Wellen. Am ärgsten von uns litt Knut. Er war von der Steuerwache befreit, aber dafür mußte er Neptun opfern und duldete schweigend Qualen in einem Winkel der Hütte. Der Papagei saß melancholisch in seinem Käfig, ließ den Schnabel hängen und schlug jedesmal mit den Flügeln, wenn das Floß einen unerwarteten Sprung machte und die Wellen achtern gegen die Wand klatschten. Dabei rollte die »Kon-Tiki« gar nicht so besonders, sie nahm die Seen gelassener als irgendein Boot der gleichen Ausmaße, aber man konnte unmöglich voraussehen, nach welcher Seite sich das Deck das nächstemal neigen würde, und wir lernten ewig nicht die Kunst, geschickte Seemannsbeine auf das Floß zu stellen, denn es schaukelte nach der Länge soviel wie nach der Quere.

In der dritten Nacht beruhigte sich die See etwas, obgleich der Wind seine Stärke beibehielt. Um vier Uhr kam ein unerwarteter Nachläufer schäumend durch das Dunkel und drehte das ganze Floß herum, bevor die Männer am Steuer zur Besinnung kamen. Das Segel drückte auf die Hütte los und drohte, diese und sich selbst in Fetzen zu zerschlagen. Alle Mann mußten an Deck. Wir bargen die Last und zogen an Tauen und Pardunen in der Hoffnung, das Floß wieder auf den richtigen Kurs zu bringen, damit das Segel sich wieder füllen und sich friedlich über uns wölben konnte. Aber das Floß wollte sich nicht wieder wenden lassen. Es wollte jetzt rückwärts marschieren und damit basta! Wie immer wir zogen, schoben und herumruderten, das einzige Ergebnis war, daß um ein Haar zwei Mann im Seegang über Bord gegangen wären, als das Segel sie im Dunkel erfaßte. Die See war sichtlich ruhiger geworden. Steif, zerschlagen an allen Gliedern, mit wunden Füßen und verschlafenen Augen waren wir nicht mehr viele saure Heringe wert. Es war besser, die Kräfte zu sparen, wenn der Sturm einen noch härteren Strauß erfordern sollte, man konnte nie wissen. So fierten wir das Segel und rollten es um die Bambusstange. Die »Kon-Tiki« lag seitlich in den Wellen und nahm sie wie ein Kork. Alles an Bord war vertäut, wir bliesen die Wachen ab, und sechs Mann krochen in die winzige Bambushütte, wo wir uns zusammendrängten und schliefen wie Mumien in einer Sardinenbüchse.

Wir hatten keine Ahnung davon, daß wir uns nun durch die härtesten

Steuerwachen der Reise hindurchgeschlagen hatten. Erst weit draußen auf dem offenen Ozean kamen wir auf die einfache und geniale Art der Inkas, ein Floß zu steuern.

Wir erwachten am hellen Tag, als der Papagei anfing, sich aufzuplustern und Krach zu schlagen und in seinem Käfig auf und ab zu hüpfen. Draußen gingen die Wellen immer noch hoch, aber in langen, gleichmäßigen Kämmen und nicht so willkürlich und stoßweise wie am Tag zuvor. Das erste, was wir sahen, war die Sonne, die auf dem gelben Bambusdeck lag und dem ganzen Meer rundum ein leuchtendes und freundliches Aussehen gab. Was tat es schon, wenn der Ozean brauste und wogte, solange er uns nur auf dem Floß in Frieden ließ; was tat es schon, wenn er sich vor unserer Nase hoch in die Luft bäumte, wenn wir wußten, daß das Floß in der nächsten Sekunde drüberhüpfen und den brausenden Kamm ausstreichen würde wie eine Dampfwalze, während der schwere, gefährliche, gläserne Berg selbst uns nur in die Höhe hob und wimmernd und gluckernd unter dem Floßboden dahinrollte. Die alten Meister aus Peru wußten genau, was sie taten, als sie einen hohlen Schiffsrumpf vermieden, der sich mit Wasser füllen konnte, wie auch ein Fahrzeug, das so lang war, daß es nicht über eine Welle nach der anderen reiten konnte. Eine Dampfwalze aus Kork, das war der widerspruchsvolle Effekt unsere Balsafloßes.

Erich nahm unsere Position an der Sonnenhöhe, und wir fanden, daß wir zusätzlich zur Segelfahrt eine gewaltige Abtrift längs der Küste nach Norden hatten. Wir lagen noch im Humboldtstrom, der hier etwa hundert Seemeilen vom Lande dahinzieht. Das große Spannungsmoment bestand darin, wie wir in den unsicheren Stromwirbeln südlich der Galapagos weiterkommen würden. Es konnte schicksalsschwere Folgen haben, denn hier droben konnten wir von kräftigen Meeresströmungen nach allen Richtungen, selbst gegen die Küste von Mittelamerika gefegt werden. Aber ging es wie berechnet, so würden wir mit dem Hauptstrom nach Westen über das Meer treiben, bevor wir die Höhe der Galapagos erreichten.

Der Wind blies weiterhin genau von Südosten. Wir hißten das Segel, bekamen endlich das Floß mit dem Heck in den Wind und setzten die Steuerwachen fort.

Knut hatte nun endlich die Qualen der Seekrankheit überstanden. Mit Torstein zusammen kletterte er in die schwingende Mastspitze, wo sie mit mysteriösen Radioantennen experimentierten, die sie einmal mit einem Ballon, dann wieder mit Drachen in die Luft steigen ließen. Plötzlich rief einer aus dem Radioverschlag, daß er die Marinestation in Lima höre, die nach uns rief. Sie verständigte uns, daß das Flugzeug des amerikanischen Gesandten von der Küste her unterwegs sei, um uns ein letztes Lebewohl zu sagen und um zu sehen, wie wir uns draußen auf dem Meer ausnahmen. Kurz darauf bekamen wir direkten Kontakt mit dem Funker an Bord des Flugzeugs und wenig später ein zweifellos unerwartetes Zwiegespräch mit der Sekretärin der Expedition, Gerd Vold, die an Bord war. Wir gaben unsere

Position so genau wie möglich und sendeten stundenlang Peilungssignale, und die Stimme im Äther wurde stärker oder schwächer, je nachdem ARMY-119 näher oder ferner kreiste und suchte. Aber wir hörten die Maschine nie und sahen ebensowenig ein Flugzeug. Das niedrige Floß zwischen den Wellenkämmen zu suchen, war nicht so leicht, und unser eigener Ausblick war zu sehr begrenzt; zum Schluß mußte der Flieger aufgeben und wendete zurück zur Küste. Es war dies das letzte Mal, daß jemand nach uns suchte.

In den folgenden Tagen ging die See hoch, aber die Wellen kamen zischend genau in Reih und Glied von Südosten, und die Steuerung ging bedeutend leichter. Wir nahmen jetzt See und Wind schräg von achtern gegen die Backbordseite, so nahm der Steuermann weniger Wellen über, und das Floß lief ruhiger, ohne sich zu drehen. Wir konstatierten mit Spannung, daß der Südostpassat und der Humboldtstrom uns mit jedem Tag näher an die Wirbel um die Galapagosinseln herantrieben. Und so rasch ging es genau nach Nordwesten, daß unser täglicher Durchschnitt in diesen Tagen bei fünfundfünfzig bis sechzig Seemeilen lag, mit einem Rekord von einundsiebzig Seemeilen oder über einhundertdreißig Kilometern an einem einzigen Tag.

»Ist es schön auf den Galapagos?« fragte Knut vorsichtig eines Tages und zeigte auf unsere Karte, wo eine Perlenschnur von Positionen vermerkt war. Die entstandene Figur glich einem Finger, der hämisch auf die verhexten Inseln deutete.

»Kaum«, sagte ich, »der Inka Tupac Yupanqui soll knapp vor der Zeit des Kolumbus von Ecuador nach den Galapagos gefahren sein, aber weder er noch irgendein anderer Eingeborener ließ sich wegen des Wassermangels dort nieder.«

»O. K.«, sagte Knut, »so kommen wir, zum Teufel, hoffentlich auch daran vorbei.«

Wir hatten uns jetzt so daran gewöhnt, daß uns das Meer umschäumte, daß es uns nichts mehr ausmachte. Was hieß es schon, wenn wir ein wenig herumtanzten, tausend Faden Wasser unter uns, solange wir und das Floß ständig obenauf waren. Nur daß hier die nächste Frage auftauchte: Wie lange konnten wir damit rechnen, uns zuoberst zu halten? Es war leicht zu sehen, daß die Balsastämme Wasser zogen. Der letzte Querbalken war schlimmer als die anderen, wir konnten hier die ganze Fingerspitze in das schwammige Holz drücken, so daß das Wasser herausfloß. Insgeheim brach ich ein Stück des durchtränkten Holzes los und warf es über Bord. Es sank ruhig unter die Oberfläche und verschwand langsam hinunter in die Tiefe. Später beobachtete ich, wie verschiedene von den anderen genau dasselbe taten, wenn sie meinten, daß keiner zusah. Dann standen sie und sahen andächtig dem wasserschweren Splitter nach, der ruhig in dem grünen Wasser verschwand.

Als wir starteten, hatten wir die Wasserlinie des Floßes markiert, aber in der unruhigen See war es unmöglich, festzustellen, wie tief wir lagen, denn bald waren die Stämme ganz aus dem Wasser gehoben, bald tauchten sie tief hinein. Aber wenn wir ein Messer in das Holz stießen, so sahen wir zu unserer Freude, daß es etwa einen Zoll unter der Oberfläche trocken zu werden begann. Wir rechneten aus: Wenn das Wasser in derselben Geschwindigkeit weiter eindrang, so würde das Floß erst in der Zeit eben unter der Wasserfläche verschwinden, in der wir auch rechnen konnten, uns dem Lande zu nähern. Aber wir hofften, daß der Saft weiter drinnen als Imprägnierung wirken und damit die Wasseraufnahme bremsen würde. Aber noch eine andere Gefahr spukte während der ersten Wochen ein wenig in unseren Hirnen: das Tauwerk. Bei Tag waren wir so beschäftigt, daß wir wenig darüber nachdachten, aber wenn die Dunkelheit einbrach und wir in unsere Kojen auf den Hüttenboden krochen, bekamen wir mehr Zeit, nachzudenken, zu fühlen und zu horchen. Da lagen wir dann, jeder auf seinem Strohsack, und konnten spüren, wie die Binsenmatte im Takt mit den großen Stämmen unter uns auf und nieder ging. Außer den Bewegungen des ganzen Floßes verschoben sich alle Bohlen auch untereinander, wenn die eine emporstieg, sank die andere in ruhig wogender Bewegung hinab. Sie bewegten sich nicht viel, aber es genügte, daß man sich wie auf dem Rücken eines großen, atmenden Tieres liegen fühlte, und wir zogen es vor, in der Längsrichtung eines Stammes zu liegen. Die ersten zwei Nächte waren die schlimmsten, aber damals waren wir zu müde, um uns darum zu scheren. Später quollen die Taue im Wasser auf und hielten die neun Stämme mehr in Ruhe. Aber es war trotzdem nie ein Stückchen an Bord, das sich in bezug auf seine Umgebung ganz ruhig verhielt. Wie sich die Unterlage in ihren Gelenken bewegte und verschob, so folgte alles andere mit, das Bambusdeck, der Doppelmast, die vier geflochtenen Wände der Hütte und das Sprossendach mit den Blättern darauf, alles war nur zusammengebunden und drehte und hob sich in entgegengesetzten Richtungen. Es war fast unmerklich, aber deutlich genug: Ging das eine Eck empor, dann ging das andere hinunter, und drehte die eine Hälfte des Daches alle Sprossen nach vorn, so drehte die andere Hälfte die ihren nach hinten. Sahen wir durch die offene Seite hinaus, so gab es noch mehr Leben und Bewegung, denn da drehte sich der Himmel ruhig im Kreise, während das Wasser hoch in die Luft sprang. Das Tauwerk hatte den ganzen Druck auszuhalten. Während der Nacht konnten wir es knirschen und kreischen, knacken und schreien hören. Es war wie ein einziger Klagechor im Dunkel, wobei jedes Tau mit seiner Stimme verkündete, wie belastet es war und wie stramm es saß. Jeden Morgen nahmen wir eine gründliche Untersuchung der Taue vor. Wir ließen uns kopfüber über die Floßkante ins Wasser hinab, wobei zwei Mann uns krampfhaft an den Knöcheln festhielten, um zu sehen, ob die Taue auf der Unterseite des Floßes in Ordnung waren. Aber das Tauwerk hielt. Vierzehn Tage, hatten die Seeleute gesagt, dann sollten alle geborsten sein. Gleichwohl fanden wir vorläufig nicht das geringste Zeichen einer Auflösung trotz des ganzen Konzerts. Erst weit draußen auf dem Meer fanden wir die Erklärung dafür: Das Balsaholz war so weich, daß das Tauwerk sich langsam ins Holz schnitt und so geschützt wurde, statt daß die Taue zwischen den Stämmen zerrieben wurden.

Nach acht Tagen bekamen wir ruhigere See und merkten, daß die Farbe des Meeres blau statt grün geworden war. Wir begannen westnordwest zu treiben statt genau nach Nordwesten. Das galt uns als erstes schwaches Zeichen, daß wir aus der Küstenströmung herausgekommen waren. Damit hatten wir Hoffnung, direkt auf den Ozean getrieben zu werden.

Schon am ersten Tag, an dem wir allein dem Meer überlassen wurden, hatten wir Fische um das Floß beobachtet, aber wir waren zu sehr mit der Steuerung beschäftigt, um ans Fischen zu denken. Am nächsten Tag kamen wir mitten in einen dichten Sardinenschwarm, und kurz danach kam ein acht Fuß langer Blauhai und wälzte sich im Wasser, den weißen Bauch in der Luft, während er gegen den Achtersteven strich, wo Hermann und Bengt barfüßig in den Wellen standen und steuerten. Er trieb sich eine Zeitlang um uns herum, verschwand aber, als wir die Handharpune klarbekamen. Am nächsten Tag bekamen wir Besuch von Thunfischen, Bonitos und Dolfinen, und ein fetter fliegender Fisch landete an Bord. Wir verwendeten ihn sofort als Köder und zogen darauf zwei große Dolfine (Eldoradofische) herauf, von denen der eine zehn, der andere fünfzehn Kilogramm wog. Das gab Essen für mehrere Tage. Auf den Steuerwachen konnten wir viele Fische sehen, die wir nicht einmal mit Namen kannten, und eines Tages kamen wir in einen Schwarm von Springwalen, der anscheinend gar kein Ende nehmen wollte. Die schwarzen Rücken drängten sich dicht an die Seite des Floßes, von überall kamen sie über das Meer herauf, so weit wir von der Mastspitze sehen konnten. Je weiter wir gegen den Äquator und fort von der Küste kamen, desto alltäglicher wurden die fliegenden Fische. Als wir endlich in das blaue Wasser hinauskamen, wo sich das Meer majestätisch einherwälzte, sonnenbeleuchtet und friedlich, leicht vom Wind gekräuselt, da konnten wir sie wie einen Regen von Projektilen leuchten sehen, die aus dem Wasser herausschossen und in gerader Linie dahinflogen, bis ihr Schwung aufgebraucht war und sie wieder unter der Oberfläche verschwanden.

Stellten wir in der Nacht die winzige Paraffinlampe hinaus, so wurden die fliegenden Fische vom Licht angelockt, und große und kleine Exemplare sausten quer über das Floß. Oft trafen sie die Hütte oder das Segel und trudelten hilflos auf Deck herunter. Denn ohne den Schwung, mit dem sie durch das Wasser schwammen, lagen sie nur zappelnd wie großäugige Heringe mit langen Brustflossen da. Es konnte geschehen, daß wir plötzlich die saftigen Flüche eines Mannes an Deck hörten, wenn er unerwartet einen fliegenden Fisch mit guter Fahrt ins Gesicht geklatscht bekam. Die kamen immer mit guter Fahrt und das Maul voran, und es verging einem Hören und Sehen, wenn man sie mitten ins Gesicht bekam. Aber der unverschuldete Angriff wurde von dem Geschädigten rasch vergeben, denn trotz allem war hier das Schlaraffenland des Meeres, wo prächtige Fischgerichte statt gebratener Tauben durch die Luft sausten. Wir brieten sie zum Frühstück, und sei es, daß es der Fisch, der Koch oder der Appetit war, sie erinnerten uns jedenfalls an gebratene kleine Forellen,wenn wir nur die Schuppen abschrappten.

Es war des Kochs erste Pflicht, nach dem Wecken auf Deck zu gehen und all die fliegenden Fische zu sammeln, die dort im Verlaufe der Nacht gelandet waren. Es waren oft ein halbes Dutzend oder mehr, eines Morgens fanden wir sechsundzwanzig fette fliegende Fische auf dem Floß. Es war Knuts ewiger Ärger, daß ihn, als er eines Morgens die Bratpfanne schwang, ein fliegender Fisch nur an der Hand traf, statt ins Bratenfett zu springen.

Unsere intime Nachbarschaft mit dem Meer ging Torstein das erstemal richtig auf, als er eines Morgens erwachte und eine Sardine auf dem Kopfpolster fand. Es war so eng in der Hütte, daß Torstein mit seinem Kopf in der Türöffnung lag und alle ins Bein biß, die ihm unversehens ins Gesicht trampelten, wenn sie nachts hinaus mußten. Er ergriff die Sardine am Schwanz und vertraute ihr verständnisvoll an, daß alle Sardinen seine volle Sympathie besäßen. Wir zogen pflichtschuldigst unsere Füße an den Leib, daß Torstein in der nächsten Nacht besser Platz bekam, aber da geschah etwas, was ihn veranlaßte, sich einen Schlafplatz mitten auf unserer gesamten Küchenausrüstung hinten im Radiowinkel zu suchen.

Es war einige Nächte später. Der Himmel hatte sich bezogen, und es war stockfinster. Torstein hatte die Paraffinlampe gleich neben seinen Kopf gestellt, damit die Nachtwachen sehen konnten, wohin sie stiegen, wenn sie beim Wachwechsel über seinen Kopf aus und ein krochen. Gegen vier Uhr erwachte Torstein, weil das Licht umfiel und etwas Kaltes und Nasses ihm um die Ohren klatschte.

Na, ein fliegender Fisch, dachte er und tappte im Dunkeln danach, um ihn fortzuschleudern. Er bekam etwas Langes, Feuchtes zu fassen, das sich wie eine Schlange ringelte. Er fuhr zurück, als ob er sich verbrannt hätte. Der unsichtbare Nachtbesucher entglitt in Richtung auf Hermann, während Torstein versuchte, die Lampe anzuzünden. Hermann fuhr ebenfalls in die Höhe, und damit erwachte auch ich und dachte gleich an die Riesenkraken, die in der Nacht in diesen Gewässern emporsteigen.

Als wir Licht in die Lampe bekamen, saß Hermann triumphierend, die Faust um den Nacken eines langen, dünnen Fisches geklammert, der sich wie ein Aal in seinen Händen wand. Der Fisch war einen Meter lang, dünn wie eine Schlange, mit großen schwarzen Augen und einem spitzen Räubermaul voll langer, scharfer Zähne. Die Zähne waren messerscharf und konnten in den Gaumen umgelegt werden, wenn er schlucken wollte. Unter Hermanns Griff würgte er plötzlich einen großäugigen weißen Fisch, etwa zwanzig Zentimeter lang, aus Magen und Maul heraus, und kurz darauf kam noch einer von derselben Art hervor. Es waren ersichtlich zwei Tiefseefische, die von den Zähnen des Schlangenfisches stark mitgenommen waren. Die dünne Haut des Schlangenfisches war blauviolett am Rücken und stahlblau an der Unterseite und löste sich unter dem Griff in Fetzen los.

Endlich erwachte Bengt von dem Aufruhr, und wir hielten die Lampe und den langen Fisch unter seine Nase. Er setzte sich blinzelnd in seinem Schlafsack auf und sagte sanft: »Nein. So ein Tier gibt es gar nicht.« Worauf er sich ruhig wieder niederlegte und weiterschlummerte.

Es fehlte nicht viel, daß Bengt recht gehabt hätte. Es zeigte sich nämlich später, daß wir sechs, die wir rund um das Licht in der Bambushütte saßen, die ersten waren, die diesen Fisch lebenden Leibes gesehen hatten. Nur das Skelett eines solchen war an der Küste von Südamerika und auf den Galapagosinseln ein paarmal gefunden worden, und die Ichthyologen nannten ihn Gempylus oder Schlangenmakrele und glaubten, daß er in großen Meerestiefen lebte, weil noch keiner ihn bisher lebend gesehen hatte. Aber wenn er in großer Tiefe lebte, so mußte das jedenfalls am Tag sein, wenn die Sonne die mächtigen Augen blendete, denn in den dunklen Nächten war Gempylus hoch über der Oberfläche des Meeres auf Jagd. Das bekamen wir auf dem Floß zu erfahren.

Acht Tage später, nachdem der seltene Fisch in Torsteins Schlafsack gelandet war, bekamen wir einen neuen Besuch. Wieder war es Schlag vier am Morgen, der neue Mond war verschwunden, und es war dunkel, aber sternenklar. Das Floß war einfach zu steuern, und als meine Wache vorüber war, unternahm ich einen kleinen Ausflug entlang der Kante, um zu sehen, ob zur Wachablösung alles in Ordnung war. Ich hatte ein Tau um den Leib, wie es die Wache immer hatte, und mit der Paraffinlampe in der Hand balancierte ich vorsichtig auf dem äußersten Seitenstamm, um am Mast vorbeizukommen. Der Stamm war naß und glatt, daher war ich höchst erbittert, als jemand ganz unerwartet das Seil hinter mir ergriff und daran zog, so daß ich um ein Haar das Gleichgewicht verloren hätte. Erzürnt wendete ich mich mit dem Licht um, aber es war keine Seele zu sehen. Da zog und zerrte es wieder am Tau, und ich sah etwas Schimmerndes an Deck liegen und sich winden. Es war ein neuer Gempylus, und dieses Mal hatte er seine Zahnreihen so tief in das Rettungstau geschlagen, daß viele von den Zähnen brachen, bevor ich ihn losbekam. Vermutlich hatte das Licht der Lampe auf dem weißen, sich windenden Tau geglänzt, und unser Gast aus der Meerestiefe hatte einen Satz gemacht in der Hoffnung, einen extralangen und leckeren Bissen zu schnappen. Aber das Unternehmen endete in einer Kanne Formalin. – Das Meer bietet viele Überraschungen für den, der seinen Fußboden in Höhe des Wasserspiegels hat und langsam und lautlos dahintreibt. Ein Jäger, der sich seinen Weg durch den Wald bahnt, kann nach Hause kommen und erzählen, daß es nichts Lebendiges zu sehen gab, und ein anderer kann sich lautlos auf einen Baumstumpf setzen und warten; da beginnt es oft zu rascheln und zu knacken, und neugierige Augen sehen hervor. So ist es auch auf dem Meer. Wir durchpflügen es meist mit Motorlärm und Kolbenstampfen, daß das Wasser nur so um den Bug sprüht. Dann kommen wir zurück und sagen, daß es mitten auf dem Meer nichts zu sehen gibt. Es verging kein Tag, ohne daß wir auf der Meeresfläche Besuch von neugierigen Gästen bekamen, die uns umkreisten, und einzelne davon, wie Dolfine und Lotsenfische, wurden so zutraulich, daß sie dem Floß Gefolgschaft leisteten über das Meer und sich Tag und Nacht um uns hielten.

Wenn die Nacht einfiel und die Sternenwelt an dem dunklen Tropenhimmel funkelte, da blinkte das Meerleuchten rund um uns um die Wette mit den Sternen, und vereinzeltes, leuchtendes Plankton sah aus wie runde, glühende Kohlen, so daß wir unwillkürlich unsere bloßen Füße anzogen, wenn die leuchtenden Kugeln aufs Achterdeck heraufgespült wurden. Fingen wir sie, so waren es kleine, leuchtende Garnelenarten. In solchen Nächten erschraken wir oft, wenn zwei runde leuchtende Augen plötzlich dicht neben dem Floß aus der See tauchten und uns wie hypnotisiert anstarrten, als gehörten sie dem Nöck persönlich. Oft stiegen Tintenfische empor und schwammen mit ihren teuflischen grünen Augen, die im Dunkeln wir Phosphor leuchteten, auf der Oberfläche. Aber es kam auch vor, daß die leuchtenden Augen Tiefseefischen gehörten, die nur in der Nacht emporstiegen und fasziniert auf den Schein vor ihnen starrten. Bei einigen Gelegenheiten, wenn die See ruhig war, füllte das nachtschwarze Wasser um das Floß sich plötzlich mit runden Köpfen, zwei bis drei Fuß im Durchmesser, die bewegungslos dalagen und uns mit ihren dicken, leuchtenden Augen anglotzten. In anderen Nächten konnten Leuchtkugeln, einen Meter oder mehr im Durchmesser, unten im Wasser sichtbar werden, während es in kurzen Zwischenräumen aufblitzte wie elektrische Lampen, die für ein kurzes Blinken angezündet wurden.

Nach und nach gewöhnten wir uns daran, solche unterirdischen oder besser unterseeischen Wesen unter dem Fußboden zu haben, aber wir waren trotzdem immer ein wenig überrascht, wenn sie in einer neuen Ausgabe auftauchten. In einer bewölkten Nacht gegen zwei Uhr, als die Ruderwache es schwer hatte, das schwarze Wasser vom schwarzen Himmel zu unterscheiden, bekam sie ein schwaches Leuchten drunten im Wasser zu Gesicht, das langsam die Form eines großen Tieres annahm. Es war unmöglich, zu sagen, ob es das Plankton war, das auf seinem Körper leuchtete, oder ob das Tier selbst eine phosphoreszierende Oberfläche hatte, aber der Schein drunten im schwarzen Wasser gab dem spukhaften Wesen unsichere und fließende Konturen, bald war es rund, bald schien es oval oder dreikantig, und plötzlich spaltete es sich in zwei Teile, die unabhängig voneinander unter dem Floß hin und her schwammen. Zum Schluß waren es drei von diesen dicken, leuchtenden Spukwesen, die in langsamen Runden unter uns wegzogen. Es waren richtige Ungeheuer, denn die Körper allein maßen ihre sechs bis acht Meter, und wir versammelten uns rasch auf Deck, um alle Mann diesen Gespenstertanz zu beobachten. Er dauerte Stunde um Stunde und folgte dem Floß in seiner Bewegung. Geheimnisvoll und lautlos hielten sich unsere leuchtenden Gefolgsleute ein gut Stück unter der Wasseroberfläche, meist auf Steuerbord, wo die Lampe war, aber oft standen sie auch direkt unter dem Floß oder kamen auch auf der Backbordseite hervor. Der

Lichtschein auf dem Rücken verriet, daß diese Bestien größer als Elefanten waren, aber Walfische waren es nicht, da sie nie an die Oberfläche kamen, um zu verschnaufen. Waren es ungeheure Kraken, die ihre Form veränderten, wenn sie sich auf die Seite wälzten? Sie ließen sich nicht verleiten, wenn wir das Licht dicht an die Wasserfläche hielten, um sie heraufzulocken. So blieb es uns unklar, was für eine Art Geschöpfe sie waren. Und wie alle zünftigen Zauberer und Spukwesen waren sie im Meer versunken, als der Tag zu grauen begann. Wir bekamen nie eine ausreichende Erklärung dieses nächtlichen Besuches der drei leuchtenden Ungeheuer, wenn die Lösung nicht in einem anderen Besuch lag, den wir bei strahlender Sonne eineinhalb Tage später bekamen.

Es war der 24. Mai, und wir lagen und trieben in den behaglichen Dünungen ungefähr fünfundneunzig Grad West und sieben Grad Süd. Es war um die Mittagszeit, und wir hatten die Innereien von zwei großen Dolfinen über Bord geworfen, die wir im Morgengrauen gefangen hatten. Ich gab deshalb scharf acht, während ich am Bug zu einem erfrischenden Bad untertauchte, und hielt mich an einem Tauende fest. So bekam ich einen zwei Meter langen, dicken, braunen Fisch zu Gesicht, der neugierig durch das kristallklare Seewasser gerade auf mich zukam. Ich war rasch auf der Floßkante, saß im Sonnenschein und sah dem Fisch nach, der uns ruhig passierte, als ich ein wildes Kriegsgeheul hörte, das Knut achtern hinter der Bambushütte ausstieß. Er brüllte: »Hai!«, daß sich seine Stimme in Fisteltönen brach, und da wir fast täglich Haie längs der Floßseite erlebten ohne solches Theater, schien uns allen, daß es etwas Besonderes sein müßte, und wir eilten nach achtern. Hier hatte Knut in Hocke gesessen und seine Unaussprechlichen in den Wellen gewaschen, und als er einen Augenblick aufsah, blickte er gerade in das größte und häßlichste Antlitz, das einer von uns jemals in seinem Leben gesehen hatte. Es war dies der Schädel eines richtiggehenden Seeungeheuers, so groß und scheußlich, daß selbst ein Gespenst aus der Tiefe keinen entsprechenden Eindruck auf uns gemacht hätte. Der Schädel war breit und flach wie der eines Frosches, mit kleinen Augen auf den Seiten und einem krötenartigen Maul, das eineinhalb Meter breit war und lange Fransen hatte, die herabhingen und in die Mundöffnung hineinflatterten. Nach rückwärts setzte sich der Schädel in einen ungeheuerlichen Körper fort, um schließlich in einem langen, dünnen Schwanz zu enden. Die spitze Schwanzflosse, die senkrecht in die Höhe stand, verriet, daß dieses Seeungeheuer kein Wal irgendeiner Gattung war. Der Körper wirkte bräunlich unter dem Wasser, aber Schädel und Körper waren dicht mit kleinen, weißen Flecken besetzt. Das Monstrum kam uns ruhig und schläfrig nachgeschwommen. Es blinzelte wie eine Bulldogge und schlug ruhig mit dem Schwanz. Die große, runde Rückenflosse stand frei aus dem Wasser und manchmal auch die Schwanzflosse. Wenn ein Wellental kam, umspülte das Wasser den breiten Rücken wie eine Schäre. Vor dem breiten Maul schwamm ein ganzer Schwarm von Lotsenfischen in Fächerformation, und große Remorafische und andere Parasiten saßen festgesaugt auf dem gewaltigen Körper und ritten auf ihm durch das Wasser. Das Ganze bildete eine wunderliche Tiergemeinschaft, die sich um etwas scharte, das einer schwimmenden Unterwasserklippe glich.

Ein zehn Kilogramm schwerer Dolfin hing an sechs unserer größten Fischhaken hinter dem Floß als Köder für den Hai. Ein Schwarm von Lotsenfischen peilte direkt drauflos und roch an dem Dolfinkadaver, ohne daran zu rühren, worauf sie zurückschwänzelten zu ihrem Herrn und Meister, dem Seekönig. Wie bei einem mechanischen Ungestüm setzte sich die ungeheure Maschinerie in Gang und kam bedächtig auf das Dolfinfleisch zugeglitten, das wie ein kleiner, erbärmlicher Kosthappen vor seinem Maul hing. Wir versuchten, den Dolfin hereinzuziehen, und das Seeungeheuer folgte langsam nach bis an die Seite des Floßes. Ohne das Maul zu öffnen, ließ es den Dolfin vorsichtig hineingleiten, als würde es für einen so unbedeutenden Bissen nicht das ganze Scheunentor auftun. Als der Riese damit ganz ans Floß herankam, rieb er den Rücken an dem schweren Steuerruder, hob es aus dem Wasser, und wir bekamen Gelegenheit, das Monstrum aus nächster Nähe zu studieren, auf so kurze Distanz, daß ich glaubte, wir hätten alle den Verstand verloren, denn wir lachten laut auf und schrien erregt über den vollständig unglaublichen Anblick, den wir bekamen: Selbst Walt Disney mit all seiner Phantasie konnte kein groteskeres Untier schaffen als das, das plötzlich mit seinem Maul an der Floßkante lag und uns anblinzelte.

Das Ungeheuer war ein Walhai, der größte Hai und der größte Fisch überhaupt, der heutzutage in der Welt bekannt ist. Er ist außerordentlich selten, aber vereinzelte Exemplare wurden hier und da in den tropischen Weltmeeren beobachtet. Der Walhai wird durchschnittlich fünfzehn Meter lang und wiegt nach Meinung der Zoologen fünfzehn Tonnen. Man glaubt, daß große Exemplare sogar zwanzig Meter erreichen können, und ein harpuniertes Walhaibaby hatte eine Leber von dreihundert Kilogramm und eine Sammlung von dreitausend Zähnen in dem breiten Maul.

So gewaltig war das Monstrum, daß der Schädel auf der einen Seite sichtbar war, während die ganze Schwanzpartie auf der anderen aus dem Wasser ragte, als es uns zu umkreisen begann. Und so unwahrscheinlich grotesk, träge und dumm sah das Gesicht aus, daß wir uns nicht enthalten konnten, in Gelächter auszubrechen, obwohl wir sahen, daß die Bestie Muskelstränge genug hatte, um Balsastämme und Tauwerk in Stücke zu schlagen, wenn sie uns angriff. Wieder und wieder zog sie in engem Kreis gleichmäßig um das Floß, während wir warteten, was geschehen würde. So glitt sie gemütlich unter das Steuerruder, hob es in die Luft, während das Ruder den Rücken entlangglitt. Wir standen mit Handharpunen bereit rund um das Floß, aber sie wirkten wie Zahnstocher im Verhältnis zu dem enormen Biest, mit dem wir es zu tun hatten. Nichts deutete darauf, daß der Walhai uns je wieder zu verlassen gedächte. Er zirkelte uns ein und folgte uns wie ein treuer Hund dicht neben dem Floß. Etwas Entsprechendes hatte keiner von uns weder erlebt noch auch gedacht, je zu erleben, und das ganze Abenteuer mit dem Seeungeheuer, das um das Floß schwamm, wirkte so unnatürlich auf uns, daß wir gar nicht richtig erfaßten, wie ernst die Lage war. In Wirklichkeit zog der Walhai seine Kreise nur eine kurze Zeit um uns, aber auf uns wirkte der Besuch, als dauerte er schon einen ganzen Tag. Zum Schluß wurde es Erich, der auf der Ecke des Floßes stand, zuviel, und von unbedachten Zurufen aufgemuntert, hob er die zweieinhalb Meter lange Handharpune hoch. Während der Walhai in langsamer Fahrt auf ihn zugeglitten kam und seinen breiten Kopf gerade unter der Ecke des Floßes hatte, rannte Erich die Harpune mit allen seine Riesenkräften gerade hinunter zwischen seine Füße und tief hinein in den Schädelknorpel des Riesenhais. Es dauerte eine oder zwei Sekunden, bevor der Riese richtig begriffen hatte, was vor sich ging. Aber dann war der langsame Idiot plötzlich in einen Berg von Stahlmuskeln verwandelt. Wir hörten ein Sausen, als die Fangleine über die Floßkante fuhr, und sahen eine Wasserkaskade, als der Riese sich auf den Kopf stellte und in die Tiefe hinunterraste. Die drei, die zunächst standen, wurden kopfüber umgerissen, und zwei wurden von der Leine, die durch die Luft zischte, aufgewetzt und verbrannt. Die dicke Fangleine, die stark genug war, eine Rettungsboot festzuhalten, verklemmte sich an der Floßseite, barst aber augenblicklich wie ein Bindfaden, und wenige Sekunden später schwamm ein abgebrochener Harpunenschaft zweihundert Meter weiter an der Oberfläche. Ein Schwarm von schreckgeschlagenen Lotsenfischen jagte durch das Wasser in dem verzweifelten Versuch, seinem alten Herrn und Meister zu folgen, und wir warteten lange, daß das Ungeheuer zurückgefahren käme wie ein rasendes U-Boot, aber wir sahen nie mehr etwas von dem Walhai.

Um diese Zeit lagen wir mitten im Südäquatorialstrom und trieben in westlicher Richtung ungefähr vierhundert Seemeilen südlich vor den Galapagos. Wir waren nun sicher davor, in die Galapagosströmungen hineinzutreiben, und das einzige, was wir von dieser Inselgruppe merkten, waren große Seeschildkröten, die sich so weit auf offene See hinaus verirrt hatten. Eines Tages sahen wir einen dicken Brocken von Seeschildkröte, deren Kopf und eine Flosse über der Wasseroberfläche herumschlugen. In der Dünung erkannten wir, daß es grün und blau und gelb im Wasser darunter blinkte, und begriffen, daß die Schildkröte mit Dolfinen um ihr Leben kämpfte. Ersichtlich war der Kampf ganz einseitig und bestand darin, daß zwölf bis fünfzehn großköpfige und farbenprächtige Dolfine Hals und Flossen der Schildkröte angriffen und augenscheinlich versuchten, sie zu ermüden, da die Schildkröte nicht tagelang mit Kopf und Gliedern in die Schale eingezogen liegen kann.

Als die Schildkröte das Floß zu Gesicht bekam, tauchte sie und, gefolgt von den glänzenden Fischen, setzte sie Kurs gerade auf uns zu. Sie kam dicht neben dem Floß empor und machte Anstalten, auf die Stämme heraufzukriechen, als sie unser ansichtig wurde, die wir auf dem Floß bereitstanden.

Wären wir routinierter gewesen, hätten wir sie ohne Schwierigkeiten mit einem Tau hereinziehen können, als der lange Rückenschild ruhig neben dem Floß entlangglitt. Aber wir brauchten die entscheidende Zeit zum Gaffen, und bis wir das Lasso klar hatten, hatte die Riesenschildkröte bereits den Bug passiert. Wir setzten unser winziges Gummifloß ins Wasser, und Hermann, Bengt und Torstein begannen, die Seeschildkröte in der runden Nußschale zu verfolgen, die nicht größer war als das, was vor ihnen schwamm. Bengt als Steward träumte bereits von einem unerschöpflichen Fleischfaß und leckerster Schildkrötensuppe, aber je rascher sie ruderten, desto schneller glitt die Schildkröte dicht unter der Oberfläche durch das Wasser, und sie waren noch keine hundert Meter vom Floß entfernt, als die Schildkröte plötzlich spurlos verschwand. Aber ein gutes Werk hatten sie auf jeden Fall damit getan, denn als das winzige buttergelbe Gummiboot über den Waserspiegel zurückgetanzt kam, hatte es den ganzen blinkenden Schwarm von Dolfinen hinter sich. Die schlossen einen Ring rund um die neue Schildkröte, und die dreistesten schnappten nach dem Ruderblättern, die wie Flossen ins Wasser tauchten.

Inzwischen entschwand die friedliche Seeschildkröte, glücklich befreit von allen ihren gemeinen Verfolgern.

Auf halbem Weg

Tägliches Leben und Experimente. Trinkwasser für Floßfahrer. Kartoffel und Flaschenkürbis verraten ein Geheimnis. Die Kokosnuß und die Krabben. Unser zahmer Johannes. Wir segeln in Fischsuppe. Plankton. Eßbares Meerleuchten. Umgang mit Walen. Ameisen und Entenmuscheln. Schwimmende Haustiere. Der Dolfin als Gefolgsmann. Haifang. Die »Kon-Tiki« wird zum Seeungeheuer. Lotsenfische und Remora als Erbschaft des Haies. Warnung vor Riesenkraken. Fliegende Tintenfische. Unbekannter Besuch. Der Taucherkorb. Mit Thunfischen und Bonitos in deren eigenstem Element. Das falsche Riff. Das Schwert löst sein Rätsel. Auf halbem Weg.

Die Wochen vergingen. Von Schiffen sahen wir keine Spur. Nichts trieb uns entgegen, was verriet, daß es noch andere Menschen auf der Welt gab. Das ganze Meer gehörte uns. Alle Pforten des Horizonts standen offen, und es taute förmlich Friede und Freiheit von der Himmelswölbung herab.

Uns war, als würden der frische Salzgeruch der Luft und die Reinheit, die uns umgab, Körper und Seele waschen und klären. Große Probleme wurden klein und wirkten wie Hirngespinste hier draußen auf dem Meer. Nur die Elemente waren bitterer Ernst. Aber es schien, als ignorierten sie das kleine Floß. Vielleicht hießen sie es auch gut, als ein Stück der Natur, das nicht die große Harmonie des Meeres durchbrach, sondern sich nach Strömung und Seegang richtete wie Meeresvögel und Fische. Statt sich wie furchtbare Feinde geifernd auf uns zu werfen, waren sie vertraute Freunde geworden, die uns stetig und sicher vorwärts halfen. Wenn Wind und Wellen uns stießen und drängten, so zog uns gleichzeitig die Strömung mit sich fort, alle genau in Richtung auf unser Ziel.

Einem Schiff, das an einem durchschnittlichen Tag draußen auf dem Meer unseren Weg gekreuzt hätte, hätte sich wohl ein friedliches Bild geboten: ein Floß, langsam auf und nieder tanzend über weite, rollende Dünungen, gekrönt von zischenden Schaumwirbeln, darüber ein rostgelbes Segel in straffer Wölbung auf Polynesien zu.

Am Heck des Floßes hätte man einen Mann gesehen, nackt, braun und bärtig, der sich entweder an einem langen Steuerruder plagte und an verwickelten Tauen zog oder in ruhigem Wetter auf einer Kiste saß und im Sonnenschein döste, während er das Steuerruder bedächtig mit den Zehen hielt.

Sofern dieser Mann zufälligerweise nicht Bengt war, würde man diesen platt auf dem Bauch im Hütteneingang liegen sehen mit einem von seinen dreiundsiebzig soziologischen Büchern vor der Nase. Im übrigen war Bengt zum Steward ernannt und damit verantwortlich für die Zusammenstellung der täglichen Rationen. Hermann traf man stets und ständig auf Außenposten. Entweder saß er in der Mastspitze mit meteorologischen Instrumenten, oder er tauchte mit Schwimmbrillen unter das Floß, um ein Schwert zu kontrollieren, oder aber er ließ sich im Gummiboot nachschleppen und war mit Ballons und seltsamen Meßapparaten beschäftigt. Er war nämlich unser technischer Chef und verantwortlich für meteorologische und hydrographische Beobachtungen.

Knut und Torstein waren immer in Betrieb mit ihren nassen Trockenbatterien, Lötkolben und Kopplungsschemata. Es bedurfte all ihrer Kriegserfahrung, die kleine Radiostation im Sprühregen und Tau, einen Fuß hoch über dem Wasserspiegel, in Gang zu halten. Jede Nacht sendeten sie abwechselnd unsere Berichte und Wetterbeobachtungen hinaus in den Äther, wo sie von irgendwelchen Radioamateuren aufgefangen wurden, die die Meldungen ans Meteorologische Institut in Washington und an andere Bestimmungsorte weitergaben. Erich flickte meistens an Segeln und spliß Taue, wenn er nicht schnitzte oder Skizzen von bärtigen Männern und merkwürdigen Fischen zeichnete. Jeden Mittag nahm er den Sextanten zur Hand, kroch auf eine Kiste und sah nach der Sonne, um herauszufinden, wie weit wir seit dem gestrigen Tag gekommen waren. Ich selbst hatte genug zu tun mit Logbuch und Berichten, Planktonsammeln, Fischen und Filmen. Jedermann hatte so seine Verantwortung und Aufgabe. Alle saueren Geschäfte, wie Ruderwache und Küchendienst, wurden gerecht verteilt. Jeder von uns hatte seine zwei Stunden Tagwache und zwei Stunden Nachtwache. Und der Küchendienst ging die Runde von einem Tag zum anderen. So gab es kaum Gesetze und Regeln an Bord mit Ausnahme dessen, daß der Nachtposten eine Schlinge um den Leib und das Rettungstau seinen festen Platz haben mußte, daß vor der Hütte gegessen wurde und daß gewisse unumgängliche Geschäfte nur achtern am äußersten Ende der Stämme erledigt wurden. Sollte ein wichtiger Entschluß an Bord getroffen werden, riefen wir zu einem Pow-vow nach Indianermanier und diskutierten die Sache gründlich, bevor wir eine Bestimmung trafen.

Ein solcher Tag auf der »Kon-Tiki« begann damit, daß die letzte Nachtwache Leben in den Koch hineinschüttelte, der schläfrig auf das taunasse Deck hinauskroch und in der Morgensonne fliegende Fische zu sammeln begann. Da wir keine Lust hatten, den Fisch roh (nach polynesischer wie auch peruanischer Vorschrift) zu schlucken, brieten wir ihn über einem kleinen Primus auf dem Boden einer Kiste, die auf Deck festgebunden vor der Hüttentür stand. Diese Kiste war unsere Küche. Hier war Schutz vor dem Südostpassat, der ständig schräg von achtern gegen die andere Seite blies. Nur wenn Wind und See allzusehr mit der Primusflamme jonglierten, kam es vor, daß die Kiste einmal Feuer fing. Eines schönen Tages war der Koch eingeschlafen. Da stand plötzlich sein ganzer Laden in Flammen, die rasch auf die Wand der Bambushütte übersprangen. Aber der Brand wurde schnell gelöscht, denn zum Wasser hatten wir es an Bord der »Kon-Tiki« nie weit.

Dem Duft des gebratenen Fisches gelang es nur höchst selten, die schnarchenden Individuen in der Bambushütte zu wecken, so daß der Koch sie öfters mit der Gabel stechen oder sein »Backen und Banken« in so falschen Tönen singen mußte, bis keiner ihn länger anzuhören vermochte. Wenn es keine Haiflossen längs der Floßkante gab, begann der Tag mit einem raschen Sprung in den Stillen Ozean. Dann folgte das »Frühstück im Blauen« am Rand des Floßes.

Über das Essen an Bord konnte man kaum klagen. Unsere Kostverhältnisse verteilten sich auf zwei Experimente, eines dem Quartiermeister und dem zwanzigsten, das andere Kon-Tiki und dem fünften Jahrhundert gewidmet. Torstein und Bengt waren als Versuchsobjekte ausersehen und begrenzten ihre Diät auf die netten kleinen Packungen mit Spezialproviant, die wir in dem Hohlraum zwischen den Holzstämmen und dem Bambusdeck versenkt hatten. Fisch und Seeproviant waren auch nie ihre starke Seite gewesen. Alle paar Wochen lösten wir die Verschnürungen, die das Bambusdeck niederhielten, und nahmen neue Proviantschachteln heraus, die wir vor der Bambushütte festzurrten. Es erwies sich, daß die zähe Asphaltschicht auf der Pappe standhielt, während die Konservenbüchsen, die lose danebenlagen, vom Meerwasser, das ständig den Proviant umspülte, angefressen und ausgelaugt wurden.

Hätte aber die »Kon-Tiki« wie auf der ursprünglichen Fahrt über den Ozean weder Asphalt noch Patentbüchsen gekannt, hätten sich trotzdem keine ernsteren Ernährungsprobleme ergeben. Auch die Versorgung in der Vergangenheit bestand ja aus dem, was man von Land mitnahm und sich unterwegs zu verschaffen wußte. Zwei Absichten müssen wir in Erwägung ziehen, als Kon-Tiki Peru nach der Niederlage bei Titicaca verließ. Als priesterliche Verkörperung der Sonne unter einem Volk von Sonnenanbetern ist es höchst wahrscheinlich, daß er sich aufs Meer hinauswagte, um der Sonne selbst auf ihrer Reise zu folgen in der Hoffnung, ein neues und friedlicheres Land zu finden. Die andere Möglichkeit war, seine Flöße die Küste Südamerikas entlangsegeln zu lassen, um weiter nördlich wieder an Land zu gehen und dort ein neues Reich zu gründen. Bei dem Versuch, die Küste und die feindlichen Stämme an Land zu vermeiden, konnte er dann – wie wir – eine leichte Beute für den Südostpassat und den Humboldtstrom werden. Dann trieben ihn die mächtigen Elemente genau in demselben großen Halbkreis nach Sonnenuntergang.

Was auch immer diese Sonnenanbeter für Pläne hatten: als sie ihr Heimatland verließen, sorgten sie sicher für Proviant. Getrocknetes Fleisch, Fisch und Süßkartoffeln waren der wichtigste Teil ihrer primitiven Nahrung. Wenn die Floßfahrer der Vergangenheit von der Wüstenküste Perus in See stachen, hatten sie reichlich Wasservorrat an Bord. An Stelle von Tongefäßen verwendeten sie gern die Haut der großen Flaschenkürbisse, die gegen Stoß und Schlag unempfindlich waren. Vielleicht noch besser geeignet für die Flöße waren dicke Rohre aus Riesenbambus. Die Segmente wurden durchbohrt und Wasser durch ein kleines Loch am Ende eingefüllt, das mit einem Pflock abgedichtet wurde. Dreißig bis vierzig von diesen dicken Bambusrohren konnten längsseits des Floßes unter Deck festgeknotet werden, wo sie im Schatten lagen, kühl umspült vom frischen Seewasser, das im Äquatorstrom etwa sechsundzwanzig bis siebenundzwanzig Grad Celsius hat. So erhielt man einen doppelt so großen Wasservorrat, wie wir selbst für die ganze Reise brauchten. Noch mehr konnte man verladen, wenn man die Bambusrohre unter dem Floß im Wasser befestigte, wo sie weder Gewicht noch Platz wegnahmen.

Wir fanden heraus, daß nach zwei Monaten das Frischwasser schal wird und übel schmeckt. Aber wenn man den ersten, regenarmen Teil des Meeres gut hinter sich gebracht hat, so kommt man in Striche, wo kräftige Regenschauer den Wasservorrat ergänzen. Wir teilten eineinviertel Liter Wasser pro Mann und Tag zu. Nicht immer wurde diese Ration verbraucht.

Selbst wenn unsere Vorgänger mangelhaft versorgt von Land getrieben wurden, wären sie durchgekommen, solange sie mit dem fischreichen Strom über das Meer trieben. Es verging nicht ein Tag auf der ganzen Reise, ohne daß wir Fische um das Floß hatten, die sich leicht und bereitwillig fangen ließen, ganz zu schweigen von den fliegenden Fischen, die freiwillig an Bord sprangen. Es geschah sogar, daß große, wohlschmeckende Bonitos mit den Wassermassen achtern an Deck geschwemmt wurden und zappelnd auf dem Floß liegenblieben, wenn das Wasser wie in einem Sieb zwischen den Stämmen verschwand. Es war unmöglich, zu verhungern.

Die alten Eingeborenen kannten den Trick genau, zu dem auch viele Schiffbrüchige während des Krieges sich durchfanden, daß man nämlich durststillende Beutel mit rohem Fisch kauen kann. Man kann auch den Saft auspressen, dadurch, daß man die Fischstücke in einem Tuch auswindet, oder, wenn der Fisch groß ist, kann man einfach Gruben in seine Seite schneiden, die sich rasch aus den Lymphen des Fisches anfüllen. Wenn man etwas Besseres zu trinken hat, so schmeckt das nicht gut. Aber der Salzgehalt ist gering genug, um den Durst zu löschen.

Der Bedarf an Trinkwasser wurde stark reduziert, weil wir ständig Bäder nahmen und uns feucht in die schattige Hütte legten. Wenn ein Hai uns majestätisch umkreiste und damit ein richtiges Tauchbad unmöglich machte, brauchte man sich bloß achtern auf die Stämme zu legen, Finger und Zehen gut ins Tauwerk gekrallt, so bekamen wir binnen ein paar Sekunden mehrere Badewannen kristallklaren Pazifik über uns geschüttet.

Wenn man in der Wärme von Durst geplagt wird, nimmt man es gern für gegeben, daß der Körper nach Wasser verlangt. Und das kann eine überflüssige Kerbe in die Wasserration schlagen, ohne im mindesten zu helfen. An einem richtig heißen Tag in den Tropen kann man sich mit lauwarmem Wasser anschlabbern, bis man es oben im Hals stehen spürt, und trotzdem durstig bleiben. Da braucht der Körper nämlich nicht Feuchtigkeit, sondern, merkwürdig genug, Salz. Die Spezialrationen an Bord enthielten deshalb auch Salztabletten zum fleißigen Gebrauch an besonders warmen Tagen, denn der Schweiß beraubt den Körper des Salzgehaltes. Wir erlebten solche Tage, wenn sich der Wind legte und uns die Sonnenhitze ungehindert an Deck zu fassen bekam. Die Wasserrationen konnten auf einen Zug hinuntergehen, so daß es uns im Bauch förmlich kluckerte, und der Hals verlangte heimtückisch immer noch mehr. An solchen Tagen setzten wir zwanzig bis vierzig Prozent Seewasser der Frischwasserration zu und fanden zu unserer Überraschung, daß dieses Brackwasser den Durst löschte. Noch lange hinterdrein spürten wir den Seegeschmack, aber nie wurde uns übel. So wurde unser Wasservorrat bedeutend gestreckt. Eines Morgens, als wir beim Frühstück saßen, schlug ein Brecher unerwartet herauf und in unsere Hafergrütze. Er lehrte uns ganz unaufgefordert, daß der Haferbrei den dumpfigen Seegeschmack in der Salzwassermischung überdeckt.

Die alten Polynesier bewahrten eigentümliche Überlieferungen. Sie berichteten nämlich, daß ihre ältesten Vorväter, als sie über das Meer einwanderten, Blätter einer bestimmten Pflanze mitführten. Wenn man diese kaute, legte sich der Durst. Die Pflanze bewirkte auch, daß sie in einer Zwangslage schieres Meerwasser trinken konnten, ohne davon krank zu werden. Solche Pflanzen wuchsen nicht auf den Südseeinseln und mußten daher aus der Heimat ihrer Vorväter stammen. Diese Behauptungen der polynesischen Historiker waren so hartnäckig, daß moderne Forscher begannen, die Sache zu untersuchen. Sie kamen dabei zu dem Resultat, daß die einzige bekannte Pflanze mit einer solchen Wirkung die Koka ist, die bekanntlich nur in Peru wächst. Und im prähistorischen Peru wurde eben diese Koka, die das Kokain enthält, sowohl von den Inkas wie von deren verschwundenen Vorgängern fleißig verwendet. Dies wissen wir aus den Grabfunden der Vorinkazeit. Auf mühsamen Fahrten über die Berge und zur See führten sie Bündel von solchen Blättern mit sich, die sie Tage hindurch kauten, um Durst und Müdigkeit fernzuhalten, und über kürzere Zeiträume kann das Kauen von Kokablättern auch gegen Seewasser immun machen.

Wir wollten die Kokablätter nicht an Bord der »Kon-Tiki« erproben, aber wir hatten auf dem Vorderdeck große, geflochtene Körbe voll von anderen Pflanzen, die den Südseeinseln tiefere Spuren aufgeprägt hatten. Die Körbe standen im Schutz der Hüttenwand befestigt, und gelbe Sprossen und grüne Blätter schossen im Lauf der Zeit länger und länger aus dem Flechtwerk hervor wie ein kleiner Tropenwald an Bord des Floßes. Als die ersten Europäer auf die Südseeinseln kamen, fanden sie große Plantagen mit Süßkartoffeln auf der Osterinsel genauso wie auf Hawaii oder auf Neuseeland. Dieselbe Kartoffel wurde auch auf den anderen Inseln gepflanzt, aber ausschließlich auf polynesischem Gebiet. Sie war in jenen Erdteilen, die weiter gegen Westen lagen, völlig unbekannt. Die Süßkartoffel war eine der wichtigsten Kulturpflanzen auf diesen entlegenen Inseln, wo die Menschen im wesentlichen von Fischen lebten. Viele Legenden der Polynesier kreisten um diese Pflanze. Nach ihren Mythen war sie von keinem geringeren als Tiki selbst mitgebracht worden, als er mit seiner Frau Pani die Heimat seiner Vorväter verließ, wo die Süßkartoffeln ein wichtiges Nahrungsmittel gewesen waren. Legenden auf Neuseeland betonen, daß die Süßkartoffel mit Fahrzeugen über das Meer gebracht wurde, die keine richtigen Kanus waren, sondern aus ganzen Stämmen, »mit Tauen zusammengebunden«, bestanden.

Nun war, wie bekannt, Amerika der einzige Platz in der ganzen Welt, wo die Kartoffel vor der Zeit der Europäer wuchs. Und die Süßkartoffel, die Kon-Tiki mit sich auf die Inseln brachte, Ipomoea batatas, ist genau dieselbe, die die Indianer in Peru seit den ältesten Zeiten anbauen. Getrocknete Süßkartoffeln waren der wichtigste Reiseproviant sowohl für die Seefahrer Polynesiens als auch für die Eingeborenen im alten Peru. Auf den Südseeinseln will die Süßkartoffel nur unter sorgfältiger Pflege des Menschen gedeihen, und da sie das Seewasser nicht verträgt, kann ihre Verbreitung auf diesen isolierten Inseln kaum damit erklärt werden, daß sie achttausend Kilometer mit den Meeresströmungen von Peru angetrieben sei. Besonders schwierig ist das Wegerklären eines so wichtigen Indiziums, nachdem die Sprachforscher aufgezeigt haben, daß alle die zerstreuten Südseeinseln die Süßkartoffel Kumara nannten. Kumara war auch die Benennung derselben Süßkartoffel bei den alten Indianern von Peru. Der Name folgte der Kartoffel über das Meer.

Eine andere wichtige polynesische Kulturpflanze, die wir mit uns auf der »Kon-Tiki« hatten, war der Flaschenkürbis, Lagenaria vulgaris. Genauso wichtig wie die Frucht selbst war ihre Schale, die die Polynesier über dem Feuer trockneten und als Wasserbehälter gebrauchten. Auch diese typische Tropenpflanze, die sich noch weniger dadurch verbreiten kann, daß sie allein über das Meer treibt, hatten die Polynesier mit der Urbevölkerung in Peru gemeinsam. Solche Flaschenkürbisse, zu Wasserbehältern hergerichtet, wurden in den prähistorischen Wüstengräbern an der Küste von Peru gefunden. Solche Kürbisse wurden hier von der Fischerbevölkerung verwendet, Jahrhunderte bevor die ersten Menschen die Inseln im Stillen Ozean erreichten. Die polynesische Bezeichnung für den Flaschenkürbis, Kimi, findet sich bei den Indianern in Mittelamerika wieder, wo die Kultur Perus ihre tieferen Wurzeln hat.

Außer einer Reihe von zufälligen Südfrüchten, die wir verspeisten, bevor sie im Verlauf von ein paar Wochen schlecht wurden, hatten wir eine dritte Pflanze an Bord, die neben der Süßkartoffel die größte Rolle in der Geschichte des Stillen Ozeans gespielt hat. Wir hatten zweihundert Kokosnüsse mit, die unseren Zähnen etwas zu arbeiten gaben und einen erfrischenden Trank lieferten. Einzelne Nüsse begannen sofort zu sprossen, und als wir zehn Wochen auf See lagen, hatten wir ein halbes Dutzend Palmenbabys, bis zu einem halben Fuß hoch, an Bord, die bereits ihre Sprossen öffneten und dicke grüne Blätter formten. Die Kokosnuß wuchs bereits in vorkolumbianischer Zeit sowohl auf der Panamahalbinsel wie in Südamerika. Der Chronist

Oviedo schreibt, daß die Kokospalme bereits bei der Ankunft der Spanier in großen Mengen in Peru vorkam. Gleichzeitig existierte sie längst auf allen Inseln des Pazifik. Die Botaniker haben noch keinen sicheren Beweis, in welcher Richtung sie sich über das Meer verbreitet hat. Aber etwas hat man heute herausgefunden: sogar die Kokosnuß in ihrer berühmten Schale kann ein Weltmeer nicht ohne menschliche Hilfe überwinden. Die Nüsse, die wir an Deck in Körben stehen hatten, hielten sich eßbar und keimkräftig bis nach Polynesien. Aber etwa die Hälfte unseres Vorrats hatten wir im Wogengischt beim Spezialproviant unter Deck. Jede einzelne verdarb im Seewasser. Und keine Kokosnuß kann rascher über das Meer treiben als ein Balsafloß, das den Wind zur Hilfe hat. Es zeigten sich Stellen auf den Nüssen, die Wasser gezogen hatten und aufgeweicht waren, so daß das Seewasser eindringen konnte. Und außerdem gab es in Neptuns Ernährungsamt Polizeiorgane genug, die dafür sorgten, daß nichts Eßbares von der einen Hälfte der Welt nach der anderen schwamm.

Mitten draußen auf dem Meer geschah es an ruhigen Tagen, daß wir in einen weißen Vogelschwarm hineinsegelten, der sich auf den Wellen wiegte. Vereinzelte Sturmschwalben und andere Seevögel, die auf See schlafen können, trafen wir nämlich Tausende von Seemeilen vom nächsten festen Punkt. Sahen wir uns dieses kleine Federvolk im Näherkommen an, so bemerkten wir, daß sie zwei bis drei Passagiere an Bord hatten, die auf ihnen elegant mit dem Winde dahinsegelten.

Als die »Kon-Tiki« wie ein anderer Goliath daherkam, bemerkten die Passagiere, daß hier ein Schiff mit besserer Fahrt und mehr Raum vorbeizog, und dann kamen sie alle seitlich in rasender Geschwindigkeit über die Wasserfläche daher und herauf auf unsere »Kon-Tiki«, während die Vögel ihre Fahrt allein fortsetzen konnten. So begann es bald von blinden Passagieren an Bord der »Kon-Tiki« zu wimmeln. Es waren kleine Meerkrabben von der Größe eines Fingernagels bis zu der eines Fünföhrestücks. Sie stellten einen Leckerbissen für die Goliaths an Bord dar, wenn diese sie zu fassen bekamen. Solche kleinen Krabben nun waren die Polizeipatrouillen Neptuns. Sie waren immer geschwind zur Stelle, wenn etwas Eßbares zu haben war. Als der Koch eines Tages einen fliegenden Fisch zwischen den Stöcken übersah, war dieser am nächsten Tag von acht bis zehn kleinen Krabben bedeckt, die ihn mit ihren Scheren in sich hineingabelten. Meistens waren sie ängstlich, verschwanden und versteckten sich, wenn wir kamen, aber achtern in einem kleinen Loch am Steuerklotz wohnte eine, die Johannes hieß und ganz zahm war. Außer dem Papagei, der unser aller lustiges Nesthäckchen war, wurde auch die Krabbe Johannes in unsere Gemeinschaft an Deck aufgenommen. Ohne Gesellschaft von Johannes fühlte sich der Steuermann, wenn er so dasaß mit dem Rücken zur Hütte und durch den Sonnenschein steuerte, ganz einsam draußen auf dem großen blauen Meer. Andere kleine Krabben zottelten lichtscheu herum und stahlen Kleinigkeiten, wie Kakerlaken auf einem gewöhnlichen Schiff, aber Johannes saß breit und rund in seiner Türöffnung und wartet mit Stielaugen auf den Wachwechsel. Jeder neue Posten brachte ein Keksbröckchen oder einen Fischhappen für Johannes mit. Wir brauchten uns bloß über das Loch zu beugen, so kam er ganz heraus auf die Treppe und streckte die Scheren vor. Er nahm uns das Stückchen aus den Fingern und lief in sein Loch zurück, wo er sich in die Türöffnung setzte und wie ein Schulbub mümmelte, der das Essen in den Mund stopft, ohne seine Fäustlinge auszuziehen.

Die Krabben saßen wie Kletten auf den wasserdurchtränkten Kokosnüssen, die durch die Gärung aufsprangen. Ansonsten fingen sie Plankton und Kleintiere, die die Wogen heraufspülten. Und diese allerkleinsten Planktontiere im Meer waren ja auch beste Nahrung, selbst für uns Goliaths auf dem Floß, wenn wir nur die Methode heraushatten, genug davon zu fangen, um auf einmal ein richtiges Maulvoll davon zu bekommen.

Es ist klar, daß in diesem fast unsichtbaren Plankton ein sehr hoher Nährwert stecken muß. Es treibt in unendlicher Zahl mit den Strömungen auf den Weltmeeren herum, und es gibt kein Tier dort, das nicht seine Existenz auf dem Plankton aufbauen würde. Fische und Seevögel, die selbst kein Plankton fressen, leben jedenfalls von anderen Fischen und Seetieren, die das tun, ganz unabhängig von ihrer eigenen Größe. Plankton ist ein Sammelname für tausendfältige Arten von sichtbaren und unsichtbaren Mikroorganismen, die unter der Oberfläche treiben. Manche sind Pflanzen (Phyto-Plankton), während andere lose Fischeier und lebende Kleintiere darstellen (Zoo-Plankton). Das Tier-Plankton lebt vom Pflanzen-Plankton, und das Pflanzen-Plankton lebt von Ammoniak, Nitriten und Nitraten, die aus dem toten Tier-Plankton gebildet werden. Und während sie so voneinander leben, bilden sie zusammen Nahrung für alles, was in und über dem Meer fleucht und kreucht. Das, was sie nicht durch ihre Dimensionen bewirken, das machen sie durch die Menge wett. In gutem Planktonfahrwasser findet man Tausende in einem Glas voll Wasser. Mehr als einmal sind Menschen auf dem Meer verhungert, weil sie glaubten, sie könnten nur von großen Fischen leben, die sie spießen, im Netz fangen oder harpunieren konnten. Dabei segelten sie buchstäblich in stark verdünnter roher Fischsuppe. Hätten sie zu Angelhaken und Netz ein Gerät gehabt, fein genug, die Suppe abzuseihen, in der sie saßen, hätten sie einen nahrhaften Satz gefunden: das Plankton. Vielleicht werden sich die Menschen einmal dazu verstehen, Plankton im Meer zu ernten, wie sie einst lernten, Korn einzusammeln. Ein vereinzeltes Korn taugt auch nicht, aber in großen Mengen ist es Nahrung.

Der Meeresbiologe Dr. A. D. Bajko brachte uns auf die Idee und schickte uns auch ein Fischnetz, das in einem genauen Verhältnis zu den Dingen, die wir fangen wollten, stand. Das »Netz« war ein Seidengewebe mit fast dreitausend Maschen im Quadratzoll. Es war wie ein hufeisenförmiger Beutel genäht und hing an einem Eisenring mit anderthalb Fuß Öffnung hinter dem Floß im Schlepp. Genau wie bei anderen Fischen war der Fang je nach Zeit und Ort verschieden. Der Fang nahm ab, als das Meer weiter westlich wärmer wurde. Außerdem hatten wir unsere besten Resultate in der Nacht, anscheinend tauchten viele Arten bei Sonnenschein in die Tiefe.

Hätten wir auf dem Floß keinen anderen Zeitvertreib gehabt, wäre es jedenfalls unterhaltsam genug gewesen, die Nase ins Planktonnetz zu stecken, nicht wegen des Geruchs, denn der war übel, und nicht appetitanregend, denn als gemischtes Kompott sah Plankton grauslich aus. Aber die phantasievollen Formen und Farben nahmen kein Ende, wenn wir es auf ein Brett ausschütteten und die einzelnen Kleintiere mit bloßen Augen betrachteten.

Die meisten waren winzigkleine Garneelen (Copepoden) oder frei schwimmende Fischeier, aber es gab auch Fischlarven und Schalentiere, wunderliche Miniaturkrabben in allen Farben, Quallen und eine endlose Variation von winzigen Geschöpfen, die aussahen, als wären sie Walt Disneys Phantasie entsprungen. Manche erinnerten an befranste und flackernde Spukwesen aus Zellophanpapier, während andere rotschnäbeligen Miniaturvögeln mit harten Schalen anstatt der Federn glichen. Es war kein Ende an zügellosen Erfindungen der Natur in der Planktonwelt, hier konnte sich sogar ein surrealistischer Künstler überboten fühlen.

Dort, wo der alte Humboldtstrom unter dem Äquator nach Westen bog, konnten wir alle paar Stunden die Planktongrütze kiloweise aus dem Sack leeren. Das Plankton lag hier zusammengebacken wie weicher Kuchen in farbenreichen Schichten, braun, rot, grau und grün, je nachdem wir verschiedene Planktonfelder passierten. Wenn nachts Meerleuchten war, war es, als zöge man einen Sack mit funkelnden Juwelen herein. Wenn wir ihn in die Hände bekamen, wurde der Seeräuberschatz zu Millionen von winzigen Garneelen und phosphorglitzernden Fischlarven, die wie ein glimmender Kohlenhaufen im Dunkeln glosten. Und wenn wir sie in den Eimer schütteten, dann lief der Teig heraus wie eine glitzernde Zaubergrütze von Glühwürmchen. So schön dieser Nachtfang von weitem war, so gottlos wirkte er aus der Nähe. Je übler der Geruch, desto besser war der Geschmack, wenn man nur mutig einen Löffel Meerleuchten in den Mund führte. Waren viele Zwerggarneelen darunter, so schmeckte es wie Garneelen-, Hummer- oder Krabbenpastete. Waren es im wesentlichen Fischeier, so schmeckte es wie Kaviar und hin und wieder wie Austern. Das Pflanzenplankton war entweder so klein, daß es mit dem Wasser durch das Netz verschwand, oder aber es war so groß, daß wir es mit den Fingern herausfischen konnten. Wie Haare in der Suppe kamen vereinzelte große, geleeartige Zölenteraten vor, die an zentimeterlange Glasballons erinnerten, außerdem noch Quallen. Sie waren bitter und mußten herausgesucht werden. Sonst konnte man alles essen, entweder so, wie es war, oder gekocht in Frischwasser als Grütze oder Suppe. Über den Geschmack läßt sich streiten. Zwei Mann an Bord meinten Plankton schmecke schlecht, zwei waren der Ansicht, daß es gut sei, und zwei hatten schon beim Anschauen gegessen. Ernährungsmäßig war es den großen Schalentieren durchaus gleichwertig, und gut gewürzt und geschickt zubereitet kann es bestimmt ein erstklassiges Gericht für alle werden, die Seekost lieben. Daß es Kalorien genug in diesen Kleinorganismen gibt, beweist der Blauwal, der als größtes Tier der Welt doch nur von Plankton lebt. Unsere eigene Fangmethode mit dem kleinen Netz wirkte furchtbar armselig auf uns, als ein vorbeischwimmender Bartenwal uns zum Bewußtsein brachte, auf welch einfache Weise dieser das mitsamt dem Meerwasser aufgenommene Plankton durch seine Zelluloidbarten abseihen kann.

»Schaut euch den einmal an«, sagten Torstein und Bengt verächtlich, als wir unser Planktonnetz in den Wogen verloren hatten. »Haltet einmal ein Zündhölzchen in die Barten, dann werdet ihr bald merken, daß es nach verbranntem Zelluloid riecht.«

Bisher hatte ich nur aus der Ferne vom Schiff aus Wale gesehen, und im Museum war ich einmal einem ausgestopften auf einen halben Meter Abstand nahe gekommen. Aber ich habe nie ein Gefühl der Sympathie für diesen Riesenhaufen gehabt wie sonst für ehrbare, warmblütige Tiere, zum Beispiel für ein Pferd oder für einen Elefanten. Biologisch hatte ich zwar den Wal schon als waschechten Vierbeiner anerkannt. Aber in seinem Wesen war er mir im großen und ganzen wie ein dicker, kalter Fisch erschienen. Unser Eindruck, als sich die großen Wale auf uns zuwälzten, dicht an der Seite des Floßes, war indessen ein ganz anderer. Eines schönen Tages saßen wir wie gewöhnlich auf der Floßkante und speisten so nah am Wasser, daß wir uns bloß nach rückwärts zu beugen brauchten, um das Geschirr reinzuspülen, da fuhren wir plötzlich erschreckt hoch, als hinter uns etwas schwer pustete wie ein schwimmendes Pferd, und ein mächtiger Wal in die Höhe kam und uns anglotzte, so nahe, daß wir tief in sein Blasloch hineinsahen, das wie ein Lackschuh glänzte. Es war so ungewöhnlich, ein richtiges Pusten hier draußen auf dem Meer zu hören, wo alle lebenden Wesen lungenlos durchs Wasser glitten und höchstens klatschend herumschlugen, daß wir förmlich ein warmes Gefühl der Verwandtschaft zu unserem alten Kollegen von der gleichen Firma, dem Wal, verspürten, der sich gleich uns so ewig weit aufs Meer verirrt hatte. An Stelle des kalten, krötengesichtigen Walhaies, der keinerlei Sinn dafür hatte, die Nase nach frischer Luft herauszustrecken, hatten wir hier Besuch von jemand bekommen, der an ein gut gefüttertes joviales Flußpferd aus einem Tiergarten erinnerte. Und er blies noch freundlich, bevor er wieder ins Meer sank und verschwand. Das alles machte einen mächtigen sympathischen Eindruck auf mich.

Walbesuch war überhaupt häufig. Meistens waren das kleine Spring- und Zahnwale, die sich in großen Schwärmen um uns auf der Wasserfläche herumtummelten, und ab und an waren es auch fette Pottwale und große Bartenwale, die entweder vereinzelt oder in kleinen Herden auftauchten. Manchmal zogen sie vorbei wie ein Schiff am Horizont, während sie hin und wieder ihren Atemstrahl zum Himmel emporschickten, aber manchmal setzten sie auch genau Kurs auf uns. Wir waren auf eine bösartige Kollision gefaßt, als das erstemal ein solcher schwerer Riese von einem Wal seinen

Kurs änderte und zielbewußt in genauer Richtung auf das Floß angeschwommen kam. Je mehr er sich näherte, desto deutlicher konnten wir ihn in schwerem und langgestrecktem Stoß pusten und blasen hören, jedesmal wenn er seinen Kopf über das Wasser heraufrollte. Er war wie ein enorm dickhäutiges und unförmiges Landtier, das rauschend durch das Wasser kam. Er hatte ebensowenig mit einem Fisch zu tun wie eine Fledermaus mit einem Vogel. Er kam genau von Backbord auf uns zu, wo wir vollzählig auf der Floßkante standen, während ein Mann auf der Mastspitze saß und herunterrief, er sähe weitere sieben bis acht Stück, die ebenfalls auf dem Wege zu uns seien. Die große und glänzende, prachtvolle schwarze Schädelwölbung des ersten Wales war nicht mehr als zehn Meter von uns entfernt, als er sich unter die Wasserfläche sinken ließ. Dann sahen wir den ungeheuren, blauschwarzen Walrücken dunkel und unbeweglich, und wir hielten den Atem an, als wir auf die gigantische, gewölbte Rückenfläche dieses Säugers niedersahen, der erheblich länger war als das ganze Floß. Dann ließ er sich langsam weiter hinuntersinken durch das bläuliche Wasser und entschwand unseren Augen. In der Zwischenzeit hatten wir die ganze Meute auf den Leib bekommen, aber sie wollten uns nichts Böses. Wale, die ihre Riesenkräfte mißbraucht und Walfänger mit ihrem Schwanz zum Sinken gebracht hatten, waren vermutlich selbst zuerst angegriffen worden. Den ganzen Vormittag hindurch hatten wir die pustende und blasende Gesellschaft um uns. Ihre Fontänen wuchsen in die Luft, wo wir sie am allerwenigsten erwarteten, ohne daß sie selbst das Floß oder das Steuerruder auch nur streiften. Sie hatten förmlich ihren Spaß daran, sich in Sonne und See zu tummeln. Aber um die Mittagszeit tauchte der ganze Schwarm wie auf ein gegebenes Signal unter und war verschwunden.

Nicht nur Wale bekamen wir unter dem Floß zu sehen. Wenn wir die Schilfmatten hoben, auf denen wir schliefen, sahen wir zwischen den klaffenden Stämmen direkt in das kristallklare Wasser hinab. Warteten wir einen Augenblick, so sahen wir eine Brust- oder Schwanzflosse vorbeiziehen, und bisweilen bekamen wir ganze Fische vor unsere staunenden Augen. Wären die Zwischenräume ein paar Zoll breiter gewesen, so hätten wir gemütlich im Bett liegenbleiben und mit einer Schnur unter den Matratzen fischen können.

Vor allem hielten sich Dolfine und Lotsenfische ans Floß. Von dem Augenblick, an dem sich die ersten Dolfine in der Strömung vor Callao uns anschlossen, verging nicht ein Tag auf der ganzen Reise, an dem uns diese großen Fische nicht umkreisten. Wir wußten nicht, was sie zum Floß zog. Aber entweder war es die magische Wirkung des reibenden Daches, oder es war die reichliche Nahrung in unserem Küchengarten aus Tang, Seegras und Entenmuscheln, die wie Girlanden hinter allen Stämmen und hinter dem Steuerruder hingen. Es begann mit einer dünnen Lage von glattem Grünzeug, aber bald wuchsen die grünen Tangbüschel mit verblüffender Geschwindigkeit heraus. So glich die »Kon-Tiki« bald einem bärtigen Wassermann, der sich durch die Wogen schob, und drinnen im Tang bildete sich ein beliebter Aufenthaltsplatz für winzige Fischbrut und unsere blinden Passagiere, die Krabben.

Es war eine Zeit, in der die Ameisen an Bord überhandzunehmen drohten. Eine kleine Art Ameisen muß in einem der Stämme gewesen sein, und als wir auf See kamen und die Feuchtigkeit in das Holz einzudringen begann, da wimmelten sie hervor bis in unsere Schlafsäcke. Sie überschwemmten aber auch alles und bissen und quälten uns so, daß wir schon meinten, sie würden uns vom Floß vertreiben. Aber später, als sie auf dem Meer immer mehr in die Feuchtigkeit gerieten, ging es ihnen auf, daß hier nicht ihr richtiges Element war. Nur vereinzelte Exemplare hielten stand, bis wir die andere Seite des Meeres erreichten. Neben den Krabben gefiel es den drei bis vier Zentimeter langen Entenmuscheln am besten auf dem Floß. Sie wuchsen zu Hunderten hier, besonders in Lee, neue Larven setzten sich fest und wuchsen heran, wenn wir die alten in den Suppentopf pflückten.

Die Entenmuscheln waren frisch und schmeckten delikat. Der Tang wurde als Salat gepflückt, war eßbar, aber weniger gut. Daß die Dolfine sich in unserem Grünzeuggarten versorgten, bekamen wir zwar nie direkt zu sehen, aber ständig wendeten sie den blinkenden Bauch in die Luft und strichen unter die Stämme.

Der Dolfin, ein farbenreicher tropischer Fisch, darf nicht mit dem Delphin verwechselt werden, der ein kleiner Zahnwal ist. Der gewöhnliche Dolfin hat eine Länge von einem bis 1,35 Meter, ist auf der Seite stark abgeflacht, mit einer enormen Höhe über Kopf- und Nackenpartie. Einmal maßen wir bei einer Länge von 1,34 Meter eine Kopfhöhe von siebenunddreißig Zentimeter. Er hat eine prächtige Farbe. Im Wasser schillert er wie eine Schmeißfliege in Blau und Grün, während seine Flossen goldgelb glitzern. Aber zogen wir ihn an Bord, so bekamen wir ein wunderliches Schauspiel zu sehen. Wenn er starb, veränderte er allmählich seine Farbe und wurde silbergrau mit schwarzen Flecken, und schließlich wurde er einfarbig silberweiß. Das dauerte vier bis fünf Minuten, und zuletzt kamen die alten Farben langsam wieder zurück. Sogar im Wasser konnte der Dolfin bei gewissen Veranlassungen seine Farbe wechseln wie ein Chamäleon, und oft sahen wir eine »ganz neue Art« von kupferglänzenden Fischen, die sich bei näherer Bekanntschaft als unser altes Gefolge, die Dolfine, entpuppten.

Die hohe Stirn gab dem Dolfin das Aussehen einer flachgedrückten Bulldogge, und diese Stirn fährt immer über die Wasserfläche dahin, wenn der Raubfisch selbst wie ein Torpedo hinter einem fliehenden Schwarm fliegender Fische dahinrauscht. Wenn er guter Laune war, legte er sich auf die Seite, nahm rascheste Fahrt, bis er hoch in die Luft sprang und platt wie ein Pfannkuchen herunterklatschte, daß eine Fontäne in die Höhe ging. Er war noch nicht ganz im Wasser, als er noch einmal einen Schwung hinauftat und wieder einen, über die Dünungen hinweg. Aber wenn er schlechter Laune war, wie zum Beispiel, wenn wir ihn auf das Floß zogen, dann biß er.

Torstein lief längere Zeit mit einem Lappen um die große Zehe herum, weil er sie irrtümlich in das Maul eines Dolfins gesteckt hatte, der es schloß und noch ein bißchen extra darauf kaute. Nach der Heimkunft erfuhren wir, daß der Dolfin badende Menschen angreift und mit größtem Vergnügen verspeist. Das war nun für uns wenig schmeichelhaft, denn wir pflegten täglich unter ihnen zu baden, ohne daß sie sich besonders für uns interessiert hätten. Aber sie waren fürchterliche Raubtiere, denn wir fanden sowohl Tintenfische wie auch ganze fliegende Fische in ihrem Magen.

Fliegende Fische waren überhaupt ihr Leibgericht. Auf alles, was auf die Wasserfläche klatschte, jagten sie blind zu in der Hoffnung, daß es ein fliegender Fisch sei. Manche verschlafene Morgenstunde, wenn wir gerade aus der Hütte krochen und halbwach die Zahnbürste in die See tauchten, erwachten wir mit einem Ruck, wenn ein fünfzehn Kilogramm schwerer Fisch wie ein Blitz unter dem Floß hervorgeschossen kam und enttäuscht sein Gebiß in die Zahnbürste schlug. Und wenn wir uns friedlich mit dem Frühstück auf der Floßkante zurechtsetzten, kam es vor, daß sie in die Höhe sprangen und einen von ihren kräftigsten Seitenplatschern taten, so daß uns das Seewasser den Rücken hinabfloß und in unser Essen spritzte.

Torstein setzte unserer Fischerei die Krone auf, als wir eines Tages beim Mittagessen saßen. Plötzlich legte er die Gabel weg und steckte die Hand ins Meer. Ehe wir uns dessen versahen, wirbelte das Wasser hoch auf, und ein großer Dolfin landete zappelnd unter uns. Torstein hatte seine Klaue um das kurze Ende einer Fischleine geschlagen, die ruhig vorbeigeglitten kam. An ihrem anderen Ende aber hing ein vollständig überrumpelter Dolfin, der Erich wenige Tage vorher mit einem Haken durchgegangen war.

Es verging kein Tag, ohne daß wir sechs bis sieben Dolfine um uns hatten, die uns in Kreisen und unterhalb des Floßes folgten. An schlechten Tagen waren es vielleicht nur zwei oder drei, aber am Tage darauf konnten wieder dreißig und vierzig auf einmal auftauchen. In der Regel genügte es daher, den Koch zwanzig Minuten vorher zu verständigen, wenn wir frischen Fisch zum Mittag wünschten. Dann band er eine Schnur an eine kurze Bambusstange und hängte einen halben fliegenden Fisch an den Haken. Wie ein Blitz war der Dolfin da, durchschnitt die Wasserfläche mit seiner prachtvollen Stirn und jagte auf den Happen zu, zwei oder drei andere in seinem Kielwasser. Der Dolfin war ein prächtiger Gesell und kein Spielverderber. Frisch gefangen, war er kernfest und delikat wie eine Mischung von Dorsch und Lachs. Zwei Tage hielt er sich auch gut, und mehr war gar nicht für uns notwendig, denn es gab genug Fische im Meer.

Mit den Lotsenfischen wurden wir auf eine andere Art bekannt. Ein Hai brachte sie mit. Wir waren noch nicht lange auf See gewesen, als wir schon den ersten Haibesuch bekamen, und Haie wurden rasch ein fast alltägliches Ereignis. Es kam vor, daß sie nur auf Inspektion des Floßes angesegelt kamen und weiter auf Raub zogen, nachdem sie uns ein- oder zweimal umkreist hatten. Aber meistens hielten sich die Haie in unserem Kielwasser dicht hinter dem Steuerruder. Hier zogen sie uns lautlos nach und kurvten von Steuerbord nach Backbord, während sie nur selten mit dem Schwanz schlugen, um Schritt zu halten mit dem ruhigen Dahingleiten des Floßes. Der blaugraue Haikörper spielte im Sonnenlicht dicht unter dem Wasserspiegel ins Braune. Sie folgten den Wogen auf und nieder so daß die Rückenflosse immer verräterisch in die Luft stach. War schwere See, konnten sie oft mit den Wogenwänden hoch über unser eigenes Niveau gehoben werden, so daß wir sie direkt von der Seite sahen, während sie würdig mit ihrem wimmelnden Gefolge von kleinen Lotsenfischen vor dem breiten Maul wie hinter einer Glaswand dahinschwammen. Einige Sekunden konnte es aussehen, als ob sie und ihr gestreiftes Gefolge genau zu uns an Bord geschwommen kämen, bevor sich das Floß elegant überlegte, sich auf den Wogenkamm hinaufschwang und auf der anderen Seite wieder hinuntersank.

Am Anfang hatten wir großen Respekt vor dem Hai wegen seines Renommees und seines schreckeinjagenden Aussehens. Es war eine gnadenlose Kraft in diesem stromlinienförmigen Körper, der nur aus einem einzigen stählernen Muskelbündel bestand. Es war eine kalte Gier in dem breiten, flachen Kopf mit den kleinen, grünen Katzenaugen und dem enorm klaffenden Maul, das Fußbälle schlucken konnte.

Wenn der Steuermann rief: »Hai Backbord!« oder »Hai Steuerbord!« pflegten wir nach Handharpunen und Haigabeln zu greifen und uns längs der Kante des Floßes aufzustellen. Er glitt meistens rund um uns herum, die Rückenflosse dicht an den Stämmen. Und der Respekt vor dem Hai stieg, als wir sahen, daß sich die Gabeln wie Spaghetti verbogen, wenn wir sie gegen den Sandpapierpanzer des Rückens stießen, und die Speerspitzen der Harpunen in der Hitze des Kampfes brachen. Alles, was wir erreichen konnten, wenn wir die Haihaut bis in den Knorpelschädel oder in die Muskelstränge durchdrangen, war ein höllischer Kampf, in dem das Wasser nur so wallte, bis der Hai sich losriß und verschwand, während ein wenig Öl heraufschwamm und sich über die Wasserfläche ausbreitete.

Um unsere letzten Harpunenspitzen zu sparen, banden wir ein Bündel unserer stärksten Fischhaken zusammen und verbargen sie im Kadaver eines ganzen Dolfins. Mit enggedrehten Stahlseilen hängten wir sie an ein Stück Rettungsseil und warfen den Lockbissen über Bord. Ruhig und sicher kam der Hai und schob das Maul über das Wasser, öffnete mit einem Ruck das riesige, halbmondförmige Maul und ließ den ganzen Dolfin kurzerhand verschwinden. Und dann saß er fest. Es wurde ein fürchterlicher Waffengang. Tobend schlug der Hai das Wasser zu Schaum, aber wir hatten das Seil fest in der Faust und zogen den widerstrebend Herumschlagenden an die Stämme am Heck. Hier blieb er abwartend liegen und sperrte bloß den Rachen auf, wie um uns mit seinen parallelen Reihen von Sägeblattzähnen zu schrecken. Hier warteten wir auf eine See, um ihn auf die niedrigen, tangglatten Endstämme hinaufzuhieven, und nachdem wir hinterhältig eine Schlinge um seine Schwanzflosse geworfen hatten, zogen wir uns zurück, bis der Kriegstanz vorüber war.

In dem Schädelknorpel des ersten Haies fanden wir eine unserer Harpunenspitzen. So glaubten wir zuerst, darin den Grund für die verhältnismäßig bescheidene Kampflust dieses Exemplars gefunden zu haben. Aber später fischten wir Hai um Hai ganz nach derselben Methode – es ging jedesmal so glatt. Sogar wenn der Hai zu reißen und zu ziehen vermochte, und obwohl er so unangenehm schwer zu hantieren war, so wurde er doch mutlos und zahm und machte nie vollen Gebrauch von seinen Riesenkräften, wenn es uns nur glückte, die Leine so straff zu halten, daß der Hai bei diesem Tauziehen nicht einen Zoll gewinnen konnte. Die Haie, die wir an Bord zogen, waren leicht zwei bis drei Meter lang. Es waren Blauhaie sowohl wie Braunhaie. Der Letztgenannte hatte über seinen Muskelbündeln eine Haut, durch die es fast unmöglich war, ein scharfes Messer zu stoßen, außer wir stießen mit allen Kräften zu – und kaum dann. Die Bauchhaut war ebenso undurchdringlich wie der Rücken. Die fünf offenen Kiemenspalten seitlich des Schädels waren der einzige verwundbare Punkt.

Wenn wir einen Hai hereinzogen, hatten sich oft schwarze und glitschige Remorafische an seinem Körper festgesogen. Mit Hilfe einer ovalen Saugschale auf dem flachen Kopf saßen sie so festgenagelt, daß wir sie nicht losbekamen, auch wenn wir mit aller Kraft am Schwanz zogen. Aber selbst konnten sie sich lösen und weghüpfen und sich im Lauf einer Sekunde an einem anderen Platz anheften. Wenn es ihnen zu dumm wurde, am Hai festzukleben, sintemal ihr alter Hauswirt kein Zeichen machte, ins nasse Element zurückzukehren, sprangen sie ab und verschwanden zwischen den Stämmen des Floßes, um sich einen anderen Hai zu suchen. Fanden sie nicht gleich zu einem solchen, so befestigten sie sich in der Zwischenzeit an der Haut eines anderen Fisches. Die Remorafische maßen von einem Finger bis zu einem Fuß in der Länge. Wir erprobten auch den alten Trick der Eingeborenen, den sie anwendeten, wenn sie einen lebenden Remorafisch zu fassen bekamen. Sie banden nämlich eine Schnur um seinen Schwanz und ließen ihn davonschwimmen. Er würde sich am ersten Fisch festsaugen, den er traf, und würde so festhalten, daß ein Fischer mit einigem Glück beide am Schwanz des Remorafisches hereinziehen konnte. Wir selbst hatten damit kein Glück. Jedesmal, wenn wir einen Remorafisch mit einer Schnur um den Schwanz über Bord warfen, zottelte er nicht weit, sondern saugte sich sofort an einen Stamm unseres Floßes fest. Er war dabei wohl in dem frommen Glauben, nun einen extragroßen Riesenhai gefunden zu haben. Und hier hing er dann, wenn wir auch noch so sehr an unserer Schnur zogen. Nach und nach bekamen wir mehrere solcher kleinen Remorafische mit uns. Sie baumelten steifnackig zwischen dem Bewuchs unserer Floßkanten. Von nun an ritten sie mit uns über den ganzen Stillen Ozean.

Aber der Remorafisch war dumm und häßlich und wurde deshalb kein so

Steuerwache: Wir teilen den Tag in zweistündige Wachen am Steuerruder

Sturzsee über uns. Blick vom Mast auf die Steuerwache

Watzinger bei einer Windmessung

Der gelbflossige Thunfisch lädt zum Angelsport ein

„Haugland, halt dich fest!“ Achteraus an der Ruderpinne hat unser Steuermann oft eine feuchte Wache, wenn die Wellentäler zu eng sind, um Platz für das ganze Floß zu bieten

In unserer Bambushütte finden wir Schutz gegen den Wind und Schatten vor der Tropensonne. Zwischen den Wänden von geflochtenem Bambus und unter einem Dach von Bananenblättern fühlen wir uns wie im Urwald. Von links nach rechts: Watzinger, Haugland, Raaby, Danielsson und der Verfasser nettes Haustier wie sein lustiger Reisegenosse, der Lotsenfisch, Der Lotsenfisch ist klein und zigarrenfrömig, mit Zebrastreifen, und treibt sich in hellen Haufen dicht vor den Haien herum. Er hat seinen Namen davon erhalten, weil man lange glaubte, er würde seinen halbblinden Freund, den Hai, durch das Meer dirigieren. In Wirklichkeit treibt er sich nur selbst im Gefolge des Hais herum, und fährt er auf etwas los, so nur deshalb, weil er Nahrung für sich selbst erkannt hat.

Die Lotsenfische folgten auch ihrem Herrn und Meister bis zum letzten Augenblick. Aber da sie sich nicht wie die Remorafische an die Haut des Riesen anklammern konnten, waren sie völlig in Aufruhr, wenn ihr alter Gebieter plötzlich in die Luft hinauf entschwand und nicht mehr wiederkam. Verstört schossen sie durcheinander und suchten. Ständig kamen sie zurück und schwänzelten um unser Heck, dort, wo der Hai seine Himmelfahrt angetreten hatte. Aber als die Zeit verging und der Hai nicht wiederkam, mußten sie sich nach einem neuen Herrn umsehen. Und wer lag hier näher als »Kon-Tiki« persönlich?!

Wenn wir uns über die Floßkante hinunterließen, den Kopf tief in dem leuchtend klaren Wasser, sahen wir selbst das Floß wie den Bauch eines Seeungeheuers. Sein Schwanz war unser Steuerruder, und die Schwerter tauchten wie dicke Flossen herab. Und dazwischen schwammen all die adoptierten Lotsenfische getreulich Seite an Seite und ließen sich durch das blubbernde Menschengesicht nicht mehr irritieren, als daß vielleicht einer einen kurzen Abstecher unternahm und uns direkt in die Nase hineinschnüffelte, um dann beruhigt wieder zurückzugleiten und seinen Platz im eifrig schwimmenden Geleit einzunehmen.

Unsere Lotsenfische patrouillierten in zwei Abteilungen. Die meisten marschierten zwischen den Senkkielen, während die anderen sich in eleganter Fächerformation vor unserem Bug hielten. Ab und an kreuzten sie vom Floß weg, um einen eßbaren Happen zu erwischen, an dem wir vorbeisegelten. Und nach den Mahlzeiten, wenn wir die Speiseeimer neben uns ins Wasser schütteten, war es, als hätten wir eine ganze Zigarrenkiste von gestreiften Lotsenfischen noch auf die Speisereste drauf geleert. Kein Bissen war zu klein, als daß sie ihn nicht beschnuppert hätten. Und soweit es nicht vegetabilische Nahrung war, verschwand sie in ihnen. Mit so kindlichem Vertrauen fanden sich diese netten kleinen Fische unter unseren beschützenden Flossen ein, daß wir genauso wie der Hai geradezu väterliche Gefühle für sie hegten. Sie wurden »Kon-Tikis« maritime Haustiere. Es war strenges Tabu an Bord, Hand an einen Lotsenfisch zu legen.

Manche haben sicher ihre Kinderschuhe in unserem Gefolge vertreten. Sie waren kaum einen Zoll lang, während die meisten etwa einen halben Fuß maßen. Als der Walhai mit der Geschwindigkeit eines Blitzes davonjagte, Erichs Harpune im Schädel, da schloß sich ein Teil seiner alten Lotsenfische den Siegern an. Diese Exemplare waren meistens zwei Fuß lang. Nach immer neuen Siegen hatte »Kon-Tiki« bald ein Gefolge von vierzig bis fünfzig

Lotsenfischen. Viele davon schätzten unsere langsame Bewegung und unseren täglichen Abfall so sehr, daß sie uns über Tausende von Kilometern folgten.

Aber es kam vor, daß welche untreu wurden. Eines Tages, als ich am Steuerruder stand, merkte ich plötzlich, daß das Meer südlich von uns aufwallte. Und schon kam ein ungeheurer Schwarm von Dolfinen über die Wellen angejagt – wie Silbertorpedos –, sie kamen nicht gemütlich auf die Flachseite platschend wie gewöhnlich, sondern in wahnwitziger Fahrt, mehr durch die Luft als durch das Wasser. Die blauen Dünungen wurden ein einziges, weißschäumendes Chaos von springenden Flüchtlingen, und dahinter, im Zickzack, kam ein schwarzer Rücken wie ein Rennboot über die Wasserfläche geschossen. Die verzweifelten Dolfine kamen unter und über dem Wasser direkt auf das Floß zu, vor dem sie tauchten, während hundert andere sich zu einem dichten Schwarm zusammenschlossen und nach Osten schwenkten, so daß die ganze See achteraus in Farben blinkte. Der glänzende Rücken hinter ihnen wälzte sich halb über die Wasserfläche, tauchte in eleganter Kurve unter das Floß, schoß wie ein Torpedo hinter uns wieder hervor und dem Dolfinschwarm nach. Es war ein teuflischer Kerl von einem Blauhai, fünf bis sechs Meter lang. Und da waren auf einmal viele von unseren Lotsenfischen verschwunden. Sie hatten in ihm einen spannenderen Seehelden als uns gefunden.

Das Seetier, vor dem uns die Fachleute am meisten gewarnt hatten, war indessen der Riesenkrake, denn er konnte auf das Floß heraufklettern. Die Geographische Gesellschaft in Washington hatte uns dramatische Blitzlichtaufnahmen aus einer bestimmten Gegend des Humboldtstromes vorgelegt. Hier hatten die schrecklichen Riesentintenfische in großen Mengen ihren Lieblingsplatz und kamen in der Nacht an die Oberfläche empor. Sie waren so raublustig, daß, wenn einer sich an einem Fleischstück festgesaugt hatte und so an den Haken gekommen war, ein anderer herankam und seinen gefangenen Vetter aufzufressen begann. Sie hatten Fangarme, die einem Riesenhai ein Ende machen und einem großen Wal einen Denkzettel geben konnten, und dazu einen teuflischen Raubschnabel wie ein Adler, zwischen den Tentakeln versteckt. Man brachte uns in Erinnerung, daß sie hier mit phosphorleuchtenden Augen in der Finsternis der Nacht dahintrieben, daß ihre Arme lang genug waren, um in jeden kleinsten Winkel auf dem Floß zu tasten, wenn sie es nicht für gut fanden, selbst an Bord zu kommen. Wir schätzten keineswegs die Zukunftsaussicht, einen kalten Arm um den Hals zu fühlen, der uns in der Nacht aus dem Schlafsack holen könnte. So verschafften wir uns jeder ein säbelartiges Machetemesser für den Fall, daß wir eines Tages erwachen sollten, umschlungen von tastenden Tintenfischarmen. Von allem, was uns bevorstand, schien uns dies am unbehaglichsten, als wir starteten, besonders als die Meeresexperten in Peru in dasselbe Horn bliesen und uns auf der Karte zeigten, wo die schlimmste Gegend war, direkt inmitten des Humboldtstromes.

Lange sahen wir keine Spur von einem Tintenfisch, weder an Bord noch draußen auf See. Aber eines Morgens bekamen wir die erste Warnung, daß wir jetzt in diesem Fahrwasser sein mußten. Als die Sonne aufging, fanden wir ein Zubehör zu einem Riesentintenfisch an Bord in Gestalt eines kleinen Babys, so groß wie eine Katze. Es war im Verlauf der Nacht aus eigener Kraft an Deck gekommen und lag nun, die Fangarme um den Bambus vor der Türöffnung gekrampft, tot da. Schwarze und dickflüssige Tinte war über das Deck verschmiert und umgab es in einer Lache. Nachdem wir einige Seiten im Logbuch mit Tintenfischtinte geschrieben hatten, die sich wie eine Art Tusche ausnahm, warfen wir das Baby über Bord, zur Freude der Dolfine.

Wir sahen in diesem bescheidenen Ereignis einen Vorboten größerer Nachtgäste. Konnte das Baby an Bord krabbeln, so konnten wohl seine hungrigen Urheber dasselbe tun. Unsere Vorväter haben wohl ein ganz ähnliches Gefühl gehabt, wenn sie auf ihren Wikingerschiffen saßen und an Drachen dachten. Aber das nächste Ereignis brachte uns völlig in Aufruhr. Wir fanden eines Morgens ein noch kleineres Tintenfischjunges auf dem First unseres Palmendaches. Das schaffte uns viel Kopfzerbrechen. Es konnte nicht hinaufgeklettert sein, da sich die Tintenspuren auf seinen engsten Umkreis oben auf dem Dach beschränkten. Hätte es andererseits ein Seevogel fallen lassen, wäre es nicht so vollständig heil und ohne Schnabelspuren gewesen. Wir kamen zu dem Schluß, daß es von einem Spritzer aufs Dach geschleudert worden war, aber keiner von den Nachtposten konnte sich an eine solche Sturzsee erinnern. Und in den nächsten Nächten fanden wir ständig mehr Tintenfischjunge an Bord – die kleinsten von ihnen waren nicht länger als ein Mittelfinger.

Es war bald ganz alltäglich, daß man ein oder zwei kleine Tintenfische unter den fliegenden Fischen am Morgen an Deck fand, sogar wenn die See ganz ruhig gewesen war. Und es waren Junge der richtigen, teuflischen Art, mit acht langen Armen voller Saugnäpfe und zwei noch längeren, die dornartige Haken an den Enden hatten. Aber große Tintenfische machten nie Anstalten, an Bord zu kommen. Wir sahen ihre Phosphoraugen leuchten, wenn sie in schwarzen Nächten an die Oberfläche trieben. Ein einziges Mal sahen wir bei Tageslicht die Meeresfläche kochen und brodeln und etwas wie ein großes Rad aus der Tiefe auftauchen und in der Luft rotieren. Ein Teil von unseren Dolfinen suchte sich mit einem verzweifelten Satz durch die Luft in Sicherheit zu bringen. Aber warum die Großen nie an Bord kamen, während die Kleinen unsere ständigen Nachtgäste waren, blieb ein Rätsel, dessen Lösung wir auch in den zwei erfahrungsreichen Monaten nicht erhielten, die wir hier in dieser berüchtigten Krakengegend verbrachten. Junge Tintenfische kamen weiterhin an Bord. Da geschah es im Sonnenschein eines Morgens, daß wir alle einen blinkenden Schwarm von irgend etwas Unbestimmbarem sahen, das aus dem Wasser heraufschoß und wie große Regentropfen durch die Luft sauste, während die See von den verfolgenden Dolfinen aufgewühlt wurde. Wir nahmen es zuerst für einen

Schwarm fliegender Fische. Wir hatten bereits drei verschiedene Arten davon an Bord bekommen. Aber als sich die Unbekannten näherten und vereinzelte in anderthalb Meter Höhe über das Floß segelten, da stieß einer Bengt vor die Brust und fiel mit einem Platsch aufs Deck. Es war ein junger Tintenfisch. Unsere Überraschung war groß. Als wir ihn in einen Segeltuchbottich mit Seewasser setzten, nahm er einen kräftigen Anlauf und schoß herauf an die Oberfläche. Aber in dem kleinen Bottich bekam er nicht genügend Geschwindigkeit, um mehr als halb aus dem Wasser herauszukommen. Es ist längst bekannt, daß der Tintenfisch gewöhnlich nach dem Raketenprinzip schwimmt. Er pumpt Seewasser mit gewaltiger Kraft durch eine offene Röhre seitlich des Körpers aus und kann dadurch ruckweise mit sausender Fahrt nach rückwärts schießen, und wenn er alle Fangarme in einem dichten Bündel über dem Schädel zusammenschließt, wird er stromlinienförmig wie ein Fisch. Auf den Seiten hat er zwei runde und fleischreiche Hautfalten, die er gewöhnlich zur Steuerung und zum langsamen Schwimmen im Wasser verwendet. Aber es zeigte sich auch, daß verantwortungslose Tintenfischjünglinge, ein Leibgericht für viele große Fische, ihren Verfolgern entkommen konnten, indem sie auf dieselbe Weise in die Luft fuhren wie die fliegenden Fische. Sie hatten das Prinzip des Raketenfluges schon längst verwirklicht, bevor das menschliche Genie auf die Idee gekommen war. Sie pumpten das Seewasser durch sich, bis sie eine rasende Fahrt bekamen, dann steuerten sie schräg hinauf durch die Wasserfläche, indem sie die Hautfalten als Schwingen ausstreckten. Nach Art der fliegenden Fische segelten sie so im Gleitflug über die Wogen, so weit sie ihr Schwung trug. Seitdem wir darauf aufmerksam geworden waren, sahen wir sie oft vierzig bis fünfzig Meter weit dahinsegeln, vereinzelt oder in Rudeln von zwei bis drei Stück. Daß der Tintenfisch gleitfliegen konnte, war eine Neuheit für alle Zoologen, die wir treffen sollten.

Bei den Eingeborenen im Stillen Ozean habe ich oft Tintenfisch gegessen. Er schmeckt wie eine Mischung von Hummer und Kautschuk. Aber auf der »Kon-Tiki« stand der Tintenfisch zuunterst auf der Speisekarte. Bekamen wir ihn auf Deck präsentiert, tauschten wir ihn bloß gegen etwas anderes ein. Dieser Tausch ging so vor sich, daß wir die Angel mit einem Tintenfisch auswarfen, um sie wieder mit einem zappelnden Großfisch hereinzuziehen. Selbst der Thunfisch und der Bonito lieben junge Tintenfische. Und die lieferten ein Gericht, das an der Spitze des Menüs stand.

Es waren nicht nur alte Bekannte, auf die wir stießen, als wir so langsam über die Meeresfläche trieben. Das Tagebuch hat viele Notizen folgender Art:

11. 5. Heute kam ein gewaltiges Seetier zweimal neben uns an die Oberfläche, als wir an der Floßkante beim Abendessen saßen. Es platschte schrecklich und verschwand wieder. Wir haben keine Ahnung, was es sein kann.

6. 6. Hermann sah einen dunklen und dicken Fisch mit einem weißen,

breiten Körper mit dünnem Schwanz und Stacheln, der viele Male an der Steuerbordseite aus dem Wasser sprang.

16. 6. Ein bemerkenswerter Fisch backbord vom Bug aufgetaucht. Zwei Meter lang, einen Fuß an der breitesten Stelle, ein braunes, langes, dünnes Maul, eine große Rückenflosse am Schädel und eine kleinere mitten auf dem Rücken und eine schwere, sichelförmige Schwanzflosse; hielt sich an der Oberfläche und schwamm teilweise durch Winden des Körpers wie ein Aal. Er tauchte, als Hermann und ich im Gummifloß mit der Handharpune auszogen, kam später herauf, tauchte aber wieder und verschwand. Tags darauf: Erich saß im Mastkorb, zwölf Uhr mittags, als er dreißig bis vierzig lange, dünne, braune Fische derselben Art wie gestern zu sehen bekam. Sie kamen mit gewaltiger Fahrt von der Backbordseite dahergejagt und verschwanden nach achtern wie ein großer, brauner Schatten in der See.

18. 6. Knut beobachtete ein schlangenartiges Tier, zwei bis drei Fuß lang und sehr dünn, das sich aufrichtete und wieder im Wasser unter der Oberfläche verschwand, und das tauchte, indem es sich wie eine Schlange hinunterwand. Bei ein paar Gelegenheiten glitten wir an einer großen, dunklen Masse vorbei, die unbeweglich unter der Wasseroberfläche wie eine Unterwasserschäre lag, in der Größe eines Stubenbodens. Es war vermutlich der berüchtigte Riesenrochen. Aber nie rührte er sich, und wir kamen nie nahe genug, um die Konturen deutlich zu sehen.

Mit solcher Gesellschaft im Wasser wurde uns die Zeit nie lang. Schlimmer war, daß wir auch selbst hinab in die See tauchen sollten, um das Tauwerk an der Unterseite zu inspizieren. Eines Tages löste sich einer von unseren Senkkielen und glitt unter das Floß, wo er sich im Tauwerk festhakte, ohne daß wir ihn zu fassen bekamen. Hermann und Knut waren die besten Taucher. Zweimal schwamm Hermann unter das Floß unter Dolfine und Lotsenfische und zog und zerrte an dem Brettstück. Er war kaum zum zweitenmal heraufgekommen und saß auf der Kante, um zu verschnaufen, als ein acht Fuß langer Hai aus der Tiefe nicht weiter als drei Meter vor seinen Füßen auftauchte, in genauer Fahrtrichtung auf seine Zehenspitzen. Vielleicht taten wir dem Hai unrecht, aber wir hatten ihn im Verdacht, schlechte Absichten zu hegen, und rannten ihm eine Harpune in den Schädel. Der Hai fühlte sich verkannt, und es gab ein erbittertes Tauziehen mit dem Erfolg, daß der Hai verschwand und eine Ölschicht auf der Wasserfläche hinterließ, während der Senkkiel ungeborgen unter dem Floß verklemmt blieb.

Da kam Erich auf die Idee, einen Taucherkorb herzustellen. Zwar hatten wir nicht viel Rohmaterial, aber wir hatten Bambus und Tauwerk und einen alten, geflochtenen Korb, in dem Kokosnüsse gewesen waren. Wir verlängerten den Korb oben mit Bambus und Flechtwerk von Tau, und so ließen wir uns in diesem Korb an der Seite des Floßes hinab. Unsere verlockenden Beine waren so im Korb geschützt, und selbst wenn das Flechtwerk offenkundig nur moralischen Effekt sowohl für uns als auch auf die Fische hatte, konnten wir uns doch jedenfalls blitzschnell in den Korb hineinhocken, wenn etwas feindlich Gesinntes auf uns zugejagt kam, und dann konnten uns die anderen an Deck rasch aus dem Wasser ziehen.

Dieser Taucherkorb wurde nicht nur nützlich, er wurde im Laufe der Zeit auch das reinste Vergnügungsunternehmen für alle an Bord. Er gab uns nämlich eine erstklassige Gelegenheit, jenes schwimmende Aquarium kennenzulernen, das wir unter unserem Fußboden hatten.

Wenn sich das Meer begnügte, in ruhigen Wogen dahinzuziehen, krochen wir der Reihe nach hinein und ließen uns in das Wasser hinunterhängen, solange unser Atem reichte. Es war ein eigentümlich klarer und schattenloser Lichtstrom hier unten im Meer. Sobald wir unsere Augen unter der Wasserfläche öffneten, war es, als ob das Licht nicht länger aus einer bestimmten Richtung käme wie in unserer oberseeischen Welt droben. Der Lichtschein kam im Wasser genauso von unten wie von oben. Die Sonne schien nicht länger, sie war allerorten anwesend. Sahen wir hinaus zum Boden des Floßes, so lag er in seiner ganzen Ausdehnung strahlend beleuchtet. Die neun großen Stämme und das ganze Netzwerk von Tauen waren in ein zauberisches Licht getaucht. Ein flatternder Kranz von frühlingsgrünem Seegras umgab alle Seiten und säumte das ganze Steuerruder. Die Lotsenfische schwammen ruhig ihr Geleit wie Zebras in Fischhaut, während große Dolfine uns raublustig in rastlosen, wachsamen Rucken umkreisten. Hie und da leuchtete es im saftigen roten Holz eines Senkkiels, der aus einer Spalte herniederstak, und darauf saßen friedliche Kolinien von weißen Entenmuscheln und winkten rhythmisch mit ihren gefransten gelben Kiemenbüscheln nach Sauerstoff und Nahrung. Wenn ihnen jemand zu nahe kam, schlossen sie eilig die rot und gelb gesäumten Schalen zu und hielten die Türen verschlossen, bis sie fühlten, daß die Gefahr vorüber war. Das Licht hier unten war wunderbar klar und behaglich für uns, die wir an die Tropensonne auf Deck gewöhnt waren. Selbst wenn wir in die bodenlose Meerestiefe hinabsahen, wo ewig schwarze Nacht war, so tönte sich die Nacht für uns durch die zurückgeworfenen Sonnenstrahlen wunderschön hellblau. Zutiefst drunten im klaren, reinen Blau sahen wir zu unserer Verwunderung auch Fische, wenn wir nur selbst unter das Wasser gekommen waren. Es konnten Bonitos sein und andere Arten, die so tief gingen, daß wir sie nicht wiedererkennen konnten. Manchmal kamen sie in gewaltigen Schwärmen, und wir forschten oft danach, ob die ganze Meeresströmung voll von Fischen war oder ob auch hier unten in der Tiefe sich ein Gefolge »Kon-Tikis« versammelt hatte.

Besonders populär war es, einen Ausflug unter die Wasserfläche zu unternehmen, wenn wir Besuch von den großen, gelbflossigen Thunfischen hatten. Oft umringten sie das Floß in ganzen Schwärmen, aber meistens marschierten sie nur zu zweit oder zu dritt und schwammen dann viele Tage hintereinander in ruhigen Kreisen um uns, soweit es uns nicht glückte, sie an die Angel zu bekommen. Vom Floß aus erschienen sie schlecht und recht als große, braune, schwere Fische ohne besondere Eleganz. Aber krochen wir hinunter in ihr eigenes Element, so änderten sie spontan sowohl Farbe wie Form. Die Veränderung war so verwirrend, daß wir viele Male hinauf und eine neue Peilung beginnen mußten, um zu sehen, ob es dieselben Fische waren, die wir über dem Wasser gesehen hatten. Die großen Brocken scherten sich den Teufel um uns. Sie setzten unbeirrt ihre majestätischen Manöver fort und hatten plötzlich eine bewunderungswürdige Eleganz in der Form erlangt. Nie hatten wir dergleichen bei einem anderen Fisch gesehen. Die Farbe war metallisch geworden und spielte in ein schwaches Violett. Wie ein kompakter Torpedo aus glänzendem Silber und Stahl in vollkommenem Gleichgewicht und in Stromlinienform bewegten sie nur ein wenig die verschiedenen Flossen und schossen sofort ihre siebzig bis achtzig Kilogramm mit vollkommenster Beherrschung durchs Wasser. Je enger wir in Kontakt mit dem Meer und all seinen Geschöpfen kamen, desto weniger fremd wurde es uns und desto mehr fühlten wir uns selbst zu Hause. So lernten wir die alten Naturvölker respektieren, die Hand in Hand mit dem Stillen Ozean lebten und ihn deshalb aus einem ganz anderen Gesichtswinkel kannten als wir selbst. Uns ist es vielleicht gelungen, seinen Salzgehalt zu errechnen und lateinische Bezeichnungen für Thunfisch und Dolfin auszudenken, sie hatten das natürlich nicht. Aber ich fürchte, daß das Bild, das diese Naturmenschen vom Meer hatten, doch viel richtiger war als unser eigenes.

Es waren nicht viele feste Punkte, auf denen das Auge hier draußen im Meer ruhen konnte. Wogen und Fische, Sonne und Sterne kamen und gingen. Wir konnten kein Land in der Seestrecke von achttausend Kilometern, die die Südseeinseln von Peru trennt, finden. Deshalb waren wir höchst überrascht, als wir uns hundert Grad West näherten und bemerkten, daß genau vor uns in unserer Fahrtrichtung ein Riff in der Karte des Stillen Ozeans angemerkt war. Es war als kleiner Kreis hingetüpfelt, und da die Karte in dem gleichen Jahr herausgegeben war, schlugen wir in den »Sailing Directions for South America« nach und lasen hier:

»Es wurde zuerst 1906 und später auch 1926 berichtet, daß es etwa sechshundert Meilen südwestlich der Galapagos Brandungswellen auf sechs Grad zweiundvierzig Minuten südlicher Breite und neunundneunzig Grad dreiundvierzig Minuten westlicher Länge gibt. 1927 passierte ein Schiff eine Seemeile westlich dieser Position, ohne solche Brandung zu sehen, und 1934 kam ein anderes Schiff eine Seemeile südlich daran vorbei, gleichfalls ohne etwas zu beobachten. Das Motorfahrzeug ›Cowrie‹ fand 1935 bei einhundertsechzig Faden keinen Boden an dieser Stelle.«

Den Karten zufolge war die Stelle ersichtlich weiterhin als ein unsicheres Gefahrenmoment für Fahrzeuge angesehen, und da ein tiefgehendes Schiff ein weit größeres Risiko läuft, wenn es sich einer Untiefe nähert, als wir auf unserem Floß, beschlossen wir, genau auf den Punkt der Karte zuzusteuern und nachzusehen, was es hier zu finden gab. Das Riff war etwas weiter nach

Norden angezeichnet als dort, wohin wir voraussichtlich treiben würden. So legten wir das Ruder hinüber gegen Steuerbord und drehten das Raasegel so, daß der Bug nach Norden zeigte und wir See und Wind von Steuerbord hereinbekamen. Jetzt geschah es wohl, daß etwas mehr vom Stillen Ozean in unsere Schlafsäcke schäumte, als wir es gewohnt waren, besonders als der Wind gleichzeitig beträchtlich aufzufrischen begann. Aber wir sahen, daß die »Kon-Tiki« scharf und sicher in einem verblüffend großen Winkel zur Windrichtung steuerbar war, wenn nur der Wind weiterhin schräg von achtern kam. Sonst schlug das Segel herum, und wir hatten den alten wahnwitzigen Zirkus, um das Floß wieder in unsere Kontrolle zu bekommen. Zwei Tage lang zwangen wir das Floß so nach Nordnordwest. Sturzseen wühlten sich auf und wurden unberechenbar, als der Passat begann, zwischen Südost und Ost zu schwanken, aber was immer gegen uns anbrauste, wir schaukelten darüber hinweg. Wir hatten ständig einen Posten auf der Mastspitze, und wenn wir über die Kämme ritten, weitete sich der Horizont beträchtlich aus. Die Kämme der Seen reichten zwei Meter über die Höhe des Hüttendaches, und wenn zwei energische Seen zusammenwuchsen, dann türmten sie sich im Zweikampf noch höher und hoben eine zischende Schaumkrone in die Luft, die sich in ungeahnter Richtung herunterwälzen konnte.

Als die Nacht hereinbrach, verbarrikadierten wir die Hüttenöffnung mit Proviantkisten, aber es wurde ein nasses Lager. Wir waren kaum eingeschlafen, als es das erstemal durch die Bambuswand wie durch ein Sieb in tausend Fontänen hereinbrach. Ein schäumender Wasserfall ergoß sich über uns und den Proviant.

»Telefoniert um den Installateur!« hörte ich eine verschlafene Stimme bemerken, als wir zusammenkrochen, damit die See wenigstens durch den Fußboden ablaufen konnte. Der Installateur blieb jedoch aus, und wir bekamen viel Badewasser ins Bett diese Nacht. Sogar ein großer Dolfin landete während Hermanns Wache unverschuldet an Bord.

Am nächsten Tag waren die Seen weniger verwirrt, nachdem der Passat beschlossen hatte, eine Zeitlang genau von Osten zu blasen. Wir lösten einander in der Mastspitze ab, denn wir konnten jetzt erwarten, den verhexten Punkt während des Vormittags zu Gesicht zu bekommen. An diesem Tag bemerkten wir mehr Leben als gewöhnlich in der See, aber vielleicht war es nur, weil wir besser Ausguck hielten. Am Vormittag sahen wir einen großen Schwertfisch, der dicht unter der Oberfläche gegen das Floß gefahren kam. Es waren zwei Meter Zwischenraum zwischen den zwei spitzen Flossen, die aus dem Wasser stachen, und das Schwert war fast ebenso lang wie sein Körper. Der Schwertfisch beschrieb einen Bogen, dicht an unserem Steuermann vorbei, und verschwand hinter den Wellenkämmen. Als wir unsere etwas salztropfende Mittagsmahlzeit einnahmen, wurde eine große Meerschildkröte mit Schild, Kopf und gespreizten Flossen von einer kegelförmigen See dicht vor unserer Nase in die Luft gehoben. Als diese See ihren Platz zwei anderen überließ, war die Schildkröte so plötzlich verschwunden, wie sie aufgetaucht war. Auch dieses Mal sahen wir es weißgrün von Dolfinbäuchen blinken, die sich im Wasser unter dem gepanzerten Reptil tummelten. Die Gegend war ungewöhnlich reich an winzigen fliegenden Fischen, nur einen Zoll lang, die in großen Schwärmen dahinsegelten und oft an Deck landeten. Ebenso beobachteten wir vereinzelte Raubmöwen und bekamen ständig Besuch von Fregattvögeln, die über dem Floß kreisten und wie Riesenschwalben ihre Schwänze spreizten. Fregattvögel werden gern als Zeichen betrachtet, daß Land in der Nähe ist, so daß sich der Optimismus an Bord noch hob.

»Vielleicht ist es doch eine Schäre oder eine Sandbank«, dachte mancher, und unser größter Optimismus sagte:

»Stellt euch vor, wir finden einen kleinen grünen Fleck. Man kann nie wissen. Es sind doch nur so wenige gewesen, die vor uns hier waren. Dann haben wir Neuland endeckt, die Kon-Tiki-Insel.«

Von Mittag an war Erich immer geschäftiger, auf die Küchenkiste zu klettern und mit dem Sextanten zu messen. Um 18 Uhr 20 meldete er sechs Grad zweiundvierzig Minuten südliche Breite und neunundneunzig Grad zweiundvierzig Minuten westliche Länge als Position. Wie waren nur eine Seemeile genau östlich vor dem Riff auf unserer Karte. Die Bambusraa wurde gefiert und das Segel auf Deck aufgerollt. Der Wind kam genau von Osten und würde uns langsam dicht an die Stelle bringen. Da die Sonne rasch im Meer verschwand, durfte der Mond mit all seinem Glanz aufgehen und leuchten über die Meeresfläche, die in Schwarz und Silber von Horizont zu Horizont wogte. Die Sicht von der Mastspitze war gut. Brechende Seen sahen wir überall in langen Reihen, aber keine stehende Brandung, die von einem Riff oder einer Untiefe herrühren konnte. Keiner wollte in die Koje kriechen, alle spähten gespannt hinaus, und zwei oder drei Mann hingen immer auf einmal im Mast. Und während wir über das Zentrum trieben, loteten wir nach Boden. Alles, was wir an Bleigegenständen an Bord hatten, wurde am Ende von achthundert Metern vierundfünfzigfädiger Seidenschnur befestigt, und selbst wenn diese Schnur durch die Abtrift teilweise schräg zum Grund hing, so ging dieses Lot doch auf jeden Fall bis zu sechshundert Meter tief, und hier existierte kein Grund, weder westlich der Stelle, mittendrin, noch östlich von ihr. Wir warfen noch einen letzten Blick über die Meeresfläche. Nachdem wir mit Sicherheit die Gegend erforscht und sie frei von Untiefen jeder Art gefunden hatten, hißten wir unser Segel und legten das Ruder in seine gewöhnliche Stellung hinüber, so daß Wind und Wetter wieder von Backbord achtern hereinkamen, und dann ging es weiter mit dem natürlichen, freien Kurs des Floßes. Wie zuvor kamen die Wellen und verschwanden zwischen den gespreizten Stämmen am Achterdeck. Wir konnten von neuem trocken schlafen und essen, selbst wenn die Sturzseen um uns wieder ernst wurden und noch viele Tage hausten, während der Passat von Ost nach Südost schwenkte.

Bei dieser kleinen Segeltour gegen das falsche Riff hatten wir eine ganze Menge über die Wirkung der Senkbretter als Kiele gelernt, und als Hermann und Knut im Verlauf der Reise gemeinsam unter das Floß tauchten und jenes fünfte Senkbrett bargen, erfuhren wir noch mehr über diese nützlichen Brettstücke, Dinge, die kein Mensch mehr verstanden hatte, seitdem die Indianer selbst diesen vergessenen Sport im Futteral ließen. Daß diese Senkbretter als Kiele wirkten und dem Floß gestatteten, in einem Winkel mit dem Winde zu fahren, war klar wie dicke Tinte. Aber daß die alten Spanier behaupteten, daß die Indianer in großem Umfang auch ihre Balsaflöße auf dem Meer zu steuern wußten mit Hilfe gewisser versenkbarer Bretter, die sie in die Zwischenräume zwischen den Stämmen hinuntersteckten, hörte sich ganz unbegreiflich an für uns alle, die sich jemals mit diesem Problem beschäftigten. Da diese Bretter in einer schmalen Spalte festsaßen, konnten sie ja nicht nach der Seite verdreht werden und daher auch nicht als Ruder wirken.

Wir kamen auf die Lösung dieses Geheimnisses auf folgende Art: Der Wind war stetig und die See wieder ruhig geworden, so daß die »Kon-Tiki« seit ein paar Tagen einen scharfen Kurs lief, ohne daß wir an dem festgebundenen Steuerruder rührten. So steckten wir den wiedergefundenen Senkkiel in einen Zwischenraum im Achterdeck, und momentan schwenkte die »Kon-Tiki« ab, und zwar um viele Grade von Westen gegen Nordwesten und setzte ruhig ihren neuen Kurs fort. Zogen wir dieses Brett wieder herauf, schwenkte das Floß wieder in seine alte Richtung zurück, zogen wir es bloß halb heraus, so ging es auch wieder halb auf den alten Kurs. Durch einfaches Heben und Senken dieser Schwerter konnten wir neue stabile Kurse ausstecken, ohne das Steuerruder zu verändern. Das war das geniale Geheimnis der Inkas: sie arbeiteten ein einfaches Gleichgewichtssystem aus, bei dem Mast und Segel den festen Punkt bildeten, auf den der Druck des Windes wirkte. Die zwei Hebelarme waren das Floß vor und hinter dem Mast. Wurde die gesamte Senkkielfläche achtern übermächtig, dann schwang der Vordersteven mit dem Winde herüber, wurde aber die Senkkielflächen vorn stärker, so drehte das Achterende mit dem Winde. Die Senkkiele, die dem Mast am nächsten waren, waren selbstverständlich am wenigsten wirksam auf Grund des Verhältnisses zwischen Gewichtsarm und Kraft. Kam der Wind genau von achtern, so hörte die Wirkung dieser Bretter auf. Aber da war es auch unangenehm, das Floß ruhig zu halten, ohne ständig mit dem Steuerruder zu arbeiten. Und fuhr das Floß so ganz seiner Länge nach, wurde es auch ein wenig zu lang, um frei über die Seen zu gleiten. Und nachdem die Hüttentür und der Speiseplatz auf der Steuerbordseite waren, nahmen wir auch deshalb immer den Wind schräg von Backbord achtern. Wir hatten es nun leicht, unseren Weg über das Meer fortzusetzen, indem der Steuermann diese Senkkiele in einer Spalte auf und nieder hob, anstatt am Tauwerk beim Steuerruder zu ziehen, aber wir hatten uns so an das Steuerruder gewöhnt, daß wir nur den groben Kurs mit den Senkkielen setzten, während wir es vorzogen, mit dem Ruder zu steuern.

Der nächste Markstein der Reise war gleich unsichtbar für das Auge wie jene Schäre, die nur auf der Karte existierte. Es war der fünfundvierzigste Tag auf See. Wir waren hier vom achtundsiebzigsten Längengrad bis zum einhundertachten Grad gekommen und waren nun genau auf halbem Wege zu den ersten Inseln vor uns. Es waren viertausend Kilometer hinter uns nach Südamerika im Osten und gleich weit vorwärts nach Polynesien im Westen. Der nächste feste Punkt in irgendeiner Himmelsrichtung waren die Galapagosinseln im Nordnordosten und die Osterinsel genau im Süden. Beide sind über tausend Kilometer weit durch ein endloses Weltmeer getrennt. Schiffe hatten wir keine gesehen, und wir bekamen auch überhaupt keine zu Gesicht, denn wir befanden uns außerhalb der Routen für allen gewöhnlichen Schiffsverkehr im Ozean. Aber wir bekamen nie ein genaues Gefühl für diese enormen Entfernungen, denn der Horizont glitt unmerklich mit uns, da wir selbst trieben, und unsere fließende oder schwimmende Welt blieb immer die gleiche. Das Floß war das Zentrum, um das sich der weite Himmel wölbte. Und dieselben Sterne drehten sich über uns Nacht für Nacht.

Polynesien kommt näher

Ein lächerliches Fahrzeug. Ausflug im Gummiboot. Gnadenlose Trift hinaus ins Unendliche. In einer Bambushütte mitten auf dem Ozean. Auf dem Längengrad der Osterinsel. Das Geheimnis der Insel. Riesengötter und Steinkolosse. Perücken aus rotem Fels. Die Technik der »Langohren«. Verbindungen mit Amerika. Sprechende Ortsnamen. Tauziehen mit Haifischen. Haifang mit der Faust. Der Papagei. LI2B ruft. Der Sternenkompaß. Drei rätselhafte Wogen. Sturm. Blutbad in der See. Blutbad an Deck. Mann über Bord. Noch ein Sturm. »Kon-Tiki« wird schlotterig. Erste Botschaft aus Polynesien.

Wenn die See nicht allzu wild war, paddelten wir oft mit dem winzigen Gummifloß hinaus, um von draußen zu fotografieren. Niemals werde ich den ersten von unseren Schlauchbootausflügen vergessen. Das Meer war so ruhig, daß zwei Mann Lust bekamen, das ballonartige kleine Ding aufs Wasser zu setzen und damit ein Stück hinaus in die Wogen zu rudern. Sie waren kaum vom Floß abgestoßen, als sie die kleinen Ruder schon ausließen und brüllend zu lachen begannen. Und als die Wellen sie davontrugen, so daß sie, auf und nieder geschaukelt, immer wieder hinter den Kämmen verschwanden, da platzten sie erst richtig los, sooft sie einen Blick von uns erhaschen konnten, und lachten so, daß es weit hinaus über den offenen Pazifik schallte. Wir auf dem Floß blickten mit gemischten Gefühlen um uns und konnten nichts Komisches entdecken außer unseren eigenen zerzausten und bärtigen Gesichtern. Die aber mußten die zwei da draußen eigentlich schon gewohnt sein, so daß uns der schleichende Verdacht befiel, sie hätten am Ende wohl den Verstand verloren. Vielleicht ein Sonnenstich? Vor Lachen hatten die beiden erkleckliche Mühe, zurück zur »Kon-Tiki« zu rudern. Sie blieben uns jede Erklärung schuldig. Sich schier verschluckend und mit Tränen in den Augen forderten sie uns kurzerhand auf, erst einmal selber das Floß von draußen zu begucken.

Zwei von uns anderen sprangen in das tanzende Schlauchboot und wurden sofort von einer Woge ergriffen, die uns davontrug. Bums, setzten auch wir uns nieder und lachten schallend los. Nun mußten wir so rasch wie möglich zurück zum Floß paddeln, um auch die beiden letzten zu beruhigen, die noch nicht draußen gewesen waren. Sie meinten schon allen Ernstes, wir wären alle miteinander vollständig übergeschnappt.

Wir selber waren es und unser eigens stolzes Fahrzeug, das uns einen so vollständig hoffnungslosen und blödsinnigen Anblick bot, als wir das Ganze zum erstenmal aus größerem Abstand sahen. Wir hatten uns auf offener See bisher noch nie von »außerhalb« betrachtet. Die Stämme verschwanden bereits unter den kleinsten Wellen. Zu sehen war eigentlich nur die niedrige

Hütte mit der breiten Türöffnung und dem zerzausten Blätterdach, die immer wieder aus den Wogen auftauchte. Das sah genauso aus, als würde eine alte norwegische Scheuer hoffnungslos und verloren auf dem offenen Meer herumtreiben, eine windschiefe Heuhütte, voll von sonnverbrannten und bärtigen Lazzaronis. Wenn jemand in einer Badewanne dahergepaddelt wäre, so hätte uns das nicht weniger spontan zum Lachen gereizt. Schon ganz gewöhnliche Wellen stiegen bis zur halben Höhe der Hüttenwand empor, und es sah aus, als müßten sie sich ungehindert in das weit offene Scheunentor hineinwälzen, wo die bärtigen Brüder lagen und glotzten. Aber da schwamm der gebrechliche Bau schon wieder oben auf dem Wasser, und die vier Landstreicher lagen noch immer so trocken, ruppig und unbeteiligt da wie zuvor. Kam eine größere Welle vorbeigerauscht, konnte es geschehen, daß Hütte, Segel und der ganze Mast hinter dem Wasserberg verschwanden. Aber mit unbeirrbarer Sicherheit war die Hütte mit den Landstreichern im nächsten Augenblick wieder obenauf. Das sah ja schlimm genug aus, und wir konnten es kaum fassen, daß es uns an Bord dieses Fahrzeuges bisher so gut gegangen war.

Als wir das nächstemal hinausruderten, um zu einem gesunden Lachen über uns selbst zu kommen, wäre es um ein Haar schiefgegangen. Wind und Wellen waren stärker, als wir angenommen hatten, und so glitt die »Kon-Tiki« weit rascher durch die Wogen, als uns klar war. Wir mußten ums Leben rudern, um mitten auf dem offenen Meer das unsteuerbare Floß wiederzugewinnen, das nicht halten und warten konnte und noch weniger wenden und zurückkommen. Wenn auch die Jungens auf der »Kon-Tiki« das Segel in aller Eile einholten, so drückte doch der Wind derart gegen das Hüttendach, daß das Balsafloß rasch gegen Westen trieb. Wir plantschten hinterdrein in dem tanzenden kleinen Schlauchboot mit den winzigen Spielzeugrudern und kamen bei aller Mühe nicht schneller vorwärts als das Floß. Nur ein Gedanke beherrschte uns: zurück zur »Kon-Tiki«! So durfte sich unsere Mannschaft nicht auflösen! Es waren unangenehme Minuten draußen auf dem Meer, bis wir das entlaufene Floß einholten und zu den anderen an Bord krochen, hinauf auf die Balsastämme, die unsere Heimat waren. Von diesem Tag an war es streng verboten, im Gummiboot hinauszuziehen, ohne eine lange Leine am Bord befestigt zu haben, so daß die anderen an Bord das Boot einholen konnten, wenn es notwendig war. Wir kamen deshalb nie weit vom Floß weg, außer der Wind war flau und der Stille Ozean wellte sich in schwachen Dünungen. Solche stillen Tage aber hatten wir genug, als die »Kon-Tiki« mitten auf dem Pazifik trieb und das Meer nach allen Richtungen sich einförmig um die Erdkugel wölbte. Da konnten wir unbesorgt unsere Heimstatt verlassen und davonrudern, hinein in den blauen Raum zwischen Himmel und See. Wenn wir dann sahen, wie die Silhouette unseres Fahrzeuges immer kleiner und kleiner wurde und das Raasegel schließlich zu einem winzigen, unbestimmbaren Viereck am Horizont zusammenschrumpfte, so beschlich uns da draußen manchmal das würgende Gefühl trostloser Verlassenheit. Endlos wölbte sich das Meer unter uns, blau wie der Himmel darüber. Und dort in der Ferne, wo beide zusammentrafen, floß das Blau des Himmels mit dem des Wassers zusammen. Beinahe hatten wir das Gefühl, im leeren Raum zu schweben. Die ganze Welt war leer und blau und kein einziger fester Punkt in ihr, außer der Tropensonne, die uns in den Nacken brannte, gelb und warm. Weit draußen am Horizont stand das Segel des einsamen Floßes und zog uns an wie ein magnetischer Punkt. Wir ruderten zurück und krochen an Bord. Hier fühlten wir uns daheim, in unserer eigenen Welt, und geborgen, auf sicherem und festem Boden. Drinnen in der Hütte fanden wir Schatten, den Geruch vom Bambus und von welken Palmenblättern. Die sonnenerfüllte, blaue Reinheit da draußen wurde nun durch die offene Hüttenwand begrenzt und gemildert. So waren wir es gewöhnt. So war es gut. Wenigstens eine Zeitlang, bis die blaue Ferne uns erneut verlockte.

Es war höchst eigentümlich, welch starke psychologische Wirkung die löcherige, kleine Bambushütte auf unser Gemüt hatte. Sie maß nicht mehr als acht mal vierzehn Fuß und war, um den Winddruck zu vermindern, so niedrig gebaut, daß wir unter ihrem First nicht aufrecht stehen konnten. Wände und Dach bestanden aus einem zusammengeknüpften, kräftigen Bambusgestänge und waren mit zähem Flechtwerk aus gespaltenem Bambus verschalt. Die grünen und gelben Sprossen und die Blattansätze, die vom Dachrand herunterhingen, gaben eine ganz andere Ruhe für das Auge als eine weiß bemalte Wand. Obwohl die Steuerbordlängswand zu einem Drittel offen war und auch Dach und Wände Sonne und Mond hereinließen, gab uns diese primitive Hütte doch ein weit größeres Sicherheitsgefühl, als weißgestrichene Schotten und verschalte Bullaugen es unter denselben Verhältnissen getan hätten. Wir versuchten, eine Erklärung für diese wunderliche Tatsache zu finden und kamen zu folgendem Ergebnis: Unser eigenes Bewußtsein war es schlechterdings nicht gewöhnt, ein palmengedecktes Bambushaus mit der Vorstellung einer Seereise zu verbinden. Es bestand keine natürliche Harmonie zwischen dem großen, rollenden Meer und der kleinen, schattigen Palmenhütte, die zwischen den Wellen umherschwamm. Daher mußte entweder die Hütte inmitten des Meeres durchaus fehl am Platze erscheinen, oder die Wogen rund um die Hüttenwände mußten deplaciert wirken. Das zweite war denn auch der Fall, solange wir uns an Bord hielten. Vom Gummiboot aus gesehen, tauschten Wellen und Hütte ihre Rollen. Die Tasache, daß die Balsastämme immer wieder wie eine Möwe auf den Seen schaukelten und das Wasser am Heck durchließen, gab uns ein unerschütterliches Zutrauen zu dem trocken gelegenen Teil mitten auf dem Floß, wo die Hütte stand. Je länger die Reise dauerte, desto sicherer fühlten wir uns in unserer gemütlichen Höhle, und wir sahen auf die sich aufbäumenden Wogen, die an der Türöffnung vorbeitanzten, wie auf ein imponierendes Stück im Kino, das uns selber absolut nicht betraf. Wenngleich die offenstehende Wand nur fünf Fuß vom ungeschützten Floßrand entfernt war und nicht höher als eineinhalb Fuß über der Wasserlinie lag, so fühlten wir uns, als wären wir auf unserer Reise viele Meilen weit vom Meer entfernt. Augenblicklich waren wir in eine richtige Dschungelwohnung versetzt und geborgen vor den Gefahren des Ozeans, wenn wir nur durch die Tür hereinkrochen. Hier konnten wir uns auf den Rücken legen und in das merkwürdige Dach hinaufschauen, das sich wie Astwerk im Winde wiegte, und es uns bequem machen, während uns der Dschungelduft von rohem Holz, Bambus und welken Palmblättern umschmeichelte.

Manchmal ruderten wir mit dem Gummiboot in die Dunkelheit hinaus, um unsere Behausung auch einmal nachts von draußen zu besehen. Kohlschwarze Wogen türmten sich um uns auf allen Seiten, und eine blinkende Myriade von Sternen lockte ein schwaches Widerblinken vom Plankton auf der See. Die Welt war einfach, Sterne im Dunkel. Ob wir 1947 vor oder nach Christus schrieben, hatte plötzlich seine Bedeutung verloren. Einzig, daß wir lebten, fühlten wir tief und stark. Und uns wurde bewußt, daß die Menschen auch schon vor dem Zeitalter der Technik das gleiche empfunden und getan hatten – in einem noch tieferen Sinne als wir. Die Zeit hörte gleichsam auf zu existieren. Alles wahrhaft Seiende war, wie es immer gewesen und immer sein würde. Wir waren untergetaucht in dem ewigen Gleichlauf des Geschehens, und nichts war um uns als ein endloses und unberührtes Dunkel und die flimmernde Sternenwelt über uns. Vor uns in der Nacht hob sich die »Kon-Tiki« aus den Wogen, um wieder zu versinken, wenn schwarze Massen dahertrieben. Im Mondlicht umgab eine wunderliche Stimmung das Floß. Schwere blanke Stämme mit Büscheln von Seegras, der viereckige, nachtschwarze Umriß des Wikingersegels, eine zerfranste Bambushütte, vom gelben Licht einer Paraffinlampe am Heck bestrahlt: Das Ganze erinnerte eher an ein Bild aus einem Abenteuerbuch, als daß man es für nüchterne Wirklichkeit halten mochte. Ab und zu verschwand das Floß vollständig hinter den dunklen Wogen. Dann hob es sich wieder und zeichnete sich als scharfe Silhouette gegen den Sternenhimmel ab, während blinkendes Wasser von den Stämmen schäumte.

Wenn wir so die zeitlose Stimmung um das einsame Floß verspürten, dann hatten wir manchmal ganze Flottillen von solchen Fahrzeugen beinahe leibhaftig vor Augen, die sich fächerförmig gegen den Horizont verbreiteten, um die Möglichkeit, Land zu finden, zu vergrößern. So waren die ersten Menschen über das Meer gezogen. Gerüchte hatten von Inseln draußen im Stillen Ozean erzählt, und so segelte der Inka Tupak Yupanqui, der sich ganz Peru und Ecuador unterworfen hatte, noch knapp vor der Ankunft der Spanier auf einer Armada von Balsaflößen mit vielen tausend Mann hinaus übers Meer, um nach den Inseln zu suchen. Er fand zwei Eilande, von denen manche meinen, daß es die Galapagosinseln gewesen seien. Nach acht Monaten Fahrt glückte es ihm, mit seinen zahlreichen Ruderern zurück nach Ecuador zu gelangen. Viele Jahrhunderte früher waren Kon-Tiki und sein Gefolge sicher auf gleiche Weise übers Meer gezogen. Sie aber hatten keinen

Grund, den Rückweg zu versuchen und ihn gegen Wind und Wogen zu erzwingen.

Wenn wir dann wieder an Bord des Floßes sprangen, ließen wir uns oft im Kreis um das Paraffinlicht auf dem Bambusdeck nieder und sprachen über jene alten peruanischen Seefahrer, die fünfzehn Jahrhunderte vor uns gelebt hatten. Das Licht warf Riesenschatten von bärtigen Männer auf das Segel, und wir dachten an unsere Vorgänger, die weißen und bärtigen Männer aus Peru. Wir hatten sie in der Mythologie und Architektur den ganzen Weg entlang von Mexiko nach Mittelamerika und hinein in die Nordwestgegend von Südamerika bis Peru verfolgen können. Ihre Bauwerke blieben und eine Fülle von Legenden, während ihre geheimnisvolle Kultur wie mit einem Zauberschlag beim Kommen der Inkas verschwand, um ebenso plötzlich von neuem aufzutauchen auf den einsamen Inseln im Stillen Ozean, denen wir uns näherten. Waren diese wunderbaren Lehrmeister der Inkas ein Kulturvolk aus den Mittelmeerländern, das einmal in der Vorzeit auf dieselbe einfache Weise mit dem Passatwind und einer nach Westen gehenden Meeresströmung von den Kanarischen Inseln bis zum Golf von Mexiko durchgeschlagen hatte? Wir glaubten nicht mehr an die Rolle des Meeres als vollkommener Isolator. Viele Forscher haben mit gewichtigen Gründen behauptet, daß die großen Indianerkulturen von den Azteken in Mexiko bis zu den Inkas in Peru nach plötzlichen Impulsen aus dem Osten her über das Meer entstanden seien, während alle gewöhnlichen Indianerstämme Jäger- und Fischervölker asiatischer Herkunft sind, die im Laufe von zwanzigtausend oder noch mehr Jahren von Sibirien nach Amerika einsickerten. Es ist ja auch augenfällig genug, daß man keine Spur einer allmählichen Entwicklung in den Hochkulturen finden kann, die sich einst von Mexiko bis nach Peru erstreckten. Je tiefer die Archäologie hinuntergräbt, desto höher wird das Kulturniveau. Schließlich gelang man zu einem bestimmten Punkt, an dem die alten Kulturen ersichtlich eingesetzt haben müssen – ohne Übergang, inmitten von primitiven Stämmen.

Und diese Kulturen sind gerade dort aufgetreten, wo die Strömung vom Atlantik hereinkommt, mitten in Amerikas so erschlaffenden Wüsten- und Dschugelgegenden, statt in den gemäßigten Zonen, wo Kulturen – damals wie heute – leichtere Entwicklungsbedingungen haben.

Dasselbe wiederholte sich auf den Südseeinseln. Es ist das Peru am nächsten gelegene Eiland, die Osterinsel, das die tiefsten Spuren dieser Kultur trägt, obwohl diese Insel wasserarm und nicht fruchtbar ist und von allen Inseln im Stillen Ozean am weitesten von Asien entfernt liegt.

Als wir die halbe Reise hinter uns hatten, waren wir so lange gesegelt, wie man von Peru zur Osterinsel braucht. Nun hatten wir das sagenumsponnene Eiland genau im Süden. Wir waren von einem ganz beiläufigen Punkt mitten an der Küste Perus in See gestochen, da wir den Weg eines Durchschnittsfloßes nehmen wollten, das von Land trieb. Hätten wir das Festland weiter südlich verlassen, näher an der Ruinenstadt Kon-Tikis, Tiahuonaco, dann hätte uns zwar derselbe Wind ergriffen, aber eine schwächere Strömung, die uns in Richtung auf die Osterinsel getrieben hätte.

Als wir den einhundertzehnten Grad westlicher Länge passierten, waren wir in polynesischen Gewässern. Denn die Osterinsel lag jetzt näher an Peru als unsere eigene Position, und wir waren auf gleicher Höhe mit diesem ersten Vorposten der Südseeinseln, dem Zentrum der ältesten polynesischen Kultur. Wenn unser glühender Wegweiser, die Sonne, vom Himmel herabstieg und mit der ganzen Farbenpracht des Regenbogens hinter dem Meer im Westen verschwand, dann blies der milde Passat Leben in unsere Gespräche über das seltsame Mysterium der Osterinsel. Der Nachthimmel löschte jeden Zeitbegriff aus, und aufs neue geisterten die Riesenschatten unserer bärtigen Köpfe über das Segel.

Aber weit unten im Süden auf der Osterinsel standen noch größere Riesenköpfe, in Stein gemeißelt, mit spitzbärtigem Kinn und mit den Zügen des weißen Mannes,und sannen über dem Geheimnis der Jahrhunderte. So standen sie bereits da, als die ersten Europäer im Jahr 1722 die Insel entdeckten. Und so hatten sie bereits damals durch zweiundzwanzig polynesische Generationen gestanden, als die jetzige Bevölkerung mit ihren Kriegskanus dort landete und alle erwachsenen Männer dieses rätselhaften Kulturvolkes auf der Insel ausrottete. Seit damals thronten Götterbilder auf der Osterinsel als gewaltige und ungelöste Symbole einer vorzeitlichen Mystik. Auf den Abhängen rund um die baumlose Insel ragten sie in den Himmel, Steinkolosse, aus einem einzigen Block prächtig ausgemeißelt als menschliche Gestalten, und so hoch wie ein drei- bis vierstöckiges Haus. Wie konnten diese Menschen der Vorzeit solche gigantischen Steinbilder schaffen, transportieren und aufrichten? Aber nicht das allein. Wie hatten sie es vermocht, zwölf Meter über dem Boden noch einen besonderen riesigen Block aus rotem Stein als kolossale Perücke auf viele der Köpfe zu türmen? Was war der Sinn? Und welche Art technischer Möglichkeiten hatten die verschwundenen Bildhauer gehabt? Sie meisterten Probleme, die groß genug wären für die besten Ingenieure von heute.

Wenn wir einmal zusammentragen, was das alte Kulturvolk an Spuren und Beweisstücken hinterlassen hat, die die Zeit nicht völlig zu zerstören vermochte, so ist das Geheimnis der Osterinsel vielleicht doch nicht unlösbar, sobald man sich die Möglichkeit einer Verbindung mit Peru durch Flöße vor Augen hält.

Die Osterinsel ist der Gipfel eines uralten, längst erkalteten Vulkans. Gepflasterte Straßen, von diesem alten Kulturvolk angelegt, führen noch zu den guterhaltenen Landungsplätzen an der Küste und zeigen damit, daß der Wasserstand rund um die Insel genauso war, wie er heute noch ist. Wir haben es hier keinesfalls mit dem Rest eines versunkenen Kontinents zu tun, sondern mit einer kleinen öden Insel, die, als sie mitten im Stillen Ozean das Zentrum einer blühenden Kultur beherbergte, genauso öde und einsam war, wie sie es heute noch ist.

Mitten auf dieser kegelförmigen Insel liegt der erloschene Krater, und dieser enthält nun die erstaunlichen Steinbrüche und Werkstätten der Bildhauer. Alles liegt hier noch genauso, wie die Steinmetze und Architekten es vor vielen hundert Jahren verließen, als sie Hals über Kopf an die Ostspitze der Insel flohen, wo, wie die Sage berichtet, die Neuankömmlinge sie stellten und alle, Mann für Mann, niedermachten. Der plötzliche Abbruch ihres Werkes gibt einen deutlichen Querschnitt durch einen gewöhnlichen Arbeitstag im Krater der Osterinsel. Die flintharten Steinäxte der Künstler liegen ringsum auf dem Arbeitsplatz verstreut und zeigen, daß dieses Kulturvolk genausowenig vom Eisen wußte wie die Bildhauer Kon-Tikis, als sie von Peru vertrieben wurden und ebensolche riesenhaften Steinstatuen auf dem Andenplateau hinterließen. Auf der Osterinsel wie in den Anden kann man die Steinbrüche finden, wo das weiße und bärtige Volk der Legende zwölf Meter lange Steinblöcke aus dem massiven Fels herausgeschlagen hat, nur mit Hilfe von Beilen aus noch härterem Stein. Und in beiden Gegenden wurden die Riesenblöcke, die viele Tonnen wogen, viele Kilometer weit über schwieriges Terrain transportiert, bevor sie als ungeheuerliche Menschenfiguren aufgerichtet oder zum Bau von gigantischen Terrassen und Mauern aufeinandergetürmt wurden.

Viele halbfertige Riesenstatuen liegen noch heute so, wie sie begonnen wurden, in ihren Höhlungen in der Kraterwand der Osterinsel und zeigen, wie die Arbeit in den verschiedenen Stadien vor sich ging. Die größte Menschenfigur, die fast fertig war, als die Künstler flüchten mußten, hatte eine Länge von zweiundzwanzig Metern, und wäre sie fertig aufgestellt worden, hätte dieser Koloß mit seinem Kopf in die Höhe eines achtstöckigen Hauses emporgereicht. Jede einzelne Figur wurde aus einem einzigen zusammenhängenden Block gehauen, und die Arbeitsplätze der Bildhauer rund um die liegende Figur verraten, daß es nur wenige waren, die gleichzeitig an ihr arbeiteten. Auf dem Rücken liegend, die Arme gebeugt und die Hände unter der Brust gefaltet, genau wie die Steinkolosse in Peru, wurden die Osterinselfiguren in jedem kleinsten Detail vollendet, bevor sie aus der Werkstatt geholt und zu ihrem Bestimmungsort irgendwo auf der Insel transportiert wurden. Im letzten Stadium hing der Riese nur mehr entlang eines schmalen Kieles unter dem Rücken am Berg fest, und auch dieser wurde weggeschlagen, während der Riese mit Rollsteinen aufgeblockt wurde.

Viele dieser Figuren wurden nur auf den Boden des Kraters geschafft und dort im Abhang aufgestellt, aber eine Anzahl der größten Kolosse wurde über die Wände hinaufgezogen und viele Kilometer weit durch schwieriges Gelände transportiert, bevor sie auf einer steinernen Plattform auf die Füße gestellt wurden und einen besonderen Block aus roter Lava auf ihren Scheitel gesetzt bekamen. Dieser Transport kann an und für sich als blankes Rätsel gelten, aber wir können nicht leugnen, daß er geschah, und noch weniger, daß die Architekten, die aus Peru verschwanden, ebenbürtige Steinkolosse in den Anden hinterlassen haben, die verraten, daß sie genau solche Fachleute auf diesem Gebiet waren. Auch wenn diese Steinbilder am größten und zahlreichsten auf der Osterinsel sind und die Bildhauer sich hier einen besonderen Stil zugelegt haben, so hat das gleiche verschwundene Kulturvolk ähnliche Riesenstatuen in Menschengestalt noch auf vielen anderen Inseln im Stillen Ozean, die Amerika zunächst liegen, errichtet, und überall wurden die Statuen von abgelegenen Steinbrüchen zum Tempelplatz gebracht. Auf den Marquesas bekam ich Legenden zu hören, wie diese Riesensteine bewegt wurden, und da sie genau den Erzählungen der Eingeborenen von dem Transport der Steinsäulen zum Riesentor auf Tongatabu entsprachen, kann man davon ausgehen, daß dasselbe Volk diesselbe Methode bei den Statuen der Osterinsel benutzt hat.

Die Skulpturarbeit im Steinbruch nahm lange Zeit in Anspruch, konnte aber von wenigen Künstlern bewältigt werden. Die Transportarbeit war jedesmal, wenn eine Statue fertig war, rascher gemacht, erforderte aber große Menschenmassen. Die kleine Osterinsel war damals fischreich und mit großen Plantagen von peruanischen Süßkartoffeln gründlich bestellt, und Experten meinen, daß die Insel in der Zeit ihrer kulturellen Blüte leicht eine Bevölkerung von sieben- bis achttausend Menschen ernähren konnte. Etwa tausend Menschen hätten genügt, um die Riesenstatuen über die steile Kraterwand heraufzuziehen, während fünfhundert Mann ausreichten, sie weiter über die Insel zu schleppen.

Aus Bast und anderen Pflanzenfasern wurden unzerreißbare Seile geflochten, und mit festgefügten Holzrahmen zog die Menschenmasse den Steinkoloß über Stämme und kleine Rollsteine, glatt geschmiert mit Tarowurzeln. Daß das alte Kulturvolk meisterhaft verstand, Tauwerk zu flechten und Seile zu drehen, ist von den Südseeinseln und vielleicht noch mehr aus Peru wohlbekannt, wo die ersten Europäer Hunderte Meter lange Hängebrücken über Wasserfälle und Schluchten mit Hilfe von geflochtenen Tauen ausgespannt fanden, stark wie der Leib eines Mannes.

Waren die Steinkolosse auf ihrem auserwählten Platz angelangt und sollten nun aufgestellt werden, dann entstand das nächste Problem. Aus Stein und Sand baute die Menge eine Hilfsrampe und zog den Riesen die sanfte Seite mit den Füßen voran hinauf, ließ ihn über die scharfe Kante kippen und hinuntergleiten, so daß das Fußende in einer fertigen Grube landete. Solange die Schrägfläche noch stand und gegen das Hinterhaupt des Riesen führte, rollten sie einen besonderen Steinzylinder hinauf und brachten ihn über dem Scheitel an. Dann erst wurde der Hilfsbau abgetragen. Solche fertigen Rampen stehen an vielen Stellen der Osterinsel und warten auf Riesenfiguren, die nie mehr kamen. Die Technik ist bewunderungswürdig, aber keineswegs mysteriös, wenn wir nur aufhören, die Intelligenz der vorzeitlichen Baumeister und ihren Vorrat an Zeit und Menschenmaterial zu unterschätzen.

Warum aber errichteten sie diese Steinbilder? Und warum war es notwendig, aus einem anderen Steinbruch, sieben Kilometer weit von der

Kraterwerkstatt, einen Block von einer besonderen roten Felsart herbeizuschaffen, um ihn der Statue aufs Haupt zu setzen? Sowohl in Südamerika wie auf den Marquesasinseln war oft die ganze Statue aus solchem roten Stein, und er mußte oft weit hergebracht werden. Roter Kopfschmuck für hochstehende Personen war in Polynesien so wichtig wie in Peru.

Betrachten wir zunächst, wen die Statuen eigentlich darstellen. Als die ersten Europäer die Insel besuchten, sahen sie seltsame weiße Männer an Land mit langwallendem Bart, etwas ganz Ungewöhnliches unter diesen Volksstämmen. Diese waren Nachkommen von Frauen und Kindern, die von der ersten Bevölkerung der Insel am Leben geblieben waren. Die Eingeborenen erzählten selbst, daß manche von ihren Vorvätern weiße Hautfarbe besaßen, während die anderen braunhäutig waren. Nach ihrer sorgfältigen und genauen Überlieferung waren die Braunen von den anderen polynesischen Inseln her eingedrungen, während die Weißen schon vor siebenundfünfzig Generationen, also ungefähr 400 bis 500 n. Chr., mit großen Fahrzeugen vom Osten her gekommen waren. Die Leute aus dem Osten wurden »Langohren« genannt, weil sie sich Gewichte in die Ohrläppchen hängten und diese künstlich so dehnten, daß sie ihnen bis auf die Schultern herabhingen. Es waren die mystischen »Langohren«, die erschlagen wurden, als die »Kurzohren« die Insel in Besitz nahmen. So haben denn auch alle Steinfiguren auf der Osterinsel bis auf die Schultern herabreichende Ohren, nicht anders, als die Bildhauer selber sie getragen hatten.

Nun erzählen jedoch die Inkalegenden in Peru, daß der Sonnenkönig Kon-Tiki über ein Volk von weißen und bärtigen Männern geherrscht habe, die von den Inkas »Großohren« genannt wurden, weil sie ihre Ohren künstlich verlängerten, daß sie ihnen bis auf die Schultern gingen. Diese Legenden sagen ausdrücklich, daß es Kon-Tikis »Großohren« waren, die jene verlassenen Riesenstatuen in den Anden aufgerichtet hatten, bevor sie von den Inkas selber in einer Schlacht auf einer Insel des Titicacasees ausgerottet oder vertrieben wurden.

Also: Kon-Tikis weiße »Großohren«, die allein jene kolossalen Steinstatuen herstellten, verschwanden mit ihren Kenntnissen und ihrer reichen Bildhauererfahrung von Peru nach Westen, und Tikis weiße »Langohren« kamen aus dem Osten bei der Osterinsel an, wohlbewandert in ebendieser Kunst. Dort haben sie denn auch ihre Skulpturarbeiten mit so vollendetem Können sofort wiederaufgenommen, daß sich auf der kleinen Osterinsel nicht die geringste Spur einer Entwicklung feststellen läßt, die zu den Meisterwerken auf der Insel emporführen würde.

Oft gleichen sich die großen Steinstatuen in Peru und die auf einzelnen Südseeinseln mehr als die Riesenstatuen auf den verschiedenen Südseeinseln untereinander. Auf den Marquesasinseln und auf Tahiti führen diese Skulpturen den Sammelnamen Tiki. Sie stellen verehrte Ahnen aus der Inselgeschichte dar, die nach ihrem Tod den Rang von Göttern erhielten. Und darin liegt zweifellos die Erklärung für die wunderlichen roten Kalotten auf dem Scheitel der Osterinselfiguren. Wie erwähnt, leben auf allen Inseln in Polynesien vereinzelte Menschen und ganze Familien mit rötlichem Haar und heller Haut. Die Eingeborenen behaupten selber, daß ebendiese Leute von dem ersten weißen Volk auf den Inseln abstammen. Auf einzelnen Eilanden färbten die Teilnehmer bei bestimmten religiösen Festen ihre Haut weiß und das Haar rot, um ihren ältesten Ahnen zu gleichen. Bei den jährlichen Zeremonien auf der Osterinsel wurde den Hauptpersonen des Festes das Kopfhaar geschoren, so daß der Haarboden rot bemalt werden konnte. Auch bei den Götterbildern waren die riesigen roten Steinkalotten sorgfältig in einer Art und Weise zugehauen, die der lokalen Männerfrisur vollkommen entsprach. Sie hatten einen runden Knoten über dem Scheitel, genau wie die Männer selber das Haar in einem kleinen traditionellen Knoten in der Kopfmitte zusammenbanden.

Darum haben die Statuen auf der Osterinsel lange Ohren, weil die Bildhauer sich selber die Ohren verlängerten. Sie erhielten einen besonderen roten Kopfschmuck, weil auch ihre Schöpfer rötliches Haar hatten. Sie hatten das Kinn zu einer spitzen und hervorstehenden Kante gehauen, weil ihre lebenden Vorbilder lange Bärte trugen. Alles in allem zeigen sie die typische Physiognomie der weißen Rasse mit schmalem, hervorstehendem Nasenrücken und dünnen, scharfen Lippen. Und wenn die Statuen gewaltige Köpfe und winzige Beine zeigten und die Hände über den Leib gefaltet hielten, so entsprach das eben der aus Peru überkommenen Art, Götterbilder zu schaffen. Der einzige Schmuck der Osterinselfiguren ist ein Gürtel, der rund um den Leib aus dem Stein herausgemeißelt wurde. Denselben symbolischen Gürtel tragen auch Tikis alte Riesenbildwerke am Titicacasee. Es ist der Regenbogengürtel, das mystische Emblem des Sonnengottes. Auf der Mangarevainsel gab es eine alte Mythe. Sie erzählte, daß der Sonnegott den Regenbogen, der sein magischer Gürtel war, von sich streckte und entlang des Gürtels vom Himmel herab nach Mangareva stieg, um die Insel mit seinen weißhäutigen Kindern zu bevölkern. Genauso wie in Peru war auch auf allen diesen Inseln die Sonne einmal als ältester Stammvater angesehen worden.

Wir saßen an Deck unter dem Sternenhimmel und durchlebten die eigentümliche Geschichte der Osterinsel. Unser Floß freilich führte uns direkt in das Herz Polynesiens, so daß wir von diesem verlorenen Eiland nicht mehr zu sehen bekamen als den Namen auf der Karte. Doch diese Insel ist so voll von Spuren aus dem Osten, daß selbst ihr Name als Wegweiser dienen kann.

Auf der Karte steht »Osterinsel«, weil irgendein zufälliger Holländer die Insel an einem Ostertag »entdeckt« hat. Wir haben darüber vergessen, daß die Eingeborenen, die damals schon lange auf der Insel wohnten, weit lehrreichere und bedeutungsvollere Bezeichnungen für ihre Heimat besaßen. Ein liebes Kind hat viele Namen, und diese bedeutsame kleine Insel hat in der polynesischen Sprache nicht weniger als drei.

Der erste Name »Te-Pito-te-Henua« bedeutet »Nabel der Inseln«. Diese poetische Bezeichnung zeigt nun deutlich genug eine Sonderstellung der Osterinsel gegenüber den anderen Eilanden weiter im Westen. Nach der Tradition der Polynesier ist es der älteste Name des Eilandes. Auf der Ostseite der Insel, nahe der Stelle, an der nach der Überlieferung die ersten »Langohren« gelandet sind, liegt ein besonders sorgfältig behauener Stein. Er heißt »Goldener Nabel« und wird als Nabel der Osterinsel selber angesehen. Jeder, der die dichterische Mentalität der Polynesier kennt, wird verstehen, daß diese symbolische Bezeichnung auf die ursprüngliche Entdeckung des Inselreiches oder auf seine »Geburt« gemünzt ist. Die abgeschiedene und weit nach Westen vorgelagerte Osterinsel wird als Nabel der anderen Eilande, d. h. als Ursprungsort und Bindeglied zum fernen Mutterland verehrt.

Der zweite Name der Insel ist »Rapa-nui« und bedeutet »Großes Rapa«, während »Rapa-iti« oder »Kleines Rapa« eine andere Insel derselben Größe ist, die weit westlich der Osterinsel liegt. Nun ist es bei allen Völkerschaften jedoch ein alter Brauch, ihre erste Heimstätte die »Große« zu nennen, z. B. »Groß-Rapa«, während die nächste als »Neu-« oder »Klein-Rapa« bezeichnet wird, auch dann, wenn die Plätze gleich groß sind. Bei den Eingeborenen auf »Klein-Rapa« findet sich denn auch die entsprechende Überlieferung, daß die erste Besiedlung der Insel von »Groß-Rapa« aus erfolgt sei, der Osterinsel im Osten, die Amerika am nächsten liegt. Auch das deutet unmittelbar auf eine ursprüngliche Einwanderung aus dem Osten.

Der dritte und letzte Name dieser Schlüsselinsel »Mata-Kite-Rani«, bedeutet »Insel (die) sieht (gegen) Himmel«. Beim ersten Blick mag man stutzen, denn die verhältnismäßig niedere Osterinsel »sieht« sicherlich nicht mehr gegen Himmel, als es die anderen hochragenden Felseneilande tun, wie z. B. Tahiti, die Marquesas oder Hawaii. Aber Rani oder Himmel besitzt für die Polynesier eine doppelte Bedeutung. So nennen sie auch die ursprüngliche Heimat ihrer Vorväter, das heilige Land des Sonnengottes, Tikis verlassenes Gebirgsreich. Unter all den tausend Einlanden im Meer gerade die einsame Osterinsel das Auge zu nenne, das gegen das Heimatland sieht, bedeutet natürlich sehr viel. Schlagartig aber beleuchtet den Zusammenhang die Tatsache, daß »Mata-Rani«, was polynesisch »Himmelsauge« bedeutet, auch ein alter peruanischer Ortsname ist. So heißt ein Flecken in Peru, der an der Küste des Stillen Ozeans am Fuß der Anden der Osterinsel direkt gegenüberliegt, gerade unterhalb von Kon-Tikis uralter Ruinenstadt im Gebirge.

Wenn wir so unter dem Sternenhimmel an Deck saßen, bot uns die Osterinsel allein Gesprächsstoff genug, und wir fühlten uns richtig als Mitspieler und Fahrtgenossen uralter Abenteurer. Wir empfanden das so stark, als hätten wir seit Tikis fernen Tagen nichts anderes getan, als auf dem Meer unter Sonne und Sternen herumzusegeln und neues Land zu suchen.

Vor Wogen und Meer hatten wir nicht länger denselben Respekt. Wir kannten sie und ihr Verhältnis zu uns auf dem Floß. Sogar der Hai war ein Teil des täglichen Bildes geworden. Wir waren auch mit ihm gut bekannt und wußten um sein gewöhnliches Verhalten. An die Handharpune dachten wir schon lange nicht mehr und verließen nicht einmal den Floßrand, wenn der Hai an unserer Seite emporkam. Ganz im Gegenteil, manchmal verfielen wir sogar darauf, ihn fest bei der Rückenflosse zu packen. Er aber glitt völlig unberührt entlang der Stämme weiter. Das entwickelte sich schließlich zu einer ganz neuen Sportart. Zu einem Tauziehen nämlich zwischen dem Hai und uns, aber einem Tauziehen ohne Angelleine.

Wir fingen die Sache ganz bescheiden an. Meistens fischten wir mehr Dolfine, als wir verzehren konnten. Um das populäre Unterhaltungsmoment beizubehalten, ohne das Essen zu vergeuden, verfielen wir darauf, ein richtiges Narrenfischen ohne Angelhaken zu veranstalten, zur gemeinsamen Freude für die Dolfine und uns. Wir banden übriggebliebene fliegende Fische an die Schnur und zogen sie über die Wasserfläche. Die Dolfine schossen heran und schluckten den Happen, und dann zogen wir wieder jeder seines Weges weiter und hatten einen prächtigen Zirkus dabei. Denn mußte endlich ein erboster Dolfin den verhexten Bissen wieder auslassen, dann schnappte sofort der nächste danach. Wir hatten unser Vergnügen daran und die Dolfine schließlich doch den Fisch.

Dann begannen wir dasselbe Spiel mit den Haien. Wir hatten entweder einen Fischbrocken an der Leine oder oft auch einen Zeugbeutel mit Resten von unserem Mittagessen, den wir an einer Schnur auswarfen. Statt sich auf den Rücken zu wälzen, steckte der Hai den Kopf aus dem Wasser und schwamm mit weit offenem Maul heran, um den Kosthappen zu verschlingen. Dann konnten wir es uns natürlich nicht verkneifen, an der Leine zu ziehen, gerade wenn der Hai im Begriff war, das gähnende Maul wieder zu schließen. Mit einem unsagbar blöden und geduldigen Ausdruck schwamm er dann hinterdrein und sperrte den Rachen erneut nach dem Köder auf, der ihm jedesmal davonhüpfte, sooft er ihn verschlucken wollte. Schließlich kam der Hai uns gar auf die Stämme herauf und schnellte sich empor wie ein bettelnder Hund, der nach dem Wurstzipfel springt. Genauso nämlich hielten wir ihm das Essen hoch, und es baumelte in einem Beutel über seiner Nase. Es war wie bei der Fütterung eines maulaufsperrenden Flußpferdes im Zoo. Und an einem Tag Ende Juli, nach drei Monaten Floßfahrt, steht in unserem Tagebuch zu lesen:

Mit dem Hai, der uns heute folgte, hielten wir uns durchaus auf freundschaftlichem Fuß. Beim Mittagstisch fütterten wir ihn mit Speiseresten, die wir ihm direkt ins offene Maul hinunterhielten. Er wirkt wie ein halb zutraulicher, halb täppischer und im Grunde harmloser Hund, wenn er so an unserer Seite schwimmt. Es läßt sich nicht leugnen, daß auch ein Hai ganz sympathisch wirkt, solange wir selber uns nicht anbeißen lassen. Zumindest finden wir es ganz unterhaltsam, ihn um uns zu haben, das heißt, wenn wir nicht gerade baden wollen.

Eines Tages hatten wir eine Bambusstange am Floßrand bereitgelegt, an der mit einer Schnur ein Beutel mit Haifutter befestigt war. Aber da kam eine See und schwemmte das Ganze über Bord. Nun lag die Babusstange im Wasser, und bald trieb sie ein paar hundert Meter hinter dem Floß. Da stellte sie sich plötzlich im Wasser auf und kam selbständig hinter dem Floß hergefahren, als hätte sie die freundliche Absicht, sich wieder auf ihren Platz zu begeben. Als die Stange näher kam, sahen wir einen zehn Fuß langen Hai, der darunter schwamm, während die Bambusstange wie ein Periskop aus den Wellen ragte. Der Hai hatte den Freßbeutel verschluckt, ohne die Schnur abzubeißen. Die Fischstange holte uns bald ein und segelte ruhig vorbei, bis sie vor uns in den Wellen verschwand.

Wenn wir auch nach all dem mit ganz anderen Augen auf den Hai sahen, so verschwand nie der Respekt vor den fünf bis sechs Reihen von Rasierklingenzähnen, die in dem gewaltigen Maul auf der Lauer lagen. Knut lieferte eines Tages einem Hai ein unfreiwilliges Wettschwimmen. Wegen der raschen Abtrift des Floßes und auch wegen der Haigefahr war es nicht geraten, sich von der »Kon-Tiki« zu entfernen. Wir ließen es daher auch nie zu. Aber eines Tages war es besonders ruhig, und da wir auch unser Haigefolge eben angebracht hatten, gestatteten wir uns, ein kurzes, rasches Tauchbad in der See zu nehmen. Knut sprang ins Wasser und glitt ein gutes Stück dahin, bevor er an die Oberfläche kam, um zurückzuschwimmen. Im selben Augenblick sahen wir vom Mast aus einen Schatten, größer als er selbst, hinter ihm aus der Tiefe hervorkommen. Wir riefen Warnungsschreie, beherrschten aber unsere Aufregung und hielten uns so ruhig, wie wir konnten, um eine Panik zu vermeiden. Knut wendete sich sofort gegen das Floß zurück. Aber der Schatten da unten, der auf Knut zuhielt, gehörte einem noch besseren Schwimmer. Zur gleichen Zeit erreichten sie das Floß. Und während Knut sich an Bord warf, schoß ein Hai, sechs Fuß lang, dicht unter seinem Leib vorbei und glitt den Floßrand entlang. Wir warfen ihm einen leckeren Dolfinkopf zu als Dank, daß er nicht zugeschnappt hatte. Normalerweise ist es mehr der Geruch als der Gesichtssinn, der bei den Haien die Raublust weckt. Es kam vor, daß wir am Floßrand saßen und die Beine ins Wasser hängen ließen, um sie in Versuchung zu führen. Oft kamen sie da bis auf zwei bis drei Fuß Abstand auf uns zugeschwommen, um uns schließlich ruhig wieder den Schwanz zuzuwenden. War dagegen der kleinste Blutstropfen im Wasser, so z. B., wenn wir einen Fisch putzten, dann kam Leben in die Haiflossen, und sie konnten plötzlich wie die Schmeißfliegen bei uns auftauchen. Warfen wir Haieingeweide hinaus, wurden sie völlig verrückt und fuhren in blinder Raserei herum. In wilder Gier verschlangen sie die Leber ihrer eigenden Verwandten, und streckten wir dann einen Fuß in die See, so kamen sie wie die Raketen angeschossen und schlugen ihre Zahnreihen in den Stamm, wo wir den Fuß gehalten hatten. Hai und Hai können sehr verschieden sein, denn dieser Raubfisch ist völlig ein Opfer seiner eigenen Sinne.

Wir wurden schließlich so vertraut mit den Haien, daß wir begannen, sie am Schwanz zu ziehen. Viele werden einwenden, daß es ein primitiver Sport ist, Tiere am Schwanz zu ziehen, aber die haben es eben noch nie bei einem Hai versucht! In Wirklichkeit ist das aber ein spannende Angelegenheit.

Um den Schwanz in die Hand zu bekommen, mußten wir den Hai erst einmal mit einem richtigen Leckerbissen ködern. Für einen solchen war er gern bereit, den Schädel hoch aus dem Wasser herauszustrecken. Gewöhnlich bekam er den Happen an einer Schnur pendelnd serviert. Wer nämlich den Hai einmal direkt aus der Hand gefüttert hat, findet das nicht weiter unterhaltsam. Wenn man Hunde oder zahme Bären aus der Hand füttert, so verbeißen sie sich in das Stück Fleisch und zerren und reißen, bis sie es auseinanderbekommen oder das ganze Stück weggezogen haben. Wenn man jedoch einem Hai einen großen Dolfin in entsprechendem Abstand vorhält, so taucht er auf und klappt das Maul zu, und ohne die geringste Erschütterung ist der halbe Dolfin mit einmal fort, und man selbst sitzt dann da mit dem Schwanz in der Hand. Für uns war es eine arge Plackerei, einen Dolfin mit dem Messer auseinanderzuschneiden. Der Hai aber hatte im Bruchteil einer Sekunde das Rückgrat und alles andere glatt und lautlos auseinandergetrennt wie eine Wurstmaschine, indem er seine dreikantigen Sägeblattzähne rasch nach der Seite bewegte. Wenn dann der Hai sich abwendete, um wieder zu tauchen, wedelte er den Schwanz heraus aus dem Wasser, so daß er leicht zu packen war. Haihaut greift sich wie richtiges Sandpapier an, und in der oberen Schwanzspitze befindet sich ein Absatz, der für einen guten Handgriff wie geschaffen ist. Bekamen wir hier erst einmal einen festen Griff, so konnte die Faust nicht mehr abgleiten.

Nun aber hieß es ziehen, bevor der Hai sich besann, um so möglichst viel vom Schwanz herein über die Stämme zu spannen. Ein oder zwei Sekunden begriff der Hai gar nichts, dann aber begann er zu stoßen und zu schlagen. Allerdings vergeblich, denn ohne Hilfe des Schwanzes kann kein Hai davonfahren, die übrigen Flossen sind nur Gleichgewichts- und Steuerungsapparate. Nach einem verzweifelten Ruck, wobei es galt, den Schwanz fest in der Klemme zu behalten, wurde der Überrumpelte zuletzt vollständig mutlos und apathisch. Und da ihm der lose Magensack gegen den Schädel zu sinken begann, war er schließlich wie gelähmt. Wenn der Hai nun erstarrte und wie abwartend hängenblieb, war es an der Zeit, ihn aus allen Kräften einzuholen. Selten bekamen wir dabei mehr als die Hälfte des schweren Fisches aus dem Wasser heraus. Aber da erwachte der Hai und vollbrachte den Rest meistens selbst. Mit einem gewaltigen Ruck warf er den Schädel herum und schleuderte sich herauf auf die Stämme. Nun galt es noch, aus Leibeskräften mit einem festen Ruck nachzuhelfen und dann mit einem Satz weit wegzuspringen. Eile war geboten, wollte man seine Beine retten, denn jetzt wurde der Hai absolut ungnädig. Mit gewaltigem Schwung hieb er um sich, und sein Schwanz schlug wie ein Schmiedehammer gegen die Bambuswand. Nun sparte er nicht länger seine Riesenkräfte. Das schwere Maul fuhr an der Wand hoch, und die Zahnreihen hieben und schnappten in der Luft nach allem und jedem. Manchmal endete der wilde Kriegstanz damit, daß der Hai mehr oder weniger unabsichtlich in die See ausbüchste und nach solch schändlicher Demütigung auf Nimmerwiedersehen verschwand. Meistens warf er sich immer auf den gleichen Stämmen am Heck planlos herum, bis wir ihm eine Fangschlinge um die Schwanzwurzel legen konnten oder er von selber aufhörte, seine teuflischen Zähne zu fletschen.

Der Papagei war ganz überwältigt, wenn wir einen Hai an Deck hatten. Er kam aus der Bambushütte herausgelaufen und kletterte in rasender Fahrt die Hüttenwand hinauf, bis er oben auf dem Palmblätterdach einen guten und sicheren Ausguckposten gefunden hatte. Hier saß er dann, schüttelte aufgeregt den Kopf, hüpfte auf dem First vor und zurück und schrie vor Begeisterung. Er war schon bald ein hervorragender Seemann geworden und sprühte vor Humor, Gelächter und guter Laune. Wir rechneten uns sieben an Bord, sechs Mann und ein grüner Papagei. Die Krabbe Johannes dagegen mußte sich begnügen, als kaltblütiger Außenseiter betrachtet zu werden. In der Nacht kroch der Papagei in seinen Käfig unterm Dach der Bambushütte. Untertags aber spazierte er an Deck umher oder hing zwischen Pardunen und Stagen und führte uns die berückendsten akrobatischen Übungen vor. Anfänglich hatten wir Streckfische in den Maststagen. Aber sie rieben am Tauwerk, so daß wir zu gewöhnlichen Schlingen übergingen. Wenn die Taue sich dehnten und schlapp wurden von Sonne und Wind, mußten alle Mann anpacken und den Mast wieder hochstagen, damit das Eisenholz nicht im lockeren Tauwerk herumschlug und schließlich niederbrach. Das waren die unangenehmsten Augenblicke. Während wir mit aller Kraft zogen und spannten, begann der Papagei mit seiner Clownstimme zu rufen: »Hol ein, hol ein, ho-ho-ho-ho,ha-ha-ha-ha!« Hatte er uns dann glücklich zum Lachen gebracht, so lachte er selber über seine eigene Ergötzlichkeit, daß es ihn schüttelte, und schwirrte unentwegt in den Stagen herum.

Zu Beginn unserer Reise war der Papagei voller Bosheit gegen die Funker. Sie konnten glücklich vertieft im Radiowinkel sitzen mit ihrem magischen Kopfschmuck und vielleicht gerade Verbindung mit irgendeinem Radioamateur in Oklahoma haben, da wurde es plötzlich totenstill in den Hörern, und sie bekamen keinerlei Laut mehr heraus, soviel sie auch mit den Drähten orgelten und an ihren Knöpfen drehten. Der Papagei war wieder einmal auf dem Kriegspfad gewesen und hatte ihnen den Antennendraht abgebissen. Das war ja besonders populär in der ersten Zeit, da die Antenne hinter einem Ballon in der Luft hing. Doch eines Tages wurde der Papagei ernstlich krank. Niedergeschlagen hockte er in seinem Bauer, glotzte vor sich hin und rührte zwei Tage kein Futter an, während seine Visitenkarten von goldschimmernden Drahtenden glänzten. Da bereuten die Telegraphisten ihr wütendes Geschimpfe und der Papagei seine Missetaten. Ja, von dem Tag an wurden Torstein und Knut seine auserwählten Freunde, und der Papagei wollte nur mehr im Radiowinkel schlafen. Als unser grüner Freund an Bord kam, war seine Muttersprache Sapnisch. Lange bevor er Torsteins original-norwegische Lieblingsflüche nachsprechen konnte, behauptete Bengt, daß er sein Spanisch mit norwegischem Akzent zu reden beginne.

Sechzig Tage lang freuten wir uns am Humor und an der Farbenpracht des Papageis. Dann fegte einmal eine große Woge von achtern her übers Deck, während er gerade von der Mastspitze an den Wanten herunterkletterte. Als wir entdeckten, daß er über Bord gegangen war, war es bereits zu spät. Wir sahen ihn nicht mehr, und die »Kon-Tiki« ließ sich weder wenden noch anhalten. Was einmal vom Floß über Bord ging, hatte keine Chance mehr, zurückzukommen. Das hatten zahlreiche Erfahrungen bewiesen.

Am ersten Abend wirkte der Verlust des Papageis sehr drückend auf unsere Stimmung. Wir alle wußten, daß uns genau dasselbe widerfahren würde, wenn wir auf einsamer Nachtwache über Bord gingen.

So schärften wir uns erneut alle Sicherheitsregeln ein, legten ein neues Rettungstau für die Nachtwache bereit und sagten einander immer wieder, wir dürften uns noch lange nicht in Sicherheit wiegen, weil es zwei Monate lang gutgegangen war. Auch am hellen Tag konnte ein unvorsichtiger Schritt, eine gedankenlose Bewegung uns dahin führen, wohin der grüne Papagei gegangen war.

Wir hatten einige Male große Eierschalen von Tintenfischen entdeckt, die wie Straußeneier oder weiße Totenschädel auf den blauen Wellen trieben. Nur ein einziges Mal jedoch sahen wir auch den Tintenfisch sich darunter winden. Wir sichteten die schneeweißen Kugeln, als sie mit uns gerade auf gleicher Höhe schwammen. Zuerst glaubten wir, daß es eine leichte Sache sei, im Schlauchboot hinauszurudern und sie zu holen. Dasselbe glaubten wir auch, als einmal der Strick zum Planktonnetz riß. Wir sicherten das Gummiboot mit einem Tau und versuchten zurückzurudern. Zu unserer Enttäuschung aber merkten wir, daß Wind und Wogen so gegen das Boot drückten und das Tau von der »Kon-Tiki« im Wasser derart kräftig bremste, daß es uns nie glückte, zu einem Punkt zurückzurudern, den unser Floß bereits verlassen hatte. Es gelang uns ja, an das, was wir einsammeln wollten, auf ein paar Meter Abstand heranzukommen. Aber dann war auch die ganze Leine draußen, und die »Kon-Tiki« zog mit uns nach Westen. Einmal über Bord – ewig über Bord! Das war eine Erfahrung, die sich nach alldem unabänderlich in unser Bewußtsein eingeprägt hatte. Mitgegangen – mitgehangen, hieß es für uns, bis die »Kon-Tiki« auf der anderen Seite des Meeres mit ihrem Bug an Land stoßen würde.

Ohne den Papagei war der Radiowinkel leer und verwaist. Aber da die Tropensonne am nächsten Tag gleich hell über dem Stillen Ozean strahlte, währte auch unsere Trauer nicht lange. Acht Tage danach zogen wir viele Haie an Bord. Immer wieder fanden wir zwischen den Thunfischköpfen und anderen schwer verdaulichen Dingen dunkle, krumme Papageienschnäbel im Haimagen. Bei näherer Betrachtung zeigte sich jedoch immer, daß diese schwarzen Schnäbel verdauten Tintenfischen angehörten.

Die beiden Funker hatten schweren Dienst in ihrem Winkel drinnen. Seit ihren ersten Tagen an Bord tropfte das Seewasser aus den Batteriekisten, so daß sie den empfindlichen Radiowinkel mit Segeltuch abdecken mußten, um zu retten, was bei dem hohen Seegang noch zu retten war. Dann rauften sie mit dem Problem, auf dem kleinen Floß eine genügend lange Antenne aufzubauen. Sie versuchten, den Draht mit einem Drachen in die Luft steigen zu lassen, der aber trudelte herunter und verschwand im Wogengischt. Nun probierten sie, die Antenne mit einem Ballon in die Höhe zu lassen. Doch die Tropensonne brannte Löcher in seine Haut, so daß er bald ausgeatmet hatte und in der See versank. Dazu hatten sie noch ihren Kummer mit dem Papagei. Und obendrein vergingen noch vierzehn Tage, bevor wir mit dem Humboldtstrom aus einer toten Zone vor den Anden heraustrieben, in der die Kurzwellen stumm und leblos waren wie die Luft in einer Konservenbüchse.

Doch eines Tages drangen sie wieder durch. Torsteins Ruf wurde zufällig von einem Radioamateur in Los Angeles gehört, der an seinem Sender spielte, um Verbindung mit einem anderen Amateur in Schweden zu bekommen. Der Mann interessierte sich vor allem dafür, welchen Apparat wir hatten. Und als er das zufriedenstellend beantwortet bekam, fragte er, wo sich Torstein aufhielte und wo er wohne. Als er dann zu hören bekam, daß Torstein auf einem Floß in einer Bambushütte mitten im Stillen Ozean hause, kamen einige merkwürdige Tastzeichen zurück, bis ihm Torstein nähere Details servierte. Nachdem der Mann hinter dem Äther sich wieder erholt hatte, erzählte er, daß er Hal heiße und eine Frau namens Anna habe. Sie sei eine geborene Schwedin und würde unsere Familien verständigen, daß wir am Leben seien und es uns gut ginge.

Es war ein merkwürdiger Gedanke an diesem Abend, daß ein völlig fremder Mann, der sich Hal nannte und als Kinooperateur droben im Menschengewimmel von Los Angeles lebte, außer uns selbst der einzige Mensch auf der weiten Welt war, der genau wußte, wo wir waren und daß wir es gut hatten. Von nun an hockten Hal, alias Harold Kempel, und sein Freund Frank Cuevas abwechselnd Nacht für Nacht hinter dem Radiokasten und lauschten auf die Signale von unserem Floß. Hermann empfing denn auch bald anerkennende Telegramme vom Chef des amerikanischen Wetterdienstes für seine täglichen Codemeldungen aus einem statistisch völlig unerfaßten Gebiet. Später bekamen Knut und Torstein fast jede Nacht auch Kontakt mit anderen Radioamateuren. Diese vermittelten über den Amateur Egil Berg in Notodden Grüße nach Norwegen.

Einige Tage später nahm unser Radiowinkel doch etwas zuviel Salzwasser über, und die Station ging vollständig ein. Die Funker standen Tag und Nacht kopf und hantierten wie besessen mit Schraubenziehern und Lötkolben. Die Amateure in der Ferne glaubten schon, die Tage unseres Floßes seien gezählt. Aber eines Nachts drangen die Signale LI2B wieder hinaus durch den Äther, und im Radiowinkel summte es bald wie in einem Wespennest, da viele hundert amerikanische Radioamateure sich über die Taste warfen und gleichzeitig antworteten.

Auch wir selber waren nicht gegen das Gefühl gefeit, uns in ein Wespennest zu setzen, wenn einer von uns sich in das Allerheiligste der Funker verirrte. Alles war rauh vom Seewasser, das sich am Holzwerk überall emporzog. Lag auch, wo die Funker saßen, ein Rohgummiteppich über den Balsastämmen, so bekam man doch einen elektrischen Schlag ins Kreuz und kribbelnde Fingerspitzen, wenn man eine Morsetaste nur anrührte. Wollte einer von uns Uneingeweihten einen Bleistift aus dem so wohl ausgerüsteten Radiowinkel klauen, so standen ihm bestimmt die Haare zu Berge oder er zog lange Funken aus seinem Beutestück. Nur Torstein, Knut und der Papagei bewegten sich ungefährdet in der verhexten Ecke, und wir befestigten eine Papptafel, um die Gefahrenzone für uns andere zu markieren.

Während wir schliefen, saß Knut eines Nachts und bastelte beim Lampenschein in seinem Radiowinkel. Da zwickte er mich plötzlich ins Bein und berichtete, daß er sich auf seiner Taste mit einem Kerl unterhalte, der dicht vor Oslo wohne und Christian Amundsen heiße. Das war tatsächlich ein kleiner Amateurrekord. Denn der winzige Kurzwellensender auf dem Floß mit seinen 13 909 Kc./sec sandte nicht mehr als sechs Watt aus, ungefähr dasselbe wie eine Taschenlampe. Es war am 2. August, und wir waren über sechzig Grad um die Erde gesegelt, so daß wir uns also gerade am entgegengesetzten Ende der Welt befanden. König Haakon wurde am Tag darauf fünfundsiebzig Jahre alt, und so schickten wir ihm eine Gratulation vom Floß aus direkt nach Norwegen. In der nächsten Nacht war Christian wieder hörbar und sandte uns ein Antworttelegramm des Königs mit den besten Wünschen für unsere weitere Fahrt.

Noch eine andere nette Episode zeigte uns so richtig den Gegensatz zwischen urtümlichen Flößerleben und moderner Technik. Wir hatten zwei Fotoapparate an Bord, und Erich hatte für ein Paket Chemikalien gesorgt, um die Fotografien unterwegs zu entwickeln, so daß wir neue Bilder aufnehmen konnten, wenn einzelne nicht gelungen waren. Nach dem Besuch des Walhais konnte er sich nicht länger gedulden.

Eines Abends mixte er Pulver und Wasser genau nach Vorschrift zusammen und entwickelte zwei Filme. Die Negative sahen aus wie Fernsehfotos. Sie bestanden nur aus unklaren Runzeln und Punkten. Die Filme waren ruiniert. Wir telegraphierten an unsere Partner und baten um Rat. Der Funkspruch wurde von einem Radioamateur in Hollywood aufgeschnappt, der sofort das nächste Laboratorium anrief.

Kurz darauf schaltete er sich wieder ein und erzählte uns, daß unsere Entwicklerflüssigkeit zu warm sei. Die Wassertemperatur dürfe nicht mehr als sechzehn Grad betragen, sonst würden die Negative schrumpfen.

Wir dankten für den guten Rat und stellten fest, daß die absolut niedrigste Temperatur in unserer Umgebung die der Meeresströmung war, und die betrug siebenundzwanzig Grad. Nun war Hermann Ingenieur und eigentlich Fachmann in Kältetechnik. Ich gab ihm daher im Spaß den Auftrag, uns Wasser von sechzehn Grad zu beschaffen. Er bat, über die kleine Kohlensäureflasche zu dem bereits aufgeblasenen Gummiboot verfügen zu dürfen. Dann überdeckte er eine Schüssel mit einer Unterjacke und einem Schlafsack. Nach einem zünftigen Hokuspokus starrten Hermanns Bartstoppeln plötzlich von Rauhreif, und er servierte uns einen großen Klumpen weißen Eises.

Erich entwickelte von neuem, diesmal mit glänzendem Resultat.

Das Wellenreich im Äther, das uns von Torstein und Knut verdolmetscht wurde, war natürlich in Kon-Tikis fernen Tagen ein noch unbekannter Luxus gewesen. Aber das Wellenreich unter uns war das gleiche, damals wie heute, und unser Balsafloß zog unbeirrt nach Westen, nicht anders, als es seine Vorgänger vor 1500 Jahren getan hatten.

Das Wetter wurde veränderlich. Da wir den Südseeinseln näher kamen, gab es vereinzelte Regenschauer. Auch der Passatwind änderte seine Richtung. Früher hatte er stetig und zuverlässig von Südost geblasen, bis wir ein gutes Stück draußen im Äquatorstrom waren. Dort hatte er sich dann mehr und mehr in genau östliche Richtung gedreht. Am 10. Juni hatten wir mit sechs Grad neunzehn Minuten südlicher Breite unsere nördlichste Position erreicht. Wir waren so dicht am Äquator, daß es aussah, als sollten wir selbst an den nördlichsten Inseln der Marquesasgruppe vorbeisegeln und vollständig ins Meer hinaustreiben, ohne je Land zu sichten. Aber da drehte sich der Passat von Osten nach Nordosten und schob uns in weitem Bogen hinunter bis in die Breitengrade der Inselwelt.

Draußen auf dem Meer kam es oft vor, daß Wind und Strömung mehrere Tage hindurch völlig konstant blieben. Abgesehen von den Nächten, in denen der Steuerposten allein an Deck war, vergaßen wir da oft ganz, wer gerade Steuerwache hatte. Denn das Steuerruder wurde festgebunden, wenn das Wetter so beständig war, und das Segel der »Kon-Tiki« straffte sich im stetigen Wind, ohne unsere Aufmerksamkeit zu brauchen. Da konnte dann auch die Nachtwache in aller Ruhe an der Hüttenöffnung sitzen und nach den Sternen gucken. Wechselten die Sternbilder am Himmel ihren Platz, so war es an der Zeit, aufzustehen und nachzusehen, ob der Wind oder das Steuerrruder sich gedreht hatte. Es war unglaublich leicht, den Kurs nach den Sternen zu nehmen, nachdem wir sie erste einmal einige Wochen hindurch über das Himmelsgewölbe kreisen gesehen hatten. Es gab ja überhaupt kaum anderes, das wir in der Nacht betrachten konnten. Bald wußten wir,wo wir die einzelnen Sternbilder Nacht für Nacht erwarten konnten. Als wir gegen den Äquator kamen, stieg der Große Bär so hoch über den Horizont im Norden, daß wir schon fürchteten, einen Blick vom Polarstern zu erhaschen. Der taucht nämlich auf, wenn man von Süden kommend den Äquator kreuzt. Aber der Große Bär versank wieder, als der Nordostpassat einsetzte.

Die alten Polynesier waren große Seefahrer. Sie steuerten am Tag nach der

Sonne und in der Nacht nach den Sternen. Ihre astronomischen Kenntnisse waren verblüffend. Sie wußten, daß die Erde rund ist, und hatten Namen für so komplizierte Begriffe wie Äquator, Ekliptik und nördlichen und südlichen Wendekreis. Auf Hawaii schnitten sie Seekarten ihrer Meeresumgebung in die Schale von runden Flaschenkürbissen, und auf einzelnen anderen Inseln stellten sie Detailkarten aus Flechtwerk her, wobei Perlmuttschalen die Inseln darstellten und Knoten bestimmte Strömungsrichtungen markierten. Die Polynesier kannten fünf Planeten, die sie wandernde Sterne nannten, und unterschieden sie von den Fixsternen, für die sie fast dreihundert verschiedene Namen geprägt hatten. Ein guter Steuermann im alten Polynesien wußte ganz genau, wo die einzelnen Sterne am Himmel heraufkommen und wo sie zu den verschiedenen Zeiten der Nacht und zu den verschiedenen Zeiten des Jahres stehen würden. Er wußte auch, welche Sternbilder über den einzelnen Inseln kulminierten. Es kam vor, daß eine Insel denselben Namen hatte wie der Stern, der über ihr stand, Nacht um Nacht, Jahr um Jahr.

Weil der Sternenhimmel wie ein Riesenkompaß über ihnen von Osten nach Westen rotierte, erkannten sie bald, daß die Sterne gerade über ihnen immer verrieten, wie weit nördlich oder südlich sie sich befanden. Da die Polynesier das ganze Meer fast bis Amerika erforscht und unterworfen hatten, konnten sie auch viele Generationen hindurch Verkehr zwischen den einzelnen Inseln aufrechterhalten. Geschichtliche Überlieferungen berichten, daß die Häuptlinge von Tahiti Hawaii besuchten, das über zweitausend Seemeilen weiter nördlich und einige Grade weiter westlich liegt.

Da steuerte dann der Mann am Ruder nach der Sonne und nach den Sternen zuerst direkt nach Norden, bis die Sterne gerade über seinem Kopf ihm sagten, daß er den Breitengrad Hawaiis erreicht hatte. Dann schwenkte er im rechten Winkel und nahm Kurs genau nach Westen, bis er so nahe kam, daß Vögel und Wolken ihm verrieten, wo die Inselgruppe lag.

Woher hatten die Polynesier ihr großartiges astronomisches Wissen und ihren Kalender, der so verblüffend genau errechnet war? Sicherlich nicht von den melanesischen und malaiischen Völkerschaften im Westen. Aber dasselbe verschwundene alte Kulturvolk, die »weißen und bärtigen Männer«, die den Azteken, Inkas und Mayas ihre verblüffende Kultur in Amerika gebracht hatten, hatte ebenfalls einen bemerkenswerten Kalender ausgearbeitet und besaß das gleiche astronomische Wissen, mit dem Europa in der entsprechenden Zeit nicht konkurrieren konnte.

Wo das Festland gegen den Stillen Ozean absinkt, steht heute noch in Peru ein uraltes Observatorium im Wüstensand, eine Erinnerung an dasselbe rätselhafte Kulturvolk, das Steinkolosse meißelte, Pyramiden erbaute und Süßkartoffeln und Flaschenkürbisse zog.

Am 2. Juli konnte die Nachtwache nicht in Frieden sitzen und den Sternenhimmel studieren. Nach vielen Tagen mit flauer Nordostbrise bekamen wir kräftigen Wind und schwere See. Gegen Nacht hatten wir bei strahlendem Mondschein eine wirklich frische Segelfahrt. Wir maßen die

Geschwindigkeit, indem wir ganz vorn am Seitenbalken eine Span hinauswarfen und dann die Sekunden zählten, bis wir ihn mit dem Heck passierten. Dabei stellten wir fest, daß wir jetzt unseren privaten Fahrtrekord erreicht hatten. Für eine Strecke in Länge des Seitenbalkens brauchten wir im Durchschnitt zwölf bis achtzehn Sekunden, oder, in unserem Jargon, zwölf bis achtzehn »Späne«. Jetzt aber hielten wir uns eine Zeitlang auf einer Geschwindigkeit von sechs Spänen, und das Meerleuchten wirbelte in einem anständigen Kielwasser hinter dem Floß.

Vier Mann lagen in der Bambushütte und schnarchten. Torstein klapperte mit der Morsetaste, und ich hatte Steuerwache. Da bemerkte ich knapp vor Mitternacht eine ungewöhnlich große Woge, die sich überschlug und hinter uns quer über das ganze unruhige Gesichtsfeld daherjagte. Ab und zu konnte ich hinter ihr den brausenden Kamm von ein paar anderen, ähnlichen Riesenwogen sehen, die ihr auf den Fersen folgten. Hätten wir nicht selber vor kurzem die Stelle gekreuzt, so wäre ich überzeugt gewesen, daß es hohe Brandungswellen seien, die sich über einer gefährlichen Untiefe auftürmten. Schon kam die erste See wie eine lange Mauer hinter uns im Mondlicht einhergefegt. Ich rief eine Warnung und drehte das Floß in die rechte Stellung, um zu nehmen, was da kam. Als die See uns erreichte, warf das Floß den Achtersteven seitlich in die Luft und schwang sich auf den Wogenrükken, der im selben Augenblick tosend zusammenbrach, so daß es über den ganzen Kamm hin zischte und sprühte. Wir ritten durch tanzende, schäumende Wirbel, die brodelnd zu beiden Seiten über das Floß hereinquollen, während die schwere See sich unter uns vorbeiwälzte. Der Bug schwang sich zuletzt empor, als die Woge passierte, und wir glitten rücklings hinunter in ein breites Wellental. Doch da kam schon die nächste Wasserwand dahergejagt und türmte sich vor uns auf. Von neuem wurden wir elegant in die Luft gehoben. Brechend schlugen die klaren Wassermassen über unserem Steven zusammen, als wir die Kurve nahmen. Nun hatten uns die Wogen gänzlich quergestellt, und es war unmöglich, das Floß rasch genug zu wenden. Die nächste See brauste daher und hob sich wie eine blinkende Wand aus dem Schaumstreifen. Und in dem Augenblick, da sie uns erreichte, überschlug sie sich in einem gewaltigen Brecher. Tosend stürzte er auf uns nieder. Ich wußte mir keinen Ausweg und hängte mich mit aller Kraft an einen Bambuspfosten, der aus dem Hüttendach herausstand. Da klammerte ich mich fest und hielt den Atem an, bis ich merkte, daß wir in die Höhe geschleudert wurden und alles umher in brausenden Schaumwirbeln verschwand. Plötzlich waren wir mit der »Kon-Tiki« wieder über dem Wasser und glitten langsam einen sanften Wogenrücken auf der anderen Seite hinab. Die Wellen waren wieder wie gewöhnlich. Vor uns jagten die drei schweren Wogenwände weit übers Meer, und hinter uns tanzte eine lange Reihe von Kokosnüssen.

Die letzte Woge hatte der Hütte einen kräftigen Stoß gegeben, so daß Torstein im Radiowinkel herumgeschleudert wurde. Erschreckt von dem

Haifang mit blanker Faust. Bevor der Hai taucht, packt man ihn am Schwanz. Damit ist er seines einzigen Fortbewegungsmittels beraubt. Wenn nun der Magensack noch gegen den Kopf drückt, wird er vollends aktionsunfähig und apathisch

Nachdem er auf die Matte gelegt ist, sollte man sich zurückziehen und erst dann wieder herankommen, wenn er aufgehört hat, zu schnappen

Oben: An schönen Tagen unternehmen wir in einem kleinen Gummiboot weite Ausflüge auf das Meer hinaus. Unten: Hesselberg ist unser Sänger und Musikant, und Raabys Lieblingsschlager ist das „Mädchen aus Havanna“

In einer Kiste wird auf einem Petroleumkocher gekocht

Raaby in seiner Radioecke, die durch eine von Danielsson dekorierte Pappwand abgetrennt ist. Von hier werden tägliche Berichte an das Meteorologische Institut in Washington gesendet. Wir stehen auch mit vielen Radioamateuren in Verbindung

Oben: Vögel sind die ersten Boten Polynesiens. Unten: Aber erst viele Tage später steuert die „Kon-Tiki“ auf die Brandung eines Korallenriffs zu

Krachen fuhren die anderen aus dem Schlaf, während das Wasser zwischen den Stämmen heraufspritzte und durch die Wände hereinrann. Auf der Backbordseite des Vorderdecks war das Bambusgeflecht aufgerissen wie ein kleines Kraterloch, und der Taucherkorb am Bug war flachgeschlagen. Aber sonst war alles wie früher.

Wir erhielten nie eine sichere Erklärung, woher diese drei großen Wogen gekommen waren. Vermutlich wurden sie durch Veränderungen am Meeresboden verursacht, die in diesen Breiten nicht selten sind.

Zwei Tage später bekamen wir unseren ersten Sturm. Es begann damit, daß der Passat vollständig wegstarb. Auch die federleichten weißen Passatwolken verschwanden, die über uns im obersten Blau geschwommen waren. Rasch wurden sie von einer dicken, schwarzen Wolkenbank verdrängt, die über den Horizont im Süden heraufrollte. Schon kamen auch, meist aus ganz unerwarteten Richtungen, die ersten Böen dahergejagt. Der Steuerposten konnte nicht länger Ordnung halten. Kaum hatte er das Achterende gegen den neuen Wind gedreht, so daß das Segel wieder steif und sicher stand, so warfen sich die Windstöße schon wieder aus einer anderen Richtung auf uns und drückten die stolze Wölbung aus dem Segel, das sich knatternd wand und schlug und eine Gefahr für Last und Leute wurde. Plötzlich fuhr der Wind direkt aus der Richtung des Unwetters auf uns los. Schwarze Wolkenkulissen schoben sich drohend über den ganzen Himmel. Die steife Brise wurde immer stärker und entwickelte sich zu einem veritablen Sturm.

In unglaublich kurzer Zeit wurden die Seen um uns bis zu fünf Meter Höhe aufgewühlt. Vereinzelte Kämme schäumten sechs bis sieben Meter über den Wellentälern. Waren wir selber unten im Tal, reichten sie bis zur Mastspitze. Da hieß es »Alle Mann an Deck!« Gebückt wanden sie sich aus der Hütte.

Um die Radiostation zu schützen, spannten wir Segeltuch über die Hinterwand und die Backbordseite der Hütte. Alles Lose wurde sicher vertäut. Wir zogen das Segel ein und banden es an die Bambusrahe. Da der Himmel sich bezog, wurden die Seen dunkel und drohend. Über das ganze Gesichtsfeld hin war das Meer rundum aufgewühlt und von weißschäumenden Brechern gekrönt. Lange Streifen toten Schaumes lagen in der Windrichtung unter dem Rücken der Wellen. Überall, wo sich die Wogenkämme überschlagen hatten, standen diese langen grünen Schlagspuren und schäumten in der blauschwarzen See. Die sich überschlagenden Kämme wurden vom Sturm fortgeblasen, und ein salziger Sprühregen hing über dem Meer. Ein richtiger Tropenregen kam hinzu. Mit heftigsten Windstößen prasselte Schauer um Schauer hernieder und peitschte die wogende Meeresfläche. Was uns aber an Haar und Bart herunterlief, das schmeckte nach Brackwasser, so sehr vermischten sich Regen und sprühende See. Nackt und frierend tasteten wir uns gebückt auf dem Deck umher und trafen die letzten Vorbereitungen für den Sturm. Es war wohl ein wenig gespannte Erwartung und Besorgnis in unseren Blicken, als das Unwetter sich über den

Horizont heraufwälzte und uns einfing. Es war ja unser erster Sturm. Doch als er dann mit voller Wucht über uns herfiel und die »Kon-Tiki« sich über alles, was daherkam, so spielend leicht und elegant hinwegschwang, da wurde schließlich der Kampf mit dem Unwetter für uns zu einem spannenden Sport. Alle Mann freuten sich über die Wildheit rings um uns, die das Balsafloß so gut beherrschte. Immer wieder tanzte es wie ein Kork zuoberst auf den Spitzen, und die drohenden Wellenberge glitten unter uns fort. Das Meer hatte bei solchem Wetter viel mit dem Gebirge gemeinsam. Es war wie auf einer Hochebene im Sturm, hoch droben zwischen den obersten, grauen, nackten Bergflanken. Mochten wir auch mitten im Herzen der Tropen sein, wenn das Floß über die wogende Meeresweite auf und nieder schlitterte, so dachten wir ständig an Fahrten an Schneewächten und Abhängen entlang.

Die Ruderwache freilich mußte bei solchem Wetter höllisch aufpassen. Wenn steile Seen die vordere Hälfte des Floßes passierten, dann hoben sich die Stämme am Heck hoch aus dem Wasser. Doch in der nächsten Sekunde kippten sie nach unten und kletterten einen neuen Wogenkamm empor. Folgten die Seen so dicht aufeinander, daß uns die hintere erreichte, während die vordere noch unseren Bug in die Luft drückte, dann donnerten mit einem schreckenerregenden Brausen mächtige Wassermassen über die Ruderwache herein. Aber im nächsten Augenblick wippte der Achtersteven wieder in die Luft, und die Wasserflut verschwand zwischen den Stämmen wie durch die Zinken einer Gabel.

Wir rechneten aus, daß bei ruhiger See gewöhnlich alle sieben Sekunden ein Wogenkamm auf den anderen folgte und wir dabei an einem Tag rund zweihundert Tonnen Wasser übers Heck hereinbekamen. Diese Wassermenge merkten wir kaum, weil sie um die bloßen Beine der Steuerwache ruhig hereinströmte und ebenso ruhig zwischen den Stämmen wieder verschwand. Aber im tollen Unwetter wälzten sich im Laufe eines Tages mehr als zehntausend Tonnen Seewasser über unser Heck. Oft mochten das nur ein paar Liter sein, oft zwei bis drei Kubikmeter und in einzelnen Fällen sogar noch erheblich mehr, die da alle fünf Sekunden über Bord schäumten. Manchmal brachen sie mit einem ohrenbetäubenden Donnerschlag über das Heck herein, daß der Mann am Ruder bis zum Bauch im Wasser stand und das Gefühl hatte, sich gegen einen reißenden Gebirgsbach zu stemmen. Einen Augenblick stand das Floß gleichsam zögernd da. Aber dann rann die ungleichmäßige Last wieder in großen Kaskaden von Bord.

Hermann war mit seinem Anemometer ständig unterwegs und maß die Sturmstöße, die einen Tag anhielten. Dann flauten sie zu einer steifen Brise mit vereinzelten Regenböen ab, die weiterhin die See um uns im Kochen hielten. Wir aber segelten mit frischer Fahrt nach Westen.

Um zwischen den turmhohen Seen eine richtige Windmessung durchzuführen, mußte Hermann, soweit das möglich war, auf die schwankende Mastspitze hinaufklettern. Dort aber hatte er allein mit dem Festhalten mehr als genug zu tun.

Als der Sturm abflaute, schienen die Großfische rund um uns vollständig verrückt geworden zu sein. Das Wasser um das Floß war voll von Haien, Thunfischen, Dolfinen und vereinzelten verstörten Bonitos, die sich alle dicht unter den Bohlen oder in den nächsten Wogen um uns herumtrieben. Es war ein ständiger und wilder Kampf ums Leben. Große Fischrücken schnellten über das Wasser und schossen wie Raketen hintereinander her. Das Wasser um das Floß färbte sich mehr und mehr mit dickem Blut. Es waren vor allem Thunfische und Dolfine, die aneinandergerieten. Die Dolfine kamen in großen Schwärmen, die sich weit rascher und wacher bewegten als gewöhnlich. Der Thunfisch aber war der Angreifer. Mit seinen siebzig bis achtzig Kilogramm fuhr er oft hoch in die Luft, einen blutigen Dolfinschädel im Maul. Sausten auch einzelne Dolfine davon, verfolgende Thunfische dicht auf den Fersen, so blieb der übrige Dolfinschwarm doch eng beisammen an seinem Platz. Aber immer mehr zogen mit großen, klaffenden Wunden im Nackenkamm dahin. Ab und zu wurden auch die Haie blind vor Raserei. Wir sahen sie mit großen Thunfischen kämpfen, die dabei auf einen überlegenen Gegner stießen.

Nicht ein einziger kleiner Lotsenfisch war zu sehen. Entweder waren sie von den rasenden Thunfischen gefressen worden, oder sie hatten sich in den Zwischenräumen unterm Floß versteckt. Vielleicht waren sie auch geflohen, weit von der Walstatt fort. Wir wagten nicht, den Kopf ins Wasser zu stecken, um nachzusehen.

Wenn ich auch nachher über meine eigene, vollkommene Verstörtheit lachte, mir schlug doch das Herz bis zum Hals, als ich – dem Drange der Natur folgend – nach achtern mußte. Daß es Wellen im Wasserklosett gab, waren wir ja gewöhnt. Doch als ich so am Floßrand hockte und plötzlich, völlig unerwartet, einen gewaltigen Stoß von hinten bekam, als etwas Großes, Kaltes, Glitschiges mit ungeheurer Wucht wie der Schädel eines Haies aus der See gegen mich losfuhr, da war es, als bliebe mir jede vernünftige Reaktion weg. Tatsächlich, mit dem Gefühl, einen Hai hintendran zu haben, war ich bereits in den Wanten auf dem Wege zum Mast, ehe ich mich besann. Hermann, der gekrümmt vor Lachen über dem Steuerruder hing, konnte erzählen, daß es ein gewaltiger Thunfisch gewesen war, der seine siebzig Kilo kaltes Fischfleisch von der Seite gegen mein nacktes Ich geklatscht hatte. Derselbe Fisch versuchte später noch zweimal, einmal bei Hermanns und einmal während Torsteins Ruderwache, sich mit den Seen achtern an Bord zu wälzen. Beide Male war der fette Brocken ganz heroben auf dem Ende der Stämme. Jedesmal aber warf er sich selbst wieder über Bord, bevor wir den glatten Körper festhalten konnten.

Ein verstörter, dicker Bonito kam in hohem Bogen an Bord gesaust, und ein gieriger Thunfisch sprang ihm nach aufs Deck. Den hatten wir schon am Tag vorher an der Angel gehabt, aber er war uns wieder entkommen. Nun beschlossen wir, dem blutigen Chaos um uns ein Ende zu bereiten.

Das Tagebuch berichtet:

Ein Hai, sechs Fuß lang, ging zuerst an den Haken und wurde an Bord gezogen. Sobald der Haken wieder draußen war, schluckte ihn ein acht Fuß langer Hai. Wir zogen ihn an Bord. Wir warfen den Haken wieder aus und zogen neuerlich einen sechs Fuß langen Hai über den Rand des Floßes. Doch er riß sich los und tauchte. Rasch ging der Haken wieder hinaus. Ein acht Fuß langer Hai biß an und lieferte uns ein kräftiges Tauziehen. Wir hatten seinen Schädel glücklich auf den Stämmen, da biß uns der Bursche alle vier Stahltrossen durch und verschwand. Neue Haken hinaus, und wiederum kam ein Sechsfußhai an Bord. Es war jetzt gefährlich geworden, auf den glatten Stämmen am Heck zu stehen und zu fischen. Die drei Haie warfen ständig den Kopf in die Luft, lange nachdem man glauben sollte, daß sie tot sein müßten. So schleppten wir sie an den Schwänzen aufs Vorderdeck und zogen sie auf einen Haufen zusammen.

Kurz darauf ging uns ein dicker Thunfisch an die Angel und lieferte uns mehr Kampf als irgendein Hai, bevor wir ihn an Bord bekamen. Er war so fett und schwer, daß es keinem von uns glückte, ihn am Schwanz hochzuheben.

Die See wimmelte nur so von verzweifelt durcheinanderschießenden Fischrücken. Wieder schluckte ein Hai den Köder, riß sich aber los, als er an Bord sollte. Doch dann bekamen wir einen Sechsfußhai wohlgeborgen auf die Stämme, gleich nach ihm einen fünf Fuß langen Burschen, der auch an Bord ging. Noch einmal fingen wir einen Sechsfußhai und zogen auch ihn in die Höhe. Wiederum warfen wir die Angel aus und zogen einen sieben Fuß langen Kerl herein.

Wo wir auch an Deck herumstiegen, lagen große Haie im Weg und schlugen den Schwanz in Zuckungen gegen die Stämme, trommelten auf die Bambushütte und schnappten um sich. Müde und ausgepumpt nach den Unwetternächten vorher, begannen wir völlig irre zu werden, welche Haie ganz tot waren, welche noch krampfhaft schnappten, wenn wir ihnen nahe kamen, und welche noch springlebendig waren und mit ihren grünen Katzenaugen auf uns lauerten. Als wir neun große Haie kreuz und quer um uns herum liegen hatten, waren wir es müde, an schweren Leinen zu ziehen und mit unbändigen Haien zu kämpfen, so daß wir nach fünf Stunden verbissener Rauferei nun endgültig Schluß machten.

Am nächsten Tag gab es weniger Thunfische und Dolfine, aber ebenso viele Haie wie vorher. Wiederum begannen wir, sie an Bord zu ziehen, gaben es aber bald auf, da wir merkten, daß das frische Haiblut, das vom Floß rann, nur noch mehr dieser Bestien herbeilockte. Wir warfen alle Haikadaver über Bord und wuschen und spülten das Deck rein vom Blut. Von den scharfen Zähnen und der rauhen Haut der Haie waren die Bambusmatten arg zerfetzt. Was besonders blutig und zerrissen war, warfen wir in die See und legten neue goldgelbe Bambusmatten auf, von denen ein vielschichtiger Stapel am Vorderdeck festgezurrt war.

Wenn wir uns an diesen Abenden niederlegten, sahen wir im Traum noch das böse, gierige, blutige Haimaul vor uns. Der Geruch von Haifleisch hing uns in der Nase. Es war genießbar. Wenn man es in große Brocken zerschnitt und diese einen Tag in Seewasser hängen ließ, so daß der Ammoniak ausgelaugt wurde, schmeckte es wie Schellfisch, aber Bonitos und Thunfische waren unvergleichlich besser.

An diesem Abend hörte ich zum erstenmal, wie einer der Jungens bemerkte, jetzt würde es bald gut sein, sich auf einer Palmeninsel bequem ins Gras zu legen. Er würde sich freuen, einmal etwas anderes zu sehen als kalten Fisch und Seegang.

Der Sturm flaute ganz ab. Doch das Wetter wurde nie mehr so beständig und zuverlässig wie früher. Unberechenbare, heftige Windstöße führten ab und zu kräftige Regenschauer mit sich Wir sahen das mit Freuden, denn unser Wasservorrat war zum großen Teil faulig geworden und schmeckte wie übelriechendes Sumpfwasser. Wenn der Regen am stärksten niederprasselte, sammelten wir das Wasser vom Hüttendach. Wir selber aber stellten uns nackt an Deck und genossen so richtig den Luxus, all das Salz mit Frischwasser abzuspülen.

Bald tummelten sich auch die Lotsenfische auf ihren gewohnten Plätzen um das Floß. Ob jedoch die alten nach dem Blutbad zu uns zurückgefunden hatten oder ob in der Hitze des Kampfes neue Gefolgsleute zu uns übergegangen waren, konnten wir nicht sagen.

Am 21. Juli erstarb der Wind plötzlich von neuem. Es war drückend schwül und völlig windstill. Wir wußten vom letztenmal, was das zu bedeuten hatte. Und richtig, nach ein paar gewaltigen Windstößen aus Ost und West und Süd frischte der Wind auf und wuchs zu einer steifen Brise. Schwarze, dräuende Wolken wälzten sich im Süden über den Saum des Meeres empor. Hermann war ständig mit dem Windmesser draußen und maß vierzehn bis sechzehn Meter pro Sekunde, als plötzlich Torsteins Schlafsack über Bord gefahren kam.

Was sich nun abspielte, geschah in wenigen Augenblicken, weit rascher, als es sich erzählen läßt.

Hermann, der den Sack in seinem Flug zu fassen suchte, machte einen unüberlegten Schritt und ging über Bord. Wir hörten einen schwachen Hilferuf im Wogenlärm und sahen Hermanns Kopf und einen winkenden Arm,zusammen mit etwas Grünem, Unbestimmbarem, das sich im Wasser um ihn bog. Es ging ums Leben. Mit aller Kraft versuchte er, in den hohen Seen, die ihn von der Backbordseite hinausgehoben hatten, zurück zum Floß zu kommen. Torstein, der achtern am Steuerruder stand, und ich selbst, der vorn am Bug war, bemerkten ihn zuerst. Wir brüllten aus vollem Hals: »Mann über Bord!«. Im Tosen des Meeres hatten die anderen Hermanns Ruf überhaupt nicht gehört. Doch auf einmal kam Bewegung in die Mannschaft, und es wurde lebendig an Deck. Hermann war ein glänzender Schwimmer. Wenn uns auch sofort klar war, daß sein Leben auf dem Spiel stand, so hatten wir doch die berechtigte Hoffnung, daß es ihm glücken würde, zur Kante des Floßes zurückzukraulen, bevor es zu spät war.

Torstein, der am nächsten stand, warf sich über die Bambustrommel mit der Leine, die wir fürs Gummiboot brauchten, denn er hatte sie in Reichweite. Doch gerade jetzt, das einzige Mal auf der ganzen Reise, verklemmte sie sich. All das geschah im Laufe von wenigen Sekunden. Hermann war jetzt auf gleicher Höhe mit dem Heck, und seine letzte Chance bestand darin, gegen das Blatt des Steuerruders zu schwimmen und sich dort festzuhängen. Doch das ging nicht. Er streckte sich nach dem Ruderblatt, aber immer wieder glitt es ihm davon. Und jetzt war er hinter dem Floß und lag genau dort, wo wir schon soviel anderes gesehen hatten, das wir nie mehr wiederbekamen. Während Bengt und ich das Schlauchboot aufs Wasser setzten, warfen Knut und Erich die Rettungsweste aus, die an einer langen Leine unter dem Hüttendach bereithing. Doch heute war der Winddruck so stark, daß sie auch beim kräftigsten Wurf wiederum zurück aufs Deck flog. Nach ein paar vergeblichen Versuchen lag Hermann bereits weit hinter dem Steuerruder und kraulte ums Leben, um dem Floß nachzukommen. Doch mit jedem Windstoß vergrößerte sich der Abstand zwischen ihm und uns. Er erkannte, daß von nun an der Zwischenraum immer größer werden würde, doch hoffte er schwach auf das Gummiboot, mit dem wir vom Floß abgestoßen waren. Ohne bremsende Leine wäre es vielleicht möglich gewesen, mit dem Schlauchboot den schwimmenden Mann zu erreichen. Ob jedoch das Gummifloß die »Kon-Tiki« jemals wieder einholen würde, das war eine andere Frage. Immerhin, drei Mann im Schlauchboot hatten eine Chance. Ein Mann im Meer hatte keine.

Plötzlich sahen wir Knut einen Anlauf nehmen und sich mit einem Satz kopfüber in die Wogen stürzen. Er hatte die Schwimmweste in der einen Hand und hielt sich daran fest. Jedesmal, wenn Hermanns Kopf auf einem Wogenrücken in Sicht kam, war Knut verschwunden. Jedesmal, wenn Knut in die Höhe kam, war Hermann weg. Aber dann sahen wir auf einmal beide Köpfe nebeneinander. Sie waren einander entgegengeschwommen und klammerten sich nun alle zwei an die Rettungsweste. Knut winkte mit dem Arm. Da wir in der Zwischenzeit das Gummiboot wieder hochgezogen hatten, packten wir alle vier die Leine zur Schwimmweste und zogen ums Leben. Denn draußen bewegte sich hinter den beiden etwas Großes und Dunkles in den Wellen. In wilder Hast holten wir die Leine ein und starrten wie gebannt auf die geheimnisvolle Bestie dahinten im Wasser, die ein großes, grünschwarzes Dreieck über die Wogenkämme herausstreckte. Diese dreieckige Rückenflosse hatte schon Knut einen Schock versetzt, als er hinaussprang, um Hermann entgegenzuschwimmen. Nur Hermann allein wußte, daß dieses Dreieck weder zu einem Hai noch zu einem anderen Ungeheuer gehörte. Es war ein luftgefülltes Eck von Torsteins wasserdichtem Schlafsack. Doch der Schlafsack schwamm nicht lange hinterher. Als wir die zwei an Bord zogen, war er plötzlich verschwunden. Je nun, wer auch immer den Schlafsack in die Tiefe gezogen haben mochte, er hatte eben eine bessere Beute versäumt.

»Bin ich froh, daß ich nicht drinsteckte!« sagte Torstein und griff wieder nach dem Steuerruder.

Im übrigen aber war er an diesem Abend sehr sparsam mit munteren Antworten. Uns allen ging es noch lange eisig durch Mark und Bein, sooft wir daran dachten. Doch in das kalte Gruseln mischte sich warme Dankbarkeit, daß wir weiterhin sechs Mann an Bord waren. Wir hatten Knut sehr viel Schönes zu sagen an diesem Tag, Hermann und auch wir anderen.

Doch es blieb uns nicht viel Zeit, an das zu denken, was geschehen war. Rund um uns wurde es schwarz, und die Windstöße nahmen ständig an Stärke zu. Bevor noch die Nacht kam, ritten wir schon in einen neuen Sturm hinein. Endlich kamen wir auf den Gedanken, die Rettungsweste an einer langen Leine hinter dem Floß nachzuziehen. Nun hing sie weit hinter dem Steuerruder, und wir konnten auf sie zuschwimmen, wenn einer von uns mit einer Bö wieder über Bord gehen sollte. Die Nacht brach herein. Im tobenden Unwetter wurde es völlig finster um uns. Wir konnten den Sturm nur noch hören und fühlen. Der Wind heulte in den Masten und Pardunen und warf sich mit so wilden Stößen gegen die ächzende Hütte, daß wir glaubten, sie müsse über Bord fliegen. Doch wir hatten Segeltuch darübergedeckt und es gut verankert. Bald spürten wir, wie die »Kon-Tiki« in den schäumenden Wogen umhergeworfen wurde und die Stämme unseres Floßes in ständigem Auf und Ab über die brechenden Kämme hinwegtanzten. Wir waren immer wieder erstaunt, daß keine Wasserkaskaden durch die klaffenden Spalten zwischen den Bohlen heraufspritzten. Doch die Zwischenräume wirkten nur wie ein richtiggehender Blasebalg, durch den eine scharfe Luft auf und nieder pfiff.

Fünf volle Tage tobte die See. Sturm wechselte mit steifem Wind. Tief aufgewühlt wogte das Meer. Die weiten Wellentäler waren erfüllt vom brausenden Rauch zerstäubender, graublauer Seen. Heulende Windstöße peitschten die Wogenrücken, die unter dem Druck des Sturmes gleichsam lang und flachgepreßt einherfegten. Dann, am fünften Tag, riß die unheildrohende schwarze Wolkendecke auseinander, und ein Stückchen Blau guckte hindurch. Langsam verzog sich das Unwetter, und bald strahlte der ewig siegende blaue Himmel wieder im Sonnenglast. Wir hatten den Sturm überstanden. Das Steuerruder war geknickt, das Segel zerfetzt, und die Senkkiele hingen lose. Sie hatten alle Taue abgestreift, von denen sie unter Wasser festgehalten wurden, und schlugen nun wie Brecheisen zwischen den Stämmen. Aber wir selbst und die Ladung waren allesamt völlig unbeschädigt.

Nach zwei Stürmen war die »Kon-Tiki« recht schlottrig geworden. Das ganze Gefüge hatte sich gelockert. Durch die Belastung bei der Fahrt über steile Wogenrücken hatten sich alle Taue gedehnt. Dauernd bewegten sich die Stämme, und so hatten sich die Seile tief in das weiche Balsaholz hineingefressen. Wir dankten dem Schicksal, daß wir dem Vorbild der Inkas gefolgt waren und keine Stahltrossen verwendet hatten. Die hätten uns im

Sturm das ganze Floß einfach zu Kleinholz gesägt. Und hätten wir knochentrockenes, hochhinausschwimmendes Balsaholz zum Floßbau benutzt, so wären die Bohlen schon längst, vollgesogen mit Seewasser, unter uns im Meer versunken. Doch der Saft in den frischen Stämmen wirkte als Imprägnierung und hinderte das Wasser, in das poröse Balsaholz hineinzusickern. Nun aber ließ das Tauwerk so viel Spielraum, daß man leicht mit dem Fuß zwischen die Stämme rutschen konnte. Das war gefährlich genug. Drückten die Bohlen nämlich mit gewaltiger Kraft zusammen, so quetschten sie einem bestimmt das Bein ab. Vorn und achtern, wo kein Bambus darüberlag, mußten wir daher höllisch aufpassen. Da standen wir nun mit je einem Bein auf einem schwankenden Stamm. Die Bohlen gingen auf und nieder, und wir versuchten, ihre Bewegung mit den Knien auszugleichen. Die Stämme waren glatt wie Bananenblätter und von glitschigen Wasserpflanzen überzogen. Wir säuberten unseren Weg zum Ruder von allem lästigen Grünzeug und befestigten ein Brett, auf dem der Steuerposten stehen konnte. Trotzdem war es nicht leicht, bei hohem Seegang festen Fuß zu fassen. Auf Backbord war einer von den neun großen Riesen besonders ungebärdig. Er stieß und stampfte Tag und Nacht mit dumpfem, nassem Schlag gegen die Querbalken. Auch das Tauwerk, das die beiden schrägen Masten an der Spitze zusammenhielt, gellte und schrie ganz fürchterlich, denn sie waren auf zwei verschiedenen, weit auseinanderliegenden Stämmen aufgesetzt und bewegten sich dauernd gegeneinander.

Wir versteiften das Steuerruder durch zwei lange Schienen aus eisenhartem Mangleholz, die wir an beiden Seiten festbanden. Erich und Bengt als Segelmacher nahmen sich der zerrissenen Leinwand an, und bald stand der Kon-Tiki-Kopf wieder vor unserem Mast und spannte die Brust in straffer Wölbung gegen Polynesien. Das Steuerruder tanzte hinten nach in den Wogen, die bei diesem guten Wetter sanft und mild unter uns dahinglitten. Nur die Senkkiele wurden nie mehr ganz die alten. Sie nahmen den Wasserdruck nicht mit voller Kraft, sondern gaben nach, und da die Pardunen unter dem Floß sie nicht mehr festhielten, pendelten sie dauernd hin und her. Doch es war sinnlos, das Tauwerk an der Unterseite zu kontrollieren. Es war ganz von Tang übergrünt. Wir trugen das ganze Bambusdeck ab und fanden, daß nur drei von den Haupttauen gerissen waren. Sie hatten schlecht gelegen und wurden von der Last, die gegen sie drückte, durchgewetzt. Die Stämme waren viel schwerer geworden. Sie hatten ersichtlich eine gewaltige Menge Wasser aufgesogen. Doch die übrige Last war leichter geworden. Es kam so ziemlich auf das gleiche heraus. Das meiste von Proviant und Trinkwasser war ja bereits verbraucht, ebenso die Trockenbatterien für die Telegrafisten. Die Stämme würden schon noch eine Weile zusammenhalten und uns bis zu den Inseln hinübertragen. Nach dem letzten Sturm waren wir überzeugt, daß unser Floß durchhalten würde.

Ein anderes Problem trat in den Vordergrund: Wo sollte die Reise enden?

Die »Kon-Tiki« würde gnadenlos weiter nach Westen schaukeln, bis sie ihren Bug gegen eine solche Klippe oder einen anderen festen Grund stieß, der die Trift blockierte. Die Reise war nicht zu Ende, bevor wir nicht alle Mann an einer von den zahlreichen Südseeinseln wohlbehalten an Land kamen.

Als wir den letzten Sturm hinter uns hatten, war es ganz ungewiß, wohin das Floß mit uns treiben würde. Wir waren nun von den Marquesasinseln und von der Tuamotugruppe gleich weit entfernt. Bei unserer jetzigen Position konnte es uns passieren, daß wir zwischen beiden Inselgruppen hindurchsegelten, ohne einen Schimmer von Land zu erblicken. Die nächste Insel in der Marquesasgruppe lag im Nordwesten, dreihundert Meilen vor uns, und die nächste Insel der Tuamotugruppe lag im Südwesten, ebenfalls dreihundert Meilen entfernt. Das Eiland, das uns im Nordwesten am nächsten lag, war kein anderes als Fatuhiva. Jene kleine, dschungelbedeckte Berginsel, auf der ich in einer Pfahlhütte am Strand gewohnt und den lebendigen Erzählungen des alten Eingeborenen vom Stammgott Kon-Tiki gelauscht hatte. Wenn unsere »Kon-Tiki« denselben Strand anlief, würde ich sicher viele Bekannte treffen, doch kaum den Alten selbst. Der hatte wohl schon längst in der heimlichen Hoffnung, den wirklichen Tiki wiederzusehen, die »lange Reise« angetreten. Trug es uns gegen die Felseilande der Marquesasgruppe, so lagen dort die wenigen Inseln weit auseinander. Ungehemmt donnerte das Meer gegen die steilen Klippenwände, die nur selten von Talmündungen durchbrochen wurden. Davor lag dann immer ein schmaler Strand und bot eine Landungsmöglichkeit. Aber diese Zugänge mußte man finden.

Trug es uns jedoch gegen die Korallenriffe der Tuamotugruppe, so lagen hier zwar zahlreiche Inseln dicht beieinander und bedeckten eine gewaltige Meeresfläche, aber diese waren auch bekannt als die »niedrigen« oder »gefährlichen« Inseln. Die ganze Gruppe ist einzig und allein aus Korallen aufgebaut. Sie besteht aus heimtückischen Unterwasserklippen und palmenbestandenen Atollen, die sich nur zwei bis drei Meter über die Meeresfläche erheben. Gefährliche Ringriffe schlingen sich schützend rund um jedes Atoll und bedrohen den Schiffsverkehr. So verschieden die Eilande auch sind, tote Vulkane die Marquesasinseln, flache Korallenbänke die Tuamotuatolle, so werden sie doch von der gleichen polynesischen Rasse bewohnt, und auf beiden Gruppen betrachten die Häuptlinge Tiki als ihren Stammvater.

Schon am 3. Juni – wir waren noch tausend Seemeilen von Polynesien entfernt – verriet uns die Natur selber, daß es irgendwo, weit draußen vor uns im Meer, wirklich Land geben mußte. Das hatte sie vor vielen Jahrhunderten auch den Naturmenschen aus Peru verraten. Wir waren wohl schon tausend Seemeilen von der peruanischen Küste entfernt, sichteten aber immer noch kleine Schwärme von Fregattvögeln. Nachdem wir etwa 100 Grad West erreicht hatten, tauchten sie nicht mehr auf, und wir bekamen nur mehr kleine seebewohnende Sturmvögel zu Gesicht.

Aber am 3. Juli – wir lagen ungefähr 125 Grad West – waren die Fregattvögel wieder da. Von nun an beobachteten wir fast jeden Tag kleine Schwärme, die hoch am Himmel dahinzogen oder in raschen Schwüngen sich herunterstürzten und knapp über die Wogenkämme dahinstrichen. Sie schnappten fliegende Fische, die in die Luft sprangen, um den Dolfinen zu entgehen. Da die Vögel uns nicht von Amerika gefolgt waren, mußten sie auf einem anderen Land vor uns im Westen zu Hause sein.

Am 16. Juli verriet sich die Natur noch deutlicher. Da zogen wir einen neun Fuß langen Hai herauf, der einen großen, unverdauten Seestern herauswürgte. Er mußte ihn von der einen oder anderen Küste draußen im Weltmeer geholt haben.

Und schon am nächsten Tag bekamen wir den ersten ganz unanzweifelbaren Besuch von den polynesischen Inseln.

Es war ein großer Augenblick an Bord, als wir über dem Horizont im Westen zwei große Tölpel entdeckten. Kurz darauf segelten sie in niederer Höhe über unseren Mast. Mit einer Flügelspanne von anderthalb Metern umkreisten sie uns mehrere Male. Dann falteten sie die Schwingen zusammen und ließen sich auf den Wellen an unserer Seite nieder. Die Dolfine stürzten stracks herbei und schwänzelten neugierig um die großen schwimmenden Vögel. Aber keiner der Partner rührte den anderen an. Die Tölpel waren die ersten lebendigen Boten von den Inseln, durch die uns Polynesien begrüßte und willkommen hieß. Sie kehrten am Abend nicht zurück, sondern ruhten auf der See. Nach Mitternacht noch hörten wir sie im Kreis um den Mast segeln und heiser schreien.

Die fliegenden Fische, die uns an Bord sprangen, waren jetzt auch von einer anderen und weit größeren Art. Ich erkannte sie wieder von meinen Fischzügen mit den Eingeborenen längs der Küste von Fatuhiva.

Drei Tage lang trieben wir gerade auf Fatuhiva zu. Aber dann kam ein kräftiger Nordostwind und drängte uns in Richtung auf die Tuamotuatolle. Er blies uns aus dem eigentlichen Äquatorstrom heraus, und nun war gleichsam kein rechter Schick mehr in der Strömung. Einen Tag war sie da, einen Tag war sie weg. Sie hatte sich in viele Äste gespalten, die sich wie unsichtbare Bäche über das Meer hinaus verzweigten. War die Strömung reißend, dann gab es oft starke Dünungen, und die Wassertemperatur sank häufig um einen ganzen Grad. Aus der Abweichung zwischen der von Erich täglich gemessenen und der berechneten Position konnten wir Stärke und Richtung der Strömung bestimmen.

Nun, an der Türschwelle von Polynesien, ließ uns plötzlich der Wind im Stich, und wir lagen obendrein in einem Strömungsast, der zu unserem Schrecken Kurs in Richtung auf die Antarktis hatte. Vollkommen windstill wurde es allerdings nicht. Das hatten wir auf der ganzen Reise nicht erlebt. War die Brise flau, so hißten wir alle Lappen, die wir an Bord hatten, um auch den kleinen Luftzug auszunutzen. So kamen wir vorwärts. An keinem einzigen Tag trieben wir gegen Amerika zurück. Unsere geringste Tagesleistung war neun Seemeilen oder armselige siebzehn Kilometer, die durchschnittliche Tagesleistung immerhin zweiundvierzigeinhalb Seemeilen oder achtundsiebzigeinhalb Kilometer.

Der Passat hatte trotzdem nicht das Herz, uns knapp vor der Landung gänzlich zu verlassen. Er meldete sich wieder zum Dienst und schob und stieß die wackelige »Kon-Tiki« vor sich her. Wir hatten einen neuen Weltteil vor uns und traten zum Endspurt an.

Jeden Morgen tauchten ständig größere Schwärme von Seevögeln auf, die planlos nach allen Richtungen über uns kreisten. Eines Abends aber, als die Sonne gerade ins Meer tauchen wollte, bemerkten wir, daß ein mächtiges Tempo in die Vögel gefahren war. Ohne sich um uns oder die fliegenden Fische zu kümmern, zogen sie rauschend nach Westen. Von der Mastspitze aus konnten wir sehen, daß alle, woher sie auch immer kamen, mit gleichem Kurs genau auf ein und denselben Punkt zusteuerten. Vielleicht sahen sie etwas von oben, das wir nicht ausnehmen konnten. Vielleicht flogen sie auch nur nach ihrem Instinkt. Jedenfalls hatten sie einen ganz bestimmten Kurs. Sie flogen nach Hause zu der nächsten Insel, auf der sie ihre Nistplätze hatten.

Wir drehten das Steuerruder herum und nahmen genau den gleichen Kurs, mit dem die Vögel verschwunden waren. Spät in der Nacht noch hörten wir den Schrei vereinzelter Nachzügler, die unter dem Sternenhimmel über uns dahinzogen. Wir fuhren in der gleichen Richtung. Es war eine wunderbare und seltsame Nacht. Im Laufe unserer Reise auf der »Kon-Tiki« war nun der Mond fast zum drittenmal voll geworden.

Am Tag darauf gab es noch mehr Vögel über uns. Aber wir brauchten nicht zu warten, bis sie uns am Abend erneut den Weg zeigen würden. Wir entdeckten eine wunderliche stillstehende Wolke am Himmelssaum. Die anderen Wolken waren stets kleiner, federleichter Wollflaum. Sie tauchten im Süden auf, trieben mit dem Passat über die Himmelswölbung und verschwanden hinter dem Horizont im Westen. So hatte ich die Passatwolken auf Fatuhiva kennengelernt. Nicht anders waren sie auch über uns an Bord der »Kon-Tiki« Tag und Nacht dahingezogen. Doch die einzelne Wolke am Horizont da drunten im Südwesten bewegte sich nicht. Ruhig stand sie wie eine Säule aus Wasserdampf, während die Passatwolken vorbeitrieben. Kumulonimbus ist der lateinische Name für diese Wolkenart. Das wußten zwar die Polynesier nicht, aber sie wußten, daß unter solchen Wolken Land liegt. Wenn nämlich die Tropensonne über heißem Sand brütet, dann steigt ein Strom warmer und feuchter Luft in die Höhe, der oben in den kälteren Schichten kondensiert wird.

Wir steuerten nach dieser Wolke, bis sie nach Sonnenuntergang verschwand. Der Wind war stetig, und mit festgezurrtem Steuerruder hielt die »Kon-Tiki« ihren Kurs selbst. So waren wir bei gutem Wetter schon oft übers Meer gesegelt. Die Ruderwache hatte den Auftrag, soviel als möglich Ausguck zu halten. So saß denn der Steuerposten die meiste Zeit auf einem blankgeschliffenen Brett in der Mastspitze und spähte nach allem, was auf Land deutete.

Ohrenbetäubende Vogelschreie gellten über uns die ganze Nacht hindurch, und der Mond war fast voll.

Vor den Südseeinseln

Land in Sicht. An Puka-Puka vorbei. Ein Festtag vor dem Angatauriff. An der Schwelle zum Himmelreich. Die ersten Eingeborenen. Neue Besatzung auf der »Kon-Tiki«. Knut auf Landurlaub. Gegen übermächtige Gewalten. Wieder auf See. In gefährlichem Fahrwasser. Von Takume nach Raroia. In den Hexenkessel! In der Gewalt der Brandung. Havarie. Als Schiffbrüchige auf einem Korallenriff.

In der Nacht zum 30. Juli herrschte eine neue und eigentümliche Atmosphäre um die »Kon-Tiki«. Vielleicht gab uns der ohrenbetäubende Spektakel der Seevögel die Gewißheit, daß etwas Neues bevorstand. Die vielstimmigen Vogelschreie muteten uns leidenschaftlich und erdgebunden an. Drei lange Monate hatten uns nur der Lärm des Meeres und das fühllose Kreischen unbeseelter Taue umgeben. Auch der Mond wirkte besonders groß und rund, wenn er die Wache in der Mastspitze umtanzte. In unserer Einbildung reflektierte er Palmenkronen und warmblütige Romantik. Über den kalten Fischen draußen auf dem Meer hatte er nicht so strahlend gelb geleuchtet.

Schlag sechs kam Bengt von der Mastspitze, weckte Hermann und kroch in die Koje. Als Hermann auf den knirschenden und schwankenden Mast kletterte, begann der Tag gerade zu blauen. Zehn Minuten später kam er die Strickleiter herunter und zog mich am Bein.

»Komm, schau dir deine Insel an!«

Er strahlte über das ganze Gesicht. Ich fuhr in die Höhe, gefolgt von Bengt, der noch nicht richtig eingeschlafen war. Als dichter Klumpen hingen wir zuoberst im Mastkreuz. Es waren viele Vögel um uns, und ein schwacher, blauvioletter Schleier über dem Himmel spiegelte sich im Wasser, eine letzte Erinnerung an die weichenden Schatten der Nacht. Über den Horizont im Osten zog sich ein rötlicher Schein. Gegen diesen langsam wachsenden Hintergrund hob sich im Südosten ein schwacher Schatten ab – wie ein blauer Bleistiftstrich, den Himmelssaum entlang.

Land! Eine Insel! Wir schluckten sie begierig mit den Augen und schüttelten die anderen munter. Die taumelten schläfrig an Deck und stierten herum, als erwarteten sie, der Bug müsse jeden Augenblick auf Strand stoßen. Schreiende Seevögel spannten eine Brücke über den Himmel auf die ferne Insel zu, die immer schärfer gegen den Horizont hervortrat. Der rote Hintergrund breitete sich aus und überzog sich mit goldenem Licht. Die Sonne kam mit dem Tag herauf.

Unser erster Gedanke war, daß die Insel nicht dort lag, wo sie liegen sollte. Weil sich die Insel nicht bewegt haben konnte, so war es wohl das Floß, das die Strömung im Laufe der Nacht nach Norden abgetrieben hatte. Warfen wir einen Blick hinaus aufs Meer, so sahen wir rasch am Lauf der Wellen, daß wir im Dunkeln bereits alle Chancen verspielt hatten. So, wie wir jetzt lagen, gestattete der Wind nicht mehr, dem Floß einen Kurs gegen die Insel aufzuzwingen. Das Meer um den Tuamotuarchipel ist reich an starken lokalen Strömungen. Sie sind ganz unberechenbar, wenn sie gegen Land stoßen. Viele davon variieren auch in ihrer Richtung, je nachdem sie auf kräftige Gezeitenströmungen treffen, die über Riffe und Lagunen aus- und einfließen.

Wir legten das Ruder um, wußten aber wohl, daß es nutzlos war. Um halb sieben Uhr ging die Sonne über dem Meer auf und stieg rasch in die Höhe, wie immer in den Tropen. Das Inselchen lag wenige Seemeilen vor uns. Wir sahen einen niedrigen Waldstreifen, der immer weiter über den Horizont heraufauchte. Die Bäume drängten sich dicht hinter einem dünnen, hellen Strand, der so niedrig lag, daß er ständig hinter den Wogen verschwand. Nach Erichs Positionen war das Puka-Puka, der erste Vorposten der Tuamotugruppe. Die »Sailing Directions Pacific Island 1940«, unsere zwei verschiedenen Seekarten und Erichs Beobachtungen ergaben zusammen vier ganz verschiedene Positionen für diese Insel, aber da es keine anderen in der ganzen Nachbarschaft gab, konnte kein Zweifel aufkommen. Die Insel, die wir sahen, war Puka-Puka.

Es war kein überschwenglicher Ausbruch an Bord zu hören. Nachdem wir das Ruder herumgelegt hatten, hingen wir alle stumm in der Mastspitze oder standen auf Deck und starrten auf das Land, das plötzlich am Horizont aufgetaucht war, draußen in dem bisher unendlichen und alleinherrschenden Meer. Endlich hatten wir einen sichtbaren Beweis, daß wir uns in diesen Monaten bewegt hatten. Wir hatten uns doch nicht nur im Zentrum desselben ewigrunden Gesichtskreises geschaukelt. Wir waren erfüllt von einer warmen und ruhigen Zufriedenheit, Polynesien richtig erreicht zu haben. Damit verband sich eine kleine, augenblickliche Enttäuschung, daß wir uns hilflos dreinfinden mußten, die Insel liegen zu sehen wie eine Fata Morgana und selbst unsere ewige Trift übers Meer nach Westen fortzusetzen.

Gleich nach Sonnenaufgang stieg eine dicke, schwarze Rauchsäule über die Baumkronen auf der linken Hälfte der Insel empor. Wir folgten ihr mit den Augen und dachten uns, jetzt stehen die Eingeborenen auf und kochen ihr Frühstück! Wir ahnten nicht einmal, daß uns die Ausguckposten gesehen hatten und Rauchsignale in die Luft sendeten, um uns zur Landung einzuladen. Um etwa sieben Uhr verspürten wir den schwachen Rauch von verbranntem Boraoholz, der uns in den versalzenen Nasenhöhlen kitzelte. Das brachte mir rasch halb vergessene Erinnerungen an die Feuer am Strand von Fatuhiva zurück. Eine halbe Stunde später roch es nach Wald und frischgeschlagenem Holz. Die Insel begann jetzt wieder einzuschrumpfen und lag hinter uns, so daß wir jetzt den Wind von ihr bekamen. Fünfzehn Minuten lang hingen Hermann und ich in der Mastspitze und ließen den warmen Duft von Blättern und Grün durch die Nasenlöcher einströmen. Das war Polynesien! Ein herrlicher, üppiger Geruch von trockenem Land nach dreiundneunzig salzigen Tagen zwischen den Wogen.

Bengt lag schon wieder schnarchend in seinem Schlafsack. Erich und Torstein hatten sich auch wieder niedergelegt und meditierten, und Knut lief aus und ein. Abwechselnd steckte er die Nase in den Blätterduft und schrieb dramatische Eintragungen in sein Tagebuch.

Gegen halb neun versank Puka-Puka wieder hinter uns im Meer. Aber noch über zwei Stunden konnten wir von der Mastspitze einen schwachen blauen Strich über dem östlichen Horizont sehen. Dann verschwand auch der, und nur eine hohe Kumulonimbuswolke, die ruhig in den Himmel stieg, verriet, wo Puka-Puka lag. Die Vögel verschwanden. Sie hielten sich wohl mehr an die Windseite der Inseln, wo sie den Wind mit sich hatten, wenn sie am Abend vollgefressen nach Hause wollten. Die Dolfine waren auch auffallend selten geworden, sogar mit den Lotsenfischen unter dem Floß war nicht mehr viel los.

In dieser Nacht sagte Bengt, daß er sich nach Tisch und Stuhl sehne, es sei so aufreibend, sich immer beim Lesen vom Rücken auf den Magen zu drehen. Ansonsten war er zufrieden, daß wir das Land verpaßt hatten, er hatte noch drei Bücher übrig. Torstein bekam plötzlich Lust auf einen Apfel, und ich selbst wachte in der Nacht auf, weil ich deutlich das Aroma eines prächtigen Beefsteaks mit Zwiebeln verspürte. Aber es war leider nur ein dreckiges Hemd.

Schon am nächsten Vormittag entdeckten wir zwei neue Wolken, die wie Dampf aus zwei Lokomotiven hinter dem Horizont aufstiegen. Nach der Karte mußten das die Koralleninseln Fangahina und Angatau sein. Die Wolke über Angatau lag uns am günstigsten, so wie der Wind jetzt stand. Daher setzten wir Kurs auf sie, zurrten das Ruder fest und genossen noch einmal die Ruhe und Freiheit des Stillen Ozeans. Herrlich war das Dasein an einem schönen Tag auf dem Bambusdeck der »Kon-Tiki«. Im Bewußtsein, daß jetzt die Reise jedenfalls bald zu Ende war, erlebten wir das voller und tiefer als sonst.

Drei Tage lang steuerten wir auf die Wolke über Angatau. Das Wetter war strahlend, das Ruder hielt den Kurs auch ohne uns, und die Strömung spielte uns keinen Possen. Als am vierten Morgen um sechs Uhr Hermann die Wache an Torstein übergab, glaubte Hermann, er hätte Konturen einer niedrigen Insel im Mondschein gesehen. Als die Sonne kurz darauf emporkam, steckte Torstein den Schädel in die Hüttentür und schrie:

»Land in Sicht!«

Wir stürzten alle Mann an Deck, und was wir sahen, ließ uns alle Flaggen hissen. Zuerst die norwegische achtern, dann die französische im Topp, weil wir gegen eine französische Kolonie steuerten. Bald wehte die ganze Sammlung auf dem Floß im frischen Passat, die amerikanische, peruanische, schwedische und britische, außerdem die Flagge des »Explorers Club«. So konnte kein Zweifel an Bord aufkommen, daß die »Kon-Tiki« zum Fest geschmückt war. Die Insel lag nämlich diesmal ideal für uns, direkt in unserem eigenen Kurs und kaum weiter von uns entfernt als Puka-Puka vor vier Tagen bei Sonnenaufgang. Als die Sonne in unserem Rücken emporstieg, bekamen wir deutlich einen grünen Lichtschein gegen den diesigen Himmel über der Insel zu sehen. Es war dies der Widerschein von der stillen grünen Lagune auf der Innenseite des Riffs. Manche der niedrigen Atolle werfen solche Spiegelbilder viele tausend Meter in die Luft, so daß sie ihre Position den eingeborenen Seefahrern verraten, viele Tage, ehe noch die Insel selbst über dem Horizont erscheint.

Gegen zehn Uhr nahmen wir das Steuerruder wieder zur Hand. Nun mußten wir bestimmen, auf welchen Teil der Insel wir zusteuern wollten. Wir konnten bereits einzelne Baumkronen unterscheiden und sichteten undeutlich Reihen von sonnenhellen Baumstämmen gegen das dichte, schattige Laubwerk des Hintergrunds.

Wir wußten, irgendwo zwischen uns und der Insel lag ein lebensgefährliches Riff und lauerte auf alles, was gegen die unschuldsreine Insel getrieben kam. Die enormen Wassermassen, die in freien, tiefen Dünungen aus dem Osten gerollt kamen, verloren über der Untiefe das Gleichgewicht, als hätte man ihnen ein Bein gestellt. Sie schäumten in die Luft und wälzten sich mit Donnerbrausen über die scharfen Korallenblöcke. Viele Fahrzeuge sind in den furchtbaren Sog gegen die Unterwasserriffe der Tuamotugruppe geraten und wurden vollständig zerschmettert.

Vom Meer aus sahen wir nichts von dieser tückischen Fallgrube. Wir trieben hinein mit den Wogen und sahen bloß See um See mit krummem, blankem Rücken auf die Insel zulaufen. Das Ringriff mit seinem schäumenden Hexentanz blieb uns hinter steigenden Reihen von breiten Wogenrükken verborgen. Aber von beiden Enden der Insel, dort, wo wir den Strand im Profil sahen, im Norden wie im Süden, bemerkten wir, daß das Meer ein paar hundert Meter vor dem Land weißschäumend kochte und hoch in die Luft sprühte.

Wir nahmen einen Kurs, der die Außenseite des Hexenkessels im Süden der Insel berührte, und hofften, wir könnten so am Riff entlangsteuern, bis wir entweder um die Landspitze auf die Leeseite kamen, oder bis wir auf jeden Fall einen Punkt berührten, wo es so flach war, daß wir unsere Bewegung mit einem improvisierten Anker stoppen konnten und abwarten, bis sich der Wind einmal drehte und wir selbst in Lee liegenblieben.

Um zwölf Uhr konnten wir im Fernstecher sehen, daß die Vegetation an Land aus jungen, grünen Kokospalmen bestand. Ihre Kronen schlossen sich dicht über einer wogenden Vordergrundhecke von üppigem kleinem Buschwerk zusammen. Drinnen am Strand lag eine Reihe großer Korallenblöcke verstreut über den hellen Sand. Weiße Vögel, die über die Palmengruppen segelten, waren die einzigen Lebewesen an Land.

Um zwei Uhr waren wir so nahe gekommen, daß wir die Insel entlangzusegeln begannen, dicht vor dem lauernden Ringriff. Je näher wir kamen, desto stärker hörten wir das Dröhnen der Brandung wie in einem gleichmäßigen Wasserfall gegen das Riff vor uns, und bald hörte es sich an wie ein endloser Expreßzug, der wenige hundert Meter von Steuerbord entlangjagte. Gelegentlich sahen wir auch jetzt dicht vor uns, wo der Brandungsexpreß vorbeisauste, den sprühenden Schaum hoch in der Luft.

Zwei Mann drehten das Ruder. Sie standen hinter der Bambushütte und hatten deshalb nicht den geringsten Ausblick nach vorn. Erich hatte die Navigation übernommen. Die Küchenkiste war seine Kommandobrücke, von wo er die zwei am schweren Steuerruder dirigierte. Wir planten nämlich, uns so dicht am gefährlichen Riff zu halten, als überhaupt zu verantworten war. Von der Mastspitze hielten wir ständig Ausguck. Wir hofften auf eine Spalte oder Öffnung im Riff, durch die man das Floß hineinschmuggeln konnte. Die Strömung trieb uns, ohne uns einen Streich zu spielen, das ganze Riff entlang. Auch der Wind strich in der gleichen Richtung. Die wackeligen Schwerter gestatteten uns so viel Bewegungsfreiheit, daß wir immerhin bis zu zwanzig Grad nach beiden Seiten vom Wind abweichen konnten.

Während Erich im Zickzack so nahe an das Riff kreuzte, als angesichts des Sogs noch ratsam war, trieben Hermann und ich an einem Schlepptau im Gummiboot hinterher. Wenn das Floß die innere Bahn nahm, schwangen wir am Tau nach und kamen dem donnernden Riff so nahe, daß wir deutlich die glasgrüne Wasserwand sahen, die sich von uns wegwälzte. Wenn die Seen zurückfluteten, entblößte sich das kahle Riff und glich einer wüsten Barrikade von rostigem Eisenerz. Soweit wir die Küste hinuntersehen konnten, gab es weder Spalt noch Passage. Da drehte Erich das Segel herüber, und die Ruderleute folgten mit dem Steuer nach, so daß die »Kon-Tiki« die Nase wendete und im letzten Augenblick aus der Gefahrenzone herausschlingerte.

Jedesmal, wenn die »Kon-Tiki« gegen das Riff hereinsteuerte und wieder hinausschwenkte, schlug uns beiden, die im Schlauchboot nachschlitterten, das Herz bis in den Hals. Und jedesmal kamen wir so weit herein, daß wir den höheren und hitzigen Takt der See spürten. Jedesmal waren wir überzeugt, jetzt wäre Erich zu weit gegangen, diesmal sei keine Hoffnung mehr, die »Kon-Tiki« aus den Brandungen, die sie gegen das teuflische rote Riff hineinziehen wollten, frei zu bekommen. Aber jedesmal meisterte Erich die Brassen mit einem eleganten Manöver, und die »Kon-Tiki« scherte wohlgeborgen aus den Klauen des Sogs hinaus aufs freie Meer. Dabei glitten wir die Insel entlang, so nahe, daß wir alle Details an Land sahen, und trotzdem war die paradiesische Schönheit da drinnen für uns unzugänglich wegen des geifernden Massengrabs, das dazwischen lag.

Um drei Uhr öffnete sich der Palmenwald, und über eine breite Lichtung sahen wir direkt hinein auf eine blaue und spiegelblanke Lagune. Aber das Ringriff war hier genauso kompakt und fletschte drohend seine blutroten Zähne. Es gab keinen Durchlaß, und der Palmenwald schloß sich wieder, während wir uns, den Wind im Rücken, an der Insel entlangtreiben ließen. Später trat der Palmenwald langsam auseinander und gab uns einen Blick in das Innere der Koralleninsel frei. Da lag die schönste, spiegelblanke Salzwasserlagune wie ein großer und stiller Teich, umkränzt von fächelnden Kokospalmen und hellen Strandflächen. Die bestrickende grüne Palmeninsel selbst formte einen breiten weichen Sandring um die gastfreundliche Lagune. Aber davor lag das rostrote Schwert, das die Pforten zum Himmelreich beschützte.

Den ganzen Tag vor Angatau hatten wir die Herrlichkeit auf kürzeste Entfernung direkt vor der Tür. Die Sonne brütete über dem Palmenwald, Friede und Glück des Paradieses lagen über dem ganzen Bild. Allmählich kam Routine in unsere Manöver. Erich zog die Gitarre hervor und erschien an Deck mit einem gewaltigen peruanischen Sonnenhut. So sang und spielte er sentimentale Südseemelodien, während Bengt eine wohlschmeckende Mahlzeit an der Floßkante servierte. Wir öffneten eine alte Kokosnuß aus Peru und tranken den jungen, frischen zu, die da drinnen auf den Bäumen hingen. Die ganze Stimmung, die Ruhe über dem ewig grünen Palmenwald, der wurzelfest stand und herüberleuchtete, die Ruhe über den weißen Vögeln, die über die Palmenkronen segelten, die Ruhe über der sanften blanken Lagune und dem weichen Sandstrand, dagegen die Wildheit in dem roten Riff mit Kanonade und Trommelwirbel in den Lüften – all das machte einen überwältigenden Eindruck auf uns sechs, die wir vom Meer da draußen kamen, einen Eindruck, den wir niemals mehr aus der Erinnerung wischen können. Es war kein Zweifel, daß wir jetzt auf der anderen Seite waren. Niemals würden wir eine »echtere« Südseeinsel zu Gesicht bekommen. Landung oder nicht, auf jeden Fall waren wir in Polynesien, die offene See lag für alle Zeit hinter uns.

Der Zufall wollte, daß dieser Festtag von Angatau der siebenundneunzigste Tag an Bord war. Siebenundneunzig Tage hatten wir in New York als absolutes Minimum bei theoretisch idealen Verhältnissen veranschlagt, um die nächsten Inseln in Polynesien zu erreichen.

Um fünf Uhr passierten wir zwei palmengedeckte Hütten zwischen den Bäumen an Land. Aber es war kein Rauch und kein Lebenszeichen zu sehen.

Um halb sechs steuerten wir von neuem auf das Riff zu. Wir näherten uns dem Westende der Insel und mußten uns einen letzten Überblick verschaffen. Vielleicht war doch eine Passage zu finden. Die Sonne stand nun so tief, daß sie uns blendete. Wo sich das Meer an dem Riff brach, einige hundert Meter außerhalb der letzten Landzunge der Insel, hob sich ein kleiner Regenbogen in die Luft. Sie lag wie eine Silhouette vor uns. Auf einmal entdeckten wir am Strand drinnen einige regungslose Schatten. Plötzlich schob sich der eine langsam herunter gegen das Wasser, während einige andere in vollem Lauf gegen die Waldkante verschwanden. Es waren Menschen! Wir steuerten so nahe ans Riff, wie wir nur wagen konnten. Der Wind war flau geworden. Wir hatten den Eindruck, als wären wir eben dabei, in den Windschutz der Insel zu gelangen. Jetzt wurde ein Kanu ins Wasser gesetzt, und zwei Gestalten hüpften an Bord und paddelten hinter dem Riff entlang. Weiter draußen wendeten sie die Nase herüber, und wir sahen, wie die Wellen das Kanu in die Luft wirbelten, dann schnitt es durch die Passage des Riffs und hielt scharf auf uns zu.

Dort unten also lag die Öffnung im Riff. Dort war unsere einzige Hoffnung. Nun sahen wir auch das ganze Dorf, das da drinnen zwischen den Palmenhainen lag. Aber schon begannen die Schatten lang zu werden.

Da winkten die zwei im Kanu. Wir winkten eifrig zurück, und sie beschleunigten ihre Fahrt. Es war ein polynesisches Auslegerkanu, und zwei Braune saßen an den Paddeln, das Gesicht uns zugewendet. Hier würde es neue Sprachschwierigkeiten geben. Ich war der einzige an Bord, der sich noch von Fatuhiva her einiger Worte Marquesanisch erinnerte, aber mit Polynesisch bleibt man in den nordischen Ländern kaum auf dem laufenden. Man hat zu selten Gelegenheit zur Aussprache.

Deshalb fühlten wir uns erleichtert, als das Kanu gegen die Seite des Floßes stieß und die zwei an Bord sprangen. Denn der eine grinste über das ganze Gesicht, streckte seine braune Hand vor und rief auf englisch:

»Good night!«

»Good night«, antwortete ich verblüfft, »do you speak English?«

Der Mann grinste zurück und nickte.

» Good night«, sagte er, »good night.«

Das war sein ganzer Wortschatz in fremden Sprachen. Damit überrundete er allerdings seinen bescheidenen Freund weit, der nur im Hintergrund stand und seinen gebildeten Kameraden bewundernd angrinste.

»Angatau?« fragte ich und zeigte auf die Insel.

»H'angatau«, nickte der Mann zustimmend.

Erich nickte stolz. Er hatte recht gehabt, denn wir waren wirklich dort, wo ihm die Sonne gesagt hatte, daß wir sein müßten.

»Maimai he juta«, versuchte ich mich.

Nach meinen Kenntnissen aus Fatuhiva mußte das etwa heißen: »Möchten gehen an Land.«

Da zeigten die zwei auf die unsichtbare Passage im Riff. Wir legten das Ruder über und wollten versuchen, darauf zuzuhalten.

Im selben Augenblick kamen einige frischere Windstöße von der Insel herüber. Es lag eine kleine, regenschwere Wolke über der Lagune. Der Wind versuchte, uns von dem Riff wegzuschieben, und wir merkten, daß die »Kon-Tiki« dem Steuerruder nicht in einem Winkel gehorchte, groß genug, die Öffnung im Riff zu erreichen. Wir versuchten, Anker zu werfen. Aber das Tau langte nicht bis hinunter. Nun mußten wir zu den Paddelrudern greifen, und das geschwind, bevor uns der Wind zu fassen bekam. Wir ließen das Segel herunterrauschen und langten jeder nach seinem Paddelruder. Ich wollte auch jedem der beiden Eingeborenen ein Paddel anhängen. Die zogen gerade genießerisch an den Zigaretten, die sie an Bord bekommen hatten.

Die Eingeborenen schüttelten bloß energisch den Kopf, zeigten auf den Kurs und sahen verwundert drein. Ich machte Zeichen, daß wir alle paddeln müßten und wiederholte die Worte: »Möchten – gehen – an – Land.« Da beugte der Aufgewecktere sich herunter und kurbelte mit der rechten Hand in der Luft herum, indem er sagte:

»Brrrr – – –!«

Es war klar wie dicke Tinte, er meinte, wir sollten den Motor in Gang setzen. Die beiden glaubten, sie stünden an Deck eines merkwürdig tief beladenen Schiffes. Wir nahmen sie mit an den Steven und ließen sie unter die Stämme greifen. Sie sollten merken, daß wir nicht nur keine Schraube, sondern überhaupt keinen Schiffsrumpf hatten. Da fielen sie aus allen Wolken. Sie löschten ihre Zigaretten und leisteten uns Gesellschaft. Da saßen wir nun, vier Mann auf jedem Seitenstamm, und tauchten die Paddelruder ins Wasser. Gleichzeitig versank die Sonne hinter der Landzunge, und die Windstöße von der Insel wurden frischer. Es sah nicht aus, als kämen wir vom Fleck. Die Eingeborenen sprangen zurück ins Kanu und verschwanden. Es dämmerte, und wir saßen wieder allein und paddelten wie verrückt, um nicht von neuem auf See zu treiben.

Gerade als das Dunkel sich über die Insel legte, kamen vier Kanus hinter dem Riff hervorgetanzt, und bald wimmelte es von Polynesiern an Bord; alle wollten uns die Hand schütteln und Zigaretten haben. Mit diesen ortskundigen Kerlen an Bord war keine Gefahr mehr, die ließen uns nicht wieder ins Meer und aus den Augen. Heute abend würden wir also an Land sein.

Rasch zogen wir Taue von den Hecks aller Kanus zum Bug der »Kon-Tiki«, und die vier stattlichen Auslegerkanus spannten sich fächerförmig wie Zughunde vor das Floß. Knut sprang ins Schlauchboot und suchte sich einen Platz mitten zwischen den Kanus. Wir anderen verteilten uns mit Paddelrudern auf die Seitenstämme der »Kon-Tiki«. Und damit begann das Tauziehen gegen den Ostwind.

Es war nun pechschwarz, bis der Mond heraufkam und frischen Wind mitbrachte. Drinnen auf Land hatte die Bevölkerung des Dorfes allerhand Brennbares zusammengetragen und einen großen Scheiterhaufen angezündet, um uns die Richtung zum Durchgang im Riff anzuzeigen. Das Donnerdröhnen umgab uns im Dunkel wie ein ewig lärmender Wasserfall und wurde stärker und stärker.

Wir sahen nicht die Mannschaft, die uns draußen in den Kanus zog, aber wir hörten, daß sie aus vollem Hals aufmunternde Kriegslieder auf polynesisch sang. Knut war auch dabei. Das hörten wir. Jedesmal, wenn den Polynesiern die Luft ausging, hörten wir Knuts einzelne Stimme, der sein: »... wandern wir mit frischem, frohem Mut« mitten zwischen die

Chöre der Eingeborenen hinausschmetterte. Um das Chaos komplett zu bekommen, stimmten wir am Floß mit ein, und zwar mit dem Lied: »Tom Brown's baby had a pimple on his nose.« Mit Lachen und Gesang legten sich Weiße und Braune in die Paddelruder.

Die Stimmung war auf dem Höhepunkt. Siebenundneunzig Tage und endlich in Polynesien. Am Abend würde es ein Fest im Dorf geben. Die Eingeborenen jubelten, riefen und schrien. Auf Angatau lief nur einmal im Jahr ein Schiff an, wenn nämlich der Kopraschoner von Tahiti kam, um Kokoskerne zu holen. So würde es heute abend hoch hergehen um den Holzstoß da drinnen auf Land.

Aber das Biest, der Wind, war zäh. Wir hieben ein, daß wir es in allen Knochen spürten. Wir hielten die Stellung, aber das Feuer näherte sich nicht, und der Donner vom Riff blieb jetzt in seiner Stärke gleich. Kurz darauf hörte der Gesang auf. Es wurde still. Alle hatten vom Rudern mehr als genug. Das Feuer bewegte sich nicht, es tanzte nur mit den Wellen auf und nieder. Es vergingen drei Stunden, und es war neun Uhr geworden. Dann begann es langsam, verkehrt zu gehen. Wir waren fertig.

Wir machten den Eingeborenen begreiflich, daß wir mehr Hilfe von Land brauchten. Sie erklärten uns, daß zwar noch Männer genug an Land wären, aber es gab nicht mehr als diese vier seegängigen Kanus auf der ganzen Insel.

Knut tauchte mit dem Schlauchboot aus dem Dunkel auf. Er hatte eine Idee. Er wollte mit dem Schlauchboot hineinrudern und weitere Eingeborene holen. Zusammengedrängt konnte man fünf bis sechs Mann darauf unterbringen.

Das war aber allzu riskant. Knut hatte keine Ortskenntnis. Es würde ihm nie gelingen, sich bei dieser ägyptischen Finsternis zur Öffnung im Korallenriff durchzutasten. Er schlug vor, den Anführer der Eingeborenen mitzunehmen, der konnte ihm den Weg zeigen. Ich fand auch nicht, daß diese Idee überzeugend war. Der Eingeborene hatte keine Erfahrung in der Behandlung eines schwerfälligen Gummibootes bei einer engen und gefährlichen Durchfahrt. Aber ich bat ihn, den Anführer zu holen, der vorn im Dunkel mitpaddelte. Da würden wir zu hören bekommen, was er von der Situation hielt. Es war deutlich genug, daß es nicht länger möglich war, die Abtrift hintanzuhalten.

Knut verschwand im Dunkeln, um den Mann zu holen. Als eine Zeit verging, ohne daß die beiden zurückkamen, riefen wir ihm nach. Ein gackernder Chor von Polynesiern war die einzige Antwort. Knut war in der Dunkelheit verschwunden. Im gleichen Augenblick begriffen wir, was geschehen war. In all dem Aufruhr, Lärm und Wirbel hatte Knut den Bescheid mißverstanden und war mit dem Eingeborenen zum Land gerudert. Wie wir auch riefen, es war nutzlos. Dort, wo Knut jetzt war, wurde alles vom Donnern der Brandung übertönt.

Eilig suchten wir die Morselampe heraus. Ein Mann kroch in die Mastspitze und signalisierte: »Komm zurück! Komm zurück!«

Aber niemand kam. Da jetzt zwei Mann fehlten, weil einer ständig in der Mastspitze saß und signalisierte, vermehrte sich die Abtrift, und wir anderen begannen wirklich müde zu werden. Wir warfen Seemarken aus und sahen, daß es langsam, aber sicher nach rückwärts ging. Das Feuer wurde kleiner und das Brüllen der Brandung bescheidener. Je weiter wir aus dem Schutz der Palmenwälder herauskamen, desto besser konnte uns der ewige Ostwind packen. Wir erkannten ihn wieder, nun war es bald wie draußen auf dem Meer. Aber wir durften nicht aufhören zu paddeln. Wir mußten die Abtrift mit all unserer Kraft bremsen, bis Knut wieder heil an Bord war.

Fünf Minuten vergingen, zehn Minuten, eine halbe Stunde, das Feuer wurde kleiner, ab und zu verschwand es vollständig, wenn wir selbst in ein Wogental glitten. Die Brandung wurde ein fernes Grollen.

Nun kam der Mond herauf. Wir sahen, wie die Mondscheibe hinter den Palmenkronen an Land erglänzte, aber der Himmel war diesig und halb bewölkt.

Wir hörten, wie die Eingeborenen zu murmeln und zu beraten begannen. Plötzlich merkten wir, daß eines von den Kanus sein Tau in See warf und verschwand. Die Mannschaften der drei anderen Kanus waren müde und ängstlich und legten sich nicht mehr mit voller Kraft in die Riemen. Die »Kon-Tiki« trieb hinaus auf das offene Meer. Bald wurden auch die drei anderen Taue schlaff, und die Kanus stießen gegen die Kante des Floßes. Einer der Eingeborenen kam an Bord und sagte ruhig mit einer Kopfbewegung:

»Iuta« – gegen Land.

Er sah bekümmert gegen das Feuer, das jetzt jedesmal lange verschwunden war und nur ab und zu wie ein Funken hervortanzte. Wir trieben davon. Die Brandung war verstummt, nur die See brauste wie früher, und es knirschte und schrie in allen Tauen.

Wir gaben den Eingeborenen reichlich Zigaretten mit. In aller Eile kritzelte ich einen Zettel voll. Sie sollten ihn mitnehmen und Knut geben, wenn sie ihn fanden. Darauf stand geschrieben:

»Nimm zwei Eingeborene mit im Kanu und das Gummiboot in Schlepp. Komm nicht allein im Gummiboot zurück!«

Wir rechneten damit, daß die hilfsbereiten Insulaner Knut im Kanu mitnehmen würden, wenn sie es ratsam fanden, hinauszufahren. Fanden sie es nicht ratsam, so war es Wahnwitz, wenn Knut sich allein im Gummiboot aufs offene Meer wagte, in der schwachen Hoffnung, das ausreißerische Floß wieder einzuholen. Die Eingeborenen ergriffen den Zettel, sprangen in die Kanus und verschwanden in der Nacht. Das letzte, was wir hörten, war eine durchdringende Stimme, die draußen im Dunkel rief:

»Good night!«

Wir hörten noch ein anerkennendes Gemurmel von den weniger Sprachkundigen, dann war wieder alles still und frei von fremden Lauten wie in der Zeit, als wir tausend Seemeilen vom nächsten Land waren. Es war sinnlos für uns vier, unter vollem Winddruck hier draußen auf dem offenen Meer noch mit den Paddelrudern zu arbeiten, aber wir setzten die Lichtsignale von der Mastspitze fort. Wir wagten nicht länger, »Komm zurück!« zu morsen, wir gaben nur mehr gleichmäßige Blinksignale. Es war stockfinster. Der Mond kam nur in vereinzelten Augenblicken durch die Wolkenschichten hervor. Wir mußten Angataus Kumulonimbuswolke über uns haben.

Schlag zehn gaben wir die letzte kleine Hoffnung auf, Knut wiederzusehen. Wir setzten uns stumm auf die Floßkante und knabberten ein paar Kekse. Immer noch gaben wir abwechselnd Blinksignale von der kahlen Mastspitze, die sich ohne das breite Kon-Tiki-Segel so leer über uns spreizte.

Wir beschlossen, die Blinksignale die ganze Nacht lang fortzusetzen, solange wir nicht wußten, wo Knut sich befand. Wir weigerten uns, zu glauben, daß die Brandungswellen ihn ereilt hätten. Knut kam immer wieder auf die Füße – gefährliches Wasser oder Brandung –, am Leben war er auf alle Fälle. Es war nur so ein verfluchtes Gefühl, ihn zwischen den Braunen auf einer einsamen Insel hier draußen im Stillen Ozean sitzenzulassen. Etwas so Saudummes, die ganze lange Reise waren wir mit einem blauen Auge davongekommen, und jetzt ließen wir einen Mann auf einer vergessenen Südseeinsel zurück, um wieder weiterzufahren. Und kaum waren die ersten Polynesier freundlich lächelnd an Bord gekommen, mußten sie schon Hals über Kopf stiftengehen, um nicht selbst mitgeschleppt zu werden auf »Kon-Tikis« böser und gnadenloser Jagd nach Westen. Es war eine verfluchte Situation. Es schrie häßlich aus dem Tauwerk in dieser Nacht, keiner von uns machte Anstalten, schlafen zu wollen.

Es war halb elf geworden. Bengt kletterte gerade die Wanten herunter, um Ablösung auf der wiegenden Mastspitze zu bekommen. Da fuhren wir alle Mann hoch. Wir hatten deutlich draußen auf dem Meer im Dunkeln Stimmen gehört. Und da war es wieder: es waren Polynesier, die da redeten. Wir schrien aus Leibeskräften hinaus in die schwarze Nacht. Da schrie es zurück – und Knuts Stimme war darunter. Ich weiß nicht, was wir nicht alles vor Begeisterung getan hätten, die Müdigkeit war fort, die ganze Unglückswolke über unserem Haupt war verschwunden. Was tat es uns, wenn wir von Angatau davontrieben, es gab Inseln genug im Meer. Jetzt konnten die neun reiselustigen Balsastämme treiben, wohin sie wollten, wenn sie uns nur alle sechs an Bord beisammen hatten.

Drei Auslegerkanus kamen aus dem Dunkel über die Wogen geritten. Knut war der erste, der auf die liebe alte »Kon-Tiki« herübersprang, gefolgt von sechs Braunen. Es war wenig Zeit zu Erklärungen. Die Eingeborenen mußten ihre Geschenke bekommen und wieder losziehen auf ihre waghalsige Fahrt zurück zur Insel. Ohne Licht oder Land zu sehen, ja kaum noch die Sterne, mußten sie vorsichtig gegen Wogen und Wind paddeln, bis sie das Licht des brennenden Holzstoßes sahen. Wir belohnten sie reichlich mit Proviant, Zigaretten und anderen Geschenken, und jeder von ihnen schüttelte uns bewegt die Hand zu einem letzten Lebewohl.

Sie waren sichtlich bekümmert über unsere Wege und zeigten gegen Westen, daß wir auf dem Weg in gefährliche Riffe wären. Ihr Anführer hatte Tränen in den Augen und küßte mich gerührt aufs Kinn, daß ich der Vorsehung für meinen Vollbart dankte. Dann krochen sie auf ihre Kanus, und wir sechs Kameraden saßen wieder vollzählig und allein auf dem Floß.

Wir überließen es seinen Launen und hörten uns Knuts Geschichte an.

Knut hatte sich im Schlauchboot im guten Glauben landwärts begeben, mit dem Anführer der Eingeborenen an Bord. Der saß selbst an den kleinen Paddeln und ruderte auf die Öffnung im Riff zu, als Knut zu seiner Verwunderung die Lichtsignale der »Kon-Tiki« sah, die ihn baten, zurückzukommen. Er machte dem braunen Ruderer Zeichen, er solle wenden, aber der Polynesier weigerte sich, zu gehorchen. Knut griff jetzt selbst in die Ruder, aber der Insulaner riß ihm die Hände weg, während das Riff um sie herum im Dunkeln toste. Es war sinnlos, einen Kampf aufzunehmen. Sie waren davongetanzt, genau durch die Öffnung im Riff, und setzten auf der Innenseite ihren Weg fort, bis sie direkt hinauf auf einen soliden Korallenblock innen auf der Insel geschleudert wurden. Ein Schwarm von Eingeborenen packte das Schlauchboot und zog es weit an Land. Und hier stand Knut allein unter Palmen, umgeben von einem gewaltigen Haufen von Eingeborenen, die in einer Sprache darauflosplapperten, die er nicht verstand. Braune und barfüßige Männer, Frauen und Kinder in allen Altersstufen umschwärmten ihn und befühlten den Stoff seines Hemdes und seiner Hose. Sie selbst hatten alte und zerfetzte europäische Kleider, aber es war kein Weißer auf der Insel.

Knut bekam einige von den flottesten Kerlen zu fassen und machte ihnen Zeichen, sie sollten ihm im Schlauchboot hinausfolgen. Da kam ein großer fetter Mann dahergewackelt, von dem Knut annahm, es müßte der Häuptling sein, denn er hatte eine alte Uniformmütze auf dem Schädel und sprach mit lauter, bestimmter Stimme. Alle machten ihm Platz. Knut erklärte sowohl auf norwegisch wie auf englisch, daß er Leute brauche und unverzüglich zum Fluß zurückkehren müsse, bevor wir anderen unseres Weges trieben. Der Häuptling strahlte wie die Sonne und verstand absolut nichts, und trotz Knuts wildesten Protesten schleppte ihn der ganze schreiende Haufen mit hinauf ins Dorf. Hier wurde er von Hunden, Schweinen und Hühnern empfangen, schöne Südseemädchen brachten ihm frische Früchte. Es war klar, daß sich die Eingeborenen bemühten, Knuts Aufenthalt so angenehm wir nur möglich zu gestalten. Aber Knut ließ sich nicht verführen, er dachte mit Wehmut ans Floß, das gegen Westen entschwand. Die Absicht der Eingeborenen war offenkundig. Sie sehnten sich nach Abwechslung und Gesellschaft und wußten, daß es auf den Fahrzeugen der weißen Männer sehr angenehm war. Wenn es ihnen glückte, Knut an Land zu behalten, kamen wohl wir anderen und das merkwürdige Boot auch herein. Kein Fahrzeug verließ einen weißen Mann auf einer so abgelegenen Insel wie Angatau.

Nach bemerkenswerten Abenteuern kam Knut los und erzwang sich seinen Weg hinunter ins Schlauchboot, umringt von Bewunderern beiderlei Geschlechts. Seine internationalen Laute und Gebärden waren nicht länger mißzuverstehen. Er mußte und wollte zurück zu dem merkwürdigen Fahrzeug da draußen in der Nacht, das es so eilig hatte, daß es, ohne anzulegen, weiterwollte.

Da versuchten es die Eingeborenen mit einer List und bedeuteten ihm, daß wir eben hinter der Landspitze anliefen. Knut war einen Augenblick verwirrt, aber da hörte er die lauten Stimmen drunten am Strand, wo Frauen und Kinder das qualmende Feuer unterhielten. Es waren die drei Kanus, die soeben zurückgekommen waren. Die Burschen kamen herauf und brachten Knut unseren Zettel. Er war in einer verzweifelten Situation. Hier war die strikte Anweisung, nicht allein wieder aufs Meer hinauszurudern, und alle Eingeborenen schlugen rundweg ab, mit ihm zu kommen.

Unter den Einheimischen wurde in den höchsten Tönen gestritten und debattiert. Die, die draußen gewesen waren und das Floß gehalten hatten, verstanden nur zu gut, daß es zwecklos war, Knut zurückzuhalten in der Hoffnung, uns andere damit an Land zu bekommen. Schließlich bewogen Knuts Versprechungen und Drohungen in internationalem Tonfall drei Kanumannschaften, ihm hinaus aufs Meer auf Jagd nach der »Kon-Tiki« zu folgen. Und mit dem Schlauchboot im Schlepp ging es wieder in die Tropennacht hinaus. Bewegungslos stand alt und jung am sterbenden Feuer und sah dem neuen hellhäutigen Freund nach, der ebenso rasch verschwand, wie er gekommen war.

Weit draußen auf dem Meer bekam Knuts Gefolge die schwachen Lichtsignale des Floßes zu sehen, wenn die Wogen die Kanus in die Luft hoben. Die schmalen und schlanken Polynesierkanus, die sich auf einen zugespitzten Ausleger stützten, schnitten wie Messer durch die Wasserfläche, aber Knut schien es eine Ewigkeit zu dauern, bis er die runden dicken Stämme der »Kon-Tiki« wieder unter seinen Füßen spürte.

»War es schön an Land?« fragte Torstein neidisch.

»Oi, oi«, meinte Knut, »die Hula-Mädchen müßtest du gesehen haben!«

Wir ließen das Segel eingeholt und das Ruder oben an Deck. So krochen wir alle sechs in die Bambushütte und schliefen wie die Rollsteine auf Angataus Strand.

Drei Tage lang trieben wir nun übers Meer, ohne Land zu sichten.

Wir trieben direkt gegen die schicksalsschwangeren Takume- oder Raroiariffe, die zu sammen siebzig bis achtzig Kilometer des Meeres vor uns absperrten. Wir machten verzweifelte Versuche, an der Nordseite dieser gefährlichen Riffe vorbeizusteuern. Es sah aus, als ob es gut gehen würde, bis der Posten eines Nachts hereingefahren kam und alle Mann weckte.

Der Wind hatte sich gedreht. Er ging genau gegen das Takumeriff. Regen hatte eingesetzt, und alle Sicht war vollkommen weg. Das Riff konnte nach unseren Berechnungen nicht weit entfernt sein.

Mitten in der Nacht hielten wir eine Beratung. Jetzt ging es um unser Leben. An dem Nordende vorbeizukommen, war jetzt hoffnungslos. Wir mußten statt dessen versuchen, die Südseite zu erreichen. Wir drehten das Segel und legten das Ruder herum. So begaben wir uns auf eine gefährliche Segelfahrt, den labilen Nordwind im Rücken. Wenn der Ostwind wiederkam, bevor wir die ganze Länge dieser achtzig Kilometer langen Riffe passiert hatten, wurden wir hilflos in die Gewalt der Brandung hineingeschleudert.

Wir einigten uns über alle Vorkehrungen, falls es zum Schiffbruch kam. Wir mußten uns um jeden Preis an Bord der »Kon-Tiki« halten. Wir durften nicht auf den Mast klettern, von wo wir wie eine reife Frucht abgeschüttelt würden, sondern wir mußten uns an die Stangen klammern, wenn sich die Wogen über uns wälzten. Wir legten das Gummifloß lose auf Deck, und darauf banden wir einen kleinen, wasserdichten Radiosender, etwas Proviant, Wasserflaschen und Medizingerät. Das würde an Land gewaschen werden, unabhängig von uns, falls wir wohlgeborgen, aber mit leeren Händen über das Riff kommen sollten. Am Heck der »Kon-Tiki« befestigten wir ein langes Seil mit einem Schwimmer. Der mußte auch an Land gespült werden, so daß wir dann versuchen konnten, das ganze Floß hereinzuziehen, falls es draußen am Riff hängenbleiben sollte. Und dann krochen wir in die Koje und überließen die Wache dem Steuermann da draußen im Regen.

Solange der Nordwind hielt, glitten wir sacht, aber sicher, die Front der Korallenriffe entlang, die hinter dem Horizont auf uns lauerte. Aber eines Nachmittags erstarb der Wind völlig, und als er sich wieder rührte, war er nach Osten umgeschlagen. Erichs Position zufolge lagen wir allerdings schon so weit südlich, daß wir jetzt Hoffnung hatten, an der äußersten Spitze des Raroiariffs vorbeizusteuern. Wir wollten versuchen, dahinter zu kommen und damit in Lee, bevor es uns gegen andere Riffe weitertrieb.

Als die Nacht kam, waren wir hundert Tage auf See gewesen. In der Nacht wachte ich auf und fühlte mich ruhelos und unbehaglich. Es stimmte etwas auf den Wogen nicht. Die »Kon-Tiki« bewegte sich gewissermaßen ein wenig anders, als sie sonst unter solchen Verhältnissen zu tun pflegte. Wir wurden eine Veränderung im Rhythmus der Stämme gewahr. Ich dachte sofort an den Rückprall von einer Küste, die sich näherte, und war ständig draußen auf Deck und oben im Mast. Es war nur Meer zu sehen, aber ein ruhiger nächtlicher Schlaf wurde es nicht. Die Zeit verging.

Bei Tagesgrauen, kurz vor sechs, kam Torstein von der Mastspitze heruntergefahren. In der Ferne konnte er eine ganze Reihe von kleinen Palmeninseln vor uns sehen. Als erstes warfen wir das Ruder nach Süden herum, so weit wir konnten. Was Torstein gesehen hatte, mußten die kleinen Koralleninseln sein, die, wie Perlen auf einer Schnur aufgefädelt, hinter dem Raroiariff liegen. Ein nordgehender Strom mußte uns wieder ergriffen haben.

Schlag halb acht waren kleine Palmeninseln in Reih und Glied entlang des ganzen westlichen Horizonts aufgetaucht. Auf die südlichste wies unser Bug, und von hier setzten sich Inseln und Palmenhaine über den ganzen Meeresraum auf Steuerbord fort, bis sie wie Punkte oben im Norden verschwanden. Die nächsten lagen vier bis fünf Seemeilen entfernt.

Ein einziger Überblick von der Mastspitze verriet, daß, sogar wenn der Bug gegen die unterste Insel in der Reihe zeigte, die Seitentrift so groß war, daß wir uns nicht in der Richtung des Buges vorwärtsbewegten. Wir trieben schräg mitten auf das Riff zu. Mit straffen Senkkielen hätten wir noch Hoffnung gehabt, vorbeizusteuern, aber Haie folgten uns dicht auf den Fersen, so daß es unmöglich war, unter das Floß zu tauchen und die lockeren Senkkiele mit neuen Pardunen zu versteifen.

Wir sahen ein, daß wir nur mehr ein paar Stunden auf der »Kon-Tiki« übrig hatten. Die mußten verwendet werden, um uns auf unsere unvermeidliche Havarie am Korallenriff vorzubereiten. Jedermann bekam Anweisung, was er zu tun hatte, wenn der Augenblick da war, jeder einzelne von uns wußte, wofür er verantwortlich war, so daß wir nicht herumfahren und uns auf die Zehen treten konnten, wenn der Zeitpunkt kam, in dem die Sekunden zählten. Die »Kon-Tiki« schaukelte im Wind, der uns langsam hinüberdrückte. Es war kein Zweifel, daß hier, wo die Wogen vom ohnmächtigen Schlag gegen die Ringmauern zurückprallten, ein höllisches Chaos auf uns wartete.

Wir lagen noch immer unter vollen Segeln, in der Hoffnung, dennoch vorbeisteuern zu können. Wie wir so langsam halbseitlich nähertrieben, sahen wir vom Mast, wie die ganze Perlenreihe durch ein teilweise überseeisches und teilweise unterseeisches Korallenriff zusammenhing. Wir vor einer Mole stand das Meer weißschäumend auf und sprang hoch gegen den Himmel empor. Das Ringriff von Raroia ist oval und hat einen Durchmesser von vierzig Kilometer, die ganze Langseite wendet sich gegen das Meer im Osten, woher wir angeschaukelt kamen. Das Riff selbst, das sich von Horizont zu Horizont zieht, ist nur wenige hundert Meter breit, und dahinter liegen idyllische kleine Inseln in Reih und Glied um die stille Lagune in der Mitte.

Wir sahen mit gemischten Gefühlen, wie der blaue Pazifik rücksichtslos aufgerissen entlang unseres ganzen Gesichtsfeldes in die Luft zischte. Ich wußte, was wir da drinnen zu erwarten hatten. Ich hatte schon früher einmal die Tuamotugruppe besucht. Damals war ich sicher an Land gestanden und hatte den mächtigen Anblick im Osten bewundert, wo die Brandung des offenen Ozeans über das Riff hereinbrach. Nach und Nach tauchten immer neue Riffe und Inseln auf, bis weit hinunter nach Süden. Wir mußten wohl mitten vor der Front der ganzen Korallenmauer liegen.

An Bord der »Kon-Tiki« stand alles im Zeichen des Aufbruchs. Was einigermaßen von Wert war, wurde in die Hütte hineingetragen und festgebunden. Dokumente und Papiere wurden in wasserdichte Hüllen verpackt, da hinein verschwanden auch Filme und alles andere, was ein

Seebad nicht aushielt. Die ganze Bambushütte wurde mit Segeltuch bedeckt, und besonders solide Taue wurden darüber festgezurrt. Da wir sahen, daß wir jenseits aller Hoffnung waren, öffneten wir das Bambusdeck mit Machetemessern und zerhieben alles Tauwerk, das die Senkkiele hinunterhielt. Es war eine schwere und mühevolle Arbeit, diese Schwerter heraufzubekommen, denn alle waren dicht mit fetten Entenmuscheln besetzt. So reichte das Floß nicht tiefer als bis zum Boden der Baumstämme. Wir würden deshalb leichter über das Riff hineingeschoben werden. Ohne Senkkiel und mit gestrichenem Segel trieb das Floß ganz nach der Seite und war eine leichte Beute für Wind und Wellen.

Wir banden das längste Tau, das wir hatten, an unseren hausgemachten Anker und befestigten es am Fuß des Backbordmastes. So mußte die »Kon-Tiki« mit dem Heck voran in die Brandungswellen hineintreiben, wenn man den Anker über Bord warf. Der Anker selbst bestand aus leeren Wasserkanistern, gefüllt mit gebrauchten Radiobatterien und einer Sammlung unseres schwerstens Plunders. Außerdem streckte er kreuz und quer solide Pfähle aus Eisenholz vor.

Vorschrift Nummer eins, das A und O, war: Halte dich am Floß fest! Was immer auch geschah, wir mußten uns an Bord anklammern und die neun großen Stämme den Anprall des Riffes aufnehmen lassen. Wir selbst hatten mehr als genug mit dem Wasserdruck zu tun. Über Bord springen bedeutete, ein hilfloses Opfer der Brandung zu werden, die uns hinein und heraus über die scharfen Korallen schleudern würde. Das Gummifloß würde rasch in den steilen Wasserwänden umgeworfen werden und, schwer beladen mit uns, würde es auch am Riff in Fetzen zerrissen werden. Aber die Baumstämme würden früher oder später an Land hinaufgeschleudert – und wir mit ihnen, wenn es uns nur glückte, uns festzuklammern.

Zweitens bekamen alle Mann Anweisung, zum erstenmal nach hundert Tagen Schuhe anzuziehen; gleichzeitig auch die Schwimmwesten klarzumachen. Das letzte war trotz allem von geringerem Wert, denn würde einer über Bord geschleudert, würde er erdrückt und nicht ertränkt werden. Es war genügend Zeit, daß wir jeder unseren Paß zu uns steckten, ebenso das wenige, was wir an Dollars übrig hatten. Vorläufig war es nicht der Zeitmangel, der unsere Probleme schuf.

Es waren spannende Stunden, in denen wir so lagen und hilflos seitlich nach und nach auf das Riff zu trieben. An Bord herrschte auffallende Ruhe. Ja, stumm und wortkarg krochen wir alle ein und aus zwischen Hütte und Bambusdeck und erledigten unsere Angelegenheiten. Die ernsten Gesichter zeigten, daß keiner im Zweifel war, was wir zu erwarten hatten. Und der Mangel an Nervosität bewies, daß alle im Lauf der Ereignisse ein unwandelbares Vertrauen zum Floß bekommen hatten. Es hatte das Meer überstanden, es würde ihm wohl auch gelingen, uns lebend an Land zu bringen.

Im Inneren der Hütte war ein einziges Chaos vonProviantkartons und festgezurrter Last. Torstein hatte halbwegs in seinem Radiowinkel Platz behalten, wo er den Kurzwellensender glücklich in Gang gesetzt hatte. Wir waren jetzt achttausend Kilometer von unserer alten Basis in Callao, wo die Seekriegsschule ständig Verbindung mit uns aufrechterhielt, und noch weiter waren wir von den Amateuren in den Vereinigten Staaten entfernt. Der Zufall wollte aber, daß wir am Tag vorher Verbindung mit einem tüchtigen Radioamateur bekommen hatten, der mit seiner Station auf Rarotonga in den Cookinseln saß. Mit ihm hatten die Funker ganz im Gegensatz zu aller gewöhnlichen Praxis eine Sonderverbindung im Morgengrauen verabredet. Und während wir nun näher und näher herein gegen das Riff trieben, saß Torstein unverdrossen und hämmerte auf seine Taste, um Rarotonga zu rufen.

Um 8.15 Uhr steht in »Kon-Tikis« Logbuch:

»Wir nähern uns langsam dem Land. Wir können jetzt mit bloßem Auge die einzelnen Palmen vor uns auf der Steuerbordseite unterscheiden.«

8.45 Uhr:

»Der Wind hat sich in eine für uns noch ungünstigere Richtung gedreht, wir haben keine Hoffnung mehr, vorbeizutreiben. Keine Nervosität an Bord, aber fieberhafte Vorbereitungen auf Deck. Innen am Riff vor uns liegt etwas, was aussieht wie das Wrack eines Segelkutters, aber vielleicht ist es nur ein Bündel Treibholz.«

9.45 Uhr:

»Der Wind treibt uns gerade auf die vorletzte Insel, die wir hinter dem Riff sehen. Wir können jetzt deutlich das ganze Korallenriff unterscheiden. Wie eine weiß und rot gesprenkelte Ringmauer ragt es etwas aus dem Wasser wie ein Gürtel um die Inseln. Das ganze Riff entlang brüllen schaumweiße Brandungswellen. Bengt serviert uns eben eine kräftige warme Mahlzeit, die letzte vor dem großen Turnier. Was da drinnen am Riff liegt, ist ein Wrack. Wir sind jetzt so nahe, daß wir quer über die ganze blanke Lagune hinter dem Riff sehen können. So können wir die Konturen von anderen Inseln auf der anderen Seite der Lagune unterscheiden.«

Jetzt näherte sich das dumpfe Dröhnen der Brandung wieder. Es kam von dem ganzen Riff vor uns und lag in der Luft wie aufgewühlte Trommelwirbel vor dem spannenden Finale der »Kon-Tiki«.

9.50 Uhr:

»Wir sind sehr nahe. Treiben quer zum Riff. Nur noch wenige hundert Meter. Torstein sitzt soeben und unterhält sich mit dem Mann auf Rarotonga. Alles ist klar. Muß jetzt das Logbuch fortpacken. Wir sind alle guten Muts. Es sieht übel aus, aber es muß gehen!«

Einige wenige Minuten später raste der Anker über Bord und faßte Boden, so daß die »Kon-Tiki« herumschwenkte und den Achtersteven der Brandung zuwendete. Das hielt uns einige kostbare Minuten, in denen Torstein wie rasend auf die Taste hämmerte. Jetzt hatte er Rarotonga. Die Brandung donnerte in der Luft, und die See ging wütend auf und nieder. Alle Mann waren auf Deck in Bewegung, und jetzt bekam Torstein seine Meldung durch. Er meldete, daß wir gegen das Raroiariff trieben. Er bat Rarotonga, auf derselben Frequenz jede volle Stunde zu horchen. Blieben wir mehr als sechsunddreißig Stunden stumm, sollte man die norwegische Gesandtschaft in Washington verständigen. Torsteins letzte Worte waren: »O.K. 50 yards left. Here we go. Good bye.« Damit schloß er seinen Laden. Knut versiegelte die Papiere, und beide krochen in höchster Eile heraus auf Deck zu uns anderen, denn jetzt war keine Täuschung mehr möglich, der Anker gab nach.

Die Wellen wurden wilder und wilder, immer tiefer höhlten sich die Täler, wir fühlten, wie das Floß sich auf- und niederschwang, auf und nieder, höher und höher.

Von neuem lautete die Devise: Halte dich fest, vergiß alle Ladung, halte dich bloß fest!

Wir waren jetzt dem Wasserfall vor uns so nahe, daß wir nicht mehr das gleichmäßige Getöse von dem ganzen Riff daneben hörten. Wir vernahmen nur jedesmal das Dröhnen, wenn sich die Brandung vor uns überschlug.

Alle Mann standen bereit und klammerten sich fest an das Tau, das sie selbst für das sicherste hielten. Nur Erich kroch im letzten Augenblick in die Hütte. Es stand ein Punkt im Programm, den er noch nicht erledigt hatte – er hatte bisher seine Schuhe noch nicht gefunden!

Achteraus stand keiner, denn von hier würde der Stoß des Riffs kommen. Auch die zwei soliden Stangen von der Mastspitze nach dem Heck waren nicht sicher. Denn wenn der Mast fiel, würden sie außenbords über das Riff hängen. Hermann, Bengt und Torstein waren auf einige Kisten gekrochen, die vor der Hüttenwand festgezurrt waren, Hermann hängte sich in die Pardunen des Hüttendachs, und die beiden anderen ergriffen die Taue zur Mastspitze, an denen sonst das Segel gehißt wurde. Knut und ich wählten die Taue vom Bug hinauf in die Mastspitze, denn wenn der Mast und die Hütte und alles andere über Bord brachen, so meinten wir, daß das Tau vom Bug trotzdem über dem Floß liegen würde, nachdem die Wellen jetzt von vorn hereinschlugen.

Da es uns klar wurde, daß uns die Wellen ergriffen hatten, wurde das Ankertau gekappt, und damit ging es los. Eine See wälzte sich unter uns in die Höhe, und wir fühlten, wie sich die »Kon-Tiki« in die Luft hob. Der große Augenblick war da. Jetzt ritten wir mit den Wellenrücken hinein in rasender Fahrt, so daß es knackte und schrie in dem schlottrigen Fahrzeug. Wir fühlten, wie es sich unter uns verschob und bewegte. Die Spannung ließ das Blut kochen. Ich erinnere mich, daß ich mangels eines anderen Einfalls mit den Armen um mich schlug und mit aller Kraft meiner Lungen Hurra! brüllte. Das gab mir eine gewisse Erleichterung und konnte jedenfalls nicht schaden. Die anderen glaubten sicher, daß ich verrückt geworden war, aber die Gesichter erhellten sich, und sie lachten in ihrer Erregung, alle Mann. Jetzt ging es brausend dahin, es war »Kon-Tikis« Feuertaufe, es würde und mußte gut gehen.

Aber der helle Siegesrausch bekam bald einen Dämpfer. Hinter uns erhob sich hoch eine neue See wie eine glänzende, grüne Glaswand, und als wir herabsanken, wälzte sie sich hinter uns her. Im selben Augenblick sah ich sie hoch über mir, als ich schon einen furchtbaren Schlag spürte und in den Wassermassen verschwand. Ich fühlte den Zug im ganzen Körper mit einer so ungeheuerlichen Kraft, daß ich jeden einzelnen Muskel im Körper anspannen mußte und nur an eines denken konnte: Festhalten! Ich glaube, Arme und Beine können in einer solchen Situation, wenn das Resultat so sicher ist, selbstständig werden, denn das Hirn hätte sich dazu verstanden, die Taue fahrenzulassen. Auf einmal spürte ich, daß der Wasserberg vorbeitrieb und seinen teuflischen Griff um den Körper lockerte. Während der Kamm mit ohrenbetäubendem Brausen und Krachen weiterraste, sah ich Knut wieder, zusammengerollt wie ein Ball, an meiner Seite hängen. Von hinten sah die große See fast flach und grau aus. Sie raste über den Dachfirst. Als sie ihn freigab, hingen hier die drei anderen gegen den Hüttengiebel gepreßt.

Noch schwammen wir frei in den Wellen.

In höchster Eile klammerte ich mich wieder fest, Arme und Beine um das solide Tau geschlungen. Knut ließ sich hinuntergleiten. Mit einem Tigersprung war er drüben auf den Kisten bei den anderen, wo die Hütte den Stoß auffing. Ich hörte beruhigende Ausrufe von drüben, sah aber gleichzeitig, wie eine neue grüne Wand sich emporhob und donnernd auf uns zukam. Ich schrie einen Warnungsruf und hängte mich wieder so klein und fest wie möglich in mein Tau. Und plötzlich war die Hölle wieder über uns losgebrochen, und die ganze »Kon-Tiki« verschwand unter den Wassermassen. Das Meer riß und zog mit aller Kraft, die es gegen einen kleinen Menschenkörper aufbieten konnte. Diese zweite See jagte über uns hinweg und noch eine dritte. Da hörte ich einen triumphierenden Ruf von Knut, der jetzt in der Strickleiter hing:

»Schaut euch das Floß an, es hält! Es hält!«

Nach drei Wellen waren nur noch der Doppelmast und die Hütte ein wenig schiefgeschlagen worden. Aufs neue fühlten wir den Triumph über die Elemente. Und der Siegesrausch verlieh uns neue Kräfte.

Da sah ich die nächste Woge donnernd heraufkommen, höher als alle, und ich brüllte aufs neue eine Warnung zurück zu den anderen, während ich, so hoch ich konnte, das Tau hinaufkletterte und mich festkrallte. Da verschwand ich bereits mitten in der grünen Wasserwand, die sich hoch über uns auftürmte. Die anderen, die weiter rückwärts standen und mich als ersten verschwinden sahen, veranschlagten die Wasserwand mit acht Meter Höhe, während der schäumende Kamm fünf Meter über dem Teil der Wand passierte, von dem ich verschluckt wurde. Da aber erreichte die Wogenwand sie, und alle hatten nur mehr den Gedanken: Halten! Halten! Und noch mal halten!

Diesmal müssen wir wohl gegen das Riff gestoßen sein. Selbst spürte ich bloß den Druck gegen das Tau, das ausschwang und schwach den Stößen nachgab. Aber ob die Schläge von oben oder von unten kamen, merkte ich nicht, da ich ja hing.

Das Ganze dauerte Sekunden, aber es forderte mehr Kraft, als wir gewöhnlich im Körper haben. Es gibt noch andere Kräfte in der Menschenmaschinerie als die Muskeln allein. Ich beschloß, sollte ich sterben, so wollte ich in dieser Stellung sterben wie ein Knoten im Tau. Jetzt donnerte die See weiter, darüber vorbei. Als sie brüllend passierte, enthüllte sie einen schlimmen Anblick. Wie mit einem Zauberschlag war die ganze »Kon-Tiki« verändert. Das Fahrzeug, das wir wochen- und monatelang auf See kannten, bestand nicht mehr. In Sekunden war unsere gemütliche Welt zu einem Wrack zerschlagen. Ich sah einen einzigen Menschen an Bord außer mir. Er lag flach mitten auf das Hüttendach gepreßt, Gesicht und Arme zur Seite gestreckt. Die Hütte selbst war wie ein Kartenhaus nach rückwärts und Steuerbord zusammengedrückt. Das reglose Geschöpf war Hermann. Sonst war kein Zeichen eines anderen Lebens zu entdecken, als die Wassermassen über das Riff hinein weiterdonnerten. Der eisenharte Mast auf der Steuerbordseite war wie ein Zündholz geknickt, im Sturz hatte die oberste Spitze das Hüttendach durchschlagen, so daß der Mast mit allem Tauwerk schräg nach Steuerbord über das Riff hing. Am Heck war der Steuerbock verdreht und der Querbalken gebrochen, das Steuerruder war Kleinholz geworden. Die soliden Kieferplanken am Bug waren wie Zigarrenbrettchen zerschlagen, und das ganze Deck war aufgerissen. Der Druck hatte es wie nasses Papier gegen die Vorderwand der Hütte geklatscht samt Kisten, Kannen, Segeltuch und anderer Last. Bambussprossen und Tauenden standen überall heraus: der Gesamteindruck war ein vollständiges Chaos.

Ich spürte einen eisigen Schreck durch den ganzen Körper. Was half es, wenn ich allein fest hing. Wenn ich einen einzigen Mann hier im Endspurt verlor, war der ganze Erfolg in Frage gestellt. Und vorläufig war überhaupt nur ein einziger nach dem letzten Wogenanprall zu sehen. Aber im selben Augenblick tauchte Torsteins zusammengekrümmte Gestalt neben der Seite des Floßes auf. Es glückte ihm, an Bord zu kommen, und er kroch hinauf auf den Wirrwarr vor der Hütte. Hermann drehte jetzt auch den Kopf und preßte ein aufmunterndes Grinsen hervor, ohne sich zu rühren. Ich brüllte eine Frage nach der anderen und hörte Bengts ruhige Stimme antworten, es seien noch alle an Bord. Sie lagen ins Tauwerk geklammert hinter der Barrikade, die das zähe Flechtwerk des Bambusdecks aufgebaut hatte.

All das geschah im Laufe von Sekunden, während die »Kon-Tiki« mit dem Rücksog auf dem Weg aus dem Hexenkessel war. Da wälzte sich eine neue See herein. Zum letztenmal brüllte ich »Festhalten!« mit aller Kraft meiner Lungen ins Tosen, und das war auch alles, was ich selbst tat. Wieder klammerte ich mich fest und verschwand in den Wassermassen, die in endlosen zwei bis drei Sekunden darüber- und vorbeirasten. Das war genug für mich. Ich sah, daß das Ende der Stämme gegen eine jähe Stufe im Korallenriff prallte, ohne darüberzukommen. Plötzlich wurden wir wieder

Die „Kon-Tiki" nach der Strandung. Das Wrack wird von den Wogen ständig weiter auf den Strand hinaufgeschoben

Bergungsarbeit am Wrack. Alles ist zerschlagen bis auf die Sachen, die achtern geborgen waren, als das Meer über das Floß hereinbrach

Eine Kokosnuß aus Peru wird an die Stelle, an der wir in Polynesien gelandet sind, gepflanzt

Nach mühsamen Anstrengungen gelingt es uns, den ersten Kontakt mit der Zivilisation über unseren Sender zu erreichen

Die Eingeborenen finden uns und helfen uns später, ,,Kon-Tiki" an Land zu ziehen

Niedrige Koralleninseln wie die der Tuamotugruppe und zerrissene Felseninseln wie Tahiti und Moorea fand Kon-Tiki, der Sohn der Sonne, als seine Balsaflöße die ersten Menschen von Peru über das Meer brachten. Er wurde später als göttlicher Stammvater der Insulaner betrachtet. Steinstatuen völlig südamerikanischen Gepräges wurden ihm zu Ehren auf vielen Inseln errichtet

hinausgezogen. Ich sah auch die zwei, die über dem Hüttenfirst ausgestreckt lagen, aber das Lachen war ihnen vergangen. Hinter dem Bambuschaos hörte ich eine ruhige Stimme:

»Es geht nicht.«

Und ich spürte dieselbe Mutlosigkeit selbst. Da sich die Mastspitze weiter und weiter über Steuerbord neigte, hing ich selbst an meiner schlaffen Leine außerhalb des Floßes. Und die nächste See kam. Als sie vorüber war, war ich todmüde und dachte nur mehr daran, hinauf auf die Stämme zu kommen und hinter der Barrikade zu liegen. Als das Wasser ablief, sah ich zum erstenmal das holprige, rote Riff entblößt unter uns und entdeckte Torstein, der gebückt auf den glänzenden roten Korallen stand und ein Tauende vom Mast festhielt. Knut stand achtern auf dem Sprung. Ich brüllte, daß wir uns auf den Stämmen halten müßten, und Torstein, der vom Wasserdruck über Bord gespült worden war, schwang sich wie eine Katze wieder hinauf.

Zwei oder drei Wellen wälzten sich mit abnehmender Kraft über uns weg, dessen, was dabei geschah, erinnere ich mich nicht, außer daß das Wasser vorbeibrauste und ich selbst tiefer und tiefer hinunterkam zu dem roten Riff, auf das wir geschoben wurden. Jetzt erreichten uns nur mehr Schaumflokken, und ich arbeitete mich auf das Floß, wo wir alle auf dem Weg zum Achterende der Stämme waren, die sich am weitesten hinaufgeschoben hatten.

Im selben Augenblick setzte Knut an und sprang mit der Leine, die am Achterdeck bereitlag, hinaus auf festen Boden. Während sich das Wasser zurückzog, watete er im Galopp dreißig Meter landeinwärts und stand sicher am Ende des Taus, als die nächste See auf ihn zuschäumte, aber verhielt und von dem flachen Riff wie ein breiter Strom zurückrann.

Jetzt kam Erich aus der zusammengesunkenen Hütte herausgekrochen, seine Schuhe an den Füßen. Hätten wir es alle so gemacht wie er, wären wir billig davongekommen. Da nämlich die Hütte doch nicht über Bord ging, sondern sich ruhig unter dem Segeltuch niederlegte, lag Erich in aller Gemütsruhe zwischen der Last und hörte die Hölle über uns hereinbrechen, während die eingesunkenen Bambuswände sich niederbogen. Bengt hatte durch den stürzenden Mast eine leichte Gehirnerschütterung erlitten, aber es war ihm geglückt, neben Erich unter die zusammengefallene Hütte hineinzukriechen. Hier hätten wir alle Mann liegen können, hätten wir geahnt, daß Bambusflechtwerk, Taue und Balsastämme auch unter dem Wasserdruck so untrennbar zusammenhingen.

Erich stand jetzt klar achtern auf den Stämmen, und als die See hinauslief, sprang auch er hinaus aufs Riff. Das nächste Mal war es Hermann, der bereitstand, und dann Bengt. Jedesmal schob sich das Floß ein Stück weiter hinauf, und als die Reihe an Torstein und mich kam, lag das Floß bereits so weit innen am Riff, daß kein Grund mehr war, es zu verlassen. Wir begannen alle Mann mit der Bergung.

Es waren jetzt zwanzig Meter hinter uns zu der teuflischen Treppenstufe am Riff, wo sich die Brandungswellen in Reih und Glied heranwälzten. Die

Korallentiere hatten dafür gesorgt, das Ringriff so hoch zu bauen, daß es nur den obersten Zungen der Brandung gelang, einen frischen Strom mit Seewasser in die fischreiche Lagune hineinzuschicken. Hier drinnen war die Zauberwelt der Korallen, sie entfalteten sich hier in abenteuerlichen Formen und Farben.

Weit drinnen am Riff fanden die anderen das Gummifloß wieder, das hier voller Wasser dahintrieb. Sie leerten es aus und zogen es ans Wrack zurück. Hier beluden wir es mit der wichtigsten Ausrüstung, vor allem mit dem Radio, dem Proviant und den Wasserflaschen. So zogen wir es hinein auf die Innenseite des Riffs und stapelten alles auf der Spitze eines gewaltigen Korallenblocks, der sich hier wie ein großer Meteorstein ausnahm. Wir konnten nie wissen, auf was das Meer verfiel, wenn die Flut einsetzte.

In dem seichten Wasser drinnen auf den Felsen sahen wir etwas Blankes in der Sonne glänzen. Als wir hinwateten, um es aufzunehmen, sahen wir zu unserem Erstaunen, daß es zwei leere Konservenbüchsen waren. Wir hatten nicht erwartet, akkurat das hier zu finden, und waren noch mehr überrascht, als wir sahen, daß die winzigen Büchsen ganz blank und frisch geöffnet und mit »Ananas« gestempelt waren. Übrigens mit derselben Schrift wie auf den neuen Feldrationen, die wir selbst für den Quartiermeister ausprobieren sollten. Es waren zwei von unseren eigenen Ananasbüchsen, die wir bei unserer letzten Mahlzeit auf der »Kon-Tiki« über Bord geworfen hatten. Zwischen unseren Landungen war nicht viel Zwischenraum gewesen.

Es waren scharfe und bizarre Korallenblöcke, auf denen wir uns befanden, und auf dem unebenen Boden wateten wir bald bis zu den Knöcheln, bald bis zur Brust im Wasser, je nachdem sich Rinnen und ganze Stromtäler hindurchzogen. Algen und Seerosen und Korallen bewirkten, daß das ganze Riff aussah wie ein Steinbeet mit Moosen, Kakteen und versteinerten Gewächsen in Rot, Grün, Gelb und Weiß. Es gab keine Farbe, die nicht vertreten gewesen wäre, sei es in Korallen oder Algen oder in den Muscheln und Seewalzen oder gar in den phantastischsten Fischen, die überall an uns vorbeischossen. In den tieferen Rinnen kamen kleine Haie, nur vier Fuß lang, in dem kristallklaren Wasser vorsichtig an uns heran, aber wenn wir nur mit der Hand ins Wasser schlugen, machten sie eine Kehrtwendung und hielten sich auf Abstand.

Wo wir havariert waren, hatten wir nur Wasserlachen und Korallenfelsen um uns, weiter drinnen lag die ruhige, blaue Lagune. Die Ebbe strömte heraus, und wir sahen, wie immer mehr Korallen um uns auftauchten, die Brandungswellen, die ununterbrochen an das Riff donnerten, lagen plötzlich um eine Etage tiefer. Was hier geschehen würde, wenn das Meer wieder begann hereinzuströmen, war ungewiß. Wir mußten von hier weg.

Das Riff zog sich wie eine halb unterseeische Burgmauer nach Norden und Süden. Ganz drunten im Süden lag eine langgestreckte Insel, dicht bewachsen mit Palmenwald, und knapp oberhalb von uns im Norden, nur sechs- bis siebenhundert Meter entfernt, lag eine ganz winzige Palmeninsel. Sie lag an der Innenseite des Riffs und streckte ihre Krone gegen den Himmel, während sie einen schneeweißen Sandstrand hinaus in die stille Lagune sandte. Die ganze Insel sah aus wie ein strotzender grüner Blumenkorb, vielleicht auch wie ein kleines Stückchen konzentriertes Paradies. Sie wählten wir.

Hermann stand an meiner Seite und strahlte wie die Sonne über sein ganzes bärtiges Antlitz. Er sagte nicht ein Wort, streckte mir bloß die Hand entgegen und lachte glücklich. Die »Kon-Tiki« lag ganz draußen am Riff, der Schaum sprühte immer noch über sie weg. Sie war ein Wrack, aber ein würdiges Wrack. Alles über Deck war zerschmettert, aber die neun Balsastämme aus dem Quevedowald in Ecuador waren unversehrt wie zuvor. Sie hatten unser Leben gerettet. Das hatte ein wenig von der Last zerstört, aber nicht, was wir in der Hütte verstaut hatten. Wir selbst hatten das Floß von allem was wirklich Wert besaß, entblößt. Das lag nun wohlverwahrt auf der Spitze des sonnenverbrannten Riesensteins innen am Riff.

Während ich von Bord sprang, gingen mir die Lotsenfische, die sonst vorm Bug marschierten, regelrecht ab. Nun lagen die dicken Balsastämme auf dem nackten Riff in einem halben Fuß Wasser, und braune Seewalzen bewegten sich unter dem Bug. Die Lotsenfische waren fort, die Dolfine waren fort. Nur unbekannte, platte Fische mit Pfauenmuster und Schleierschwänzen schwammen neugierig aus und ein zwischen den Stämmen. Wir hatten eine neue Welt erreicht. Johannes war aus seinem Loch verschwunden. Er hat hier wohl einen anderen Unterschlupf gefunden.

Ich warf einen letzten Blick über das Wrack. Da stach mir ein kleines Palmenbaby in einem flachgedrückten Korb in die Augen. Anderhalb Fuß erhob es sich schon aus dem Auge einer Kokosnuß, und zwei Wurzeln streckte es nach unten. Mit der Nuß in der Hand watete ich hinüber zur Insel. Ein Stück vor mir sah ich Knut, der glücklich an Land platschte, ein Modell des Floßes unter dem Arm, das er mühsam unterwegs verfertigt hatte. Bald passierten wir Bengt, der ein wunderbarer Steward war: Mit einer Beule auf dem Kopf und das Seewasser aus dem Bart triefend, marschierte er gebückt und schob eine Kiste vor sich her, die ihm jedesmal davontanzte, wenn die Brandung draußen einen Strom in die Lagune hineinschickte. Er öffnete stolz den Deckel: es war die Küchenkiste, und drinnen waren der Primus und der Kochtopf, beide wohlerhalten.

Ich werde niemals die Waterei vom Riff zu der paradiesischen Palmeninsel vergessen, die uns entgegenwuchs. Als ich den sonnenhellen Sandstrand erreichte, riß ich die Schuhe ab und bohrte die nassen Zehen in den warmen, trockenen Sand. Es war, als bereite mir jede Spur, die sich in dem unberührten Sandstrand hinauf bis zu den Palmenstämmen abzeichnete, eine tiefinnige Freude. Bald schlossen sich die Palmenkronen über mir. Ich setzte meinen Weg fort bis in die Mitte der winzigen Insel. Grüne Kokosnüsse hingen unter den Palmenkronen. Einige üppige Büsche waren dicht überzogen mit schneeweißen Blüten, die so süß und berückend dufteten, daß ich mich fast schwindeln fühlte. Drinnen auf der Insel umsegelten ganz zahme Seeschwalben meine Schultern. Sie waren so leicht und weiß wie Nebelstreifen. Kleine Vierfüßler flüchteten vor unseren Füßen. Aber die wichtigsten Einwohner der Insel waren dicke, blutrote Einsiedlerkrebse, die überall herumpolterten, gestohlene Schneckenhäuser, groß wie ein Ei, über den bloßen Hinterkörper gezogen.

Ich war überwältigt. Ich sank auf die Knie und bohrte die Finger tief in den trockenen, warmen Sand.

Die Reise war vorüber, wir alle waren am Leben. Wir waren auf einer unbewohnten kleinen Südseeinsel gestrandet, und auf was für einer Insel! Torstein kam, schleuderte einen Sack von der Schulter, warf sich platt auf den Rücken und sah hinauf nach den Palmenkronen und den daunenleichten weißen Vögeln, die lautlos vor unserer Nase kreisten. Bald waren wir alle sechs beieinander. Hermann, der ewig Energische, kletterte auf eine kleine Palme und riß ein Büschel dicker, grüner Kokosnüsse herunter. Mit Machetemessern schlugen wir die weiche Spitze ab wie bei einem Ei. So schlürften wir den frischesten und herrlichsten Labetrank der Welt, süße, kalte Milch einer kernlosen Kokosart. Außerhalb des Riffs erklangen die monotonen Trommelwirbel der Wachtposten vor unserem Paradies.

»Das Fegefeuer war eine nasse Sache«, sagte Bengt, »aber das Himmelreich ist genauso, wie ich es mir vorgestellt habe.«

Wir streckten uns behaglich auf dem Rücken aus und blinzelten vergnügt zu den weißen Passatwolken hinauf, die da oben über den Palmenkronen vorbei nach Westen trieben. Jetzt mußten wir ihnen nicht mehr hilflos weiterfolgen, jetzt waren wir auf einer unbeweglichen und landfesten Insel im richtigen Polynesien.

Und während wir so lagen und ausruhten, raste der Brandungsexpreß vor und zurück, vor und zurück, den Horizont entlang.

Bengt hatte recht, das war das Himmelreich.

Unter Polynesiern

Eine Robinsonade. Angst vor der Rettungsexpedition. »Alles in Ordnung, Kon-Tiki.« Sonstige Wracks. Unbewohnte Inseln. Im Kampf mit Meeraalen. Eingeborene finden uns. Häuptlingsbesuch. »Kon-Tiki« wird wiedererkannt. Hochwasser. Ein Schiff fährt über Land. Vier auf der Insel. Eingeborene holen uns. Empfang im Dorf. Vorväter von Sonnenaufgang. Hula-Fest. Medizinmänner durch den Äther. Wir bekommen Königsnamen. Weitere Schiffbrüchige. »Tamara« rettet »Maoae«. Nach Tahiti. Wiedersehen am Kai. Ein königlicher Aufenthalt. Sechs Kränze.

Unsere kleine Insel war unbewohnt. Rasch war man mit allen Palmengruppen und Strandufern bekannt, denn die Insel hatte kaum zweihundert Meter Durchmesser. Der höchste Punkt lag weniger als zwei Meter über der Lagune.

Über unseren Köpfen in den Palmenkronen hingen große Büschel der grünen Kokoshülsen, die die Schalen mit kalter Kokosmilch vor der Tropensonne schützen. So konnten wir in den ersten Wochen kaum Durst leiden. Außerdem waren reife Kokosnüsse da, ein Gewimmel von Einsiedlerkrebsen und verschiedene Fischarten in der Lagune. Also: hier sollten wir es gut haben.

Auf der Nordseite der Insel fanden wir die Reste eines alten, unbemalten Holzkreuzes, das halb im Korallensand vergraben lag. Hier gab es gute Aussicht nach Norden über das Riff bis zu den kahlen Rippen des Wracks, das uns schon aufgefallen war, als wir unserem eigenen Schiffbruch entgegentrieben.

Noch weiter oben im Norden blaute durch die Palmenbüschel der Schatten einer anderen kleinen Insel. Die dichtbewachsene Insel im Süden lag viel näher. Auch auf ihr sahen wir kein Zeichen von Leben. Aber vorläufig hatten wir an anderes zu denken.

Robinson Hesselberg kam hinkend daher, bekleidet mit einem gewaltigen Strohhut und voll beladen mit krabbelnden Einsiedlerkrebsen. Knut bekam Feuer an ein paar Knorren, und bald hatten wir ein Krebsgericht und Kokossaft mit Kakao zum Dessert.

»Na, wie fühlt ihr euch an Land, Jungens?« fragte Knut zufrieden.

Er hatte ja auf dieser Reise dasselbe schon einmal erlebt. Gleichzeitig setzte er »Seebeine« und schüttete damit Bengt einen halben Topf mit kochend heißem Wasser über die Füße. Es schaukelte wohl für jeden von uns am ersten Tag an Land nach hundertein Tagen an Bord des Floßes. Wir schwankten so zwischen den Palmenstämmen, daß es eine Art hatte, weil wir die Füße setzten, um eine See zu parieren, die nicht kam.

Als Bengt jedem von uns Teller und Besteck überreichte, machte Erich große Augen. Ich erinnere mich, daß ich mich über die Floßkante gebeugt und wie gewöhnlich nach der letzten Mahlzeit an Bord abgewaschen hatte. Erich dagegen hatte prüfend aufs Riff gesehen und seine Sachen ungewaschen zur Seite gelegt mit der Bemerkung: »Ich glaube, heute kann ich mir das Abwaschen ersparen.« Als er aber sein Eßzeug in der Küchenkiste wiederfand, war es so rein wie das meine.

Nach der Mahlzeit und einer guten Strecke in der Horizontalen gingen wir daran, die patschnasse Radioausrüstung zusammenzusuchen. Hier galt es für Torstein und Knut, in höchster Eile wieder in den Äther zu kommen, bevor der Mann auf Rarotonga seine Meldung über unser bedauerliches Ende aussendete.

Das meiste der Radioausrüstung war bereits wohlgeborgen an Land. Unter dem, was beim Riff trieb, fand Bengt eine Kiste, in die er seine Klauen schlug. Er sprang hoch in die Luft vor elektrischen Schlägen, es war kein Zweifel möglich, daß der Inhalt der Radioabteilung angehörte. Und während die Telegraphisten auseinanderschraubten, herumkoppelten, wieder zusammensetzten, gingen wir anderen daran, unser Lager aufzuschlagen.

Draußen beim Wrack fanden wir das schwere, klitschnasse Segel und schleppten es an Land. Wir spannten es zwischen zwei große Palmen auf einer kleinen Lichtung gegen die Lagune auf und verspreizten es mit Bambuspfählen, die vom Wrack hereingetrieben kamen. Eine dichte Hecke aus wilden Blütenbüschen drückte das Segel zusammen, so daß wir ein Dach und drei Wände bekamen, dazu noch freie Aussicht auf die blanke Lagune. Die Nasenlöcher füllten sich mit einschmeichelndem Blumenduft. Hier war es gut sein. Wir fühlten uns alle Mann hier richtig behaglich, jeder richtete sich seine Koje aus frischen Palmenblättern und suchte die losen Korallenäste zusammen, die unangenehm aus dem Sand hervorstachen. Vor Einbruch der Nacht hatten wir eine umfangreiche, gequeme Behausung.

Über unseren Köpfen sahen wir das große, bärtige Antlitz des guten alten Kon-Tiki. Er wölbte nicht mehr seine Brust vor dem Ostwind, er lag jetzt unbeweglich auf dem Rücken und spähte hinauf zu den Sternen, die blinkend über Polynesien aufzogen.

Rund um uns in den Büschen tropften Flaggen und Schlafsäcke, und patschnasse Besitztümer lagen zum Trocknen im Sand. Noch einen Tag auf dieser Sonnenscheininsel – dann würde alles wieder in Ordnung sein. Selbst die Radioleute mußten es für heute aufgeben, bis die Sonne Gelegenheit bekam, am nächsten Tag die Innereien der Apparate zu trocknen. Wir zogen die Schlafsäcke von den Bäumen und krochen hinein. Dabei wetteten wir, wer eigentlich am wenigsten Wasser im Sack hätte. Bengt gewann, denn es gluckste nicht, wenn er sich umdrehte. Lieber Himmel, wie gut war es, nur schlafen zu können.

Als wir am nächsten Morgen im Sonnenschein erwachten, wölbte sich das Segel auf uns herab und stand gestrichen voll kristallklarem Regenwasser.

Bengt nahm diesen Reichtum wahr und lief hierauf zur Lagune hinunter, wo er wunderliche Frühstücksfische an Land zog, die er in Kanäle im Sand hineingelockt hatte.

In dieser Nacht hatte Hermann Schmerzen im Nacken und Rücken bekommen, da, wo er sich vor dem Start von Lima verletzt hatte. Ebenso bekam Erich seinen alten Hexenschuß wieder. Sonst war es bei der Fahrt über das Riff verblüffend billig mit Schrammen und kleinen Wunden abgegangen. Nur Bengt hatte einen Hieb über den Schädel bekommen, als der Mast stürzte, und eine leichte Gehirnerschütterung davongetragen. Ich selbst sah höchst bedenklich aus, Arme und Beine blauschwarz gequetscht von dem Druck gegen das Tau.

Aber keiner von uns war in einer so schlimmen Verfassung, daß uns nicht die leuchtend klare Lagune zu einer frischen Schwimmtour vor dem Essen gelockt hätte. Es war eine gewaltige Lagune. Draußen war sie gekräuselt und blau vom Passat. Sie war so breit, daß wir nur schattenhaft die Wipfel einer Reihe ferner Palmeninseln sehen konnten, die anzeigten, wo das Ringriff sich auf der anderen Seite schloß. Aber hier drinnen im Schutz der Insel rauschte der Passat friedlich in den gefiederten Palmenkronen und ließ sie wiegen und wehen. Darunter lag spiegelblank die atmende Lagune. Das Salzwasser war so rein und klar, daß man von Korallen und farbenfrohen Fischen bei drei Meter Tiefe glauben konnte, sie lägen ganz flach an der Oberfläche, und wir würden uns beim Schwimmen die Zehen aufreißen. Es war eine Abenteuerwelt, die lockte, sich hineinzustürzen. Das Wasser war gerade richtig kalt, und die Luft war warm und trocken vor Sonne. Aber heute mußten wir rasch wieder an Land, Rarotonga mußte Bescheid bekommen.

Auf ausgeglühten Korallenblöcken lagen Spulen und Radioteile zum Trocknen in der Tropensonne, Torstein und Knut koppelten und schraubten. Der Tag verging, und die Stimmung wurde immer aufgeregter. Wir gaben jede andere Beschäftigung auf und versammelten uns um die Radioleute in der Hoffnung, helfen zu können. Vor zehn Uhr abends mußten wir im Äther sein. Da waren nämlich die sechsunddreißig Stunden um, und der Amateur auf Rarotonga würde um Hilfe rufen nach Flugzeugen und Rettungsexpeditionen.

Es wurde Mittag und Nachmittag, und die Sonne sank. Wenn es jetzt nur gelingen würde, Rarotonga zurückzuhalten. Es wurde sieben und acht und neun. Die Spannung war zum Zerreißen. Kein Lebenszeichen im Sender, aber der Empfänger, ein NC-173, begann aufzuleben, und auf einer Stelle, ganz unten auf der Skala, hörten wir schwache Musik. Aber nicht da, wo wir unsere Amateurfrequenz hatten. Aber es zog sich empor, vielleicht war es eine nasse Spule, die langsam von dem einen Ende her trocken wurde. Der Sender war weiterhin stocktot, überall gab es Kurzschlüsse und Funken.

Es blieb uns keine volle Stunde mehr. Es ging nicht. Der Sender wurde aufgegeben, und ein kleiner Saboteursender aus dem Kriege wurde aufs neue versucht. Wir hatten ihn mehrere Male im Laufe des Tages ausprobiert, aber ohne Resultat. Vielleicht war er jetzt ein wenig trockener geworden. Alle Batterien waren vollständig ruiniert, den Strom bekamen wir durch das Drehen eines winzigen Handgenerators. Er ging schwer, und wir vier rundherum schufteten den lieben langen Tag.

Die sechsunddreißig Stunden waren bald vorbei. Ich erinnere mich, daß einer flüsterte, noch sieben Minuten, noch fünf Minuten und – dann war keiner mehr, der noch auf die Uhr sehen wollte. Der Sender war noch ebenso stumm, aber es zischte der Empfänger empor bis zur richtigen Frequenz. Plötzlich ging es auf der Frequenz des Rarotongamannes los, und wir begriffen so viel, daß er bereits in vollem Kontakt mit der Telegraphenstation auf Tahiti war. Kurz darauf schnappten wir folgendes Bruchstück einer Meldung auf, die von Rarotonga ausging:

»...kein Flugzeug auf dieser Seite von Samoa. Ich bin ganz sicher...«

Und dann starb es wieder weg. Die Spannung war nicht mehr auszuhalten. Was ging da draußen vor sich? Hatten sie bereits begonnen, Flieger und Rettungsexpeditionen auszusenden? Jetzt ginge wohl die Meldungen kreuz und quer durch den Äther.

Die zwei Funker arbeiteten fieberhaft. Der Schweiß tropfte ihnen vom Gesicht, genauso wie uns, die wir saßen und drehten. Es begann langsam Kraft in die Senderantenne zu kommen, und Torstein zeigte ergriffen auf einen Pfeil, der sich langsam über eine Skala hinaufbewegte, wenn er die Morsetaste niederdrückte. Jetzt kam es!

Wir drehten wie die Verrückten, während Torstein Rarotonga rief. Keiner hörte uns. Noch einmal. Jetzt war der Empfänger wieder zum Leben erwacht, aber Rarotonga hörte uns nicht. Wir riefen Hal und Frank in Los Angeles und die Seekriegsschule in Lima, aber keiner hörte uns.

Da setzte Torstein eine CQ-Meldung ab, das heißt, er rief an alle Stationen in der Welt, die uns auf unserer besonderen Amateurfrequenz hören konnten.

Das half. Jetzt begann eine schwache Stimme draußen im Äther langsam nach uns zu rufen. Wir riefen wieder und sagten, daß wir sie hörten. Da sagte die langsame Stimme da draußen im Äther:

»Mein Name ist Paul. Ich wohne in Colorado, wie heißt du, wo wohnst du?«

Es war ein Radioamateur. Torstein warf sich über die Taste, während wir drehten, und antwortete:

»Hier Kon-Tiki. Wir sind auf einer öden Insel im Stillen Ozean gestrandet.«

An diese Aufklärung glaubte Paul nicht im mindesten. Er meinte, es sei ein Radioamateur eine Straße weiter, der bloß seinen Spaß mit ihm trieb, und kam nicht einmal im Äther wieder. Wir rauften uns verzweifelt den Bart. Hier saßen wir unter den Palmenkronen in der Sternennacht auf einer öden Insel, und es fand sich keiner, der uns geglaubt hätte.

Torstein gab nicht auf. Er war wieder über seiner Taste und sendete: »Alles in Ordnung, alles in Ordnung«, ins Unendliche. Wir mußten zum Teufel die ganze Rettungsmaschinerie aufhalten, bevor sie über den Stillen Ozean dahergerollt kam.

Da hörten wir ganz schwach im Empfänger:

»Sicher ist alles in Ordnung, aber warum schlägst du da solchen Krach?«

Dann war es wieder still im Äther. Das war alles.

Wir wären am liebsten in die Luft gegangen und hätten alle Kokosnüsse aus Wut heruntergeschüttelt, und der Himmel mag wissen, was wir getan hätten, wenn nicht sowohl Rarotonga wie der gute alte Hal uns plötzlich gehört hätten. Hal weinte, sagte er, so froh war er, LI2B wieder zu hören. Alle weiteren Bemühungen wurden augenblicklich eingestellt. Wir waren wieder allein und ungestört auf unserer Südseeinsel und eilten ermattet in die Koje aufs Palmenlager.

Am nächsten Tag nahmen wir es mit der Ruhe und genossen das Leben in vollen Zügen. Die einen badeten, die anderen fischten und waren auf Entdeckungsreisen auf dem Riff nach wunderlichen Tieren, während die ganz Energischen im Lager aufräumten und es rund um uns schön machten. Draußen auf der Landzunge, die auf das Wrack zulief, gruben wir eine Grube am Saum des Waldes und legten sie mit Blättern aus, bevor wir eine sprossende Kokosnuß aus Peru einpflanzten. Ein Mal aus Korallen wurde an ihrer Seite errichtet in gerader Linie zur Landungsstelle der »Kon-Tiki«.

Die »Kon-Tiki« war im Laufe der Nacht noch weiter hereingeschwemmt worden und lag fast trocken in einigen Wasserpfützen, festgeklemmt zwischen einer Reihe von großen Korallenblöcken, weit drinnen im Riff.

Nachdem sie sich gründlich im warmen Sand hatten durchbraten lassen, waren Erich und Herman wieder in guter Form und bekamen Lust, nach Süden das Riff entlang zu ziehen, in der Hoffnung, zu der großen Insel da unten hinüberzukommen. Ich warnte sie mehr vor dem Aal als vor dem Hai, und jeder steckte sein langes Machetemesser in den Gürtel. Im Korallenriff hält sich nämlich ein fürchterlicher Aal mit langen giftigen Zähnen auf, der leicht einem Menschen das Bein abreißen kann. Er wendet sich blitzschnell zum Angriff und ist der Schrecken der Eingeborenen, selbst solcher, die es wagen, um einen Hai herumzuschwimmen.

Die zwei waren imstande, weite Strecken das Riff hinunterzuwaten, aber es waren einzelne tiefere Rinnen kreuz und quer, wo sie schwimmen mußten. Sie erreichten glücklich die große Insel und wateten an Land. Lang und schmal und bedeckt von Palmenwald, zog sie sich zwischen sonnenhellen Strandplätzen im Schutz des Riffs nach Süden. Die zwei schritten die ganze Insel ab, bis sie an die Südspitze kamen. Hier zog das Riff sich weißschäumend weiter gegen Süden, anderen fernen Inseln zu. Sie entdeckten das Wrack eines gewaltigen Schiffes. Es hatte vier Masten und lag, in zwei Teile zerrissen, am Strand. Es war ein alter spanischer Segler, der mit Eisenbahnschienen beladen gewesen war, und rostige Schienen lagen draußen längs des ganzen Riffs verstreut. Sie folgten der anderen Seite der Insel wieder zurück aber fanden nicht einmal die Spur eines Menschen im Sand.

Auf dem Weg zurück über das Riff schreckten sie immer wieder wunderliche Fische auf, die sie zu fangen versuchten, als sie plötzlich von nicht weniger als acht großen Aalen angegriffen wurden. Sie sahen sie im klaren Wasser kommen und sprangen auf einen großen Korallenblock, den die Aale von allen Seiten umschlängelten. Die glitschigen Bestien waren armdick und grün und schwarz gesprenkelt wie Giftschlangen, mit kleinen Köpfen und bösen, bösen Schlangenaugen und zollangen, nadelscharfen Zähnen. Mit den Machetemessern schlugen sie los auf die kleinen wiegenden Köpfe, die sich heraufbogen. Einem schlugen sie den Kopf ab, während ein anderer verwundet wurde. Das Blut im Seewasser zog einen ganzen Schwarm von jungen Blauhaien an, die auf den toten und verwundeten Aal losgingen. In der Zwischenzeit glückte es den beiden, vom Stein fortzuhüpfen und sich davonzuretten.

Am gleichen Tag kam ich auf die Insel heraufgewatet, als etwas mit einer blitzschnellen Bewegung meinen Knöchel von beiden Seiten umgriff und ihn festhielt. Es war ein Tintenfisch, er war nicht groß, aber es war ein abscheuliches Gefühl, die kalten Fangarme um sich zu haben und in die bösen, kleinen Augen in dem blauroten, geschnäbelten Sack, der den Körper ausmachte, zu schauen. Ich suchte mit aller Kraft, meinen Fuß freizubekommen, aber der Tintenfisch, der kaum einen Meter lang war, folgte nach, ohne den Griff loszulassen. Es mußte der Verband um den Fuß sein, der ihn anlockte. Ruckweise zog ich mich hinauf auf den Strand, den abscheulichen Angreifer am Fuß. Erst als ich selbst den Beginn des trockenen Sandes erreichte, löste er seinen Griff und zog sich langsam zurück ins seichte Wasser, die Arme ausgestreckt, den Blick aufs Land gerichtet, wie bereit zu neuem Angriff, wenn ich nur wagte, ihm nahe zu kommen. Als ich einige Korallenblöcke nach ihm warf, schoß er davon.

Unsere verschiedenen Erlebnisse draußen am Riff waren nur die Würze des paradiesischen Daseins drinnen auf der Insel.

Aber wir konnten nicht unsere restliche Zeit hier verbringen. Wir mußten wieder daran denken, wie man zurück zur übrigen Welt kommen konnte. Nach einer Woche hatte die »Kon-Tiki« sich in der Mitte des Riffs verhängt, wo sie steif und fest auf dem Trockenen lag. Die schweren Stämme hatten große Korallenstöcke abgebrochen und fortgewälzt, um sich hinüber in die Lagune zu schieben, aber jetzt lag das Floß unbeweglich, und was wir auch zogen und schoben, das eine nützte so wenig wie das andere. Wenn wir nur das Wrack hinein in die Lagune bekamen, dann war es eine Kleinigkeit, auch den Mast wieder so weit aufzurichten und aufzutakeln, daß wir mit dem Wind über die freundliche Lagune segeln und nachsehen konnten, was wir auf der anderen Seite fanden. War eine der Inseln bewohnt, so mußte es am Horizont da drunten im Osten sein, wo das Ringriff seine Front nach Lee wendete.

Die Tage vergingen.

Eines schönen Vormittags kam einer von den Jungens dahergelaufen und sagte, er habe ein weißes Segel drinnen auf der Lagune gesehen. Von unserer höchsten Palme aus konnten wir einen winzigen Punkt sehen, der sich merkwürdig weiß gegen die opalblaue Lagune abhob. Das war wohl ein Segel auf der anderen Seite dicht am Land. Wir konnten sehen, wie es im Winde kreuzte. Bald kam uns noch ein zweites zu Gesicht.

Im Laufe des Vormittags wurde es größer und kam näher. Es hielt genau auf uns zu. Wir hißten die französische Flagge auf einer Stange. Das eine Segel war so nahe, daß wir sehen konnten, daß es zu einem polynesischen Auslegerkanu gehörte. Die Besegelung war neueren Jahrgangs. Zwei braune Gestalten standen an Bord und spähten nach uns. Wir winkten. Sie winkten zurück und segelten direkt herein bis zum Strand.

»Ia ora na«, grüßten wir auf polynesisch.

»Ia ora na«, riefen sie im Chor zurück, und der eine sprang heraus und zog das Kanu hinter sich her. So watete er über den Sand auf uns zu.

Die zwei hatten europäische Kleidung, aber den Körper des braunen Mannes. Sie waren barfuß, gut gebaut und mit einem selbstgemachten Strohhut gegen die Sonne versehen. Sie kamen ein wenig unsicher an Land und auf uns zu, aber da wir freundlich lächelten und ihnen der Reihe nach die Hand schüttelten, strahlten sie wie die Sonne und zeigten die Perlenreihe ihrer Zähne. Das sagte mehr als Worte.

Unsere polynesische Begrüßung hatte die zwei im Kanu auf genau dieselbe Art verblüfft und aufgemuntert, wie wir selbst seinerzeit zum besten gehalten wurden, als ihr Rassegenosse vor Angatau uns »Good night« zurief. Sie leierten also lange Tiraden auf polynesisch herunter, bevor sie begriffen, daß ihre Ergüsse an uns vorbeigingen, dann aber wollten sie nicht mehr weiterreden, sondern grinsten bloß freundschaftlich und zeigten auf das andere Kanu, das sich näherte

Darin saßen drei Leute. Als sie an Land wateten und grüßten, zeigte sich, daß der eine einige Worte Französisch konnte. Wir erfuhren, daß es ein Eingeborenendorf auf einer der Inseln quer über die Lagune gab. Von ihm aus hatten die Polynesier bereits vor einigen Nächten den Schein unseres Feuers beobachtet. Nun gab es nur eine einzige Durchfahrt, die durch das Raroiariff zu dem Kreis der Inseln um die Lagune geht. Da diese Durchfahrt unmittelbar am Dorf vorbeiführt, konnte niemand zu diesen Inseln hereinkommen, ohne von der Bevölkerung des Dorfes gesehen zu werden. Also hatten die Alten im Dorf herausgefunden, daß es kein Licht von Menschen sein konnte, es mußte etwas Übernatürliches sein, das da draußen herumspukte. Damit verloren sie alle Lust, auf Erkundung auszuziehen. Aber da kam ein Kistendeckel über die Lagune getrieben, auf dem einige Zeichen gemalt standen. Zwei von den Eingeborenen, die in Tahiti gewesen waren und dort lesen gelernt hatten, hatten die Inschrift gedeutet. Sie lasen, daß hier auf dem Brett mit großen schwarzen Buchstaben »Tiki« stand. Da gab es überhaupt keinen Zweifel mehr, daß es auf dem Riff umging, denn Tiki war der längst gestorbene Stammvater ihres Volkes, das wußten sie alle. Aber dann kamen Brot, Zigaretten und Kakao in wasserdichten Packungen und schließlich eine Schachtel mit einem alten Schuh über die Lagune herüber. Da sahen sie alle ein, daß sich ein Schiffbruch an der Ostseite des Riffs abgespielt hatte. Jetzt schickte der Häuptling endlich zwei Kanus aus, um nach den Überlebenden zu suchen, deren Feuer sie auf der Insel gesehen hatten. Aufgefordert von den anderen, fragte der eine Braune, warum eigentlich »Tiki« auf dem Brett stand, das über die Lagune getrieben kam. Wir erklärten darauf, daß »Kon-Tiki« auf unserer ganzen Ausrüstung stand, das sei nämlich der Name unseres Fahrzeugs, auf dem wir gekommen waren.

Unsere neuen Freunde waren höchst erstaunt, als sie hörten, daß alle an Bord den Schiffbruch glücklich überstanden hatten und daß das flachgedrückte Wrack da draußen am Riff das Fahrzeug war, mit dem wir gekommen waren. Sie wollten sofort uns alle in die Kanus verladen und mit ins Dorf hinübernehmen. Wir wiesen dies dankend zurück, wir wollten hierbleiben, bis die »Kon-Tiki« über das Riff geborgen war. Sie sahen erschreckt auf das flache Wrack da draußen. Wir dürften doch nicht daran denken, es noch einmal flottzubekommen! Der Wortführer sagte schließlich mit Pathos, wir sollten mit ihnen kommen. Sie hätten dazu bestimmten Befehl des Häuptlings, sie dürften nicht ohne uns zurückkommen.

Wir beschlossen darauf, daß einer von uns als Gesandter an den Häuptling mit den Eingeborenen fahren sollte, dann sollte er wieder zurückkommen und uns Bericht über die Verhältnisse auf der Insel da drüben erstatten. Wir wollten das Floß nicht auf dem Riff zurücklassen. Wir konnten uns nicht von unserer Ausrüstung trennen. Bengt ging mit den Eingeborenen. Die zwei Kanus wurden vom Strand losgeschoben, und bald verschwanden sie bei gutem Wind nach Westen.

Am nächsten Tag wimmelte der Horizont von weißen Segeln. Die Insulaner waren wohl mit allen Fahrzeugen, die sie besaßen, auf dem Weg zu uns.

Das ganze Gefolge kreuzte auf uns zu, und als sie heran waren, sahen wir unseren guten Freund Bengt im ersten Kanu mit dem Hut winken, umgeben von braunen Gestalten. Er rief uns zu, daß er mit dem Häuptling selbst käme, und wir nahmen Aufstellung drunten am Strand, wo sie an Land wateten.

Mit großem zeremoniellem Geschick stellte Bengt uns den Häuptling vor, der nach seinen Worten Tepiuraiarii Teriifaatau hieß – aber er verstand, was wir meinten, wenn wir ihn Teka nannten. Wir nannten ihn Teka.

Der Häuptling Teka war ein großer schlanker Polynesier mit ungewöhnlich intelligenten Augen. Er war eine mächtige Persönlichkeit und stammte von dem alten Königsgeschlecht auf Tahiti. Er selbst war Häuptling über die Raroia- und Takume-Inseln. Auf Tahiti war er in die Schule gegangen, so daß er Französisch sprach und lesen und schreiben konnte. Er erzählte mir, daß die Hauptstadt Norwegens Christiana hieß, und fragte, ob ich Bing Crosby kannte. Er erzählte des weiteren, daß nur drei ausländische Schiffe Raroia im

Laufe der letzten zehn Jahre besucht hatten, aber daß das Dorf mehrmals im Jahr Besuch des Kopraschoners aus Tahiti bekam, der Handelswaren brachte und Kokoskerne holte. Sie warteten jetzt schon lange auf den Schoner, so daß er in der nächsten Zeit herüberkommen mußte.

Bengts Bericht lief in Kürze darauf hinaus, daß es weder Schule, Radio noch Weiße auf Raroia gab, aber daß die hundertzwanzig Polynesier des Dorfes alles getan hatten, was sie konnten, daß wir es im Dorf angenehm haben sollten. Sie waren dabei, für uns einen großen Empfang vorzubereiten.

Die erste Bitte des Häuptlings war, das Schiff zu sehen, das uns lebend am Riff abgesetzt hatte. Mit einem Schwarm von Eingeborenen hinter uns wateten wir hinaus zur »Kon-Tiki«. Als wir uns näherten, blieben sie plötzlich stehen und begannen wie aus einem Mund zu schnattern. Wir sahen jetzt die Stämme der »Kon-Tiki« deutlich, und einer von den Eingeborenen stieß hervor:

»Das ist ja kein Bott, das ist ein Pae-pae!«

»Pae-pae!« wiederholten alle wie aus einem Mund.

Im Galopp platschten sie aufs Riff hinaus und kletterten auf die »Kon-Tiki«. Wie begeisterte Kinder krochen sie überall herum, befühlten die Stämme, das Bambusflechtwerk und das Tauwerk. Der Häuptling war genauso aufgeregt wie die anderen, er kam zurück und wiederholte erstaunt und interessiert:

»›Tiki‹ ist ja gar kein Schiff, es ist ein Pae-pae!«

Pae-pae ist das polynesische Wort für Floß und Plattform, auf der Osterinsel ist es auch die Bezeichnung für die Kanus der Eingeborenen. Der Häuptling berichtete, daß solche Pae-paes heute nicht mehr existieren, aber die Ältesten im Dorf konnten alte Überlieferungen über Pae-paes erzählen. Alle miteinander waren voller Bewunderung für die großen Balsastämme, aber über das Tauwerk rümpften sie die Nase. Solche Taue hielten nicht viele Monate in Seewasser und Sonne. Sie zeigten uns stolz die Zurrungen ihrer eigenen Ausleger. Die hatten sie selbst aus Kokoshanf geflochten. Solche Taue hielten fünf Jahre auf See.

Als wir zu unserer kleinen Insel zurückwateten, wurde sie »Fenua Kon-Tiki« getauft oder Kon-Tiki-Insel. Das war ein Name, den wir alle aussprechen konnten. Aber unsere braunen Freunde hatten schwere Mühe mit unseren kurzen nordischen Vornamen. Sie waren ganz hingerissen, als ich sagte, sie könnten mich Terai Mateata nennen, denn so war ich vom Häuptling auf Tahiti getauft worden, als ich zum erstenmal in der Gegend war.

Die Eingeborenen zogen Hühner, Eier und Brotfrüchte aus den Kanus heraus, während andere mit dreizinkigen Gabeln Fische in der Lagune aufspießten. Dann hatten wir ein großes Fest ums Lagerfeuer. Wir mußten alle unsere Erlebnisse mit dem Pae-pae auf dem Meer erzählen, und die Geschichte mit dem Walhai wollten sie immer wieder hören. Und jedesmal, wenn wir so weit kamen, daß Erich ihm die Harpune in den Schädel rannte, da schrien sie alle gleich mitgerissen auf. Sie erkannten sofort jeden einzelnen Fisch wieder, von dem wir ihnen Skizzen zeigten, und sagten uns sofort die Namen auf polynesisch. Aber den Walhai und den Gempylus hatten sie nie gesehen oder auch nur etwas davon gehört.

Als der Abend kam, bekamen wir zum großen Jubel der ganzen Versammlung das Radio in Gang. Am meisten entsprach Kirchenmusik ihrem Geschmack, bis wir zu unserer eigenen großen Überraschung echte Hula-Musik aus Amerika einfingen. Da begannen sich die Lustigsten unter ihnen herumzudrehen, die Arme über den Kopf gebeugt, und bald sprang die ganze Gesellschaft in die Hocke und tanzte Hulahula im Takt der Musik. Als die Nacht kam, lagerten sich alle Mann um ein Feuer am Strand. Für die Eingeborenen war es genauso ein Abenteuer wie für uns.

Als wir am nächsten Morgen erwachten, waren sie bereits auf und brieten frischgefangenen Fisch. Sechs eben geöffnete Kokoshüllen standen für uns bereit, um den Morgendurst zu löschen.

Heute donnerte das Riff noch stärker als gewöhnlich, der Wind hatte zugenommen, und die Brandungswogen peitschten hoch in die Luft ums Wrack.

»Heute kommt die ›Tiki‹ herein«, sagte der Häuptling und zeigte auf das Wrack, »es gibt Hochwasser.«

Um elf Uhr begann das Wasser an uns vorbei in die Lagune zu strömen. Wie eine große Schale füllte sie sich, und das Wasser stieg rund um die ganze Insel. Den ganzen Tag lang kam ein richtiger Strom vom Meer herein. Das Wasser wälzte sich von Terrasse zu Terrasse, und mehr und mehr vom Riff verschwand unter der Oberfläche. Wassermassen fluteten herein an beiden Seiten der Insel entlang. Sie rissen große Korallenblöcke mit sich und trugen Sandbänke ab, die wie Mehl vor dem Wind verschwanden, während andere aufgebaut wurden. Lose Wrackreste kamen an uns vorbeigesegelt, und die »Kon-Tiki« begann sich zu rühren. Alles, was längs des Strandes lag, mußte im Inneren der Insel geborgen werden, um nicht von der Flut mitgenommen zu werden. Bald waren nur mehr die höchsten Steine des Riffs sichtbar, der Strand um unsere Insel war verschwunden, das Wasser schäumte gegen den Grasfleck empor. Es sah unchristlich aus, man hatte den Eindruck, das ganze Meer wäre am Einmarsch. Die »Kon-Tiki« drehte sich herum und trieb los, bis sie von neuen Korallenblöcken aufgefangen wurde.

Die Eingeborenen stürzten sich ins Wasser und schwammen und wateten über die Stromwirbel, bis sie von Bank zu Bank ans Floß kamen. Knut und Erich folgten nach. Taue lagen am Floß bereit, und als dieses die letzten Korallenbänke umwarf und sich vom Riff löste, sprangen die Eingeborenen über Bord und versuchten, es zurückzuhalten. Sie kannten nicht »Kon-Tiki« und ihren unbändigen Drang, sich nach Westen durchzuschlagen, so daß sie hilflos im Schlepp mitgezogen wurden. Bald wanderte die »Kon-Tiki« mit guter Fahrt quer über das ganze Riff und in die Lagune hinein. Hier wurde sie gewissermaßen aufsässig, als sie stilleres Wasser erreichte, und drehte sich um, wie um einen Überblick über weitere Möglichkeiten zu erhalten. Bevor sie sich wieder auf die Reise begab und den Auslauf auf der anderen Seite entdeckte, hatten die Eingeborenen bereits das Ende des Taues glücklich um eine Palme am Land geschlungen, und nun hing die »Kon-Tiki« festgebunden drinnen in der Lagune. Ein Fahrzeug, das über Land und Wasser ging, hatte sich quer über die Barrikade durchgeschlagen und war glücklich in die Lagune im Inneren von Raroia gekommen.

Mit aufreizenden Kampfrufen, wobei »ke-ke-te-huru-huru« als zündender Refrain hervorgebrummt wurde, zogen wir die »Kon-Tiki« herein auf den Strand, der ihren Namen führte. Vier Fuß höher als normale Flut kulminierte das Hochwasser. Wir warteten schon darauf, die ganze Insel verschwinden zu sehen.

Windstöße brachen über das Wasser herein, und wir konnten nicht viel von unserer Ausrüstung mit in die engen und wassergefüllten Kanus bekommen. Die Eingeborenen mußten in höchster Eile zurück zum Dorf, und Bengt und Hermann fuhren mit ihnen, um nach einem kleinen Burschen zu sehen, der sterbend in einer Hütte des Dorfes lag. Der Bub hatte eine Eiterbeule am Kopf, und wir hatten Penicillin.

Am Tag darauf saßen wir vier wieder allein auf der Kon-Tiki-Insel. Der Ostwind war jetzt so stark, daß die Eingeborenen nicht über die Lagune kommen konnten, die mit Untiefen und scharfen Korallengebilden gespickt war. Das Wasser stieg und sank in Flutwellen.

Am nächsten Tag ließ es nach. Wir konnten jetzt unter die »Kon-Tiki« tauchen und feststellen, daß die neun Stämme heil waren, sogar wo das Riff ein oder zwei Zoll der Unterseite abgehobelt hatte. Das Tauwerk saß so tief drinnen in seinen Furchen, daß nur vier von den zahlreichen Seilen von den Korallen angeschnitten waren. Wir begannen an Bord aufzuräumen. Unser stolzes Fahrzeug sah menschlicher aus, als die Hütte wie ein Klappgehäuse wiederaufgestellt wurde. Der Mast wurde geschient und aufgerichtet. Im Verlauf des Tages tauchten die Segel wieder auf. Die Eingeborenen kamen, um uns und den Rest der Last abzuholen. Hermann und Bengt waren dabei. Sie erzählten, daß die Eingeborenen im Dorf große Feierlichkeiten vorbereitet hatten. Wenn wir zu der Hauptinsel hinüberkämen, dürften wir die Kanus erst nach einem besonderen Zeichen vom Häuptling verlassen.

Bei frischer Brise durchschnitten wir die Lagune, die hier eine norwegische Meile breit war. Wir sahen fast mit Wehmut die einzelnen Palmen auf der Kon-Tiki-Insel zum Abschied winken, während sie in eins verschmolzen und unsere Insel zu einem unbestimmbaren kleinen Eiland unter vielen anderen am Ostriff einschrumpfte. Aber vor uns breiteten sich größere Inseln aus. Vor der einen sahen wir eine Mole, und Rauch stieg von den Hütten zwischen den Palmenstämmen auf.

Das Dorf sah tot und leblos aus, kein Mensch war zu sehen. Was war nun los? Drunten am Strand am Ende der Mole von Korallenblöcken standen zwei einsame Gestalten, die eine war lang und dünn, die andere groß und umfangreich wie eine Tonne. Als wir herankamen, grüßten wir beide. Es waren der Häuptling Teka und der Vizehäuptling Tupuhoe. Tupuhoes herzlichem und kräftigem Lachen waren wir bald alle verfallen. Teka war ein klarer Kopf und ein Diplomat, aber Tupuhoe war ein unverdorbenes Kind der Natur, ein Kernmensch mit einem Humor und mit einer Urkraft, wie man sie nur selten findet. Mit seinem mächtigen Korpus und seinem königlichen Gesicht stellte er alles vor, was man von einem vollblütigen polynesischen Häuptling erwartet. Tupuhoe war auch der eigentliche Häuptling auf der Insel. Aber Teka hatte im Laufe der Zeit die Oberhoheit bekommen, weil er Französisch sprach und rechnen und schreiben konnte, so daß das Dorf nicht betrogen wurde, wenn der Schoner von Tahiti um Kopra kam.

Teka erklärte, daß wir miteinander zum Versammlungshaus im Dorf hinaufmarschieren sollten. Als alle Jungens an Land waren, stiegen wir hinan in feierlicher Prozession, Hermann voran mit der Flagge, die an einem Harpunenschaft wehte, dann ich zwischen den zwei Häuptlingen.

Das Dorf war deutlich geprägt vom Koprahandel mit Tahiti, Planken und Wellblech waren mit dem Schoner eingeführt. Während einzelne Hütten in malerischem altem Stil mit winkligem Holzwerk und geflochtenen Palmenblättern gebaut waren, waren andere aus Brettern zu kleinen tropischen Bungalows zusammengeklopft. Ein großes Bretterhaus, das für sich allein zwischen den Palmen lag, war das neue Versammlungshaus des Dorfes. Hier sollten wir sechs Unterkunft bekommen. Wir marschierten mit der Flagge durch eine kleine Hintertür und wieder hinaus auf eine breite Treppe vor der Front. Vor uns auf dem Platz standen alle, die im Dorf gehen oder auch nur kriechen konnten, Frauen und Kinder, Alte und Junge. Alle waren todernst, und selbst unsere lustigen Freunde von der Kon-Tiki-Insel standen steif zwischen den anderen, ohne eine Miene des Wiedererkennens zu verziehen.

Als wir auf die Treppe herausgetreten waren, öffnete die ganze Versammlung wie mit einem Schlag den Mund und stimmte – die Marseillaise an. Der Häuptling, der sie auswendig konnte, war Vorsänger, und es ging ganz gut, obwohl einzelne alte Weiblein in den Fisteltönen hängenblieben. Das mußten sie fürchterlich trainiert haben. Die französische und die norwegische Flagge wurden vor der Treppe gehißt, und damit war Häuptling Tekas offizieller Empfang vorüber. Er zog sich still in den Hintergrund zurück. Jetzt war der dicke Tupuhoe an der Reihe. Er sprang vor und war Zeremonienmeister. Tupuhoe gab ein knappes Zeichen, und damit stimmte die ganze Versammlung neuerlich ein Lied an. Aber diesmal ging es besser. Denn Text und Melodie waren von ihm selbst verfertigt, in ihrer eigenen Sprache, und ihr eigenes Hula-Singen, das konnten sie. Die Melodie war so bezaubernd in all ihrer ergreifenden Einfachheit – und dazu noch das Brausen der Südsee –, wir fühlten es den Rücken hinunterkrabbeln. Mit einzelnen Vorsängern fiel der ganze Chor ständig ein. So gab es Variationen im Thema, selbst wenn der Text ständig der gleiche war: »Guten Tag, Terai

Mateata, und deine Männer, die ihr übers Meer auf einem Pae-pae zu uns auf Raroia gekommen seid, ja guten Tag. Mögt ihr lange bei uns weilen und Schönes mit uns erleben, so daß wir immer im Geiste beisammen bleiben, selbst wenn ihr wieder in ferne Länder zieht. Guten Tag!«

Wir mußten sie bitten, das Lied noch einmal zu singen, und langsam kam Leben in die Versammlung, nachdem sich ihre Befangenheit legte. Tupuhoe bat mich, einige Worte an die Bevölkerung zu richten und zu erklären, warum wir auf einem Pae-pae übers Meer gekommen waren, darüber hatten alle nachgedacht. Ich sollte nur französisch reden, Teka würde übersetzen.

Es war eine ungelehrte, aber höchst intelligente Versammlung von Braunen, die hier standen und warteten. Sie bekamen zu hören, daß ich schon früher unter ihren Stammesgenossen auf den Südseeinseln gewesen war und daß ich damals von ihrem ersten Häuptling Tiki gehört hatte, der ihre Vorväter auf diese Inseln geführt hatte aus einem geheimnisvollen Land, von dem keiner mehr wußte, wo es lag. Aber in einem fernen Land, das Peru hieß, so sagte ich, hatte einmal ein mächtiger Häuptling regiert, der Tiki hieß. Das Volk nannte ihn Kon-Tiki oder Sonnen-Tiki, weil er von der Sonne abstammte. Tiki verschwand schließlich aus seiner Heimat auf großen Pae-paes, deshalb glaubten wir sechs, daß er derselbe Tiki war, der hier auf den Inseln gelandet war. Da aber niemand uns glauben wollte, daß ein Pae-pae die Reise übers Meer durchstehen könne, so zogen wir selbst los von Peru mit einem Pae-pae, und hier waren wir. So war es also möglich.

Als die kleine Rede von Teka übersetzt war, war Tupuhoe Feuer und Flamme und sprang wie in Ekstase vor die Versammlung. Er polterte auf polynesisch los, fuchtelte mit den Armen herum, zeigte auf den Himmel und auf uns, und in seinem Redeschwall wiederholte er ständig das Wort Tiki. Das ging so rasch, daß es unmöglich war, den Faden zu behalten. Aber die ganze Versammlung schluckte jedes Wort und war sichtlich erschüttert. Teka hingegen sah ganz geniert aus, als er übersetzen sollte.

Tupuhoe hatte gesagt, daß sein Vater und Großvater und dessen Väter wieder von Tiki erzählt hatten und daß Tiki deren erster Häuptling war, der jetzt im Himmel sei. Aber dann kamen die Weißen und sagten, die Überlieferungen der Vorväter wären Lüge, Tiki habe nie existiert. Er wäre auch nicht im Himmel, denn dort sei Jehovah. Tiki sei ein heidnischer Gott, an ihn durften sie nicht mehr glauben. Aber jetzt waren heute hier sechs dahergekommen zu ihnen auf einem Pae-pae übers Meer. Wir wären die ersten Weißen, die zugestanden, ihre Väter hätten die Wahrheit erzählt, Tiki hätte gelebt, er sei nicht nur ein Hirngespinst, aber jetzt sei er tot und im Himmel.

Erschreckt bei dem Gedanken, die Arbeit der Missionare umzustürzen, beeilte ich mich, vorzutreten und zu erklären, daß Tiki wohl gelebt hatte, das war sicher und gewiß. Aber jetzt sei er tot. Ob er jetzt im Himmel oder in der Hölle war, das wußte nur Jehovah, denn der war im Himmel, während Tiki selbst ein sterblicher Mensch gewesen war, ein großer Häuptling wie Teka und Tupuhoe oder vielleicht noch etwas größer.

Die Braunen mußten lachen, aber im Grunde gefiel es ihnen gut, und das Nicken und Murmeln zeigte deutlich, daß die Erklärung auf guten Boden gefallen war. Tiki hatte gelebt, das war die Hauptsache. Wenn er jetzt in der Hölle wäre, so wäre das sein eigener Schaden, aber da stiege vielleicht die Möglichkeit für verschiedene von uns, ihn wiederzusehen, meinte Tupuhoe

Drei alte Männer drängten sich vor und wollten uns die Hand schütteln. Es war kein Zweifel, daß sie es waren, die die Erinnerung an Tiki bei der Bevölkerung am Leben hielten, und der Häuptling erzählte auch, daß der eine Alte eine Unzahl von Überlieferungen und historischen Liedern aus der Zeit der Vorväter kannte. Ich fragte den Alten, ob nicht ein Hinweis in den Überlieferungen war, aus welcher Richtung Tiki gekommen sei. Nein, daran konnte sich keiner von ihnen erinnern. Aber nachdem sie sich wohl und lange bedacht hatten, sagte der älteste von den dreien, daß Tiki einen nahen Verwandten mit sich hatte, namens Maui, und in dem Lied von Maui hieß es, daß er hierher auf die Insel von Pura kam, und Pura, das war dort, wo die Sonne aufging. War also Maui von Pura gekommen, so war wohl Tiki aus derselben Richtung, und wir sechs auf dem Pae-pae, wir waren auch von Pura gekommen, das stand fest.

Ich erzählte den Braunen, daß auf einer einsamen Insel, näher bei der Osterinsel, die Mangareva heißt, die Bevölkerung niemals den Bau von Kanus erlernt hatte. Hier hatten sie nie aufgehört, große Pae-paes auf See zu gebrauchen bis in unsere Zeit. Davon wußte der Alte nichts. Aber er wußte, daß ihre eigenen Vorväter auch große Pae-paes verwendet hatten, aber das war im Laufe der Zeit völlig außer Gebrauch gekommen, und jetzt war nur mehr der Name und die Überlieferung übrig. In alten Tagen wurden die Pae-paes als Rongo-rongo bezeichnet, sagte der älteste, aber das sei ein Wort, das jetzt nicht mehr im Sprachschatz vorkomme. Aber Rongo-rongos werden in den ältesten Sagen erwähnt.

Dieser Name war interessant, denn Rongo, das auf einzelnen Inseln Lono ausgesprochen wird, war der Name eines der bekanntesten sagenumsponnenen Ahnen der Polynesier. Er wurde ausdrücklich als weiß und hellhaarig geschildert. Als Kapitän Cook das erste Mal nach Hawaii kam, wurde er mit offenen Armen von den Insulanern empfangen. Sie glaubten, er sei ihr weißer Verwandter Rongo, der nach generationenlanger Abwesenheit auf seinem großen segelführenden Fahrzeug von der Heimat seiner Väter zurückkehrte. Und auf der Osterinsel war Rongo-rongo die Bezeichnung für die mystischen Hieroglyphen, deren Geheimnis mit den letzten schriftkundigen »Langohren« verlorenging.

Während die Alten über Tiki und Rongo-rongo sprechen wollten, wünschten die Jungen vom Walhai und von unserer Fahrt über das Meer zu hören. Aber das Essen wartete, und Teka war es müde, Dolmetsch zu spielen.

Jetzt durfte das ganze Dorf herantreten, um jedem einzelnen von uns die Hand zu schütteln. Die Männer murmelten »Ia-orana« und rissen uns fast die Hand ab, die jungen Mädchen tänzelten heran und grüßten schelmisch und geniert, und die alten Hexen schwatzten und knicksten und zeigten auf unseren Bart und unsere Hautfarbe. Es leuchtete Freundschaft aus jedem einzelnen Gesicht. So konnte es gar nicht ausbleiben, daß eine babylonische Sprachverwirrung entstand. Sagten sie etwas Unverständliches zu uns auf polynesisch, so antworteten wir mit derselben Münze auf norwegisch. So hatten wir alle miteinander einen Riesenspaß.

Das erste Wort, das alle lernten, war »mögen«, und wenn einer mit diesem Wort auf das zeigen konnte, was er mochte, und damit rechnen konnte, es sofort zu bekommen, so war die ganze Schwierigkeit gelöst. Rümpfte einer die Nase, wenn er »mögen« sagte, so bedeutete das »nicht mögen«. So konnte man sich ganz gut verständigen.

Sobald wir mit den hundertsiebenundzwanzig Einwohnern des Dorfes bekannt waren, wurde ein langer Tisch für die zwei Häuptlinge und uns sechs gedeckt, und die jungen Mädchen des Dorfes kamen und brachten die leckersten Gerichte. Während die einen den Tisch deckten, kamen die anderen und flochten Blumenkränze um unseren Hals, und kleinere Kränze wurden uns auf die Stirn gedrückt. Sie sandten ein schmachtendes Aroma aus und waren kühl und erfrischend in der Hitze. Dann begann ein Willkommenfest, das erst schloß, als wir von der Insel abreisten. Wir bekamen Stielaugen, das Wasser lief uns im Mund zusammen, uns, die wir vom Floß kamen, denn der Tisch bog sich vor gebratenen Spanferkeln, Hühnern, Entenbraten, frischem Hummer, polynesischen Fischgerichten, Brotfrucht, Papaya und Kokosmilch. Und während wir uns über die Gerichte stürzten, sang man Hula-Lieder zu unserer Unterhaltung, indes junge Mädchen den Tisch umtanzten.

Die Jungens machten es sich so bequem wie möglich und zerflossen förmlich vor Wohlbehagen, der eine sah so lächerlich aus wie der andere. Ausgehungert saßen wir da und schwelgten in den Gerichten mit brausendem Bart und einem Blumenkranz im Haar. Die zwei Häuptlinge genossen das Dasein genauso offenkundig wie wir.

Nach dem Essen gab es Hula-Tanz im großen Stil. Das Dorf wollte uns die lokalen Volkstänze zeigen. Während wir sechs mit Teka und Tupuhoe jeder einen Ehrenstuhl im Orchester bekamen, traten zwei Gitarrenspieler vor, ließen sich nieder und klimperten los, echte Südseemelodien. In einem großen Kreis hockten um uns die anderen Zuschauer, die kräftig singend einfielen. Da glitten zwei Reihen tanzender Männer und Frauen mit raschelnden Palmenblattfransen sich drehend und schwingend durch diesen Ring. Sie hatten einen munteren und feurigen Vorsänger in Gestalt eines überquellend fetten Kerls, der einen Arm durch einen Hai verloren hatte. Zu Beginn wirkten die Tänze ein wenig theatralisch und nervös, aber als sie sahen, daß die Weißen vom Pae-pae nicht über die Volkstänze ihrer Vorfahren die Nase rümpften, kam mehr Leben in sie. Ein Teil der älteren sprang mit hinein, sie hatten den besten Rhythmus und kannten diese Tänze am besten, die sicher nicht mehr im allgemeinen Gebrauch standen. Und als die Sonne in den Stillen Ozean tauchte, wurde es unter den Palmen lebhafter und lebhafter, und der Jubel der Zuschauer wurde mehr und mehr spontan. Sie hatten vergessen, daß es sechs Fremde gab, die zusahen. Jetzt waren wir sechs der Ihren und freuten uns mit ihnen. Das Repertoire hatte kein Ende. Eine fesselnde Vorführung löste die andere ab. Zum Schluß setzte sich ein Anzahl junger Männer in die Hocke in einem dichten Ring vor unseren Beinen, und auf ein Zeichen Tupuhoes begannen sie gleichmäßig den Boden mit den Handflächen zu schlagen. Erst langsam, dann schneller, der Rhythmus wurde besser und besser, als plötzlich ein Trommelschläger einfiel und sie begleitete, indem er mit zwei Stöcken auf einen knochentrokkenen ausgehölten Holzblock schlug. Das gab einen scharfen, durchdringenden Klang. Als der Rhythmus die gewünschte Feurigkeit hatte, begann der Gesang. Plötzlich sprang ein Hula-Mädchen, einen Blumenkranz um den Hals und Blumen hinter dem Ohr, in den Ring. Es trat den Takt mit bloßen Füßen und krummen Knien, während es sich rhythmisch in den Hüften wiegte, die Arme über dem Kopf, in echtem Südseestil. Es tanzte glänzend, und bald schlug die ganze Versammlung den Takt mit den Fäusten. Noch ein Mädchen sprang in den Ring und noch eines. Sie bewegten sich mit unglaublicher Geschmeidigkeit und in vollendetem Rhythmus und umkreisten sich wie graziöse Schatten im Tanz. Die dumpfen Schläge gegen den Boden, der Gesang, die helle Holztrommel beschleunigten ihr Tempo, der Takt wurde rascher und rascher, der Tanz wilder und wilder, während die Zuschauer in sorgfältigem Rhythmus klatschten und heulten.

Das war die Südsee, so wie sie die Vorzeit kannte. Die Sterne blinkten, und die Palmen wiegten sich, die Nacht war mild und lang, erfüllt von Blumenduft und Zikadengesang. Tupuhoe strahlte wie die Sonne und schlug mir auf die Schulter.

»Maitai?« fragte er.

»Eh, maitai«, antwortete ich.

»Maitai?« fragte er alle anderen.

»Maitai!« antworteten sie laut und deutlich aus innerster Überzeugung, keiner von ihnen hätte die Nase gerümpft.

»Maitai«, nickte Tupuhoe und zeigte auf sich selbst. Auch er war zufrieden.

Selbst Teka fand, daß es ein schönes Fest war. Es war das erste Mal, daß Weiße den Tänzen hier auf Raroia beiwohnten, erzählte er. Rascher und rascher gingen die Trommelwirbel, das Klatschen, der Gesang und der Tanz. Nun hörte die eine der Tänzerinnen auf, sich rund im Kreise zu bewegen, sie stand jetzt auf einem Fleck und tanzte in wirbelndem Tempo. Immer wieder streckten sich ihre Arme Hermann verlockend entgegen. Hermann grinste verschämt in seinen Bart, er wußte nicht recht, was er tun sollte.

»Es ist jedenfalls eine gesunde Bewegung!« zischelte ich, »und du bist ja ein guter Tänzer!«

Und zum unbegrenzten Jubel der Menge sprang Hermann hinein in den Ring, und halb in der Hocke stürzte er sich in all die verlangenden Windungen des Hula-Tanzes. Der Jubel war grenzenlos, bald schwangen sich auch Bengt und Torstein im Tanz und schlängelten sich, daß der Schweiß nur so troff, um dem Takt zu folgen, der sich zu einer wahnwitzigen Jagd beschleunigte, bis die Trommel allein in einen einzigen Wirbel überging und die drei wirklichen Hula-Tänzerinnen wie Espenlaub im Takt bebten, bis sie im Finale zusammensanken und die Trommelwirbel jäh abrissen.

Nun war der Abend unser. Die Stimmung war auf dem Höhepunkt.

Der nächste Punkt im Programm war der Vogeltanz, eine der ältesten Zeremonien auf Raroia. Männer und Frauen in zwei Reihen tanzten gegeneinander in einer rhythmischen Bewegung, indem sie Schwärme von Vögeln kopierten, die von einem Vortänzer dahingeführt wurden. Der Vortänzer hatte den Titel eines Vogelhäuptlings und hatte wunderliche Manöver zu vollführen, ohne mit in den Tanz zu folgen. Als er vorüber war, erklärte Tupuhoe, das sei jetzt dem Floß zu Ehren gewesen. Jetzt sollte wiederholt werden, aber ich sollte den Vortänzer ablösen. Ich hatte den Eindruck, die Hauptaufgabe des Vortänzers sei es, ein wildes Gebrüll auszustoßen und in der Hocke herumzuhüpfen, dabei mit dem Hinterteil zu wedeln und womöglich noch die Hände über dem Kopf zu schwingen. So zog ich den Blumenkranz gut über den Schädel herunter und marschierte in die Arena. Während ich mich im Tanz wand, sah ich auf einmal, wie der alte Tupuhoe lachte, daß er ständig in Gefahr war, vom Stuhl zu kugeln. Die Musik wurde immer dürftiger, da Gesangschor und Musikanten dem unwiderstehlichen Beispiel Tupuhoes folgten.

Jetzt wollten alle beim Tanz dabeisein, Alte und Junge. Sofort waren die Trommelschläger und die Bodenklatscher wieder da und leiteten über zu einem mitreißenden Hula-hula-Tanz. Wieder sprangen die Hula-Mädchen in den Ring und begannen den Auftakt in wildem und wilderem Tempo, und dann wurden wir nacheinander aufgefordert. Immer mehr Männer und Frauen folgten nach und stampften und bogen sich, rascher und rascher.

Aber Erich war heute nicht in Bewegung zu bekommen. Zug und Feuchtigkeit auf dem Floß hatte seinen längst erstorbenen Hexenschuß zu neuem Leben erweckt. So saß er wie ein alter, eisgrauer Seebär steif und bärtig und dampfte aus einer kurzen Pfeife. Er ließ sich nicht von den Hula-Mädchen verführen, die umsonst versuchten, ihn in die Arena zu locken. Er hatte seine dicke Schafspelzhose an, die er des Nachts in den kältesten Gefilden des Humboldtstromes getragen hatte, und mit Vollbart, bloßem Oberkörper und Schafspelzhose war er eine getreue Ausgabe von Robinson Crusoe, wie er da unter den Palmen saß. Ein hübsches Mädchen nach dem anderen versuchte sich einzuschmeicheln, aber vergebens. Er saß ernsthaft da, dampfte aus seiner Pfeife, einen Blumenkranz im Haar.

Da trat eine wohlgewachsene Matrone mit schwellenden Muskeln vor in den Ring, machte einige mehr oder minder wohlgeglückte Hula-Schritte und marschierte resolut auf Erich los. Er sah schreckgeschlagen drein, aber die Amazone lächelte einschmeichelnd wie eine Butterkugel, ergriff ihn resolut beim Arm und schleppte ihn vom Stuhl weg. Erichs vergnügliche Hose hatte Schafwolle drinnen und das Leder draußen, und im Achtersteven war sie geplatzt, so daß ein weißer Wollflaum hervorstand wie die Blume eines Häsleins. Erich folgte höchst widerstrebend, die eine Faust um die Pfeife geschlossen, die andere gegen den Sitz seines Hexenschusses gepreßt. Als er sich anschickte, umherzuhüpfen, mußte er die Hose auslassen, um den Blumenkranz zu bergen, der in Gefahr war, herunterzufallen, und den Blumenkranz auf einem Ohr, mußte er wieder im letzten Augenblick die Hose erwischen, die durch ihr eigenes Gewicht auf dem Wege nach abwärts war. Die Dicke, die ihm in Hula-Schritten voranhopste, war selbst ebenso nett anzusehen, und die Tränen liefen uns die Bartbüschel hinab. Bald hörten alle anderen im Ring auf, und Lachsalven dröhnten durch den Palmenhain, während der Hula-Erich und die Schwergewichtlerin in graziösen Schwüngen herumhopsten. Schließlich mußten sie selbst aufhören, weil Sänger und Musikanten mehr als genug zu tun hatten, sich den Bauch vor Lachen zu halten.

Das Fest setzte sich bis in den hellen Morgen fort, dann bekamen wir die Erlaubnis, eine kleine Pause einzuschalten, nachdem wir von neuem jede einzelne der einhundertsiebenundzwanzig Hände geschüttelt hatten. (Wir schüttelten jedem einzelnen die Hand, jeden Morgen und jeden Abend, solange wir auf der Insel wohnten!)

Sechs Betten waren von sämtlichen Hütten im Dorf zusammengekratzt und Seite an Seite an der Wand im Versammlungshaus aufgestellt worden. Hier schliefen wir, ausgerichtet wie die sieben Zwerge im Märchen, duftende Blumenkränze über dem Kopfkissen.

Am nächsten Tag wurden wir zu dem sechsjährigen Buben gerufen, der eine Eiterbeule am Kopf hatte. Es sah schlimm aus. Der Bub hatte fast zweiundvierzig Grad Fieber,und die Beule am Scheitel war so groß wie eine Mannsfaust und breitete sich mehr und mehr aus. Er hatte andere kleinere Beulen auf den Zehen.

Teka erklärte, sie hätten schon viele Kinder auf diese Art verloren. Falls nicht einer von uns doktern konnte, hatte der Bub nicht mehr lange zu leben. Wir hatten Flaschen mit Penicillin in der neuen Tablettenform. Wir hatten aber keine Ahnung, welche Dosis ein kleines Kind vertragen kann. Starb uns der Bub unter unserer Behandlung, konnte es ernste Folgen haben.

Knut und Torstein zogen wieder das Radio hervor und spannten eine Antenne zwischen den höchsten Kokospalmen. Als der Abend kam, bekamen sie von neuem Kontakt mit unserem nie gesehenen Freunden Hal und Frank, die in ihrer Wohnung zu Hause in Los Angeles saßen. Frank bekam einen Arzt ans Telefon, und mit der Morsetaste berichteten wir alle Krankheitssymptome des Buben und den Inhalt unserer Medizinbüchse. Frank vermittelte die Antwort des Arztes, und in der gleichen Nacht zogen wir an die Hütte, wo der kleine Haumata sich im Fieber herumwarf, das halbe Dorf weinend und lärmend um uns.

Hermann und Knut sollten kurieren, während die anderen genug damit zu tun hatten, die Ortsbevölkerung draußen zu halten. Die Mutter wurde hysterisch, als wir mit einem Messer daherkamen und um kochendes Wasser baten. Alles Haar wurde vom Kopf des Knaben rasiert, und die Beule wurde aufgeschnitten. Der Eiter spritzte in einem Strahl fast bis ans Dach, und mehrere Eingeborene drängten sich erregt herein, so daß wir sie aus der Tür jagen mußten. Vergnügen war das keins. Die Beule war geleert und desinfiziert, dann wurde der ganze Kopf verbunden, und wir begannen die Penicillinkur. Zwei Tage lang wurde der Knabe jede vierte Stunde behandelt. Das Fieber hatte seinen Höhepunkt erreicht. Die Beule wurde offengehalten, und jeden Abend wurde der Doktor in Los Angeles konsultiert. Dann fiel plötzlich die Temperatur, der Eiter wurde durch frisches Gewebe ersetzt, das den Hohlraum ausfüllte, und der Knabe strahlte wie eine Sonne und wollte Bilder aus der wunderlichen Welt der weißen Männer sehen, wo es Autos, Kühe und Häuser mit mehreren Stockwerken gab.

Eine Woche später spielte Haumata mit den anderen Jungen am Strand, den Kopf mit einem großen Verband umwickelt, den er bald abnehmen durfte.

Als das gut gegangen war, nahmen die Krankheiten im Dorf kein Ende. Zahnweh und Bauchgrimmen gab es allerorten,und die Beulen hatten sie überall, Alte und Junge. Wir verwiesen die Patienten an Dr. Knut und Dr. Hermann, die Diät verordneten und die Medizinbüchsen auf Pillen und Salben ausleerten. Manche wurden kuriert, und keiner wurde schlechter, und da die Medizinkiste leer war, kochten wir Kakaosuppe und Hafergrütze, die einen glänzenden Effekt auf hysterische Alte ausübten.

Wir waren noch nicht viele Tage unter unseren braunen Bewunderern gewesen, als das Fest in einer neuen Veranstaltung kulminierte. Wir sollten als Bürger von Raroia adoptiert werden und polynesische Namen erhalten. Selbst ich durfte nicht länger Terai Mateata heißen, so konnte man mich auf Tahiti nennen, aber nicht hier.

Sechs Stühle waren für uns mitten auf dem Platz aufgebaut, und der ganze Ort war früh auf den Beinen, um einen guten Platz im Umkreis zu bekommen. Teka saß feierlich dazwischen. Er war wohl Häuptling, aber nicht, wenn es zu alten lokalen Zeremonien kam. Das fiel Tupuhoe zu.

Alle saßen todernst und stumm und warteten, bis der große, dicke Tupuhoe feierlich und langsam mit seinem großen Knotenstock heraufgestiegen kam. Er war sich der Feierlichkeit der Stunde bewußt. Aller Augen hingen an ihm, als er wie in tiefen, grübelnden Gedanken daherkam und sich vor uns sechs aufstellte. Er war der geborene Häuptling, ein hervorragender Sprecher und Schauspieler.

Mit leiser und gemessener Stimme wendete er sich herunter zu den Vorsängern, Trommlern und Tanzleitern, und indem er mit seinem Knotenstock nacheinander auf sie wies, gab er ihnen kurze Befehle. Dann drehte er sich wieder uns zu. Plötzlich sperrte er seine gewaltigen Augen auf, so daß das Weiße des Augapfels mit den Zähnen um die Wette leuchtete in dem ausdrucksvollen kupferbraunen Gesicht. Er hob den Knotenstock, und während die Worte aus ihm herausrollten wie die Erbsen aus einem Sack, rezitierte er alte Rituale, die höchstens die ältesten verstanden, denn sie waren in einem uralten und vergessenen Dialekt.

Teka übersetzte uns, daß er davon sprach, daß Tikaroa der Name des ersten Königs war, der sich hier auf dieser Insel niedergelassen hatte. Er hatte über dieses seltsame Ringriff regiert, von Nord nach Süd, von Ost nach West und noch weit in die Luft, über die Köpfe der Menschen hinweg.

Während der ganze Chor das alte Lied von Tikaroa anstimmte, legte Tupuhoe seine mächtige Faust auf meine Brust und wendete sich zu den Zuhörern, indem er sagte, er taufe mich »Varoa Tikaroa« oder Tikaroas Geist.

Als das Lied erstarb, kam die Reihe an Hermann und Bengt. Nacheinander bekamen sie die große braune Faust auf die Brust, indem er den einen »Tupuhoe-Itetahua« und den anderen »Topakino« taufte. Es waren die Namen von zwei Helden der Vorzeit, die in den Kampf gegen ein Seeungeheuer gezogen waren und es bei der Einfahrt ins Raroiriff getötet hatten.

Die Trommelschläger setzten mit einigen mächtigen Wirbeln ein. Zwei robuste Männer sprangen vor mit aufgeknüpftem Lendenschurz und einem langen Spieß in der Hand. Sie bewegten sich in rasendem Tempo, rissen die Knie herauf bis an die Brust und stießen zeigend in die Luft, während sie den Kopf von einer Seite zur anderen warfen. Auf einen neuen Schlag der Trommel sprangen sie hoch, und in vollendetem Rhythmus begannen sie einen zeremoniellen Kampf, der geradezu die Form eines Balletts annahm. Das Ganze ging kurz und rasch vor sich und stellte den Kampf der Helden gegen das Seeuntier dar. Mit Gesang und Zeremonien kam die Reihe an Torstein, der den Namen »Maroake«, nach einem toten König des hiesigen Dorfes, bekam, und an Erich und Knut, die die Namen »Tane-Matarau« und »Tefaunui«, nach zwei längst verstorbenen Seefahrern und Seehelden, erhielten. Die lange und monotone Rezitation, die ihrer Taufe folgte, kam in einem wirbelnden Tempo und mit einem kontinuierlichen Wortstrom daher, der in seiner unglaublichen Geschwindigkeit ebenso imponieren wie ergötzen konnte.

Die Zeremonie war vorüber. Wieder gab es weiße Häuptlinge unter dem Polynesiervolk auf Raroia. Zwei Reihen von Tänzern und Tänzerinnen traten in geflochtenen Strohkleidern mit wehenden Bastkronen vor. Sie tanzten an uns heran und hoben die Kronen von ihren Köpfen herüber auf die unseren, und während wir rasselnde Strohkleider um den Leib bekamen, ging das Fest weiter.

Eines Nachts bekamen unsere blumenbekränzten Funker Verbindung mit der Amateurstation auf Rarotonga, die uns eine Meldung aus Tahiti übermittelte. Es war ein herzlicher Willkommensgruß vom Gouverneur der französischen Kolonie im Stillen Ozean.

Über Auftrag aus Paris hatte er den Regierungsschoner »Tamara« ausgesandt, um uns nach Tahiti zu bringen. So sollte es uns erspart bleiben, das unsichere Anlaufen des Kopraschoners abzuwarten. Tahiti war der Knotenpunkt der französischen Kolonie und die einzige Insel, die Verbindung mit der übrigen Welt hatte. Wir mußten über Tahiti, um den Postdampfer heim in unsere eigene Welt zu bekommen.

Das Fest auf Raroia ging weiter. Eines Nachts heulte eine Sirene draußen auf dem Meer. Ausguckposten kamen von den Palmenkronen und erzählten, daß ein Schiff am Eingang der Lagune lag. Wir liefen durch den Palmenwald hinunter zum Strand auf der Leeseite. Hier sahen wir hinaus auf das offene Meer, genau entgegengesetzt zu der Richtung, aus der wir gekommen waren. Die Brandung war wesentlich geringer auf dieser Seite, die im Windschutz jenes Riffs lag, das uns so übel mitgespielt hatte.

Dicht vor dem Eingang der Lagune sahen wir die Lichter eines Schiffs. Es war sternenklar. Wir erkannten die Umrisse eines breitgebauten Schoners mit zwei Masten. War es das Schiff des Gouverneurs, das uns holen sollte? Warum kam es nicht herein?

Die Eingeborenen wurden immer aufgeregter. Nun sahen wir es auch, das ganze Fahrzeug legte sich über und drohte zu kentern. Es war auf ein unsichtbares Korallenriff aufgefahren. Torstein erwischte eine Lampe und signalisierte:

»Quel bateau?« Welches Schiff?

»Maoae«, blinkte es von draußen.

»Maoae« war der Kopraschoner, der zwischen den Inseln verkehrte. Er war nach Raroia unterwegs, um Kopra zu holen. Kapitän und Besatzung an Bord waren Polynesier, sie kannten die Riffe in- und auswendig. Aber die Strömung im Dunkel war tückisch. Es war ein Glück, daß der Schoner auf der Leeseite lag und daß das Wetter ruhig war, aber die Strömung aus der Lagune war nicht ungefährlich. Die »Maoae« legte sich mehr und mehr auf die Seite, und die Besatzung ging in das Rettungsboot. Solide Taue wurden in den Mastspitzen festgemacht und herein auf Land gerudert, wo die Eingeborenen sie um die Kokospalmen befestigten, um zu verhindern, daß der Schoner kenterte. Mit anderen Tauen fuhr die Besatzung im Rettungsboot vor die Öffnung im Riff, in der Hoffnung, die »Maoae« klar zu rudern, wenn sich die Ebbe aus der Lagune wälzte. Die Ortsbevölkerung setzte alle Kanus zu Wasser und zog aus, um die Kopralast zu bergen. Es waren neunzig Tonnen wertvoller Kopra an Bord. Ladung um Ladung von Koprasäcken wurde aus dem schlingernden Schoner ausgeladen und herein auf trockenen Grund gebracht. Auch bei Flut blieb die »Maoae« liegen und schlug und schrammte gegen die Korallen, bis der Boden leck wurde. Als der Tag graute, lag sie noch ungünstiger zugerichtet auf dem Riff. Die Besatzung konnte nichts unternehmen, es war unmöglich, den schweren Schoner mit seinen hundertfünfzig Tonnen mit Rettungsboot und Kanus freizuschleppen. Blieb er so liegen, so wurde er über kurz oder lang in Trümmer geschlagen. Wenn der Wind wechselte, so würde er in die Brandung gezogen und scheiterte rettungslos am Ringriff.

Die »Maoae« hatte keinen Sender. Aber wir hatten einen. Ein Rettungsfahrzeug aus Tahiti wurde indes doch nicht angefordert. Die »Maoae« hätte sich in der Zwischenzeit längst selbst zum Wrack geschlingert. Aber zum zweitenmal im gleichen Monat wurde das Raroiariff um seine Beute betrogen.

Zu Mittag des gleichen Tages kam der Schoner »Tamara« am Horizont im Westen in Sicht. Er hatte Auftrag, uns von Raroia abzuholen, und an Bord war man nicht wenig erstaunt, als man statt eines Floßes die Masten eines großen Schoners zu Gesicht bekam, die sich hilflos am Riff wiegten.

An Bord der »Tamara« war der französische Bevollmächtigte für die Tuamotu- und Tubuai-Gruppen, M. Frédéric Ahnne, den der Gouverneur von Tahiti mitgeschickt hatte, um uns zu empfangen. Auch ein französischer Kameramann und ein französischer Funker waren an Bord, Kapitän und Mannschaft waren Polynesier. M. Ahnne war selbst auf Tahiti von französischen Eltern geboren und war ein hervorragender Seemann. Er übernahm das Kommando an Bord mit Zustimmung des tahitischen Kapitäns, der hocherfreut war, der Verantwortung in dem gefährlichen Fahrwasser enthoben zu sein. Während die »Tamara« sich selbst von Myriaden von Unterwasserriffen und Stromwirbeln fernhielt, wurden kräftige Taue zwischen den zwei Schonern gespannt,und M. Ahnne begann sein tüchtiges und gefährliches Manövrieren. Der Gezeitenstrom drohte, beide Schoner auf dieselbe Korallenbank zu saugen.

In der Flut löste sich die »Maoae« aus dem Riff, und die »Tamara« zog sie hinaus in tiefes Wasser. Aber jetzt schäumten die Wellen durch das Leck in die »Maoae«, die mit höchster Eile ins seichte Wasser der Lagune geschleppt werden mußte. Drei Tage lang lag sie vor dem Dorf und drohte zu sinken. Tag und Nacht arbeiteten die Pumpen. Die besten Perlentaucher unter unseren Freunden auf der Insel tauchten mit Spieken und Bleiplatten und schlossen die schwersten Schäden, so daß die »Maoae« unter ständigem Pumpen von der »Tamara« zur Schiffswerft auf Tahiti eskortiert werden konnte.

Als die »Maoae« klar zum Abtransport lag, manövrierte M. Ahnne die »Tamara« zwischen die Korallenbänke in der Lagune und hinüber zur Kon-Tiki-Insel. Das Floß wurde in Schlepp genommen. Dann setzte er Kurs auf offene See, die »Kon-Tiki« im Schlepp und die »Maoae« dicht hinterdrein, so daß die Besatzung gerettet werden konnte, falls die Schäden draußen auf See überhandnehmen sollten.

Der Abschied von Raroia war mehr als wehmütig. Alles, was nur Füße hatte, stand an der Mole und spielte und sang unsere Lieblingsmelodien, während das Rettungsboot uns hinaus zur »Tamara« führte.

In der Mitte hielt Tupuhoe den kleinen Haumata an der Hand. Haumata weinte, und Tränen tropften selbst dem mächtigen Häuptling über die Backen. Es blieb kein Auge trocken drinnen auf der Mole. Aber Gesang und Musik währten, solange wir sie hören konnten, bis die Brandung vom Riff überhandnahm.

Die, die da drinnen auf der Mole getreulich standen und sangen, hatten sechs Freunde verloren. Uns entschwanden hundertsiebenundzwanzig. Wortlos standen wir an der Reling der »Tamara«, bis die Mole hinter den Palmen verschwand und die Palmen selbst im Meer versanken. Wir hörten noch die eigenartige Melodie in uns:

»– – –Schönes mit uns erleben, so daß wir immer im Geiste zusammenbleiben, selbst wenn ihr wieder in ferne Länder zieht. Lebt wohl.«

Vier Tage später tauchte Tahiti aus dem Meer auf. Nicht als Perlenreihe von Palmenwipfeln. Als wilde, zerrissene, blaue Berge, hoch in den Himmel getürmt, Wolkenschwärme umgaben sie wie Blumenkränze der Mädchen.

Als wir uns näherten, unterschieden wir grüne Hänge in den blauen Bergen. Grün in grün wälzte sich die Üppigkeit des Südens rostrote Felsen und Lehmhänge hinunter, die schließlich in tiefe Täler und Schluchten niederstürzten, um dann hinaus gegen das Meer zu münden. Und schon unterschieden wir schlanke Palmen, dicht an dicht, durch alle Täler und an der Küste entlang, hinter einem goldenen Strand. Tahiti war von Vulkanen aufgebaut. Die waren jetzt erloschen, und die Korallentiere hatten ihr Ringriff um die Insel geschlossen, so daß das Meer sie nicht abtragen konnte.

An einem frühen Morgen steuerten wir durch eine Öffnung im Riff hinein in den Hafen von Papeete. Vor uns lagen Kirchturmspitzen und rote Ziegeldächer, halb verborgen unter dem Laubwerk von Riesenbäumen und Palmenkronen. Papeete war Tahitis Hauptstadt, die einzige Stadt in Französisch-Ozeanien. Hier war die Stadt der Freude, der Regierungssitz und der Knotenpunkt für allen Verkehr im östlichen Pazifik.

Als wir in den Hafen kamen, stand die Bevölkerung Tahitis dicht gedrängt und wartete wie eine farbenreiche und lebendige Mauer. Neuigkeiten verbreiten sich mit dem Wind auf Tahiti. Und das Pae-pae, das von Amerika kam, wollten sie alle gesehen haben.

Die »Kon-Tiki« bekam den Ehrenplatz an der Strandpromenade, Papeetes Bürgermeister hieß uns willkommen, ein kleines Polynesiermädchen überreichte uns einen enormen Strauß von wilden Tahiti-Blumen im Namen der polynesischen Gesellschaft. Und dann kamen junge Mädchen auf uns zu und hängten duftende weiße Kränze um unseren Hals zur Begrüßung auf Tahiti, der Perle der Südsee.

Ich suchte ein bestimmtes Gesicht in dem Menschengewimmel, meinen alten Adoptivvater aus Tahiti, den Häuptling Teriieroo, den Chef von Tahitis siebzehn eingeborenen Häuptlingen. Er fehlte nicht. Groß und umfangreich und quietschlebendig wie in alten Tagen tauchte er auf und rief »Terai Mateata!«, während er über das breite Angesicht nur so strahlte. Er war alt geworden, aber er war dieselbe prächtige Häuptlingsgestalt.

»Du kommst spät«, lächelte er, »aber du kommst gut. Dein Pae-pae hat in Wahrheit blauen Himmel ›terai mateata‹ nach Tahiti gebracht. Denn jetzt wissen wir, woher unsere Vorväter kamen.«

Es gab einen Empfang beim Gouverneur und ein Fest im Rathaus, und es regnete Einladungen von allen Ecken der gastfreien Insel.

Draußen in den bekannten Gegenden im Papenotal beim Häuptling Teriieroo gab es ein großes Fest wie in guten alten Tagen, und, da Raroia nicht Tahiti war, gab es eine neue Taufe mit tahitischen Häuptlingsnamen für die, die noch keine hatten.

Es waren sorglose Tage unter Sonne und treibenden Wolken. Wir badeten in der Lagune, wir kletterten in die Berge und tanzten Hula auf den Wiesen unter den Palmen. Die Tage vergingen und wurden zu Wochen. Die Wochen wollten vergehen und zu Monaten werden, bevor ein Schiff kam, das uns nach Hause an die Pflichten führen konnte, die auf uns warteten.

Da kam eine Meldung aus Norwegen, daß Lars Christensen den Viertausend-Tonner »Thor« von Samoa nach Tahiti beordert hatte, um die Expedition aufzusammeln und wieder mit nach Amerika zu bringen.

Eines schönen Morgens glitt der große norwegische Dampfer in den Hafen von Papeete, und »Kon-Tiki« wurde von einem französischen Marineschiff hinaus an die Seite seines großen Landsmannes geschleppt, der einen Riesenarm aus Stahl herausschwang und seinen kleinen Verwandten an Deck hob. Kräftige Sirenenstöße heulten über die Palmeninsel. Braune und Weiße füllten Papeetes Steinkai und wälzten sich an Bord mit Abschiedsgeschenken und Blumenkränzen. Wir standen an der Reling und streckten den Hals wie Giraffen, um das Kinn aus der ständig wachsenden Blumenbürde herauszubekommen.

»Wünscht ihr euch zurück nach Tahiti«, rief der Häuptling Teriieroo, als die Sirene zum letztenmal zur Insel hinübertönte, »so müßt ihr einen Blumenkranz in die Lagune werfen, wenn das Schiff abfährt!«

Die Trossen wurden gelöst, die Maschine lärmte, und die Schraube peitschte das Wasser grün, während wir langsam seitlich vom Kai glitten.

Bald verschwanden die roten Dächer hinter den Palmen, und die Palmen wurden von blauen Bergen verschluckt, die wie Schatten im Stillen Ozean versanken. Die Wogen brausten auf dem blauen Meer. Jetzt reichten wir nicht mehr zu ihnen hinunter. Weiße Passatwolken zogen über den blauen Himmel. Wir fuhren nicht mehr dieselbe Straße. Jetzt durchschnitten wir brutal die Natur, wir waren unterwegs ins zwanzigste Jahrhundert, das so weit, weit fort lag.

Aber wir lebten, und drinnen in der Lagune von Tahiti lagen sechs weiße Blumenkränze und tanzten auf und nieder mit den kleinen Wellen, die an den Strand schlugen.

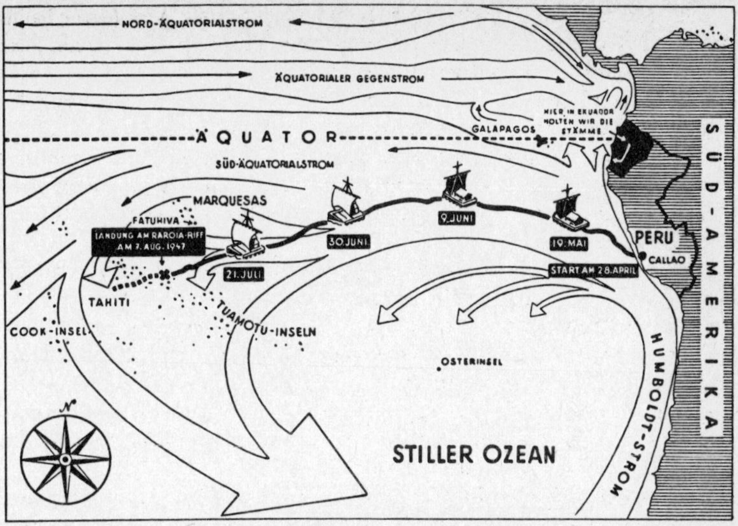

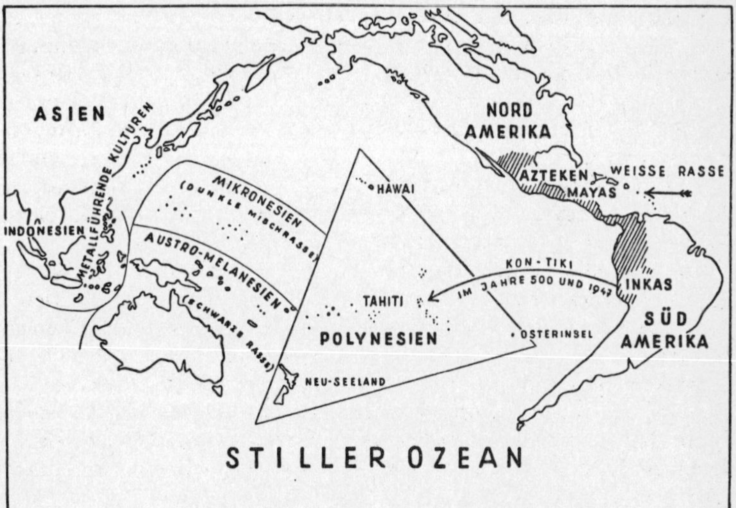

Oben: *Die Fahrt der »Kon-Tiki«.* Die Stellung des Segels zeigt die vorherrschende Richtung des Passats. Unten: *Bevölkerungsgruppen auf den Südsee-Inseln.* Das Dreieck umschließt die Inselwelt Polynesiens. Die Windseite dieses Gebietes ist Amerika zugewendet. Auf der Leeseite ist Polynesien durch fremde Bevölkerungsgruppen von Asien abgeschnitten.

AKU-AKU

Das Geheimnis der Osterinsel

Titel der norwegischen Originalausgabe:
Aku-Aku, Påskeøyas hemmelighet
Erschienen bei Gyldendal Norsk Forlag, Oslo, 1957
Autorisierte gekürzte Ausgabe
Deutsche Übersetzung von Karl Jettmar

Seiner Königlichen Hoheit
KRONPRINZ OLAV
dem Schutzherrn der Expedition

Detektive fahren ans Ende der Welt

Ich hatte keinen *Aku-Aku*. Ich wußte nicht einmal, was ein *Aku-Aku* eigentlich war; daher wäre mir auch nicht geholfen gewesen, wenn ich einen gehabt hätte.

Auf der Osterinsel aber besitzt jeder vernünftige Mensch einen *Aku-Aku*, und dort hat man mir schließlich auch einen verliehen. Aber so weit war ich noch gar nicht. Im Augenblick steckte ich tief in den Expeditionsvorbereitungen, konnte also gar keinen haben. Vielleicht fiel es mir aber gerade darum so schwer, die Ausreise ins Rollen zu bringen. Heimzukommen war dann bedeutend leichter.

Die Osterinsel ist der einsamste Fleck auf Gottes weiter Erde. Die nächsten Nachbarn, die ihre Bewohner zu sehen bekommen, stehen am Himmelszelt, es sind Mond und Planeten. Die Insulaner müssen weiter reisen als jedes andere Volk, wenn sie sich davon überzeugen wollen, daß es doch noch irgendwo Festland gibt. Deshalb stehen sie auch auf du und du mit den Sternen und wissen mehr Namen für sie als für die Städte und Länder unserer Erde.

Auf dieser fernen Insel am Ende der Welt hat sich der Mensch einst einen seiner wunderlichsten Einfälle erlaubt. Niemand weiß, welches Volk es war, niemand kennt die Motive. Das geschah nämlich lange bevor Kolumbus die ersten Europäer nach Amerika brachte und damit auch den Entdeckungsreisen in den Stillen Ozean Tür und Tor öffnete. Damals, als wir Weißen noch glaubten, die Welt sei gleich hinter Gibraltar zu Ende, gab es dort drüben gewaltige Seefahrer, die besser Bescheid wußten. Sie eilten ihrer Zeit voraus. Der Bug ihrer Schiffe durchpflügte die endlose Weite der unbekannten Meere, die vor Südamerikas öder Westküste liegen. Dort draußen aber fanden sie die entlegenste Insel der Welt. Sie stiegen an Land, zückten ihre Steinbeile und stürzten sich in eines der merkwürdigsten technischen Unternehmen der Vorzeit. Nicht Burgen oder Schlösser bauten sie, noch interessierten sie Dämme und Hafenanlagen. Sie verfertigten vielmehr gigantische Steinfiguren in Menschengestalt, hoch wie Häuser und schwer wie Eisenbahnwagen, schleiften sie reihenweise über Berg und Tal und stellten sie auf mächtige Steinterrassen.

Wie brachten die Leute das damals nur fertig, lange vor Anbruch unseres technischen Zeitalters? Das weiß niemand. Die Statuen aber stehen da, wie sie geplant waren, und ragen zum Firmament empor, während ihre Schöpfer längst zu Staub zerfallen sind. Die alten Meister begruben ihre Toten am Fuß der von ihnen geschaffenen Kolosse. Sie errichteten neue Giganten und wurden schließlich selbst beigesetzt. Und dann, mit einem Male, verstummten die Meißelschläge gegen die Bergwand. Das muß plötzlich geschehen sein, denn alles Werkzeug blieb an Ort und Stelle liegen, viele Figuren wurden unvollendet im Stich gelassen. Die geheimnisvollen Bildhauer verschwanden in den grauen Nebeln der Vergangenheit.

Was war geschehen? Ja, was war auf der Osterinsel geschehen?

Wohl zum tausendsten Male beugte ich mich über den Schreibtisch, segelte in Gedanken über die Karte des Stillen Ozeans, jenes trügerische Blatt Papier, auf dem einem kleine Inseln mit großen Buchstaben in die Augen springen und man mit dem Finger ebenso leicht gegen die Meeresströmungen wie mit ihnen gleitet. Allmählich kannten wir uns, der Pazifik und ich. Hier in den grünen Tälern der Marquesas-Gruppe, gleich südlich des Äquators, hatte ich ein ganzes Jahr nach Art der Eingeborenen gelebt und gelernt, die Natur mit polynesischen Augen zu betrachten. Hier hörte ich auch zum ersten Male von dem alten Tei Tetua die Geschichte des Gottmenschen Tiki. Und da drunten auf den Gesellschafts-Inseln, unter den Palmen auf Tahiti, nahm mich der große Häuptling Teriieroo in die Schule. Er adoptierte mich und lehrte mich, sein Volk wie meines zu respektieren. Und dort, auf jenen Korallenriffen in der Tuamotu-Gruppe, strandeten wir mit dem »Kon-Tiki«-Floß und erfuhren dabei, daß selbst die salzige Meeresflut ihre streng vorgeschriebenen Reiserouten hat, von Südamerika bis zu diesen fernen Eilanden. Wie entlegen die Inseln aber auch sein mochten, sie lagen doch alle innerhalb der natürlichen Reichweite indianischer Balsaflöße.

Von den Galapagos rollt die mächtige Meeresströmung unbeirrt weiter, rascher als der Amazonas und hundertmal breiter als er, bis sie dann einige Wochen später ihre Wassermassen zwischen die Südseeinseln schiebt.

Mitten in dieser Strömung entdeckte ich auf der Karte eine kleine undeutliche Marke, daneben ein Fragezeichen. Bedeutet das Land? Mit dem »Kon-Tiki«-Floß waren wir genau über diese Stelle hinweggesegelt und konnten bestätigen, daß die Marke nur auf ein paar Stromwirbel hinwies. Aber darunter, dort, wo die südlichsten Abzweigungen der Strömung zogen, lag auf der Karte noch ein anderer Punkt, und der trug einen Namen: die Osterinsel. Dort war ich noch nicht gewesen, aber gerade dahin wollte ich nun. Ich hatte mir schon lange den Kopf zerbrochen, wie die Menschen der Vorzeit diesen einsamen Fleck erreicht haben mochten. Im Augenblick zermarterte ich mir freilich das Hirn, wie ich selbst dahin gelangen konnte.

Wie will man auch die Verkehrsprobleme des Steinzeitmenschen lösen, wenn man nicht einmal mit seinen eigenen fertig wird?

Als das »Kon-Tiki«-Floß damals ein ganzes Stück weiter nördlich vorübertrieb, saßen wir im Mondschein an Deck und rätselten an den Mysterien der Osterinsel. Von da an hatte ich im geheimen davon geträumt, einmal wiederzukommen und auf der einsamen Insel dort unten zu landen. Diesen Traum gedachte ich jetzt zu verwirklichen.

Die Osterinsel gehört Chile. Nur einmal im Jahr läuft ein Kriegsschiff mit Proviant für die Eingeborenen sie an. Es macht so rasch wie möglich kehrt und sieht zu, daß es wieder nach Chile kommt, das so weit entfernt liegt wie etwa Spanien von Kanada. Eine andere Verbindung zur großen Welt besteht nicht.

Dieses Kriegsschiff bot keine Lösung für meine Reiseprobleme, denn die Osterinsel innerhalb der einen Woche durchforschen zu wollen, in der es dort vor Anker lag, war natürlich Unsinn. Mich aber ein Jahr lang mit einer eifrigen Gelehrtenschar, die womöglich nach einem Monat feststellte, daß es nichts mehr zu tun gab, auf dem Eiland festnageln zu lassen, erschien ebensowenig verlockend. Wohl konnte man die Insel mit Strömung und Wind von Südamerika her auf einem Balsafloß erreichen, aber da würden die Archäologen kaum mitspielen, und ohne die saß ich bei der Erforschung der Osterinsel wiederum fest. Also mußte ich mir ein eigenes Schiff beschaffen, irgendein Expeditionsfahrzeug. Nun gibt es aber vor der Osterinsel keinen geschützten Ankerplatz, von Kaianlagen, Öl- oder Wasserversorgung gar nicht erst zu reden. Folglich mußte das Schiff groß genug sein, um Öl und Wasser für Hin- und Rückreise zu fassen, außerdem noch eine Reserve, um in der Wartezeit beweglich zu bleiben. Damit wurde es allmählich ein ziemlich großes Schiff. Was aber, wenn die Archäologen nach vierzehn Tagen herausfanden, daß es nichts zu graben gab? Dann lohnte es nicht, mit einem eigenen Schiff auf die Osterinsel zu kommen, dann mußten wir wenigstens zu anderen unerforschten Gebieten weiterfahren können. Nicht daß es daran fehlte: im östlichen Teil Polynesiens liegen ganze Gruppen von interessanten Inseln und warten auf ihre Ausgräber, gerade in jener Zone des Stillen Ozeans, wo die Strömungen von Südamerika und den Galapagos anbranden.

Wenn es sich um Reisen in ferne Weltmeere handelt, wende ich mich immer an Thomas und Wilhelm. Eines Tages, als die ganze Planung noch ein schöner, heimlicher Traum war, saßen wir in Fred Olsens gemütlichem alten Reedereikontor unten am Kai in Oslo beisammen. Als ich hereinkam, roch Thomas sofort Lunte, holte einen dicken Globus und stellte ihn zwischen uns auf. Ich drehte die Kugel herum, bis sie fast ganz blau war. Dazu muß der Globus so stehen, daß der riesige südliche Pazifik nach vorn kommt, während Amerika und Asien einschließlich Europas auf der hinteren Hälfte verschwinden. Ich zeigte auf die Osterinsel.

»Dorthin!« sagte ich. »Aber wie?«

Zwei Tage später saßen wir wieder um den Globus, und Wilhelm legte seine Kalkulation vor.

»Das beste für dich wäre ein Schiff mit Dieselantrieb von ungefähr einhundertfünfzig Fuß Länge, mit zwölf Meilen Fahrt und Raum für fünfzig Tonnen Wasser und hundertdreißig Tonnen Öl.«

Ich bezweifelte nicht einen Augenblick, daß das wirklich für uns das Geeignetste sei. Auf Wilhelms maritime Rechenkünste vertraute ich felsenfest, seit er mir die tägliche Trift der »Kon-Tiki« so präzis vorausgesagt hatte, daß wir auf den Tag genau gelandet wären, wenn wir es nur fertiggebracht hätten, ein Tauende an Land zu fieren, als wir an Angatau vorbeiglitten.

Einige Tage danach meldete sich Wilhelm am Telefon. Eine Konservenfabrik in Stavanger machte uns ein Angebot. Sie hatte einen passablen Trawler für die Grönlandfischerei frei; den konnte ich für ein Jahr chartern, wenn ich ihn ab September übernehmen wollte.

Ich schielte auf den Kalender. Wir hatten schon Mitte April, also nicht einmal ein halbes Jahr Zeit! Das Angebot lautete »bareboat«, das heißt, ich bekam ein leeres Schiff, ohne Besatzung und ohne Ausrüstung.

Meine seemännische Erfahrung war nie über das Stadium der Floßfahrt hinausgediehen. Auch meine Kameraden von der »Kon-Tiki« hätten keine Besatzung für ein richtiges Schiff abgegeben. Dafür brauchte man Lizenzen und Seemannspapiere, die man sich bei einem Inkafloß hatte ersparen können.

»Unser Kontor kann dich in allen seemännischen Fragen beraten«, sagte Thomas.

Daraufhin setzten wir uns mit dem Schiffsinspektor, dem Mann von der Personalabteilung, dem Proviantmeister, dem Versicherungsagenten und anderen Fachleuten an den großen grünen Konferenztisch. So bekamen wir ein richtiges, normales Schiff. Es blieben ja kaum vier Monate, und im Geist sah ich es vor mir, wie es düster und verlassen in Stavanger am Kai lag, ohne einen Lebensfunken im Schornstein, ohne eine Seele an Deck, mit gähnend leeren Laderäumen, wo die nackten Eisenspanten gespenstisch wie Rippen eines Ungeheuers seinen hohlen Bauch umschlossen. Ich hörte förmlich, wie ihm vor Hunger und Ungeduld der Magen knurrte.

Tausend Kleinigkeiten muß man im Kopf haben, wenn man mit seiner Familie nur auf Sommerfrische geht. Wenn man aber außerdem noch fünf Archäologen, einen Arzt, einen Fotografen, fünfzehn Seeleute, ein Schiff mit Ersatzteilen, Spezialausrüstung und Proviant für ein ganzes Jahr mitzunehmen hat, werden die Sorgen nicht geringer. Man kommt sich vor wie ein Dirigent, der Spaghetti ißt und dabei ein Orchester durch eine Ungarische Rhapsodie von Liszt jagen will.

Auf meinem Schreibtisch herrschte ein wildes Chaos: Pässe, Genehmigungen, Fotografien, Pakete und Briefe. Die Möbel waren mit Seekarten, Tabellen und Ausrüstungsstücken behängt. Bald breitete sich der Wirbel im ganzen Hause aus. Telefon und Türglocke läuteten grundsätzlich gleichzeitig, und wenn man schnell hin wollte, mußte man erst über Kisten, Pakete und Bündel klettern.

Abgekämpft saß ich auf dem Deckel eines Bandaufnahmegeräts, ein Butterbrot in der Hand, den Telefonhörer ans Ohr geklemmt, und versuchte, mit einem Anruf durchzudringen. Aber es war hoffnungslos; seit ich nach einem Ersten Steuermann für eine Reise nach den Südseeinseln inseriert hatte, kam das Ortstelefon nicht mehr zur Ruhe. Den Kapitän hatte ich schon.

Endlich gelang es mir, einen Großhändler in Oslo zu erreichen.

»Ich brauche drei Tonnen Zahngips«, erklärte ich.

»Das müssen ja furchtbare Zahnschmerzen sein!« antwortete jemand trocken.

Bevor ich meinem Gesprächspartner erklären konnte, daß ich den Gips nicht für meine Beißwerkzeuge, sondern für Abgüsse der Osterinselstatuen brauchte, schob sich ein Ferngespräch aus Stavanger in unsere Unterhaltung.

»Hallo!« rief eine neue Stimme. »Hallo! Ich soll Ihnen von Ihrem Maschinisten Olsen ausrichten, daß die Kurbelwelle ausgeleiert ist. Sollen wir sie nachschleifen oder eine neue anschaffen?«

»Was für eine Kurbelwelle?« stöhnte ich. »Drrrrrrrrr!« Das war die Hausglocke.

»Fragen Sie Reff!« trompetete ich ins Telefon. »Er kennt sich mit alldem aus.«

Yvonne segelte zur Tür herein, unter Paketen beinahe begraben.

»Ich bin die Liste des Stewards durchgegangen«, sagte sie, »und habe Pfeffer und Zimt um je zwei Kilogramm reduziert. Außerdem hat Dr. Semb Bescheid gesagt, daß er uns seine Ambulanzkiste leihen kann.«

»Großartig!« Da fiel mir der Mann ein, der glaubte, ich brauche den Gips für mein Gebiß. »Willst du so lieb sein und ihn anrufen?« Ich gab Yvonne den Hörer gerade im richtigen Augenblick: sie durfte gleich ein ankommendes Gespräch übernehmen.

»Da stimmt etwas nicht«, sagte sie zu mir, »Mustads Fabrik fragt an, wohin sie deine vierundachtzig Kilo Angelhaken aller Sorten liefern soll. Sag einmal, wenn wir preisangeln wollen, wozu haben wir dann eigentlich zwei Tonnen Gefrierfleisch mit?«

»Wir wollen ja gar nicht damit fischen«, erklärte ich ihr, »die sind als Bezahlung für die einheimischen Arbeiter während der Ausgrabungen bestimmt. Oder glaubst du etwa auch, ich nehme die sechshundert Meter bunten Kleiderstoff mit, um uns darin einzuwickeln?«

Das traute sie mir nun doch nicht zu. Hingegen teilte sie mir mit, der Zweite Maschinist habe eben telegrafisch abgesagt. Seine Frau wollte ihn nicht weglassen, als sie hörte, es ginge nach den Südseeinseln.

Mit einem Satz stürzte ich zum Papierkorb, aber der war inzwischen geleert worden.

»Was suchst du denn?« fragte Yvonne.

»Die übrigen Bewerbungen für den Zweiten Maschinisten.« Ich zuckte resigniert die Achseln

»Aha!« Yvonne hatte die Situation begriffen.

Wieder läuteten die Klingel an der Eingangstür und das Telefon. Herein trat der für die Expedition vorgesehene Froschmann mit zwei Begleitern, voll beladen mit Schwimmflossen und Schnorcheln. Sie wollten uns den Unterschied zwischen französischer und amerikanischer Taucherausrüstung demonstrieren. Hinter ihnen stand ein kleiner Mann und drehte seinen Hut in den Händen: Er habe mir im Vertrauen etwas Wichtiges zu sagen. Er sah aber so sonderbar aus, daß ich es nicht über mich brachte, ihn weiter als bis in die Diele zu bitten.

»Haben Sie die Statuen auf der Osterinsel gesehen?« flüsterte er und sah sich nach allen Seiten um, als belausche uns irgendwer.

»Nein, aber ich will gerade hinfahren und sie mir ansehen.«

Bedeutsam hob er den Zeigefinger und raunte mir mit hintergründigem Lächeln zu: »Es sitzt ein Mann darin!«

»Ein Mann?« fragte ich entgeistert.

»Ja«, flüsterte er geheimnisvoll, »ein König!«

»Wie soll er denn hineingekommen sein?« fragte ich höflich, während ich uns beide langsam, aber nachdrücklich der Tür näherschob.

»Sie haben ihn hineingesetzt, genau so wie in eine Pyramide. Sie müssen so ein Ding mal kaputtschlagen, dann werden Sie schon sehen!« zwinkerte er mir zu und stülpte sich mit Schwung den Hut auf den Kopf, während ich rasch für seinen wertvollen Rat dankte und leicht konsterniert die Tür hinter ihm ins Schloß drückte.

Allmählich begann ich, mich an merkwürdige Leute zu gewöhnen. Eine endlose Kette kurioser Vorschläge traf mit der Post ein, seit die Zeitungen meinen Plan veröffentlicht hatten. Fast täglich bekam ich Briefe aus allen Himmelsrichtungen, die mir verrieten, die Osterinsel sei der Rest eines versunkenen Kontinents, ein Atlantis des Stillen Ozeans. Wir sollten unsere Anstrengungen auf den Meeresboden rund um die Insel konzentrieren. Dort liege der Schlüssel zu ihrem Geheimnis, nicht an Land.

Einer gab mir sogar den freundlichen Rat, ich solle die ganze Expedition abblasen. Es sei hinausgeworfenes Geld, eine solche Reise zu unternehmen. »Sie können ruhig an Ihrem Schreibtisch sitzenbleiben und das ganze Problem mit Vibrationen lösen. Senden sie mir eine Fotografie von einer Osterinselfigur«, schrieb er mir dazu, »und ein Bild von einer alten Steinplastik aus Südamerika. Ich werde auf Grund der Schwingungen für Sie feststellen, ob sie vom gleichen Volk stammen.« Zur Erläuterung fügte er hinzu, er habe einmal ein Pappmodell der Cheopspyramide hergestellt, innen mit rohem Fleisch gefüllt. Nach einer Weile habe sie dermaßen vibriert, daß er die ganze Familie ins Krankenhaus schicken mußte.

Inzwischen vibrierte ich langsam selber, wenn ich nicht bald diesem

Irrenhaus entkam! Ich versuchte, mit einem Anlauf den Froschmann einzuholen, der mit seinen Begleitern in den ersten Stock verschwunden war, aber Yvonne streckte mir mit dem Ausdruck des Bedauerns den Hörer entgegen. Während ich ins Telefon sprach, schob sie mir behutsam einen schwankenden Turm ungeöffneter Briefe zu: die Morgenpost. Ich zögerte, den Hörer aufzulegen, vor lauter Angst, es könnte wieder zu läuten anfangen.

»Das war das Außenministerium«, erklärte ich. »Bitte die Herren oben, etwas zu warten, ich muß sofort ein Taxi nehmen. Das englische Kolonialministerium erwartet Antwort auf seine Fragen betreffs Pitcairn. Und Costarica erteilt uns die Grabungserlaubnis für die Kokos-Insel, wenn ich unterschreibe, daß ich nicht die Absicht habe, nach einem vergrabenen Schatz zu suchen, der nach amtlicher Ansicht dort liegen müßte.«

»Nimm dir die Post ins Auto mit!« rief Yvonne mir nach, »vielleicht findest du ein verspätetes Angebot von einem Zweiten Maschinisten!«

Daran zweifelte ich zwar, klemmte mir aber doch den Stoß unter den Arm, bevor ich losstürzte. Meist waren es Maler, Schriftsteller und allerlei Abenteuerlustige, die anfragten, ob sie mitkommen könnten. Ein Deutscher schrieb sogar, er sei zwar von Beruf Bäcker, habe aber in den letzten Jahren als Totengräber gearbeitet und sei also zweifellos der richtige Mann für meine Ausgrabungspläne.

»Und vergiß nicht, daß du dich auch mit den Segelmachern verabredet hast! Auf dem Rasen vor Bergslands haben sie sämtliche Zelte aufgeschlagen«, rief mir Yvonne noch von der Treppe her nach.

Ich schoß aus der Tür und rannte um ein Haar den Briefträger über den Haufen, der gerade die Nachmittagspost abliefern wollte. Am liebsten hätte ich ihm meinen Stoß wieder in die Hand gedrückt, aber schließlich saß ich dann doch mit beiden Bündeln im Auto.

»Majorstuveien!« sagte ich zum Chauffeur.

»Aber da sind wir doch«, erwiderte er nachsichtig.

»Ach so! Dann ins Außenministerium!« verbesserte ich mich und begann meine Briefe aufzureißen, während sich das Taxi in Bewegung setzte.

Ein Maschinist war natürlich nicht unter den Bewerbern. Am nächsten kam den Anforderungen für diesen Posten noch ein Uhrmacher, der allerdings als Koch mitwollte. Einen Koch hatte ich aber schon. Halt, da war ein Brief vom Archäologischen Institut der Universität Oslo. Einer der beiden Archäologen, die mitfahren sollten, schrieb, er habe ein Magengeschwür, und der Arzt rate ihm dringend, daheim zu bleiben.

Hier wackelte einer der Grundpfeiler der Expedition. Wir waren schwer gehandikapt, wenn wir nicht mit einem ausreichenden Team an Archäologen loszogen. In letzter Minute einen anderen zu finden, der sich für ein ganzes Jahr binden wollte, war sicher nicht leicht. Wohl oder übel mußte ich wieder von vorn anfangen und an Archäologen nah und fern ein Rundschreiben loslassen.

Und dann war der September da. Im Hafen von Oslo, an der Brücke C, gleich beim Rathaus, lag ein schnittiger Grönland-Trawler, strahlend weiß wie eine Jacht. Ziegelrot prangte das bärtige Antlitz des Sonnengottes Kon-Tiki auf dem Schornstein. An dem hohen, gegen Eisschollen gepanzerten Bug leuchtete blau ein merkwürdiges Symbol, das nur Eingeweihte verstehen konnten: es waren zwei der heiligen Vogelmenschen – halb Vogel, halb Mensch –, kopiert von einer jener seltenen, mit Hieroglyphen bedeckten Holzplatten, die man einst auf der Osterinsel herstellte. Der Schornstein sprühte Funken, und das Schiff lag sicher und gut in seinem Element; voll beladen tauchte es bis zur blaugestrichenen Wassermarke ein. An Bord war lebhafter Betrieb, und am Kai standen die Menschen so dicht gedrängt, daß die Lieferanten, die mit Lastautos und Lieferwagen ankamen, um ihre Bündel und Pakete in zwölfter Stunde noch anzubringen, ihre liebe Not hatten, durchzukommen.

Hatten wir auch an alles gedacht? Natürlich befanden sich Proviant und Werkzeug für die Ausgrabungen an Bord und alles, von dem wir annahmen, daß wir es dringend brauchen würden. Die Gefahr lag im Unvorhergesehenen. Angenommen, wir fänden – gegen jede Vermutung – unter Wasser ein Skelett. Besaßen wir da die richtigen Chemikalien, um seine Auflösung zu verhindern? Oder angenommen, wir müßten auf eine unzugängliche Klippe oder auf ein Felsband hinauf. Hatten wir die Mittel dazu? Und wie würden wir die Verbindungs- und Versorgungsprobleme lösen, wenn unser Arbeitsplatz auf einer Seite der Insel lag, das Schiff aber auf Grund der Wetterlage an der entgegengesetzten Küste Schutz suchen mußte? Was brauchten wir, wenn der Koch ein Loch in seinen Topf brannte, die Schiffsschraube an einem Korallenriff zu Schaden kam oder ein Matrose auf einen giftigen Seeigel trat? Und was nützten uns unsere ganzen kulinarischen Reserven, wenn die Kühlanlage entzweiging? Hatten wir wirklich alle denkbaren Spezialgeräte und Reserveteile? Jetzt war keine Zeit mehr für solche Überlegungen. Jetzt mußten wir uns auf alles gefaßt machen, was das Schicksal an Überraschungen für uns bereit hielt, denn unser Grönland-Trawler lag unter Dampf, bereit, mit uns in See zu stechen zur verlassensten Insel der Welt, auf der es weder Werkstätten noch Geschäfte gab.

Der Kapitän hatte auf der Brücke alle Hände voll zu tun. Auch an Deck herrschte fieberhaftes Treiben. Luken wurden verschalkt, Taue festgezurrt. Mitten in dem Wirbel stand wie ein Fels in der Brandung ein ragender Riese: der Steuermann. Mit einem Zimmermannsbleistift hakte er eine lange Liste ab, auf der all das verzeichnet war, was auf jeden Fall mitkommen mußte. Sogar der Weihnachtsbaum für den Kapitän war im Kühlraum verstaut. Die Liste stimmte.

Zum letztenmal bimmelte die Schiffsglocke. Kapitän und Steuermann riefen ihre Kommandos, und hinter dem ewig grinsenden Kopf des Sonnengottes schossen stoßweise Dampfwölkchen hoch. Während beste Wünsche und Abschiedsgrüße über die Reling hin und her flogen, wandte ein Dutzend froher und erwartungsvoller Gesichter die Augen von der Arbeit an Bord weg. Sie spähten hinüber, um für ein langes Jahr einen letzten Blick von ihren Lieben zu erhaschen, die sie da und dort in dem Menschengewimmel an Land erkannten. Schnell wurde der Laufsteg zurückgerollt, es klatschten die Taue und quietschten die Winden, und die Maschinisten drunten vollbrachten das Wunder: das Schiff begann sich zu bewegen. Ein Ruf ging durch die lange Menschenmauer am Kai, Taschentücher flatterten, Arme wogten wie ein Wald im Sturm, während der Kapitän ein paarmal herzzerreißend die Sirene aufheulen ließ.

Doch mit diesem Gipfel an Verwirrung nahm das Chaos auch sein Ende. Es war der Höhepunkt und zugleich der Schluß.

Ich stand in der Menge auf der Landungsbrücke und winkte dem Schiff nach. Nicht daß ich vielleicht vor lauter Aufregung vergessen hätte, an Bord zu gehen, aber ich mußte erst in die Vereinigten Staaten fliegen, um drei Archäologen abzuholen, und von dort zu einem Anstandsbesuch nach Chile, um schließlich das Schiff abzupassen, wenn es gerade durch den Panamakanal fuhr. Seine Königliche Hoheit Kronprinz Olav von Norwegen hatte sich wohlwollend als Schutzherr der Expedition zur Verfügung gestellt, und das norwegische Außenministerium hatte von der chilenischen Regierung die Bewilligung erwirkt, daß die Expedition Ausgrabungen auf der Osterinsel vornehmen durfte, freilich unter der Bedingung, daß wir den Denkmälern keinen Schaden zufügten. Auch England und Frankreich hatten für ihre Inselgruppen die Forschungserlaubnis erteilt. Damit war die Fahrt frei, wir konnten losdampfen in den östlichen Stillen Ozean.

Als das Schiff uns den weißen Achtersteven zudrehte und langsam vom Kai wegglitt, stand ein einsamer Schiffsjunge ganz oben am Heck. Er strahlte mit der Abendsonne um die Wette vor Freude und Erleichterung. Stolz holte er ein öliges Tauende ein. Dabei schielte er nach seiner Schulklasse, die an Land stand und »Hipp, hipp, hurra für Thor junior!« rief, für ihn, dem es gelungen war, der Schulbank auf ein ganzes Jahr zu entrinnen.

Dann schob sich das kleine weiße Schiff hinter einen großen Ozeanriesen und verschwand aus unserem Gesichtsfeld. Es hatte Eile, denn es sollte nun um die halbe Welt fahren, beladen mit Detektiven, die auf der Spur von Seefahrern mit mehreren hundert Jahren Vorsprung waren.

Was uns am Nabel der Welt bevorstand

Stille ringsum. Welch vollkommener Frieden! Die Maschine war gestoppt, die Lampen waren gelöscht. Der ganze Sternenhimmel trat mit einem Male in funkelnder Klarheit hervor, pendelte langsam hin und her und drehte sich im Kreise um die Mastspitze. Ich lehnte mich weit zurück in den Deckstuhl und genoß die reine Harmonie. Mir war, als werde die Verbindung zum fernen Kontinent langsam gelöst. Der ständige Ansturm von neuen Eindrücken aus all den verwirrenden Stationen der Welt versiegte. Es blieb nichts als der Augenblick und die reine Wirklichkeit um mich: der frische Wind, die schwarze Nacht und die glitzernden Sterne hinter der Mastspitze. Fast unmerklich taten Auge und Ohr sich weit auf, und die Seele atmete freier. Hier gab es keine Eindrücke, die man wieder wegschieben oder dämpfen muß, keinen Großstadtlärm mit grellen Lichtreklamen, mit Konkurrenzkampf und aufpeitschenden Vergnügungen, die wie im Wettlauf mit der Zeit den Menschen jagen und zerreiben. Hier herrschte unendlicher Frieden, selbst die Zeit schien unbeweglich stillzustehen. Man wagte kaum, sich zu räuspern, als könne man damit schon die lauernde Unruhe der Welt wecken. Vom Lande her klang aus dem Dunkel hie und da schwaches Gemurmel, wie wenn Wind und Wogen in kurzen Abständen gegen eine Klippe schlügen. Alle an Bord waren merkwürdig schweigsam. Die Stille machte jeden andächtig.

Nur von der Kajütentür her vernahm ich ab und zu gedämpften Wortwechsel, begleitet vom sanften Klatschen der Wellen gegen die Bordwand. Sonst war nichts als das ruhige, rhythmische Knarren des kleinen Schiffs zu hören, das sich wie mit zufriedenem Grunzen bedächtig an seiner Ankerkette drehte.

Verstummt war der rastlose, pochende Schlag der Schiffsmaschine und der Seen, die in endloser Folge gegen den Bug dröhnten, das Schiff hochhoben und es zur Seite drückten, ehe sie zischend vorbeizogen. Wir hatten uns in die schützenden Arme einer stillen Bucht geschmiegt, bevor sich die Nacht über uns und das Meer senkte. Drüben im Dunkel lag die Osterinsel.

Wir waren gerade rechtzeitig in die Bucht gekommen, um noch einen Blick auf Hügelketten mit graugrünen Wiesen zu erhaschen, die gegen den Strand zu in jähen Felsabstürzen endeten. In der Ferne, weit drinnen, erspähten wir die Statuen. Sie standen über die Hänge eines erloschenen Vulkans verstreut und hoben sich wie riesige schwarze Kümmelkörner gegen den roten Abendhimmel ab.

Mit Echolot und Leine hatten wir uns so nahe ans Land herangetastet, wie es ratsam war. Dann warf der Kapitän Anker. Kein Mensch war zu sehen, nur eine verlassene, versteinerte Welt mit unbeweglichen Steinhäuptern, die uns vom Bergkamm drüben entgegenstarrten. Andere ebenso regungslose Figuren waren vornübergestürzt und lagen in einer Reihe am Fuße einer langen Mauerterrasse unmittelbar vor uns auf den Lavablöcken des Strandes. Es war, als seien wir mit einem Weltraumschiff auf einem unbewohnten Planeten gelandet, auf dem einmal andere Wesen gelebt hatten als auf unserem eigenen Stern. Die Schatten wurden lang, und nichts rührte sich, nur der rotglühende Sonnenball tauchte langsam in das schwarze Meer nieder und zog den Mantel der Nacht über unsere Häupter.

Strenggenommen hätten wir hier nicht ankern dürfen. Wir hätten uns eigentlich durch die unruhige See rund um die ganze Insel weiterkämpfen und unsere Ankunft dem Gouverneur melden müssen, der, wie die gesamte Bevölkerung, in einem kleinen Dorf auf der gegenüberliegenden Seite wohnte. Aber weder er noch seine Insulaner wären erbaut gewesen, wenn wir gerade bei Einbruch der Dunkelheit eingelaufen wären, da auf der Osterinsel jeder Schiffsbesuch zu den größten Ereignissen des Jahres gehört. Besser, die Nacht über hier im Schutz der Klippen zu liegen, wenn der Ankergrund auch schlecht war. So würden wir zeitig am Morgen im vollen Flaggenschmuck das Dorf Hangaroa anlaufen. –

Vorsichtig öffnete sich unsere Kabinentür, ein schmaler Lichtstreifen fiel über das Bootsdeck. Yvonne schlüpfte behutsam heraus. Drinnen schlief unsere kleine Tochter Anette, friedlich wie der Nachthimmel droben, eine Negerpuppe in einem, den Teddybären im anderen Arm.

»Heute abend ist wohl eine kleine Feier fällig«, flüsterte Yvonne und deutete strahlend hinüber zum Land, das wir offiziell noch gar nicht erreicht hatten.

Es war das erstemal nach vierzehntägigem Geschaukel, daß sie in aufrechter Haltung ihre Gedanken an so etwas verschwendete. Ich konnte sie beruhigen – der Steward hatte bereits seine Anweisungen, und der Kapitän würde in ein paar Minuten alle Mann aufs Bootsdeck rufen lassen. Yvonne blieb an der Reling stehen und blickte fasziniert ins Dunkel, hinüber nach der Insel. Wir spürten förmlich den Geruch von Erde; ein wunderlich trockener Duft wie nach Heu mischte sich bisweilen in die reine salzige Meeresbrise.

Allmählich versammelten sich die Leute um uns. Frisch rasiert und sauber angezogen bis zur Unkenntlichkeit, ließen sie sich auf den Stühlen und Bänken nieder, die im Kreis um die beiden Rettungsboote am obersten Deck aufgestellt waren. Eben kam Dr. William Mulloy, alias Bill, herauf. Breit und stark gebaut, näherte er sich mit wiegendem Schritt und warf seinen Zigarettenstummel in die See, bevor er sich niedersetzte und sinnend vor sich hin starrte. Kurz nach ihm erschien, lang und dünn, Dr. Carlyle Smith, alias Carl. Er zündete sich eine Zigarette an, dann hängte er sich an ein Stag und schaute in die Sterne. Beide waren wohlbestallte Professoren der Archäologie, der eine an der Universität Wyoming, der andere in Kansas. Dann tauchte, beleibt und freundlich grinsend, unser alter Freund Ed, genauer Edwin Ferdon, vom Museum New Mexico, auf, der einzige der drei amerikanischen Archäologen, den ich von früher kannte. Er lehnte sich neben Yvonne über die Reling und schnupperte zufrieden zu den dunklen Umrissen des Landes hinüber.

Klein und behend wie ein Gummiball stieg jetzt der Kapitän mit einem verschmitzten Lächeln von der Brücke herab. Arne Hartmark war zwanzig Jahre lang durch alle Weltmeere gesegelt, aber eine solche Insel hatte er noch nie in seinem Kieker gehabt. Hinter ihm stand unser Riese, der Steuermann Sanne, sanft und umgänglich, und ließ die Fäuste hängen wie ein zahmer, gutmütiger Gorilla. Und da blitzten auch die Zähne des Zweiten Steuermanns Larsen, des fröhlichsten Menschen auf der Welt, der bestimmt auch noch auf dem elektrischen Stuhl etwas zum Lachen gefunden hätte. Jetzt saß er zwischen unseren zwei unermüdlichen Komikern, dem runden Maschinenmeister Olsen mit den vergnügten Fältchen im Gesicht und dem spindeldürren Zweiten Maschinisten, der mit seinem frisch gewachsenen Backenbart aussah wie eine Mischung von Laienprediger und Zauberkünstler. Unser Arzt, Dr. Gjessing, kam die Treppe herauf, verbeugte sich und suchte seinen Platz, und hinter ihm erglänzten die Brillengläser des Expeditionsfotografen Erling Schjerven, der sich bei solchen besonderen Anlässen stets eine kleine Zigarre anzündete. Thor junior hatte seine schlanke Knabenfigur zwischen zwei kräftigen Matrosen in ein Rettungsboot gequetscht, in dem auch der Koch und der Steward andächtig Seite an Seite saßen, nachdem sie in aller Stille die leckersten Gerichte vor uns hatten auffahren lassen. Die See, die den Steward Grönmyr und den Koch Hanken davon hätte abhalten können, ihre kulinarischen Meisterleistungen zu präsentieren, war noch nicht geschaffen. Schließlich rückten der Bootsmann, der Mechaniker, der Leichtmatrose und der Messeboy an, zu guter Letzt dann Arne Skjølsvold und Gonzalo. Arne, Archäologe und Chef des neuen Landesmuseums in Elverum, hatte schon an der Galapagos-Expedition teilgenommen. Gonzalo Figeroa, Student der Universität Santiago, war als Chiles offizieller Vertreter zu uns gestoßen. Wir hatten uns auf alles gefaßt gemacht, da ich ihn unbesehen eingeladen hatte; aber Gonzalo kam in Panama vergnügt an Bord und entpuppte sich bald als ein athletischer Aristokrat mit geradezu chamäleonartiger Fähigkeit, sich den wechselndsten Daseinsbedingungen anzupassen.

Damit hatten sich alle dreiundzwanzig eingefunden, eine höchst vielseitige Gruppe, Fachleute der verschiedensten Gebiete, die im Verlauf langer Wochen an Bord Freunde geworden waren und die die gemeinsame Sehnsucht verband, ihren Fuß auf eben jene Insel zu setzen, die da drüben im Dunkel lag. Als nun alle beieinandersaßen, während die Maschine stillstand, ergab es sich von selbst, daß ich ihnen ein wenig von dem erzählte, was andere Leute vor uns auf der Osterinsel erlebt hatten, damit jedermann gleich eine kleine Vorbereitung für seine eigenen Eindrücke bekam.

»Wie die Insel da drüben wirklich heißt«, begann ich meinen Bericht, »weiß niemand. Die Eingeborenen nennen sie *Rapanui*, aber unsere Forscher glauben nicht, daß das die ursprüngliche Bezeichnung ist. In den ältesten Legenden nennen die Einheimischen sie immer *Te Pito o te Henua*, den ›Nabel der Welt‹. Wahrscheinlich ist auch das eher eine poetische Umschreibung und nicht der richtige Name, denn später sprechen sie vom ›Auge, das den Himmel sieht‹ oder von der ›Grenze gegen den Himmel‹. Wir, die wir Tausende von Seemeilen entfernt auf der Kehrseite des Globus leben, sind übereingekommen, ›Osterinsel‹ auf die Karte zu schreiben, denn an einem Osternachmittag des Jahres 1722 kamen der Holländer Roggeveen und seine Begleiter als erste Europäer hier angesegelt und beobachteten, wie irgendwelche Menschen an Land hohe Rauchsäulen aufsteigen ließen, um die Aufmerksamkeit der Seefahrer auf sich zu lenken. Die Holländer steuerten mit ihren beiden Schiffen näher heran und gingen bei Sonnenuntergang vor Anker. Noch ehe die Nacht einbrach, sollten sie ein merkwürdiges neues Volk kennenlernen.

Zuerst erschienen hochgewachsene, wohlgebaute Menschen an Bord, um sie zu begrüßen. Es waren offenkundig hellhäutige Polynesier, so wie wir sie von Tahiti, Hawaii und anderen Südseeinseln kennen. Aber sie schienen nicht vollständig rein und unvermischt zu sein, denn es gab Leute unter ihnen, die durch dunklere Haut auffielen, andere wieder waren ›ganz weiß‹ wie Europäer. Einige wenige aber wiesen eine ›rötliche Farbe auf, als wären sie stark von der Sonne verbrannt‹. Viele trugen Bärte.

An Land entdeckten die Holländer gigantische Figuren von zehn Meter Höhe, die große Steinzylinder wie Kronen auf dem Scheitel balancierten. Roggeveen erzählt, daß die Insulaner vor diesen Riesengötzen Feuer anzündeten und dann mit ehrerbietig geneigtem Haupt vor ihnen niederhockten. Die Handflächen gegeneinandergelegt, begannen sie, die Arme abwechselnd zu heben und zu senken. Behrens, der zur Besatzung des zweiten Schiffes gehörte, berichtet, daß man am nächsten Morgen bei Sonnenaufgang sehen konnte, wie die Eingeborenen an Land sich in den Staub warfen und das aufgehende Gestirn anbeteten. Ringsum brannten Hunderte von Holzstößen, mit denen nach Vermutung der Holländer die Götter geehrt wurden.

Unter den ersten Besuchern auf dem holländischen Schiff war ein ›ganz weißer Mann‹, der feierlicher auftrat als die anderen. Eine Federkrone schmückte seinen säuberlich rasierten Kopf, in den Ohren steckten runde, weiße Pflöcke von Faustgröße. Sein Auftreten verriet, daß er unter seinen

Landsleuten in hohem Ansehen stand. Die Holländer hielten ihn für einen Priester. Seine durchbohrten Ohrläppchen waren so lang ausgezogen, daß sie ihm gegen die Schultern schlugen. Bald merkten die Europäer, daß auch viele andere Insulaner solche künstlich verlängerten Ohren hatten. Waren sie ihnen bei der Arbeit im Weg, so zogen sie die Pflöcke heraus und hängten sich die langen Lappen wie Brillenbügel über das Ohr.

Viele der Wilden liefen völlig nackt umher. Ihr Körper war über und über mit Tätowierungen bedeckt, die ein zusammenhängendes Muster aus Vögeln und seltsamen Figuren bildeten. Andere stolzierten in Umhängen aus rot und gelb gefärbtem Rindenstoff umher. Manche trugen wehende Federkronen oder merkwürdig geflochtene Hüte auf dem Kopf. Alle waren sehr freundlich. Nirgends bemerkten die Holländer Waffen. Merkwürdigerweise waren kaum Frauen zu sehen, während es von Männern nur so wimmelte. Die wenigen Frauen allerdings, die sich blicken ließen, zeigten sich ausgesprochen einladend gegen ihre unbekannten Gäste, ohne daß die Männer das mindeste Zeichen von Eifersucht verrieten.

Die Bevölkerung wohnte in langen niedrigen Hütten aus Flechtwerk, die wie umgestülpte Boote aussahen. Sie hatten keine Fenster, und die Türöffnung war so niedrig, daß man hineinkriechen mußte. Drinnen hausten offenbar viele Menschen, ohne irgendwelche Einrichtung außer ein paar Matten für den Boden und Steinen, die als Kopfpolster dienten. Hühner waren ihre einzigen Haustiere. Sie pflanzten Bananen, Zuckerrohr und vor allem Süßkartoffeln, die die Holländer ›das tägliche Brot der Insel‹ nannten.

Besonders gute Seefahrer konnten diese einsamen Inselmenschen weiß Gott nicht sein, denn die größten Fahrzeuge, die die Holländer sahen, waren zweieinhalb Meter lange Kanus, so schmal, daß man nur mit Mühe beide Beine hineinzwängen konnte, und so wenig dicht, daß man ebensoviel Zeit zum Ausschöpfen wir zum Paddeln brauchte. Die Menschen lebten hier noch wie in der Steinzeit, Metall kannten sie nicht, und das Essen wurde in Erdöfen zwischen glühenden Steinen zubereitet. Die Holländer mußten den Eindruck bekommen, daß in ihrem Jahrhundert nirgends auf der Welt eine solche technische Primitivität herrschte. Man kann daher verstehen, mit welch grenzenlosem Staunen sie die gigantischen Statuen betrachteten, die mitten unter diesen armseligen Menschen in den Himmel ragten, gewaltiger als alles, was man aus Europa kannte. Vor allem konnten sie sich nicht erklären, wie diese Kolosse einst aufgerichtet worden waren, da die Eingeborenen weder über solide Baumstämme noch über dicke Taue verfügten. Sie untersuchten die verwitterte Oberfläche eines der windgepeitschten Riesen und legten sich dann eine Erklärung zurecht: die Figuren seien gar nicht aus Stein, sondern aus einer Art Lehm geformt, in den man nachträglich kleine Steine hineingedrückt habe.

Dann ruderten sie zu den Schiffen zurück, die sich inzwischen fast von den Ankern gerissen hatten, und segelten nach eintägigem Besuch auf der von ihnen entdeckten Insel wieder in die weite Welt. Im Logbuch notierten sie,

sie hätten die Einwohner sehr munter, friedlich und von erträglichen Manieren gefunden, nur seien sie Meister im Stehlen. Durch ein Mißverständnis wurde ein Eingeborener an Bord erschossen; ein Dutzend andere wurden an Land niedergeknallt. Die Europäer kamen mit einem gestohlenen Tischtuch und dem Verlust mehrerer Hüte davon, die man ihnen buchstäblich vom Kopf weg entwendet hatte.

Droben an Land standen die Eingeborenen neben ihren Toten und Verletzten und starrten den großen Segeln nach, die langsam am westlichen Horizont verschwanden.

Fast fünfzig Jahre sollten vergehen, bis wieder ein Besuch aus der fernen Welt kam. Diesmal erschienen Spanier. Geführt von Don Felipe Gonzales, tauchten sie mit zwei Schiffen im Jahre 1770 vor der Osterinsel auf. Auch sie wurden von den Rauchsignalen der Eingeborenen angezogen. Mit zwei Priestern und einem stattlichen Aufgebot an Soldaten gingen sie an Land und marschierten in feierlicher Prozession auf drei Hügel an der Ostküste zu. Scharen von jubelnden Wilden tanzten ihnen neugierig nach. Auf jedem der drei Hügel stellten sie ein Kreuz auf, sangen, schossen Salut und erklärten die Insel für spanischen Besitz. Um zu bekunden, daß alles recht und richtig vor sich ging, verfaßten sie eine Botschaft an König Carlos von Spanien, die der mutigste der umstehenden Eingeborenen ›unter allen Anzeichen der Freude und Begeisterung‹ unterzeichnen durfte. Die von ihm gemalten Vögel und seltsamen Figuren wurden von den Spaniern als Unterschrift akzeptiert. Die Insel hatte also einen Herrn bekommen, den König von Spanien, und damit auch einen neuen Namen: ›San-Carlos-Insel‹.

Die Spanier glaubten nicht daran, daß die Statuen aus Lehm seien. Sie schlugen mit einer Hacke so kräftig gegen eines der Denkmäler, daß die Funken sprühten, und bewiesen damit, daß sie aus Stein waren. Wie man diese Kolosse aufgerichtet hatte, blieb den Spaniern ein Rätsel. Sie bezweifelten sogar, daß sie überhaupt auf der Insel hergestellt worden waren.

Was sie den Eingeborenen geschenkt und was diese sich selbst mit flinken Fingern beschafft hatten, verschwand jedesmal so spurlos, daß sich in den Spaniern bald der Verdacht regte, es müsse unterirdische Verstecke auf der Insel geben. Das ganze Gelände lag ja völlig offen und waldlos da. Auch sah man nie und nirgends Kinder. Die Bevölkerung schien fast nur aus erwachsenen Männern zu bestehen, dazu kamen noch einzelne, aber immer höchst lockere Frauenzimmer.

Die Menschen, die die Spanier antrafen, waren hell und hochgewachsen. Zwei der größten Kerle wurden gemessen; sie waren ein Meter neunundneunzig und einen Meter fünfundneunzig groß. Viele trugen Bärte, und die Spanier fanden, sie hätten große Ähnlichkeit mit Europäern und sähen ganz anders aus als die übrigen Südseebewohner. In ihren Tagebüchern vermerkten sie, daß nicht alle schwarze Haare hätten; bei einigen war das Haar kastanienbraun, bei anderen sogar rötlich oder zimtfarben. Als es zu guter Letzt noch gelang, der Bevölkerung beizubringen, auf spanisch ›Ave Maria, lang lebe Carlos II., König von Spanien!‹ zu brüllen, war man sich allseits einig, daß man es hier mit gelehrigen und intelligenten Menschen zu tun habe, die man leicht zähmen könne. Zufrieden verließen die Spanier die neuen Untertanen – und kehrten nie mehr wieder.

Wenige Jahre später kamen Engländer auf die Insel. Ihr Anführer war kein Geringerer als Kapitän Cook. Doch die Eingeborenen begannen offenbar so vieler fremder Gäste langsam überdrüssig zu werden. Als Cook an Land ging, ließen sich erstaunlich wenig Leute sehen, höchstens ein paar hundert, alle unter Mittelgröße und in kläglicher Verfassung. Sie waren mürrisch und uninteressiert. Cooks Begleiter meinten, irgendein Verhängnis müsse die Insel seit dem Besuch der Spanier ereilt haben, und die Bevölkerung sei im Aussterben. Cook selbst hatte jedoch den Verdacht, die Leute seien in Verstecke unter der Erde gekrochen, zumal so wenig Frauen zu erblicken waren, obwohl er Patrouillen kreuz und quer über die Insel schickte.

Aber wenn die Leute auch Deckung suchten und ihre wertvollste Habe mit in die Tiefe nahmen, so konnten sie doch nicht die gewaltigen Steinfiguren mitschleppen. Diese standen weiter unerschütterlich auf ihrem Posten. Cook war sich darüber klar, daß sie aus einer längst vergangenen Zeit stammten; sie waren schon in seinen Augen uralte Denkmäler. Er war tief beeindruckt von der technischen Leistung jener unbekannten Meister, die solche Kolosse ohne maschinelle Hilfe auf der obersten Plattform steinerner Stufenpyramiden aufstellen konnten. Wie dies auch vor sich gegangen sein mochte, Cook sah darin eine Probe äußerster Intelligenz und Energie, die Menschen der Vorzeit auf dieser einsamen Insel abgelegt hatten. Die gegenwärtige Bevölkerung, meinte er, könne nichts damit zu tun haben, da sie es nicht einmal fertigbringe, die Mauerfundamente instand zu halten, die überall zu verfallen begannen. Auch befanden sich gar nicht alle Statuen auf dem ihnen zugedachten Platz. Viele waren gestürzt; sie lagen mit dem Gesicht im Schutt am Fuß ihrer Plattform und wiesen alle Zeichen eines bewußten Zerstörungswerks auf.

Cook untersuchte ein paar der großen Steinterrassen, auf denen die Statuen standen, und stellte mit Erstaunen fest, daß sie aus gewaltigen, so exakt zugehauenen und eingepaßten Steinblöcken zusammengesetzt waren, daß sie wie riesige Spielklötze ohne Bindemittel zusammenhielten. Eine vollkommenere Steinmetzarbeit hatte er noch nie gesehen, nicht einmal bei jenen Bauwerken, die den Stolz Englands bildeten. Trotzdem, so fügte er hinzu, konnte diese unendlich fleißige Arbeit den Zahn der Zeit nicht aufhalten, der überall bereits tiefe Spuren hinterlassen hatte.

An Bord von Cooks Schiff war ein echter Polynesier aus Tahiti; er verstand ein wenig den Dialekt der Osterinselbevölkerung. Aus den höchst lückenhaften Erklärungen, die er geben konnte, gewannen die Engländer den Eindruck, die Statuen seien nicht als Götterbilder errichtet worden, wie man angenommen hatte, sondern als Gedenksteine für die *Arikis* der Vergangenheit, also zur Erinnerung an Verstorbene königlich-heiliger Herkunft.

Skelettreste auf den Plattformen verrieten, daß diese auch noch zur Zeit Cooks häufig als Bestattungsplätze verwendet wurden. Daß man an ein Leben nach dem Tode glaubte, war sicher, denn bei mehreren Gelegenheiten machten die Leute unmißverständliche Gesten, die besagten, daß zwar die Knochen leblos auf der Erde zurückblieben, das eigentliche Ich des Menschen aber in die Luft entschwinde, dem Himmel zu.

An mehreren Stellen entdeckten die Engländer Steinhaufen mit engen Spalten, die vielleicht in unterirdische Höhlen führten. Aber jedesmal, wenn sie sie näher untersuchen wollten, hinderten die einheimischen Begleiter sie daran. Erschöpft und enttäuscht zogen die von Skorbut geplagten Briten wieder ab. Lediglich Süßkartoffeln konnten sie sich beschaffen, das einzige verwendbare Landesprodukt, das sie entdeckten. Und selbst dabei wurden sie betrogen, denn die raffinierten Wilden hatten die Körbe mit Steinen gefüllt und nur ein paar Kartoffeln obendrauf gelegt.

Kaum zwölf Jahre nach Cooks Besuch, im Jahre 1786, erschien der Franzose La Pérouse zu einer ähnlichen Blitzvisite. Diesmal wimmelte die Insel von Menschen. Manche hatten tatsächlich helle Haare, und fast die Hälfte waren erwachsene Frauen. Außerdem waren Scharen von Kindern aller Altersstufen zu sehen wie in jedem normalen menschlichen Gemeinwesen. Es schien, als kämen sie aus dem Erdinnern herausgeschwärmt, um sich über die baumlose Mondlandschaft der geheimnisvollen kleinen Insel zu ergießen. Und gerade so war es auch: sie krochen aus ihren unterirdischen Schlupflöchern hervor, und man führte die Franzosen sogar in einige der engen Steinkatakomben, die die Engländer nicht hatten betreten dürfen. Damit war Cooks Verdacht, daß die Bevölkerung sich in unterirdische Kammern zurückziehen konnte, bestätigt. Dort hatte sich die Aristokratie vor Kapitän Cook verborgen, und dort hatte man auch die Kinder und die meisten Frauen versteckt, als die Holländer die Insel entdeckten. La Pérouse begriff sehr wohl, daß er es dem musterhaften Verhalten Cooks und seiner Besatzung verdankte, wenn sich jetzt die Bevölkerung ans Tageslicht wagte, alles in allem ein paar Tausend Menschen.

La Pérouse versuchte zum erstenmal einen Eingriff in die angestammte Kultur der Osterinsel. Er setzte Schweine, Ziegen und Schafe an Land und säte allerlei Samen aus – alles in den wenigen Stunden, die sein Schiff vor der Küste lag. Die hungrigen Eingeborenen freilich verspeisten alles, ehe es noch zur Vermehrung kam, und die Natur der Insel blieb, wie sie war.

Der nächste Besuch traf das Eiland erst zu Beginn des vorigen Jahrhunderts. Wieder strömten die Eingeborenen auf den Klippen zusammen, die die Küste überragten. Niemand versuchte mehr, sich in den Höhlen zu verstekken. Diesmal aber erschien ein amerikanischer Schoner; er war auf der Jagd nach Arbeitskräften, die man für eine geplante Robbenfangstation auf Juan Fernandez brauchte, jener vor der chilenischen Küste liegenden Insel, wo Robinson Crusoes Geschichte spielt. Nach wildem Kampf gelang es dem Kapitän, zwölf Männer und zehn Weiber zu entführen, mit denen er unverzüglich in See stach. Nach drei Tagesreisen holte man die Gefangenen an Deck und löste ihre Fesseln. Im nächsten Augenblick sprangen die Männer über Bord und begannen, in Richtung auf die längst hinter dem Horizont verschwundene Osterinsel fortzuschwimmen. Ohne sich um sie zu kümmern, machte der Kapitän kehrt und überfiel die Insel abermals.

Den nächsten Seefahrern, die an der Osterinsel vorbeikamen, gelang es infolgedessen nicht, überhaupt an Land zu kommen, denn die steile Küste war von einer undurchdringlichen Mauer von Steinschleudern besetzt. Eine russische Expedition erzwang sich schließlich mit Pulver und Blei den Zugang, aber bereits nach wenigen Stunden mußte sie sich zurückziehen.

Die Jahre vergingen. Allmählich glückte es doch wieder, das Vertrauen der Eingeborenen zu gewinnen, und in Abständen von vielen Jahren stattete das eine oder andere passierende Schiff dem Eiland einen flüchtigen Besuch ab. Es wurden immer weniger und weniger Steinschleuderer mobilisiert, dafür kamen immer mehr Frauen zum Vorschein und erprobten ihre Reize an den Besuchern.

Und dann geschah es. Eine Flottille von sieben peruanischen Seglern ankerte eines schönen Tages vor der Küste. Eingeborene strömten in hellen Scharen an Bord, wo sie zu ihrer Freude ein paar Kringel auf ein Blatt Papier malen durften. Damit hatten die Unglücklichen einen Kontrakt als Arbeiter auf den Guanoinseln vor der peruanischen Küste unterzeichnet. Als sie zufrieden und nichtsahnend wieder an Land gehen wollten, wurden sie gebunden und unter Deck geschleppt. Achtzig Sklavenjäger ruderten alsdann mit Kleidern und farbenprächtigen Geschenken an Land und legten ihre Gaben am Strand nieder. Neugierige sammelten sich auf den Klippen um die Bucht und schoben sich näher und näher heran, um die verlockenden Dinge zu bewundern. Als sich schließlich ein paar Hundert am Strand zusammendrängten, gingen die Sklavenjäger zum Angriff vor. Die Eingeborenen, die auf den Knien lagen und sich über die Gaben beugten, wurden gepackt und gefesselt. Denen, die versuchten, über die Klippen zu flüchten oder ins Meer hinauszuschwimmen, schoß man nach. Als das letzte der Boote vom Strand abstieß, bis zum Rand mit Gefangenen beladen, entdeckte einer der Kapitäne zwei Eingeborene, die sich in einer Felshöhle versteckt hielten. Da er sie nicht zum Mitkommen überreden konnte, wurden auch sie niedergeschossen. So lag die Osterinsel am Weihnachtsabend des Jahres 1862 öde und ausgestorben da. Wer nicht blutüberströmt oder tot auf den Klippen am Strande oder gefesselt unter Deck lag, hatte sich in die unterirdischen Schlupfwinkel verkrochen und mächtige Steine vor die Öffnung gewälzt. Bedrückende Stille herrschte auf der baumlosen Insel, nur die Brandung rauschte drohend. Von den Schiffen aber drang Lärm und Freudengebrüll herüber. Man hatte die Anker noch nicht gelichtet, da die Matrosen Weihnachten feierten.

Nachdem die Leute vom Nabel der Welt nun also Ostern und Weihnachten der Europäer erlebt hatten, sollten sie bald mehr von der Welt da draußen zu sehen bekommen. Die Schiffe segelten mit tausend Sklaven fort, die man zum Guanograben auf die Insel vor Perus Küste brachte. Der Bischof von Tahiti protestierte, und die Behörden entschieden, man sollte die Sklaven sofort wieder in ihre Heimat zurückbringen. Aber ungefähr neunhundert gingen an den ungewohnten Lebensbedingungen und an Krankheiten auf den Guanoinseln zugrunde, bevor sich ein Schiff fand, das sie holte. Von den hundert Überlebenden starben dann noch fünfundachtzig unterwegs. So kamen ganze fünfzehn lebend zurück. Sie schleppten die Pocken ein, die sich im Nu über die Insel verbreiteten und fast der gesamten Einwohnerschaft den Garaus machten. Nicht einmal die blieben verschont, die sich in die tiefsten Felsverstecke zurückgezogen hatten. Hungersnot und Elend besorgten den Rest: die Bevölkerungszahl sank auf hundertelf.

In der Zwischenzeit hatte sich auf der Insel der erste Fremde niedergelassen, den edlere Absichten leiteten: ein einsamer Missionar, der aufrichtig sein Bestes tat, um der Not zu steuern. Aber die Leute stahlen ihm alles, was er besaß, sogar die Kleider vom Leibe. Mit dem nächsten Schiff suchte er das Weite, kehrte jedoch mit mehreren Helfern zurück und errichtete eine kleine Missionsstation. Ein paar Jahre nachdem sich alle Überlebenden hatten taufen lassen, erschien ein französischer Abenteurer auf der Bildfläche und hetzte die Insulaner gegen die Geistlichen auf. Sie vertrieben die Missionare und erschlugen schließlich auch den Franzosen, sangen aber weiter Choräle auf eigene Faust, während alle anderen Spuren der Christianisierung ausgetilgt wurden.

Gegen Ende des vorigen Jahrhunderts stellten Europäer fest, daß es rund um die Statuen ausgezeichnete Weidegründe für Tausende von Schafen gab. Da wurde die Osterinsel von Chile annektiert. Heute gibt es Gouverneur, Priester und Arzt auf der Insel, niemand lebt mehr in Felshöhlen oder Schilfhütten. Die Zivilisation hat die einheimische Kultur verdrängt, genauso wie bei den Eskimos, den Indianern und auf anderen Inseln der Südsee.

»Wir sind ja auch nicht hergekommen, um die Eingeborenen zu studieren«, erklärte ich, »wir wollen ausgraben. Wenn es eine Antwort auf das Rätsel der Osterinsel gibt, so liegt sie in der Erde.«

»Und hat vorher noch niemand hier gegraben?« fragte einer.

»Niemand glaubte, daß es hier überhaupt Erde gibt, in der man graben kann. Auf der Insel wachsen keine Bäume. Wenn es auch in früheren Zeiten keinen Wald gegeben hat, kann sich aus dem welken Gras allein nicht viel Humus gebildet haben. Es konnte also auch nichts im Erdboden verborgen liegen.«

Tatsächlich sind nur zwei archäologische Expeditionen auf dieser merkwürdigen Insel gewesen, und daß irgend jemand sonst die Absicht dazu gehabt hätte, ist mir nicht bekannt. Die erste war eine britische Privatexpedition unter der Leitung von Catherine Routledge. Sie erschien 1914 mit einem eigenen Segelschiff vor der Osterinsel. Alles an der Oberfläche Feststellbare ließ sie zeichnen, malen und kartographisch aufnehmen, in erster Linie

Steinterrassen, alte Wege und mehr als vierhundert gigantische Steinstatuen, die über die ganze Insel verteilt waren. Allein mit dieser Pionierarbeit hatte sie alle Hände voll zu tun, so daß ihr gar keine Zeit für systematische Grabungen blieb, außer daß sie einige Statuen freilegte, die bereits teilweise verschüttet waren. Das Unglück wollte, daß alle wissenschaftlichen Aufzeichnungen der Routledge-Expedition verlorengingen, aber in einem Buch über ihre Weltumseglung schreibt die Forscherin, daß das ganze Eiland von Geheimnissen und ungelösten Problemen nur so strotze.

Von Tag zu Tag wuchs ihre Verwunderung über das große Mysterium. »Die Schatten der geheimnisvollen Bildhauer aus grauer Vorzeit liegen noch über der ganzen Insel«, sagt sie. »Man kann ihnen nicht entgehen. Sie sind lebendiger und wirklicher als die heutigen Menschen. Sie regieren souverän, und ihre Vasallen sind die stummen steinernen Riesen. Aus unbekannten Beweggründen haben sich einst Menschen mit ihren Steinbeilen tief in das Felsmassiv hineingehackt und einem erloschenen Vulkan eine neue Form gegeben, nur um den Rohstoff zu gewinnen, mit dem sie ihren fanatischen Wunsch erfüllten, Riesenskulpturen in Menschengestalt rund um alle Buchten und oben auf den höchsten Bergen aufzustellen.

Und all dies umgeben Meer und Himmel in unendlichem Rund, ein grenzenloser Raum von vollkommener Stille. Wer hier lebt, der wartet immer auf irgend etwas Unerhörtes, er spürt unbewußt, daß er vor etwas Größerem steht, das seine Fassungskraft weit übersteigt.« So sah Mrs. Routledge die Osterinsel. Sie erfaßte das Rätselhafte der Erscheinung, legte nüchtern ihre Beobachtungen dar und überließ die Lösung denen, die nach ihr kommen würden.

Zwanzig Jahre später wurde eine französisch-belgische Expedition von einem Kriegsschiff an Land gesetzt und hernach von einem anderen wieder abgeholt. Der eine Archäologe starb unterwegs. Während der Franzose Métraux die mündlichen Überlieferungen der Eingeborenen sammelte und zu einer größeren Übersicht über die Ethnographie der Insel verarbeitete, hatte der Belgier Lavachery mehr als genug damit zu tun, Tausende von Felszeichnungen und anderen Steinarbeiten zu erforschen, die überall auf der baumlosen Insel zu sehen waren. Zu Grabungen kam es daher auch diesmal nicht.

Die französisch-belgische Expedition hatte sich im wesentlichen andere Probleme gestellt als die Engländerin. Die Statuen bildeten nicht ihre Hauptaufgabe. Métraux war der Meinung, es sei übertrieben, von einem besonderen Geheimnis zu sprechen. Irgendwelche Polynesier, die von den Inseln im Westen stammten, hätten sich hier niedergelassen und mit der Zeit Lust bekommen, Figuren herzustellen. Da es keine Bäume gab, aus denen man sie schnitzen konnte, hätten sie sich eben an die Felsen gehalten.

Andere Forscher und zahlreiche Weltumsegler sind vorher und nachher auf Besuch gekommen. Während ihre Schiffe einige Tage oder auch nur Stunden vor Anker lagen, haben sie sich Legenden erzählen lassen, von der verarmten Bevölkerung der Insel Holzschnitzereien gekauft oder die Tiere und Pflanzen der kargen Natur gesammelt. Nach und nach trug man von der kleinen Insel im Weltmeer alles davon, was nicht niet- und nagelfest war, um die Museumsvitrinen zu füllen und Erinnerungsstücke auf den Schreibtisch zu stellen. Nur die Riesenköpfe stehen heute noch auf den Hängen. Mit versteinertem, hochmütigem Lächeln grüßen sie die Liliputmenschen, die da kommen, glotzen und wieder verschwinden, während die Jahrhunderte vorüberrollen. Der Schleier des Geheimnisvollen liegt noch immer wie ein Nebel über dem Eiland.

»Wäre es nicht möglich, daß die Eingeborenen selbst noch irgendwelche Erinnerungen haben?« warf der Kapitän nachdenklich ein.

»Du Optimist«, sagte ich, »morgen wirst du Menschen treffen, die ebenso zivilisiert sind wie du und ich. Der erste, der hier Legenden unter ihnen gesammelt hat, war ein Amerikaner, Paymaster Thomson, im Jahre 1886. Damals gab es noch viele Leute, in deren Jugend kein Weißer auf der Insel gelebt hatte. Sie erzählten ihm, daß ihre Vorväter auf gewaltigen Schiffen von Osten her über das Meer gekommen seien, wobei sie sechzig Tage lang genau nach Sonnenuntergang blicken mußten. Ursprünglich hatten zwei verschiedene Stämme auf der Insel zusammen gelebt, die ›Langohren‹ und die ›Kurzohren‹. Aber in einem Krieg wurden fast alle Langohren ausgerottet, und von da an regierten die Kurzohren allein weiter. Das, was es an alten Legenden gab, kannst du heute in Büchern nachlesen. In dieser Hinsicht ist nicht mehr viel von der alten Südsee übriggeblieben.«

»Vor allem nicht auf der Osterinsel«, fiel Gonzalo ein, »da wohnen ja heutzutage schon allerlei Weiße. Man hat sogar eine Schule und ein kleines Krankenhaus gebaut.«

»Tja, die einzige Freude, die wir an den Eingeborenen erleben werden, wird eben nur eine zusätzliche Hilfe bei den Grabungsarbeiten sein«, schloß ich, »und vielleicht können sie uns auch ein wenig mit frischem Gemüse versorgen.«

»Vielleicht gibt es doch noch ein paar Vahines, die uns ein bißchen Hula beibringen können?« murmelte der Maschinist, wofür ihn lautes Gelächter und Beifall, besonders aus dem einen der Rettungsboote, belohnte.

Da fiel plötzlich eine heisere Bemerkung, keiner wußte woher, und alle sahen sich mit großen Augen um. Wer hatte eben gesprochen? Der Steuermann ließ den Lichtkegel über das dunkle Deck schweifen. Niemand war zu sehen. Alle blickten leicht verstört drein. Der Maschinist versuchte einen neuen Hulawitz, aber im selben Moment hörten wir die Stimme wieder. Jetzt rannten alle zur Reling und leuchteten hinunter in das schwarze Wasser. Aber von Wasser war nicht viel zu bemerken. Der Lichtstrahl fiel direkt auf einen Haufen dicht gedrängter Gestalten, und wir schauten in die ärgsten Seeräubergesichter, die man sich vorstellen kann. Kopf an Kopf standen die Piraten in einem kleinen Boot und starrten zu uns herauf.

»Ia-o-rana«, rief ich versuchsweise.

»Ia-o-rana«, antwortete es im Chor.

Es waren also Polynesier, konstatierte ich. Aber, Gott bewahre, was für eine Promenadenmischung!

Wir ließen eine Leiter zu ihnen hinunter. Der Reihe nach kletterten sie die Bordwand hoch und sprangen an Deck. Die meisten waren kräftige Kerle, aber fast alle auffallend zerlumpt und abgerissen. Mit einem roten Tuch um den Kopf und einem Bündel zwischen den Zähnen tauchte der erste ans Licht, schwang seine bloßen Zehen über die Reling und sprang an Bord, angetan mit einem zerfetzten Hemd und den Resten einer hochgerollten Hose. Hinter ihm erschien ein feister, pockennarbiger Kerl in einem alten grünen Militärrock, barfuß, eine große Holzkeule und ein Bündel geschnitzter Stöcke über der Schulter. Ihm folgte der glotzäugig grinsende Schädel einer Holzfigur mit Knebelbart und hervorstehenden Rippen, die ein Eingeborener die Leiter hochbalancierte. Der Reihe nach hüpften die zerlumpten Gesellen aufs Deck, schüttelten jedem, dessen sie habhaft werden konnten, die Hand und zogen ganze Säcke voll merkwürdiger Dinge hervor. Die bizarrsten Holzskulpturen begannen von Hand zu Hand zu wandern und erregten bald mehr Aufmerksamkeit als ihre Besitzer.

Vor allem ein bestimmter buckliger Gespenstermann kehrte in fast allen Schnitzereien wieder. Er hatte eine auffallend krumme Adlernase, einen Knebelbart, lange, herabhängende Ohrläppchen und große, tiefliegende Augen in einem zu diabolischem Grinsen verzerrten Gesicht. Rückgrat und Rippen traten scharf hervor, der Bauch war tief eingefallen. Ob groß oder klein, die Figur wies immer die gleichen Züge auf. Daneben fanden sich noch andere merkwürdige Motive, besonders oft ein Mensch mit Vogelkopf und Schwingen. Man zeigte uns elegante Keulen und Paddelruder, mit starrenden Masken geschmückt, außerdem mondförmige Brustschilde aus Holz, mit jenen rätselhafen Hieroglyphen bedeckt, die heute niemand mehr deuten kann. Alles war gleich meisterhaft und fehlerlos gearbeitet und so glatt poliert, daß es sich wie Porzellan anfühlte. Wir sahen auch einige weniger geglückte Kopien der großen Steinstatuen und eine hübsche Federkrone mit einer dazugehörigen, kunstvoll zusammengestellten Federtracht.

Eine derartige Produktivität war mir noch auf keiner anderen Südseeinsel begegnet. Die Leute ziehen es im allgemeinen vor, das Leben in aller Ruhe zu genießen. Hier aber wurden wir von einer ganzen Zunft hervorragender Holzschnitzer begrüßt. Für einen Uneingeweihten mußte es aussehen, als wären diese wüsten Gesellen mit ihren bizarren Kunstwerken von unbändiger Phantasie und Schöpferfreude erfüllt, aber bei näherer Betrachtung merkte man rasch, daß immer die gleichen kuriosen Stücke, völlig unverändert, wiederkehrten. Außer bestimmten feststehenden Typen gab es keinerlei Variation.

Im Nationalmuseum in Chile hatte ich gerade Dr. Mostnys Sammlung moderner Volkskunst der Osterinsel studiert. Als die Eingeborenen ihre

Figuren hervorzogen, konnte ich daher zu ihrem Staunen jede nach Aussehen und Namen einordnen. Es waren in Wirklichkeit alles vollendete Kopien jener Stücke, die die frühesten Europäer bei den Eingeborenen der Osterinsel fanden und die man heute nur noch in Museen sieht. Die Originale sind praktisch unbezahlbar, und da sie nicht mehr im Handel sind, versorgt man den Markt eben mit getreuen Wiedergaben.

Unsere Holzschnitzer wiesen mit entschuldigendem Lächeln auf ihre zerfetzten Hosen und nackten Beine. Offenbar wollten sie ihre Schätze gegen Kleider und Schuhe eintauschen. Binnen weniger Sekunden war das ganze Deck von lebhaft feilschenden Gruppen erfüllt. Von Besitzgier und Mitleid getrieben, stürzten meine Leute in die Kajüten und kamen mit allem wieder, was sie an Kleidern und Schuhzeug entbehren konnten. Sogar die kleine Anette tauchte plötzlich im Pyjama mitten in dem Wirbel auf. Ganz verzückt packte sie einen grotesken Vogelmenschen, den einer der wildesten Piraten unter dem Arm hielt, am Bein. Als der Mann bemerkte, daß sie die Figur haben wollte, überließ er sie ihr augenblicklich. Damit war Yvonne an der Reihe, ein Paket für ihn zusammenzustellen.

Der Fotograf zupfte mich am Ärmel.

»Du, da steht so ein Kerl und hält etwas ganz Seltenes unter dem Hemd. Er sagt: ›Ganz, ganz alt! Vom Urgroßvater über den Großvater auf den Vater vererbt . . .‹«

Ich lächelte, ging aber für alle Fälle mit ihm zu einem zierlichen Männchen hinüber, das wie ein bleicher Araber mit Hitlerschnurrbart aussah.

»Buenos dias, Señor!« Er zog geheimnistuerisch einen kleinen flachen Stein unter dem Hemd hervor, auf dessen einer Seite ein Vogelmensch – offenbar erst vor kurzem – eingeritzt worden war. Bevor er noch Zeit hatte, seine sämtlichen Vorväter aufmarschieren zu lassen, sagte ich begeistert: »Prima, hast du das wirklich selbst fertiggebracht?«

Einen Augenblick war er merklich verdutzt, und sein Gesicht verzog sich im Kampf zwischen geschmeicheltem Lächeln und Verlegenheit. Dann wurde er rot und warf einen Blick auf sein Meisterwerk, als dächte er, im Grunde sei es doch ein Jammer, anderen die Ehre dafür zu überlassen.

»Ja«, sagte er stolz und sonnte sich sichtlich im Bewußtsein seines eigenen Talents. Die Reue blieb ihm erspart, denn mein Fotograf hatte einen Narren an dem Stein gefressen und erwarb ihn.

Inzwischen war plötzlich ein weiteres Boot längsseits erschienen, und man sagte mir, ein Weißer sei eben im Begriff, das Fallreep heraufzusteigen. Es war ein strammer junger Marineoffizier, der sich als Adjutant des Gouverneurs vorstellte und uns in dessen Namen begrüßte. Wir luden ihn auf einen Drink in den Salon und erklärten, weshalb wir hier lagen. Er erwiderte, bei dem im Augenblick herrschenden Wetter wäre es sowieso nicht möglich gewesen, vor der Siedlung Anker zu werfen. Er schlage aber vor, daß wir uns frühmorgens in Lee einer anderen Landzunge begäben, die näher an der Niederlassung läge. Dann könne man versuchen, uns an Land zu bringen.

Wir erfuhren, daß seit dem letzten Schiffsbesuch genau ein halbes Jahr vergangen war. Wie üblich hatte ein chilenisches Kriegsschiff die Insel angelaufen. Im Jahre zuvor war ein großer Luxusdampfer vorübergefahren. Man hatte beim Gouverneur angefragt, ob das Hotel über einen Aufzug verfüge und ob die Straßenbahn bis zur Landungsbrücke fahre. Als er antworten mußte, daß es hier weder Hotel noch Landungsbrücke gebe, untersagte man den Passagieren den Landbesuch. Ein paar Eingeborene erhielten jedoch die Erlaubnis, an Bord zu kommen, um Andenken zu verkaufen und Hulatänze vorzuführen. Dann zog der Riese weiter, um andere Teile der Südsee zu beglücken.

»Ja, wir wollen an Land, und wenn wir hinschwimmen müssen«, sagten wir lachend, ohne zu ahnen, wie nahe wir damit der rauhen Wirklichkeit waren.

Auf dem Weg zum Fallreep schlug der Marineoffizier uns noch vor, einen der Eingeborenen für unsere Rundfahrt um die Insel als Lotsen an Bord zu behalten. »Natürlich stehlen alle wie die Raben. Vielleicht nehmen Sie am besten gleich den Bürgermeister. Haben Sie ihn schon begrüßt?«

Das hatte ich bisher versäumt. Der Bürgermeister wurde von seinen stolzen Untertanen herangeschleppt: es war niemand anders als das Männchen mit dem »alten« Stein. Inzwischen hatte er sein Hemd mit den Tauschartikeln des Fotografen vollgestopft.

»Einen Häuptling gibt es hier nicht mehr, aber das ist der Bürgermeister der Osterinsel«, übernahm der Marineoffizier die Vorstellung und schlug dem Mann mit dem Schnurrbärtchen gemütlich auf die Schulter. »Außerdem ist er der beste Holzschnitzer auf der ganzen Insel.«

»Si, Señor«, erwiderte der Bürgermeister schlicht, errötete lächelnd und war so stolz, daß er nicht mehr wußte, wo er hinblicken sollte, während ihn seine Freunde umdrängten, um auch ein wenig des Vergnügens und der Ehre teilhaftig zu werden. Manche der Burschen sahen auffallend intelligent aus, es waren energische Typen unter ihnen.

»Si, Señor«, wiederholte das schmächtige Männchen und blähte sich so, daß ein altes Hosenbein aus dem offenen Hemd hervorquoll. »Achtundzwanzig Jahre bin ich hier schon Bürgermeister, sie wählen mich jedesmal wieder.«

Merkwürdig, daß sie sich solch einen Hanswurst wählen, dachte ich, es sieht doch aus, als ob sie noch bessere Auswahl hätten.

Der Marineoffizier mußte seine ganze Autorität geltend machen, um die Gesellschaft mitzubekommen, als er von Bord ging. Nur der Bürgermeister blieb zurück. Ich ahnte damals noch nicht, daß er in dem merkwürdigsten Abenteuer, das ich je erlebte, die Hauptrolle spielen sollte.

Früh am nächsten Morgen erwachte ich vom Rasseln der Ankerketten. Ich sprang in meine Hosen und lief an Deck. Die ersten Sonnenstrahlen fielen bereits auf die Insel, die grün und gelb und freundlich dalag. Sie hatten die düstere Silhouette der Nacht versinken lassen und alle Farben zu neuem

Leben erweckt. Im Hintergrund, in der Ferne, standen die ewigen Steinriesen an den Hängen. Aber niemand zündete Feuer an, niemand betete bei diesem herrlichen Sonnenaufgang weit und breit war keine Menschenseele zu sehen. Die Insel lag verlassen, als hielte man uns für ein Sklavenjägerschiff und hätte sich unter die Erde geflüchtet.

»Buenos dias, Señor!«

Da stand schon wieder der unvermeidliche Bürgermeister und zog seinen Hut, vielmehr einen unserer Hüte, denn tags zuvor war er barhäuptig an Bord gekommen.

»*Buenos dias,* Bürgermeister! An Land ist nicht viel Leben zu sehen!«

»Nein«, sagte er, »das ist auch nicht mehr unser Land. Wir wohnen in dem Dorf auf der anderen Seite. Hier gehört alles der Marine. Weidegelände für ihre Schafe. Da, sehen Sie!« Er deutete auf eine runde Kuppe, über die sich riesige Schafherden wie eine graue Decke dahinschoben. Unser Schiff befand sich jetzt in voller Fahrt, und die Bucht blieb hinter uns zurück. Wir glitten an senkrechten Felswänden vorbei. Hier hatte sich die donnernde Brandung tief in das vulkanische Gestein hineingefressen, bis ein himmelhoher, steiler Abbruch entstanden war. Die Wand leuchtete rotbraun und gelbgrau wie die Schnittfläche einer Torte. Hoch oben auf dem Plateau sahen wir grünes Gras schimmern und uraltes Mauerwerk, das im Begriff schien, in die Tiefe zu stürzen. Kilometer um Kilometer kahler Felsen zog vorüber, bevor sich das Inselplateau dem Meere zu senkte. Von runden, grasbedeckten Kegeln und Rücken erstrecken sich mit Felsbrocken überstreute Wiesen bis an den Strand. Freilich erreichte das Grün nirgends die tosenden Wellen, denn dazwischen lag eine dunkle Barrikade aus schwarzen Lavablöcken wie eine schützende Mauer um das ganze Eiland. Nur an einer Stelle öffnete sich wirklich die Landschaft dem Blick, die Insel lächelte lieblich und einladend dem Besucher entgegen und bot ihm einen weiten, sonnenüberströmten Strand dar.

»Anakena!« nickte der Bürgermeister andächtig. »In Anakena wohnten einst die Könige, und an diesem Strand ist unser Vorvater Hotu Matua gelandet.«

»Und wer wohnt jetzt hier?«

»Niemand. Nur die Schafhirten haben eine Hütte.«

Ich rief den Kapitän, zeigte hinüber, und er stimmte mir bei, daß hier ein wunderbarer Lagerplatz sein müßte.

Die Bucht blieb hinter uns zurück, und die gleiche wilde Lavaküste voller Klippen und losgerissener Blöcke zog sich weiter um die Insel, bis sich ganz im Westen die Hochebene wieder zum Meer hinabsenkte. Dort lagen die Häuser des Dorfes Hangaroa, kleine weißgestrichene Holzbauten mit wohlbestellten Gärten, hin und wieder von einzelnen Palmen oder anderen Bäumen umgeben. Auf dem Hang dahinter sah man ein paar Streifen von künstlich angelegtem Eukalyptuswald. Rundherum zog sich ein Zaun, denn die ganze übrige Insel war Schafsfarm der Marine.

»Das ist meine Heimat«, sagte der Bürgermeister und strahlte vor Stolz über das ganze Gesicht. Er konnte befriedigt feststellen, daß alle überrascht zum Land hinüberschauten. Selbst Anette saß reglos auf Yvonnes Arm und starrte wie hypnotisiert auf das kleine Spielzeugdorf unter dem blauen Himmel, wo es plötzlich von Menschen wimmelte, die in raschem Lauf oder auf galoppierenden Pferden alle einem Ziele zuströmten, dem gleichen, das auch wir ansteuerten.

»Hast du so etwas schon je gesehen?« rief Thor junior begeistert. »Wie im Theater!«

Unser Kapitän hatte über die Toppen geflaggt, das ganze Schiff wehte und leuchtete in allen Farben des Regenbogens; mit allen Wimpeln des Signalkodexes von »Cholera« bis »Postempfang«, mit Flagge und Sirene entboten wir unseren Gruß, und irgend jemand antwortete uns mit einer chilenischen Fahne, die auf einem einzelstehenden Mast an Land gehißt wurde.

Der Bürgermeister fuhr sich mit dem Hemdsärmel ergriffen über die Augen.

»Señor«, sagte er, »das ist Hotu Matuas Land. Und es ist mein Land. Achtundzwanzig Jahre bin ich hier Bürgermeister. Was wäre ohne mich aus der Osterinsel geworden? Nichts? Die Osterinsel, das bin ich, und ich bin die Osterinsel«, schloß er salbungsvoll und schlug sich an die Brust.

Einen Augenblick glaubte ich, Hitlers Züge hinter dem kleinen Schnurrbart zu erblicken, aber nein, es war ein Irrtum. Dieses Gesicht wirkte unendlich harmloser. Und der Mann war zufrieden mit dem, was er besaß, vollkommen zufrieden. Nicht einmal das Land jenseits des großen Zauns wollte er von den Schafen zurückhaben.

»O Señor«, diesmal lag noch mehr Pathos in der Stimme, »nur wir beide sind berühmt auf dieser Insel. Mich kennen alle. Wer kennt schon den Gouverneur? Extra aus Deutschland sind Leute hergereist, um eine Blutprobe aus meinem Ohr zu entnehmen, und aus Glasgow und Österreich kamen Briefe mit Bestellungen von Holzschnitzereien an mich, den Bürgermeister der Osterinsel. Dic Welt kennt mich. Señor, reichen Sie mir die Rechte zum Freundschaftsbund!«

Als dies geschehen war, fragte er höflich, ob er mich von nun an »Señor Kon-Tiki« nennen dürfe.

Dann bogen wir um einen neuen Felsvorsprung mit gewaltigen Abbrüchen. Das Dorf verschwand hinter einem Chaos senkrechter Steilwände und kleiner bizarrer Lavainseln, die wie zerstörte Burgen und schwarze spitze Türme am Fuß der hohen düsteren Klippen lagen. Hier tobte die Brandung, und das Schiff schlingerte in einem Wirbel von aufeinanderprallenden Strömungen. Der Bürgermeister schwankte seekrank in den nächsten Deckstuhl. Seinen letzten gemurmelten Worten ließ sich gerade noch entnehmen, daß hier die Vogelmenschen ihr Unwesen getrieben hätten. Dabei wies er auf die groteske Holzfigur, die Anette inzwischen in einem Puppenbett untergebracht hatte.

Hinter dieser ungemütlichen Landzunge kamen wir in eine Art offene Bucht, die nicht von wilden Felswänden umrahmt war, wenn auch die Küste immer noch steil und hoch genug blieb. Die Reiter und der übrige Menschenstrom hatten inzwischen auf einem Weg weiter drinnen den Landrücken überquert. Die Hochfläche schien allerorten mit Menschen und Pferden übersät. Einige von ihnen kletterten auf einem schmalen Band in der Felswand zu einer schwarzen Lavaplatte mitten in der schäumenden Brandung hinunter, wo man eben daranging, ein Boot ins Wasser zu setzen. Und schon tanzte das erste Ruderboot über die Wellen, um uns einzuholen. Der Kapitän ging so nahe wie möglich ans Land heran und ließ Anker werfen. Der Bürgermeister fühlte sich sichtlich in seinem Element.

»In unserem Dialekt heißt ›Guten Tag alle miteinander‹ *la-o-rana kurua*«, flüsterte er mir ins Ohr. »Rufen Sie ihnen das zu, wenn Sie an Land kommen, dann werden alle begeistert sein!«

Es war nicht einfach, durch die donnernde Brandung ans Ufer zu kommen, daher durften nur wenige Auserwählte mit. Ein Schaumkamm hob uns hoch und riß uns um eine gewaltige Lavaklippe, worauf der eingeborene Steuermann eine geschickte Wendung machte und uns einigermaßen in Lee brachte, bevor sich der nächste Schwall heranwälzte. Hier gab es weder Hafen noch Mole, hier herrschte allein die wilde Phantasie der Natur. Im Schutze der äußersten Felsblöcke stand unbeweglich eine dichte Reihe von Eingeborenen und wartete auf uns. Ein schmaler Grat in den Lavamassen führte wie eine natürliche Treppe zum Plateau hinauf.

»la-o-rana kurua!« schrie ich aus vollem Hals, als wir in die neue Welt hinübersprangen.

»la-o-rana kurua!« rollte es wie eine Lawine über den ganzen Berg, und damit gerieten alle in Bewegung, um uns hinaufzuhelfen. Wir hatten eine sehr gemischte Versammlung zu begrüßen. Es sah aus, als wären beinahe alle neunhundert Bewohner der Insel zur Stelle. Sicher waren sie Polynesier, aber mit allem möglichen Blut gemischt. Jeder trug irgendeine Kombination von Bekleidungsstücken, die sichtlich vom Festland stammten. Ich war kaum aus dem tanzenden Boot heraus, als sich schon eine verhutzelte Alte mit einem Kopftuch meiner bemächtigte:

»Ein Geheimnis, Señor!« flüsterte sie mir heiser zu und zog einen Korb mit Süßkartoffeln hervor. Sie schob eine große Kartoffel beiseite und lupfte verführerisch den Zipfel eines Tuchs, das darunter lag.

»Danke fürs Anschauenlassen«, sagte ich und machte, daß ich weiterkam. Gesehen hatte ich zwar nichts, aber es konnten wohl kaum große Geheimnisse sein, wenn der ganze Berg voll von neugierigen Zuschauern war. Viele der Burschen, die auf der Böschung standen, trugen Holzfiguren und sonstigen Kram, aber keiner versuchte, etwas hervorzuziehen. Wie ein Lauffeuer ging das *»la-o-rana, la-o-rana!«* durch ihre Reihen, wenn wir vorübergingen.

Auch als wir auf dem Kamm ankamen, war alles schwarz von Eingeborenen. Unter ihnen ragte eine einzelne weiße Gestalt in flatterndem Gewand hervor. Ich wußte sofort, wen ich vor mir hatte: den mächtigsten Mann auf der ganzen Insel, Pater Sebastian Englert, der übrigens auch ein Buch über die Osterinsel geschrieben hat. Schon in Chile hatte man mir erzählt, daß er der ungekrönte König der Insel sei. Habe man ihn zum Freund, hieß es, so öffneten sich alle Türen, aber Gnade dem, der ihm nicht gefalle!

Vor dem Hintergrund eines tiefblauen Himmels stand er nun breitschultrig und aufrecht vor mir, in seiner weißen Kutte, einen Strick um den Leib. Darunter trug er große blankgeputzte Stiefel. Barhäuptig, mit zurückgeschlagener Kapuze und wallendem Bart, glich er in seinem weißen Gewand einem Apostel oder Propheten.

Ich sah in ein vom Wind gerötetes Gesicht mit forschenden Augen und klugen Lachfältchen und streckte ihm die Hand entgegen.

»Willkommen auf meiner Insel!« waren seine ersten Worte.

Ich merkte wohl, die Betonung lag auf »meiner«.

»Ja, ich sage immer ›meine Insel‹«, setzte er hinzu und lachte über das ganze Gesicht, »denn ich betrachte sie als die meine und würde sie nicht für Millionen hergeben!«

Ich versicherte ihm, daß wir dafür Verständnis hätten und gern bereit seien, uns unter sein Oberkommando zu stellen. Da lachte er wieder.

»Mögen Sie Eingeborene?« fragte er plötzlich und sah mich forschend an.

»Je ursprünglicher sie sind, desto lieber sind sie mir«, antwortete ich.

Sein Gesicht leuchtete auf.

»Dann können wir Freunde werden.«

Nun stellte ich Gonzalo, den Kapitän und meine übrigen Begleiter vor. Dann gingen wir miteinander zu einem Jeep, der irgendwo zwischen Lavablöcken und sich bäumenden Reitpferden stand. Im Zickzackkurs hüpfte der Wagen über wegloses Terrain dahin, bis wir endlich weiter drinnen im Land auf Radspuren stießen, die zum Dorf hinunterführten. Schließlich hielten wir vor dem Bungalow des Gouverneurs, der ein wenig abseits lag.

Ein kleiner wendiger Mann in Khaki-Uniform trat heraus und hieß uns herzlich willkommen. Alle Formalitäten wurden rasch und ohne Umstände in seinem Büro erledigt. So saßen wir vor den beiden Hauptpersonen der Insel, dem alten erfahrenen Pater und dem jungen Kommandanten Arnaldo Curti, dem chilenischen Militärgouverneur. Der eine lebte hier schon zwanzig Jahre und würde bis an das Ende seiner Tage bleiben, der andere war erst mit dem letzten Kriegsschiff erschienen, um die Insel im Namen der Regierung drüben auf dem Festland zwei Jahre lang zu verwalten. Wer hielt die Fäden in der Hand: die Erfahrung oder die Macht? Wir merkten bald, daß die beiden ein Herz und eine Seele waren. Täglich steckten sie die Köpfe zusammen, um die merkwürdigsten Probleme zu lösen, die nur in diesem ganz ungewöhnlichen Gemeinwesen auf der einsamsten Insel der Welt auftauchen konnten.

Als der Kapitän seine Mannschaftsliste präsentiert und der Arzt eine Gesundheitserklärung abgegeben hatte, war der amtliche Teil zu Ende.

»Viel Glück beim Ausgraben!« sagte der Gouverneur und schüttelte mir die Hand. »Nur zwei Vorschriften haben Sie zu beachten: Sie dürfen den Eingeborenen keine Waffen und auch keinen Alkohol überlassen.«

Das war nur recht und billig.

»Und noch etwas«, setzte er hinzu und fuhr sich mit dem Finger in den Kragen. »Sie sind den Eingeborenen kein Unbekannter mehr. Im Gegenteil, Sie haben uns hier auf der Insel schon einige Nüsse zu knacken gegeben.«

Der Priester lachte und strich sich den Bart.

»Ja, und da kann Ihr Schiff nun gleich den Wachdienst übernehmen.«

Wir verstanden zunächst gar nichts, doch dann erklärte man uns die Lage. Als die Bewohner der Osterinsel erfahren hatten, daß das »Kon-Tiki«-Floß vorbeigetrieben und unversehrt auf den Südseeinseln gelandet sei, hatte ihnen das großen Eindruck gemacht. Wenn ihre Vorväter solche Abenteuer bestanden hatten, warum sollten sie schlechter sein? Zwar gab es keine Baumstämme für ein Floß auf der Insel, aber ein paar Burschen zimmerten ein kleines offenes Plankenboot und fuhren damit zum Fischen weit hinaus auf die offene See. Die Strömung packte sie, und bald war die Osterinsel aus ihrer Sicht entschwunden. Fünf Wochen später hatten sie unfreiwillig dieselbe Trift wie das »Kon-Tiki«-Floß hinter sich und landeten erschöpft und ausgehungert auf einem Atoll der Tuamotu-Gruppe, von wo sie schließlich nach Tahiti gelangten. Das machte nun den anderen Appetit. Ein paar Eingeborene nagelten ebenfalls ein offenes Boot zusammen, um damit – angeblich nur zum Fischen – in See zu stechen. Der Gouverneur entdeckte aber, daß das Boot voller Wasserkanister steckte, und roch den Braten. In einem solchen Fahrzeug loszufahren war lebensgefährlich. Er ließ daher das Boot an Land ziehen. Als die unternehmungslustigen Leute trotzdem versuchten, auf das Meer zu entwischen, sah er sich gezwungen, einen Eingeborenen als bewaffneten Wächter einzusetzen. Der einzige Erfolg dieser Maßnahme war, daß noch ein Mann mehr auf große Fahrt ging. Bei Nacht und Nebel stach man in See und nahm den Wächter mit. Dieses Boot trieb weiter nach Westen als das erste. Die Eingeborenen sichteten lange kein Land, bis sie endlich überglücklich in Atiu, weit hinter Tahiti, an den Strand sprangen. Daraufhin befiel die Osterinsel ein regelrechtes Reisefieber. Zwei weitere Gruppen bauten sich ebenfalls Fahrzeuge. Die beiden Boote lagen eben jetzt startbereit drinnen an Land. Das ganze Dorf wußte von der Absicht. Der Gouverneur war gezwungen, Tag und Nacht einen der wenigen Weißen, die auf der Insel lebten, als Wachtposten aufzustellen.

»Wenn ich ihnen nur erzählen kann, daß wir die Leute, die weg wollen, jetzt mit Ihrem Schiff wieder zurückholen werden, dann kann ich endlich die Wachen einziehen«, meinte der Gouverneur. Ich versprach es ihm.

»Dafür müssen wir an anderen Punkten Posten aufstellen«, fuhr er fort, »die Eingeborenen stehlen wie die Raben. Alle Jahre verschwinden ein paar tausend Schafe von den Weiden jenseits der Umzäunung. Für die schlimmsten Diebe haben wir eine Art Gefängnis, aber das hilft nicht viel, denn zu den Mahlzeiten müssen wir die Leute nach Hause schicken. Wenn wir anfingen, sie im Gefängnis zu füttern, würde sich jeder ein Delikt ausdenken, nur um hinter Schloß und Riegel zu kommen und außerdem gratis verpflegt zu werden.«

»Aber sonst sind es prächtige Menschen«, fuhr er fort, und Pater Sebastian nickte. »Man muß sie nur zu nehmen wissen. Es gibt hier nie ernstlich Streit oder Raufereien. Das Stehlen war von je ihr größter Fehler. Aber man muß sich vor Augen halten, daß sie ebenso leicht geben, wie sie nehmen. Eigentum geht bei ihnen immer rasch von einer Hand in die andere. Es bedeutet ihnen nicht so viel wie uns.«

Pater Sebastian versprach uns, ein paar fleißige Leute als zusätzliche Grabungsmannschaft aufzutreiben. Er wollte einen angemessenen Tagelohn und entsprechende Rationen festlegen. Unsere Tauschwaren schätzte man hier jedenfalls weit höher als Gold und Banknoten. Es gab ja auf der Insel weder Geschäft noch Kino, nicht einmal einen Barbier.

Wir waren uns einig, daß die Anakenabucht auf der anderen Seite der Insel den besten Platz für unser Hauptlager biete. Viele Gründe sprachen dafür: erstens war es die schönste Stelle an der ganzen Küste, zweitens der einzige brauchbare Sandstrand, wo wir das gesamte Gerät mit einem Floß an Land bringen konnten. Anakena war auch weit genug vom Dorf entfernt, so daß die geringste Gefahr von Diebstählen und Zusammenstößen bestand. Außerdem lag hier das sagenumwobene »Tal der Könige«, wo der legendäre Hotu Matua zuerst seinen Fuß an Land gesetzt hatte. Sehr viel mehr konnten wir uns gar nicht wünschen.

Nach einer herrlichen Festmahlzeit im Bungalow des Gouverneurs fuhren wir aufs Schiff zurück. Auf den Klippen wimmelte es noch immer von Eingeborenen, und zu Pater Sebastians großer Freude bekam jeder, der es wünschte, Erlaubnis, sich an Bord umzusehen. Mir fiel auf, daß jetzt alle einen viel ordentlicheren Eindruck machten, reinlich und vor allem nicht so zerlumpt waren wie bei der ersten Begegnung. Ich erwähnte das vor dem Bürgermeister, der ebenfalls zu Hause gewesen war und sich ein sauberes Hemd angezogen hatte. Er lächelte verschmitzt.

»Das ist ein alter Trick von uns«, grinste er. »Wenn wir Lumpen anhaben, dann bezahlt man unsere Holzfiguren viel besser.«

Die See war so rauh, daß sich nicht viele auf das Schiff hinauswagten. Wir versprachen daher, die Einladung ein anderes Mal zu wiederholen. Als wir gerade die letzten Besucher an Land setzen wollten, kam der Kapitän mit seinem Gästebuch angelaufen.

»Wir wollen die Namen der Leute haben, die an Bord waren«, schlug er lächelnd vor. Er gab das Buch dem in die Hand, der am aufgewecktesten aussah, und bat ihn, er möge seine Kameraden auffordern, ihre Namen einzutragen. Der Mann nahm Buch und Feder und begab sich zögernd zu den anderen. Diese steckten bedenklich die Köpfe zusammen und begannen eifrig zu debattieren. Dann brachte er ernst das Buch zurück. Ohne eine einzige Unterschrift.

»Kann denn keiner von euch seinen Namen schreiben?« fragte der Kapitän.

»Doch, viele«, sagte er, »aber sie wollen nicht.«

Gonzalo, der zugehört hatte, nahm das Buch und ging zu der Schar hinüber. Als Chilene, meinte er, könne er vielleicht ihr Spanisch besser verstehen. Aber als er auf sie einzureden versuchte, gab es um ihn herum immer mehr Aufregung. Zum Schluß entstand ein richtiger Spektakel, der in ein Handgemenge auszuarten drohte, als einer der Burschen Miene machte, das Gästebuch über Bord zu schleudern. Ich brauchte meine ganze Autorität, um Gonzalo aus der Meute herauszubringen. Entrüstet brachte er das Buch zurück.

»Es ist ganz unglaublich«, schalt er, »aber sie weigern sich, ihre Namen einzutragen. Sie erklären, so habe man ihre Vorväter betrogen und als Sklaven nach Peru verschickt.«

»Daran können sie sich doch unmöglich noch erinnern«, meinte einer.

Doch als wir nachzurechnen begannen, zeigte sich, daß ihre Großväter den Sklavenjägerüberfall noch miterlebt hatten. Manche von ihren Vätern waren um diese Zeit vielleicht schon geboren.

Das Gästebuch wurde also eilig fortgeräumt, und ich erklärte unseren Besuchern, daß sie jetzt an Land müßten, da wir in See stechen wollten. Keiner rührte sich. Es half weder, daß wir die Sirene heulen ließen noch daß wir die Maschine anwarfen. Auch das übertrieben geschäftige Getue, das die Maschinisten entfalteten, verfing nicht. Schließlich geleitete ich einige unserer Gäste persönlich an das Fallreep, damit sie sich herbeiließen, in die beiden wartenden Eingeborenenboote hinunterzuklettern. Als ich den Auftrag gab, die anderen herbeizubringen, merkte ich, daß das eine Boot bereits losfuhr und das zweite, das plötzlich voll Wasser gelaufen war, im Schlepp nachzog. Ich rief ihnen nach, sie mögen doch ihre Kameraden mitnehmen, die sich noch an Bord befanden, bekam aber zur Antwort, man werde sie schon abholen, sobald die erste Gruppe an Land gesetzt und das Wasser ausgeschöpft sei. Wir warteten eine endlose Zeit, aber niemand kam zurück, sooft wir auch die Sirene betätigten. Indessen waren wir gezwungen, den Ankerplatz zu wechseln, ehe die Dunkelheit einbrach. Da unsere Ortskenntnis noch nicht so weit reichte, daß wir die Leute hier zwischen den Lavablöcken an Land setzen konnten, mußten wir die Anker lichten und mit all unseren neuen Passagieren an Bord losfahren. Sie verzogen keine Miene, nahmen das alles als selbstverständlich hin. Nach unserer Abendmahlzeit trug der Koch auch unserem sechzehnköpfigen Zuwachs auf. Sie aßen nach Herzenslust und stürzten gleich darauf sterbensübel zur Reling, da inzwischen Seegang aufgekommen war. Wir ankerten hinter derselben Landzunge wie in der Nacht zuvor, aber auch hier wurden wir unsere blinden Passagiere nicht los. Die Nacht brach an. Es begann leicht zu regnen. Wir konnten uns darauf verlassen, gründlich bestohlen zu werden, wenn wir diese Seeräuberbande in die Kajüte ließen, daher stellte ich sie vor die Wahl, an Deck zu schlafen oder mit dem Aluminiumfloß des Schiffes in zwei Gruppen an Land zu paddeln. Sie entschieden sich für das Floß, das wir daraufhin ins Wasser ließen. Aber da wollten plötzlich alle erst bei der zweiten Fahrt dabeisein. Zuletzt gaben wir jede Hoffnung auf, sie vor dem nächsten Morgen loszuwerden. Zufrieden und satt holten sie eine Gitarre hervor und begannen, auf dem Vorschiff Hula zu tanzen. Das erwies sich als durchschlagender Erfolg. Die Mannschaft hatte schon lange keine Revue gesehen oder auch nur Landurlaub gehabt, die zündende Musik fuhr allen in die Beine. Wenn wir nun einmal die Gesellschaft an Bord hatten, warum nicht das Beste herausholen? Gesang, Saitenspiel und rhythmisches Händeklatschen erfüllten im Nu das Schiff, und gegen das Dunkel der Nacht ringsum fühlte man sich im Schein der Schiffslaternen wie im Rampenlicht.

»Te tere te vaka te Hotu Matua . . .!«

Der groteske Humor unserer unbekümmerten Seeräuber war so ansteckend, daß Gelehrte wie Matrosen nicht widerstehen konnten. Jeder stampfte den Takt und sang mit, so gut es eben ging.

Da tauchte plötzlich der Bürgermeister auf, naß und durchfroren. Mit drei anderen Eingeborenen saß er draußen im Dunkel in einem kleinen Boot. Nach kurzem Verhandeln wurden wir einig, daß er mit seiner Begleitung an Bord kommen durfte, wenn er bereit war, die sechzehn übrigen an Land zu nehmen. Zur allgemeinen Zufriedenheit sollten beide Gruppen noch eine Stunde miteinander an Bord bleiben dürfen. Der Bürgermeister ging darauf ein und kletterte verklärten Gesichts mit seinem Gefolge herauf. Er fragte sofort, ob er und seine Leute nicht auch etwas zu essen haben könnten wie die anderen vor ihm.

»Ja«, erwiderte ich diplomatisch, »aber erst, wenn ihr die sechzehn an Land gesetzt habt!«

Daraufhin schoß er auf die Musikanten zu und klatschte eine halbe Minute den Takt mit. Dann wandte er sich um und erklärte, die Leute müßten unbedingt sofort nach Hause, sonst würde es auf der Überfahrt zu naß und kalt.

Danach nutzte es auch nichts mehr, daß ich ein Wort für sie einlegte. Es spielte für ihn keine Rolle, daß die Stunde gerade erst angefangen hatte, er befahl den Musikanten einfach, aufzuhören. Da wechselte ich die Taktik:

»Sie können übrigens auch jetzt zu essen bekommen«, sagte ich. Gleich stürzte unser Bürgermeister in die Kombüse und auf den Koch zu, ohne noch einen Gedanken an die Musikanten zu verschwenden. Er streckte nur noch mit vollem Mund seinen Kopf heraus, um zu sehen, ob die anderen drei ihm nachkämen.

Aber er hielt Wort, und als die Stunde um war, schaukelte das Ruderboot voll Gelächter und Musik der Küste zu. Es war ein geglücktes Gastmahl gewesen.

In den unterirdischen Höhlen des vulkanischen Gesteins

Wie ausgestorben lag das Anakenatal da, als unser kleiner Vortrupp eine Runde über die Uferhänge machte, um nach dem besten Zeltplatz zu suchen. Da tauchte plötzlich ein einzelner Reiter auf dem Kamm der Hügelkette auf. Er kam auf uns zu, sprang vom Pferd und grüßte: es war einer der eingeborenen Schafhirten. Er residierte in einem kleinen weißgekalkten Steinbau an der Westseite des Tales und war in diesem Teil der Insel für die Schafe verantwortlich. Sobald er erfuhr, daß wir uns im Anakenatal häuslich niederlassen wollten, wies er auf einen kleinen Cañon, in dessen Wand sich mehrere geräumige Höhlen öffneten. Das waren die Höhlen Hotu Matuas, wußte er zu berichten. Hier hatten der erste König und alle seine Gefolgsleute gewohnt, nachdem sie drunten am Strand gelandet waren – die ersten wirklichen Entdecker der Insel. Unweit der Höhlen hatten sie später große Schilfhütten errichtet. Unser Schafhirt sprach von Hotu Matua mit derselben familiären Vertrautheit wie ein Engländer von Königin Viktoria. Für ihn schien es undenkbar, daß jemand Hotu Matua nicht kannte. Diese Persönlichkeit war das Alpha und Omega in der Begriffswelt der Osterinsel, eine Art Kreuzung zwischen Adam aus dem Religionsbuch und Kolumbus aus der Geschichtsstunde.

Als ich ihm sagte, wir brauchten nicht in Höhlen zu wohnen, denn wir hätten fertige Hütten aus wasserdichtem Stoff mitgebracht, zeigte er sogleich in die entgegengesetzte Richtung.

»Wenn Sie Zelte haben, können Sie genausogut dort drüben am Strand wohnen, wo Hotu Matua sein Haus hatte«, schlug er vor. Er begleitete uns den Abhang hinunter zu einer Terrasse am Fuß einer kleinen Bergkuppe. Überall standen hier Zeugen vergangener Größe. Um die Bucht zogen sich drei tempelartige Plattformen, aus mächtigen Steinblöcken aufgeführt, mit der Stirnseite zum Meer gewendet. Sie lagen direkt oberhalb des offenen Sandstrandes, und man hätte sie für Festungswerke halten können, die das Land gegen Angriffe von See her schützten, hätten nicht daneben ein paar gelbgraue Steinkolosse in Menschengestalt im Sand gelegen. Sie zeigten deutlich, daß das Mauerwerk einst ihr Fundament gebildet hatte. Alle diese

Statuen lagen mit dem Gesicht zu Boden; ihr Scheitel wies ins Landesinnere. Daraus ließ sich erkennen, daß sie vor ihrem Sturz mit dem Rücken zum Meer standen und landeinwärts über offene Tempelplätze hinweggesehen hatten. An der mittleren Mauerterrasse lag eine ganze Reihe solcher gestürzter Riesen Seite an Seite. Gewaltige Zylinder aus rostrotem Stein, die sie einst auf den Köpfen balanciert hatten, waren heruntergepurzelt und lagen ringsum auf dem Boden.

Die hohe, mächtige Terrasse am östlichen Ende der Bucht hatte nur ein einziges Steinbild getragen, aber die nun hingestreckte Gestalt erschien weit wuchtiger und größer als die schlankeren Genossen auf den Nachbarterrassen.

Und in ebendiesem stämmigen Riesen hatte König Hotu Matua selber gewohnt. Der Schafhirt wies andächtig auf die soliden Grundmauern der königlichen Residenz hin, die noch deutlich im Boden zu erkennen waren. Gleich dahinter stand ein merkwürdiger fünfeckiger Steinherd. Er bezeichnete die Stelle, an der sich einst die Küche des Königs befand. Hier mußten wir selbstverständlich graben; wir beschlossen also, unser Lager auf dem daneben gelegenen flachen Tempelplatz, vor dem Kopf des gestürzten Riesen, aufzuschlagen. Der Schafhirt verfolgte unser Tun mit lebhaftem Interesse und wiederholte immer wieder, daß hier der König Hof gehalten habe, bis er ganz sicher war, wir hätten auch alle begriffen, wo wir uns befanden. Wir schenkten ihm schließlich ein Päckchen Zigaretten, und er ritt hocherfreut weiter.

Kurz danach begannen wir unsere Ausrüstung an Land zu bringen. Mit ein paar Eingeborenen ruderten wir zuerst auf dem kleinen Aluminiumfloß ein paarmal um die Bucht herum, um Klippen und Brandung zu erkunden. In der Mitte der Bucht war eine Stelle von Felsblöcken frei. Auch die Brandung tobte dort nicht so wild, so daß wir zunächst den Fotografen mit seiner gesamten Kameraausrüstung an Land setzten. Als dies glücklich geschehen war, ruderten wir wieder zurück zum Motorboot, das in der Mitte zwischen Schiff und Strand auf uns wartete. Auf halbem Wege sahen wir einen Wellenkamm auf uns zurollen. Die Woge hob das Boot hoch empor und riß es dann wieder hinab. Der Motor lief auf vollen Touren, um einem noch gewaltigeren Kamm zu begegnen, der dahinter erschien. Wir ruderten aus Leibeskräften und kamen glücklich über den ersten Schwall, aber als der zweite Wellenkamm auf uns zuraste, wuchs er zu einer senkrechten Wand vor uns auf. Wir fühlten, wie das Floß herumgerissen und umgestürzt wurde. Ich bekam einen kräftigen Schlag auf den Schädel und tauchte so rasch wie möglich zum Meeresboden, um einem noch härteren Schlag der Pontons auszuweichen. In dem wirbelnden Sand hielt ich die Augen geschlossen und schwamm so weit und so tief ich nur konnte, bevor ich wieder Luft schöpfen mußte. Als ich hochkam, waren die anderen bereits dabei, auf die Unterseite des gekenterten Floßes zu klettern. Der Wellengang war wieder normal wie zuvor.

Wir hatten unser Lehrgeld bezahlt, und als wir bald danach begannen, unentbehrliches Material an Land zu setzen, blieben wir auf der Hut. Leider rollten die gewaltigen Wogenkämme immer dann heran, wenn wir sie am allerwenigsten brauchen konnten. Um uns gegen weitere Überraschungen zu sichern, verankerten wir unser größtes Rettungsfloß wie eine schwimmende Mole mitten in der Bucht, außerhalb der gefährlichen Brandungszone. Das Motorboot konnte mit den Ausrüstungsstücken vom Schiff sicher bis an diese Zwischenstation gelangen. Dort wurde alles auf ein kleines Pontonfloß umgeladen, das wir dann, wenn gerade keine von den ganz schlimmen Wellen in Sicht war, mit der Brandung auf den Strand zureiten ließen. Der gesamte Transport von Mensch und Gerät wurde auf diese Weise bewältigt. Das Motorboot erhielt seine Weisungen durch die Schiffssirene und durch Flaggensignale vom Land aus. Im eigentlichen Brandungsbereich, dicht vor dem Strand, gab es immer Flüche und Gelächter, vor allem aber nasse Hosen. Bisweilen freilich war die Brise so steif, daß Koch und Steward ihre frisch gebackenen Brote in wasserdichte Gummisäcke verstauen und mit ihnen an Land schwimmen mußten. Aber war das Wasser auch prickelnd kalt – dahinter lag der sonnenüberstrahlte Sandstrand. Es gab keinen, der sich nicht in der Wärme des »Tales der Könige« wohl gefühlt hätte. Bald wuchs ein Zelt neben dem anderen aus dem Boden, ein friedliches kleines Dorf auf dem Tempelplatz zwischen dem alten gefällten Riesen und den Grundmauern, auf denen Hotu Matuas Nachkommen ihre Kinderschuhe vertreten hatten. Unsere eingeborenen Freunde, die uns bei den Landungsmanövern halfen, waren mächtig beeindruckt, als sie um die große Mauer bogen und sahen, wo wir unser Lager errichteten. Der Bürgermeister holte tief Luft und erklärte dann feierlich:

»Señor, genau hier hat auch Hotu Matua sein erstes Haus erbaut. Hier stehen noch die Grundmauern, und da war die Küche.«

So wurden unsere Geschichtskenntnisse zwar noch einmal aufpoliert, aber dafür schien uns niemand unsere Platzwahl übelzunehmen, im Gegenteil, man half uns bereitwillig beim Aufstellen der Zelte. Bevor die Nacht einbrach, machte dann einer unserer Gäste einen kurzen Streifzug und fing ein paar ungesattelte Pferde ein. Man dankte für unsere Gastfreundschaft und ritt in Richtung des Dorfes davon.

In dieser Nacht schlief ich erst spät ein. Ich starrte auf das dünne Zeltdach über mir, durch das das Mondlicht schimmerte, und horchte hinunter zum Strand, wo die Brandung donnerte und wo Hotu Matua einst an Land gestiegen war. Was für ein Fahrzeug hatte er wohl gehabt und welche Sprache hatte er gesprochen? Wie mochte dieses Tal bei seiner Ankunft ausgesehen haben? Gab es hier einst Wald wie auf den übrigen Südseeinseln? Hatte vielleicht Hotu Matuas Sippschaft die Bäume umgehauen und sie verheizt, bis zum Schluß der gesamte Waldbestand zerstört war und die Insel so aussah wie heute, ohne einen einzigen schattenspendenden Baum auf all den Hügelketten?

Dieser vollständige Mangel an Wald und Buschwerk beunruhigte mich immer wieder. Vielleicht hatten jene Leute recht, die behaupteten, es sei nutzlos, auf die Osterinsel zu fahren, um dort in der Erde herumzugraben. Vielleicht waren wirklich die Hügel immer so kahl gewesen wie heute. Dann konnte es natürlich auch kaum Pflanzen gegeben haben, die verrotteten, und damit auch keinen jährlichen Zuwachs an Humus. Abgesehen von den Sanddünen am Strand und dem Schafsmist zwischen den Steinen sah es aus, als sei das Land seit den Tagen Hotu Matuas unverändert geblieben, trocken und kahl. Wenn die Grundmauern seines Hauses noch immer sichtbar waren und als regelrechte Touristenattraktion gezeigt wurden, dann konnte der Erdzuwachs ja nur sehr mager sein und die Chance, Neues zu entdecken, desgleichen. Ein paar besonders kräftige Brecher donnerten auf den Strand, und ich strich mir über die Beule an meinem Kopf. Immerhin – wenn wir nun schon einmal hierhergekommen waren, dann mußten wir zumindest einen sicheren Beweis dafür haben, daß Ausgrabungen nutzlos waren, bevor wir zu den anderen Inseln weiterzogen, die noch auf unserem Programm standen.

Während wir noch den Rest des Geräts an Land brachten und die Arbeit der Expedition vorbereiteten, zogen unsere Archäologen schon auf Erkundung nach Ost und West. Auf der ganzen Insel gab es nicht einen Bach, nur in den Kratern von drei erloschenen Vulkanen fanden sich versumpfte Stellen und teilweise auch offenes Wasser voller Schilf. Holz und Trinkwasser mußten wir fünf Kilometer weit von Vaitea heranschaffen, der Schafsfarm, die auf einem Plateau im Innern der Insel lag. Dort hatte man einen kleinen Eukalyptuswald angelegt, und es war auch Trinkwasser vorhanden, das in einer Rohrleitung von dem Vulkan Rano Aroi herüberkam. Der Gouverneur lieh uns eine plumpe, auf der Insel gezimmerte Schaluppe, die die Eingeborenen zum Schiff hinausruderten, und an einem ruhigen Tage gelang es uns, den Jeep der Expedition an Land zu bringen. Das Problem des Holz- und Wassertransports war damit gelöst. Auf der Osterinsel sind noch verschiedentlich Wege aus vorgeschichtlicher Zeit zu erkennen, und die Verwalter der Schafsfarm haben das Wegenetz durch Wegräumen der schlimmsten Steine so weit ausgebaut, daß man heute mit dem Jeep auf einem etwa fünfzehn Kilometer langen Weg quer über die Insel holpern kann. Pater Sebastian und der Gouverneur halfen uns mit Pferden und primitiven Holzsätteln aus. Selbst der ärmste Eingeborene besaß mindestens ein Reitpferd. Es war durchaus begreiflich, daß hier niemand zu Fuß gehen wollte. Die Hänge voller Lavabrocken sahen aus wie rotbraune und schwarze Kokshalden. Oft lagen die Steine so dicht, daß ein Huf kaum dazwischen Platz fand. Die Kinder auf der Osterinsel lernen das Reiten ebenso früh wie das Gehen. Wir sahen oft drei Knirpse auf einem ungesattelten Pferd im Galopp über den steinigen Boden dahinjagen; einer klammerte sich an den anderen, und der vorderste krallte sich in der Mähne des Pferdes fest.

Längs der Küste gibt es mehrere uralte Brunnen, die mit großer Kunst ausgeschachtet und mit behauenen Steinen eingefaßt sind. Man hat sie angelegt, um unterirdische Wasserläufe anzuzapfen, deren Mündung ins Meer bekannt war. Hier pflegte die Urbevölkerung Brackwasser zum Trinken zu holen. Heute pumpen an diesen Stellen Windräder das Brackwasser für die Schafe hoch. So konnten wir die Pferde tränken und das Lager mit Waschwasser versorgen.

Inzwischen fertigte unser Bootsmann, der zugleich Zimmermann war, Regale und Tische für das große Messezelt an. Wände aus Moskitonetzen garantierten ungestörte Mahlzeiten und ruhiges Arbeiten; sie sicherten uns gegen die dichten Schwärme vor langer Zeit importierter Fliegen, die uns auf Schritt und Tritt folgten.

»Auf der Windseite lassen wir besser die Zeltwand herunter«, stellte Yvonne fest, »es staubt durch das Mückennetz herein.«

»Hier auf der Insel Staub?«

»Ja, sieh nur!« sagte sie und malte mit dem Zeigefinger Kringel auf das Bücherregal.

Ich betrachtete diesen Effekt mit größter Zufriedenheit. In ein paar Jahrhunderten hätte das eine schöne dicke Schicht zum Staubwischen ergeben. Vielleicht lohnte es sich doch, auf der Osterinsel zu graben? Gerade weil es keinen Wald gab, nagten Wind und Wetter wahrscheinlich ungehemmt an den Bergspitzen und trieben einen Schauer feiner, trockener Erde wie Schnee über das tiefere Land. Das meiste wurde sicherlich auf das Meer hinausgeweht, aber vielleicht lagerte sich doch etwas auf den Grashängen ab.

Unsere Archäologen kamen mit interessanten Berichten von ihren Erkundungszügen zurück. Sie hatten eine Menge Mauerreste entdeckt, die sie später untersuchen wollten. Anzeichen ließen vermuten, daß Träger von zwei verschiedenen Kulturen vor der Ankunft der Europäer hier ihre Bauwerke errichtet hatten. Um uns langsam mit den örtlichen Verhältnissen vertraut zu machen, beschlossen wir zunächst ein paar kleinere Grabungen in der Nähe des Lagerplatzes von Anakena vorzunehmen. Erst dann wollten wir uns an größere Aufgaben heranwagen.

Unsere Wahl fiel auf Hotu Matuas fünfeckigen Küchenherd und auf die bogenförmige Grundmauer dicht daneben. Eine solche Ausgrabung geht man nicht mit Hacke und Spaten an, sondern mit einer kleinen Maurerkelle. Man schabt sich Milimeter für Milimeter in den Boden hinein, um nur nichts von den Dingen zu beschädigen, die man finden könnte. Die weggekratzte Erde wird dann noch durch ein feinmaschiges Sieb geworfen, so daß nichts Interessantes übersehen werden kann. Ständig muß man sich Rechenschaft ablegen, wie tief unter der Grasnarbe man arbeitet, denn je weiter man vordringt, auf desto ältere Sachen stößt man.

Gleich unter der Oberfläche lag ein Stück von einem alten Steingefäß, zusammen mit Speerspitzen und anderen scharfen Geräten aus schwarzem vulkanischem Glas. Die Archäologen drangen weiter und fanden Reste von Fischhaken aus Menschenknochen und sorgfältig poliertem Stein. Als sie neben Hotu Matuas Herd einen Fuß tief gegraben hatten, kratzte die Mauerkelle wieder gegen Stein. Wir säuberten die Umgebung und merkten, daß hier noch einmal eine fünfkantige Herdstelle des Typs lag, den wir über der Erde gesehen hatten. Wenn die oberste von Hotu Matua, dem Stammvater der Insel, angelegt worden war, mußte ihm also schon jemand zuvorgekommen sein und sein Essen auf die gleiche Weise zubereitet haben. Den Eingeborenen wollte das nicht in den Kopf. Ebenso wie alle Besucher hatten sie die Ruinen an der Oberfläche immer Hotu Matua zugeschrieben, denn dort war ganz sicher sein Wohnsitz gewesen. Wir schabten uns indessen tiefer und fanden häufig Bruchstücke von Fischhaken, Muscheln, Knochensplitter, Holzkohle und Menschenzähne, bis wir uns weit unter der untersten Herdstelle befanden. Jetzt mußten wir schon irgendwo in grauer Vorzeit stecken. Da kratzte Bill eine hübsche blaue venezianische Perle hervor und erkannte sie als einem Typ zugehörig, den die Europäer vor zweihundert Jahren zum Handel mit den Indianern verwendeten. Wir befanden uns folglich erst in jener Periode, in der die Europäer der Insel ihre ersten Besuche abstatteten. Die Perle konnte allerfrühestens von dem Entdecker Roggeveen auf die Osterinsel gebracht worden sein, also hatten wir uns noch nicht weiter als bis ins Jahr 1722 hinuntergewühlt. Wir schlugen in Roggeveens Logbuch das Kapitel über die Entdeckung der Osterinsel nach und fanden tatsächlich vermerkt, daß der erste Eingeborene, der auf das holländische Schiff kam, mit zwei Schnüren blauer Perlen, einem kleinen Spiegel und einer Schere beschenkt wurde. Nichts lag näher, als daß ein paar von diesen Perlen ins Haus des Königs nach Anakena gelangten. Als wir dann noch etwas weiter schürften, stießen wir auf reines Geröll ohne Spuren menschlicher Tätigkeit.

Eines stand nun fest: es war nicht umsonst, auf der waldlosen Osterinsel zu graben. Jetzt konnten wir Ernst machen. Es galt als nächstes, eingeborene Hilfskräfte heranzuziehen, denn einige unserer Projekte erforderten mehr Hände, als wir zur Verfügung hatten.

In diesen Tagen bekamen wir kaum jemand von der einheimischen Bevölkerung zu Gesicht. Um Diebstähle und Unzuträglichkeiten zu vermeiden, hatte Pater Sebastian uns ausdrücklich gebeten, das Lager für alle Eingeborenen, die nicht gerade dienstlich mit uns zu tun hatten, tabu zu erklären. Es wäre hoffnungslos gewesen, unseren Leuten zu verbieten, mit den munteren Vahines der Insel Bekanntschaft zu schließen. Das wußte Pater Sebastian selbst am allerbesten. Wenn aber unsere Mannschaft sich schon amüsieren wollte, so mußte sie zumindest eine Reitpartie ins Dorf hinüber machen; andernfalls wäre binnen kurzem das gesamte Dorf zu uns übergesiedelt. In diesem Sinne wurde eine Hausordnung erlassen. Wir zogen ein Seil um das Lager, gewissermaßen ein Symbol des Tabu-Bereiches. Im großen und ganzen funktionierte das erstaunlich gut. Eigentlich war ja bloß eine Handvoll Schafhirten befugt, sich auf dieser Seite der Insel aufzuhalten. Wenn nämlich ein Einheimischer den Zaun um das Dorf überstieg, dann nahm er meist die Gelegenheit wahr, ein oder zwei Schafe mitgehen zu lassen. Aber eine solche Einschränkung der Bewegungsfreiheit ist natürlich auf einer kleinen Insel nicht leicht durchzusetzen.

In einer der ersten Nächte verschwanden zwei Wasserkannen aus dem Lager, außerdem wurde das Tau, das unser Tabu-Gebiet begrenzte, abgeschnitten und als wertvolle Beute davongetragen. Pater Sebastian meinte, es sei sicher als Ausrüstungsstück in eines der kleinen Boote gewandert, die bereit lagen, um »à la Kon-Tiki« in See zu stechen. Daraufhin schickte mir der Gouverneur zur Bewachung des Lagers Kasimiro und Nikolas, die beiden eingeborenen Polizisten des Dorfes. Der alte Kasimiro war ebenso lang und dünn wie Nikolas dick und rund. Außerdem wies er eine verblüffende Ähnlichkeit mit dem knickebeinigen, buckligen Gespenstermann auf, der immer wieder unter den Holzschnitzereien der Osterinsel auftauchte. Hätte nicht bereits Kapitän Cook solche Figuren gesammelt, so wäre man den Verdacht nicht losgeworden, Kasimiro habe Modell gestanden. An Kasimiros Seite baumelte ein dickes Lederfutteral mit einem altmodischen Trommelrevolver. Wenn er einen von seinen Dorfgenossen zu Gesicht bekam, ganz gleich welchen Geschlechts und Alters, schrie und tobte er und fuchtelte so lange mit dem Revolver, bis der Störenfried in einer Staubwolke über den Hügel verschwand. Dann kam er gebückt herangeschlendert und setzte sich im Tabu-Bereich in den Schatten eines Zeltes.

Wir mochten den alten Kasimiro gern, er wirkte ein bißchen vertrottelt, war aber äußerst nett und bescheiden. Auch Nikolas war ein braver Kerl, aber er tat sozusagen niemanden leid. Die leckersten Reste aus dem Küchenzelt wanderten daher immer zu dem mageren Alten, der sich bei uns satt essen konnte wie nie zuvor in seinem Leben und dessen Taschen nun mit wahren Schätzen – wie etwa Zigaretten – gefüllt waren. Kasimiro schwebte im siebenten Himmel. Er wurde immer bequemer, lag nur noch im Zeltschatten und spielte mit seinem schweren Revolver. Aber eines Tages hatte er wohl das Gefühl, er müsse sich irgendwie für die gute Bewirtung revanchieren. Er kam in mein Zelt gekrochen und vertraute mir flüsternd an, da draußen auf der Insel der Vogelmenschen gebe es eine Höhle mit »wichtigen Dingen«. Als Knabe sei er mit seinem Vater und ein paar anderen Jungen dort gewesen. Der Vater habe die Kinder aufgefordert zu warten und sei dann hinter einen Felsvorsprung verschwunden, um in eine geheime Höhle zu kriechen. Er selbst habe die Öffnung nie gesehen. Aber wenn ich ihn in unserem Boot mit hinausnehmen wollte, ohne daß jemand im Dorf davon erführe, würde er mir die Stelle zeigen, an der er habe warten müssen. Wenn ich die Höhle fände, so könnten wir uns die Reichtümer teilen. Diese Vorstellung ließ die Augen des Alten aufleuchten.

Ich nahm die Nachricht nicht allzu ernst. Sowohl die Routledge-Expedition wie Pater Sebastian hatten ähnliche Angebote bekommen. Sobald man das Vertrauen der Eingeborenen gewonnen hatte, tauchten immer Leute auf, die den versiegelten Eingang zu einer versteckten Höhle kennen wollten. In solchen Höhlen hatten die Vorväter Holzplatten mir Hieroglyphen verborgen. *Rongo-rongo* hießen sie in der Sprache der Insel. Diese *Rongo-rongo*-Platten sind heute ein Vermögen wert. Alle Museen der Welt zusammen haben nur ein Dutzend derartiger Stücke. Das wissen die Eingeborenen ganz genau. Aber wer ihnen glaubte und nach großen Vorbereitungen unter ihrer Führung loszog, um die *Rongo-rongo*-Höhle zu besuchen, der wurde enttäuscht. Er tappte nur lange und vergeblich in der Gegend umher. Niemals wurden die geheimen Eingänge wiedergefunden. »Schade«, hieß es jedesmal, jetzt ist die Öffnung verschwunden, Erdreich oder Gestein haben sie verdeckt!«

Dann kam unser erster Sonntag auf der Osterinsel. Pater Sebastian schickte Botschaft, auch wir wären in der Kirche willkommen, wenn wir die Eingeborenen singen hören wollten. Ich rief die Mannschaft zusammen, Gelehrte und Seemänner, und erklärte ihnen, daß die Kirche auf den Südseeinseln etwas ganz Besonderes darstelle. Sie ist ja hier nicht nur der einzige feste Punkt im Weltbild der Eingeborenen, der Ort, wo sie den so nötigen Ersatz für ihren alten Glauben an Tiki und Make-make finden, nein, die Kirche ist auch ihr alleiniger gesellschaftlicher Mittelpunkt, die einzige Stätte, wo die ganze Bevölkerung in ihrem besten Staat zusammenkommen kann. Auf den entlegensten Südseeinseln gibt es weder Festsaal noch Gasthaus, Kino oder Marktplatz. Wer am Sonntag nicht in der Messe ist, den braucht man auch während der restlichen Woche nicht. Die Eingeborenen sind oft wahre Fanatiker für ihre heimatliche Kirche, und wer nicht am Gottesdienst teilnimmt, dem wird das als Demonstration ausgelegt, als bewußtes Abrücken in ein feindliches Lager. Auf manchen Inseln sind die Eingeborenen Protestanten, auf anderen Katholiken, auf wieder anderen Mormonen oder Quäker, je nachdem, welche Mission zuerst auftauchte und die Kirche baute. Wie leicht kann da ein nichts Ahnender ins Fettnäpfchen treten!

»Ich bin Atheist und gehe nie in die Kirche«, sagte Carl, »aber wenn du meinst, daß es so wichtig ist, komme ich gern mit.«

Und so donnerte unsere Kavalkade über die Hügel, Atheisten, Protestanten und Katholiken, im Galopp auf allen Lagerpferden, mit dem rumpelnden Jeep in der Mitte, um vor Pater Sebastians kleiner Dorfkirche zu erscheinen.

Auf dem Platz vor der kleinen, turmlosen Kirche leuchtete es fröhlich in Weiß und Bunt, das ganze Dorf stand in seinem frisch gewaschenen und gebügelten Sonntagsstaat wartend da. Zwischen andächtigen Männern und Vahines, Kindern und alten Leuten, neugeborenen und ungeborenen Babys drängten wir uns hinein. In Pater Sebastians Kirche strahlte alles hell und freundlich. Frohe Farben, frohe Gesichter, die Sonne sandte ihre Strahlenbündel durch Ritzen in Dach und Wänden, und sogar ein kleiner Vogel hatte sich eingeschmuggelt, flog ungeniert herum, zwitscherte und tirilierte. Pater Sebastian trug ein weites grasgrünes Meßgewand über seiner weißen Kutte. Würdig und milde wie ein freundlicher Großvater stand er vor seiner

Gemeinde. Im Raum herrschte eine Feststimmung wie in der Oper. Den Höhepunkt des Ganzen bildete der Gesang. Die Choräle wurden mit polynesischem Text und meist nach alten, einheimischen Melodien gesungen, und jeder im Saal stimmte mit ein, außer uns. Wir sperrten nur unsere Ohren auf, denn es war wirklich ein Erlebnis. Jedes Lied war sauber eingeübt und wurde mit Schwung und so vollem Klang vorgetragen, wie ihn nur die Eingeborenen der Südsee aufbringen.

Pater Sebastians Zeremonien waren schlicht, und was er sagte, klug durchdacht und jedermann verständlich. Rund um uns saßen unsere Freunde, die Banditen und Seeräuber, neben ihre lustigen Vahines gezwängt, und folgten den Worten des Paters so mitgerissen wie Kinder einem Cowboyfilm. Dann kam eine besondere Begrüßung für uns Fremde, mit dem Wunsch, es möge bei der Expedition alles gutgehen. Die Männer und Frauen der Insel sollten das ihre tun, um uns zu helfen, denn wenn auch nicht alle von uns denselben Glauben hätten wie sie, so wären wir doch alle Christen mit den gleichen Idealen.

Von dem Tag an begegnete uns die einheimische Bevölkerung mit wachsendem Vertrauen: wenn Pater Sebastian uns anerkannte, dann waren wir sicher allesamt ordentliche Leute.

Nach dem Gottesdienst lud der Gouverneur die Teilnehmer der Expedition zu einem herrlichen Mittagessen ein. Außer unserem Gastgeber und Pater Sebastian trafen wir dabei fast die gesamte weiße Kolonie. Es lebten hier ein paar Nonnen, die das kleine Krankenhaus nördlich des Dorfes betreuten, ein chilenischer Flugkapitän, der die Planungsarbeit für einen zukünftigen transozeanischen Flugplatz leitete, und die beiden Sekretäre des Gouverneurs. Die einzigen, die an der Tafel fehlten, waren der Arzt und der Schulmeister des Dorfes. Wir hatten die beiden noch nie gesehen, nicht einmal in der Kirche. Zu meiner Verwunderung zog auch der Gouverneur, der an einem Herzfehler litt, unseren Arzt und nicht den einheimischen zu Rate.

Als wir am Abend nach Hause gingen, hielt uns ein kleiner, gedrungener Kerl mit rabenschwarzen Augen und struppigem, schwarzem Haar auf. Es war der Arzt des Dorfes, und er lud uns alle zum Hulatanz ein. Damit kam er der allgemeinen Stimmung zu sehr entgegen, als daß ich hätte nein sagen können. Der Tanz fand in einem kleinen Haus statt, das der Schwester des Bürgermeisters gehörte. Es war so voll, daß die Leute durch die offenen Fenster herausklettern mußten, damit wir überhaupt durch die Tür eintreten konnten. Zu meinem Schreck sah ich, daß ein dicker Krug mit einer whiskyfarbenen Flüssigkeit die Runde machte. Glücklicherweise stellte sich heraus, daß sich nur agua puro, reines Wasser, darin befand, direkt von der Dachtraufe gesammelt. Die Stimmung war gleichwohl angeregt und heiter. Als dann gar die Vahines unsere schüchternen Seebären und steifbeinigen Gelehrten auf den Tanzboden schleiften und sie zwangen, sich wie Aale am Angelhaken zu drehen und zu winden, da kannte die Fröhlichkeit keine

Grenzen, und Witze in mindestens vier Zungen wurden schallend belacht. Es herrschte ein solcher Betrieb und solches Gedränge, daß sich die Wände durchgebogen hätten, hätte nicht von draußen noch viel mehr Volk dagegen gedrückt in dem Bestreben, einen Blick durch die dichtbesetzten Fenster zu werfen. Vier Männer mit Gitarren spielten und sangen, und mitten durch den Trubel arbeitete sich der Inseldoktor zu mir durch, um mich ausgerechnet in dieser Stunde in die innenpolitischen Probleme der Gemeinde einzuweihen. »Mein Ziel ist, diesen Menschen ein Fenster in die Welt aufzustoßen« sagte er.

Das wäre nicht schlecht, dachte ich, denn im Augenblick schnappten wir alle nach Luft. Aber so realistisch meinte er das nicht, und ich mußte mich damit abfinden, zu einem ernsten Männergespräch ins Freie geschleppt zu werden.

Er und der Lehrer standen in Opposition zu den anderen Weißen auf der Insel.

»Wir haben Indianerblut in den Adern«, eröffnete er mir und wies auf seine sprühenden schwarzen Augen, wir wollen, daß die Eingeborenen einmal von dieser Insel wegkommen und die Welt drüben auf dem Festland kennenlernen.«

Genau das will Pater Sebastian vermeiden, dachte ich. Er fürchtet, daß sie sich zu Tode trinken, wenn sie irgendwohin kommen, wo man Alkohol frei kaufen kann. Er fürchtet, daß sie mißbraucht und ausgenutzt werden und schließlich vor die Hunde gehen.

»Wir wollen den Lebensstandard hier auf ein modernes Niveau heben, wir wollen, daß die Barfüßigen Schuhe bekommen.«

Und das hält Pater Sebastian für eine Torheit, dachte ich. Ich hatte ihn erzählen hören, daß die Eingeborenen, die nie Schuhe trügen, hier am besten zurechtkämen, denn den scharfen Lavabrocken auf der Insel hält kein Schuhzeug lange stand. Hat einer aber einmal angefangen, Schuhe zu tragen, so wird die Haut seiner Fußsohlen empfindlich wie die unsere und reibt sich blutig, wenn die Schuhsohlen wieder einmal durchgelaufen sind. Nein, jedes Ding hat zwei Seiten, dachte ich, und Pater Sebastian hat sich ein Menschenleben lang darüber Gedanken gemacht, während der junge Arzt erst mit dem letzten Kriegsschiff hergekommen war.

»Bevor Sie gehen, müssen Sie den Musikanten tausend Pesetas oder noch besser fünfzehn Dollar in harter Währung geben. Sie erwarten es«, setzte er hinzu.

»Aber die ganze Gesellschaft raucht doch schon unsere Zigaretten, ißt unsere Schokolade und unterhält sich mindestens ebensogut wie wir«, wandte ich ein.

»Bezahlen Sie nicht auch in Europa des Orchester, das Ihnen zum Tanz aufspielt? Wenn Sie den Musikanten nichts geben wollen, nur weil sie Eingeborene sind, wird man Sie nie mehr zum Tanz einladen.«

In aller Ruhe holte ich meine Leute zusammen. Wir bedankten uns und zogen nach Hause. Wir zahlten nicht einen Pfennig, und trotzdem hat man uns immer wieder zum Hulatanz in Hangaroa eingelanden, solange wir auf der Insel blieben.

Inzwischen hatten wir uns einen stattlichen Stab an eingeborenen Arbeitern zugelegt. Manche wohnten weiterhin im Dorf und kamen jeden Morgen angeritten, andere ließen sich in Höhlen in der Nähe der Arbeitsstätte häuslich nieder. Um möglichst viele Leute unserer eigenen Mannschaft freizubekommen, stellten wir vier Vahines ein, die uns bei der Lagerarbeit und beim Wäschewaschen helfen sollten. Eine davon, Eroria, übernahm die Aufsicht. Sie war eine prächtige Frau und außerordentlich tüchtig. Wer sie nicht kannte, dem erschien sie wie eine drohend aufsteigende Gewitterwolke, aber es brauchte nur ein wenig Freundlichkeit, um ihr ein breites Lächeln zu entlocken. Dann zerflatterte die Wetterwolke wie Morgennebel, und das grobe Gesicht strahlte wie die liebe Sonne. Seit Jahren war sie Pater Sebastians Haushälterin, aber er hatte sie uns ihrer unbedingten Zuverlässigkeit wegen zur Verfügung gestellt. Eroria und ihre alte grauhaarige Schwägerin Mariana waren erstaunlicherweise die eifrigsten Höhlenjägerinnen auf der Insel. Mit Stearinkerzen und einem Gartenkratzer zogen sie kreuz und quer über das Eiland und suchten nach den alten Wohnhöhlen, wo sie den Boden nach Steinbeilen und Knochengeräten der Vorväter für Pater Sebastians kleine Sammlung durchwühlten.

»Nur in diesen Höhlen werden Sie etwas finden«, riet Pater Sebastian, »nehmen Sie Eroria und Mariana mit, sie sollen Ihnen all die alten Höhlen zeigen, die sie bereits entdeckt haben.«

Da die anderen schon in ihre Ausgrabungsarbeiten vertieft waren, sattelten wir nur vier Pferde, auf denen Eroria, Mariana, der Fotograf und ich losritten, um das Höhlensystem der Insel zu erkunden. Tagelang schlüpften wir von morgens bis abends in die finsteren Löcher hinein und wieder heraus. Manche öffneten sich so weit, daß man sich nur zu bücken brauchte, um einfach hineinzuspazieren, andere waren sorgfältig mit Steinen vermauert, so daß nur ein kleines viereckiges Schlupfloch übrigblieb, durch das man auf allen vieren hineinkriechen mußte. Die meisten aber waren die reinsten Rattenlöcher, in die man weder gehen noch kriechen konnte. Man mußte die Beine mit durchgedrückten Knien hineinstecken, die Arme über dem Kopf ausstrecken und sich dann mit dem Körper auf Schlangenmanier durch einen langen und scheußlich engen Schacht vorschieben. Diese Röhren waren immer sorgsam, oft mit kunstvoll zubehauenen Blöcken, verkleidet. Manchmal führten sie als waagrechter Kanal in die Steinmauern hinein, oft auch schräg abwärts. Bisweilen aber ging es senkrecht in die Tiefe wie in einen Schornstein. Man mußte dann mit Schenkeln und Schultern bremsen, bis man durch die Decke in einer Ecke des nachtschwarzen Gewölbes landete. Die meisten dieser Höhlen waren so niedrig, daß man darin gar nicht aufrecht zu stehen vermochte; in anderen konnte man überhaupt nur hocken oder sitzen. Hier hatte die Urbevölkerung der Insel gewohnt, jedenfalls in unruhigen Zeiten, wenn sie sich in den Schilfhütten draußen im Freien nicht sicher fühlte. Hier hatte sie auch Unterschlupf gesucht, als die ersten Europäer auftauchten. Die meisten Höhlen waren so groß wie ein mittleres Badezimmer und so dunkel, daß man die Hand vor den Augen nicht sah, wenn man sie nicht gerade unter die Mündung des engen Schachts hielt. Den Grund bildete kalte Erde, tief und fett vom Abfall vieler Generationen, wie poliert von tausend tappenden Händen und rutschenden Knien. Dach und Wände bestanden aus nacktem Fels, da und dort mit Mauerwerk kunstvoll verkleidet.

Einmal ließen wir uns in einen Schacht hinab, der an einen großen ausgemauerten Brunnen erinnerte. Am Boden öffnete sich seitlich ein enges Loch, dahinter lagen, in Stufen aufsteigend, drei geräumige Höhlen. Eroria schwieg andächtig: hier hatte ihr Großvater gewohnt, hier befand sich das eigentliche Heim ihrer Sippe. Der Boden war besonders gründlich durchwühlt. Die beiden Frauen hatten mit ihren Eisenkratzern ganze Arbeit geleistet. Aus der lockeren Erde zog ich ein Stück Menschenknochen hervor, das an einem Ende durchbohrt war, damit man es als Amulett um den Hals hängen konnte.

Ein anderes Mal kroch ich durch den engen Einschlupf in eine Höhle, wo Bill eben beim Schein einer Paraffinlampe behutsam mit seiner Maurerkelle schürfte. Neben ihm lag ein Beutel voll angesenkter Menschenknochen.

»Überall das gleiche Inventar«, sagte er und kratzte ein paar Backenzähne aus der Erde. »Da haben die alten Schweine gesessen, haben einander aufgefressen und die Zähne auf den Boden gespuckt.«

Menschenfleisch war auf dieser Insel nicht nur bei besonderen Zeremonien gegessen worden. Noch heute erzählen die Eingeborenen Legenden von Kriegern, denen ihresgleichen besser schmeckte als Fisch oder Huhn. Daneben aber haben sie Legenden aus einer noch früheren großen Zeit, da auf der Insel ein anderes Volk, die »Langohren« friedlich mit ihren eigenen Vorfahren, den »Kurzohren«, zusammen hauste. Die Langohren hatten jedoch von ihren Ahnen so viel Arbeit verlangt, daß schließlich ein Krieg ausbrach, bei dem fast alle Langohren in einer Grube verbrannt wurden. Von dem Tag an wurden keine Statuen mehr hergestellt. Viele von denen, die schon standen, wurden mit Tauen niedergerissen. Bürgerkrieg, Familienfehden und Kannibalismus prägten die Folgezeit, bis schließlich damals, als die Eltern der heutigen Insulaner noch jung waren, Pater Eugenio an Land kam und den Rest der Bevölkerung im Dorf Hangaroa friedlich um sich versammelte.

Pater Sabastian war überzeugt, daß zwei verschiedene Volksstämme mit voneinander abweichenden Kulturen auf die Osterinsel gekommen seien, und die Eingeborenen pflichteten ihm darin unerschütterlich bei. In seinem Buch legt er dar, daß sich die Insulaner in vieler Hinsicht von der übrigen Bevölkerung des Stillen Ozeans unterscheiden, daß sie unter anderem deutlich Spuren eines weißen Rasseneinschlags aufweisen. Das ist nicht nur

Roggeveen und den ersten Entdeckern aufgefallen. Pater Sebastian berichtet, daß die Eingeborenen Überlieferungen besitzen, nach denen in alter Zeit viele ihrer Vorväter weiße Haut, rotes Haar und blaue Augen gehabt hätten. Und als sich Pater Eugenio als einer der ersten Europäer hier dauernd niederließ, war er überrascht, wie viele rein weißhäutige Individuen zwischen den braunen auftauchten, die im Dorf Hangaroa zusammenkamen. Noch zur Zeit der Routledge-Expedition, vor fünfzig Jahren also, teilten die Eingeborenen ihre Ahnen nach der Hautfarbe in zwei Kategorien. Sie erzählten den Forschern, der letzte König sei ein völlig weißer Mann gewesen. Diese helle Linie wurde mit Bewunderung und Respekt betrachtet, und genau wie auf anderen Südseeinseln mußten sich einzelne führende Persönlichkeiten besonderen Bleichungsprozessen unterziehen, damit sie ihren göttlichen Vorfahren so ähnlich wie möglich würden.

Eines Tages besuchte uns Pater Sebastian, um uns nach *Ana o Keke,* der heiligen Bleichstätte der *Neru*-Jungfrauen mitzunehmen. *Neru* nannte man auserwählte junge Mädchen, die man in eine tiefe Höhle sperrte, um sie für bestimmte religiöse Feste so bleich und weiß wie möglich zu machen. Lange, lange Zeit sahen sie weder das Tageslicht noch andere Menschen. Das Essen wurde zur Höhle getragen und ihnen von eigens dazu bestimmten Frauen durch die Öffnung zugeschoben. Die Eingeborenen konnten sich noch erinnern, daß damals, als die vom Festland zurückkehrenden Sklaven den Blatterntod über die ganze Insel brachten, die fürchterliche Krankheit die *Neru*-Jungfrauen zwar nicht erreichte, aber sie mußten in ihrer Höhle verhungern, weil niemand mehr da war, der ihnen Essen bringen konnte.

Der Eingang zur Jungfrauenhöhle *Ana o Keke* lag an der östlichsten Spitze der Insel. Der Name bedeutete: »Höhle zur Inklination der Sonne«. Um dorthin zu gelangen, mußten wir den östlichsten Vulkan der Insel, den Katiki, passieren. Hinter ihm lagen die drei Hügel, wo die Spanier einst ihre ersten Kreuze aufgerichtet hatten. Dort befand sich ebenfalls eine Höhlenwohnung, und daneben war eine diabolische Riesenfratze in die Bergwand gehauen. Ihr geöffnetes Maul fing das Regenwasser auf, es klaffte so gewaltig, daß ich hineinkriechen und mich mit größter Leichtigkeit hinter der Unterlippe verbergen konnte. Aber Pater Sebastian führte uns weiter, hinaus an den Rand der wilden Felswand, die sich rund um die hochragende Poikehalbinsel zieht und direkt zum Meer abbricht. Dort begann er so waghalsig an der äußersten Kante entlangzuspazieren, daß wir vier Begleiter ihm wie aus einem Munde zuriefen, sich weiter innen zu halten. Ein ungewöhnlich heftiger Ostwind pfiff um die Klippen und zerrte an unseren Kleidern, so daß sich keiner sicher auf den Beinen fühlte. Aber unser weißgewandeter Freund in seinem fußlangen flatternden Kittel und den schweren schwarzen Stiefeln trabte unbeirrt längs der äußersten Kante weiter. Offenbar suchte er nach einer bestimmten Stelle und erinnerte sich nicht genau, wo sie lag. Plötzlich hellte sich sein Gesicht auf, und er winkte mit den Armen: hier war es! Er brach ein Stück des losen gelbbraunen Gesteins ab, um zu zeigen, wie verwittert es war; wir sollten also vorsichtig sein. Er selber trat kühn an den Rand; Kapuze und Kutte bauschten sich unter einem heftigen Windstoß, wir schrien auf – und weg war Pater Sebastian. Carl setzte sich nieder und nahm vor lauter Aufregung seinen Hut ab. Ich krabbelte hinaus und spähte vorsichtig über die Kante. Hier ging es wirklich nicht mehr weiter. Tief drunten sah ich den Fuß des Berges, wo die weißen Wogenkämme der Brandung langsam herangerollt kamen. Die Luft war erfüllt vom Heulen des Windes und vom Brausen der See. Auf einem schmalen Felsband ganz links entdeckte ich endlich die weiße Kutte Pater Sebastians, an der der Wind riß und zerrte. Der Priester drückte sich dicht an die Felswand und schob sich seitlich tiefer. Das Meer drunten war von Schaumkronen bedeckt, schwere Windstöße rüttelten an uns, bald von hier, bald von dort, da wir von keiner Seite geschützt waren. Plötzlich erfüllte mich unbegrenzte Bewunderung für den alten Mann, der da unten seelenruhig und sicher kletterte, weil er die Wirklichkeit mit seinem Glauben so identifizierte, daß ihn keine Furcht vor physischer Gefahr ankam. Ich glaube fast, er hätte auch über das Wasser wandeln können. Er drehte sich zu mir und lachte herauf, zeigte etwas tiefer nach unten und deutete dann mit dem Finger auf den Mund: ich möge die Lunchpakete mitnehmen, da drunten wollten wir essen. Ich fühlte mich so unsicher in den unregelmäßigen Windstößen, daß ich wieder ein Stück zurückkroch und mir das Hemd auszog, bevor ich unsere Butterbrote ergriff und das Wagnis unternahm, Pater Sebastian in die Felsen zu folgen. Als ich meine Kletterei begann, war er wieder verschwunden. Ich sah keine Spur mehr von seiner Kutte, nur zweihundert Meter senkrecht unter mir die donnernde Brandung. Felskletterei ist nicht meine stärkste Seite, und ich fühlte mich nicht besonders wohl in meiner Haut, als ich mich vorsichtig auf das Band hinunterließ. Ich drückte mich mit dem Bauch gegen die Wand und zog mit erheblichem Herzklopfen in Pater Sebastians Richtung los. Schritt für Schritt tastete ich mich mit dem Fuß über das brüchige Gestein weiter. Das schlimmste von allem war der Wind. Schließlich kam ich zu einem kleinen Vorsprung in der Felswand. Hier war nur ein einziger Tritt, etwas, was wie ein vertrockneter Erdklumpen aussah und von der Felswand durch einen tiefen Riß getrennt war. Aber hatte er Pater Sebastian getragen, mußte er wohl auch mich tragen. Ich schlug versuchsweise mit dem Fuß dagegen, freilich nicht allzu kräftig. Dann schob ich den Kopf um die Felsnase – und da lag der Pater und lachte mir entgegen. Kopf und Schultern ragten aus einem Loch in der Wand, das gerade halb so hoch war wie der Eingang einer Hundehütte. So wird er mir in Erinnerung bleiben: der Diogenes der Osterinsel in der Tonne, mit einer Stahlbrille auf der Nase, weiten, flatternden Ärmeln und einem wallenden Bart. Als er meiner ansichtig wurde, hob er mir feierlich beide Arme entgegen und rief: »Willkommen in meiner Höhle!«

In dem Sausen des Windes konnte ich seine Worte kaum verstehen. Dann

Oben: Unser Expeditionsschiff war ein umgebauter Grönland-Trawler aus Stavanger.
Unten: Gonzalo, Bill, der Verfasser, Yvonne, Anette, der Kapitän, Carl, Arne und Ed beim Lunch an Bord.

Die Osterinsel, die Insel der tausend Rätsel, hat nie zuvor Ausgrabungen erlebt. Welche Geheimnisse mögen hier noch unter der Erde verborgen liegen? Welche unbekannten Seefahrer haben zu diesem einsamsten Fleck der Welt gefunden? Was hat sich hier abgespielt? Wann geschah das, wozu

und warum? Am Fuße des erloschenen Vulkans Rano Raraku stehen dicht aneinander die Riesenstatuen, steinerne Zeugen einer alten, hochentwickelten Kultur, und brüten über ihrem Geheimnis. Wird es je gelöst werden?

Man fühlt sich sehr klein, wenn man am Rumpf eines solchen Riesen in die Tiefe gräbt. Wie haben die unbekannten Bildhauer der Vorzeit diese Kolosse ohne technische Hilfsmittel transportiert und aufgerichtet.

rutschte er rückwärts in den engen Kanal, damit auch ich Platz bekäme, denn unter der Öffnung stürzte die Felswand senkrecht in die Tiefe. Ich schob mich bis zu dem Absatz vor der Höhle und zwängte mich nach ihm hinein. Lärm, Wind und Sonne verschwanden, es war fürchterlich eng, aber die Decke wölbte sich bald höher. Im Schoße des Felsens herrschte unerschütterliche Ruhe und Sicherheit. Ein schmaler Lichtstrahl schlüpfte herein, so daß wir einander im Halbdunkel erkennen konnten. Beim Schein der Taschenlampe sah ich, daß seltsame Zeichen und Figuren die Wände bedeckten. Das war also die Jungfrauenhöhle. Hier mußten einst die armen kleinen Mädchen wochen-, vielleicht gar monatelang sitzen und warten, bis ihre Haut so bleich wurde, daß man sie dem Volk vorstellen konnte. Die Höhle war nicht einmal eineinhalb Meter hoch und bot höchstens für ein Dutzend Kinder Platz, wenn sie sich an den Wänden entlang niedersetzten.

Nach einer Weile verdunkelte sich die Öffnung. Jemand drängte sich herein. Unser eingeborener Freund stieß zu uns. Er wurde augenblicklich von Pater Sebastian zurückgeschickt, um unsere beiden anderen Begleiter nachzuholen. Für sie gab es keine Ausflüchte, wenn ein Achtundsechzigjähriger den Anfang gemacht hatte. So saßen wir bald alle beieinander und taten uns am Lunch gütlich. Während des Essens zeigte Pater Sebastian auf ein kleines Loch in der Rückwand. Wenn wir da hineinkröchen, könnten wir noch etwa dreihundertachtzig Meter tief in den Fels vordringen, aber das sei die schlimmste Tour, die er je bestanden habe. Ihn bringe niemand wieder da hinein. Auf halbem Weg sei die Passage für eine ganze Weile so eng, daß sich ein Mensch nur mit Mühe durchschieben könne, und gleich dahinter lägen Zähne und Knochenreste wie in einer Begräbnishöhle. Es sei ihm rätselhaft, wie man einen Toten hier hereingebracht habe, denn vor sich herschieben konnte man ihn nicht, und zog man ihn nach, so versperrte man sich selbst den Rückweg.

Da streifte ich mein Hemd über; ich wollte nun auch den Rest der Höhle sehen, obgleich mich Pater Sebastian lachend warnte; ich würde sofort umkehren, wenn ich erst einmal gemerkt hätte, was da drinnen los sei. Nur der Eingeborene war bereit, mitzukommen, als ich durch das Loch hineinkroch. Die Höhle verzweigte sich, aber bald liefen die Gänge wieder zu einer schmalen Passage zusammen, durch die wir kriechen mußten. Dann hob sich die Decke, und wir befanden uns in einem langen Tunnel, der so hoch und geräumig war, daß wir laufen konnten, um Zeit zu sparen. Die Lampe war elend und leuchtete bloß mit halber Stärke; die Batterien hatten im Lager gelitten. Sicherheitshalber trug ich aber eine Stearinkerze und Zündhölzer in der Hosentasche. Um die Batterie zu schonen, knipste ich die Lampe immer wieder aus, und wir liefen, gingen und krochen im Dunkel vorwärts. Dabei ließ es sich nicht vermeiden, daß wir uns ein paarmal den Kopf an der Wölbung stießen, und dann fielen tropfenförmige kleine Splitter, klingend wie Glas, auf Haar und Nacken. Tief drinnen im Berg kamen wir an eine Stelle, wo der Grund lehmig und von Wasser überspült war. Hier wurde die

Decke immer niedriger. Wir mußten uns ducken und auf Händen und Füßen durch Wasser und Schlamm vorwärtskriechen. Aber dann wurde es noch flacher, und schließlich konnten wir uns nur noch auf den Bauch legen und unter den Felsmassen vorschieben, während das eiskalte morastische Naß uns durch Hemd und Hosen drang.

»Prima Weg!« rief ich nach hinten.

Mein Begleiter, der hinter mir im Morast lag, lachte und machte ebenfalls seine Glossen. Dann aber begann es wirklich schlimm zu werden. Ich verstand jetzt, was Pater Sebastian meinte; aber wenn er es geschafft hatte, gab es keinen Grund, auf halbem Weg aufzugeben. Gleich darauf reute mich der Entschluß fast. Obgleich ich mit dem halben Körper in Wasser und Schlamm lag, kam die Decke so tief herab, daß ich mich immer wieder vergeblich vortastete, ohne einen Ausweg zu finden. Die Taschenlampe war wasserdicht, aber es war hoffnungslos, das Glas sauber zu halten, wenn ich selber in den Morast gequetscht wurde. Das spärliche Licht, das sie spendete, zeigte deutlich, daß der Durchgang nicht nur niedrig, sondern auch schmal war. Hier hatte sich also Pater Sebastian durchgeschoben. Langsam drängte ich den Brustkorb hinein und spürte, daß ich zur Not noch weiterkäme, falls es nicht ärger würde. Während der Schlamm sich zur Seite schob, der harte Berg von oben und unten auf mich drückte, zwängte ich mich Zoll um Zoll durch den Spalt. Es war so absurd, daß ich mich nicht zurückhalten konnte, dem armen Teufel, der hinter mir herkam, noch einmal »Prima Weg!« zuzustöhnen; aber diesmal funktionierte sein Sinn für Humor nicht mehr.

»Schlechter Weg, Señor«, seufzte er. Ganze fünf Meter mußten wir uns durch diesen Schraubstock zwängen, der unsere Rippen umklammert hielt, dann waren wir durch das Nadelöhr und kamen in den Teil, wo die Skelette lagen. Hier war es wieder trocken und mehr Platz unter der Decke, so daß wir abwechselnd auf allen vieren und mit kleinen Schritten die Gänge entlangtappen konnten. Wahrhaftig keine Mondscheinpromenade für die armen *Neru*-Jungfrauen, wenn sie sich bei ihrer langen Höhlenhaft einmal die Beine vertreten wollten. Ich war steif und ausgefroren von dem kalten Schlammbad. Als ich mit der Taschenlampe zurückleuchtete, um zu sehen, ob mein brauner Begleiter hinterherkam, sah ich, daß mir eine lebendige Schlammpackung folgte. Nur Augen und Zähne unterschieden ihn von dem Höhlenboden, der uns umgab. Der Gang endete schließlich in einer glatten, steilen Lehmwand, die zu einer Öffnung in der Decke hinaufführte. Nach mehrfachem Zurückrutschen gelang es mir endlich, mich hochzustemmen. Ich kam in eine kleine, glockenförmige Kuppel, die aussah, als wäre sie von Menschenhand gemacht. Aber es war nur eine Gasblase im Gestein. Hier hatte Pater Sebastian ein Lichtstümpfchen hinterlassen. Meines trug ich noch immer in der Hosentasche, und an Rücken und Hinterteil war ich den Umständen entsprechend verhältnismäßig trocken geblieben. Ich probierte Pater Sebastians Kerze, aber sie wollte nicht brennen. Auch mit den Streichhölzern stimmte etwas nicht. Ich fühlte, wie mir der Schweiß auf die

Stirn trat; die Luft war schlecht hier drinnen. Schnell rutschte ich also den Lehmhang wieder hinunter zu meinem schlammbedeckten Gefährten, der auf mich wartete, und dann machten wir uns eiligst auf den Rückweg, so rasch es das elende Licht und die niedrige Decke zuließen. Wie wir da schlichen und krochen, sahen wir wie zwei Gestalten aus der Unterwelt aus, und so fühlten wir uns auch. Durch Wasser und Schlamm ging es mit Scherzworten wieder in die Spalte hinein, die schließlich zu dem Nadelöhr führte. Zoll um Zoll schraubten wir uns weiter. Wir spürten den gnadenlosen Griff der Felsen, der sich nicht um Haaresbreite für zwei Menschenleiber öffnen wollte. Schon beim Hereinschieben war es ein langes Stück gewesen, jetzt kam es mir noch länger vor. Wir versuchten noch immer, die Sache spaßhaft zu nehmen; bald mußten wir ja durch sein. Aber ich fühlte mich unbehaglich naß und verschmiert, der Schweiß rann mir über die Stirn, und meine Kräfte gingen zu Ende. Die Luft war schlecht. Nach einer Weile verstummten wir, quälten uns nur damit ab, den Körper mit ausgestreckten Armen weiterzuschieben, ohne daß die Lampe in den Schlamm tauchte.

War der Spalt nicht zuvor breiter gewesen? Merkwürdig, daß diese enge Passage immer weiterging, daß wir nicht bald den äußeren Tunnel erreichten. Mein erschöpftes Hirn wunderte sich einen Augenblick darüber, während ich mich unablässig vorschob. Da sah ich beim schwachen Schein der Lampe, dicht vor meiner Nase, einen Knick nach aufwärts. Wie konnte man den Körper hier noch durchzwängen? Vielleicht war der Knick in umgekehrter Richtung viel leichter zu passieren gewesen, so daß ich nicht gemerkt hatte, wie schwer es sein würde, auf dem Rückweg durchzukommen. Seltsam, daß ich mich gar nicht daran erinnern konnte. Mit aller Kraft stemmte ich den Körper ein Stück weiter und versuchte, in meiner verkrampften Stellung durch die Öffnung nach oben zu blicken, während Millionen Tonnen Fels auf mir lasteten. Zu meinem Schrecken merkte ich, daß hier irgend etwas nicht stimmte. Dieser Knick war unpassierbar.

»Hier geht es nicht mehr weiter«, sagte ich zu dem Mann, der dicht an meinen Fersen lag. Der Schweiß strömte mir über das Gesicht.

»Nur weiter, Señor«, ächzte er, »es gibt keinen andern Ausgang.«

Ich preßte mich noch ein winziges Stück vor, den Kopf zur Seite gedreht, um Platz zwischen den engen Steinflächen zu bekommen, meine Brust war teuflisch eingeklemmt. Da sah ich, als ich das Licht ein wenig hob, daß das Loch über mir viel kleiner war als mein Kopf. Hier war es ganz unmöglich durchzukommen.

Im selben Augenblick machte ich die Lampe aus; es galt jetzt, Strom zu sparen, denn nun wurde die Situation kritisch. Nachdenken konnte man auch im Dunkeln. Ich fühlte plötzlich, wie das ganze mächtige Bergmassiv der Poikehalbinsel auf meinem Körper lag und ihn zusammenpreßte. Es war schwer, schwer und wurde noch schlimmer, wenn man sich dagegenstemmte. Man mußte sich ganz entspannen und sich so dünn wie möglich machen, und trotzdem drückte der Berg von oben und unten.

»Wir müssen zurück!« sagte ich zu meinem Hintermann, »es geht hier nicht weiter.«

Er weigerte sich entschieden und bat mich inständig, weiterzukriechen; es sei der einzige Ausweg aus dieser Hölle.

Das konnte nicht gut möglich sein. Ich knipste wieder die Lampe an, schob mich ein wenig zurück und betrachtete den Boden vor meinen Händen. Er sah aus wie eine Mischung aus Erde und halbgetrocknetem Lehm. Der Abdruck meines Hemdes und der Knöpfe war deutlich zu sehen, auch die Spuren meiner Finger, so weit ich mich eben vorgetastet hatte. Aber weiter vorne lagen Lehm und Stein unberührt von Mensch und Tier. Ich löschte das Licht wieder. Die Luft war schwer, die Brust wie eingeschnürt. Gesicht und Körper troffen von Schweiß. War der uralte Höhlengang eingestürzt, weil wir gesprochen und uns hindurchgezwängt hatten? Wenn die Decke heruntergekommen war und den ganzen Weg vor uns versperrte, wie konnten wir uns wieder ans Tageslicht graben, wenn nicht einmal Platz war, um Lehm und Gestein an uns vorbei nach hinten zu schieben? Konnten wir in dieser elenden Luft aushalten, bis die anderen begriffen, was mit uns geschehen war, und sich bis hierher vorgegraben hatten? Oder krochen wir den falschen Weg, in einem Gang, der blind endete? Wie konnte das sein, wenn die Jungfrauenhöhle in dem Teil, wo wir uns befanden, nur einen einzigen engen Schlauch bildete, nicht breiter als ein Mann?

Der Eingeborene versperrte mir den Rückweg und drückte nach.

»Geh zurück!« schrie ich.

Nun begann er, die Nerven zu verlieren und schob an meinen Füßen. Er hatte ja das winzige Loch nicht gesehen, und ich konnte ihn auch nicht an mir vorbeilassen, damit er sich selber überzeugte.

»Zurück! Zurück!«

Der Mann hinter mir schien in eine Panik zu geraten. Ich schrie ihn an: »So geh doch, geh!« und strampelte mit den Füßen. Das half endlich. Er schob sich Zoll um Zoll zurück, und ich folgte ihm. Langsam, mit kleinen Schüben nach rückwärts, ging es dahin. Meine Hauptsorge war, überall den Kopf durchzubringen, denn der ließ sich nicht wie die Brust zusammendrücken. Plötzlich hatten wir mehr Raum über uns, wieso, begriff ich nicht. Mir war ganz wirr von der schlechten Luft. Konnten wir schon bei der Stelle mit den Skeletten sein? Ich ließ die Taschenlampe aufblitzen und sah zwei Öffnungen vor mir. Die rechte führte in einem sanften Knick nach oben. Hier hatten wir uns geirrt. Wir waren nach links statt nach rechts oben geschlüpft. Ich drehte mich nach dem Eingeborenen um, der sich automatisch weiter nach rückwärts schob.

»Hier ist die Stelle!« rief ich und kroch wieder in den linken Eingang. Der Eingeborene folgte mir mechanisch. Der Schacht wurde wieder enger und enger. Es war grauenhaft. Zum Schluß ließ ich die Lampe aufleuchten und sah vor mir genau dasselbe hoffnungslos kleine Loch. Da begriff ich, daß mein Hirn nicht mehr richtig funktionierte. Ich war zum zweitenmal in die falsche Röhre gekrochen, obwohl ich doch ganz genau wußte, daß ich den rechten Gang zu wählen hatte.

»Wieder zurück!« stöhnte ich, und diesmal ging es bei uns beiden ganz von selbst. Wir schoben uns von neuem nach rückwärts hinaus, und ich hatte dabei nur einen Gedanken: nach rechts, rechts, rechts! Als wir die beiden Gänge wieder sahen, kroch ich automatisch in die rechte Öffnung, und bald konnten wir uns erheben, laufen, kriechen. Wir spürten den Zug frischer, kalter Luft im Tunnel, und schließlich schlüpften wir durch die letzte Enge hinaus in die gemütliche Höhle mit den Zeichen an den Wänden, wo unsere Freunde auf uns warteten. Es war herrlich, sich aus der Felswand wieder herauszuzwängen in den brausenden Wind. Herrlich, in das blendende Sonnenlicht und die Unendlichkeit da draußen zu blicken, unter sich den jähen Abgrund und vor sich die unbegrenzte Weite von Himmel und Meer.

»Haben Sie aufgeben müssen?« fragte Pater Sebastian gespannt und lachte herzlich bei unserem Anblick.

»Nein«, erwiderte ich, »aber jetzt begreife ich, wie in einer solchen Höhle Skelette liegen können.«

»Bist du wirklich in der Bleichhöhle gewesen?« fragte Yvonne, als ich zurück ins Lager kam. An unserem Aussehen war davon nämlich nichts zu merken.

Ich ging hinunter an den Strand und warf mich, wie ich war, mit allen Kleidern auf dem Leib, in die salzigen Wellen.

Das Rätsel um die Riesen der Osterinsel

Wer von einer Reise nach dem Mond träumt, kann sich davon auf der Osterinsel einen kleinen Vorgeschmack verschaffen, wenn er an den Kegeln ihrer erloschenen Vulkane herumklettert. Nicht nur, daß ihm dann unsere hektische Welt unendlich fern erscheinen wird, versunken hinter der blauen Krümmung des Ozeans, auch die Landschaft ringsum gibt ihm die Illusion, auf dem Mond zu sein. Es ist ein freundlicher kleiner Mond, der da zwischen Himmel und Meer liegt. Gras und Farnkraut decken die baumlosen Ringberge, die verschlafen zum Himmel gähnen, alt und moosüberwuchert, ohne die Flammenzungen und -zähne ihrer tätigen Vergangenheit. Ganze Sippschaften friedlicher Vulkane hocken, zu kleinen Familien geschart, auf der Insel. Sie sind innen und außen mit Grün überwachsen. Die Zeit ihrer Ausbrüche liegt so weit zurück, daß in manchen Kratern himmelblaue Seen mit wiegendem, saftig grünem Schilf die treibenden Wolken widerspiegeln. Einer der größten dieser wassergefüllten Vulkane heißt Rano Raraku, und hier scheinen die Männer im Mond ihre eifrigste Tätigkeit entfaltet zu haben. Man sieht sie nicht, aber man glaubt zu spüren, daß sie sich nur irgendwo in schwarzen Erdhöhlen verborgen haben, während man selber ungestört im Gras umhergeht und ihr unterbrochenes Werk betrachtet.

In Windeseile haben sie einst alles im Stich gelassen, und so ist der Rano Raraku eines der größten und merkwürdigsten Denkmäler der Menschheit, ein Denkmal des großen verlorenen Unbekannten hinter uns, eine Mahnung an die Vergänglichkeit unseres Tuns. Das ganze Bergmassiv ist umgeformt worden, der Vulkan wie Backwerk zerschnitten und zerstückelt, und dabei ist der Stein so hart, daß selbst der Hieb einer stählernen Axt nur Funken daraus schlägt. Zehntausende von Kubikmetern massiven Gesteins hat man losgehauen, Zehntausende von Tonnen in gewaltigen Blöcken weggeführt. Und mitten in der klaffenden Wunde des Berges liegen mehr als hundertfünfzig gigantische Steingestalten, fertige und unfertige in allen Stadien des Werdens, von den rohesten Anfängen bis zum letzten Schliff. Am Fuß des Vulkans stehen gewaltige Steinmänner aufrecht in Reih und Glied wie eine

Armee von Überirdischen, und man fühlt sich, selbst zu Pferde oder im Jeep, winzig klein, wenn man sich ihnen auf den uralten Wegen nähert, die die verschwundenen Bildhauer zu ihrer gewaltigen Werkstätte angelegt haben.

Steigt man im Schatten eines Felsblocks vom Pferd, so sieht man plötzlich, daß der Block an der Unterseite menschliche Gesichtszüge trägt: es ist der Kopf eines gestürzten Riesen. Hier könnte die ganze Expedition vor einem plötzlichen Regenguß Schutz finden. Und wenn man dann zu den ersten Figuren hinaufsteigt, die bis zur Brust in der Erde stecken, erschrickt man, weil man dem Koloß nicht einmal bis zum Kinn reicht. Versucht man, einen zu erklettern, der flach auf dem Rücken liegt, so kommt man sich wie ein Zwerglein vor, das die größten Schwierigkeiten hat, auch nur den Bauch des schlafenden Goliath zu besteigen. Und droben auf Körper und Gesicht kann man herumspazieren oder es sich auf der Nase bequem machen, die oft lang und breit wie ein Brett ist. Die Länge der Figuren beträgt nicht selten zehn Meter, und die größte Statue, die wir unfertig im Hang des Vulkans entdeckten, maß sogar zweiundzwanzig Meter. Rechnet man drei Meter je Stockwerk, dann erreicht dieser Steinmann die Höhe eines siebenstöckigen Wohnhauses. Wahrhaftig ein gewaltiger Bergtroll!

Im Rano Raraku fühlt man sich dem Geheimnis der Osterinsel am nächsten. Die Luft schwirrt von Rätseln; man erstarrt unter dem stummen Blick von hundertfünfzig augenlosen Gesichtern. Von überallher sehen einen die riesigen Gestalten an, von jeder Felsstufe, aus jeder Höhle im Berg, wo ungeborene und gestorbene Kolosse wie in Krippen oder auf dem Krankenbett liegen, leblos und hilflos, da die planenden und schaffenden Kräfte sie verlassen haben. Nichts regt sich als die Wolken, die über ihnen dahinziehen. So war es, seit die Bildhauer verschollen sind, und so wird es immer bleiben. Hochmütig , stolz, mit zusammengepreßten Lippen stehen die ältesten, noch vollendeten Gestalten da, als wüßten sie, daß kein Meißel, keine Atomkraft ihnen je wieder den Mund öffnen und sie zum Reden bringen wird.

Aber wenn der Mund der Riesen auch mit sieben Siegeln verschlossen war, es sprach doch manche Stimme zu uns, als wir uns durch das Chaos von unfertigen Figuren wanden. Überall, wo wir kletterten und standen, waren wir umringt von Riesengesichtern, sahen sie von vorn, im Profil, wie in einem Spiegelkabinett. Alle hatten verblüffende Ähnlichkeit, alle denselben stoischen Ausdruck und die sonderbaren langgezogenen Ohren. Wir kletterten über Nasen, stiegen über Kinn und Mund, stapften über Lippen und mächtige Finger, während sich uns von den nächsten Stufen neue gewaltige Leiber entgegenneigten.

Als sich das Auge daran gewöhnt hatte, Natur von Menschenwerk zu unterscheiden, erkannten wir, daß der ganze Berg ein einziges Gewimmel von Leibern und Köpfen bildete, vom Tal bis hinauf zum äußersten Rande des Kraters. Selbst hier oben, hundertfünfzig Meter über der Ebene, lagen halbfertige Riesen Seite an Seite und starrten in die Himmelswölbung empor, wo nur ein paar Falken im Blau segelten. Der Schwarm der Steinphantome aber machte nicht einmal am Kraterrande halt. In einer ununterbrochenen Prozession, Seite an Seite und übereinander, ging es weiter, die Kraterwände hinab ins Innere des Vulkans. Bis an den grünen Schilfskranz rund um den Kratersee zogen die Kavalkaden von starren, verbissenen Steinmännern, liegend, stehend, fertig und unfertig wie ein durstiges Volk von Robotern, versteinert auf seiner blinden Suche nach dem Wasser des Lebens.

Wir alle standen überwältigt vor dem gigantischen Unternehmen, das hier im Rano Raraku einen jähen Abschluß gefunden hatte.

Nur der kleinen Anette schien das alles ganz natürlich. »Papa, schau nur die vielen Puppen!« rief sie hingerissen, als ich sie am Fuß des Vulkans vom Sattelknopf hob. Aber als wir näher kamen, wurden die Dimensionen sogar für ihre Phantasie zu groß. Sie spielte Verstecken rund um den Hals, ohne zu ahnen, daß darüber ein gewaltiges Haupt aufragte. Als Yvonne sie über einen unübersteigbaren Absatz hob, merkte sie gar nicht, daß sie von der Oberlippe auf die Nasenspitze eines liegenden Riesen gesetzt wurde.

Als wir dann mit den Grabungsarbeiten begannen, wurde der Eindruck keineswegs schwächer. Die berühmten Köpfe der Osterinsel waren schon groß genug, wie sie da auf den Hängen am Fuß des Vulkans standen, aber wenn wir uns an den Hälsen entlang in die Tiefe gruben, kam noch der Brustkasten zum Vorschein, und darunter lagen Bauch und Arme, der ganze massige Körper, bis zu den Hüften, wo sich lange, dünne Finger mit krummen Riesennägeln unter der Magengrube trafen.

Ab und zu fanden wir im Boden vor einer Statue auch Menschenknochen und Reste eines Scheiterhaufens. Natürlich nahmen sich die Köpfe, zu denen nun auch Körper und Arme gehörten, ganz anders aus als auf den Bildern, die man aus dem Lexikon oder den geographischen Handbüchern kennt. Damit aber, daß wir die Statuen freilegten, hatten wir die Probleme der Osterinsel nicht gelöst; wir hatten nicht mehr als einen imposanten Anblick geschaffen, wie ihn vor uns bereits die Routledge-Expedition gehabt hatte. Es erforderte größte Mühe, ein Tauende über die Köpfe der höchsten Figuren zu werfen, und nur unseren besten Turnern gelang es, daran hochzuklettern, denn wenn die Steinkolosse fertig ausgegraben sind, ragen sie bis zu zwölf Metern auf, so hoch wie ein vierstöckiges Haus. Das letzte Stück von den Augenbrauen an machte immer die meisten Schwierigkeiten, denn hier lag das Tau straff über der Stirn des Riesen und bot keinen guten Griff mehr.

Es war schon für einen Taukletterer ohne jedes Gepäck schwer genug, das Schädeldach eines solchen Kolosses zu erklimmen. Um so weniger begriff ich, wie man ihm auch noch seinen steinernen »Hut« hatte aufsetzen können. Denn dieser »Hut« umfaßte immerhin etwa sechs Kubikmeter. Wie konnte man das Gewicht von zwei ausgewachsenen Elefanten auf die Höhe eines vierstöckigen Hauses hieven, wenn es keinen Kran und auch keinen höher gelegenen Punkt in der Nähe gab? Die wenigen Menschen, die auf dem

Scheitel der Figur stehen konnten, hatten kaum die Möglichkeit gehabt, auch noch einen riesigen Steinblock auf die schmale Fläche hinaufzuziehen, weil sie ja aufpassen mußten, daß sie nicht selbst abstürzten. Die drunten um den Fuß der Figur Stehenden aber konnten nur wie hilflose Zwerge gewesen sein, die mit ihren Armen nicht weiter als ein kurzes Stück an dem Riesen emporreichten. Zudem kannte man damals noch kein Metall, und Bäume gab es auf der Insel so gut wie gar nicht. Selbst unsere Mechaniker schüttelten verständnislos den Kopf. Wir fühlten uns wie Schuljungen vor einem unlösbaren Rechenexempel. Es war, als triumphierten die unsichtbaren Mondmenschen drunten in ihren Steinhöhlen und spotteten: Nun ratet mal, wie wir das zustande gebracht haben! Sagt uns, wie wir die Giganten die steile Vulkanwand hinuntergeschafft und sie über Berg und Tal genau dorthin dirigiert haben, wo wir sie brauchten!

Aber das Raten nutzte nicht viel. Wir mußten uns zunächst gründlich umsehen; vielleicht waren die geheimnisvollen Genies der Vorzeit doch so unvorsichtig gewesen, etwas zu vergessen, was uns einen kleinen Fingerzeig geben konnte.

Um das Problem bei der Wurzel anzupacken, studierten wir zuerst die vielen Figuren, die unfertig auf den Stufen des ungeheuren Steinbruchs lagen. Es war klar, daß die ganze Arbeit plötzlich eingestellt worden war. Tausende von primitiven, ungeschliffenen Steinbeilen bedeckten noch immer den Arbeitsplatz, und da die Bildhauer gleichzeitig an mehreren Riesen gemeißelt hatten, fanden wir alle Stadien der Entstehung vertreten. Zuerst gingen sie offenbar auf die nackte Bergwand los und formten Gesicht und Brust der Figur. Dann arbeiteten sie sich an den Seiten in die Tiefe vor und bildeten die Ohren, die Arme und die langen Finger, die sich stets über den Bauch legten. Zum Schluß meißelten sie sich von beiden Seiten bis unter den Leib, so daß der Rücken die Form eines Bootes annahm, mit einem schmalen Kiel, der zunächst noch mit dem gewachsenen Felsen zusammenhing. Wenn die Schauseite bis ins letzte Detail gediehen war, wurde sie überarbeitet und gründlich glattpoliert. Man vermied aber sorgfältig, die Augen unter den Brauenwülsten zu markieren. Zunächst sollte der Riese blind bleiben. Dann wurde der Kiel unter dem Rücken losgeschlagen, der Koloß aber einstweilen mit Steinen verkeilt, damit er nicht abglitt und in die Tiefe fuhr. Erstaunlicherweise war es den Bildhauern gleichgültig, ob sie ihr Werk in einer senkrechten Wand, auf einem waagerechten Plateau, mit dem Kopf nach oben oder unten begannen. Die halbfertigen Riesen lagen wie auf einem Schlachtfeld kreuz und quer nach allen Richtungen. Nur eine Regel wurde immer eingehalten: der Rücken blieb bis zuletzt mit der Felswand verbunden. War dann der verbindende Grat weggehauen, begann der halsbrecherische Transport die Felswand hinunter bis zum Fuß des Vulkans. In einzelnen Fällen hatte man die viele Tonnen schweren Kolosse aus einer senkrechten Wand herausbalanciert und quer über andere Statuen weggeschleppt, die auf tieferen Etagen noch bearbeitet wurden. Viele zerbrachen während des Transports, aber die Mehrzahl kam unversehrt zu Tal, das heißt, wohl unversehrt, aber ohne Beine, denn jede Statue endete dort, wo der Unterleib in die Beine übergehen müßte, mit einem glatt abgeschnittenen Fundament. Es handelte sich eigentlich um »verlängerte Büsten« mit vollständigem Rumpf.

Am Fuß der Bergwand lag eine dicke Schicht von vielen tausend Tonnen abgeschlagenen Materials, das vom Steinbruch heruntergerieselt war. Hier wurden die Figuren in Gruben, die man in diesen Schutthügeln ausgehoben hatte, hochgekippt. Erst wenn sie standen, konnten sich die Bildhauer dem unfertigen Rücken widmen. Nacken und Schulterpartie gewannen Form. Um die Mitte markierte man einen schmalen Gürtel, umgeben mit Ringen und Symbolen – das einzige Kleidungsstück der sonst nackten Statuen. Fast ausnahmslos handelte es sich um Männer.

Aber der rätselhafte Weg der Steinkolosse endete nicht hier im Schutt. Sobald der Rücken bearbeitet war, wanderten sie weiter zu ihren offenen Tempelplätzen. Die meisten hatten ihr Ziel offenbar auch erreicht; nur eine kleine Zahl stand noch immer auf der Warteliste zur Weiterbeförderung von den Gruben am Fuß des Vulkans. Alle anderen fertigen Riesen hatte man schon abtransportiert, weit weg über die ganze Insel. Einzelne hatten ihren Platz mehr als fünfzehn Kilometer von dem Steinbruch entfernt gefunden.

Pater Sebastian betätigte sich in dieser einsamen Mondlandschaft als Direktor eines Freiluftmuseums. Auf systematischen Streifzügen hatte er säuberlich auf jede Statue, die er finden konnte, eine Nummer gemalt. Dabei brachte er es auf über sechshundert. Alle bestanden aus dem gleichen graugelben, schwarz gekörnten Stein und waren in derselben gigantischen Werkstatt im Rano Raraku zugehauen. Nur dort fand sich dieser eigentümlich gefärbte Stein. Wenn man das wußte, konnte man jede Statue allein an ihrer Farbe erkennen, selbst wenn sie irgendwo weit entfernt zwischen anderen Felsbrocken lag.

Das merkwürdigste war, daß man die Kolosse nicht in ungeformten Blöcken transportierte, die einen Stoß vertragen konnten, sondern als fertige Menschenfiguren, bis ins letzte ausgearbeitet, von den Ohrläppchen bis zu den Fingernägeln. Nur die Augenhöhlen fehlten noch. Am Bestimmungsort wurde der blinde Steinriese keineswegs einfach abgestellt, indem man ihn in ein Loch im Boden gleiten ließ. Ganz im Gegenteil, man hob ihn hoch und setzte ihn auf eine *Ahu-* oder Tempelplattform, wo er sich, mit der Grundfläche mehrere Meter über dem Erdboden, gewaltiger denn je in die Höhe reckte. Dann erst meißelte man die Augenhöhlen. Nun also durfte der Riese sehen, wo in der Welt er sich befand. Und dann kam das Tüpfelchen aufs i: es wurde ihm der »Hut« auf den Kopf gestülpt, ein »Hut«, der mitunter zehn Tonnen wog, also das Gewicht zweier ausgewachsener Elefanten hatte.

Übrigens ist es nicht ganz korrekt, von einem »Hut« zu sprechen, auch wenn das heute allgemein üblich ist. Der alte einheimische Name für diese

Kopfzier ist *Pukao*, das bedeutet Haarknoten. Sie stellt die übliche Frisur der Eingeborenen zur Entdeckungszeit der Osterinsel dar. Warum setzten die alten Meister diesen *Pukao* als Block für sich auf den Scheitel des Riesen? Warum konnten sie ihn nicht zusammen mit der übrigen Figur aus dem gleichen Stein herausmeißeln? Wohl weil ihnen die Farbe des Haarknotens besonders wichtig war. Sie holten diesen Teil vom entgegengesetzten Ende der Insel, über zehn Kilometer vom Rano Raraku entfernt. Dort waren sie in einen kleinen toten Vulkankrater eingedrungen, wo das Gestein eine ganz besondere, rötliche Farbe aufwies. Diesen rötlichen Stein brauchten sie für das Haar ihrer Statuen. Also mußten die gelbgrauen Figuren vom einen Ende der Insel und ihre Haarschöpfe vom anderen herbeigeschleppt werden. Auf über fünfzig Tempelplattformen rund um die Küste waren sie schließlich zusammen aufgestellt worden. Viele der Plattformen trugen vier, fünf oder sechs, eine sogar fünfzehn rothaarige Giganten Seite an Seite auf einer Mauer, die allein schon vier Meter hoch war.

Heute steht nicht ein einziger dieser Riesen mehr an seinem ursprünglichen Platz auf einer Tempelplattform. Schon Kapitän Cook und vermutlich selbst Roggeveen kamen zu spät, um sie noch alle an Ort und Stelle anzutreffen. Aber unsere ersten Entdeckungsreisenden erschienen immerhin rechtzeitig genug, um bezeugen zu können, daß viele Statuen mit ihren roten *Pukaos* auf dem Kopf noch auf ihrem Posten standen. Um die Mitte des vorigen Jahrhunderts stürzte der letzte Titan von seinem Tempel herab, und der rote Haarknoten rollte wie eine blutige Dampfwalze über die Steinplatten. Heute stehen nur noch die blinden, haarlosen Statuen in den Schuttlöchern am Fuß des Vulkans, das Haupt trotzig erhoben. Sie stecken so tief im Boden, daß kein einheimischer Feind es fertigbrachte, sie umzuwerfen. Der einzige Versuch, einen der Köpfe mit Axthieben zu fällen, scheiterte, weil es den Henkern nicht gelang, sich tiefer als eine Handbreit in den harten Nacken ihres Opfers hineinzuarbeiten.

Die letzte Statue wurde im Verlauf einer Menschenfresserfehde ums Jahr 1840 von ihrem *Ahu* gerissen und in eine nahe gelegene Grube geschleppt. Sie balancierte einen Haarschopf von sechs Kubikmetern über einer zehn Meter aufragenden Figur, die sich wiederum auf einer fast mannshohen Mauerterrasse erhob. Von diesem Riesen haben wir genaue Maße und können daher das Gewicht feststellen: es betrug fünfzig Tonnen. Er war vier Kilometer weit aus dem Steinbruch des Rano Raraku herangeschleift worden. Stellen wir uns einen zehn Tonnen schweren Eisenbahnwaggon vor – ohne Räder allerdings, denn Räder waren in Polynesien unbekannt. Daneben stellen wir einen weiteren Eisenbahnwaggon und verschnüren die beiden gut. Dann treiben wir zwölf ausgewachsene Pferde in die beiden Wagen, anschließend fünf schwere Elefanten. Nun haben wir etwa fünfzig Tonnen beieinander und können zu ziehen beginnen. Wir haben aber nicht nur dieses Gewicht von der Stelle zu bewegen, wir müssen die ganze Ladung vier Kilometer weit über Stock und Stein zerren, ohne ihr auch nur den geringsten

Schaden zuzufügen. Ist das nicht ohne Maschinen ein Ding der Unmöglichkeit? Diese Leistung aber wurde von den ältesten Bewohnern der Osterinsel vollbracht. Eins ist sicher: wir haben es hier nicht mit der Arbeit eines Häufleins polynesischer Holzschnitzer zu tun, die, kaum an Land gestiegen, sich an die Felswände heranmachten, weil sie kein Holz zum Schnitzen fanden. Die rothaarigen Riesen mit ihren klassischen Gesichtszügen müssen von Seefahrern geschaffen worden sein, die aus einem Lande kamen, wo man im Transport von Monolithen die Erfahrung vieler Generationen besaß.

Als sie ihre Last von fünfzig Tonnen an Ort und Stelle hatten, mußten sie zunächst einmal auf die Mauerterrasse gehoben und dann aufgerichtet, und zuletzt mußte ihr noch der Haarknoten aufs Haupt gesetzt werden. Er allein wog zehn Tonnen und war über elf Kilometer Luftlinie aus dem Steinbruch, in dem man die Haarschöpfe herstellte, herangeschafft worden. In diesem Gelände sind elf Kilometer eine hübsche Strecke, und zehn Meter sind auch eine bemerkenswerte Höhe, wenn man zehn Tonnen oder das Gewicht von vierundzwanzig ausgewachsenen Pferden hochstemmen soll. Aber sie schafften es. Und diese ganze Herrlichkeit wurde um 1840 von Kannibalen zerstört, die die tragenden Steine in der Mauer unterminierten und dann ihre Tat damit feierten, daß sie in einer Höhle dreißig Leute aus dem Nachbardorf verspeisten.

Ich stand am Kraterrand des Rano Raraku und hatte einen herrlichen Rundblick über die grasbewachsene Insel.

Meine Vorstellungskraft reichte nicht aus, dieses planvolle und umfassende »Projekt Osterinsel« zu verstehen. Ich wandte mich resigniert an den eingeborenen Schafhirten, der stumm neben mir stand und zu den verlassenen Steinklötzen hinunterstarrte.

»Leonardo«, sagte ich, »du bist doch ein praktischer Mensch. Kannst du mir erklären, wie man in alten Zeiten diese Steinriesen transportiert hat?«

»Die gingen von selber«, antwortete Leonardo.

Wäre seine Miene dabei nicht so ernsthaft gewesen, hätte ich geglaubt, er wolle sich einen Spaß machen. Ich sah ihn von der Seite an. Leonardo trug ein frisch gewaschenes Hemd und eine gebügelte Hose und war mindestens ebenso zivilisiert wie die Leute sonst in der Welt, wahrscheinlich aber klüger als die meisten.

»Aber Leonardo«, wandte ich ein, »wie sollten sie gehen, wenn sie bloß Kopf und Rumpf und keine Beine haben?«

»Die sind so dahingetorkelt«, meinte Leonardo und machte mir das vor, indem er mit geschlossenen Füßen und steifen Knien den Hang hinunterwackelte.

»Wie hast du dir denn das gedacht?« fragte er nachsichtig.

Einstweilen blieb ich die Antwort schuldig, und da ich sicher nicht der erste Weiße war, bei dem Leonardo merkte, daß wir alle ratlos vor diesem Geheimnis standen, war es im Grunde nur recht und billig, daß er die praktische Erklärung seines Vaters und seiner Ahnen übernahm. Die

Statuen waren also von alleine spaziert. Warum sich auf unnötige Probleme einlassen, wenn es eine so einfache und schlagende Lösung gab?

Als ich im Lager anlangte, ging ich zum Küchenzelt hinüber, wo Mariana gerade beim Kartoffelschälen saß.

»Hast du einmal davon gehört, wie die großen *Moai*-Statuen in alten Zeiten transportiert wurden?« erkundigte ich mich.

»Si, Señor«, sagte sie überzeugt, »die gingen von selbst.«

Und damit begann die alte Mariana mir eine lange Geschichte zu erzählen von einer Hexe, die am Rano Raraku hauste, damals, als die Bildhauer die großen Figuren herstellten. Durch ihre Zauberkraft blies sie Leben in die steinernen Riesen und trug ihnen auf, an ihre Plätze zu wandern. Aber eines Tages hatten die Steinmetze einen großen Hummer gegessen, und als die Hexe den leeren Panzer fand und daran merkte, daß man ihr nichts von dem leckeren Fleisch abgegeben hatte, wurde sie so böse, daß sie den wandelnden Statuen befahl, flach auf ihr Gesicht zu fallen – und seitdem hat sich keine mehr gerührt.

Dieselbe Geschichte von der Hexe und dem Hummer hatten vor fünfzig Jahren die Eingeborenen auch Mrs. Routledge erzählt, und ich fand zu meiner Verblüffung, daß alle, mit denen ich plaudern konnte, noch immer fest an diese simple Lösung glaubten. Und wenn ihnen nicht jemand eine bessere Erklärung gab, dann würden sie an der Version von der Hexe und dem Hummer festhalten bis an den Jüngsten Tag.

Im übrigen waren die Eingeborenen durchaus nicht naiv. Stets fanden sie ein paar geschickte Vorwände, um ihr Dorfgebiet zu verlassen. Dann tauchten sie bei uns im Lager auf, um Holzplastiken zu verkaufen. Fast alle konnten schnitzen. Ein paar waren ausgesprochene Künstler, der beste unter ihnen war der Bürgermeister. Alle im Lager wollten seine Figuren haben, denn wenn die Motive auch immer die gleichen blieben, so bewiesen doch die geschmeidigen Linien und die vollendete Politur seiner Schöpfungen, daß niemand einem Stück Holz besser Gestalt verleihen konnte als er. Er bekam weit mehr Aufträge, als er zu bewältigen vermochte. Amerikanische Zigaretten, norwegische Angelhaken und farbenfrohe englische Stoffe rangierten zuoberst auf der Tauschliste. Wie fast alle Bewohner der Südsee, war auch das Osterinselvolk ganz verrückt nach Zigaretten. Diejenigen, die uns zu Anfang an Bord besuchten und noch in der ersten Nacht ein paar Päckchen eintauschten, hatten sie nicht selber geraucht. Sie waren ins Dorf zurückgaloppiert, dort von Haus zu Haus gezogen und hatten Verwandte und Freunde geweckt, damit jeder eine Zigarette koste, denn der Vorrat vom letzten Kriegsschiff war seit Monaten aufgeraucht.

Unter den eleganten Holzschnitzereien tauchte bisweilen auch eine weniger gut gelungene Steinfigur auf, entweder eine naive Kopie einer der großen Statuen oder ein unförmiger Kopf, bei dem nur Augen und Nase roh angedeutet waren. Anfangs wollten uns die Verkäufer einreden, das seien alte Figuren, die man in der Erde oder in Tempelmauern entdeckt habe. Als wir sie auslachten, gaben die meisten es auf, und nur ein paar versuchten neue Tricks.

Eines Tages kam eine Frau angeritten und holte mich ab; sie habe, unter einem Steinhaufen verborgen, etwas ganz Seltsames entdeckt. Als wir an die Stelle kamen, räumte sie vorsichtig die Steine weg, und drunten in der Tiefe kam ein kleines, funkelnagelneues Modell einer Statue zutage.

»Laß sie liegen«, sagte ich zu der Frau, »die ist neu; die hat jemand da hingetan, der dich hereinlegen wollte!«

Die Frau machte ein langes Gesicht, und weder sie noch ihr Mann versuchten noch einmal, uns zum Narren zu halten.

Ein andermal kam in stockdunkler Nacht ein Bursche aufgeregt daher, er habe am Strand eine kleine Statue gefunden, als er mit einer Fackel an der Küste fischte. Wenn wir sie haben wollten, müßten wir gleich mitkommen, auch wenn sich in der Dunkelheit nicht viel erkennen ließe. Er war sichtlich unangenehm überrascht, als wir den Jeep fast bis an die Fundstelle manövrierten und die Scheinwerfer voll aufblendeten. Da lag denn auch im Gras eine mißglückte kleine Figur, sorgfältig mit Sand verschmiert, aber im übrigen durchaus neu. Während wir herumstanden und den Besitzer auslachten, stopfte er sein jämmerliches Produkt in einen Sack, um es ins Dorf zurückzuschleppen. Sicher ist es inzwischen bei einem Matrosen auf dem nächsten Kriegsschiff gelandet.

Eine dritte Methode stammte von einem Eingeborenen, der mir eine kleine offene Grotte zeigte, die ein Wasserloch und merkwürdige Skulpturen an der Decke aufwies. Die Figuren waren wohl echt, alte Vogelmenschen mit großen starren Augen, und ich freute mich wirklich. Während ich die Decke studierte, saß mein Führer mit unschuldiger Miene da und vergnügte sich damit, Erdklumpen ins Wasser zu werfen. Plötzlich schrie er auf. Ich sah, wie sich ein Erdklumpen langsam auflöste und mit einemmal – wie ein ausschlüpfendes Küken aus dem Ei – eine winzige Steinskulptur im Wasser zum Vorschein kam. Es war so komisch, daß ich mehr lachen mußte, als der Sünder eigentlich verdiente. Er versuchte es nie mehr wieder.

In der Zwischenzeit passierte etwas anderes, was uns viel Kopfzerbrechen verursachte. Töpferei oder Keramik waren auf der Osterinsel vor der Entdeckung durch die Europäer ebenso unbekannt wie im ganzen übrigen Polynesien. Das ist bemerkenswert, denn Töpferei war früher in Südamerika ein wichtiges Kulturelement. Noch älter ist sie in Indonesien und Asien. Auf den Galapagos hatten wir ganze Haufen von südamerikanischen Scherben gefunden, da diese Inselgruppe regelmäßig von den alten Hochseefahrzeugen der Südamerikaner aufgesucht wurde. Dort gibt es ja auch kaum Erde, die die Reste hätte zudecken können. Auf der Osterinsel lagen die Verhältnisse anders. Hier landeten sicher nur wenige der alten Entdeckungsreisenden, und die paar Tontöpfe, die sie zerschlugen, stecken heute bestimmt tief unter der Grasnarbe. Auf alle Fälle hatte ich Tonscherben mitgebracht, um die Eingeborenen zu fragen, ob sie je etwas Ähnliches gefunden hätten.

Wußten wir doch zu gut, daß ein paar zerbrochene Töpfe den Detektiven der Archäologie mehr erzählen können als ein Buch.

Unsere erste Überraschung erlebten wir, als ein paar alte Eingeborene unabhängig voneinander die Scherbe *Maengo* nannten, ein Wort, das sich nicht einmal in Pater Sebastians Lexikon befand. Einer wußte jedoch von seinem Großvater, daß *Maengo* ein altes Ding sei, das es früher einmal gegeben habe. Vor vielen Jahren habe ein Mann versucht, aus Lehm *Maengos* herzustellen, es aber nicht richtig fertiggebracht. Eroria und Mariana glaubten, irgendwann einmal in einer Höhle ein paar Bruchstücke gesehen zu haben, und zogen zwei Tage lang vergeblich kreuz und quer über die Insel, um sie wiederzufinden. Auch die Gattin des Gouverneurs war einmal auf Scherben gestoßen, als sie in ihrem Garten gegraben hatte. Und dann kam ein Eingeborener und vertraute uns an, er habe ein solches Ding zu Hause.

Mehrere Tage vergingen, bis der Mann, Andres Haoa mit Namen, die Scherbe brachte. Zu unserer großen Überraschung sahen wir sofort, daß sie aus freier Hand auf gut indianische Weise hergestellt war, nicht mit Hilfe einer Töpferscheibe wie in Europa. Ich versprach Andreas Haoa eine Menge Zigaretten, wenn er uns die Stelle zeigte, wo er sie hergeholt hatte. Ich hoffte, dort noch mehr zu finden und damit den Beweis zu bekommen, daß die Herkunft richtig angegeben war. Daraufhin ging er mit uns zu einem *Ahu* mit einer ganzen Reihe gestürzter Statuen und einer gigantischen Steinterrasse, die auffallend an die klassischen Inkamauern in den Anden erinnerte. Er wies auf den Steinbelag über der Plattform. Hier habe er vor vielen Jahren drei solche Stücke gefunden. Mit Hilfe einer Eingeborenenmannschaft hoben wir vorsichtig mehrere Platten auf. An einer Stelle entdeckten wir zwei unversehrte Skelette, Seite an Seite ausgestreckt, eine auf der Osterinsel ganz ungewöhnliche Bestattungsform. Gleich daneben war der Zugang zu zwei dunklen Kammern, von denen jede mit einer riesigen, sorgfältig zugehauenen Steinplatte verschlossen war. In beiden Kammern lagen haufenweise menschliche Schädel herum, aber wir fanden keinerlei Scherben, und Andreas erhielt darum auch nicht seine volle Belohnung.

Am Tag darauf kehrte Carl mit archäologischer Ausrüstung und voller Mannschaft an die Stelle zurück. Der *Ahu Tepeu* war jedenfalls ein Bauwerk, das man näher studieren mußte. Ein alter Eingeborener unter den Arbeitern holte plötzlich Keramiksplitter aus dem Boden. Aber nur er fand welche, und die Stücke waren so winzig klein, daß man sich wundern mußte, wie er sie überhaupt sah. Da kamen auch schon Arne und Gonzalo im Galopp vom Dorf herbeigeritten. Sie hatten von einer eingeborenen Freundin erfahren, der Alte habe die Scherben von Andres Haoa erhalten, um ihm zu seiner vollen Belohnung zu verhelfen. Wir hielten einen der Splitter an die Scherbe, die uns Andres gebracht hatte, und sahen sofort, daß die Stücke zusammenpaßten. Man hatte nur von dem größeren etwas losgebrochen. Haoa begann zu toben, als wir seinen Betrug entlarvten, und wollte uns um keinen Preis erzählen, wo er die große Scherbe wirklich her hatte. Erbittert erschien er bei

Pater Sebastian, der aus allen Wolken fiel, als ihm plötzlich drei komplette Tongefäße auf den Tisch gestellt wurden.

»Schau sie dir an«, sagte sein Besucher grimmig »die werde ich aber Señor Kon-Tiki nicht zeigen, denn er hat mich einen Lügner genannt, und ich lüge nicht.«

Niemals hatte Pater Sebastian derartige Gefäße auf der Osterinsel gesehen. Er fragte Haoa, wo er sie gefunden habe.

»Mein Vater fand sie einmal in einer Höhle und meinte, sie seien so praktisch, um Wasser darin aufzuheben«, erklärte dieser.

Das war offensichtlich eine neue Lüge, denn Haoa hatte kein Wasser in den Gefäßen gehabt, sie kamen außerdem gar nicht aus seinem Hause. Das konnten Nachbarn bezeugen, die seit Jahren bei ihm aus und eingingen und jeden Winkel seiner kleinen Hütte kannten.

Die drei rätselhaften Töpfe verschwanden wieder spurlos, nachdem sie Pater Sebastian vor die Nase gehalten worden waren, und uns blieb bloß eine Nuß mehr zu knacken. Die Töpfe kehrten bestimmt nicht in Haoas Haus zurück. Woher stammten sie eigentlich, und was war geschehen?

In der Zwischenzeit machte uns etwas Neues nachdenklich. Ich hatte mich entschlossen, dem Rat des alten Polizisten Kasimiro zu folgen und einen Ausflug auf die sagenumwobene Insel der Vogelmenschen zu unternehmen. Ich wollte nach der geheimen *Rongo-rongo*-Höhle suchen, von der noch sein Vater wußte. Es liefen viele Gerüchte unter den Eingeborenen um, daß noch immer in versiegelten Höhlen *Rongo-rongo*-Platten mit Hieroglyphen verborgen lägen; jeder, der sich lange genug auf der Insel aufhielt, mußte neugierig werden.

»Man hat uns hunderttausend Pesos für einen *Rongo-rongo* versprochen. Sie sind also mindestens eine Million wert«, sagten die Eingeborenen. Im Grunde hatten sie recht, aber ich wußte auch: wenn einer von ihnen den Eingang zu einer solchen Höhle wirklich fände, würde er kaum wagen, hineinzugehen. Jeder *Rongo-rongo* galt zur Zeit ihrer Ahnen als heiliges Besitztum. Die alten Schriftgelehrten, die ihre Heiligtümer in Höhlen versteckten, als Pater Eugenio das Christentum einführte, hatten die Hieroglyphenplatten verhext und ein Tabu über sie verhängt. Alle, die daran rührten, mußten sterben. Daran glaubten die Eingeborenen felsenfest.

In sämtlichen Museen der Welt zusammen gibt es, wie gesagt, kaum ein Dutzend solcher Holzplatten, und niemandem ist es bisher gelungen, die Inschriften zu deuten. Es sind kunstvolle Hieroglyphen einer Art, die sich bei keinem anderen Volk findet. Die Zeichen sind fortlaufend in Form von Schlangenlinien angeordnet, so daß jede zweite Zeile auf dem Kopf steht. Fast alle Tafeln, die wir heute kennen, wurden weggeholt, während sie noch bei ihren einheimischen Besitzern in Gebrauch standen. Aber Pater Sebastian wußte auch von einer Ausnahme, dem letzten Stück, das die Insel verließ und das tatsächlich aus einer Tabuhöhle stammte. Der Eingeborene, der es entdeckte, ließ sich verlocken, einen Engländer in die Nähe zu führen.

An einer Stelle unweit des Eingangs hieß er ihn warten und markierte mit kleinen Steinen einen Halbkreis, den der andere nicht übertreten durfte. Darauf verschwand er und kam mit einem *Rongo-rongo* zurück, den der Fremde sofort kaufte. Bald danach verfiel jener Eingeborene plötzlich in Wahnsinn und starb wenig später. Das trug natürlich dazu bei, die alte Furcht der Eingeborenen vor der Verletzung einer *Rongo-rongo*-Höhle noch zu steigern, und seitdem wagte niemand mehr, das Tabu zu brechen.

Was auch immer der Grund sein mochte, jedenfalls suchte auch Kasimiro Ausflüchte, als ich auf sein Angebot zurückkam, mit ihm zu der Höhle zu gehen. Er gab vor, sich nicht recht wohl zu fühlen; wir sollten statt seiner den alten Pakomio mitnehmen. Der sei mit dabeigewesen, als sie als kleine Jungen warten mußten und der Vater allein zur Höhle weiterging. Pakomio war der Sohn der Wahrsagerin Angata, die seinerzeit gegen die Routledge-Expedition viel abergläubischen Hokuspokus inszeniert hatte. Ich nahm vorsichtshalber den Umweg über Pater Sebastian, und ihm gelang es, Pakomio zu überreden, uns den Weg zu zeigen. Der Alte stieg würdevoll zu uns ins Motorboot, und wir fuhren hinaus zur Klippeninsel der Vogelmenschen, Motunui. In unserem Rücken ragte die höchste Felsenzinne der Osterinsel empor. Auf ihrem obersten scharfen Grat lagen die Steinruinen des religiösen Kultzentrums Orongo. Dort arbeitete Ed gerade mit seinen Leuten an Ausgrabungen und kartographischen Aufnahmen. Wir konnten sie als kleine weiße Punkte unterscheiden, und sie sahen unser Boot wohl unter sich wie ein winziges Reiskorn auf dem tiefblauen Spiegel des Meeres. Die ganze Felskuppe hinter den Ruinen, wo Ed arbeitete, war von zahllosen Bildern bedeckt, buckligen Menschenfiguren mit langen krummen Vogelschnäbel, die man als Reliefskulpturen in den Berg gemeißelt hatte. Noch im vorigen Jahrhundert saßen dort oben die mächtigsten Männer der Insel Woche um Woche in den halb unterirdischen Steinhäusern, dicht am Klippenrand, und spähten nach dem Schwarm dunkler Seeschwalben, der sich als erster im Jahr tief drunten auf der kleinen Insel Motunui niederlassen würde. Alljährlich fand ein Wettkampf statt, bei dem die Würdenträger mit einem kleinen Schilfboot unter der Brust zu jener Insel hinausschwammen, um das erste Ei zu holen, das dort gelegt wurde. Wer das Ei fand, wurde zu einer Art Gottheit erhoben, sein Kopf wurde rasiert und rot bemalt. In einer feierlichen Prozession führte man ihn zu einer heiligen Hütte zwischen den Statuen am Fuße des Rano Raraku. Dort drinnen mußte er ein Jahr lang bleiben, er durfte nicht in die Sonne treten und nicht von Menschen berührt werden. Eine eigene Schar von Dienern brachte ihm das Essen, und er wurde als der heilige Vogelmensch des Jahres bezeichnet.

Als wir an der sagenumwobenen Vogelinsel an Land sprangen, sahen wir nicht einmal eine Feder. Alle Vögel waren zu einer anderen, ebenso steilen Klippeninsel übergesiedelt, die drüben vor der Küste lag. Als wir mit dem Motorboot an ihr vorbeigefahren waren, hatte ein Vogelschwarm über ihr gestanden wie die Rauchsäule eines Vulkans.

Auf Motunui fanden wir bald den Eingang zu einer Unmenge halbverschütteter Höhlen. In einigen lagen Menschenknochen und bemooste Schädel längs der Wand, an einer Seite grinste ein rot bemaltes Gesicht mit Spitzbart wie ein Teufel von der Decke herab. Viele dieser Höhlen hat bereits Mrs. Routledge untersucht. Pakomio, der ungeduldig vor dem Eingang wartete, konnte sich noch gut an sie erinnern. Aber das waren nicht die Höhlen, die er uns zeigen sollte. Er führte uns ein Stück die Klippen hinauf und blieb plötzlich stehen.

»Hier haben wir das Huhn gebraten«, flüsterte er und zeigte auf den Boden.

»Welches Huhn?«

»Kasimiros Vater mußte erst ein Huhn braten. Das bringt Glück.«

Dies begriffen wir nicht recht, und auch Pakomio konnte uns nur versichern, so sei es eben Brauch. Nur der alte Mann habe sich so weit nähern dürfen, daß er den Duft des gebratenen Huhns verspürte, die Jungen hätten sich auf der anderen Seite der Feuerstelle aufhalten müssen, damit ihnen nichts von dem Geruch in die Nase stieg. Sie hätten auch nicht sehen dürfen, was in der Höhle lag; sie wußten nur, daß es sehr wertvolle Dinge waren. Für ihn und Kasimiro sei es schon ein großes Erlebnis gewesen, in der Nähe bleiben zu dürfen, als der Alte hineinging und die Reichtümer suchte.

Natürlich fanden wir die Höhle nicht. Nachdem wir eine Weile zwischen Farnen und Felstrümmern nach dem verborgenen Eingang gesucht hatten, erklärte Pakomio, der alte Mann sei wohl nur in diese Richtung gegangen, um sie irrezuführen, der Eingang müsse nach der entgegengesetzten Seite liegen. Wir kletterten also auf der entgegengesetzten Seite herum. Auch dort vergeblich. Unser Interesse begann zu erlahmen. Die Sonne glühte auf uns herab. Wir gaben die Suche auf und stürzten uns kopfüber in eine tiefe Felsenkluft, die bis zum Rande mit kristallklarem Seewasser gefüllt war, das der Ozean durch eine Spalte des Bergmassivs hineingepumpt hatte. Wir tauchten bis zum Boden nach violetten Seeigeln, die Pakomio roh verspeiste, und ließen uns treiben, bis wir Nase an Nase den merkwürdigsten Fischen gegenüberstanden. Sie leuchteten in allen Farben der Palette und kamen glotzend herangeschossen, um den Zuwachs in Motunuis felsumkränztem Aquarium zu beäugen. Blinkende Sonnenstrahlen ließen ein farbenprächtiges Feuerwerk in der lichterfüllten Schlucht aufsprühen, in deren klaren Fluten wir uns wie schwebende Vogelmenschen zwischen wirbelndem Herbstlaub fühlten. Es war abenteuerlich schön, ein Garten Eden unter dem Wasser. Nur schwer brachten wir es übers Herz, auf die Klippen hinauszuklettern, wußten wir doch, daß wir damit die ganze Herrlichkeit da drunten wieder den augenlosen Seeigeln und den farbenblinden Fischen überließen.

Aber wir brauchten unsere Augen genausogut an Land. Vor allem drüben auf der Osterinsel, wo gerade Hacke und Spaten Dinge ans Tageslicht brachten, die seit Jahrhunderten verborgen lagen. Im Dorf wuchs bereits das

Gezischel und Getuschel. Die Bevölkerung vermochte sich das, was ringsum vorging, nur mit einem tüchtigen Schuß Aberglauben zu deuten. Wie konnte ein fremder Weißer so genau wissen, was der Boden barg, wenn er nicht mit Hilfe von *Mana*, von übernatürlicher Kraft, in direkter Verbindung mit den Mächten der Vorzeit stand? Am Anfang sprach das keiner aus, aber bisweilen wurde ich gefragt, ob ich nicht in Wirklichkeit ein *Kanaka*, ein Eingeborener, sei und nicht ein Fremder. Weiße Haut und blonde Haare sprachen nicht dagegen, denn das gab es auch unter ihren Vorvätern. Und daß ich nur ein paar Brocken von dem polynesischen Dialekt der Osterinsel verstand, besagte lediglich, daß ich mich so lange auf Tahiti oder Noruega oder in anderen fremden Ländern aufgehalten hatte, bis ich schließlich meine Muttersprache vergaß. Zuerst ahnte keiner von uns, daß ihre vorsichtigen Andeutungen mehr bedeuten könnten als eine polynesische Art, Komplimente zu machen. Aber je mehr die Archäologen aus der Erde hervorzauberten, desto unzweifelhafter wurde für die Eingeborenen, daß es mit »Señor Kon-Tiki« eine besondere Bewandtnis haben müsse.

Bei Bills Grabungsmannschaft fing es an. Bill hatte eine spannende Aufgabe übernommen. Er war der erste Archäologe, der sich an der berühmtesten Templattform der Osterinsel versuchte, dem großen *Ahu* in Vinapu. Forscher und Touristen haben dieses ungewöhnliche Meisterwerk der Steinmetzarbeit bestaunt, und viele haben sich über die merkwürdigen Übereinstimmungen mit den gewaltigen Bauwerken des Inkareichs gewundert. Auf keiner der zehntausend Inseln, die weiter westlich im Stillen Ozean liegen, gibt es etwas Ähnliches. Vinapu allein stellt ein getreues Spiegelbild der klassischen Meisterwerke der Vor-Inkazeit dar. Die Übereinstimmung ist um so auffälliger, als die Osterinsel, dieses winzige Eiland, der Küste des Inkareiches näher liegt als irgendein anderes.

Waren die peruanischen Meister der Steinmetzarbeit auch hier draußen mitten im Ozean tätig gewesen? Waren Gesellen ihrer Zunft hier an Land gegangen und hatten die riesigen Blöcke für die Mauern der Osterinsel zu meißeln begonnen?

Die Indizien sprachen dafür. Aber eine Möglichkeit blieb noch offen: Übereinstimmung und Nachbarschaft konnten auch zufällig zusammentreffen, die Leute der Osterinsel unabhängig auf ihrer kleinen Insel diesen eigentümlichen Bautypus entwickelt haben; die klassische Mauer von Vinapu wäre dann nur die letzte Phase einer örtlichen Entwicklung. Diese Ansicht wurde von der theoretischen Forschung bisher auch immer vertreten.

Bill arbeitete mit zwanzig Leuten vier Monate lang in Vinapu. Aber schon nach den ersten Wochen war das Resultat im wesentlichen klar: die berühmte Mauer von Vinapu gehörte, entgegen den bisherigen Theorien, der allerältesten Bauperiode an. Später hatten weit weniger tüchtige Architekten, die längst nicht mehr die komplizierte Inkatechnik beherrschten, den *Ahu* umgebaut und erweitert. Ed und Carl, von denen jeder an einem anderen *Ahu* grub, kamen unabhängig voneinander zu demselben Resultat wie Bill. Zum erstenmal erkannte man, daß sich in der rätselhaften Vorgeschichte der Osterinsel drei Perioden deutlich unterscheiden ließen. Anfangs war hier ein hochspezialisiertes Kulturvolk mit der typischen Mauertechnik der Inkas tätig gewesen, dessen klassische Bauwerke in der späteren Geschichte des Eilandes keine Parallele mehr fanden. Gigantische Blöcke aus hartem Basalt hatte man wie Käse geschnitten und sorgfältig, ohne Fugen oder Löcher, aneinandergepaßt. Die rätselhaften Schöpfungen mit ihren eleganten, glatten Wänden standen lange Zeit wie Altäre oder kleine Festungen überall auf der Insel. Dann erst begann eine neue Periode. Die meisten der klassischen Bauwerke wurden mindestens teilweise niedergerissen oder umgebaut und eine gepflasterte schräge Rampe an der Rückwand errichtet. Die hohen Titanenfiguren wurden vom Rano Raraku herangeschafft und mit dem Rücken zum Meer auf der obersten Plattform dieser veränderten Anlage aufgestellt, die nun auch häufig Grabkammern enthielt. Und gerade als dieses gigantische Unternehmen der zweiten Periode seinen Höhepunkt erreichte, kam es zu einem jähen und unerwarteten Stillstand. Krieg und Kannibalismus überschwemmten die Insel. Wie mit einem Zauberschlag erlosch alles Kulturleben, die dritte und letzte, die tragische Periode in der Geschichte der Osterinsel begann. Niemand stellte mehr Steinkolosse her, die Statuen wurden respektlos umgestürzt, Geröll und unförmige Blöcke entlang der Wand der *Ahus* zu Grabhügeln aufgeschichtet. Die großen, gefallenen Stelen verwendete man oft als improvisierte Decke einer Grabkammer.

Allmählich begann sich für uns der Schleier der Geheimnisse ein wenig zu lüften. Zum erstenmal gewann die Geschichte der Osterinsel an Tiefe. Ein Stein in dem großen Puzzlespiel war richtig gesetzt. Wir wußten jetzt, daß die Technik der Inkas, Mauern aufzurichten, die Osterinsel in voll entwickelter Form erreichte. Das Kulturvolk, das als erstes hier gelandet war, hatte sie angewandt.

Die Eingeborenen strömten unablässig herbei, um sich die Ausgrabungen in Vinapu anzusehen, wo Bill eben sorgfältig die Rückwand des *Ahu* abdecken ließ, so daß die Schichten der drei Bauperioden für jedermann deutlich sichtbar wurden. Während das alles geschah, stolperte Bill eines Tages über einen ungewöhnlichen roten Stein am Hang hinter der Grabungsstelle. Er ließ mich rufen und fragte mich, ob ich nicht auch den Eindruck habe, der Stein besitze Hände mit Fingern. Es war ein langer, tiefroter Block in Form einer vierkantigen Säule. Nur eine Seite ragte aus dem Boden hervor, und weder Form noch Material erinnerten an die gewohnten Statuen. Er stammte sicherlich nicht vom Rano Raraku. Auch die Streifen, die wie Finger aussahen, waren nicht so weit unten angebracht wie auf allen anderen sechshundert Figuren der Osterinsel. Die Eingeborenen erklärten uns lachend, das sei bloß ein gewöhnlicher *Hani-hani*, eben ein roter Stein.

Das erste, was mir in die Augen sprang, war, daß das Stück auf dem Boden vor uns auffallend an die roten, säulenartigen Statuen der Vor-Inkas in den Anden gemahnte. Das bärtige Gesicht für das Segel des »Kon-Tiki«-Floßes hatte ich von einem Pfeiler aus rotem, grobkörnigem Stein abgezeichnet, der genau dem glich, der hier vor meinen Füßen lag.

Zwei, vier, fünf – das konnten Finger sein! Aber es waren weder ein Kopf noch sonst irgendwelche menschlichen Züge zu erkennen.

»Bill«, sagte ich, »wir müssen nachgraben. Ich habe solche vierkantige rote Steinstelen am Ufer des Titicacasees gesehen!«

Pater Sebastian war einmal vor diesem Block stehengeblieben, als er mit Eroria seine Runde über die Insel machte und auf alle stehenden oder liegenden Steinfiguren Nummern malte. Eroria hatte ihm die seltsamen Streifen gezeigt, aber Pater Sebastian hatte nur den Kopf geschüttelt und war mit seinem Farbtopf weitergezogen. Alle Statuen auf der Osterinsel gehörten zu einem einzigen Typ, und keine sah aus wie dieser rote, vierkantige Stein hier am Hang.

Vorsichtig schaufelten wir eine weite und tiefe Grube in den harten Boden rund um den Stein. Mit Maurerkelle und Fingern arbeiteten wir uns langsam an die Wand der Säule heran. Waren das nun wirklich Finger, oder handelte es sich nur um einen Felsbrocken mit ein paar zufälligen Furchen? Ich hielt den Atem an, als ich die erste lange Erdscholle entfernte, die das zudeckte, was eigentlich eine Hand sein mußte. Und wirklich, es war eine Hand! Unterarm und Oberarm wurden an der einen Seitenwand des Steins sichtbar, ebenso an der anderen. Wir hatten eine Statue eines bisher auf der Osterinsel ganz unbekannten Typs gefunden! Nur den Kopf hatte man abgeschlagen und an der Stelle des Herzens ein tiefes Loch in den Brustkasten gebohrt. Die Figur hatte sogar kurze Beinstümpfe.

Wir klopften Bill auf die Schulter und schüttelten ihm die Hand. Pater Sebastian, als Befehlshaber der uralten, stummen Osterinselgarde, war von diesem Zuwachs in Gestalt eines vierkantigen, roten Soldaten mehr erschüttert als irgendein anderer.

»Dr. Mulloy, das ist der wichtigste Fund, den man in unserer Zeit auf der Osterinsel gemacht hat. Diese Figur gehört nicht hierher, die ist in Südamerika zu Hause!«

»Aber sie ist hier gefunden worden«, lachte Bill, »und darauf kommt es an!«

Mit Flaschenzügen und Hebekränen zogen zwanzig Mann den roten Riesen hoch und versenkten seine kurzen Klumpfüße in eine rasch geschaufelte Grube. Die Eingeborenen, die mitgearbeitet hatten, wunderten sich maßlos. Es war also nicht bloß ein *Hani-hani;* aber woher um alles in der Welt konnten wir Fremden das wissen?

Das war jedoch nur der Anfang. Bald danach holte Ed in der Nähe eines ganz unbekannten Tempels, den er nicht weit von der Ruinenstätte der Vogelmenschen auf dem Gipfel des Rano Kao entdeckt hatte, eine merkwürdige kleine, lächelnde Figur aus dem Boden. Pater Sebastian, der Gouverneur und helle Scharen von Eingeborenen wallfahrteten den Berg hinauf, um sie sich anzusehen.

Dort, wo die Mannschaft Arnes arbeitete, beim Steinbruch im Rano Raraku, kamen ebenfalls seltsame Dinge ans Licht. Am eindrucksvollsten war eine plumpe Figur, die auf der Osterinsel ebenso fremdartig anmutete wie die rote Stele von Vinapu. Ein kleiner unschuldiger Stein mit zwei Augen war alles, was zwischen den Grasbüscheln hervorlugte, als Arne die Grabung begann. Tausende waren vorbeigegangen, ohne zu sehen, daß der Stein sie anblickte, ohne zu ahnen, daß da noch mehr in der Tiefe sein könne. Die Augen gehörten einem dicken Troll, der flach auf dem Rücken lag und seine zehn Tonnen unter der Erde verbarg. Eine dicke Lage Schutt und Unmengen abgenutzter Steinbeile aus dem verlassenen Steinbruch lasteten auf dem Riesen. Als wir ihn freilegten, hatte er mit seinen blinden, torsoartigen Genossen in der Nachbarschaft nicht das mindeste gemein. Archäologen wie Eingeborene betrachteten ihn mit Staunen, und wieder mußten Pater Sebastian und der Gouverneur geholt werden. Dieser Steinmann war von allem bisher Bekannten so verschieden wie nur möglich; er besaß Unterleib und Beine, realistisch war die kniende Stellung wiedergegeben. Das breite Hinterteil ruhte auf den Fersen, die Hände lagen auf den Knien. Im Gegensatz zu den nackten Gefährten trug er einen kurzen Mantel oder Poncho mit einer viereckigen Öffnung für den Hals. Der Kopf war rund, mit Spitzbart und Kugelaugen, die kleinen Pupillen traten hervor und gaben ihm einen fremdartigen Ausdruck, wie ihn noch niemand auf der Osterinsel gesehen hatte.

Es brauchte eine ganze Woche, bis wir mit Hilfe von Winden, der Kraft unseres Jeeps, Flaschenzügen und einem Kran, unterstützt von Matrosen und neugierigen Eingeborenen, den Riesen aufgestellt hatten. Aber eines Tages bekamen wir ihn soweit. Demütig hockte er da und starrte träumend in den Himmel hinauf, als hielte er Ausschau nach fremden Planeten, nach einer entschwundenen Welt. Was hatte er wohl mit uns zu schaffen, uns uneingeweihten Fremden? Wo waren alle seine alten getreuen Diener? Und wer waren diese steifen, langnasigen Gestalten da droben auf dem Berg, bei deren Geburt er selber in den Schutt geraten war?

Im Mauerwerk von mehreren *Ahu*-Plattformen verborgen, fanden wir noch eine große Anzahl ungewöhnlicher Statuen, die man zum Teil in Stücke geschlagen hatte. Offenbar dienten sie in einer späteren Kulturepoche als Baumaterial und Füllsel, zu der Zeit, als die klassischen Mauern umgebaut und die Riesenfiguren aus dem Rano Raraku als ragende Monumente obendrauf gesetzt wurden. Pater Sebastian erinnerte sich plötzlich an ein paar mannshohe Figuren aus hartem, schwarzem Stein. Die eine hatte er als Grundstein in der Fassade eines alten *Ahu* eingemauert gesehen, nur der Rücken ragte noch heraus. Die andere lag mitten im Dorfgelände. Pater Sebastian half uns mit seinen Eingeborenen, diesen stämmigen Burschen auf die Füße zu stellen. Er erwies sich als einem primitiven Typ zugehörig, den man bisher noch nie gesehen hatte, und bestand aus demselben roten Felsgestein wie die kopflose Figur in Vinapu.

Damit waren wir unserem Ziel einen guten Schritt näher gekommen. Ein weiterer Stein im Puzzlespiel lag an seinem Platz. Es zeigte sich, daß jene Meister, die die schönen Inkamauern der ersten Periode errichtet hatten, nicht auch die Schöpfer der gewaltigen Halbfiguren waren, die die Osterinsel so berühmt gemacht haben. Sie stellten eine Reihe einfacherer Statuen mit rundem Schädel und Glotzaugen her, manchmal aus rotem Tuff und manchmal aus schwarzem Basalt, verwendeten aber auch schon das gelbgraue vulkanische Gestein, das in der nächsten Periode so beliebt wurde. Ihre Figuren waren oft nicht mehr als mannshoch. Mit den berühmten Riesen der Osterinsel hatten sie nur das eine Merkmal gemeinsam, daß die Hände immer ausgestreckt auf dem Bauch lagen, so daß die Fingerspitzen gegeneinander zeigten. Aber dies ist auch für eine lange Reihe von Steinfiguren der Vor-Inkas typisch. Auf den polynesischen Nachbarinseln findet man es ebenfalls wieder.

Endlich konnten wir uns richtig mit dem stummen Volk der Osterinsel unterhalten. Die verstümmelten und demütigen Eingemauerten hatten als erste aus der Schule geplaudert. Dann aber legte auch die ganze hochmütige Gesellschaft los, die oben im Steinbruch auf dem Berg stand.

Mit einem Windstoß von außen hatte es begonnen, der Idee und Technik, Statuen und Mauern auf die Insel brachte. Die kleinen Figuren, die man später in die Terrassen hineinverbaute, der kopflose Rote auf dem Hang von Vinapu, der große Kniende, der im Schutt des Rano Raraku vergraben gewesen war, sie alle gehörten in diese älteste Phase. Dann kam die nächste Periode, in der die Einheimischen ihren eigenen, eleganteren Stil fanden. Ragende Kolosse mit rotem Haar wurden geschaffen und auf den umgebauten Terrassen aufgestellt. Mit wachsender Erfahrung nahmen sie noch an Umfang zu und wurden größer und größer. Schon auf den Terrassen standen mächtige Exemplare, doch noch viel gewaltigere waren unterwegs, und ein paar ganz schwere standen am Fuß des Vulkans und warteten nur darauf, am Rücken geglättet zu werden. Der allergrößte Riese von der Höhe eines siebenstöckigen Hauses aber lag unfertig im Steinbruch, sein Rücken war noch mit dem Fels verwachsen.

Wie hätte das einmal geendet? Wo hätte schließlich die Grenze des Möglichen gelegen? Niemand weiß es, denn eine Katastrophe brach herein, die dem Aufmarsch der Steinkolosse Halt gebot, und alle stürzten zu Boden. Es geschah, weil die Hexe ihren Hummer nicht bekam, wie die Bevölkerung der Insel heute meint. Aber es ging damals wohl um eine unheimlichere Kost, denn der Zug der Steinriesen hörte auf, als eine dritte Periode den Anmarsch der Kannibalen brachte.

Die heutige Bevölkerung der Insel stammt von jenen siegreichen Kriegerstämmen aus der dritten Periode ab. Es ging nicht gerade friedlich zu, als ihre polynesischen Vorväter auf ihrem Eroberungszug von den Palmeninseln im Westen die Osterinsel erreichten Von den Kämpfen, die folgten, von gestürzten Steinkolossen, von der Zeit, da die Äxte in Menschenfleisch schlugen statt in Stein, sollten wir bald von der lebendigen Bevölkerung der Insel erfahren.

Das Geheimnis der Langohren

Im Lager von Anakena ging das Leben seinen gewohnten Gang. Unser Schiff, das schneeweiß strahlend vor den Klippen der Bucht in der Sonne lag, war gleichsam ein Teil der Osterinsel geworden, ein Orientierungspunkt, wie die Vogelklippen rund um die Küste. Noch nie war ein Schiff so lange vor dieser Insel liegengeblieben, mit Ausnahme derer freilich, die ein für allemal an den Riffen gescheitert waren und nun auf dem Meeresgrund lagen, die Mastspitzen mehrere Klafter unter der Reichweite des Passats. Wenn der Sturm von See her allzu stark gegen die Zeltwände drückte, beeilte sich unser Steward, wieder an Bord zu kommen, um eine Extraladung Proviant überzusetzen, denn dann mußte man damit rechnen, daß der Kapitän die Sirene heulen ließ und uns mit dem kleinen Funkgerät mitteilte, es sei für ihn Zeit, sich davonzumachen. Alsbald schlug unser Schiff einen Bogen um die Küste und suchte Schutz am Fuß des Rano Raraku, hinter den Felsabstürzen der Landzunge, wo wir zuerst geankert hatten. Die Bucht vor dem Lager stand gähnend leer; es war, als fehlte etwas in einem wohlbekannten Gemälde. Aber wenn wir nach ein paar stürmischen Tagen morgens aus den Zelten krochen, wie gewöhnlich vom eifrigen Hämmern des Stewards gegen eine Bratpfanne geweckt, sahen wir unser Schiff wieder draußen auf seinem vertrauten Platz in der Morgensonne schaukeln. Das sonnenerfüllte Zeltlager war uns zum Heim geworden, ein fester Punkt in der wechselnden Tätigkeit rings auf der Insel. Wenn wir abends heimkehrten und das weiße Schiff hinter den schwarzen Klippen erblickten, davor die hellen Zelte im vergilbten Gras und gelben Sand und über uns die blaue Himmelswölbung bis an den fernen Horizont, dann fühlten wir uns zu Hause. Die Mühe des Tages lag hinter uns, die Brandungswellen luden zum Bad, der Steward klapperte mit seiner Pfanne und rief uns zu einem herzhaften Mahl. Danach lagen wir in kleinen Gruppen im Gras und plauderten unter den Sternen oder beim schimmernden Licht des Mondes. Ein paar saßen bei den Lampen im Messezelt, lasen, schrieben oder spielten Grammophon, andere warfen sich auf die Pferde und verschwanden im Galopp hinter den Hügelkämmen. An

Land verwandelten sich unsere Teerjacken in ausgewachsene Cowboys; der zweite Steuermann spielte Stallmeister, und wenn unsere Seefahrer zum Dorfe aufbrachen, war der Tempelplatz vor den Zelten die reine Zirkusmanege, voll wiehernder und steigender Rosse. Nur unser Messeboy kam dabei zu Schaden, als er eine Abkürzung quer über die Geröllhalden versuchte und sich den Arm brach. Aber was opfert man nicht alles, um möglichst rasch an Ort und Stelle zu sein, wenn ein echter Hulatanz lockt.

Bald kannten wir fast alle Dorfbewohner, nur den schwarzäugigen Doktor bekamen wir – selbst beim Tanzvergnügen – selten zu sehen. Den Lehrer trafen wir überhaupt nicht. Die beiden erschienen nie mit der übrigen Bevölkerung in Pater Sebastians kleiner Kirche und nahmen daher auch nicht an dem Sonntagsessen teil, das sich in der Regel an die Messe anschloß, entweder bei den Nonnen oder beim Gouverneur und seiner Gattin.

Eines Tages brachte das Schicksal den Lehrer unerwartet doch in unser Blickfeld. Der Gouverneur hatte uns mehrere Male im Namen der Schule gebeten, für die Kinder eine Rundfahrt um die Insel zu veranstalten. Es wäre für alle ein großes Erlebnis. Sie könnten in Anakena an Land gehen, vor dem Lager ein Picknick halten und am Nachmittag die Fahrt fortsetzen, um am Abend wieder im Dorf zu sein. Ich war nicht gerade entzückt von der Idee, aber auch die Nonnen legten für ihre Kleinen ein gutes Wort ein, und Pater Sebastian erzählte, daß, abgesehen vom Bad in der Bucht, noch keines seine Heimatinsel von See aus erblickt habe. Also versprach ich, den Kapitän zu bitten, er möge mit seinem Schiff das Dorf anlaufen. Das Hauptdeck war als Aufenthalt für Kinder recht gut geeignet, die Reling hoch genug und nach innen geschwungen, so daß man sie nicht überklettern konnte. Außerdem versicherte man mir, alle Schulkinder könnten schwimmen wie die Fische. Sie tummelten sich in der Bucht, lang bevor sie ins schulpflichtige Alter kamen.

An einem strahlenden Morgen gingen wir bei Hangaroa vor Anker, und hundertfünfzehn eingeborene Schulkinder wurden an Bord gebracht, ein Achtel der gesamten Bevölkerung. Sieben Erwachsene kamen als Aufsicht mit: der Lehrer, der Arzt und sein Assistent, der Adjutant des Gouverneurs und drei Nonnen. Das ganze Deck hallte von Jubelschrei wider; die Kinder sangen und waren außer Rand und Band. Alle pufften und drängten, um ganz vorn zu stehen, wo man später die Bugwelle sehen konnte. Aber als der Anker rasselnd in die Höhe ging und Sirenenstöße der Insel Lebewohl sagten, wurden die meisten beträchtlich stiller. Fast wehmütig sahen sie zum Dorf hinüber, als zögen sie auf eine Weltumsegelung statt auf eine Rundfahrt. Die Osterinsel war ja auch ihre ganze Welt.

Als das Schiff dann behaglich in die langen, blanken Dünungen zu tauchen begann, wurden sie allesamt seekrank. Der Assistent des Arztes kam auf die Brücke und bat, rascher zu fahren, damit wir eher zurück wären; dann schwankte er davon, auf eine der beiden Luken zu, auf denen die Kinder dicht aneinandergedrängt kauerten. Andere lagen wie Kleiderbündel über das

Deck verstreut, und wenn eines einmal aufstand und sich zur Reling tastete, dann wollte es nicht einen Blick auf die schöne Küste seiner Heimat werfen, sondern nur verhindern, daß sein Frühstück unsere Planken beschmutzte.

Der einzige unserer Gäste, dem das alles nichts anhaben konnte, war der Lehrer. Er war noch keinen Augenblick zur Ruhe gekommen, seit er an Bord auftauchte, eine rundliche, wohlbeleibte Gestalt inmitten der Kinderschar. Trotz unzähliger Reisen übers Meer bei jedem Wetter sei er nie seekrank gewesen, erzählte er. Mit seinem rabenschwarzen Haar und den funkelnden schwarzen Augen erinnerte er sehr an seinen kampflustigen Freund, den Doktor, und legte auch sogleich denselben politischen Eifer an den Tag. Die Einheimischen, setzte er uns auseinander, seien zwar chilenische Bürger, aber sie besäßen nicht die vollen chilenischen Rechte, vor allem dürften sie nicht mit dem Kriegsschiff nach Valparaiso fahren und sich unter den übrigen Chilenen auf dem Kontinent niederlassen. Er sah sein Ziel darin, die Eingeborenen hinüber aufs Festland zu bringen. Solange er Politik predigte, waren seine schwarzen Augen hart wie Kohlen, aber es kam etwas unendlich Sanftes in seinen Blick, wenn er den Bleistift hervorzog, um die gerundeten Konturen der Küste in seinem Notizblock festzuhalten oder wenn er einem der Kinder den Kopf tätschelte. Er stapfte umher und tröstete seine seekranken Schäflein in ihrer polynesischen Muttersprache. Bald saß er bei einem und gab ihm Pillen, bald rollte er an die Reling, unter jedem Arm einen hochgeschossenen Burschen, dessen Zeichen und Gebärden allen bedeuteten, daß sie ausweichen sollten, weil man freie Bahn brauchte. Als wir dann um die Landspitze bogen, lag das Meer so still, daß die größeren Jungen und Mädchen wieder zum Leben erwachten. Statt aber auf unseren Ruf zu hören und sich mittschiffs zu halten, drängten alle zum Bug, wo es am meisten schaukelte. Und wieder mußte der Lehrer einspringen und sie, grün und nach Luft schnappend, auf der Luke niederlegen. Mit den Schulkindern war nicht viel anzufangen, bis wir in die Anakenabucht bogen. Da wurden sie wieder munter, und das Deck hallte von polynesischem Singen und Jubeln, während die Matrosen die Planken scheuerten, die aussahen wie die Klippe unter einem Möwennest.

Als dann das Schiff an seinem gewohnten Platz vor Anker lag, wurden die Kinder an Land gebracht, um dort die Zeltstadt in Hotu Matuas altem Revier zu besichtigen. Die Erwachsenen führten den ganzen Schwarm zu einer Tempelterrasse, wo sich alle am Fuß der Steinmauer im Gras lagerten. Ein paar Eingeborene waren zu Pferde über die Insel herbeigekommen, um uns behilflich zu sein, und sechs Lämmer wurden auf polynesische Weise zwischen heißen Steinen in einem Erdofen gebraten.

Mittag war vorüber. An der Feuerstelle lagen nur noch abgenagte Knochen, und die Bucht wimmelte von badenden Kindern. Gesang und Geschrei durchgellten die Luft. Die Nonnen versammelten droben am Hang eine Gruppe um sich und stimmten die alten Lieder der Vorväter an, von Hotu Matua, der als Entdecker in der Anakenabucht gelandet war.

Schließlich blickte der Lehrer auf die Uhr, klatschte in die Hände und gab das Zeichen zum Aufbruch. Die See war ruhig, sanft rollte die Dünung. Unser Motorboot, das die Kinder zum Schiff bringen sollte, lag wie üblich ein gutes Stück vom Strand entfernt, an dem großen verankerten Floß, das die Jugend in der Zwischenzeit als Sprungbrett und Badeinsel benutzt hatte. Mit dem ersten Schub fuhren die Maschinisten hinaus, um an Bord alles klarzumachen. Inzwischen sammelte der Lehrer am Strand seine Schüler für die nächste Tour, und bald wurde die zweite Gruppe mit dem kleinen Landungsfloß zur schwimmenden Brücke gebracht. Als dann das Motorboot zur zweiten Fahrt abstieß, schwammen ein paar Ungeduldige auf eigene Faust vom Strand hinaus und krochen auf den leeren Ponton, um die nächste Fahrt dort abzuwarten. Dem Lehrer blieb nichts anderes übrig, als selbst hinaus zur Brücke zu fahren, um besser Kontrolle zu halten. Als das Motorboot ein drittes Mal ablegte, war er mit an Bord. Die übrigen Erwachsenen der Begleitmannschaft befanden sich noch an Land, um die restliche Kinderschar auf die letzten Fahrten aufzuteilen.

Da, wie ein Blitz aus heiterem Himmel, geschah das Unglück. Während das Motorboot friedlich um die Landzunge puckerte, wurden die Kinder unruhig. Plötzlich wollten alle nach vorn und die Bugwelle sehen, alle drängten zu Thor junior, der mit einer Tauschlinge in der Hand in der Spitze saß. Vergebens versuchte der Lehrer mit aller Macht, die Ordnung wiederherzustellen, seine Schüler hörten nicht einmal mehr auf polynesisch. Der Zimmermann am Ruder stoppte den Motor, er und Thor brüllten aus vollem Halse auf die Kinder ein. Im selben Augenblick kam schon die Katastrophe in Gestalt einer sanften, ruhigen Woge. Das Motorboot, das zwei Tonnen tragen konnte, aber bloß mit halbem Gewicht beladen war, bohrte den überlasteten Bug tief in den Wellenkamm und lief in wenigen Augenblicken voll. Mit einemmal sah man nur noch den Achtersteven und die vielen schwimmenden Köpfe.

Draußen auf dem Schiff schwenkten sie sofort ein Rettungsboot über Bord. Der Expeditionsarzt und ich sprangen vom Strand aufs Landungsfloß, die anderen liefen so rasch sie konnten zur Landspitze hinaus, die nur siebzig bis achtzig Meter von der Unglücksstelle entfernt lag. Ich wandte mich um, während wir aus Leibeskräften ruderten, und sah, daß ein paar Jungen auf die Spitze zuschwammen. Die meisten Köpfe aber tanzten an der Unglücksstelle dicht beim Heck des Bootes auf und nieder. Bald hatten wir sie erreicht. Wir sahen den Zimmermann und einen Schuljungen, die zwei hilflose Gestalten hinter sich herzogen. Als wir sie auf das Floß holten, erkannte ich in der einen die dreizehnjährige Tochter des Bürgermeisters, ein hübsches kleines Mädchen mit erstaunlich heller Haut und goldrotem Haar. Dann sprang ich über Bord, während der Arzt auf dem Floß blieb, um weiterzurudern und die Kinder hinaufzuziehen. Mittlerweile kamen auch die ersten Schwimmer an, die an der Landzunge ins Wasser gesprungen waren, allen voran der Kapitän. Wir fischten die Kinder der Reihe nach auf und legten sie aufs Floß. Die meisten waren völlig apathisch; sie tauchten in den Wogen auf und nieder und machten nicht einmal den Versuch, sich zu retten. Als das Floß voll beladen war, kamen Kapitän und Zimmermann mit dem bewußtlosen Lehrer angeschwommen, dessen gewaltiger Leib scheinbar von selber auf den Wellen trieb. Wir brauchten mehrere Leute, um seinen Oberkörper aufs Floß zu schieben, das zu kentern drohte, als drei völlig verwirrte Eingeborene, die mit herausgeschwommen waren, ebenfalls hinaufklettern wollten. Ich brüllte so laut ich konnte, bis sie schließlich ins Wasser sprangen und das Floß sich langsam wieder aufrichtete. Zwei von ihnen sprangen direkt auf mich zu und klammerten sich an mich, so daß ich schließlich tauchen mußte, um freizukommen. Endlich waren auch die Leute unserer Mannschaft, die von Land kamen, zur Stelle, außerdem der Assistent des chilenischen Arztes und ein halbes Dutzend weiterer Dorfbewohner. Alle diese Schwimmer begannen nun, das Floß auf die Landzunge zuzuschieben, während unser Arzt verzweifelt ruderte, eingezwängt zwischen all den Kindern.

Der Kapitän und ich schwammen zwischen den vielen Dingen, die in den Wellen trieben, um zu sehen, ob wir irgend jemand vergessen hatten. Drei Eingeborene, die eben vom Land kamen, schlossen sich uns an. Das Wasser war von kristallener Klarheit. Wenn man untertauchte, konnte man eine Unmenge Schuhe und Kleider erkennen, die in etwa acht Meter Tiefe auf dem Sandboden verstreut lagen. Zu meinem Schrecken entdeckte ich darunter etwas, das wie eine Puppe aussah. Ich warf die Beine hoch und tauchte hinunter, immer tiefer, so weit ich konnte, während die Puppe vor mir größer wurde. Ich bin kein erstklassiger Schwimmer und war zu früh erschöpft. Nach etwa sieben Metern war ich am Ende meiner Kräfte, ich hätte es keinen Augenblick länger ausgehalten und ich mußte zusehen, daß ich hochkam, auch wenn es ein elendes Gefühl war, so dicht vor dem Ziel umkehren zu müssen. Sobald ich den Kopf über den Wasserspiegel hob, bemerkte ich Josef, den eingeborenen Glöckner, dicht neben mir. Ich wußte, daß er als der beste Taucher der Insel galt. Man hatte ihn einmal ausgesucht, als es darum ging, uns zwei Wracks zu zeigen, die vor dem Dorf gesunken waren. Mit Mühe brachte ich ein paar Worte hervor und wies hinunter, und schon war Josef verschwunden. Wenige Sekunden später kam er wieder nach oben, schüttelte den Kopf, atmete tief und tauchte aufs neue. Dann erschien er endlich und hielt uns mit ausgestrecktem Arm ein Kind entgegen. Wir schoben ihn auf einen Rettungsring und schwammen auf das Motorboot zu, das inzwischen ebenfalls eingetroffen war und mitsuchte. Die Maschinisten sprangen wiederholt in die Tiefe, aber auf dem Meeresboden lagen nur noch Kleider.

Als wir dann die Landzunge erreichten, hatte man alle Kinder schon auf die Klippen gebracht. Achtundvierzig Kinder hatten sich an Bord des Bootes befunden; Namenslisten zeigten, daß keines mehr fehlte. Unser Arzt leitete zusammen mit dem Assistenten des chilenischen Doktors die Wiederbelebungsversuche. Alle Umstehenden halfen mit. Der Dorfarzt, der die Kinder in Empfang genommen hatte, war inzwischen mit dem Floß zum Strand hinübergefahren, da es sich als unmöglich erwies, auch den Lehrer auf die Lavaklippen zu ziehen.

In den folgenden schrecklichen Stunden, während die Nacht sich über die Insel senkte, bemühte sich der Dorfarzt um seinen Freund, den Lehrer, unterstützt von unseren größten und kräftigsten Matrosen, während alle anderen draußen auf der Landzunge mit den Kindern beschäftigt waren. Fast ein Dutzend brauchte dringend Behandlung. Die Leute liefen mit Paraffinlampen hin und her und trugen Wolldecken und Kleider herbei. Droben im Lager öffnete Yvonne die Zelte und versorgte groß und klein mit Essen und heißen Getränken. Immer mehr Reiter aus dem Dorf trafen ein, und um uns im Dunkel wimmelte es von Menschen.

Es wurde eine Nacht voll Angst und Not, die ich nie vergessen werde. Eine Katastrophenstimmung lag über dem Anakenatal. Sie wurde noch von einem grauen, völlig farblosen Regenbogen unterstrichen, der sich düster über den schwarzen Nachthimmel spannte; selbst der Mond versteckte sich hinter den Bergkuppen. Allmählich kam ein Kind nach dem anderen wieder zu Bewußtsein, wurde ins Zelt getragen und ins Bett gelegt. Aber die Stunden vergingen, und zwei von den Kleinen rührten sich nicht. Das eine Opfer war das Mädchen mit dem goldroten Haar. Der Bürgermeister saß reglos daneben und sagte mit ruhiger Stimme:

»Sie hat es gut. Sie ist immer ein braves Kind gewesen. Sie ist schon bei der Jungfrau Maria.«

Nie zuvor habe ich so viel Kummer und Leid um mich erlebt. Aber nie habe ich auch Menschen gesehen, die ihr Schicksal ruhiger und gefaßter trugen. Die Eltern der beiden toten Kinder reichten uns die Hände, um uns zu zeigen, sie wüßten recht gut, daß wir keine Schuld an dem Geschehenen hätten. Die, deren Kinder gerettet worden waren, warfen sich uns an den Hals und weinten. Stundenlang umlagerten uns die Eltern der hundertfünfzehn Schüler und zahllose Zuschauer. Alle Zelte steckten voller Menschen, aber als die Kälte der Nacht fühlbar wurde, begannen sie, ihre Bündel zusammenzupacken und familienweise zu zweit und zu dritt in die Holzsättel zu steigen. Ein paar Kinder hatten Durchfall und blieben mit ihren nächsten Verwandten in den Zelten zurück. Nach und nach verschwanden die Reitergruppen im Dunkel, über hundert Kinder nahmen sie auf den Sattelknöpfen mit. Langsam wurde es wieder still im Anakenatal...

Zuletzt brachten acht Mann die Bahre des Lehrers vom Strand herauf. Der Himmel war schwarz, und der graue Regenbogen spannte sich noch immer wie ein Rahmen über allem Leid. Acht Laternen tanzten wie Funken durch die Nacht. Der Doktor kam auf mich zu und sah mich mit seinen kohlschwarzen Augen ruhig an:

»Die Insel hat einen guten Mann verloren, Señor. Er ist auf seinem Posten geblieben. Er rief noch: ›*Kau kau poki*, Kinder, Wasser treten!‹ Das waren seine letzten Worte.«

Das nächste Mal sah ich den Arzt des Dorfes in Pater Sebastians kleiner Kirche wieder. Unbeweglich, mit gebeugtem Haupt stand er neben der Bahre seines Freundes. Die zwei Kinder hatte man am Tage zuvor in einer schönen und einfachen Zeremonie beerdigt, mit Palmwedeln und leisem Gesang. Das ganze Dorf war mit im Trauerzug geschritten, und sie hatten gesungen zu Ehren derer, die in den Himmel eingegangen waren. Nun, bei der Trauerfeier für den Lehrer, hielt Pater Sebastian eine kurze, zu Herzen gehende Ansprache.

»Du hast deine Schüler geliebt«, sagte er zum Schluß. »Mögest du sie wiedersehen!«

Als wir dann dem Lehrer den letzten Gruß hinunterwarfen, hörten wir, wie der Doktor murmelte: »Wasser treten, Kinder! Wasser treten!«

Die Eingeborenen vergaßen das Unglück unglaublich rasch. Die Betroffenen begannen Rinder und Schafe zu schlachten für das große Totenmahl, das sie immer beim Fortgang eines ihrer Lieben abhielten. Selbst zu uns kamen sie geritten, mit ganzen Ochsenlenden und Bergen von anderem Fleisch.

Die erstaunlichste Feststellung aber machten wir, als wir nach dieser chaotischen Nacht alles wieder aufgeräumt und ins Geleise gebracht hatten. Seit zwei Jahrhunderten sind die Eingeborenen der Osterinsel für ihre Diebereien berüchtigt. In der dunklen mondlosen Unglücksnacht gab es natürlich keinerlei Kontrolle. Jedermann ging in den Zelten ein und aus, wie er wollte, alles lag offen herum. Wir rechneten deshalb damit, vieles nicht mehr wiederzusehen. Diesmal aber täuschten wir uns. Nicht ein Stückchen fehlte, nicht ein Hut, nicht ein Kamm, nicht einmal ein Schnürriemen. Und all die trockenen Kleider und Wolldecken, die die Dorfbewohner bei uns geborgt hatten, um die halberfrorenen Kinder mit aufs Pferd nehmen zu können, wurden wieder zurückgebracht, gewaschen und gebügelt, in säuberlichen Bündeln.

Nur einer von unseren Matrosen hatte Pech. Er legte seine Uhr ab und steckte sie in den Hut, als er von der Landzunge ins Meer sprang. Während er sich um die Rettung der Kinder bemühte, wurde die Uhr von einem Eingeborenen gestohlen. Das war wohl ein übler Streich, aber was bedeutete das schon angesichts so vielen Jammers?

Am Tage nach dem Unglück traf ich Pater Sebastian auf dem Friedhof.

»Es war furchtbar mit den Kindern«, war alles, was ich herausbrachte.

»Daß die Uhr verschwunden ist, ist noch viel schlimmer«, erwiderte Pater Sebastian, ohne mit der Wimper zu zucken.

»Was sagen Sie?« fragte ich entsetzt.

Pater Sebastian legte mir seine Hand auf die Schulter und sagte ruhig, ohne eine Miene zu verziehen:

»Wir alle müssen sterben, aber stehlen müssen wir nicht.«

Ich werde diese Worte nie vergessen und nicht, wie ich vergeblich versuchte, sie zu verstehen, bis mir wieder einmal aufging, daß ich hier auf der Osterinsel einer großen Persönlichkeit begegnet war, der größten vielleicht, der ich je gegenüberstand, einem Mann, dem seine Glaubenslehren lebendiger Ernst waren und nicht nur erbauliche Worte für den Sonntag innerhalb der Kirchentür. Was er anderen predigte, das meinte er auch. Wir sprachen nicht mehr über die vergangenen Ereignisse, sondern gingen schweigend miteinander ins Dorf zurück.

Nach dem Unglück hatten wir alle Arbeiten abgeblasen, aber die Eingeborenen schätzten diese Maßnahme gar nicht. Wenn ein Tag sich neigt, so kommt der nächste, gestern ist gestern und heute ist heute – nach diesem Grundsatz wollten sie weiterarbeiten, für besseres Essen, höheren Verdienst und mehr Tauschartikel. Als wir einige Tage später mit dem Jeep ins Dorf fuhren, saß der Bürgermeister auf der Treppe seines Hauses und schnitzte aus einem Holzklotz einen Vogelmenschen, daß die Späne nur so flogen. Er winkte uns zu, als wir vorbeifuhren, und zeigte sein Werk. Vor Pater Sebastians kleiner weißgekalkter Hütte, die hinter blutroten Blumenbeeten dicht neben der Kirche lag, hielten wir. Ich sprang aus dem Wagen, trat durch die Pforte der niedrigen Einzäunung und sah den Pater durch ein Fenster seines einfachen kleinen Arbeitsraumes an einem Tisch sitzen, auf dem sich Briefe und Papiere türmten. Er winkte mich herein. An der Wand hinter ihm stand ein Bord mit Büchern in vielen Sprachen. Sie bildeten einen gelehrten und farbenreichen Rahmen für den alten, bärtigen Weisen. Ich vermißte auf seinem Tisch nur noch ein großes Tintenfaß mit Kielfeder. Pater Sebastian schrieb jedoch mit einem Füllhalter. Aber dafür benutzte er ein altes Steinbeil als Briefbeschwerer.

Die Gestalt dieses betagten Priesters war zeitlos. Er hätte sehr gut ein Modell für einen gelehrten Mönch auf einem mittelalterlichen Gemälde abgeben können, aber auch für das Porträt eines Philosophen auf einer altgriechischen Vase oder für einen Schriftgelehrten auf einer Tontafel aus Sumer.

An diesem Tag nun war er voller Unternehmungslust; ihm lag etwas Besonderes auf dem Herzen. Er bat mich, eine Arbeitsgruppe an eine Stelle zu schicken, die mehr als jede andere durch die Sagen und Traditionen der Eingeborenen geisterte. Seine blauen Augen, in denen immer ein Lächeln auf der Lauer lag, sprühten vor Lebensfreude und jugendlichem Tatendrang.

Darauf vernahm ich, wohl zum zwanzigsten Male, die Geschichte von Ikos Graben, dem sogenannten »Erdofen der Langohren«. Jeder, der auf der Osterinsel landete, bekam diese Sage zu hören, und jeder, der sich mit ihren Geheimnissen auseinandergesetzt hat, hat darüber geschrieben. Auch mir hatten die Eingeborenen bald nach unserem Eintreffen die Bodenwelle gezeigt, die den Verlauf des Grabens markiert, und einander dabei an Eifer überboten, die Geschichte zu erzählen. Nun hörte ich sie in der genauen Version, die in Pater Sebastians Buch aufgezeichnet ist, auch noch aus seinem Munde.

»Ich weiß«, erklärte er, »die Gelehrten wollen festgestellt haben, daß es sich nur um ein Spiel der Natur handelt. Aber man kann sich irren. Ich kenne

Große Haarschöpfe aus rotem Stein wurden wie Perücken auf die Scheitel der fertigen Statuen gesetzt. Die drei, die hier verlassen zwischen den Klippen liegen, hat man einmal auf großen Binsenfahrzeugen die Küste entlang transportiert. Im Hintergrund das Poike-Plateau.

Oben: Links Pater Sebastian Englert, der ungekrönte König der Osterinsel und beste Freund der Eingeborenen. Rechts Kapitän Arnaldo Curti, der chilenische Gouverneur der Insel. Klug und energisch verwaltet er das kleine glückliche Gemeinwesen.
Unten: Alte Eingeborene, zwei Brüder aus der Familie Pakarati, erzählen Geschichten am Kratersee des Rano Raraku. Der Verfasser hört zu.

Oben: Eine Nische im Steinbruch mit einer unvollendeten Figur, von der Schmalseite her gesehen. Die alten Bildhauer haben sich mit ihren Steinäxten in den Fels hineingefressen, als ob er Käse wäre. Unten: Auf der Spitze des Vulkans Rano Kao lag Orongo, das Ruinendorf der Vogelmenschen. Ed und unser Arzt studieren die Bilder von Vogelmenschen, die in die Lavablöcke am Rand des Kraters eingemeißelt sind. Der Eingang zu den ersten unterirdischen Zeremonienhäusern beginnt in der Grube unter Eds Bein, ganz unten links.

Oben und unten: Einer der Riesen auf seinem Kiel. Unfertige Figuren im Steinbruch zeigen, daß zuallererst der Rücken aus dem Fels herausgearbeitet wurde. Die steinernen Handbeile der alten Künstler lagen noch an Ort und Stelle und verraten, mit wie primitiven Geräten man diesem eisenharten Berg zu Leibe gerückt war.

die Eingeborenen. Die Sage vom Graben ist allzu lebendig, als daß sie erdichtet sein könnte. Ich glaube an sie.«

Die Geschichte des Verteidigungswerks der Langohren reicht nach den Angaben der gegenwärtigen Bevölkerung in graue Vorzeit zurück. Sie beginnt genau zu dem Zeitpunkt, da der Marsch der Steinstatuen ein jähes Ende fand. Sie beschreibt eine Katastrophe, die die Blüte der Insel für immer vernichtete.

Zwei Stämme entdeckten einst das Eiland; überall siedelten sie Seite an Seite. Das eine Volk fiel äußerlich durch ein merkwürdiges Kennzeichen auf. Männer wie Frauen steckten sich große Gewichte in die Ohrläppchen, bis diese, künstlich verlängert, auf die Schultern hinabreichten. Deshalb nannte man sie auch *Hanau eepe,* »Langohren«. Das andere Volk dagegen hieß *Hanau momoko* oder »Kurzohren«.

Die Langohren waren energische Leute, die nie müßig sein wollten. Sie zwangen die Kurzohren, an Mauern und Statuen mitzuarbeiten. Das führte zu Haß und Unzufriedenheit unter den Kurzohren. Schließlich faßten die Langohren den Plan, die Osterinsel von umherliegenden Steinen zu säubern, um allen Boden bebauen zu können. Die Arbeit begann auf dem Poikeplateau, im östlichsten Teil der Insel, und die Kurzohren mußten jeden frei liegenden Stein an den Klippenrand tragen und ins Meer werfen. Daher gibt es auch heute auf den Grashügeln von Poike keinerlei Geröll, während der ganze Rest der Insel mit schwarzem und rotem Schutt und kantigen Lavablöcken übersät ist. Den Kurzohren aber ging diese Plackerei schließlich zu weit. Sie hatten es satt, für die Langohren Steine zu schleppen, und entschlossen sich zum Krieg. Die flüchtenden Langohren strömten von allen Enden der Insel auf der eben gesäuberten Halbinsel Poike zusammen. Unter dem Kommando ihres Anführers Iko hoben sie einen drei Kilometer langen Graben aus, der das Poikeplateau von der übrigen Insel abriegelte. Große Mengen von Baumstämmen und Zweigen wurden hineingeworfen, bis er schließlich wie ein langgestreckter Riesenscheiterhaufen aussah, der in Brand gesteckt werden konnte, falls die Kurzohren von den tiefer gelegenen Wiesen herauf den Versuch machen sollten, das Plateau zu stürmen. Poike bildete so eine riesige Burg, an den Küsten geschützt durch mehr als zweihundert Meter hohe, senkrecht abfallende Felswände. Hinter dieser Verschanzung fühlten sich die Langohren sicher. Aber einer von ihnen hatte eine Frau aus dem Stamm der Kurzohren, und sie – Moko Pingei – wurde zur Verräterin. Mit ihren Verwandten drunten im Unterland hatte sie ein geheimes Signal verabredet. Wenn sie sich an einer bestimmten Stelle niederließ und einen großen Korb zu flechten begann, sollten sich die Kurzohren in langer Reihe an diesem Platz vorbeischleichen.

Eines Nachts sahen die Späher der Kurzohren, daß Moko Pingei am äußersten Ende von Ikos Graben saß und an einem Korb flocht. In langer Reihe pirschten sie sich auf einem Pfad, der dicht am Rand der Klippen entlangführte, an ihrem Platz vorbei und krochen an der äußersten Felskante weiter, bis sie die ganze Halbinsel umzingelt hatten. Eine andere Armee von Kurzohren kam vom Unterland herauf und marschierte offen vor dem Graben auf, so daß die Langohren nichtsahnend Stellung gegen sie bezogen und den Holzstoß in Brand setzten. Da stürmten die übrigen Kurzohren aus dem Hinterhalt hervor, und in dem blutigen Kampf, der nun folgte, wurden alle Langohren auf ihrem eigenen Scheiterhaufen verbrannt.

Nur drei Langohren gelang es, über den Graben zu springen und in Richtung auf Anakena zu entkommen. Der eine hieß Ororoina, der andere Vai, der Name des dritten ist vergessen. Sie verbargen sich in einer Höhle, die noch heute von der Bevölkerung gezeigt wird. Hier wurden sie jedoch entdeckt, und zwei von ihnen mit spitzen Stöcken getötet. Der dritte und letzte aber wurde verschont. Er durfte als einziges Langohr am Leben bleiben. Als ihn die Kurzohren aus der Höhle zogen, rief er in seiner Sprache »Orro, orro, orro!«, Worte, die die Kurzohren nicht verstanden.

Ororoina wurde in ein Haus gebracht, das einem Kurzohr namens Pipi Horeko gehörte. Es lag am Fuß des Toatoaberges. Hier heiratete er eine Kurzohrenfrau aus der Haoasippe und bekam mehrere Kinder, darunter Inaki-Luki und Pea. Diese hatten wieder viele Nachkommen, die letzten davon wohnen noch heute unter den Kurzohren der Insel.

So lautete also die Erzählung vom Graben der Langohren in ihrer vollständigen Fassung – und Pater Sebastian erwartete nun von mir, daß ich dort nachforschte. Ich wußte, daß die beiden Expeditionen, die vor uns auf der Insel waren, Varianten derselben Legende gehört und deshalb die Reste des Grabens an Ort und Stelle studiert hatten. Mrs. Routledge kam nach anfänglichen Zweifeln zu der Ansicht, der Graben müsse eine natürliche geologische Vertiefung sein, die die Langohren vielleicht zur Selbstverteidigung verwendet hätten. Métraux ging noch weiter. Er meinte, der ganze Graben sei ein Spiel der Natur, das die Eingeborenen angeregt hätte, sich eine Geschichte zusammenzureimen. Die Legende erkläre sich aus dem Bedürfnis der Einheimischen, eine geographische Eigentümlichkeit zu deuten; die Sage von »Langohren« und »Kurzohren« sei nur eine nachträgliche Erfindung der Insulaner.

Ein Geologe hatte die Stelle ebenfalls in Augenschein genommen und daraufhin mit allem Nachdruck konstatiert, der Graben sei eine natürliche Bildung, lange vor der menschlichen Besiedlung entstanden. Ein Lavastrom aus dem Zentrum der Osterinsel sei hier mit einem älteren erstarrten aus Poike zusammengestoßen, und dabei habe sich dann eine Art Graben gebildet.

Während so die Fachgelehrsamkeit ihr strenges Urteil sprach, blieben die Eingeborenen dabei, daß dies Ikos Verteidigungsgraben, der Erdofen der Langohren sei. Pater Sebastian glaubte an ihre Version.

»Sie tun mir einen persönlichen Gefallen, wenn Sie dort nachgraben«, sagte er und war hell begeistert, als ich einwilligte.

Carl sollte die Leitung übernehmen. Zusammen mit fünf Eingeborenen rollten wir tags darauf im Jeep auf dem einzigen befahrbaren Weg durch das steinbedeckte Gelände bis zum Fuß der Halbinsel. Über uns sahen wir Poikes sanft gewellte Grasmatten, ohne einen einzigen Stein darauf, während sich rund um uns eine wahre Kokshalde – Schwarz in Schwarz – ausdehnte. Droben auf Poike würden wir sicher mit dem Jeep in jeder Richtung frei herumfahren können. Doch vor uns, am Fuße des Hanges, der zu dieser grünen Herrlichkeit emporführte, erblickten wir plötzlich eine Senke, die sich von Nord nach Süd durchs Terrain zog, wie ein verschütteter Graben. An manchen Stellen war sie ziemlich tief und deutlich, an anderen verschwand sie auf ein gutes Stück und wurde erst später wieder sichtbar. Zu beiden Seiten der Halbinsel führte sie bis an den Steilabbruch heran. Da und dort lief oberhalb des Grabens eine kleine Bodenwelle wie ein Erdwall. Wir hielten und sprangen heraus: Das also war *Ko te Ava o Jko*, Ikos Graben, oder *Ko to Umu o te Hanau eepe*, der Erdofen der Langohren.

Zunächst wollte Carl ein paar Versuchsgrabungen machen, bevor wir mit systematischer Arbeit begannen. Wir wanderten an der Einsenkung entlang und stellten die fünf Eingeborenen, die wir mitgebracht hatten, in weiten Abständen am Verlauf des Grabens auf. Jeder Mann bekam den Auftrag, einen Schacht senkrecht in die Erde zu treiben. Nie wieder habe ich die Osterinsulaner mit solchem Eifer Hacke und Spaten ergreifen sehen, und da hier kein Schaden angerichtet werden konnte, unternahmen wir einen kleinen Spaziergang über das Plateau, den Kamm entlang. Als wir zurückkehrten, um das erste Loch in Augenschein zu nehmen, war der Alte, den wir dort eingesetzt hatten, spurlos verschwunden, ebenso sein Gerät. Doch bevor wir noch Überlegungen anstellen konnten, flog aus dem Schoß der Erde eine Schaufel voll Sand in die Höhe, und als wir näher kamen, sahen wir, daß der Mann bereits zwei Meter tief im Boden verschwunden war. Er hackte und schaufelte, daß der Schweiß nur so troff. Im Profil der senfgelben Erdwand rund um ihn erkannten wir ein breites, rot und schwarz gefärbtes Band, das sich wie eine farbige Schärpe um den Ausgräber zog: Holzkohle und Asche in dicker Schicht! Dort drunten in der Erde mußte einmal ein gewaltiger Holzstoß gebrannt haben. Carl stellte fest, die Hitzeentwicklung müsse enorm gewesen sein, oder man habe das Feuer lange Zeit unterhalten, denn sonst nähme Asche nicht eine so rote Farbe an. Er war noch nicht mit seiner Erklärung zu Ende, da machte ich mich schon auf den Weg, um das nächste Loch in Augenschein zu nehmen.

Carl eilte mir nach. Ein Stück weiter lugte das grinsende Gesicht des Glöckners Josef aus der Erde. Er hatte dieselben Feuerspuren im Boden entdeckt und hielt uns eine Handvoll verkohlter Zweige und Holzstücke entgegen. Rund um uns auf den Hängen stand kein einziger Busch. Wir liefen jetzt zu dem nächsten Schacht hinüber, zum übernächsten und schließlich zum fünften. Überall erwartete uns derselbe Anblick: ein flammendrotes Aschenband, umgeben von schwarzen Kohleresten, lief rund um die Wand der Grube.

Pater Sebastian wurde geholt. Er lief in seinem flatternden weißen Gewand von Loch zu Loch, um die rote Asche zu bestaunen. Als wir dann an den trotzigen Statuen des Rano Raraku vorbei heimwärts nach Anakena zu einem guten Essen fuhren, strahlte er über das ganze Gesicht. Unser Pater blickte auf einen seiner größten Triumphe zurück – und einem Festmahl mit bestem dänischen Dosenbier entgegen, denn nun mußten wir uns ja für die spannenden Augenblicke am nächsten Morgen stärken, wenn die Grabung richtig losgehen sollte.

Wir setzten eine Mannschaft ein, um einen exakten Schnitt durch die Einsenkung auf Poike zu legen. In den folgenden Tagen führte Carl Grabungen durch, die die ganze Entstehungsgeschichte des »Erdofens« klärten. Der oberste Teil der Einsenkung war tatsächlich ein Werk der Natur und folgte der Grenze eines alten Lavastromes. Aber tiefer unten waren fleißige Menschen am Werk gewesen, hatten sich weiter in den Berg hineingearbeitet und einen kunstvollen Verteidigungsgraben von rechteckigem Querschnitt ausgehoben. Vier Meter tief und zwölf Meter breit zog er sich in einer Länge von fast zwei Kilometern durch das Gelände – eine gigantische Anlage. Wir fanden in der Asche Schleudersteine und anderes Gerät. Mit dem ausgeschachteten Sand und Geröll hatten die Langohren an der Innenseite des Grabens einen langen Wall aufgeworfen. Aus der Anschüttung konnte man erkennen, daß sie das Material einst in großen Körben hochgeschafft hatten.

Wir wußten nun, daß »Ikos Graben« ein meisterhaft angelegtes Bollwerk darstellte, das die ganze Halbinsel abschloß. Fleißige Hände hatten hier gewaltige Mengen Brennmaterial angehäuft und schließlich in einer mächtigen Feuerbrunst in Flammen aufgehen lassen. Wir sahen die Eingeborenen an. Jetzt war die Reihe an uns, große Augen zu machen. Sie hatten das alles gewußt. Von Geschlecht zu Geschlecht war die Überlieferung gegangen, diese halbverwehte Senke sei der Rest von Ikos Verteidigungsanlage, der Stätte, wo die Langohren ihr Ende fanden.

Holzkohle aus einer Feuerstelle gehört zu jenen Stoffen, die ein moderner Archäologe am leichtesten datieren kann. Innerhalb gewisser Grenzen läßt sich das Alter des Holzes bestimmen, indem man seine Radioaktivität mißt. Sie nimmt von Jahr zu Jahr mit einer feststehenden Geschwindigkeit ab. Die große Feuerbrunst im »Erdofen der Langohren« hat nach unseren Messungen vor etwa dreihundert Jahren stattgefunden, vielleicht ein wenig früher, vielleicht ein wenig später. Die kunstvolle Verteidigungsanlage aber, die hier unter Ausnützung einer natürlichen Vertiefung entstand, war bereits lange vor dieser Schlußkatastrophe angelegt worden und der Graben bereits zur Hälfte mit Sand zugeweht, als die Holzstöße zur Verteidigung gegen die Kurzohren errichtet und in Brand gesteckt wurden. Auch in den tieferen Schichten aber gab es Reste von Scheiterhaufen. Diejenigen, die den Graben einst anlegten, hatten Sand und Erde über die Reste von Feuerstellen geworfen, deren Alter sich mit etwa 400 n. Chr. bestimmen ließ. Dies ist die älteste Datierung, die man bisher in irgendeinem Teil Polynesiens ermittelt hat.

Damit hatten wir der alten Mär von den Langohren neues Leben eingehaucht. Im Dorf wie in unserem Lager auf Anakena schwirrte es von Vermutungen und Gerüchten. Man betrachtete nun selbst die Riesenstatuen mit anderen Augen als zuvor, trugen doch auch sie die merkwürdigen langen Schlappohren.

Eines Tages war der Kapitän mit mir zum Rano Raraku heraufgekommen und hatte sich mit Hammer und Stahlmeißel an der Felswand versucht. Er brauchte genau eine halbe Stunde, um ein Stück loszuschlagen, nicht größer als seine Faust. Damals hatten wir ausgerechnet, daß hier über zwanzigtausend Kubikmesser Felsmasse in Bewegung gesetzt worden waren. Die Archäologen versicherten jedoch, man könne diese Zahl noch gut und gern verdoppeln. Ein Gedanke, der mich schon lange verfolgte, überfiel mich nun mit Macht. Warum nicht einmal einen Versuch machen? Die Steinbeile lagen noch so da, so wie die Bildhauer sie weggeworfen hatten, und die Nachkommen des letzten Langohrs lebten noch immer unter der Bevölkerung des Dorfes. Was hinderte mich, von heute auf morgen die Arbeit im Steinbruch wiederaufzunehmen?

Über Pater Sebastians Gesicht ging ein verschmitztes Lächeln, als er hörte, welchen Plan ich gefaßt hatte. Er war gleich Feuer und Flamme. Nur sollten wir an einer versteckten Stelle des Steinbruchs beginnen, damit das Bild nicht gestört werde, das der Rano Raraku aus der Ebene biete. Aber ich wollte mir nicht von irgendeinem Beliebigen beim Herstellen einer Statue helfen lassen. Ich wußte, Pater Sebastian war in Fragen der Sippenforschung die größte Autorität auf der Insel. Er hatte eine genealogische Übersicht über die Osterinsel herausgegeben. Ich erzählte ihm also, ich sei auf der Suche nach einem Abkömmling des letzten Langohres.

»Wir haben heute nur noch eine Familie, die in direkter Linie von Ororoina abstammt«, erklärte Pater Sebastian, »sie hat sich den Familiennamen ›Adam‹ zugelegt, als im vorigen Jahrhundert das Christentum eingeführt wurde. Oder besser gesagt: ›Atan‹, so spricht man es nämlich hier auf der Insel aus. Den ältesten der Brüder Atan kennen Sie ja, es ist Pedro, der Bürgermeister.«

»Der Bürgermeister!« Ich war einigermaßen überrascht und konnte ein Lächeln nicht unterdrücken.

»Ja, er ist eine rechte Witzfigur, aber gar nicht dumm, und er ist ein anständiger Kerl«, versicherte Pater Sebastian.

»Hm, aber er sieht doch eigentlich gar nicht aus wie ein Eingeborener«, wandte ich ein, »die dünnen Lippen, die schmale, spitze Nase und die helle Haut!«

»Er ist Vollblutpolynesier«, erwiderte Pater Sebastian. »Es gibt auf der ganzen Insel bloß achtzig bis neunzig Leute, von denen man das mit gutem Gewissen behaupten kann. Aber abgesehen davon: er hat väterlicherseits nur echte Langohren unter seinen Ahnen.«

Sofort setzte ich mich aufs Pferd und galoppierte die staubige Hauptstraße des Dorfes bis an den Zaun, hinter dem die kleine, weißgestrichene Hütte Don Pedros halb versteckt zwischen Büschen und Bäumen lag. Der Bürgermeister schnitzte gerade an einem hübschen, kleinen Schachspiel, dessen Figuren die Form von bekannten Motiven der Osterinsel hatten.

»Das ist für dich, Señor!« Er zeigte mir selbstbewußt sein kleines Meisterwerk.

»Du bist ein Künstler, Bürgermeister Pedro!« sagte ich.

»Ja, der beste auf der ganzen Insel«, kam es prompt und überzeugt zurück.

»Stimmt es eigentlich, daß du ein Langohr bist?«

»Ja, Señor«, bestätigte er tiefernst. Dann erhob er sich und baute sich vor mir auf wie ein Soldat bei der Vergatterung. »Ich bin ein Langohr, ein echtes Langohr, und darauf bin ich stolz!« setzte er mit Pathos hinzu und schlug sich an die Brust.

»Wer hat die großen Statuen gemacht?«

»Die Langohren, Señor«, verkündete er mit Überzeugung.

»Ich hörte, daß manche Eingeborene behaupten, es seien die Kurzohren gewesen?«

»Das ist eine infame Lüge. Sie wollen sich mit fremden Federn schmücken. Das alles haben meine Vorfahren, die Langohren, gemacht. Hast du nicht gesehen, daß alle Statuen lange Ohren haben, Señor? Glaubst du vielleicht, die Kurzohren hätten Statuen von uns Langohren gemacht? Diese Statuen sollen an die Häuptlinge der Langohren erinnern!«

Er ereiferte sich so, daß seine Brust auf und nieder ging und die dünnen Lippen zitterten.

»Ich glaube ja auch, daß die Langohren die Statuen gemacht haben«, besänftigte ich ihn. »Jetzt will ich aber selber einmal eine Statue machen lassen und dabei nur Langohren beschäftigen. Glaubst du, daß sie das fertigbringen?«

Der Bürgermeister verharrte eine Weile unbeweglich; nur seine Lippen bebten. Dann raffte er sich auf.

»Du sollst sie bekommen, Señor. Und wie groß soll sie werden?«

»Nun, so von mittlerer Größe, fünf bis sechs Meter lang.«

»Dann brauchen wir sechs Leute. Wir sind bloß vier Brüder in meiner Familie, aber es gibt noch ein paar andere, die von Mutterseite her zu den Langohren gehören. Geht es mit denen auch?«

»Sicher, warum nicht?«

Ich ritt also zum Gouverneur und ließ Pedro Atan für eine Weile von seinen Pflichten als Bürgermeister entbinden. Er bekam mit seinen Verwandten die Erlaubnis, nach dem Rano Raraku zu ziehen und dort eine Statue anzufertigen.

Am Tage vor Beginn der Arbeit wurde ich gebeten, für die Mannschaft der Langohren etwas Essen bereitzuhalten. Da ich die Statue bestellt hatte, mußte ich die Leute auch verpflegen, das war so Brauch. Der Tag verging, und der Abend brach herein, aber niemand hatte bisher das Essen geholt. Im Lager ging man allmählich zur Ruhe, zuerst Yvonne mit Anette in dem Zelt, das am äußersten Flügel gleich neben dem gefallenen Riesen stand, und bald erloschen der Reihe nach die Lichter. Nur Gonzalo, Carl und ich saßen noch im Messezelt und schrieben.

Da vernahmen wir ein merkwürdiges, ganz schwaches Summen und Singen, das allmählich stärker und stärker wurde. Es kam mitten aus dem Lager, und nun hörten wir auch ein rhythmisches Stampfen auf dem Grasboden. Es mutete alles völlig fremdartig und urzeitlich an. Gonzalo fuhr hoch und sah verwirrt um sich, Carl riß die Augen weit auf, und auch ich horchte gebannt in die Dunkelheit. Auf allen meinen Fahrten und Abenteuern in Polynesien hatte ich nie Ähnliches gehört. Wir öffneten den Reißverschluß des Eingangs und traten ins Dunkel der Nacht hinaus. Eben kam der Fotograf im Pyjama aus seinem Zelt, und der Reihe nach gingen die Lichter wieder an. Bei dem schwachen Schein, der durch das Moskitonetz der Messe fiel, sahen wir mitten auf dem Platz zwischen den Zelten eine Gruppe kauernder Gestalten. Mit seltsam geschnitzten Kriegskeulen, Tanzpaddeln und Steinäxten trommelten sie auf den Boden. Alle trugen einen Kranz aus Farnkraut im Haar, die beiden kleinsten Gestalten am äußersten Flügel hatten große Papiermasken auf den Kopf gestülpt, die Vogelmenschen mit großen, runden Augen und gewaltigen Schnäbeln darstellten. Die zwei Maskierten duckten sich und stießen ihre Köpfe vor, während die anderen sich im Rhythmus des Tanzes wiegten, sangen und auf den Boden klopften. Die Melodie war indes noch faszinierender als der Anblick, der sich uns bot; sie klang wie ein Gruß aus einer verschwundenen Welt. Eine einzelne, grotesk schrille Stimme hob sich eigenartig aus dem rauhen Männerchor heraus. Sie führte diesen unterweltlichen Chor an. Als ich mich an das schwache Licht gewöhnt hatte, sah ich, daß die Stimme einer ältlichen, hageren Frau gehörte. Alle sangen mit tiefem Ernst, fort und fort, bis einer aus unserer Mannschaft mit einer Lampe in der Hand aus dem Zelt trat. Da verstummten die Sänger mit einem Schlag; sie murmelten abwehrende Worte und verbargen ihre Gesichter. Als der Mann mit der Lampe verschwand, hob das Lied von neuem an. Zuerst hörte man einen Vorsänger, und dann fielen alle ein, zuletzt wieder die alte Frau. Ich fühlte mich fern von allen Südseeinseln. Allmählich erinnerte ich mich, ähnliche Lieder unter den Pueblo-Indianern Neumexikos gehört zu haben.

Als das Lied schließlich zu Ende war, holte ich eine Schüssel mit Würsten, die der Steward im Küchenzelt bereitgestellt hatte. Die Vorführenden erhoben sich und zogen sich mit der Schüssel ins Dunkel zurück. Wir erkannten, daß die beiden Vogelmasken von Kindern getragen wurden.

Nach einer Weile kam Don Pedro mit der leeren Schüssel zurück, ernst und würdig, mit seinem Kranz aus Farnkraut im Haar. Ich versuchte zu scherzen und beglückwünschte ihn zu dieser gelungenen Vorstellung, aber er verzog keine Miene.

»Das war ein uralter Brauch. Du hast eben das Lied der Bildhauer gehört«, sagte er feierlich. »Es wendet sich an ihren Hauptgott Atua und bittet ihn um seinen Segen für die kommende Arbeit.«

Diesmal benahm sich der Bürgermeister ganz anders als sonst. Irgend etwas an dem Lied und an der Art des Vortrags machte mich unsicher und verwirrt. Hier ging es nicht um ein bloßes Schauspiel, das für unsere oder die eigene Unterhaltung bestimmt war; wir hatten hier den Rest einer alten Zeremonie miterlebt. Etwas Derartiges war mir in Polynesien nicht mehr begegnet, seit ich vor fast zwölf Jahren bei dem alten Einsiedler Tei Tetua auf Fatuhiva im Quiatal gehaust hatte. Nirgends sonst in Polynesien besaß die Bevölkerung noch Kontakt zu ihrer Vergangenheit, abgesehen davon, daß sie bisweilen in Baströckchen den Touristen etwas vortanzte. Wenn Eingeborene spielen oder singen, so sind es mehr oder minder importierte Hulamelodien, und wenn sie Sagen erzählen, dann haben sie sie meist aus den Büchern europäischer Autoren übernommen. In dieser kleinen nächtlichen Zeremonie aber steckte etwas, was nicht für uns allein bestimmt war; wir gerieten nur zufällig damit in Berührung, weil wir den Auftrag zur Errichtung einer Statue gegeben hatten.

Absichtlich ließ ich später noch einmal vor dem Bürgermeister und den Seinen ein paar scherzhafte Bemerkungen fallen, aber ich fand kein Echo. Er nahm mich bedächtig beim Arm und erklärte mir, die Sache sei »ein bißchen ernsthaft« gewesen, denn es sei ein altes Lied an Gott. »Unsere Vorväter glaubten, Gott heiße Atua. Sie wußten es nicht anders. Wir müssen ihnen verzeihen, denn es gab niemand, der sie eines Besseren belehrt hätte.«

Dann räumte die ganze Schar den Tempelplatz und wurde bald vom Dunkel verschluckt. Sie gingen zu einer von Hotu Matuas Höhlen, wo sie sich zur Ruhe legen wollten.

Am nächsten Morgen zogen wir zum Steinbruch im Rano Raraku. Dort fanden wir den Bürgermeister und fünf seiner Langohren, die bereits eifrig dabei waren, von überall Steinbeile zusammenzutragen. Zu Hunderten lagen sie auf den Terrassen, im Boden und auf dem Boden; sie glichen riesigen Eckzähnen mit kegelförmiger Spitze. Über einer Stufe lag eine große, flache Querwand, die sich den Blicken von unten entzog. Hier hatten die Bildhauer der Vorzeit einen klaffenden Schnitt in die Felswand gelegt, und hier, wo noch die Axtspuren wie Krallenhiebe sichtbar waren, sollte nun ihr Werk fortgesetzt werden. Unsere Freunde, die Langohren, wußten vom ersten Augenblick an, was zu geschehen hatte. Sie stapelten eine dichte Reihe alter Steinbeile längs der Felswand auf, und jeder stellte einen ausgehöhlten Flaschenkürbis mit Wasser neben sich. Der Bürgermeister, noch immer den Kranz von Farnkräutern im Haar, lief umher und kontrollierte, daß alles seinen rechten Gang ging. Er legte, teils mit Hilfe der ausgespannten Arme, teils mit gespreizten Fingern, die Maße an der Wand fest, deren Proportionen er wohl von den eigenen Schnitzarbeiten her zur Genüge kannte. Mit einem Steinbeil ritzte er noch da und dort Zeichen in die Wand, und dann hätte es losgehen können. Aber statt dessen bat er uns höflich um Entschuldigung und verschwand mit allen seinen Leuten hinter einer Bergnase.

Wahrscheinlich wurde dort eine neue Zeremonie vorbereitet. Gespannt blieben wir stehen und harrten eine gute Weile des Kommenden. Doch als die Männer schließlich langsam und andächtig, ohne eine Miene zu verziehen, zurückkehrten, stellten sich alle sechs in einer Reihe vor der Wand auf. Falls eine Feier stattgefunden hatte, dann offenbar auf der anderen Seite des Felsens. Jetzt hielt jeder sein Steinbeil wie einen Dolch in seiner Faust, und auf ein Zeichen des Bürgermeisters erklang wieder jenes merkwürdige Lied, das wir am Abend zuvor gehört hatten. Alle hoben den Arm und klopften im Takt der Melodie gegen die Bergwand. Es war ein faszinierender Anblick und phantastisch anzuhören. Zwar vermißte ich die Oberstimme, die die alte Frau gesungen hatte, aber die Beilschläge, die vom Berg widerhallten, boten dafür Ersatz. Wie hypnotisiert standen wir vor diesem Schauspiel. Die Sänger gingen jetzt ganz aus sich heraus; sie lachten und strahlten vor Vergnügen, sie sangen und hämmerten. Besonders ein langer, älterer Mann am äußersten Flügel geriet so außer sich, daß er zu tänzeln und ein Bein zu schwingen begann, während er sang und immer wieder zuschlug. Klack-klack-klack, der Berg war hart, Stein klang auf Stein, aber der kleinere in der Faust war noch härter, der Berg mußte nachgeben, klack-klack-klack, das hörte man weit über Berg und Tal! Zum erstenmal seit Jahrhunderten erschollen wieder Beilhiebe im Rano Raraku. Das Lied erstarb langsam, aber die Schläge hämmerten ununterbrochen weiter gegen die Wand. Man sah nicht viel nach jedem Schlag, kaum einen grauen Staubfleck, aber noch ein Schlag und wieder einer, und schließlich wirkte es doch. Von Zeit zu Zeit nahmen die Leute ihre Kalebassen und spritzten Wasser auf die Wand. So ging es den ganzen ersten Tag. Auf meinem Weg nach Hause hörte ich noch immer den Lärm droben in der Felswand zwischen den reglosen Riesen, und als ich daheim ins Bett kroch, sah ich die braunen muskulösen Rücken und die spitzen Steine vor mir, die sich in den Berg hineinfraßen. Inzwischen war es im Steinbruch still geworden. Die alte Frau war im Lager erschienen und hatte einen großen Topf voll Fleisch und einen Sack mit Brot, Butter und Zucker abgeholt. Der Bürgermeister und seine sechs Freunde schliefen nun wohl todmüde in Hotu Matuas Höhle.

In den zwei folgenden Tagen wurde im Rano Raraku unverdrossen weitergearbeitet. Die Männer hieben in den Stein, der Schweiß rann. Am dritten Tag konnten wir die Konturen des Riesen in der Felswand erkennen. Die Langohren schlugen zu, bis sich parallele Furchen in die Wand hinabzogen, dann klopften sie seitlich gegen den Grat, der zwischen den Rillen stehengeblieben war, bis er zersplitterte. Sie spritzten Wasser auf und hämmerten und hämmerten. Immer wieder wechselten sie die Beile, denn die Spitze nutzte sich rasch ab. Frühere Forscher hatten angenommen, die abgestumpften Beile wären einfach weggeworfen worden. Damit hatten sie die verblüffende Menge von Werkzeugen erklärt, die im Steinbruch verstreut lagen. Diese Auffassung erwies sich jetzt als unrichtig. Der Bürgermeister packte ein unbrauchbares Beil nach dem anderen wie einen Schlegel und schlug es gegen den Rücken einer zweiten Steinaxt. Splitter flogen durch die Luft, und es entstand eine neue scharfe Spitze. Das ging ebenso rasch und einfach, wie wenn wir einen Bleistift spitzen. Es bewies, daß fast alle Steinbeile, die in und um den Vulkan herumlagen, zur gleichen Zeit verwendet worden waren. Jeder Bildhauer hatte einen ganzen Satz von Geräten besessen, die er abwechselnd gebrauchte. Eine Statue bedurfte nicht allzu vieler Hersteller. Eine durchschnittliche Figur wie die unsere, von fünf Meter Höhe, bot gerade Platz für sechs Mann. Das erklärt wieder, warum man an so vielen Blöcken gleichzeitig meißeln konnte. Ein paar hundert Mann reichten aus, um die Arbeit an mehreren Statuen in Gang zu halten. Außerdem mußte die Herstellung aus rein praktischen Gründen oft abgebrochen werden, denn die Bildhauer entdeckten bisweilen Risse im Fels, oder es tauchten an Nase oder Kinn der Figuren schwarze Gesteinsadern auf, hart wie Flint, deren die Beile nicht Herr wurden.

Langsam begriffen wir die technischen Hintergründe dieser bildhauerischen Leistung. Hauptsächlich interessierte uns nun, wie lange es dauern würde, eine Statue herzustellen. Nach Mrs. Routledges Berechnungen benötigte man dazu höchstens vierzehn Tage. Und Métraux meinte zwar, vierzehn Tage seien etwas kurz berechnet, stellte aber fest, daß die Arbeit in dem »weichen Stein« über Erwarten rasch vor sich gehe. Beide haben dabei sicherlich denselben Fehler gemacht wie wir und viele andere, nämlich die Härte des Felsens nach der Oberfläche einer Statue beurteilt. Wir waren allzu pietätvoll, um das Experiment der ersten Spanier zu wiederholen. Die hieben bekanntlich, im Glauben, es mit Lehmfiguren zu tun zu haben, mit dem Beil gegen die Figur – und die Funken stoben. Hinter der verwitterten Kruste haben die Statuen einen stahlharten Kern, ebenso wie der gewachsene Fels, wo ihn der Regen nicht zersetzt hat.

Nach drei Tagen ließ das Tempo der Langohren merklich nach. Sie erschienen mit verkrümmten, zerschundenen Fingern bei mir und klagten, sie seien es zwar gewohnt, den ganzen Tag mit Beil und Schnitzmesser zu hantieren, seien aber keine trainierten *Moai*-Leute, Bildhauer, deshalb könnten sie nicht, wie ihre Vorfahren, Woche um Woche gleichmäßig fortarbeiten. Wir setzten uns also bedächtig ins Gras und stellten jeder unsere Berechnungen an. Der Bürgermeister kam zu dem Ergebnis, daß man zwölf Monate brauchen würde, um eine Statue mittlerer Größe herzustellen, wenn man den ganzen Tag über abwechselnd in zwei Schichten arbeite. Der lange Alte lag daneben, schüttelte den Kopf, zählte an den Fingern und kam auf fünfzehn Monate. Bill stellte davon unabhängig auf Grund einer Analyse des Gesteins eine Schätzung an und kam zu demselben Resultat wie der Bürgermeister. Die Steinmetzarbeit allein würde mindestens ein volles Jahr dauern, und dann bliebe noch immer das Problem des Abtransports zu lösen.

Zum Spaß machten unsere Bildhauer dem unfertigen Produkt Finger und Gesichtszüge und polierten die Oberfläche mit flachen Bimssteinen, die ihre Vorgänger ebenfalls im Steinbruch hinterlassen hatten.

An diesem Abend nahm ich die kleine Anette auf die Schultern und wanderte mit ihr und Yvonne zu der Höhle, in der die Langohren auf der anderen Seite des Anakenatales hausten. Sie hatten uns schon von weitem gesehen, und als wir kamen, saßen sie da, jeder mit seiner Arbeit beschäftigt, lachten und wiegten die Schultern im Rhythmus eines Liedes, das von Hotu Matua handelte. Auf der Osterinsel kannte es jeder, es war ein altes Lied mit einer ins Ohr gehenden Melodie. Wenn es drüben im Dorf beim Hula gesungen wurde, war es schon ein Genuß zu hören; aber noch besser klang es hier in Hotu Matuas eigener Höhle. Selbst Anette mit ihren drei Jahren kannte die Melodie und den ganzen polynesischen Text. Als ihr aus der Höhle zwei kleine Mädchen entgegengelaufen kamen, begann sie sogleich mit ihnen zu singen und zu tanzen. Yvonne und ich aber bückten uns und schlüpften durch den Eingang. Die Langohren, erfreut und geschmeichelt über den Besuch, machten bereitwillig auf einer Strohmatte Platz.

Der Bürgermeister strahlte und dankte zufrieden für das gute Essen, das der Koch ihm täglich schickte. Vor allem aber hatten es ihm die vielen Zigaretten angetan. Er und zwei seiner Kameraden arbeiteten gerade mit kleinen hackenartigen Beilen an den gewohnten Holzfiguren. Ein anderer setzte Augen aus weißen Haiwirbeln und schwarzen Obsidian in den grotesken Kopf einer bärtigen Spukgestalt. Die alte Frau, die die Mannschaft betreute, flocht an einem Hut, eine andere faulenzte daneben, kaute an einem Strohhalm und spähte in den Abendhimmel hinaus. Ein schwarzer Brei kochte auf einer Feuerstelle.

»Gönnst du dir denn nie Ruhe?« fragte ich den Bürgermeister.

»Wir Langohren arbeiten gern. Wir haben immer etwas zu tun. Ich schlafe nur wenige Stunden in der Nacht, Señor«, antwortete er.

»Guten Abend!« Die Stimme kam von jemand, den wir noch nicht bemerkt hatten, denn er lag ganz hinten in einer dunklen Nische auf einem Lager aus Farnkräutern. »Haben wir es hier nicht gemütlich?«

Das mußte ich zugeben. Aber mich wunderte, daß sie es selbst so empfanden. Draußen begann es zu dämmern. Durch die Höhlenöffnung sahen wir eine liegende Mondsichel am Himmel emporsteigen. Die alte Frau zog eine Blechbüchse mit einer Ausbeulung im Boden hervor. In der Vertiefung befanden sich Schaftalg und ein selbstgemachter Docht, und diese Nachahmung einer uralten Steinlampe gab ein erstaunlich gutes Licht.

Der lange Hagere erklärte uns, in den Tagen der Vorväter habe nachts niemand Licht verwendet, aus Furcht, vom Feinde beobachtet zu werden.

»Außerdem mußten die Krieger lernen, in der Finsternis gut zu sehen«, setzte der Bürgermeister hinzu. »Wir haben uns jetzt so an Paraffinlampen gewöhnt, daß wir fast nachtblind geworden sind.«

Ein Wort gab das andere.

»Und damals haben sie auch nie so geschlafen«, der Lange legte sich flach auf den Rücken, mit offenem Mund und ausgestreckten Armen, und schnarchte. »So schliefen sie!« Er drehte sich auf den Bauch und krümmte sich zusammen, bis seine Brust auf den Knien ruhte; die Fäuste schob er unter die Stirn, der Scheitel zeigte auf mich. In der einen Hand hielt er einen spitzen Stein.

»So konnten sie gleich beim Erwachen dem Feind entgegenspringen und ihn treffen«, erklärte er.

Und um den Vorgang recht anschaulich zu machen, schoß er plötzlich wie eine Rakete hoch und warf sich mit Kannibalengebrüll über mich. Yvonne schrie auf. Die anderen lachten schallend. Die Kinder kamen erschrocken angelaufen, setzten dann aber ihre Tänze rund ums Feuer beruhigt fort, als die Langohren weiter Erinnerungen an ihre Vorfahren auffrischten.

»Damals haben sie auch nur wenig gegessen«, erzählte der Alte weiter, »und niemals warme Nahrung zu sich genommen. Sie hatten Angst, dick zu werden; man mußte immer kampfbereit sein in jenen Tagen, die wir *Huri-moai* oder ›die Zeit des Statuenstürzens‹ nennen.«

»Sie heißt so, weil damals die Krieger die Figuren umgeworfen haben«, erklärte der Mann, der in der Nische lag.

»Warum taten sie das, wenn die Langohren schon lange verbrannt waren?«

»Oh, das taten die Kurzohren sich gegenseitig an«, erzählte Don Pedro, »denn nun gehörte ihnen die ganze Insel, und jede Familie hatte ihren Grundbesitz. Jeder war stolz darauf, wenn viele große Statuen auf seinem Land standen, und darum riß während der Fehden eine Familie der anderen die Steinbilder um, bloß um sie zu ärgern. Wir Langohren sind nicht so kriegerisch. Ich habe ein Prinzip, Señor Kon-Tiki, und das lautet: ›Immer mit der Ruhe.‹«

Er legte beschwichtigend seine Hand auf meine Schulter, als wolle er zeigen, wie man die Wogen der Erregung dämpft.

»Und woher weißt du so sicher, daß du ein Langohr bist?« fragte ich vorsichtig.

Der Bürgermeister hob die Hand und begann bedächtig an den Fingern abzuzählen:

»Weil mein Vater José Abraham Atan ein Sohn des Taputahi war, eines echten Langohrs, weil der ein Sohn des Hare Kai Hiva war, dieser ein Sohn von Aongatu, Sohn des Uhi, Sohn des Motuha, Sohn des Pea, Sohn des Inaki – und der war ein Sohn des Ororoina, des einzigen Langohrs, das man nach dem Krieg an Ikos Graben verschonte.«

»Das waren zehn Generationen«, sagte ich.

»Dann habe ich eine ausgelassen, denn ich bin Nummer elf.« Der Bürgermeister begann nochmals an den Fingern nachzurechnen.

»Ich gehöre auch zur elften Generation«, ertönte es von der Nische herüber, »aber ich bin bloß der kleine Bruder. Pedro ist der Älteste und weiß alles am besten. Dafür ist er auch das Haupt der Familie.«

Der Bürgermeister tippte sich auf die Stirn und sagte mit selbstgefälligem Lächeln:

»Pedro ist ein Mann mit Kopf, deshalb ist er auch Chef der Langohren und Bürgermeister der ganzen Insel. Ich bin nicht wirklich alt, aber ich stelle mir immer vor, ich wäre es.«

»Warum?«

»Weil alte Männer klug sind. Sie haben viel gelernt und erfahren.«

Ich versuchte, vorsichtig weiterzutasten. Was wußten sie aus der Zeit, bevor die Kurzohren die Langohren ausrotteten und der »Statuensturz« begann? Darüber schwieg ihre Überlieferung. Ihr Geschlecht begann mit Ororoina, und von dem, was noch weiter zurücklag, war ihnen nichts bekannt. Eines freilich betrachteten sie als sicher: Hotu Matua hatte an der Spitze der Langohren die Insel entdeckt. Aber, setzten sie hinzu, die Kurzohren behaupteten dasselbe von sich, genauso wie sie Anspruch darauf erhoben, die Statuen errichtet zu haben. Ob Hotu Matua von Osten oder Westen gekommen war, daran konnte sich niemand erinnern. Der Mann in der Nische meinte, Hotu Matua sei aus Österreich gekommen, aber da niemand ihm zustimmte, gab er klein bei und gestand, er habe diese Version von einem Matrosen gehört. Alle wollten viel lieber von der Zeit des Statuenstürzens reden, die für sie nah und wirklich war. Als der Bürgermeister von der Frau erzählte, die beim Korbflechten sein ganzes Geschlecht verraten hatte, erregte ihn das so, daß ihm Tränen in die Augen stiegen und er fortgesetzt schlucken mußte. Diese Geschichte würde wohl noch über weitere elf Generationen überliefert werden, trotz aller friedlichen Grundsätze.

»Es gab sehr schöne Menschen unter unseren Vorfahren«, sagte Don Pedro. »Damals lebten zwei Menschenrassen auf der Insel, die eine dunkel, die andere aber von ganz heller Hautfarbe und mit hellem Haar, wie von eurem Kontinent. Es waren weiße Menschen, aber echte Osterinselleute, ganz echt. In unserer Familie waren viele von dieser hellen Art, die man *Ohotea* oder ›Hellhaarige‹ nannte. Meine Mutter und meine Tante hatten noch viel röteres Haar als Señora Kon-Tiki.«

»Viel röter!« sekundierte sein Bruder aus der Nische.

»Wir Söhne haben das nicht geerbt«, fuhr der Bürgermeister fort. »Aber meine Tochter, die ertrunken ist, hatte milchweiße Haut und ganz rotes Haar, und mein erwachsener Sohn Juan hat es auch. Er gehört zur zwölften Generation nach Ororoina.«

Das stimmte genau. Beider Haar war so rot wie die Haarschöpfe auf den schmallippigen, langohrigen Statuen, die die *Ahus* der Insel in der zweiten Kulturepoche geschmückt hatten. Ihr Volk war auf Poike verbrannt, die Statuen waren niedergerissen worden, aber das rote Haar konnten wir von den gewaltigen *Pukaos* in Stein bis zu den lebenden Menschen verfolgen, die

die ersten Entdecker und die ersten Missionare beschrieben haben, und weiter bis zu Ororoinas letzten Nachkommen, der engsten Verwandtschaft des Bürgermeisters.

Wir fühlten uns selbst beinahe wie hellhaarige Langohren, als wir zu später Stunde aus Hotu Matuas Höhle hinaustappten und zu unserem dunklen Lagerplatz auf der anderen Seite des Tales hinüberwanderten.

Einige Tage danach stand ich mit dem Bürgermeister vor der langen Reihe gestürzter Statuen am Tempelplatz unseres Lagers. Bill hatte soeben aus Vinapu gemeldet, seine einheimischen Arbeiter hätten eine eigentümliche Methode entwickelt, einen schweren Felsblock auf seinen Platz in der Mauer zu heben. Dabei wurde mir wieder bewußt, wie vergeblich man sich seit Jahrzehnten mühte, das Geheimnis zu lüften, das den Transport und die Aufstellung der Riesenstatuen umgab. Die einfache Methode, die die Leute in Vinapu angewendet hatten, war ihnen ganz selbstverständlich erschienen. Vielleicht steckte ein Kniff dahinter, den sie von ihren Ahnen geerbt hatten? Mir fiel ein, daß ich den Bürgermeister schon früher gefragt hatte, wie einst die Statuen vom Steinbruch weggeschafft worden waren. Darauf hatte ich die übliche Antwort erhalten: die Figuren seien von allein gegangen. Nun klopfte ich abermals auf den Busch:

»Bürgermeister, du bist ein Langohr, du mußt doch auch wissen, wie diese Riesen aufgerichtet wurden.«

»Aber ja, Señor, natürlich weiß ich das, es ist gar nichts dabei.«

»Gar nichts dabei? Es ist eines der größten Rätsel der Osterinsel!«

»Aber ich weiß es. Ich kann einen solchen *Moai* aufstellen.«

»Und wer hat dich das gelehrt?«

Der Bürgermeister wurde feierlich und rückte dicht an mich heran:

»Señor, als ich ein kleiner Junge war, mußte ich mich auf den Boden setzen, ganz gerade, und mein Großvater und sein alter Schwager Porotu ließen sich vor mir nieder, und genau wie heutzutage in der Schule brachten sie mir eine Menge bei. Ich weiß viel. Ich mußte wiederholen und noch einmal wiederholen, bis alles ganz richtig war, jedes einzelne Wort. So lernte ich auch die Lieder.«

Die Schilderung wirkte so glaubwürdig, daß ich nicht wußte, was ich davon halten sollte. Er hatte ja bewiesen, daß er nicht bloß Räubergeschichten erzählen konnte, aber er war auch berüchtigt für seine üppige Phantasie.

»Wenn du weißt, wie die Statuen aufgestellt wurden, warum hast du es nicht längst all denen erzählt, die vor uns hier waren und danach gefragt haben?« bohrte ich weiter.

»Mich hat niemand gefragt!« antwortete er stolz. Eine nähere Erklärung hielt er offenbar für überflüssig.

Ich traute ihm nicht. Ich versprach ihm hundert Dollar bar auf die Hand an dem Tag, an dem ich die größte Statue in Anakena auf ihrem Platz oben auf der Tempelmauer stehen würde.

»Abgemacht, Señor!« rief der Bürgermeister sofort und ergriff meine Hand. »Ich will mit dem nächsten Kriegsschiff nach Chile hinüberfahren; dafür brauche ich Dollars!«

Ich lachte und wünschte ihm viel Glück. Der Bürgermeister war jedenfalls ein origineller Kauz.

Kurze Zeit nach diesem Gespräch kam sein rothaariger Sohn vom Dorf herübergeritten und brachte einen Zettel. Sein Vater bat mich, mit dem Gouverneur zu reden, daß er und elf Mann Erlaubnis bekämen, wieder in Hotu Matuas Höhle überzusiedeln, und zwar zur Aufrichtung der größten Statue von Anakena. Ich ritt also zum Gouverneur hinüber. Er und Pater Sebastian lachten über den Bürgermeister und sprachen aus, was auch ich dachte, daß es nur wieder eine seiner Prahlereien war. Aber dann erschien Don Pedro persönlich, mit dem Hut in der Hand und bebenden Lippen, und ich stand zu meinem Wort. Der Gouverneur gab schriftlich seine Zustimmung. Pater Sebastian amüsierte sich und meinte, es werde jedenfalls eine interessante Vorstellung geben.

Schließlich tauchte der Bürgermeister mit zweien seiner Brüder und einer ausgesuchten Schar von Verwandten, Langohren von Mutterseite her, in Anakena auf. Insgesamt waren es zwölf Mann. Der Steward teilte Rationen aus, und sie bezogen wieder Hotu Matuas Höhle.

Vor Sonnenuntergang kam Don Pedro zu uns herüber und grub mitten in unserem Lager ein tiefes, rundes Loch. Danach verschwand er wieder.

Als Totenstille und rabenschwarze Nacht über den Zelten lag, vernahmen wir wie damals ein merkwürdiges rhythmisches Klopfen und wunderliche, unheimliche Töne, die langsam an Stärke zunahmen, bis schließlich ein schmetternder Chor erscholl, aus dem man wieder die schrille Stimme der alten Frau heraushörte. Im Lager flammten die Lichter auf, die Zelte schimmerten wie große Lampions durch die Nacht. Wohlweislich kamen alle in das Dunkel herausgekrochen, ohne ihre Lampen mitzunehmen. Diesmal aber erwartete uns ein ganz anderes Schauspiel. Die Männer hatten sich mit Blättern und Zweigen ausstaffiert, einige tanzten und stampften wie in Ekstase. Die Alte saß als Vorsängerin mit geschlossenen Augen daneben und führte mit ihrer seltsamen Oberstimme den Chor an. Der jüngste Bruder des Bürgermeisters steckte mit beiden Beinen in dem frisch gegrabenen Loch, in dem, wie wir später erkannten, ein Behälter lag, den eine Steinplatte bedeckte. Mit bloßen Füßen stampfte er daraus einen hohlen Trommelklang hervor, der der Zeremonie eine noch unwirklichere Stimmung verlieh. Mehr konnten wir von der geheimnisvollen Gruppe in dem schwachen Licht, das die Zeltwände ausstrahlten, nicht erkennen. Dann aber löste sich eine zarte Erscheinung aus dem Dunkel des Hintergrunds. Unsere Leute rissen die Augen auf: ein junges, bloßfüßiges Mädchen mit langflatterndem Haar, in ein weites, helles Gewand gehüllt, schwebte wie eine Elfe in dem grünlichen Licht. Aufrecht und mit spielerischer Leichtigkeit, ohne Hüftenschwingen oder Hularhythmus, tanzte die Märchengestalt bis vor den

Trommler und die Sänger. Bei dem zauberhaften Anblick vergaßen wir fast das Atmen. Sie selbst blieb ganz ernst, ein wenig scheu, geschmeidig und graziös; ihre nackten hellen Füße schienen kaum das Gras zu berühren. Woher kam sie, und wer war sie? Als die Matrosen langsam wieder merkten, daß sie sich auf der Erde befanden und nicht in einem schönen Traum, begann das große Rätselraten. Sie glaubten, längst jede Schönheit auf der Insel zu kennen. Hatten die Langohren diese Nymphe in der Jungfrauenhöhle versteckt gehalten? Wir erfuhren schließlich, sie sei eine Nichte des Bürgermeisters. Sie war so jung, daß sie noch nie an einem Hulafest teilgenommen hatte. Inzwischen gingen Gesang und Tanz weiter. Dreimal lief das Spiel vor uns ab. Wir verstanden nur, daß der Refrain von einem *Moai* erzählte, der Kon-Tikis Befehl gemäß auf einem *Ahu* zu Anakena aufgestellt werden sollte. Die bestrickende Melodie unterschied sich völlig vom Lied der Bildhauer; der Rhythmus war mitreißend. Als der Trommler aus dem Loch stieg und sich alle zum Gehen anschickten, gaben wir ihnen reichlich Lebensmittel mit. Einer der Matrosen fragte, ob sie uns nicht noch etwas zu den üblichen Hulamelodien vortanzen könnten, aber das schlugen sie ab. Der Bürgermeister war schließlich einverstanden, daß sie noch das Lied der Bildhauer zugaben – etwas anderes zu singen, gehöre sich nicht, denn diese beiden Lieder seien heilig und würden uns Glück bei unserer Arbeit bringen. Die anderen Lieder könnten sie an anderen Tagen singen, wenn sie damit nicht ihre Vorfahren kränken und das Glück verscherzen würden, das wir suchten. So bekamen wir noch einmal das Lied der Bildhauer zu hören, dann huschten die Laubgewandeten raschelnd über den Tempelplatz und verschwanden in der Finsternis. Die kleine Nymphe nahmen sie mit.

Die Sonne schien schon auf die Zeltwand, als ich erwachte und merkte, daß draußen lebhaftes Treiben herrschte. Die zwölf Langohren kamen von ihrer Höhle herüber, um einen Blick auf die Figur zu werfen und sich mit dem Problem vertraut zu machen. Die größte Statue von Anakena – das war der mächtige Bursche, der gleich hinter unserem Zelt mit der Nase im Boden lag: ein gedrungener Brocken von fast drei Meter Schulterbreite und einem Gewicht zwischen fünfundzwanzig und dreißig Tonnen. Das bedeutete, daß jeder einzelne von den zwölf zwei Tonnen heben mußte. Kein Wunder, daß sie nachdenklich um den Steinriesen herumstanden und sich den Kopf kratzten. Er sah jedoch aus, als vertrauten sie völlig auf Don Pedro, der den Koloß von allen Seiten betrachtete, im übrigen aber die Situation ganz gelassen hinnahm.

Olsen, der Erste Maschinist, kratzte sich ebenfalls im Nacken, schüttelte den Kopf und lachte.

»Tja, wenn der Bürgermeister mit diesem Brocken fertig wird, ist er wahrhaftig ein Teufelskerl!«

»Das bringt er nie zustande!«

»Ganz ausgeschlossen!«

Erstens war der Riese mit dem Kopf talabwärts gestürzt, zweitens lag seine

Bodenfläche jetzt vier Meter tiefer als die gewaltige Felsplatte, auf der er ursprünglich geruht hatte. Der Bürgermeister zeigte uns die kleinen Steine, die die Kurzohren boshaft unter die Basis betrieben hatten, bis die Statue umfiel.

Dann begann er die Arbeit zu organisieren, sicher und überlegen, als hätte er nie etwas anderes getan. Sein einziges Gerät bildeten drei runde Balken und eine Unmenge von Kieseln und größeren Steinen, die seine Mannschaft in der Umgebung sammelte. Wenn die Insel auch heute waldlos daliegt, abgesehen von einigen neugepflanzten Eukalyptushainen, so hat es doch immer um den Kratersee im Vulkan Rano Kao Bäume gegeben. Die ersten Entdeckungsreisenden fanden dort einen Wald aus *Toro miro* und Hibiskus, also stellten die drei Holzstämme keinen Anachronismus dar, sondern gehörten in den Rahmen des Erlaubten.

Die Figur bohrte ihr Gesicht tief in die Erde, aber es gelang doch, die Spitzen der Stangen darunterzuschieben. Drei oder vier Mann hängten sich an das Ende jedes Hebels und zerrten aus Leibeskräften. Der Bürgermeister lag indessen flach auf dem Bauch und schob kleine Steine unter den Kopf. Schließlich sahen wir eine schwache Bewegung, ein Zittern lief durch den Riesen, wenn sich die elf Burschen am äußersten Ende ihrer Hebebäume mächtig ins Zeug legten. Sonst geschah nichts, abgesehen davon, daß der Bürgermeister auf dem Bauch lag und Steine hin- und herschob. Aber die Stunden vergingen, und die Steine, die er auswechselte, wurden größer und größer. Als der Abend kam, erhob sich das Haupt des Riesen gut ein Meter über dem Boden. Der Spalt auf der Unterseite der Figur war dicht mit Geröll ausgestopft. Am nächsten Tag wurde der eine Balken als überflüssig weggelegt, fünf Mann arbeiteten nun an jedem der beiden übrigen. Der Bürgermeister betraute seinen jüngsten Bruder mit der Aufgabe, die Steine unter die Statue zu schieben, er selbst stellte sich auf die Tempelmauer. Wie ein Kapellmeister ruderte er mit den Händen durch die Luft und dirigierte seine Mannschaft mit knappen Befehlen und rhythmischen Rufen:

»*Etahi, erua, etoru!* Eins-zwei-drei! Eins-zwei-drei! Festhalten! Drunterschieben! Und noch einmal: Eins-zwei-drei! Eins-zwei-drei!«

Am Ende des zweiten Tages hatten sie die Spitzen beider Balken unter die rechte Längsseite des Riesen geschoben, der sich ganz unmerklich zur Seite neigte. Aber das Unmerkliche wurde zu Millimetern, die Millimeter zu Zentimetern und die Zentimeter schließlich zu einem halben Meter. Dann wanderten die beiden Hebelarme hinüber zur linken Flanke des Riesen, die dieselbe Behandlung wie die Rechte erfuhr. Langsam rückte auch sie in die Höhe, wobei unzählige Kiesel unter ihr placiert wurden. Darauf begann das Spiel wieder auf der rechten Seite, und neuerlich auf der linken, man wechselte hin und her. Ständig wuchs die Statue empor, gebettet auf einem immer höher werdenden Steinhaufen. Am neunten Tag lag der Riese bäuchlings auf einer sorgfältig aufgeschichteten Pyramide, deren Spitze sich dreieinhalb Meter über dem Erdboden erhob. Ein leichter Schauer lief uns den Rücken hinunter, wenn wir den Giganten von fast dreißig Tonnen eine volle Mannshöhe über unseren Köpfen liegen sahen. Die zehn Männer reichten längst nicht mehr zu den Hebebäumen empor. Sie zogen jetzt an Tauen, die am Ende der Balken befestigt waren. Aber noch immer machte der Titan keine Anstalten, sich aufzustellen, auch sah man keinen Schimmer von seiner Vorderfront. Sie ruhte in ihrer ganzen Länge auf der massiven Steinpyramide.

Es war ein bedrohlicher Anblick. Anette bekam nun nicht mehr die Erlaubnis, mit ihrem Puppenwagen Kiesel für den Bürgermeister zur Statue hinaufzufahren. Jetzt schleppten die großen, kräftigen Burschen bloßfüßig und wiegenden Schrittes schwere Felsbrocken heran. Der Bürgermeister prüfte mit ungemeiner Vorsicht die Lage jedes einzelnen Steines. Unter dem Gewicht des Kolosses zerbrachen manche Steine wie Würfelzucker. Ein einziger ungeschickt gesetzter Kiesel konnte eine Katastrophe hervorrufen. Aber alles war gründlich durchdacht, jede kleine Bewegung klar und logisch berechnet. Uns schlug das Herz bis zum Hals herauf, wenn wir den Männern zusahen, wie sie ihre bloßen Zehen in die Spalten steckten, um an der Pyramide hochzuklettern, beladen mit neuen schweren Steinblöcken. Jeder war auf seinem Posten, und der Bürgermeister ließ nicht eine Sekunde sein Werk aus den Augen. Er hielt alle Fäden in der Hand, nicht ein überflüssiges Wort wurde gewechselt. Von dieser Seite kannten wir ihn noch gar nicht; bisher war er uns mehr als ein lästiger Narr erschienen, ein Prahlhans und Schwätzer, der im Lager keineswegs beliebt war mit seinen Aufschneidereien und den unverschämten Preisen für seine Schnitzereien. Aber jetzt zeigte er sich ruhig und besonnen, als geborener Organisator und ein wenig auch als technisches Genie. Wir begannen, ihn mit anderen Augen zu betrachten.

Am zehnten Tag lag die Statue auf ihrer endgültigen Höhe. Sie begann in unmerklichem Tempo, mit der Fußplatte voran, sich der Tempelmauer zuzuneigen, auf der sie stehen sollte.

Am elften Tag fing der Riese langsam an, sich aufzurichten. Noch immer wurden Steine verkeilt, aber nur noch unter Gesicht, Hals und Brust.

Am siebzehnten Arbeitstag tauchte plötzlich eine verrunzelte Alte unter den Langohren auf. Zusammen mit dem Bürgermeister legte sie einen Halbkreis von etwa eigroßen Steinen vor den Fuß der Statue auf die mächtige Platte, auf der der Riese nach einem festen Halt zu tasten schien. Es sah nach blanker Hexerei aus. Die Statue stand in einem bedrohlich steilen Winkel und schwebte sichtlich in Gefahr, durch ihr eigenes Gewicht wegzurutschen und die steile Mauerwand des *Ahu* hinunter auf den Strand zu rollen. Abgesehen von einer solchen Rutschpartie, konnte sie auch nach allen Richtungen umkippen, wenn sie plötzlich von der Pyramide auf ihre zukünftige Basis hinübertaumelte. Um dies zu verhindern, ließ der Bürgermeister Taue um die Stirn des Riesen legen, die an vier Stellen mit Pfählen im Boden verankert wurden.

Dann kam der achtzehnte Arbeitstag. Während die einen drunten am Strand das eine Tau spannten und die anderen mit einem zweiten, das mitten im Lager um einen Pfosten gelegt war, dagegen hielten, gab man mit einem Hebebaum den letzten vorsichtigen Ruck. Plötzlich begann sich der Riese zu bewegen. Kommandorufe ertönten: »Festhalten! Festhalten!«

Der Titan richtete sich zu seiner vollen Größe auf und begann überzukippen. Die Pyramide stand plötzlich ohne Belastung da, es knirschte und rollte, schwere Blöcke polterten durcheinander, eine Wolke von Staub erhob sich. Der Koloß aber schwankte noch ein wenig hin und her und blieb dann aufrecht stehen. Unberührt von dem Szenenwechsel, der sich vollzogen hatte, seit er vor langer, langer Zeit auf dem gleichen Fundament gestanden hatte, schaute er über den Tempelplatz hinweg. Er ragte so hoch auf, daß er das Landschaftsbild veränderte. Sein breiter Rücken war wie eine riesige, weithin sichtbare Landmarke, und wir, die wir in den Zelten am Fuß der Mauer oder in seinem eigenen Schatten lagerten, kannten unsere gewohnte Umgebung fast nicht wieder. Wie ein nordischer Bergtroll blickte das Riesenhaupt über die Zeltdächer. Wenn wir in der Nacht durchs Lager gingen, war uns, als käme ein Ungeheuer von den Sternen herab, um im Dunkeln über die leuchtenden Zelte zu schreiten.

Zum erstenmal seit vielen Jahren stand einer der Osterinselriesen wieder auf der Plattform seines *Ahu*. Der Gouverneur mit Familie, Geistlichkeit und Nonnen kamen im Jeep herüber, Pferdehufe klapperten vor unseren Zelten. Wer sich im Dorf frei machen konnte, pilgerte nach Anakena, um das Werk des Bürgermeisters zu besichtigen. Die Langohren trugen die Steinpyramide wieder ab, und Don Pedro sonnte sich in der allgemeinen Bewunderung. Er hatte bewiesen, daß er die Antwort auf eines der Rätsel der Osterinsel kannte. Hatte man etwas anderes von ihm erwartet, von ihm, Don Pedro Atan, dem klügsten Mann der Insel, ihrem Bürgermeister, dem Senior der Langohren? Wenn wir ihm genügend bezahlt hätten, hätte er jede einzelne Statue wieder auf ihren *Ahu* gesetzt. Was er an der ersten verdiente, das teilte er mit seinen Freunden, aber er beteuerte: Wenn ihn das nächste Kriegsschiff nach Chile mitnehme, dann sei eine Aussprache mit dem Präsidenten fällig. Ein paar Banknotenbündel auf den Tisch – und schon würden sich alle Statuen wieder an ihren Plätzen erheben! Mit nur elf Genossen und zwei Holzstangen hatte er diesen Riesen in achtzehn Arbeitstagen aufgestellt! Was könnte er nicht mit mehr Leuten und genügend Zeit vollbringen?

Ich zog den Bürgermeister an ein stilles Plätzchen und legte ihm feierlich die Hände auf die Schultern. Er stand da wie ein Vorzugsschüler und sah mich gespannt und erwartungsvoll an.

»Bürgermeister Don Pedro, jetzt kannst du mir wohl auch verraten, wie deine Vorväter die Figuren transportiert haben?«

»Sie gingen, sie spazierten einfach!« antwortete er bestimmt.

»Unsinn!« sagte ich enttäuscht und etwas irritiert.

»Ärgere dich nicht, ich weiß es auch nicht anders, und wir müssen den

Erzählungen unseren Ahnen Glauben schenken. Allerdings haben die, von denen ich das hörte, es auch nicht mit eigenen Augen gesehen. Wer weiß, ob man nicht doch einen *Miro manga erua* verwendet hat.«

»Was ist denn das?«

Der Bürgermeister zeichnete ein Ypsilon mit Querstrichen in den Sand und erklärte, das sei ein Steinschlitten aus einem gegabelten Baumstamm.

»So etwas wurde jedenfalls gebraucht, wenn sie die großen Blöcke für die Mauern herbeischafften«, räumte er ein. »Und aus der zähen *Hau-Hau*-Rinde flochten sie dicke Stricke, genauso stark wie eure Trossen an Bord. Davon kann ich dir eine Probe liefern. Und einen *Miro manga erua* kann ich dir auch machen.«

Wenige Schritte vor dem Lager grub einer der Archäologen eben eine Statue aus, die vollständig unter dem Sand gelegen hatte und daher der Numerierung Pater Sebastians entgangen war. Sie besaß keine Augen, folglich hatte man sie noch während des Transports zu ihrem Bestimmungsort im Stich gelassen. Ich deutete darauf.

»Kannst du mit deinen Leuten diesen *Moai* weiterbewegen?«

»Nein, da müßten die anderen im Dorf mithelfen, und das wollen sie nicht. Auch wenn wir alle deine Grabungsmannschaften zusammenholen, haben wir nicht genug Leute.«

Die Statue war nicht besonders groß, eher unter dem Durchschnitt. Mir kam eine Idee. Ich kaufte zwei fette Ochsen, ließ sie schlachten und lud das ganze Dorf zu einem großen Fest ins Lager ein. In einem gewaltigen Erdofen wurden die Ochsen zwischen heißen Steinen gebraten. Die Langohren schaufelten dann vorsichtig den Sand weg, der über dem Ofen lag, und eine dampfende Schicht aus saftigen Bananenblättern wurde sichtbar. Als man dies ungenießbare Grünzeug beiseite schob, kam das dampfende, fein durchbratene Fleisch ans Licht. Der Duft der saftigsten Ochsenlenden, die man sich vorstellen kann, wehte zu der harrenden Menge herüber, die vor den Zelten lagerte. Unsere Helfer verteilten große, rauchende Fleischbrokken und Unmengen von Süßkartoffeln, Maiskolben und Kürbissen, die man gleichzeitig mit den Ochsen in dem unterirdischen Druckkocher zubereitet hatte. Die Gitarren wurden hervorgezogen, und bald war der Tempelplatz erfüllt von Gesang und Gelächter.

Inzwischen bereiteten die Langohren alles zum Tauziehen an der blinden Statue vor. Hundertachtzig Eingeborene stellten sich übermütig jauchzend an der langen Trosse auf, die um den Hals des Riesen befestigt war. Der Bürgermeister, mit neuem weißen Hemd und kariertem Schlips, fühlte sich in großer Form.

»Eins, zwei, drei! Eins, zwei, drei!«

Peng! Die Trosse riß. Es gab ein wildes Jubelgeheul, als plötzlich Männlein und Weiblein im Grase durcheinanderkollerten. Der Bürgermeister lächelte etwas beschämt und gab Befehl, das Tau zweimal um die Figur zu legen. Und da begann sich der Koloß zu rühren! Zuerst nur in kurzen Rucken, aber dann glitt er plötzlich, als sei er aufgewacht, rasch über die Wiese dahin. Lazarus, die rechte Hand des Bürgermeisters, sprang auf das Gesicht des Titanen. Er brüllte und gestikulierte wie ein Gladiator im Triumphzug, während die Eingeborenen in langer Reihe geduldig die schwere Last zogen und ihre Begeisterung gen Himmel schrien.

Am anderen Ende der Wiese brachten wir schließlich den Zug zum Stehen. Der Beweis war erbracht, daß hundertachtzig gutgenährte Eingeborene eine Statue von zwölf Tonnen mit Leichtigkeit durchs Gelände ziehen. Hätten wir Holzkufen und noch mehr Leute zur Verfügung gehabt, so hätten wir zweifellos eine noch viel größere Figur abschleppen können.

Wir hatten also nun erlebt, daß man mit Wasser und Steinbeilen Statuen aus dem Felsen meißeln konnte, wenn man nur über genügend Zeit verfügte. Wir hatten uns davon überzeugt, daß man mit Tauen und Holzkufen die Riesen von Ort zu Ort transportieren konnte, wenn einem nur genug Fäuste und Füße dienstbar waren. Wir hatten gesehen, daß sich die Kolosse wie aufgeblasene Luftballons erhoben und auf die Mauern stellten, wenn man nur die richtige Methode dabei anwandte.

Es blieb nur noch ein technisches Geheimnis übrig: wie wurde der runde Haarschopf auf den Scheitel der stehenden Figuren gesetzt? Die Antwort darauf ergab sich von selbst. Die Steinpyramide, die dem Riesen auf die Beine half, reichte wie eine Rampe fast bis zur Höhe des Kopfes, und mit Hilfe des gleichen einfachen Systems konnte auch die rote Perücke hinaufbefördert werden. Stand die Statue samt Haarschopf dann auf ihrem Platz, wurde die Pyramide abgetragen. Erst als die Künstler starben, ohne Nachfolger zu haben, wurde der technische Vorgang zum Geheimnis. Heute fragt man sich: wie haben sie das fertiggebracht, ohne Eisen, ohne Kran und Maschinen? Die Antwort lautet ganz einfach: es waren Menschen auf diese winzige Insel gekommen, die an praktischer Begabung und Schöpferdrang hinter niemand in der Welt zurückstanden. Sie bauten ihre babylonischen Türme auf einer soliden Grundmauer ererbter Tradition, in einer friedlichen, gesegneten Zeit. Jahrhundertelang lebten sie unangefochten, nur mit Fisch und Wal als Nachbarn, auf dieser entlegensten Insel der Welt. Unsere Ausgrabungen zeigte, daß erst in der dritten Periode Waffen und Spieße auf der Osterinsel hergestellt wurden.

Nicht weit von den Zelten lag ein gigantischer Zylinder aus rotem Stein, den man viele Kilometer weit von dem Haarschopfsteinbruch herangeschafft hatte. Der Bürgermeister wollte ihn auf unterlegten Baumstämmen die paar hundert Meter bis zum Lagerplatz heranrollen und ihn unserem Riesen auf den Scheitel stülpen. Aber gerade in den Tagen, als die Langohren den Giganten aufrichteten, begann ein neues Rätsel der Osterinsel an die Stelle zu treten, die wir nun gelöst hatten. Es warf unser ganzes Programm um, und der rote Haarschopf mußte dort bleiben, wo er seine letzte Atempause vor dem Endspurt ins Gelände des Königs eingelegt hatte.

Wir hatten plötzlich an anderes zu denken.

Aberglauben gegen Aberglauben

Die Lampe hing an einer Schnur von der Decke herab und warf lange Schatten auf die dünne Zeltwand. Ich drehte den Docht herunter, bis das Licht halb gelöscht war, und schickte mich an, ins Bett zu gehen. Im ganzen Lager war es dunkel und still, nur vom Strand tönte das Rauschen der Brandung herauf. Yvonne war schon in ihren Schlafsack gekrochen, auf einem Feldbett ganz hinten an der Schmalseite des Zeltes, und Anette schlief längst hinter einer Querwand aus Segeltuch, die ihr kleines Reich vom Rest unserer Behausung schied. Da hörte ich draußen jemand mit dem Finger an der Zeltwand kratzen, und eine leise Stimme wisperte in gebrochenem Spanisch:

»Señor Kon-Tiki, darf ich eintreten?«

Ich zog meine Hosen wieder an und öffnete vorsichtig den Reißverschluß am Zelteingang, bis ich die Nase und ein Auge hinausstrecken konnte. Im Dunkel vermochte ich einen schwachen Schatten mit einem Paket unter dem Arm zu unterscheiden. Dahinter erhob sich die breite Pyramide, auf der die Riesenstatue dem Sternenhimmel entgegenwuchs. Es war am Abend des siebenten Arbeitstages der Langohren.

»Darf ich hereinkommen?« flüsterte mir die Stimme zu.

Ich machte behutsam den Verschluß weiter auf und ließ den Schatten herein. Er glitt ins Zelt, verhielt halb aufgerichtet und sah sich erstaunt um. Dann lächelte er dankbar. Nun erkannte ich ihn erst. Es war Estevan Pakarati, der Jüngste in der Mannschaft des Bürgermeisters, ein sogenanntes »unechtes Langohr«, ein ungewöhnlich gut aussehender junger Mann von etwa zwanzig Jahren. In dem niedrigen Zelt konnte er nicht aufrecht stehen. Ich bat ihn, neben mir auf der Bettkante Platz zu nehmen.

Hier saß er eine Weile, lächelte verlegen und suchte nach Worten. Dann reichte er mir linkisch ein rundes Paket in verknülltem braunen Packpapier und sagte:

»Das ist für dich.«

Ich öffnete es, und zum Vorschein kam ein Huhn, ein Huhn aus Stein. Es war realistisch gearbeitet, in natürlicher Größe, und erinnerte an keine der Plastiken, die man von der Osterinsel kennt. Bevor ich noch fragen konnte, beeilte er sich, mir zu erklären:

»Alle im Dorf sagen, daß Señor Kon-Tiki zu uns geschickt wurde, um Glück zu bringen. Du hast uns so viele Sachen geschenkt. Alle rauchen deine Zigaretten und sind dankbar.«

»Aber woher hast du diesen Stein?«

»Es ist ein *Moa*, ein Huhn. Meine Frau sagt, ich soll es dir zum Dank überlassen, denn sie bekommt alle Zigaretten, die du mir täglich gibst.«

Yvonne kroch aus ihrem Schlafsack und zog ein Stück Kleiderstoff aus einem Koffer. Estevan weigerte sich energisch, ihn anzunehmen. Nein, das sei kein Tauschhandel, das solle ein Geschenk für Señor Kon-Tiki sein.

»Nun«, erwiderte ich, »das ist ein Geschenk für deine Frau!«

Widerstrebend fügte er sich schließlich und dankte abermals für das gute Essen, die Zigaretten und alles, was er und die anderen Langohren täglich von uns erhielten. Bevor er schied, bat er mich, das Huhn zu verstecken, damit es niemand zu Gesicht bekäme. Dann schlüpfte er hinaus in die Finsternis.

Ich betrachtete das wohlgeratene Huhn noch einmal genauer. Der Stein roch ein wenig nach Rauch. Zum erstenmal hatte ich ein künstlerisches Erzeugnis der Eingeborenen in der Hand, das nicht eine Doublette der ewig gleichen Holzfiguren oder eine Kopie der großen Statuen war. Schließlich steckte ich die Plastik in einen Koffer und löschte das Licht.

Am nächsten Abend, als wieder Stille über den Zelten lag, flüsterte es abermals vor meiner Tür. Was konnte er heute wollen? Er brachte einen neuen Stein mit, diesmal einen zusammengekauerten Mann mit langem Vogelschnabel, der ein Ei in einer Hand hielt. Die Figur, ein Hochrelief auf einem flachen Stein, war eine Variante jener Skulpturen, die wir an den Felsen bei Orongo, dem Ruinendorf der Vogelmenschen, beobachtet hatten. Ich bestaunte die meisterhafte Arbeit. Seine Frau schickte uns die Figur als Gegengeschenk für den Stoff, erklärte er. Den Stein habe ihr Vater angefertigt, aber ich solle ihn niemand zeigen. Wir sandten ein neues Präsent an die Frau. Als ich das Relief wegpackte, merkte ich, daß es noch intensiver als das steinerne Huhn nach säuerlichem Rauch roch; es war noch etwas feucht und gründlich mit Sand gescheuert. Hier ging irgend etwas Rätselhaftes vor. Aber was?

Ich grübelte lange über die Steine nach, die so merkwürdig rochen und so ungewöhnlich sorgfältig gearbeitet waren. Schließlich hielt ich es nicht mehr aus. Am Nachmittag des folgenden Tages holte ich den Bürgermeister ins Zelt und rollte die Wand vor dem Moskitonetz herunter.

»Versprich mir, niemandem ein Wort zu sagen! Ich habe eine Frage an dich.«

Der Bürgermeister, mächtig gespannt, gelobte zu schweigen.

»Was hältst du davon?« Ich zog die beiden Steine aus dem Koffer.

Er fuhr zurück, als hätte er sich verbrannt; die Augen traten ihm aus dem

Kopf, als erblicke er eine bösen Geist oder die Mündung einer Pistole. Er wurde ganz blaß.

»Woher hast du das? Wie kommst du dazu?« stieß er hervor.

»Das kann ich dir nicht erklären. Aber was weißt du darüber?«

Der Bürgermeister saß immer noch mit aufgerissenen Augen da und lehnte sich an die Zeltwand zurück.

»Außer mir ist niemand mehr auf der Insel, der so etwas machen kann«, sagte er mit einem Gesicht, als stünde er plötzlich von Angesicht zu Angesicht vor seinem Engel. Dann schien ihm etwas aufzudämmern, forschend betrachtete er die Plastiken näher. Er zog sichtlich irgendeinen Schluß und wandte sich mir, plötzlich ruhig geworden, wieder zu:

»Pack die Steine zusammen und bring sie auf das Schiff, so daß sie niemand zu sehen bekommt. Wenn du noch mehr davon erhältst, so nimm sie und versteck sie an Bord, selbst wenn sie neu aussehen.«

»Ja aber, was ist denn das überhaupt?«

»Das sind ernste, heilige Dinge, es sind Familiensteine.«

Das merkwürdige Benehmen des Bürgermeisters machte mich nicht viel klüger, aber immerhin begriff ich nun, daß ich ahnungslos in allerlei heikle Dinge hineingeraten war. Mit den Werken von Estevans Schwiegervater mußte es eine besondere Bewandtnis haben.

Ich kannte Estevan als naive, arglose Seele, immer dankbar und hilfsbereit. Als er abends wieder durch die Dunkelheit getappt kam, beschloß ich, herauszubekommen, was hier eigentlich gespielt wurde. Ich setzte ihn auf die Bettkante und versuchte, ihn in ein längeres Gespräch zu verwickeln. Aber er brannte viel zu sehr darauf, mir sein Mitbringsel zu zeigen, als daß er darauf eingegangen wäre. In einem Sack hatte er drei Steine angeschleppt, und als er sie nun auf meinen Schlafsack schüttete, war ich völlig sprachlos. Die eine Plastik stellte drei von jenen eigentümlichen »klassischen Köpfen« mit Schnurrbart und lang wallendem Vollbart dar. Sie fügten sich so im Ring aneinander, daß der Bart des einen in das Kopfhaar des anderen überging. Das zweite Stück war eine steinerne Keule mit Augen und Mund, das dritte ein stehender Mann, der zwischen den Zähnen eine dicke Ratte trug. Motive und Stil wirkten nicht nur auf der Osterinsel fremd. Noch nie, in keinem Museum der Welt, hatte ich ähnliches gesehen. Ich glaubte ihm keinen Augenblick länger, daß der Vater seiner Frau diese Kunstwerke geschaffen hatte. Es lag etwas Düsteres, fast Heidnisches über den Steinen, das auch auf den jungen Mann abfärbte, auf die Art, wie er sie betrachtete und berührte.

»Warum hat der Mann eine Ratte im Mund?« fragte ich. Mir fiel in der Eile keine gescheitere Frage ein.

Der Bursche wurde nun wieder eifrig, rückte ein Stück näher und erzählte mit gedämpfter Stimme, das sei eine Trauersitte seiner Vorväter gewesen. Wenn ein Mann seine Frau oder eines seiner Kinder verloren habe, jemanden, den er sehr liebte, so habe er eine *Kioe* gefangen, eine der eßbaren einheimischen Ratten, die auf der Insel lebten, bevor die Schiffsratten ihren

Einzug hielten. »Dann mußte er mit der Ratte im Mund, ohne zu rasten, einmal rund um die Insel laufen und alle Menschen erschlagen, die sich ihm in den Weg stellten. So zeigte damals ein Krieger seine Trauer«, schloß Estevan mit kaum verhohlener Bewunderung in der Stimme.

»Und wer hat die trauernde Figur gemacht?«

»Der Großvater meiner Frau.«

»Aber die anderen waren doch von ihrem Vater?«

»Ich bin nicht ganz sicher. Die einen hat der Vater gemacht, die anderen der Großvater. Meine Frau hat noch gesehen, wie ihr Vater daran gearbeitet hat.«

»Gräbt ihr Vater auch bei uns?«

»Nein, er ist tot. Das sind ernste, heilige Steine.«

Die Sache wurde immer rätselhafter. Ich bekam wiederum zu hören, daß man ihm und seiner Frau im Dorf erzählt habe, ich sei von höheren Mächten auf die Insel gesandt worden.

»Wo habt ihr diese Steine aufbewahrt, seit der Vater deiner Frau gestorben ist? Zu Hause?«

Er zögerte ein wenig, dann kam es:

»Nein, in einer Höhle, in unserer Familienhöhle.«

Ich schwieg. Er aber rückte nun mit der Geschichte heraus. Die ganze Höhle, deren Eingang nur seine Frau kannte, steckte voll solcher Dinge. Lediglich seine Frau hatte Zutritt zu ihr. Er selbst war nie darin gewesen, wußte allerdings ungefähr, wo sie lag, da er immer in der Nähe warten mußte, wenn seine Frau hineinging, um die Steine zu holen.

Estevan und ich hatten nun miteinander ein Geheimnis. Als er in der nächsten Nacht erschien, redeten wir schon leichter.

Flüsternd machte er mir den Vorschlag: »Ich werde meine Frau bitten, dich mit in die Höhle zu nehmen. Sie liegt nicht weit von meinem Haus, mitten im Dorf. Wir müßten uns in der Nacht hinschleichen. Dort könntest du dir dann selbst die Steine aussuchen, die dir am besten gefallen.« Leider, setzte er hinzu, sei seine Frau hart und unnachgiebig, wenn es um diese Dinge gehe, und verwehre auch ihm den Zutritt.

Seinem weiteren Bericht entnahm ich, daß seine Frau die Steine mit Wasser und Sand abrieb, bevor sie sie mir schickte. Sie fürchtete, ein Eingeborener könnte sie zu Gesicht bekommen und merken, daß man sie aus einer Familienhöhle geholt hatte. Estevan hatte lange geglaubt, der sonderbare Geruch, der ihnen anhaftete, käme aus der Höhle, bis er merkte, daß seine Frau die Figuren nach dem Waschen über dem Küchenfeuer trocknen ließ. Eines war sicher: Ethnographische Kunstschätze von unvorstellbarem Wert kamen aus einem versteckten Platz auf der Insel ans Tageslicht.

Don Pedro fiel es natürlich nicht schwer festzustellen, wer von seinen Männern Nacht für Nacht aus Hotu Matuas Höhle verschwand. Vielleicht legte er sich auch im Dunkeln vor meinem Zelt auf die Lauer. Jedenfalls nahm er mich eines schönen Tages beiseite und vertraute mir nachsichtig an,

Estevans Schwiegervater, der bereits vor vielen Jahren gestorben sei, sei ein guter Freund von ihm gewesen, der letzte auf der Insel, der »echte« Steine herstellte, solche, die man selbst behielt und nicht verkaufte.

»Und wofür habt ihr die Figuren eigentlich gebraucht?« wollte ich wissen.

»Bei Festlichkeiten holten wir sie hervor und zeigten sie her. Bei den Tänzen wurden sie vorangetragen.«

Das blieb aber auch alles, was ich diesmal aus dem Bürgermeister herausbekam.

Ein paar Tage später traf ich mich noch einmal mit Estevan. Er brachte mir mehrere Höhlensteine. Dann aber hörten seine Besuche im Dunkeln plötzlich auf. Schließlich ließ ich ihn an einem Nachmittag holen, und als er ins Zelt trat, fiel mir auf, wie niedergeschlagen und verwirrt er aussah. Verstört bekannte er den Grund seines Fernbleibens: seine Frau behauptete, die zwei Geister, die ihre Höhle bewachten, seien erzürnt, weil sie so viel herausgetragen habe. Sie weigerte sich rundweg, mich in die Höhle mitzunehmen, und wollte ihrem Mann auch nichts mehr mitgeben. Estevan beteuerte, er würde gern alles Erdenkliche für mich tun, aber seine Frau lasse sich nicht überreden. Sie sei eben hart, wiederholte er, hart wie Stein. Darum habe ihr Vater sie auch dazu auserkoren, das Geheimnis der Familienhöhle zu erben.

Zu jener Zeit, als Estevan seine nächtlichen Besuche bei mir machte, gab es jeden Tag irgend etwas Neues. Unablässig stießen die Archäologen auf überraschende Dinge, und die Eingeborenen wurden immer abergläubischer. Auf dem Gipfel des Rano Kao hatte Ed die Mauern eines bisher unbekannten Tempels entdeckt, den er nun mit einer aus Einheimischen bestehenden Mannschaft freilegte. Als ich ihn eines Tages besuchte, nahmen mich zwei von seinen Arbeitern ernsthaft ins Gebet:

»Gesteh endlich, daß du zu einer jener Familien gehörst, die vor so vielen Generationen die Insel verlassen haben«, sagte der eine.

»Wir wissen es, du kannst ruhig die Wahrheit sagen«, meinte der andere.

Ich versicherte lachend, ich sei ein echter Norweger und käme von der anderen Seite der Erdkugel. Aber die beiden waren hartnäckig davon überzeugt, daß sie mich entlarvt hätten. Sie fragten mich, warum ich nicht endlich Farbe bekennen wolle. Es gebe eine Legende von einem, der einst die Insel verlassen habe und nie zurückgekehrt sei. Wäre ich nicht schon früher einmal auf der Insel gewesen, so hätte ich nicht gleich nach Anakena finden können und mich an eben jener Stelle angesiedelt, an der auch Hotu Matua gelandet war.

Ich mußte mich schließlich dreinfinden und die Sache von der heiteren Seite nehmen. Jedes vernünftige Wort wäre umsonst gewesen.

Am gleichen Tag ließ Arne einen gewaltigen vierkantigen Steinblock umdrehen, der dicht neben dem Weg zum Rano Raraku lag. Der Brocken war ihm merkwürdig vorgekommen. Alle kannten den Stein, und die meisten hatten schon darauf gesessen. Auf seiner Rückseite kam nun zu aller Erstaunen ein fremdartiger Götterkopf mit dicken Lippen, flacher Nase und großen Wülsten unter den Augen zum Vorschein. Das kantige Gesicht entsprach absolut nicht dem wohlbekannten Stil der Osterinsel. Wieder stand man vor etwas Neuem, vor etwas, was auch die Einheimischen verblüffte und verwirrte. Wer mochte Señor Arne wohl den Tip gegeben haben, daß es sich lohnen könnte, diesen Stein umzudrehen? Die Eingeborenen erklärten Arne, sie wüßten recht gut, daß Señor Kon-Tiki Beziehungen zum Übernatürlichen habe.

Während ich noch versuchte, Estevan die Geheimnisse der Familienhöhlen zu entlocken, unternahm Lazarus einen Vorstoß. Lazarus war die rechte Hand des Bürgermeisters und gehörte nach allgemeiner Überzeugung zu den wichtigsten Leuten auf der Insel. Er war einer ihrer demokratisch gewählten Repräsentanten und verfügte nach einem vertraulichen Hinweis Don Pedros auch über ein sehr beträchtliches Vermögen. In seinen Adern vereinte sich das Blut der Langohren mit dem der Kurzohren, ein kleiner Spritzer stammte von einem durchreisenden Europäer. Körperlich war er ein Meisterwerk, aber seine Gesichtszüge hätte Darwin als Musterbeispiel für seine Abstammungstheorie verwenden können. Sollte man einmal nach Jahrhunderten Lazarus' Schädel ausgraben, dann wird die Osterinsel wahrscheinlich in den falschen Verdacht geraten, die Wiege der Menschheit gewesen zu sein. Doch trotz seiner niedrigen, fliehenden Stirn, der vorspringenden Augenbrauenwülste, einer ebenso vorspringenden Mundpartie mit flachem Kinn und wulstigen Lippen vor einem wahren Raubtiergebiß, trotz Knollennase und der wachsamen Augen eines wilden Tieres – trotz dieses ganzen bedenklichen Äußeren war Lazarus durchaus kein einfältiger Affe. Im Gegenteil, er entpuppte sich als kalter, kluger Rechner und besaß zugleich eine kräftige humoristische Ader. Aber auch er war äußerst abergläubisch.

Eines Morgens kam ein Bericht von Ed, er habe auf einer großen Dachplatte in einem Ruinenhaus von Orongo mehrere bisher unbekannte Felsskulpturen entdeckt. Gleichzeitig meldete Arne, er habe am Fuße des Rano Raraku eine neue, von den bisherigen abweichende Statue gefunden. Und noch am selben Nachmittag, als die Langohren von ihrer Arbeit zu Hotu Matuas Höhle heimkehrten, zog mich auch Lazarus vertraulich beiseite.

»Das einzige, was dir noch fehlt, ist ein *Rongo-rongo«*, sagte er und betrachtete mich lauernd, um zu sehen, welchen Eindruck das auf mich machte.

Ich begriff, daß sich da etwas Besonderes anspann, und tat uninteressiert.

»Gibt es denn hier noch welche?« fragte ich nur.

»Ja, es gibt welche!« beteuerte Lazarus.

»Aber sie sind verrottet. Sie zerfallen, wenn du sie angreifst.«

»Nein, mein Vetter hat zwei gefunden.«

Ich glaubte ihm nicht. Er merkte es und bat mich, mit ihm hinter die Tempelmauer zu kommen, wo die Statue verlassen auf ihrer Steinpyramide lag. Dort begann er flüsternd eine lange Geschichte. Er hatte zwei Vettern, die Zwillinge Daniel und Alberto Ika. Alberto war eine Stunde später als

Daniel geboren. Trotzdem wurde er ausersehen, das Geheimnis der Familienhöhle zu erben, die voller merkwürdiger Dinge war, darunter mehrere *Rongo-rongos.* Vor zwei Jahren nun war Alberto in die Höhle gegangen und hatte zwei *Rongo-rongos* mit heimgebracht. Sie waren aus Holz, und der eine hatte die Form eines flachen Fisches mit einem Schwanz. Beide waren voll kleiner Figuren, fast schwarz und trotz ihres Alters sehr hart. Aber Alberto hatte ein Tabu gebrochen, als er diese Tafeln aus der Höhle holte, und in der Nacht, als er schlief, erschien ein *Aku-aku* und zwickte und stach ihn so lange, bis er erwachte. Als er aus dem Fenster blickte, sah er Tausende von winzig kleinen Männern, die alle zu ihm hereinklettern wollten. Fast irrsinnig vor Angst lief er eiligst zur Höhle zurück, um beide *Rongo-rongos* wieder auf ihren Platz zu legen.

Die Höhle befand sich angeblich in der Nähe des Hanga-o-teo-Tales. Lazarus versprach mir, alles in seiner Macht Stehende zu tun, um seinen Vetter zu bewegen, mich dorthin mitzunehmen und die Tafeln noch einmal hervorzuholen.

Im Laufe des Gesprächs konnte ich Lazarus das Geständnis entlocken, daß die Familie mehr als eine Höhle besaß. Lazarus selbst hatte Zugang zu einer anderen, die auch in der Nähe des Hanga-o-teo-Tales lag. Dort gab es leider keine *Rongo-rongos,* wohl aber viele andere Dinge. Ich versuchte, Lazarus zu überreden, mich wenigstens zu dieser Höhle mitzunehmen, aber so weit ging seine Bereitwilligkeit nicht. Er sah mich mit dem mißbilligenden Blick eines Schulmeisters an und erklärte, das würde mich und ihn Kopf und Kragen kosten. Der *Aku-aku* seiner Familie hause noch darin, und dort ruhten auch die Skelette von zweien seiner Vorväter. Falls sich ein Unberufener eindränge, würde der *Aku-aku* das fürchterlich ahnden. Der Eingang zu einer solchen Höhle sei das heiligste aller Geheimnisse. Ich versuchte, dem *Aku-aku* von der heiteren Seite beizukommen und an den sonst so klaren Kopf meines Partners zu appellieren. Aber da biß ich auf Granit. Ich kam keinen Schritt weiter. Erst nach langem Zureden erhielt ich das Versprechen, er werde mir aus der Höhle etwas mitbringen. Ob ich einen besonderen Wunsch hätte? Einen Vogelmenschen mit oder ohne Ei? Die Höhle enthalte alles mögliche, außer *Rongo-rongos.* Ich schlug vor, er möchte mir von jedem etwas holen, so daß ich selber aussuchen könnte. Aber das ging nicht. Die Höhle quoll zwar über von merkwürdigen Dingen, aber er konnte immer nur ein einziges Stück davontragen. Gerade als wir dies vereinbarten, holte man mich fort, das Gespräch wurde unterbrochen, Lazarus verabschiedete sich und verschwand.

Am nächsten Tag sah ich eben den Langohren zu, die Steine für den wachsenden Turm unter der Statue herantrugen, als der Bürgermeister und Lazarus bei mir zum Plaudern erschienen.

»Da siehst du, was so ein *Aku-aku* alles kann!« murmelte Don Pedro. »Ohne übernatürliche Hilfe hätten wir zwölf das allein niemals schaffen können.«

Dann erzählten sie, sie hätten in einem Erdofen neben ihrer Höhle ein Huhn gebraten, damit sich die Figur schneller aufrichte.

Als ich ihnen riet, endlich einmal mit ihrem Aberglauben Schluß zu machen, überschütteten mich Lazarus und Pedro mit einer Flut von Protesten. Sie betrachteten mich zweifellos als einen Dummkopf, weil ich nicht glauben wollte, daß es *Aku-akus* gebe. Natürlich gebe es sie. Heute seien sie zwar nicht mehr so dicht gesät wie in alten Tagen, aber sie könnten mir eine Reihe von Plätzen zeigen, wo noch immer *Aku-akus* hausten. Es gebe Männer und Frauen darunter, gute und böse. Von Leuten, die mit ihnen gesprochen hätten, wüßten sie, daß die *Aku-akus* eine eigenartig piepsende Stimme hätten. Es gebe endlose Beweise dafür, daß sie wirklich existierten; wer daran zweifle, der könne ebensogut behaupten, daß es im Wasser keine Fische und im Dorf keine Hühner gäbe! Ich kam gar nicht zu Wort. Etwas entnahm ich jedenfalls ihrem Gerede: irgendeine übersteigerte Form von Aberglauben hing hier noch in der Luft; er lag wie ein ehernes Schloß vor ihren Höhlen und deren unbekanntem Inhalt.

Ich fuhr ins Dorf zu Pater Sebastian. Kein Europäer kannte die Osterinsel und ihre Geheimnisse so gut wie er. Außerdem konnte ich sicher sein, daß alles, was ich ihm erzählte, unter uns blieb. In seinem Buch über die Insel hatte ich folgenden Absatz gefunden:

»Ebenso gab es geheime Höhlen, die im Besitz bestimmter Familien standen; aber nur die wichtigsten Persönlichkeiten einer Familie kannten den Zugang. Sie dienten als Verstecke für kostbare Gegenstände, wie Schrifttafeln (*Rongo-rongo*) und Statuetten. Das Geheimnis, das den Eingang umgab, ist wohl mit dem letzten Überlebenden aus der alten Zeit ins Grab gesunken ...«

Ich erzählte Pater Sebastian, ich hätte Grund anzunehmen, daß immer noch geheime Familienhöhlen aufgesucht würden. Er fuhr erstaunt zurück und strich sich den Bart.

»Aber nein! Tatsächlich?«

Ohne Namen zu nennen, erzählte ich von den merkwürdigen Steinen, die man mir geschenkt hatte. Sofort brannte er vor Eifer und wollte hören, wo die Höhle liege. Ich konnte nur das wenige berichten, was ich wußte, und daß es infolge der Gespensterfurcht unmöglich sei, den Eingang zu erfahren. Pater Sebastian, der inzwischen energisch im Zimmer auf und ab marschierte, blieb stehen und griff sich verzweifelt an den Kopf.

»Dieser Aberglaube ist hoffnungslos«, erklärte er. »Er ist so tief eingewurzelt, daß man ihn im Laufe einer Generation nicht ausrotten kann. Sie haben einen gewaltigen Respekt vor ihren Vorvätern, und das kann man natürlich verstehen. Sie sind gute Christen – wenn sie doch nur von ihrem Aberglauben lassen wollten! Vorgestern kam die alte Mariana zu mir und behauptete allen Ernstes, du seiest kein wirklicher Mensch.«

Er erzählte mir resigniert, es sei ihm bisher nicht einmal gelungen, seiner prächtigen Köchin Eroria auszureden, daß sie von einem Wal abstamme, der in der Hotuitibucht gestrandet war. Eroria antwortete nur immer, das könne er unmöglich wissen, auch wenn er ein Pfarrer sei, denn sie habe es von ihrem Vater gehört, der es von seinem Vater erfahren habe, dem aber habe es wieder sein Vater anvertraut, und der müsse es doch wohl gewußt haben, denn der sei ja selber der Wal gewesen!

Wir waren uns einig, daß es hier eine harte Nuß zu knacken gebe. Wie sollte man die Eingeborenen dazu bewegen, jemand in ihre Höhle mitzunehmen, wenn sie überzeugt waren, daß Teufel und böse Geister dagegen seien? Pater Sebastian erklärte sich bereit, mit etwas Weihwasser nachzuhelfen. Davor hätten die Eingeborenen großen Respekt. Vielleicht würden sie mich mitnehmen, wenn wir die Öffnung der Höhle mit Weihwasser besprengten. Schließlich aber wollte er sich dann doch nicht selber an dem Unternehmen beteiligen. Er gab zu, er sei leider der allerletzte, dem man derartige Geheimnisse anvertrauen würde. Jedenfalls aber wollten wir ständig Kontakt halten. Er versicherte mir, ich dürfe ihn auch mitten in der Nacht holen, wenn es mir gelinge, in eine geheime Höhle einzudringen.

Ich konnte den überspitzten Aberglauben der sonst so intelligenten Bewohner der Osterinsel lange nicht begreifen, bis ich schließlich begann, Parallelen zur Heimat zu ziehen. Ich habe von zwanzig Stock hohen Wolkenkratzern gehört, in denen es keine dreizehnte Etage gibt, und von Flugzeugen, in denen die Zahl dreizehn bei der Numerierung der Sitzplätze übersprungen wird. Glaubt wirklich jemand, daß ein böser Geist allem nachstellt, was die Nummer dreizehn trägt – ein namenloser Dämon des Bösen? Der einzige Unterschied bleibt, daß wir ihn nicht *Aku-aku* nennen. Ich bin Leuten begegnet, die davor Angst hatten, Salzfässer umzuschütten, Spiegel zu zerbrechen, und anderen, die glaubten, daß es Unglück bringe, wenn einem eine schwarze Katze über den Weg läuft. Ist es da verwunderlich, daß Eingeborene auf der entlegensten Insel der Welt, die unter Riesenstatuen leben, die selbst wir Europäer ein ungelöstes Mysterium nennen, ihre Ahnen im Verdacht haben, Hexenmeister und Wiedergänger zu sein? Ist es nicht viel sinnvoller, anzunehmen, daß unter Schädeln und Skeletten in den düsteren Höhlen der Osterinsel ein *Aku-aku* haust, als in einer friedlichen schwarzen Hauskatze, die an einem hellen Sommertag über die Straße promeniert, ein böses Omen zu sehen?

Der Aberglaube auf der Osterinsel war seit Generationen tief verwurzelt. Ich hatte das nicht klar genug erkannt, und auch kein anderer vor mir – ein schwerer Unterlassungsfehler, der bisher alle Versuche zunichte machte, den Eingeborenen wirklich näherzukommen. Die Flammen des Aberglaubens mit der Vernunft auslöschen zu wollen, war sinnlos, alle meine Erklärungen prallten ab, ohne den geringsten Eindruck zu hinterlassen. Ein richtiger Waldbrand läßt sich nicht mit Wasser bekämpfen, man muß ein Gegenfeuer entfachen. Feuer ist des Feuers schlimmster Feind, wenn es nur unter Kontrolle gehalten wird. Die Eingeborenen hatten den Glauben an böse Geister geerbt, die überall auf der Insel lebten; es gab Bezirke, die manche Eingeborenen niemals zu betreten wagten, vor allem nicht bei Nacht. Der Bürgermeister und Lazarus vertrauten mir an, es sei eine wahre Plage für die Insel.

Ich zerbrach mir den Kopf über dieses Problem und kam schließlich zu der Erkenntnis, der beste Feind des alten Aberglaubens sei ein neuer. Wer mir zutraute, ich hätte Kontakt mit seinen Ahnen, der müßte sich wohl auch damit abfinden, wenn ihre Botschaft über mich käme, die alten Tabus und Verwünschungen seien von Stund an aufgehoben. Ich grübelte und wälzte mich schlaflos eine Nacht lang auf meinem Lager. Dann stand mein Plan fest. Yvonne fand ihn verrückt, aber sie meinte, man könne es immerhin versuchen.

Am nächsten Tag hatte ich mit dem Bürgermeister und Lazarus eine lange Besprechung auf der Steinterrasse. Zunächst vertraute ich ihnen an, ich hätte mit den Geheimnissen des Tabus schon allerlei zu tun gehabt – was ja auch stimmte: ich war mit einem Kanu auf dem Vai Po, einem unterirdischen See in einer tabuumrankten Höhle auf der Insel Fatuhiva, herumgepaddelt, und ich war ungestraft in die Grabkammer einer tabuierten *Pae-pae*-Mauer hinuntergeklettert. Der Bürgermeister und Lazarus lauschten gebannt meinen Worten. Sie erfuhren von mir zum ersten Male, daß es auch noch andere Inseln gab, wo man unter Tabus zu leiden hatte. Ich kannte das ganze System zur Genüge, um den beiden zu imponieren, nicht zuletzt, da ich mit Geschichten aufwarten konnte, die mir Eingeborene auf Fatuhiva erzählt hatten. Sie enthielten eine wohlassortierte Auswahl von Unheil, das über alle jene hereingebrochen war, die die Tabus ihrer Vorfahren mißachtet hatten.

Don Pedro wurde bleich, ihn kam das Gruseln an. Er lächelte verschämt und gab zu, daß ihn mitten im warmen Sonnenschein friere, wenn er solche Dinge höre, denn genauso sei es auch hier gewesen. Er wußte von einer Familie zu berichten, die der Aussatz befallen, von einem Mann, dem der Hai den Arm abgebissen, von einer fürchterlichen Flutwelle, die alle Menschen in einem Schilfhaus verschlungen hatte, von mehreren, die irrsinnig geworden waren, weil die *Aku-akus* sie Nacht für Nacht zwickten und kratzten – und das alles nur, weil sie versucht hatten, das Tabu der Familienhöhlen zu durchbrechen.

»Und was ist dir auf Fatuhiva passiert?« fragte Lazarus gespannt.

»Gar nichts«, erklärte ich.

Er sah fast enttäuscht drein.

»Das kommt daher, weil du *Mana* hast.« *Mana* ist die Bezeichnung für eine Art magischer Substanz, eine Quelle übernatürlicher Kraft.

»Señor Kon-Tiki hat nicht nur *Mana*«, sagte der Bürgermeister hintergründig zu Lazarus, »er hat einen *Aku-aku*, der ihm Glück bringt.«

Schnell hakte ich ein.

»Freilich! Daher kann ich auch ohne weiteres in eine Tabuhöhle hinein. Es geschieht gar nichts.«

»Ja, dir passiert nichts, aber uns schon, wenn wir dir die Höhle zeigen!« Lazarus deutete auf sich und grinste verschmitzt.

»Nicht, wenn ihr mit mir geht. Mein *Aku-aku* ist auch für euch stark genug«, behauptete ich, aber das war für Lazarus zu schwer zu verdauen. Er wehrte sich: sein Familien-*Aku-aku* würde sich bestimmt an ihm rächen, das könne auch mein *Aku-aku* nicht verhindern. Nie im Leben aber würde es mir gelingen, die Öffnung allein zu finden, selbst wenn ich ihr so nah wäre wie er im Augenblick mir.

»Lazarus gehört einer bedeutenden Familie an«, mischte sich der Bürgermeister ein. »Sie hat mehrere Höhlen, sie ist reich.«

Lazarus spuckte stolz aus.

»Aber auch ich habe *Mana*«, erklärte der Bürgermeister und brüstete sich mit seiner übernatürlichen Kraft. »Mein *Aku-aku* ist es, der uns hilft, die Statue aufzurichten. In einer Höhle in einem kleinen *Ahu* in der La-Pérouse-Bucht habe ich noch drei *Aku-akus*. Einer hat die Gestalt eines Vogels.«

Wir wußten also nun alle drei voneinander, was für bedeutende Leute wir waren. Die beiden begannen um die Wette zu prahlen, wer besser Bescheid wüßte, was Glück und was Unglück bringt. Der Bürgermeister erzählte unter anderem, er habe mich beobachtet, wie ich einen Knoten in die Zeltschnur geschlagen habe. Dabei habe er sich davon überzeugen können, daß ich ein Eingeweihter sei, denn nur Eingeweihte machten den Knoten von rechts und nicht von links. Ohne es zu ahnen, hatte ich also bereits eine schwierige Hürde genommen.

Unsere Verbrüderung machte mich kühner, und ich wagte meinen letzten Vorstoß. Es sei mir klar, sagte ich, daß das Tabu der Familienhöhlen dazu diene, die Skulpturen der Vorväter zu beschützen. Sicherlich bringe es Unheil, wenn man die Figuren aus den Höhlen an Touristen und Seeleute verkaufe, die gar nicht wüßten, um welche Schätze es sich handle und sie vielleicht nach einiger Zeit sogar wegwürfen. »Wenn aber die Plastiken in die Hand eines Gelehrten kommen«, fuhr ich eindringlich fort, »der sie in ein Museum mitnimmt, dann bringt das Segen. Ein Museum ist wie eine Kirche. Die Leute dürfen sich dort nur vorsichtig umsehen, die Figuren stehen wohlbehütet in ihren Vitrinen. Niemand kann sie anrühren oder gar wegwerfen. Die bösen Geister werden mit den Figuren mitgehen, und man braucht dann auf der Insel keine Angst mehr vor ihnen zu haben.«

Ich fühlte, daß das auf Lazarus tiefen Eindruck machte. Die Wirkung blieb nicht aus: in der Nacht kratzte wieder jemand an der Zeltwand und flüsterte: »Kon-Tiki!« Diesmal war es nicht Estevan, sondern Lazarus. In einem Sack brachte er mir einen alten flachen Steinkopf mit grotesken Zügen und langem, dünnem Schnurrbart. Spinnweben hingen in den Löchern des Gesteins. Das Stück war weder gewaschen noch mit Sand gescheuert. Lazarus erzählte, es entstamme einer reichen Höhle bei Hanga-o-teo, in der er auch eine Steinkugel mit drei Gesichtern, merkwürdige

Oben: Eine nächtliche Zeremonie wurde abgehalten, bevor man mit der Arbeit an einer Steinstatue begann. Dabei vernahmen wir zum ersten Male den eigenartigen Gesang der Bildhauer aus dem Munde der direkten Nachkommen der Langohren.
Unten: Eine Statue wird im Steinbruch des Vulkans ausgehauen – zum ersten Male wieder seit Hunderten von Jahren. Im Vordergrung liegen die Steinbeile und die Flaschenkürbisse voll Wasser, die die gesamte Ausrüstung bei dieser Arbeit darstellen.

Mit einem Steinhaufen unter dem Bauch bewegt sich die Figur zur Seite und aufwärts, bis sie auf ihrem alten Platz auf der Plattform steht. Zwölf Mann haben sie in achtzehn Tagen mit Stangen und

Steinen aufgerichtet und damit endlich die Frage beantwortet, wie die Langohren einst ihre Statuen ohne moderne technische Hilfsmittel aufstellten.

Oben: Eingeborene schwimmen mit einer Binsenmatratze im Kratersee des Rano Raraku.
Unten: Dieses Fischerboot war ein ganz unglaubliches Fahrzeug. Es hatte den Vorteil eines Floßes, unsinkbar zu sein. Wie ein Schwan ritt es auf den Wellen.

Tiere und Menschen sowie Schiffsmodelle verwahre. Diese Höhle sei ein Vermächtnis seines Urgroßvaters; er teile das Eigentumsrecht mit seinen drei Schwestern. Da ihm diesmal kein Unheil zugestoßen sei, wolle er mit seinen beiden älteren Geschwistern reden, vielleicht würden sie ihm erlauben, mir mehr aus der Höhle zu bringen. Der jüngsten, die erst zwanzig Jahre zähle, brauche er nichts zu sagen, sie verstehe von solchen Dingen nichts. Lazarus fühlte sich sichtlich als Held, weil er in der Höhle gewesen war. Ich bekam allmählich heraus, daß seine Familie vier dieser geheimen Verstecke besaß. Das mit den *Rongo-rongos,* in dem Alberto gewesen war, mußte sogar ganz nahe bei jenem liegen, von dem er eben kam, aber nur Alberto wußte den Zugang. Dann gab es eines in den Klippen bei Vinapu, das kannte Lazarus auch, und dorthin wollte er in einer anderen Nacht gehen. Die vierte Höhle befand sich direkt in der Wand des Statuenberges Rano Raraku; sie gehörte drei verschiedenen Familien, von denen jede eine Abteilung für sich in Anspruch nahm. Ihr Zugang war Lazarus nicht bekannt, und er hätte sich auch nie hineingewagt, denn sie steckte voll von fremden Skeletten.

Ich erkundigte mich, ob sich die drei Familien nicht gegenseitig bestahlen. O nein, das sei gar kein Problem, meinte er. Jede Familie besitze ihren bestimmten Teil, und jede habe ihren eigenen *Aku-aku,* der darauf aufpasse.

Lazarus bekam einen Kleiderstoff für seine beiden älteren Schwestern mit und verschwand in der Nacht.

Am nächsten Tag stand der Bürgermeister wieder auf der Mauer und dirigierte seine Langohren, die sich an den Hebebäumen plagten. Kaltblütig, wie ein erfahrener Ingenieur, gab er seine Anweisungen. Mit keiner Miene hatte er verraten, ob auch er eine Höhle besaß. Das einzige, was er mir preisgegeben hatte, war die Existenz seines eigenen hilfsbereiten *Aku-aku* und die dreier freundlicher Kollegen aus dem Jenseits, die in einem *Ahu* in der La-Pérouse-Bucht hausten. Ich überlegte. Es müßte doch seltsam zugehen, wenn die Familie des Lazarus vier Höhlen hätte und der Häuptling der Langohren bloß eine! Aber es bedurfte wohl noch kräftigerer Medizin, um den Bürgermeister zum Reden zu bringen.

Im Laufe des Tages gelang es mir, die beiden wieder beiseite zu nehmen. Beiläufig fragte ich, ob viele Familien über geheime Höhlen verfügten. Der Bürgermeister räumte ein, es müsse eine ganze Menge geben, aber fast niemand wisse es genau von seinem Nachbarn. Die allermeisten seien sicher verlorengegangen, weil oft nur ein einziges Familienmitglied den Eingang kenne und damit die ganze Verantwortung trage. Sterbe dieser Auserwählte, ohne einen Nachfolger in das Geheimnis eingeweiht zu haben, dann finde man die Öffnung nie wieder. Zahlreiche Familienhöhlen seien auf diese Weise vergessen worden, erklärten die beiden. Und das bringe dann Unglück. Sie gaben mir damit ein neues Stichwort:

»Seht ihr, und das muß jetzt aufhören«, setzte ich ihnen auseinander.

»Wie ich euch schon sagte: man muß alle Sachen in ein Museum bringen, wo Tag und Nacht ein Wächter auf sie aufpaßt.«

Darauf wollte sich aber der Bürgermeister nicht einlassen; als die Sachen hergestellt worden seien, habe es ausdrücklich geheißen, sie müßten in geheimen Höhlen verborgen bleiben; von Häusern sei nicht die Rede gewesen.

»Die Schilfhütten waren eben nicht sicher genug«, argumentierte ich. »Höhlen boten damals natürlich den besten Schutz. Aber was nützt euch heutzutage der beste Schutz, wenn alles verlorengeht, weil niemand mehr den Zugang weiß? Die Tür eines Museums aber wird nie in Vergessenheit geraten.«

Noch immer war der Bürgermeister nicht ganz überzeugt. Die Worte seiner Ahnen wogen schwerer als all das *Mana*, das er mir zugestand. Schließlich verfügte er ja selbst über genügend *Mana* und *Aku-akus*, und nichts deutete darauf hin, daß die Vorväter ihre Ansicht geändert hätten.

Ich saß offenbar fest. Auch Lazarus sah jetzt nicht mehr so zuversichtlich drein. Da verfiel ich auf einen verrückten Plan. Es mußte doch möglich sein, für den abergläubischen Bürgermeister ein eindruckvolles Zeichen aus dem Jenseits zu beschaffen, das ihn überzeugte, die Ahnen hätten ihr todbringendes Tabu endlich aufgehoben.

Dicht beim Lager erhob sich ein alter *Ahu* mit gestürzten Statuen. Der einst klassischen Mauerterrasse hatte man schon in der Zeit der Umbauten, also in der zweiten Periode, übel mitgespielt. Die Arbeit war nie vollendet worden, und später waren dann noch zerstörerische Hände am Werk gewesen. Blöcke und Geröll lagen in großen Haufen auf dem Hang vor der Fassade verstreut. Bill war an einem Sonntag drüben gewesen und hatte die ramponierte Mauer inspiziert. Als er den Sand von einer Platte gewischt hatte, waren die Linien eines Reliefs zum Vorschein gekommen, die das Maul eines Wals darzustellen schienen. Ein mächtiger Block lag darüber und verdeckte den Rest der Figur. Bevor Bill zurück nach Vinapu ritt, erzählte er mir von seiner Entdeckung. Ich eilte mit dem Fotografen an die bezeichnete Stelle. Wir fanden nach längerem Suchen das Stück und legten es frei: es zeigte deutlich einen Wal von etwa einem Meter Länge. Zum Schutz drehten wir die Platte um, so daß die leere Rückseite nach oben kam. Nichts unterschied den Stein nun von den anderen Felsbrocken, die im Gelände umherlagen.

Das brachte mich auf eine Idee. Ich bat den Bürgermeister und Lazarus, mich um Mitternacht, wenn alles still und dunkel sei, im Lager zu besuchen. Wir würden eine kleine magische Sitzung abhalten, um die Ahnen zu bitten, sie möchten uns ein selbstgefertigtes Kunstwerk als Zeichen dafür emporsenden, daß sie nichts mehr gegen die Entschleierung ihrer Geheimnisse einzuwenden hätten.

Der Bürgermeister und Lazarus waren von der Einladung begeistert, und als alles im Lager schlief, kamen sie auf leisen Sohlen angeschlichen. Yvonne erschauerte bei dem Gedanken, was alles passieren könnte, wenn man meinen Plan durchschaute. Ich erklärte den beiden Männern, wir sollten uns in einer Reihe aufstellen, jeder den Vordermann bei den Schultern packen und dann langsam in einem großen Kreis herummarschieren. In diesem Ring würden wir am nächsten Morgen etwas finden, was die Ahnen selbst hergestellt und dort niedergelegt hätten, als Beweis für die Richtigkeit meiner Behauptung, daß niemand mehr wegen eines Tabubruchs von den *Aku-akus* bestraft würde.

Alsbald zogen wir los, ich voran, mit gekreuzten Armen, hinter mir der Bürgermeister, die Hände auf meine Schultern gelegt, und als letzter Lazarus. Ich sah im Dunkeln nicht, wohin ich meine Füße setzte, und stolperte unaufhörlich. Außerdem kämpfte ich mit dem Lachen. Die beiden in meinem Schlepp aber folgten mir todernst. Sie standen so sehr unter dem Eindruck der Zeremonie, daß sie mir, wäre ich gestürzt, sicher nachgepurzelt wären. Als wir nach beendeter Runde wieder vor meinem Zelt anlangten, verbeugten wir uns tief voreinander, ohne ein Wort zu wechseln. Dann huschten die beiden davon.

In der Morgendämmerung war der Bürgermeister schon zur Stelle und erzählte mir von zwei geheimnisvollen Lichtern, die sich in der Nacht vor Hotu Matuas Höhle gezeigt hätten. Da es sich nicht um die Scheinwerfer des Jeeps gehandelt habe, müßten es glückbringende Zeichen sein, meinte er.

Sobald das tägliche Programm für den Rest der Expedition anlief, ließ ich meine nächtlichen Begleiter holen. Ich bat sie, den allerbesten und ehrlichsten ihrer Genossen mitzubringen, damit er uns bei der Suche helfe. Der Bürgermeister wählte sofort seinen jüngsten Bruder Atan, einen kleinen Kerl mit Schnurrbart und großen, unschuldigen Augen, der mir naiv anvertraute, die Wahl sei auf den Richtigen gefallen, er sei ein guter Mensch mit einem Herzen wie Gold. Wenn ich ihm nicht glaube, könne ich jedermann im Dorfe fragen. Wir nahmen Atan mit zu den Steinhaufen und begannen zu suchen. Ich bat die drei, jeden Stein umzudrehen und nachzusehen, ob er nicht ein von ihren Ahnen geschaffenes Kunstwerk sei. Um die Sache noch etwas dramatischer zu gestalten und nicht allzu rasch auf den Wal zu stoßen, begannen wir an der entgegengesetzten Seite des Kreises.

Der Zufall wollte es, daß Atan beim Herumsuchen einen merkwürdigen Gegenstand aus rotem Stein fand. Bald darauf entdeckte ich selbst eine alte Steinfeile und eine hübsche kleine Axt aus Obsidian. Kurz danach tat Atan, der eben eine große Steinplatte umgedreht hatte und den Sand von der Unterseite wegwischte, einen Aufschrei. Der Bürgermeister, Lazarus und ich stürzten hinzu. Auf der Platte ließ sich klar das Relief eines Wales erkennen. Aber das war gar nicht der Wal, den ich kannte! Es mußte hier also zwei davon geben. Die Langohren kamen alle von der Steinstatue herübergelaufen, und vom Lager eilten der Koch, der Steward und der Fotograf herbei.

Unser Bürgermeister war außer sich, er atmete schwer, wie nach einem Hürdenlauf. Er und Atan murmelten Worte der Bewunderung über die Stärke, die mein *Aku-aku* bewiesen hatte. Lazarus wurde ganz feierlich. Er erklärte mit mühsam bewahrter Fassung, dieses Gelände habe seiner eigenen Familie und deren *Aku-akus* gehört. Alle Eingeborenen betrachteten mich wie ein Wundertier. Und ich genoß das Gefühl, die größere Überraschung noch in Reserve zu haben ...

»Habt ihr so eine Skulptur schon jemals gesehen?« fragte ich.

Nein, das hatte noch keiner. Aber es sei das alte Bild eines *Mamama niuhi*, eines kleinen Wals, darüber bestehe kein Zweifel.

»Gut, ich werde noch einen von der gleichen Art im Kreis auftauchen lassen«, erklärte ich. Der Bürgermeister schickte seine Männer wieder an die Arbeit. Nur wir vier setzten unsere Suche fort. Stein um Stein wurde umgedreht. Wir näherten uns dem Ziel. Da rief der Steward, der Lunch sei fertig. Ich befahl meinen Helfern, zu warten, bis ich wieder zurück sei. Meinen Wal wollte ich selbst entdecken.

Während wir beim Essen im Messezelt saßen, hörten wir plötzlich Rufen und Spektakel. Der Bürgermeister kam verzweifelt an und holte mich. Er hatte nicht bemerkt, daß zwei von seinen Leuten in den Kreis zurückgekehrt waren, um auf eigene Faust weiterzusuchen. Sie hatten noch einen Wal entdeckt und schleppten ihn eben in Hotu Matuas Höhle, um ihn mir später zu verkaufen. Der Bürgermeister war tief bekümmert. Da stand ich nun und rieb mir die Nase. Was, zum Kuckuck, konnte ich jetzt tun? Die Kerle verdarben mir den ganzen Erfolg! Wie sollte ich nun den Wal hervorzaubern, dessen eigenhändige Entdeckung ich garantiert hatte?

Lazarus holte die beiden Männer zurück. Widerstrebend schleppten sie den Wal wieder an den Fundort. Aber legten sie ihn nicht an eine ganz falsche Stelle? Neugierig ging ich mit dem Bürgermeister hinüber, und diesmal war es an mir, den Kopf zu schütteln und die Augen aufzureißen. Die beiden Burschen, die wie das verkörperte schlechte Gewissen vor uns standen, hatten einen dritten Wal entdeckt – nur von etwas kleinerem Format. Mein Wal lag immer noch an seinem Platz, mit der Kehrseite nach oben. Kein Mensch hatte ihn angerührt. Ich beruhigte meine Umgebung, es sei alles in schönster Ordnung. Es stehe uns noch ein viel größerer und schönerer Wal bevor.

Als wir die Suche fortsetzten und den letzten Abschnitt des Ringes erreichten, bemerkte ich, daß alle drei ausgerechnet an dem richtigen Stein vorbeigingen, während sie jeden anderen herumwälzten. Schließlich war der Kreis abgeschritten.

»Es ist nichts mehr da«, sagte der Bürgermeister, ziemlich enttäuscht.

»Den habt ihr ausgelassen?« fragte ich und zeigte auf den wichtigsten Stein.

»Den haben wir schon untersucht; du siehst ja, daß er mit der hellen Seite nach oben liegt«, erklärte Lazarus.

Da merkte ich erst, daß diese Naturkinder genau erkannten, ob ein Stein noch die ursprüngliche sonnendurchglühte Oberfläche zeigte. Dieser lag mit der hellen Schattenseite nach oben, und sie glaubten natürlich, einer von ihnen habe ihn schon in der Hand gehabt.

»Es spielt keine Rolle, ob ihr ihn schon umgedreht habt oder nicht. Dreht ihn eben noch einmal um.«

Lazarus half mir mit kräftiger Hand, und zusammen rollten wir den Block herum.

»Oh!« sagte Lazarus. Mehr brachte er nicht heraus. Er stand nur da und starrte und lachte verlegen, während Atan losbrüllte. Der Bürgermeister war wie elektrisiert und konnte nur stammeln:

»Tatsächlich! Tatsächlich! Was für ein starker *Aku-aku!*«

Wieder kamen die Langohren von der Statue und die Leute vom Lager angelaufen, um nun auch den dritten Wal zu besichtigen. Selbst die beiden jungen Diebe, die kurz vorher selber einen kleinen Wal entdeckt hatten, waren sichtlich beeindruckt. Der Fotograf und ich, also die Anstifter dieser ganzen Geschichte, hatten Mühe, unsere Gesichter in würdige Falten zu legen. Eroria schüttelte nur den Kopf und sagte ruhig zu mir, ich hätte eben Glück, wirklich Glück. Hingerissen betrachtete sie die drei Wale. Sie stand ja hier vor der reinsten Ahnengalerie, hatte sie doch der Vater gelehrt, daß sie in direkter Linie von einem Wal abstamme. Die alte Mariana aber wußte noch etwas anderes zu berichten. In der vergangenen Nacht habe Domingo bei ihnen geschlafen, der Bruder des Schafhirten Leonardo, in dessen Steinhaus auf der anderen Seite des Tales sie wohnte. Als er am Morgen erwacht sei, habe er ihr einen Traum erzählt, in dem Señor Kon-Tiki fünf Thunfische gefangen habe.

»Also fehlen noch zwei«, sagte der Bürgermeister schnell, und bevor ich mich umschauen konnte, begann die ganze Versammlung sämtliche Steine nochmals umzudrehen; einige versuchten es aus lauter Eifer auch außerhalb des Kreises. Alle hofften felsenfest, die beiden noch fehlenden Fische zu finden, damit Domingos Traum in Erfüllung gehe. Gegen Nachmittag kamen auch wirklich zwei Gravierungen von irgendwelchen Fischen ans Licht, die sofort als Wale akzeptiert wurden. Triumphierend legten die Eingeborenen die fünf Figuren der Reihe nach vor uns nieder.

Der Bürgermeister nahm einen kleinen Stein und zeichnete vor den Figuren einen geheimnisvollen Bogen in den Sand; dann bohrte er in der Mitte des Bogens ein Loch und sagte:

»Also los!«

Er und Lazarus stellten sich an der Linie auf und sangen ein Stück von Hotu Matuas altem Lied, wobei sie sich im Takt in den Hüften wiegten. Nach einer kurzen Pause kam dann die nächste Strophe, und so ging es noch eine Weile fort, bis schließlich der Abend kam und alle nach Hause gingen.

Früh am nächsten Morgen erschien Lazarus mit einem Sack über der Schulter. Er schmuggelte ihn unbeobachtet in mein Zelt, und als er ihn absetzte, klapperte es von Steinfiguren. Von diesem Tage an wurde er ein häufiger nächtlicher Besucher. Untertags arbeitete er mit den anderen, bei Nacht und Nebel aber schlich er sich aus der Wohnhöhle, stieg auf sein Pferd und ritt westwärts über die Hänge ... und am nächsten Morgen lag wieder ein Sack in meinem Zelt.

Drei Tage kämpfte der Bürgermeister mit sich, dann konnte auch er nicht mehr an sich halten. Wir zogen uns zu einer längeren Aussprache zurück. Er erzählte, er habe einen Freund, der eine große rote Statue in seinem Garten versteckt halte, die noch keine Nummer habe. Der Freund sei damit einverstanden, daß ich sie mit auf das Schiff nehme; sie solle mir Glück bringen. Betrübt erklärte ich dem Bürgermeister, ich hätte leider nicht das Recht, solche Statuen abzutransportieren, sie ständen unter Denkmalsschutz. Er war sichtlich enttäuscht und fühlte sich unbehaglich. So billig kam er also nicht davon! Steif saß er da und überlegte. Schließlich erklärte er, er werde mit seinen Leuten reden. Mehrere von ihnen hätten Familienhöhlen, vielleicht ließe sich etwas machen. »Aber du darfst nicht böse sein«, sagte er, »wenn jemand mit Steinen daherkommt, die frisch geputzt aussehen! Auch wenn die Besitzer vorgeben, sie hätten sie selber gemacht, darfst du nicht mißtrauisch werden. Die Leute haben nämlich Angst, offen von diesen Dingen zu reden. Außerdem waschen sie die Plastiken regelmäßig in der Höhle, um sie sauberzuhalten.«

Das sollten sie bleibenlassen, erklärte ich, dadurch würden die Feinheiten zerstört.

Da verschnappte sich der Bürgermeister zum erstenmal. Sein Vater habe ihm ausdrücklich aufgetragen, die Steine zu waschen, beteuerte er.

»Trotzdem darfst du nur den Staub wegblasen«, riet ich ihm, »nur dann tust du der Figur keinen Schaden.«

Der Bürgermeister fand, das sei eine vernünftige Idee. »Was du nicht alles weißt!« setzte er hinzu. »Ich werde deinen Rat weitergeben. Aber ich fürchte, es werden sich kleine Wurzeln und Insekteneier in der porösen Lava festsetzen, wenn wir ihn befolgen. In Höhlen, die niemand in Ordnung hält, gibt es viele gesprungene und zerstörte Figuren.« Er plauderte munter weiter und ehe er es sich versah, hatte er mir schon erzählt, daß er etwa jeden Monat einmal seine Figuren zu waschen pflege. Als ich diese Eröffnung, ohne mit der Wimper zu zucken, entgegennahm, sprudelte er alles, was er bisher ängstlich verschwiegen hatte, hervor:

»Als ältester Bruder trage ich die Verantwortung für vier Höhlen. Fünfzehn Nächte brauche ich für eine Waschungszeremonie. Meine Frau darf mir dabei nicht helfen, denn sie stammt aus einer anderen Familie. Ich muß immer allein in die Höhlen gehen und völlig stumm bleiben, solange ich mich darin aufhalte; ich darf nur rasch die Stücke an mich nehmen, die ich säubern will, dann muß ich schnell wieder ins Freie. Die Höhlen sind leider etwas feucht, Holzfiguren halten sich nicht darin. In einer bewahre ich auch Geld auf, Eisengeld. Ich habe ja auch zwei Höhlen der anderen Art geerbt,

Ana miro, die müssen voll von Holzsachen stecken, aber bis jetzt ist es mir noch nicht gelungen, ihre versiegelte Öffnung zu finden. Dreimal war ich schon an der bezeichneten Stelle und habe ein Huhn in einem Erdofen gebacken. Sein Duft sollte mir bei der Suche nach dem verborgenen Zugang helfen, doch es war umsonst. Jetzt will ich es aber noch einmal versuchen.« Zum Schluß eröffnete er mir, sein *Aku-aku* raune ihm schon eine gute Weile zu, Sachen aus den Höhlen zu holen und Señor Kon-Tiki zu geben, obwohl sein Vater ihm eingeschärft habe, nie und nimmer etwas daraus zu entfernen. Wenn er nur eine Hose, ein Hemd, ein ganz, ganz kleines Stück Kleiderstoff und vielleicht ein paar lumpige Dollars dafür bekäme, würde er sie in der Höhle verstecken und nur dann hervorholen, wenn ein armer Verwandter etwas von diesen Dingen brauchte. Und was dann geschähe, das würden wir schon sehen.

Es gab ein Fahrzeug, das in diesen Tagen die Eingeborenen über alle Maßen beschäftigte. Es war aus gelbem Süßwasserschilf zusammengebunden. Die Eingeborenen selbst hatten es in Anakena von Stapel gelassen. Nun lag es an Deck unseres Schiffes und leuchtete wie Gold in der Sonne.

Es handelte sich wieder einmal um eines unserer Experimente. Das Schifflein sollte mitten in das Netz von Geheimnissen hineinsegeln, das die Familienhöhlen umgab.

Es begann damit, daß Ed in den engen Ruinen von Orongo auf dem Bauch unter die Steinplatten kroch. Dort entdeckte er neue, noch unbekannte Wandmalereien. Bemerkenswerterweise tauchten darunter das typische indianische Motiv des weinenden Auges sowie mehrere Schilfboote mit Mast auf. Eines dieser sichelförmigen Fahrzeuge besaß Wanten und ein großes viereckiges Segel.

Es ist seit alters her bekannt, daß die Bevölkerung der Osterinsel einst dieselben merkwürdigen Ein- und Zweimannfahrzeuge aus Schilf herstellte, die die Inka-Indianer und deren Vorgänger seit unvordenklichen Zeiten längs der Küste von Peru verwendet hatten. Aber daß den alten Osterinsulanern jemals der Bau von Binsenschiffen gelang, die so groß waren, daß sie Segel tragen konnten, davon hatte noch niemand gehört. Mich interessierte das aus ganz besonderen Gründen. Am Titicacasee war ich auf ähnlichen Binsenfahrzeugen gesegelt. Dabei hatten uns die Bergindianer aus dem Ruinengelände von Tiahuanaco als Mannschaft gedient. Ich wußte also, daß diese Fahrzeuge äußerst tragkräftig waren und hohe Geschwindigkeiten erreichten. In der Zeit der Entdeckungen standen sie auch vor der peruanischen Küste auf dem offenen Meer in Gebrauch. Malereien auf Gefäßen der Vor-Inkazeit zeigen, daß bereits die ältesten Kulturvölker des Kontinents reguläre Schiffe aus Binsen hergestellt hatten, und zwar ähnlich wie die Ägypter ihre Papyrusboote. Flöße aus Balsa und bootförmige Fahrzeuge aus Süßwasserschilf bildeten die unsinkbaren Fortbewegungsmittel, die die Kulturvölker Perus für jeden Verkehr über See bevorzugten. Ich wußte auch, daß ein solches Binsenboot viele Monate schwimmen kann, ohne Wasser zu ziehen. Ein Schilfboot aus dem Titicacasee, das peruanische Freunde an die Küste des Stillen Ozeans gebracht hatten, glitt durch die Dünung wie ein Schwan und entwickelte dabei die doppelte Geschwindigkeit eines Balsafloßes.

Und jetzt fanden wir solche Schilfboote auf einer alten Deckenmalerei in Eds Ruinenhaus Nummer neunzehn, am Kraterrand des größten Vulkans der Osterinsel, wieder! Dabei konnten wir nicht nur mit einem Bild aufwarten, sondern auch mit den Binsen. Hinter dem Ruinendorf der Vogelmenschen lag ein stiller Kratersee mit Süßwasser, bedeckt von eigenartigen, riesigen Binsenbeständen. Dasselbe Schilf stand von jeher beim Volk der Osterinsel in Verwendung. Jeder Eingeborene konnte uns noch von den kleinen Fahrzeugen erzählen, die man *Pora* nannte und die die Konkurrenten sich anfertigten, wenn es galt, bei dem Wettrennen um das erste Ei des Jahres die Vogelinsel zu erreichen. Diese Binsen stehen im Rufe, eine botanische Kuriosität zu sein. Es handelt sich nämlich um ein besonderes amerikanisches Süßwasserschilf, dasselbe, das um den Titicacasee gedeiht und aus dem die Indianer ihre merkwürdigen Fahrzeuge herstellen. Auch an der wüstenhaften Küste Perus, wo Balsastämme nur unter Schwierigkeiten erreichbar sind, pflanzen die Bewohner es in künstlich bewässerten Sümpfen an, um jene traditionellen Schilfboote anfertigen zu können.

Wie hatte diese Süßwasserpflanze den riesigen Sprung auf das ferne Eiland geschafft?

Pater Sebastian und die Eingeborenen hatten ihre Antwort auf diese Frage bereit. Nach der Überlieferung handelt es sich so wie bei einigen anderen Pflanzen auf der Insel nicht um eine Wildform. Das Schilf soll vielmehr von ihren Vorfahren sorgfältig angepflanzt worden sein. Die Legende schreibt dies einem der ersten Einwanderer mit Namen Uru zu. Er brachte Wurzelstöcke mit, stieg in den Krater hinunter und pflanzte dort das erste Schilf; und als es sich ausbreitete, brachte er neuerlich Wurzeln, zuerst zu dem Kratersee im Rano Raraku und dann zum Rano Aroi. Das hohe Schilf gehörte zu den wichtigsten Pflanzen der Insel. Man verwendete es nicht nur, um Fahrzeuge herzustellen, sondern auch, um Häuser zu bauen, Matten, Körbe, Hüte zu flechten. Selbst heute noch steigen die Eingeborenen regelmäßig zum See hinunter und ernten dort das Schilf. Einmal erspähten wir sogar mit dem Feldstecher auf einer der blinkenden Wasserflächen mitten im Sumpf ein großes Binsenfloß, das sich ein paar Jungen als Badeinsel angefertigt hatten.

Ich bekam Lust, mir ein *Pora* herstellen zu lassen. Abgesehen von der primitiven Zeichnung hatte kein Mensch je gesehen, wie sich so ein Ding ausnahm und was es auf der offenen See taugte.

»Die Brüder Pakarati werden es sicher zustande bringen«, meinte Pater Sebastian interessiert, als ich mit meinem neuen Problem bei ihm auftauchte. »Diese vier alten Originale verstehen sich auf alles, was mit Booten und Fischfang zu tun hat.«

»Ja«, sagten Pedro und Santiago, Domingo und Timoteo, als ich mit meinem Anliegen an sie herantrat. Sie könnten ein *Pora* machen, aber ich müsse ihnen ein gutes Messer geben und genügend Zeit lassen, um das Schilf zu trocknen. Jeder der vier Alten bekam ein Messer, und damit zogen sie hinunter, an den Kratersee des Rano Raraku. Aber es habe zwei Formen gegeben, sagte mir der alte Timoteo, die eine sei für einen einzelnen bestimmt gewesen, der zur Vogelinsel paddeln wollte, um Eier zu holen, die andere für zwei Personen, die zum Fischen hinaus aufs Meer fuhren. Ich bat, mir von beiden Arten je eines anzufertigen. Das Rohr, das weit über Manneshöhe erreicht, wurde knapp über der Wurzel abgeschnitten und am Fuß des inneren Statuensteinbruchs zum Trocknen ausgebreitet. Dann ritten die vier Alten auf der Insel herum und suchten nach *Mahute-* und *Hau-hau-*Büschen, aus deren Rinde sich brauchbares Tauwerk drehen ließ, um das Schilf in der traditionellen Weise zusammenzubinden. Es dauerte eine halbe Ewigkeit, bis die Alten ihr Schilf getrocknet hatten, denn sobald sie sich aus dem Krater wegrührten, erschienen andere Eingeborene zu Pferde und stahlen dicke Bündel. Das Schilf diente als beliebter Rohstoff für Matten und Matratzen, und es war nun einmal viel einfacher, sich mit bereits fertig geschnittenem zu versorgen, statt mit dem, das noch fest auf seinen Wurzeln draußen im Sumpf stand.

Arne hatte im Rano Raraku eine neue Entdeckung gemacht. Er hatte den Körper einer Figur freigelegt, von der nur der Kopf aus der Erde ragte, und dabei war auf der Brust des Riesen ein gewaltiges Binsenboot mit drei Masten und mehreren Segeln zum Vorschein gekommen. Vom Deck des Schiffes führte eine lange Leine zu einer Schildkröte hinunter, die auf dem Bauch des Riesen prangte. Er zeigte mir seinen neuen Fund, wobei uns seine gesamte eingeborene Mannschaft umringte. Alle strahlten vor Stolz und Ehrfurcht über das alte Fahrzeug, das da mitten auf dem Bauch des *Moai* eine Schildkröte fischte. Sie ließen es sich nicht nehmen, daß dies Hotu Matuas Schiff sei, denn bei seiner Landung auf der Insel hätten sich mehrere hundert Menschen an Bord seiner beiden Fahrzeuge befunden, die so geräumig gewesen seien, daß sich Orio, Hotu Matuas schlimmster Feind, als blinder Passagier auf dem einen habe verstecken können. *Honus* oder Schildkröten gebe es heute auf der Insel nicht mehr. Aber damals, als Hotu Matua landete, sei einer seiner Leute, bei dem Versuch, ein Riesenexemplar auf dem Strand von Anakena zu fangen, verwundet worden.

Wieder machten die Geschichten von den Taten ihrer Vorväter die Runde, und ich bekam Bruchstücke jener bekannten Legenden um Hotu Matua vorgesetzt, die schon Pater Roussel und Paymaster Thomson gegen Ende des vorigen Jahrhunderts aufgezeichnet hatten.

Jeder von uns sah, daß wir in dieser Zeichnung einen ganz ungewöhnlichen Schiffstyp und sicher keinen europäischen Segler vor uns hatten. Es war freilich nicht ganz leicht, sich vorzustellen, daß einst ein Kulturvolk auf der Osterinsel so große Fahrzeuge – mit mehreren Masten – bauen konnte. Aber wer hätte den gleichen Leuten zugetraut, daß sie Riesenstatuen in Höhe von vierstöckigen Häusern schufen? Wäre ihr Material nicht Stein gewesen, der als Zeuge für ewige Zeiten stehenblieb, so würde heute niemand an diese Leistung glauben. Diese begabten Techniker aber waren trotz ihrer Liebe zum Stein nicht bloß Bildhauer, sie müssen auch Seefahrer von internationalem Format gewesen sein, sonst hätten sie gar nicht auf diese entlegenste Insel der Welt gefunden, wo sie jahrhundertelang in Frieden ihre Kolosse herstellen konnten. Wenn sie *Totora*-Schilf zur Verfügung hatten und es zum Bau ihrer kleinen Flöße verwendeten, dann ist es im Grunde nicht so unwahrscheinlich, daß sie daraus auch Binsenflöße für den Überseeverkehr anfertigten.

Die ersten Europäer, die die Osterinsel erreichten, berichteten nichts über den Bau von Schiffen. Freilich haben sie auch die Herstellung der Statuen nicht mehr erlebt. Die einzigen Fahrzeuge, die sie zu sehen bekamen, waren winzige Flöße aus Binsen und sehr kleine, schmale Kanus, die zwei oder höchstens vier Mann bei ruhiger See tragen konnten. Aber die Europäer erschienen erst in der dritten, barbarischen Periode, als Krieg und innere Zwistigkeiten das alte Kulturerbe zerstört hatten und blutige Fehden jede Zusammenarbeit zwischen den Sippenverbänden, die sich meist in der Nähe ihrer Zufluchtsstätten aufhielten, verhinderten. Unter solchen Umständen konnten die Leute gar nicht zusammenkommen, um Schiffe zu bauen. Deshalb vermochte die Wissenschaft bisher lediglich zwei bescheidene Typen auf der Osterinsel feststellen, ein »polynesisches« Auslegerkanu, *Vaka ama*, und ein »südamerikanisches« Binsenfloß, *Pora* genannt, die beide so klein sind, daß sie niemals Menschen über den Ozean auf diese ferne Insel gebracht haben können. Aber in den Legenden der Eingeborenen lebt die Erinnerung an gewaltige Fahrzeuge, die in der stolzen Zeit ihrer Väter zu weiten Reisen Verwendung fanden. Pater Roussel hatte man im vorigen Jahrhundert von Schiffen erzählt, die vierhundert Menschen aufnehmen konnten und deren Bug in einem hohen Schwanenhals auslief. Der gegabelte Achtersteven soll ebenso hoch gewesen sein. Viele Schilfboote, die wir auf prähistorischen Gefäßen in Peru abgebildet finden, sehen genauso aus. Die Überlieferungen der Osterinsel wissen aber auch noch von anderen Schiffstypen zu berichten. Pater Sebastian erfuhr, daß es auch ein gewaltiges Fahrzeug gegeben haben soll, das in seiner Form an ein flaches Floß oder an einen Leichter erinnerte. Es hieß *Vaka poepoe* und wurde verwendet, wenn sich die alten Kapitäne mit starker Besatzung auf große Fahrt begeben wollten.

Da nun sowohl Ed als auch Arne je ein Schilfboot entdeckt hatten, waren wir jedesmal wie elektrisiert, wenn wir irgendwo eine bootsförmige Figur zu bemerken glaubten. Auf den Statuen und an den Wänden des Steinbruchs fanden wir mehrere Zeichnungen von Booten, auf denen sich die Schilfbündel deutlich erkennen ließen, und Bill fand ein Schiff, das mit Mast und viereckigem Segel ausgerüstet war. Auf der Unterseite einer gestürzten Statue von zehn Meter Länge entdeckte Carl die Abbildung eines Schilfbootes, dessen Mast durch den Nabel der Figur lief, und droben in Orongo fand Ed die Darstellung eines anderen Schiffes, das auf dem mittleren seiner drei Masten ein kleines, rundes Segel führte.

Der Zufall wollte es, daß wir noch handgreiflichere Beweise für die frühere Existenz solch großer Fahrzeuge erhielten. An vielen Enden der Insel gab es breite, sorgfältig gepflasterte Wege, die zum Strand hinunterliefen und im Meer verschwanden. Diese geheimnisvollen Anlagen haben im Laufe der Zeit zahllose Spekulationen und phantastische Theorien hervorgerufen. Sie sind eines der grundlegenden Argumente für alle jene, die glauben, die Osterinsel sei nur der Rest eines versunkenen Kontinents. Die gepflasterten Straßen, erklärten sie, führten ohne Zweifel am Meeresgrund weiter, und wenn es möglich wäre, sie zu verfolgen, dann käme man zu den Ruinen des versunkenen Kontinents Mu – so zumindest hatten mir phantasievolle Gemüter geschrieben, ehe ich zur Osterinsel ausgezogen war. Was konnte uns hindern, diese geheimnisvollen Wege in die Tiefe hinein zu verfolgen? Zu unserem Expeditionsstab gehörte auch ein Froschmann. Wir ritten mit ihm zu einer der Stellen, wo ein solcher Weg im Wasser verschwand. Es war ein köstlicher Anblick, den Froschmann in grüner Montur, mit Kuppelhelm und Sauerstoffschnabel, den Weg nach Mu hinabwandern zu sehen, wobei seine Froschfüße über das Pflaster platschten. In den Händen schwang er einen brandroten Kamerabehälter, in dem man eine Laterne vermutet hätte. Er winkte uns noch huldvoll zu, bevor er die trockenen Steinplatten verließ und geradewegs ins Meer in Richtung Mu weitermarschierte. Bald sahen wir nur noch seinen Sauerstofftank und ein paar zappelnde Flossenfüße, dann war der ganze Froschmensch verschwunden, und nur einzelne Luftblasen, die an der Oberfläche zerplatzten, zeigten, wohin seine Wanderung ging. Offenbar aber führte keine gerade Straße nach Mu. Bald bewegten sich die Blasen nach links, dann machten sie kehrt und probierten es rechts, und so ging es vor und wieder zurück, in Kreisen und Spiralen, bis schließlich der Froschmann seinen Kuppelhelm mit dem Schnabel aus dem Wasser hob, um sich nach dem Weg an Land neu zu orientieren. So trieb er es weiter, kreuz und quer, bis er schließlich resignierte und zu uns zurückkehrte.

»Schlechte Wegmarkierung da unten, wie?«

»War denn kein Meermädchen da, das du fragen konntest?«

Boshafte Bemerkungen hagelten auf den Armen nieder. Er hatte überhaupt keinen Weg gesehen. Die Pflasterung führte nur bis zum Wasserspiegel. Darunter gab es lediglich das absinkende Ufer, Geröll in allen Größen, Korallen und tiefe Spalten, bis der felsige Meeresboden jäh in blaue Tiefen abfiel, wo gewaltige Fischleiber schimmerten.

Das überraschte uns nicht besonders. Längst haben Meeresforscher die Sedimente des Stillen Ozeans durch Bohrungen untersucht und festgestellt, daß sich in dem Raum um Polynesien seit dem Bestehen des Menschengeschlechts die Landmassen weder gehoben noch gesenkt haben. Also mußte ich mich wieder an die einheimische Überlieferung halten. Niemand konnte sich zwar erinnern, wozu man diese breiten, gepflasterten Bahnen verwendet hatte, aber sie trugen einen einheimischen Namen: *Apapa*. *Apapa* bedeutete soviel wie »löschen, ausladen«, und das bestärkte uns in unserer Vermutung, daß dies Landungsplätze oder Rampen seien, wo man große Fahrzeuge, die von See kamen, an Land ziehen konnte. Eine andere *Apapa* führte vom Fuß einer großen Tempelplattform an der Südküste in eine seichte Bucht hinunter. Die Seefahrer der Vorzeit hatten einen breiten Kanal angelegt, um ungehindert von Felsbrocken und Geröll die Landungsstelle erreichen zu können. Mitten in diesem Kanal aber lagen drei riesige rote Haarschöpfe aus Stein, zwei davon so eng beieinander, daß man wohl annehmen konnte, sie seien im gleichen Schiff transportiert worden. Das aber bedeutet, daß die Boote so groß waren, daß jedes Fahrzeug zwei Steinzylinder – einen am Bug, den anderen am Heck – laden konnte. Dieser Fund lieferte uns aber auch den Beweis, daß die Bildhauer der Vorzeit einen Teil ihrer Lasten auf dem Wasserweg entlang der Küste zu transportieren pflegten. Sie besaßen demnach offenbar Fahrzeuge, die zwanzig Tonnen tragen konnten, also – ohne eine solche Steinlast – etwa zweihundert Menschen faßten! Später stellten wir auch Anzeichen fest, daß man ganze Statuen auf dem Wasserweg verfrachtet hatte. Man lud sie an Stellen aus, wo nur ein breites, flaches Floß, aus Baumstämmen oder Binsen, sich mit einem solchen Gewicht der Küste nähern konnte.

Während wir Stück um Stück das merkwürdige Seefahrtswesen der Insel rekonstruierten, arbeiteten die vier alten Männer mit ihrem *Totora*-Schilf im weiten Rund des Rano Raraku. Als die Halme getrocknet waren, stellte jeder ein *Pora* her. Durch eine bestimmte Methode des Zusammenbindens wurde die Form so spitz und krumm, daß sie an einen überdimensionalen Stoßzahn erinnerte. Es war ein merkwürdiges Bild, die vier, jeden mit seinem Fahrzeug auf dem Rücken, dem Wasser zuwandern zu sehen. Besonders seltsam berührte es, hier vollkommene Kopien jener erstaunlichen Einmannboote wiederzufinden, die viele Jahrhunderte hindurch für die Küstenkulturen Perus charakteristisch waren. Tatsächlich wurden ja auch sie aus südamerikanischem Süßwasserschilf hergestellt.

Als sich die vier Alten dann der Arbeit an dem größeren Zweierboot zuwandten, übernahm Timoteo mit sicherer Hand die Bauleitung. Ohne seine Befehle waren die anderen drei ziemlich hilflos. Ich fragte sie nach dem Grund dafür, und sie erwiderten mir, Timoteo sei der Älteste, deshalb wisse nur er, wie ein solches Boot auszusehen habe. Ich wunderte mich ein wenig über die Antwort, aber erst eine gute Weile später ging mir ihre Bedeutung auf.

Als das kanuförmige Zweimannboot in Anakena vom Stapel lief, erinnerte es in seiner Konstruktion auffallend an die Binsenboote des Titicacasees, mit einer Ausnahme, daß nämlich Bug und Heck zu langen Spitzen ausgezogen waren, die schräg in die Höhe ragten, was nur bei den urtümlichsten Formen an der peruanischen Küste der Fall ist. Die beiden älteren Brüder nahmen ihre Paddelruder und sprangen an Bord. Spielend leicht tanzte das Fahrzeug durch die anrollende Brandung aufs offene Meer hinaus, balancierte auf den hohen Kämmen und meisterte die Wellen wie eine Luftmatratze. Trocken und sicher saßen die beiden Alten darauf. Die zwei anderen stürzten sich mit ihrem Einmann-*Pora* ebenfalls in den Gischt und überließen sich der Gewalt des Meeres. Mit Brust und Bauch lagen sie auf dem breiten Ende ihres gewaltigen »Stoßzahns«, mit Armen und Beinen rudernd, schoben sie sich durch das Wasser. Das Zweierboot nahm die See so sicher und elegant, daß nach der ersten Versuchsfahrt alle vier es bestiegen; mit ihren vier Paddeln kämpften sie selbst gegen die größten Wellen erfolgreich an.

Pater Sebastian und Don Pedro standen mit mir am Strand. Wir waren alle gleichermaßen fasziniert und begeistert. Die riesige Steinstatue der Langohren gab dem Schauspiel einen grandiosen Hintergrund. Der Bürgermeister starrte gebannt, mit Tränen in den Augen, auf das goldgelbe Fahrzeug draußen auf dem Meer, mit seinen vier taktfesten Paddeln. »Unsere Großväter haben von solchen Booten erzählt, genau von solchen, aber das ist das erstemal, daß einer von uns so etwas zu sehen bekommt. Es bringt uns unsere Vergangenheit so nahe, ich fühle das hier!« Und er schlug sich bewegt an die Brust.

Als Timoteos Zweimannboot mit seiner vierköpfigen Besatzung wieder zurückkehrte, kletterte einer unserer größten und schwersten Matrosen auf das Heck – ohne daß das Fahrzeug Anstalten machte zu kentern. Konnte dieses winzige Schilfboot fünf ausgewachsene Männer tragen, was hätte dann die alten Meister der Technik abhalten sollen, in den drei Kraterseen der Insel genügend Schilf für die Herstellung eines großen, seetüchtigen Schiffs zu schneiden?

Pater Sebastian war ganz überwältigt. Die Alten der Insel hatten ihm von diesen merkwürdigen Booten erzählt, aber nun verstand er erst richtig, was sie gemeint hatten. Er erinnerte sich nun auch, die Abbildung eines solchen Fahrzeugs in einer Höhle auf der Halbinsel Poike gesehen zu haben.

»Dies ist nur ein Fischerboot«, sagte der Bürgermeister, »stellt euch vor, wie erst jene Boote aussahen, auf denen die alten Könige auf große Fahrt gingen!«

Ich fragte ihn, ob er auch etwas davon wüßte, daß diese Schiffe groß genug gewesen seien, um Segel zu verwenden. Zu meinem Erstaunen antwortete er, ohne zu überlegen, die Segel seien Schilfmatten gewesen. Wieder einmal verschlug es mir die Rede, denn der Bürgermeister begann nun, ein Segel aus senkrechten Binsenbüscheln in den Sand zu zeichnen. Es sei eine Kleinigkeit, so ein Segel herzustellen, erklärte er. Man brauche bloß die Halme so zu verbinden, wie dies unlängst Domingo gemacht habe, als er eine Matte für mich anfertigte.

Ich wußte, daß die *Totora*-Boote am Titicacasee seit alters her Segel aus Binsen verwendeten, nur standen die Büschel quer zum Mast und nicht parallel wie hier.

»Woher weißt du, daß die Boote solche Binsensegel hatten?« fragte ich verwundert.

»Ach, Don Pedro weiß viel!« antwortete er mit einem stolzen, hintergründigen Lächeln.

Das war gerade in den Tagen, als mir Estevan noch Steine aus seiner Höhle brachte, und in der Nacht zuvor war Lazarus mit seinem ersten Steinkopf gekommen. Er erzählte mir nun in seinem Eifer, unter vielen anderen Dingen, die er in seiner Höhle gesehen habe, seien auch kleine Schiffsmodelle. Eines davon erinnere an das Fahrzeug, das Timoteo vom Stapel gelassen habe. Kaum hatte ich das gehört, ergriff ich die Gelegenheit beim Schopf und nahm mir Estevan beiseite. Seine Frau hatte gerade bei mir anfragen lassen, ob ich etwas Bestimmtes aus der Höhle haben wollte. Da ich jetzt von Lazarus wußte, daß er in seinem Familienversteck Schiffsmodelle besaß, bat ich Estevan aufs Geratewohl, von seiner Frau eines der Boote zu verlangen, die sie in der Höhle aufbewahrte. Estevan machte zwar große Augen, aber nach Arbeitsschluß galoppierte er folgsam zum Dorf hinüber. Mitten in der Nacht stand er wieder vor mir und holte fünf saubere Skulpturen aus seinem Sack. Die erste, die er aus ein paar trockenen Bananenblättern wickelte, war das sichelförmige Modell eines Schilfbootes. Wie ihm seine Frau gesagt habe, sei ein noch viel schöneres Schiff in der Höhle, auf dem alle Zurringe deutlich wiedergegeben seien; Bug und Heck dieses Modells, spitz und hoch, liefen in einen Götterkopf aus.

Ich saß wie auf Nadeln, denn es war die Nacht, in der ich Lazarus und den Bürgermeister erwartete, die mit mir im Kreis um den vergrabenen Wald herumtraben sollten. Ich ahnte nicht, daß Estevan, der endlich im Dunkeln verschwand, in der folgenden Zeit ausbleiben würde.

Lazarus selbst konnte sich in dieser Nacht nicht davonstehlen, um mir ein »Boot« aus seiner Schatzkammer zu holen, denn als er nach der magischen Zeremonie zu seinen Freunden in die Höhle Hotu Matuas zurückkehrte, lag der Bürgermeister noch lange wach und sah geheimnisvolle Lichter und andere mystische Zeichen vor der Öffnung der Höhle.

In der Nacht nach der Entdeckung der Wale versuchte Lazarus, sich fortzuschleichen. Als er über seine schlafenden Freunde hinwegturnte, wachte einer auf und zog rasch die Beine an, denn es bedeutete Unglück, wenn jemand über einen wegstieg. Schlaftrunken fragte er, wohin Lazarus eigentlich wolle. Dieser schützte ein dringendes Geschäft vor und eilte davon. Hinter dem nächsten Hügel graste sein Pferd, er schwang sich in den

Sattel und ritt zur Höhle im Hanga-o-teo-Tal. Im Morgengrauen schob eine Hand einen Sack in mein Zelt, ein wenig später kam Lazarus hereingekrochen. Er hockte sich auf den Boden und zog aus dem Sack die Steinskulptur eines stoßzahnförmigen Einmann-*Pora* mit realistisch angedeuteten Zurringen hervor. Er erzählte, es lägen noch drei weitere Modelle in der gleichen Höhle, aber keines davon gleiche so sehr dem von Timoteo angefertigten Fahrzeug wie dieses. Außerdem brachte er mir ein alligatorähnliches Ungeheuer und eine elegante rote Steinschüssel, deren Rand drei Menschenköpfe zierten.

Lazarus bekam in dieser Nacht eine reichliche Belohnung, und ich bat ihn, mir auch die anderen Boote zu bringen. Das tat er drei Nächte später. Das eine war das Modell eines regelrechten Schiffs mit breitem Deck, hochgetürmtem Bug und Achtersteven; Deck und Seiten bestanden aus dicken, zusammengebundenen Binsenrollen. Das andere Fahrzeug war ein *Vaka poepoe*, breit und flach wie ein Floß oder Leichter, mit Mast und Segel, alles aus Stein gemeißelt. Auf dem Vordeck erhoben sich dicht nebeneinander zwei Kuppeln, deren Bedeutung ich mir nicht erklären konnte. Das dritte Stück war gar kein richtiges Schiff. Es erinnerte eher an ein längliches Faß, sollte aber offenbar aus Schilf sein, hatte ein Loch für den Mastbaum in der Mitte und eigenartige Köpfe an den Enden, die in Vertiefungen an der Innenseite von Bug und Heck saßen und wohl einst zum Mast hinaufstarrten. Der eine Kopf glich einem Posaunenengel; mit seinen dick aufgeblasenen Backen und gespitzten Lippen schien er kräftig in die Segel zu pusten. Das Kopfhaar ging in die Schilfbüschel der Außenseite über. Die Skulptur war uralt, Motiv und Stilart auf der Insel absolut fremd. Als ich Lazarus über die Steine ausfragte, wehrte er bloß mit der Hand ab, ohne irgendeine Erklärung zu geben. So seien sie eben, mehr könne er nicht sagen. Aber es gebe noch viele, sehr viele merkwürdige Dinge in der Höhle, und da er nun sehe, daß ihre Entfernung kein Unglück bringe, wolle er mich eines Tages dorthin mitnehmen. Er stelle nur eine Bedingung: niemand im Dorfe dürfe von unserem Vorhaben erfahren.

Der Bürgermeister hatte mir bisher, abgesehen von seinen stereotypen Holzfiguren, überhaupt noch nichts gebracht. Am Abend vor der Ankunft des chilenischen Kriegsschiffes rief ich ihn in mein Zelt. Es war meine letzte Chance, denn er wollte mit dem Schiff nach Chile fahren, und niemand, nicht einmal seine eigene Frau, kannte den Zugang zu seinen geheimnisvollen Höhlen. Ich hatte daher eine wirklich schöne Überrraschung für ihn vorbereitet, teils in der egoistischen Hoffnung, er würde mir dies Bemühen irgendwie vergelten,teils aber aus reiner Sympathie. Er verdiente zweifellos eine besondere Anerkennung für all das, was er uns gelehrt hatte. Also ließ ich, als er in das Zelt trat, die Seitenwände herunter, drehte den Lampendocht klein, bis es halb dunkel wurde, und beugte mich flüsternd zu ihm hinunter. Mein Gefühl sagte mir, daß sich ihm in diesem Augenblick die Haare einzeln aufstellten. Er ahnte, daß wieder einmal etwas Geheimnisvolles bevorstand. Ich hauchte ihm zu, mein *Aku-aku* habe mir mitgeteilt, der Bürgermeister würde für seine Seereise zum Festland hinüber allerhand brauchen. Jetzt wolle ich, dem Rat meines *Aku-aku* gehorchend, ihm genau das überreichen, was er am nötigsten brauche. Ich holte meinen feinsten Koffer hervor, den ich ihm zum Geschenk machte, und darein legte ich, säuberlich geordnet: ein Reiseplaid, ein Bettuch, Handtücher, einen warmen Pullover, zwei Paar Khakihosen, zwei Hemden, Krawatten, Strümpfe, Taschentücher, Schuhe und Toilettenartikel jeglicher Art, von Kamm und Seife bis zu Zahnbürste und Rasierzeug. Auch einen Rucksack voll Kochgerät und anderen Ausrüstungsgegenständen gab ich ihm mit, falls er sich selbst versorgen wollte, mehrere Kartons seiner Lieblingszigaretten und eine Brieftasche mit chilenischen Pesos, damit er sich die ersten Monate in dieser fremden, unbekannten Welt über Wasser halten könne. Dazu kam noch Kinderwäsche und eines von Yvonnes besten Kleidern als Geschenk für seine Frau. Zuletzt zog ich ein ausgestopftes Kaiman-Baby von etwa einem halben Meter Länge hervor, das mir ein Neger in Panama aufgeschwatzt hatte. Estevan und Lazarus hatten mir ähnliche Steinplastiken aus ihren Familienhöhlen gebracht. Auch eine der üblichen Schnitztypen der Insel, die den Namen *Moko* trägt, stellt ein solches Tier dar. In ganz Polynesien kennt man ein legendäres Fabeltier dieses Namens, obgleich die einzigen Geschöpfe auf den Südseeinseln, die daran erinnern, winzige Eidechsen sind. Man hat daher häufig angenommen, daß der geheimnisvolle *Moko* der Osterinsel eine Erinnerung an richtige Alligatoren darstelle, die die Seefahrer der Vorzeit an der tropischen Küste Südamerikas gesehen hatten.

Ich überreichte mein ausgestopftes Tier dem Bürgermeister und sagte: »Den kannst du als Wächter in deine Höhle setzen, während du drüben auf dem Kontinent bist.« Als ich die Gaben Stück für Stück hervorgezogen hatte, war der Bürgermeister bereits fassungslos vor Staunen gewesen; nun aber geriet er vollends in Ekstase und krächzte, er habe in seiner Höhle eine Steinfigur genau der gleichen Art wie dieses Tier. Die wolle er mir bringen. Dann suchte er vergeblich nach Worten des Dankes. Er schüttelte mir beide Hände und stammelte nur immer wieder, mein *Aku-aku* sei *»muy bueno, muy muy muy bueno!«*

Draußen herrschte rabenschwarze Nacht, als er schließlich selig aus dem Zelt schlüpfte und seinen treuen Freund Lazarus herbeirief, der ihm helfen sollte, die Sachen zu den wartenden Pferden hinüberzutragen. Dann setzten sie sich in Trab, um die übrigen auf dem Wege zum Dorf einzuholen.

Die stummen Wächter der Höhlen

Als der große chilenische Truppentransporter am Horizont erschien, stand die Sonne noch tief über dem Meer und tauchte die Klippen an der Küste in leuchtendes Gold und spukhafte Schatten. Breit, flach, grau in grau, mit einem Turm voll technischer Finessen mittschiffs, wuchs der Riese uns entgegen, sei langer Zeit der erste Bote der Außenwelt, eine Mahnung, daß noch immer Land hinter allen Horizonten lag. Ikos Graben hatte der Wind zugeweht, der Mensch hatte seine Waffen gewechselt.

Wir trafen die »Pinto« dicht hinter den Vogelinseln. Auf ihren Geschütztürmen und Decks wimmelte es von Menschen. Als wir den Transporter längsseits hatten, ließ unser Kapitän die Sirene ertönen. Mit Senken und Heben der Flagge grüßten wir den hohen Besuch. Das Kriegsschiff antwortete mit einem Kanonenschuß, wobei am Großmast die norwegische Flagge in die Höhe ging. Wir freuten uns über diese liebenswürdige Geste, schlugen einen Halbkreis und liefen so hohe Fahrt, wie unsere Maschine nur hergeben konnte. Der kleine Grönland-Trawler eskortierte den friedlichen grauen Riesen bis vor den Ankerplatz von Hangaroa. Dort war jung und alt auf den Beinen und drängte sich an der Mole. Die »Pinto« sandte einundzwanzig Schuß als donnernden Salut zur Insel hinüber, und schon löste sich die Barkasse des Gouverneurs vom Land. Er begab sich an Bord des Kriegsschiffes, um den Kommandanten im Schutzgebiet der Marine willkommen zu heißen.

Zwanzig Minuten später stieg ich, begleitet vom Kapitän und vom Expeditionsarzt, in unser Motorboot. Wir wurden auf der »Pinto« mit größter Herzlichkeit empfangen. Ein Fanfarenstoß ertönte, als wir anlegten, und Kommandant und Gouverneur standen droben am Fallreep, um uns zu begrüßen. Im Salon lernten wir dann einen chilenischen Admiralarzt sowie den amerikanischen Marineattaché mit Gattin kennen, der die Möglichkeit erkunden sollte, auf der Osterinsel eine Flugbasis als Stützpunkt für eine projektierte Fluglinie zwischen Südamerika und Australien einzurichten. Bei einem Cocktail dankte ich mit einer kleinen Rede für die vorbildliche Gastfreundschaft, die mir der Gouverneur und seine Leute Tag für Tag erwiesen. Der Kommandant erwiderte mit herzlichen Worten, wünschte uns für die Zukunft ebensoviel Glück, wie wir bisher gehabt hatten, und versicherte, er wolle uns gern aushelfen, falls der Expedition irgend etwas fehle. Dann ließ er zwei große Postsäcke heraufschaffen, auf die sich Kapitän und Doktor gierig stürzten. Damit waren alle Formalitäten erledigt, die Basis für ein angenehmes, geselliges Zusammensein auf der Insel war geschaffen.

Kurz danach öffnete sich die Tür, und herein marschierte unser Bürgermeister in frisch gebügeltem Hemd mit Krawatte, dahinter Lazarus und ein halbes Dutzend auserwählter Eingeborener – die Delegation der Inselbevölkerung. Don Pedro eilte auf den ernsten, goldbetreßten Schiffskommandanten zu, schüttelte ihm kräftig die Hand und verkündete mit erhobener Stimme und weit ausholenden Gebärden, das sei ein Kapitän, wie es sich gehört: es sei das erstemal, daß man beim Anlaufen der Insel Salut geschossen habe.

Dann nahm er stramme Haltung an, als habe er ein Lineal verschluckt, und legte die Finger an die Hosennaht. Während die Seinen ebenfalls zu Salzsäulen erstarrten, schmetterte er die chilenische Nationalhymne aus vollem Hals direkt ins Ohr des Kommandanten. Unmittelbar darauf verwandelte sich die Schar in die reinste Jazzband und trug mit wiegenden Schultern und weichen Knien ihren alten rhythmischen Königsgesang von Hotu Matuas Landung in Anakena vor. Kaum war die letzte Strophe verklungen, da fiel das Auge des Bürgermeisters auf mich. Er duckte sich wie eine Katze zum Sprung, wies mit dem Zeigefinger auf mich und rief mit Pathos:

»*Mon amigo*, Señor Kon-Tiki!«

Wie auf Signal steckten er und seine Gefolgschaft die Hände in die Hosentaschen, holten Packungen mit amerikanischen Zigaretten der verschiedensten Marken hervor und hielten sie dem Kommandanten unter die Nase. Hier konnte er sehen, was für herrliche Dinge wir der Insel gebracht hatten. So gehörte sich das und nicht anders!

Der Kommandant ließ das Ganze mit stoischer Ruhe über sich ergehen. Als dann das Tablett mit den Cocktails wieder hereingebracht wurde und auch die Neuankömmlinge kosten durften, da leuchteten die Augen des Bürgermeisters vor Zufriedenheit. Weiß Gott, dieser Kommandant war doch ein vernünftiger Mensch, auch wenn sich die Zigaretten, die er mitbrachte, mit denen Señor Kon-Tikis nicht vergleichen ließen. Besorgt stellte ich fest, daß der Cocktail auf einen Zug in der Kehle Don Pedros verschwand. Darauf sah er stolzgeschwellt und zufrieden zu mir herüber und versicherte, ich brauche mich nicht zu beunruhigen, er vertrage gar wohl ein gutes Glas Wein. Dann rauschte er, gefolgt von seinen Mannen, aus dem Salon, um das große Schiff zu besichtigen.

Als ich ihn das nächste Mal erblickte, stand er, umgeben von einem

Kranz von Bewunderern, an der Bar der Offiziersmesse. Auf dieser Reise war eine Schar illustrer Gäste mitgekommen, darunter die Professoren Wilhelm und Peña mit einer Gruppe chilenischer Archäologiestudenten, die unsere Ausgrabungen besichtigen wollten. Ich kannte die beiden sympathischen Professoren bereits aus Chile. Sie umarmten mich mit südländischem Temperament. Sie und ihre Studenten vernahmen mit größtem Interesse, daß wir nun verschiedene Perioden in der Vorgeschichte der Osterinsel unterscheiden konnten und daß wir eine ganze Reihe fremdartiger Statuen entdeckt hatten. Ich wagte hier in der Bar nichts von den merkwürdigen Skulpturen zu erwähnen, die mir aus den geheimen Höhlen gebracht worden waren. Ein einziges unvorsichtiges Wort hätte alle meine Chancen, das Geheimnis der Familienhöhlen zu ergründen, vernichten können. Die Möglichkeit, doch noch in ein solches Versteck hineinzugelangen, hing an einem Faden; wenn zum gegenwärtigen Zeitpunkt irgend etwas von meinen Plänen zu den Einheimischen durchsickerte, würden sie erschrecken und ihren Mund – und damit auch ihre Höhlen – mit sieben Siegeln verschließen.

Um so größer war der Schock, den ich knapp vor meinem Aufbruch erhielt. Ich hörte, wie drüben am Bartisch die Stentorstimme des Bürgermeisters eine neue, wichtigtuerische Färbung annahm. An der Art und Weise, wie er das leere Glas wegstellte, merkte ich, daß es ihm schwerfiel, den Bartisch zu fixieren. Und da verkündete er mit einem Male laut und deutlich:

»Freunde, ich bin ein reicher Mann, ich habe Höhlen!«

Ich stand wie festgenagelt, gespannt, was jetzt folgen würde. Aber es geschah gar nichts. Die übrigen plauderten über ganz andere Dinge weiter, und der Bürgermeister verstummte plötzlich. Es war wohl nicht das erstemal, daß er sich bei einem Glas verriet. Aber sei es, daß ihm niemand zugehört, sei es, daß man sein Gerede nicht ernst genommen hatte – wahrscheinlich begriff gar keiner, daß es etwas Besonderes sei, Höhlen zu haben –, jedenfalls nahm niemand von ihm Notiz. Und da kam er offenbar vor Schreck über seine eigenen Worte wieder zur Besinnung! Bald nachdem ich unser kleines Motorboot bestiegen hatte, brachte man ihn in einem anderen Fahrzeug zur Küste.

Das Lager an Holzschnitzereien, die man der Besatzung und den Passagieren der »Pinto« anbot, erwies sich in diesem Jahr als schlecht assortiert und von minderer Qualität. Die besten Stücke waren längst zu den Teilnehmern unserer Expedition gewandert. Professor Peña besuchte daher den Bürgermeister direkt in dessen Wohnung. Er fand dort eine reiche Auswahl fertiger und halbfertiger Holzfiguren erstklassiger Ausführung vor, aber Don Pedro weigerte sich, zu verkaufen. Diese Stücke seien für Kon-Tiki gemacht, und er habe mehr Bestellungen von Kon-Tikis Besatzung, als er bewältigen könne. Peña mußte sich damit abfinden. Als nächstes bekam er zu hören, was für eine glückliche Hand Kon-Tiki besitze.

Kon-Tikis Leute brauchten bloß einen Stein umzudrehen oder einen Spaten in die Erde zu stecken, und schon komme etwas Merkwürdiges zum Vorschein. Geduldig ließ Peña auch das noch über sich ergehen; aber da der redselige Bürgermeister, noch etwas unter dem Einfluß des vorigen Tages, nun einmal in Fahrt war, nahm es überhaupt kein Ende mit den Schätzen, die Kon-Tikis Leute im Boden gefunden hatten, und schließlich begann Professor Peña doch nachdenklich zu werden. Die Schilderung des Bürgermeisters hinterließ entschieden den Eindruck, das Gras der Osterinsel wachse auf einer kompakten Unterlage von Kunstwerken. Peña mußte langsam glauben, das Schiff der Expedition sei zum Bersten voll von kostbaren Grabfunden und Museumsschätzen, auf die wir allenthalben gestoßen waren, weil wir als erste auf der baumlosen Insel zu schürfen begonnen hatten. Don Pedro vergaß zu erwähnen, daß alles von wirklichem Wert, was wir im Boden gefunden hatten, Ruinen und riesenhafte Figuren waren, die noch immer an Ort und Stelle lagen.

Am nächsten Tag wurde die See unruhig, die Brandung toste heftig gegen die Küste. Man mußte darauf verzichten, Passagiere von der »Pinto« an Land zu setzen, und wer sich gerade auf der Insel befand, konnte nicht an Bord zurück. Also stürzten sich die wißbegierigen Gäste auf Pater Sebastian, von dem es ja hieß, er sei der ungekrönte König des Eilands. Schließlich hatte Pater Sebastian die vielen neugierigen Fragen und das ewige Fotografiertwerden so satt, daß er das Feld räumte, zu mir kam und mich fragte, ob wir nicht auf das Expeditionsschiff übersiedeln könnten. Dort könne man wenigstens in Ruhe sitzen, ohne von aufdringlichen Leuten belästigt zu werden. Pater Sebastian machte es nichts aus, daß die Wogen gewaltig heranrollten – wenn nur ein erfahrener Mann am Steuer saß, der die Riffe kannte. Als wir an die Mole kamen, stand dort im sprühenden Gischt der Unglücksrabe von Bürgermeister: er habe dringend mit mir zu reden.

»Don Pedro kann auch mitkommen«, sagte Pater Sebastian freundlich und kletterte in seiner langen Kutte auf das tanzende Motorboot hinüber, von dem ihm der Kapitän eine hilfreiche Hand entgegenstreckte.

An Bord hatte man längst zu Mittag gegessen, daher brachte der Steward für Pater Sebastian, den Bürgermeister, den Kapitän und mich eine kalte Platte. Pater Sebastian hatte nichts gegen gutes Essen einzuwenden, und ein richtiger nordischer Smörgåsbord mit gutem Bier dazu gehörte für ihn zu den höchsten erlaubten Genüssen. Unsere beiden Gäste ließen sich nicht nötigen; sie kosteten, speisten mit Andacht, lehnten sich zurück und wandten sich wieder hingebungsvoll dem Essen zu. Die Freude am Dasein leuchtete ihnen aus den Augen, während das Schiff sich in den Dünungen wiegte. Wir hatten Dosenbier an Bord. Pater Sebastian gab mit einem versteckten Zwinkern die Erlaubnis, auch dem Bürgermeister eine Büchse zukommen zu lassen. Solange die »Pinto« im Hafen lag, konnte er sich ohnehin an Bord Wein kaufen, soviel er wollte. Der Bürgermeister war selig;

er füllte immer nur ganz wenig Bier aus seiner Dose ins Glas nach. Nach einer Weile begann Pater Sebastian ein wenig langsamer zu kauen, dann lächelte er geniert und bat um Entschuldigung, der Wellengang sei doch etwas stärker, als er gedacht habe. Der Kapitän begleitete ihn an die Reling, wo er stehenblieb, um frische Luft zu schnappen. Der Bürgermeister aber schaufelte sich unangefochten den Teller voll und rückte entschlossen neuen Leckerbissen der Tafel zu Leibe. Sobald wir allein waren, beugte er sich kauend zu mir herüber und brachte die Rede auf *Aku-akus*. Ich brauche keine Angst zu haben, daß mir irgend jemand etwas wegnehmen könne. Ich griff den Faden auf und flüsterte ihm zu, mein eigener *Aku-aku* habe mir aber auch einiges von dem verraten, was der Bürgermeister in seiner geheimen Höhle verborgen halte – ganz abgesehen von dem *Moko*, den er mir selbst versprochen habe. Ich beschrieb in etwas vagen Wendungen das Aussehen eines typischen Höhlensteins, wie er sich sowohl bei Estevan als auch bei Lazarus gefunden hatte. Dabei ging ich davon aus, daß ein verwandtes Stück sicher auch in der Höhle des Bürgermeisters sein werde. Don Pedro erstarrte auf seinem Stuhl und vergaß einen Augenblick, weiterzuessen. Hatte sich mein *Aku-aku* etwa in seine Höhle eingeschlichen? Er mußte zugeben, daß ich richtig informiert war. Dann kaute er fieberhaft weiter, wobei er mich besorgt aushorchte, was ich etwa sonst noch wisse. Aber ich sagte, ich hätte meinen *Aku-aku* nicht weiter befragt, ich rechnete ja damit, der Bürgermeister werde mir die Geheimnisse der Höhle noch selber zeigen, bevor er abreise. Don Pedro beruhigte sich nun; er schien zu überlegen. Inzwischen kam der Steward mit frischen Schüsseln. Also füllte sich auch mein Bürgermeister den Teller von neuem und ging wieder gänzlich in den ungewohnten Freuden des Smörgåsbord auf. Dann hob er die Bierdose und betrachtete mich mit bekümmertem Blick. Sie war leer, und die anderen ebenfalls. Gerade stand ich auf, um draußen nachzufragen, wie es Pater Sebastian gehe, als ich bemerkte, daß der Steward eine geöffnete Bierdose auf ein Ölfaß neben der Tür gestellt hatte. Während ich über die Schwelle trat, wandte ich mich kurz um, setzte die volle Dose vor meinen eifrig kauenden Gast, nahm die leere weg und warf sie über Bord. Dann trat ich an die Reling zu Pater Sebastian, der sich hier im frischen Wind schon besser fühlte. Plötzlich vernahmen wir aus dem Salon einen Entsetzensschrei des Bürgermeisters. Mit drei Schritten stürzte ich zur Tür. Der Mann saß da wie festgewurzelt und deutete mit verzerrtem Gesicht und hervorquellenden Augen auf die Bierdose vor sich.

»Wer hat sie dahingesetzt? Wer war das?« brüllte er wie von Sinnen.

Mich packte plötzlich das schlechte Gewissen – am Ende hatte der Steward sie vor die Tür gestellt, weil sie nicht in Ordnung war? Es kam öfters vor, daß Konserven in Gärung gerieten. Vielleicht glaubte unser Freund, wir wollten ihn vergiften? Ich roch an der Büchse.

»Wer hat sie dahingesetzt? Als du gingst, waren doch alle leer!« Seine Stimme klang so hysterisch, als fühle er sich von bösen Geistern umgeben.

Da ging mir plötzlich auf, daß er vielleicht übersehen hatte, wie ich die Dose gegen seine leere austauschte.

»Ist niemand hier gewesen, seit ich ging?« fragte ich vorsichtig.

»Nein, keine Menschenseele.«

»Tja, dann muß es wohl mein *Aku-aku* gewesen sein.«

Daran zweifelte der Bürgermeister keinen Augenblick. Neiderfüllt blickte er zu mir herauf. Einen solchen *Aku-aku* hatte er noch nie erlebt. Ich brauchte bloß Durst auf Bier zu haben, und schon war er mit einer Dose zur Stelle! Als er sich dann langsam beruhigte und weiteraß, paßte er scharf auf, ob nicht noch irgend etwas Mysteriöses in der Umgebung geschah. Das letzte belegte Brot wickelte er in die Papierserviette und steckte es in die Tasche. Nun war er satt und trat zu uns heraus. Der Kapitän hatte die Anker lichten lassen und führte das Schiff vorsichtig dicht unter Land, wo wir im Windschutz einer kleinen Landzunge liegenblieben.

Die Episode mit dem Dosenbier machte auf den Bürgermeister entschieden einen noch tieferen Eindruck als die steinernen Wale und alles andere, was er bisher zu sehen bekommen hatte. Als wir gegen Nachmittag durch die Brandung wieder an Land fuhren, nahm er mich nach der Ankunft beiseite und flüsterte mir zu, sein *Aku-aku* gebe ihm bereits seit langem ein, er solle mir etwas aus der Höhle bringen. Er selber sei auch dafür, er müsse nur erst die Zustimmung seiner Großmutter einholen. Ich ahnte bisher nicht, daß er auch noch eine Großmutter hatte, und fragte, wo sie sei.

»Da droben, oberhalb von Hanga Piko, dicht an dem Weg, unter einer Zementplatte«, antwortete er. Ich stutzte und sah für den Bruchteil einer Sekunde ein altes Weib vor mir, das hilflos unter irgendeinem schweren Block lag. Dann begriff ich, daß seine Großmutter tot und da droben begraben war. Flüsternd vertraute mir der Bürgermeister an, er könne sie nicht am Tage oder bei Mondschein anrufen, es müsse stockdunkel sein. Aber jedenfalls würde er sie fragen, und wenn sie einverstanden sei, wolle er nach dem Vorschlag seines *Aku-aku* zur Höhle gehen.

Am nächsten Tag lichteten wir Anker und kehrten zu unserem Lager nach Anakena zurück, während die »Pinto« mit dem Löschen begann. Gonzalo begab sich mit Professor Peña und den Studenten auf einen Ritt um die Insel. Die Archäologen der Expedition, die ohne Grabungsmannschaft dastanden, hielten sich an ihren Arbeitsstellen auf, um die Besucher herumzuführen.

Es folgten ein paar angenehme gesellige Tage. Einmal nahmen wir alle an einem großen Essen auf der »Pinto« teil, dann waren wieder der Kommandant und seine Suite bei uns in Anakena zu Gast, und darauf folgte eine Einladung des Gouverneurs. Als Peña und seine Studenten auf ihrem Rundritt bei uns einkehrten, gab es neuerlich ein fröhliches Fest. Schließlich blieben sie bei uns über Nacht. Unter den Studenten befand sich ein bolivianischer Archäologe, dessen Begeisterung keine Grenzen kannte, als er die rote, säulenartige Statue in Vinapu und den knienden Riesen im Rano

Raraku sah. Er hatte selbst in Tiahuanaco gegraben und kannte die beiden Typen sofort wieder.

Ein paar Tage später bekam ich vom Bürgermeister Bescheid, ich solle ihm den Jeep schicken, um einen schweren Sack mit wichtigen Gegenständen im Dorf abholen zu lassen. Der Kapitän fuhr hinüber; er mußte ohnehin die drei Nonnen abholen, die vor ihrer Abreise mit der »Pinto« noch die Statue sehen wollten, die der Bürgermeister für uns aufstellte. Als der Jeep zurückgerumpelt kam, saßen der Bürgermeister und Lazarus mit unergründlichen Gesichtern im Laderaum auf einem gewaltigen Sack. Während die Nonnen und der Geistliche der »Pinto« sich zur Besichtigung herumfahren ließen, trugen die beiden Eingeborenen den Sack in mein Zelt. Der Bürgermeister hatte Wort gehalten. Er war mit seiner Großmutter höchstselbst in der Höhle gewesen; das aufwühlende Erlebnis steckte ihm noch in allen Gliedern. Lazarus hingegen wirkte sichtlich erleichtert. Er schien jetzt freier zu atmen, da er nun wußte, daß er nicht als einziger Steine aus seiner Familienhöhle preisgegeben hatte. Beide hatten einen fürchterlichen Schreck bekommen, als ihnen der Kapitän nach dem Aufladen des Sacks erklärte, er müsse nun noch die Nonnen abholen. Aber alles war ohne Zwischenfall verlaufen, das Glück war offenkundig mit ihnen.

Im Sack lag ein großes Paket mit fünf Steinen, die aus der Höhle »Lazarus Nummer zwei« in Vinapu kamen. Es war das erstemal, daß ich daraus etwas erhielt. Alle anderen dreizehn Steine stammten aus der Höhle des Bürgermeisters.

So meisterhafte Skulpturen hatte ich bis dahin noch nie auf der Insel gesehen. Eine Figur stellte einen Hundekopf mit weit aufgerissenem Rachen und gefletschten Zähnen dar; die schrägen Augen blickten so böse, daß man sich mehr an einen Wolf oder Fuchs als an ein Haustier erinnert fühlte. Ich wurde nicht müde, dieses ausdrucksvolle Stück zu bewundern. Daneben lagen ein paar andere Hunde oder hundeartige Tiere. Bei einem davon waren Schnauze, Leib und Schwanzpartie so lang gezogen, daß man an ein Krokodil gedacht hätte, wäre es nicht auf vier geraden Beinen gestanden. Aber es gab auch einen kriechenden *Moko* mit breitem Schädel, gewaltigem Maul und gezacktem Rückenkamm, der überraschend einem Alligator glich, außerdem Vögel und Vogelmenschen sowie einen merkwürdigen Menschenkopf. Unter den von Lazarus mitgebrachten Steinen fand ich ebenfalls interessante Motive, unter anderem zwei kopulierende Schlangen.

Die Eingeborenen erwarteten von mir, daß ich von vornherein Bescheid über alles wisse. Ich mußte daher äußerst vorsichtig sein und stets daran denken, mir keine Blöße zu geben. Diesmal aber war ich so vertieft, daß mir die Frage herausfuhr, wozu diese Figuren eigentlich dienten. Glücklicherweise fiel das keinem auf.

»Sie geben Kraft zu den wirklichen Dingen«, flüsterte mir der Bürgermeister zu. Er zeigte auf die außerordentlich naturgetreue Darstellung einer

Languste. Die Beine des Tieres waren höchst realistisch unter den Bauch gezogen, die Fühler hingen über dem Rückenschild herunter

»Das verleiht den Langusten Kraft, so daß die ganze Küste voll davon wird.«

Dann wies er auf die beiden Schlangen und erklärte, daß Doppelfiguren auch doppelte Stärke geben. Ich wußte, daß auf der Insel keine Schlangen leben, und fragte daher, ob das denn wirklich den »Aalen« doppelte Kraft gebe. Nein, und zwar deshalb nicht, weil das Bild keine Aale darstelle. Ein Aal habe keinen so breiten Kopf und so schmalen Hals wie diese beiden Geschöpfe. Es handle sich um jene Landtiere, die die Chilenen *culebra* nennen. Ein riesenhaftes Tier derselben Art sei auf dem Weg nach dem Hango-o-teo-Tal in die Bergwand gemeißelt.

Lazarus erklärte plötzlich begeistert, es sei das erstemal, daß man offen über solche Dinge reden könnte. Er habe dem Bürgermeister gestanden, daß er bereits mehrere Male in seiner Höhle gewesen sei, um Figuren für mich zu holen; daraufhin habe sich der Bürgermeister entschlossen, desgleichen zu tun. Danach hätten sie sich ausgesprochen und dabei festgestellt, daß sie viele ähnliche Stücke besaßen.

Ich hatte mich vor einiger Zeit mit den beiden darüber unterhalten, daß man dem Menschenhaar in Polynesien einst magische Kräfte zuschrieb. Mit meinen Kenntnissen hatte ich auf den Bürgermeister und Lazarus großen Eindruck gemacht. Nun erfuhr ich, daß der Bürgermeister in seiner Höhle ein Steingefäß aufbewahrte, das Locken von allen Verstorbenen seiner Sippe enthielt, auch von dem roten Haar seiner ertrunkenen Tochter. Dann schnitt er eine fürchterliche Grimasse und vertraute uns schauernd an, es sei auch ein Kopf in der Höhle, ein richtiger Kopf. Totenschädel gab es ja hier in Mengen, in allen möglichen Verstecken auf der Insel. Er mußte also etwas anderes meinen, und ich fragte, ob es sich um einen Steinkopf handle. Aber nein, es sei ein richtiger Kopf – »ein Menschenkopf«, setzte er mit erneutem Schaudern hinzu und packte sich mit schrecklichem Grinsen beim Schopf. Getrocknete Mumienschädel kannte ich von manchen anderen Südseeinseln. Sollte Don Pedro wirklich einen in seiner Schatzkammer haben?

Lazarus bekannte, daß sich in den beiden Familienhöhlen, in denen er war, weder Haare noch Köpfe befanden. Er hatte nur Totenschädel und Knochen seiner verstorbenen Ahnen.

Der Bürgermeister vertraute mir an, daß mindestens fünfzehn der geheimen Familienhöhlen noch in Gebrauch stünden. Weit mehr seien im Laufe der Zeit in Vergessenheit geraten. Seines Wissens verfügten nur die Nachkommen der Langohren oder jene, in deren Adern ein Tropfen Langohrblut rollte, über solche Verstecke. Echte Kurzohren besaßen seiner Meinung nach keine Höhlen. Die wichtigste seiner eigenen ging in direkter Linie auf Ororoina zurück. Der Brauch ließ sich bis in die böse Kriegszeit verfolgen, als Ororoina und die anderen Langohren ihre Schätze in der Erde verbargen, damit die Kurzohren sie nicht rauben konnten. Von frühester Jugend an habe er zusammen mit den Alten seiner Familie gelebt und ihre Lehren empfangen, erzählte Don Pedro, aber erst im Alter von fünfzehn Jahren sei er der Einweihung für würdig befunden worden. Sein Vater habe ihn in die Nähe einer Höhle mitgenommen und ihn dort warten lassen. Dann sei er mit ein paar besonderen Dingen zurückgekommen, die der Junge anschauen durfte. So sei das seit elf Generationen üblich gewesen.

Der Bürgermeister machte eine Pause.

»Noch nie habe ich das jemandem erzählt. Als ich später die Höhle zum erstenmal selbst betreten durfte, schnitt mir der Vater vorher ein Büschel von meinem Haar ab.«

Lazarus folgte den Worten seines Freundes mit solchem Interesse, daß ich merkte, ihm war das alles ebenso neu wie mir.

Don Pedro fuhr fort: »Der Vater rollte das Haar in ein Stück Bananenblatt, nahm eine Schnur, schlang elf Knoten hinein und knüpfte sie um das Päckchen. Das trug er dann in die Höhle und legte es in ein Steingefäß, dessen Deckel von einem anderen Steingefäß gebildet wurde. Darin lagen schon zehn Pakete, die meisten davon mit rotem Haar. Das erste trug nur einen Knoten, es gehörte Ororoina, das nächste zwei, das stammte von dessen Sohn, und so ging es weiter bis zu zehn Knoten bei meinem eigenen Vater. Die Haare der übrigen Familienmitglieder lagen daneben in einem anderen Behälter.« Anschließend an dieses Ritual wurde der Junge in alle Geheimnisse eingeweiht, die den Zugang zur Höhle umgaben. In feierlicher Zeremonie wurde dem *Aku-aku,* der die Höhle bewachte, mitgeteilt, daß jetzt ein anderer das Recht erhalten habe, durch den geheimen Zugang in Ororoinas Höhle zu schlüpfen. Ein ganzes Menschenalter trage er das Geheimnis allein mit sich herum, seufzte der Bürgermeister. Für die Zukunft aber ergebe sich ein fast unlösbares Problem. Sein rothaariger Sohn Juan sei ein Kind seiner Zeit und habe kein Verständnis für die alten Sitten. Er sei zwar erwachsen und verheiratet, aber es habe keinen Sinn, solche geheimen und ernsten Dinge an ihn weiterzugeben. Wenn Juan den Zugang herausfände, würde er der Versuchung erliegen, die Höhlensteine an die nächsten Besucher vom Festland zu verkaufen und sich zum reichen Mann zu machen. Er werde wohl gezwungen sein, schloß Don Pedro, die Höhle seinem jüngsten Bruder Atan Atan zu übergeben, der ein wirklich gutes Herz habe und die Lehren der Vorväter achte.

Wir erwarteten zum Essen Gäste vom Kriegsschiff, und ich mußte unsere Unterhaltung abbrechen. Der Bürgermeister verabschiedete sich mit der Feststellung, jetzt seien er, Lazarus und ich drei Verschworene. Dasselbe gelte von unseren im Augenblick hier versammelten *Aku-akus.* »Meiner steht da«, sagte er gut gelaunt und zeigte neben sein linkes Knie.

Dann schlüpften wir alle drei dicht hintereinander aus dem Zelt, während uns die *Aku-akus* vermutlich zwischen den Beinen herumkrochen, sofern die kleinen unsichtbaren Geister nicht den direkten Weg durch die Zeltwand wählten – ein solcher *Aku-aku* hat ja erstaunliche Möglichkeiten. Der Bürgermeister hatte uns eröffnet, der seine könne im Laufe weniger Minuten nach Chile und wieder zurück reisen.

Am Abend fuhr ich mit dem Kapitän und unserem Maschinisten zum Dorf. Don Pedro stand sichtlich nervös vor seinem Gartenzaun. Er bat den Kapitän und den Maschinisten, einen Augenblick im Jeep zu warten; er habe mit mir und Lazarus ein paar Worte zu reden. Wir traten in das Haus. Er holte eine vor kurzem gekaufte Flasche Wein hervor, aus der er drei Gläser einschenkte. Wir mußten ein wenig Wein auf die Finger schütten und ihn dann ins Haar schmieren: das sollte Segen bringen. Mit dem Rest stießen wir an. Don Pedro eröffnete mir nun seinen Plan. Die Nacht war mondlos und dunkel. Lazarus sollte den beiden im Jeep Gesellschaft leisten, während wir beide – der Bürgermeister und ich – seiner Großmutter einen Besuch abstatten wollten, um sie zu fragen, ob ich in die Höhle mitkommen dürfe. Ich ging auf den Vorschlag mit Freuden ein, und wir eilten hinaus, den duftenden Wein noch im Haar.

Wir fuhren im Jeep bis zu der Stelle, wo der Weg zum Bungalow des Gouverneurs abzweigte. Dort bogen wir ein Stück abwärts auf die kleine Mole zu, dann stoppten wir und löschten die Scheinwerfer. Eine Weile später kamen ein paar Eingeborene vorbeigeritten, zu fern, als daß ich sie erkennen konnte. Kaum waren sie verschwunden, da erklärte der Bürgermeister, wir wollten ein paar Schritte auf den Hügel hinauf und von dort die Sterne betrachten. Kapitän und Maschinist taten, als schenkten sie dem Glauben. Ich folgte Don Pedro dicht auf den Fersen. Wir gingen ein ganzes Stück nach rechts, bis wir vor uns die Reste einer Steinmauer schimmern sahen. Mein Führer hielt einen Augenblick an und flüsterte mir zu, jenseits dieser Steine dürfe er nicht mehr mit mir sprechen. Wir müßten uns von nun an mit Gesten verständigen. Dann tappte er noch etwa fünfzig Meter weiter, ich dicht hinterher. Wir kamen zu einem Gebilde, das einer unregelmäßigen hellen Steinplatte glich; es konnte auch ein Zementfleck sein, den man auf den Boden geschmiert hatte. Es war zu dunkel, als daß ich Genaueres hätte unterscheiden können. Der Bürgermeister blieb stehen und wies vor sich auf den Boden. Dann streckte er mit einer tiefen Verbeugung beide Hände schräg von sich, mit den Flächen nach unten. Ich nahm an, er erwarte das gleiche von mir. Also wiederholte ich das Manöver neben ihm, so gut ich konnte. Dann schlich er lautlos in einem Kreis um den hellen Fleck am Boden, und ich folgte ihm nach. Soweit ich erkennen konnte, war ein richtiger Weg um die Stelle ausgetreten. Als wir den Kreis abgeschritten hatten, verbeugten wir uns neuerlich tief, die Arme wie vorhin nach vorn gestreckt. Dies wurde dreimal wiederholt, dann stand er stumm, mit gekreuzten Armen, und blickte zu dem hellen Mal hinüber. Ich machte ihm alles nach. Im Hintergrund sah ich vor der Küste die Lichter des Kriegsschiffes strahlen. Das Staunen in mir wuchs immer mehr. In was war ich hier wieder geraten? Ich kannte meine Osterinsel nicht wieder. Plötzlich fühlte ich mich um hundert Jahre zurückversetzt, in einen unerforschten Erdteil als Zeuge eines heidnischen Rituals. Und doch wußte ich, daß die nachtdunkle Gestalt, die unbeweglich neben mir stand, der friedliche Bürgermeister dieser Insel war, der im nüchternen Tageslicht ein gepflegtes Bärtchen trug und in dieser Nacht sogar mir zu Ehren eine von meinen eigenen Krawatten um den Hals geschlungen hatte. Er rührte sich nicht und sagte kein Wort. Er stand nur in tiefe Konzentration versunken, als wolle er jemand hypnotisieren. Offenbar ging es nicht weiter, wenn nicht bald mein eigener *Aku-aku* helfend eingriff und ein vernünftiges Zugeständnis von der standhaften Großmutter erreichte. Ich öffnete den Mund und murmelte ein paar Worte vor mich hin. Das hätte ich nicht tun sollen!

»So, jetzt ist sie weg!« zischte der Bürgermeister, und bevor ich noch richtig begriffen hatte, lief er davon, und ich eilends hinterdrein, um ihn nicht aus den Augen zu verlieren. Ein Stück weiter unten, vor der Steinmauer, blieb er schwer atmend stehen.

»Aber sie hat zugestimmt?« fragte ich.

»Sie hat abgelehnt!« erwiderte er. Und dann wiederholte er, was er mir schon so oft erzählt hatte: sein eigener *Aku-aku* habe ja und wieder ja gesagt. Er holte eine Zündholzschachtel aus der Tasche und leerte den Inhalt in die offene Hand.

»So sollst du deine Höhle für Señor Kon-Tiki ausräumen, befiehlt mein *Aku-aku*, aber meine Großmutter sagt nein und nochmals nein.«

Dreimal habe er sie gefragt, und immer habe sie sich geweigert. Aber diesmal habe sie hinzugefügt, er solle mit der »Pinto« zum Kontinent fahren, und wenn er dann zurückkomme, dürfe er Señor Kon-Tiki eine der Höhlen schenken, komplett, mit allem, was darin sei.

Wir standen noch lange beisammen und unterhielten uns über die Hartnäckigkeit der Großmutter. Zum Schluß war er bereit, sie noch einmal zu befragen, aber ganz allein, in einer anderen Nacht. Freilich blieb nicht mehr viel Zeit bis zur Abfahrt des Kriegsschiffs.

Zwei Tage später erschien ich wieder mit dem Jeep vor dem Hause des Bürgermeisters. Er hatte inzwischen kein Lebenszeichen von sich gegeben. Ich fand ihn und Lazarus bei einer Flasche Wein an dem runden Tisch der winzigen Stube. Don Pedro beeilte sich, mir zu versichern, heute sei ein Glückstag für Lazarus, denn eben habe sich dieser bereit erklärt, mir zwei Tage vor der Abreise der Expedition von der Insel eine seiner Höhlen zu zeigen. Aber für ihn selbst sei ein Tag des Unheils. Die Großmutter sage noch immer nein. Außerdem beschworen ihn seine eigenen Brüder, er müsse sterben, wenn er mich zu einer Höhle mitnehme – und als Chef der Familie müsse er doch den Seinen erhalten bleiben! Zu allem Überfluß seien sämtliche Eingeborene in Streik getreten. Sie wollten die »Pinto« nicht löschen, wenn sie nicht besseren Lohn bekämen, und eben habe man ihn wissen lassen, falls es ihm als Bürgermeister nicht gelinge, den Streik beizulegen, würde ihn die »Pinto« nicht auf den Kontinent mitnehmen.

Der Streik nahm seinen Lauf und griff auf die Schafsfarm der Marine über, wo niemand mehr die Windmühlen betreuen wollte, die das Brackwasser für die zehntausendköpfigen Herden aus den prähistorischen Brunnen hochpumpen mußten. Die Abreise der »Pinto« verzögerte sich also. Während der Wartezeit überboten die Chilenen einander an Hilfsbereitschaft für uns. Professor Wilhelm rettete die kostbaren Blutproben der Expedition, indem er Ersatz für eine besondere Konservierungsflüssigkeit besorgte, die ausgelaufen war, als die Hitze die Gummipfropfen aus den Reagenzgläsern des Doktors getrieben hatte. Den Radarexperten der »Pinto« gelang es, unsere eigene Radarstation, die nach ausgezeichnetem Dienst plötzlich versagt hatte, wieder zum Leben zu erwecken. Auch Maschinist und Steward konnten einige ihrer schmerzlichsten Probleme lösen, als ihnen hilfreiche Kollegen an Bord des Kriegsschiffes den Zugang zu dessen Reserven eröffneten. Glückstrahlend kamen die beiden an und meldeten, nun werde für weitere sechs Monate alles wie am Schnürchen gehen. Trotz Streik und sonstiger Hindernisse brachte unser Motorboot laufend Mehl und Zucker von der »Pinto« an Land, dicke Wollballen wurden an Bord gehievt. Dann war es so weit, daß der Abreisetermin des Kriegsschiffes festgesetzt werden konnte.

Am Abend vor dem Abschied der »Pinto« fuhren wir von Anakena ab, um neben dem Kriegsschiff vor Anker zu gehen. Peña begleitete uns bei der Fahrt. Sobald er an Bord kam, führte ich ihn in meine Kajüte und überreichte ihm einen Brief mit einem Bericht an den chilenischen Unterrichtsminister. Er enthielt die Resultate der Expedition bis zur Ankunft der »Pinto«. Peña selbst bekam eine offene Kopie. Ich bat ihn, sie gleich zu lesen. In diesem Rapport beschrieb ich auch detailliert die verschiedenen Typen der merkwürdigen Höhlensteine, die ich erhalten hatte, und bemerkte dazu, daß die Eingeborenen behaupten, diese Figuren seien Erbstücke, die sie in ihren geheimen Familienhöhlen verborgen hielten. Peña fragte, ob ich selbst eine solche Höhle betreten hätte. Leider nein, antwortete ich, aber ich rechne damit, daß mir dies nach der Abreise des Kriegsschiffes gelingen werde. Daran war Peña nicht interessiert. Er dankte mir für den Bericht und bat, die Kisten mit den Gegenständen sehen zu dürfen, die unsere Archäologen selbst gehoben hatten. Wir stiegen darauf zum Vordeck hinunter, wo auf Befehl des Steuermanns inzwischen alle Kisten der Archäologen zusammengetragen worden waren. Als wir zwei davon aufbrachen und Peña sah, daß sie nur Plastikbeutel mit Holzkohle und verbrannten und zerbrochenen Knochen- und Steinstücken enthielten, legte er keinen Wert mehr auf eine weitere Besichtigung. Nur sehr widerstrebend folgte er mir zu den Stellagen in meinem kleinen privaten Lagerraum, wo ich ihm die Kartons mit den Dingen zeigte, die die Eingeborenen mir gebracht hatten. Da die »Pinto« am nächsten Tag die Insel verlassen mußte, war nunmehr die Gefahr unvorsichtigen Herumredens im Dorf auf ein Minimum gesunken. Ich holte eine Plastik hervor, die einen Kopf mit einem fürchterlich dräuenden Maul darstellte. Peña wurde plötzlich aufmerksam; erregt nahm er mir den Stein aus der Hand und stellte kopfschüttelnd fest, daß er nie derartiges von der Osterinsel gesehen habe. Hatten wir ähnliche Skulpturen auch im Boden gefunden?

Bei Ausgrabungen sei uns nie etwas dergleichen begegnet, erwiderte ich. Diese Figuren stammten ausschließlich von den Eingeborenen selbst.

Peña verlor augenblicklich jedes Interesse und legte den grimmigen Kopf in den Karton zurück. Bewundernd sah er auf ein großes *Moai-kava-kava* aus Holz und erkannte darin die sorgfältige Arbeit des Bürgermeisters wieder. Er bedauerte, daß die mit dem Streik verbundenen Reibereien dazu geführt hatten, daß dieser tüchtige Holzschnitzer nicht mit zum Kontinent fahren konnte. Peña wußte, daß der Bürgermeister ihm mehr interessante Aufschlüsse hätte geben können als irgend jemand sonst auf der Insel.

In der Zwischenzeit hatte unser Trawler neben dem Kriegsschiff Anker geworfen. Der Kommandant und alle unsere Freunde von der »Pinto« kamen mit der Barkasse herüber, um sich zu verabschieden. Während ich noch im Gespräch mit Peña stand, näherten sich uns sein Assistent und drei weitere Studenten. Ich bat sie heran und erklärte ihnen etwas dramatisch, sie möchten mich anhören und sich meine Worte gut einprägen. Dann eröffnete ich ihnen, es gebe Eingeborene auf der Insel, die noch im Besitz ängstlich gehüteter Geheimnisse seien.

»Sicher die Brüder Pakarati!« warf jemand ein.

»Vielleicht auch sie, aber bestimmt der Bürgermeister und mehrere andere«, erwiderte ich und setzte hinzu, daß diese Leute um aussterbende Bräuche wüßten und abergläubischen Vorstellungen huldigten. Außerdem sei ich ganz sicher, daß die Inselbevölkerung den Zugang zu geheimen Höhlen voll kleiner Skulpturen kenne.

Einer der Studenten unterbrach mich und erklärte, ich dürfe nicht allzuviel auf das Geschwätz und die Legenden der Eingeborenen geben. Ein anderer meinte mit spöttischem Lächeln, die Eingeborenen seien Meister in der Herstellung von Kopien. Ich bat sie neuerlich, zu beherzigen, was ich ihnen erzählt hatte. Es gebe geheime Höhlen voller Plastiken. Ich würde alles in meiner Macht Stehende versuchen, um hineinzugelangen. Aber wenn es mir nicht vor meiner Abreise glücken sollte, dann sei es ihre Pflicht, dafür zu sorgen, daß sobald wie möglich ein Ethnologe auf die Insel geschickt würde, um dort weiterzuarbeiten, wo ich abbrechen müßte. Ein paar stimmten mir zu, andere lächelten, und Peña klopfte mir nachsichtig auf die Schulter. Er hatte den Eingeborenen vergeblich hunderttausend Pesos oder zweihundert Dollar für ein *Rongo-rongo* geboten.

Bald füllte sich unser Deck mit Gästen von der »Pinto« und aus dem Dorf, und wir sprachen nicht mehr über dieses Thema. Ich hatte jedenfalls alle Karten auf den Tisch gelegt, sie mochten davon halten, was sie wollten.

Am Tag darauf fuhr die »Pinto« ab. Im Kielwasser folgten wir dem grauen Riesen rund um die Insel. Wir hatten nun viele Freunde unter den winkenden Gruppen, die sich auf dem breiten Achterdeck und auf den

Absätzen des Gefechtsturmes drängten. Bei Sonnenuntergang verabschiedeten wir uns mit Sirene und Flagge. Unser kleiner Grönland-Trawler drehte ab und zog an den düsteren Felswänden der Küste entlang. Das Kriegsschiff aber glitt violetten Abendwolken entgegen, die wie die Rauchpilze von Bomben im Osten lagen, während die sinkende Sonne im fernen Westen ihr letztes Feuerwerk versprühte.

Dann blieben wir allein mit der merkwürdigen kleinen Insel drüben in der Nacht, deren lebende Bevölkerung eben im Dorf auf der anderen Seite zur Ruhe ging. Hier trieben sich nur noch ein paar *Aku-akus* herum, die über die geheimnisvollen Steine auf den düsteren Berghängen wachten. In der Ferne schimmerte ein schwacher Schein: der Posten bei unserem Zeltlager in Anakena.

Als die letzten Lichter der »Pinto« hinter dem Horizont versanken, schien es, als glitte sie in die Unwirklichkeit hinüber. Für die Insulaner existiert die Außenwelt immer nur dann, wenn sie zu Besuch kommt. Wohl erzählt man verlockende Geschichten von Tahitis grünen Palmen und Chiles gewaltigen Bauten, doch das Leben hinterm Horizont ist etwas Fernes und Irreales, wie das Leben nach dem Tode, eine Welt weit, weit jenseits der blauen Himmelswölbung. Mit der Insel aber, diesem festen Punkt im Weltmeer, ist jeder durch die starken Fäden der Geburt verknüpft. Für das Volk der Osterinsel ist sie wirklich der »Nabel der Welt«. Chile, die Vereinigten Staaten, Norwegen oder Tahiti liegen da draußen irgendwo im Osten oder im Westen, aber der »Nabel der Welt« liegt genau hier, auf der Schnittlinie zwischen Ost und West und Nord und Süd, und daher auch im Mittelpunkt der Erde.

Das Oberhaupt unserer Langohren kam getreu seinem Motto, alles mit der Ruhe zu nehmen, bald über die betrübliche Tatsache hinweg, daß sein Reiseplan ins Wasser gefallen war. Mit Erlaubnis des Gouverneurs gab ich ihm statt dessen das Versprechen, ihn nach Tahiti, Hivaoa und Panama mitzunehmen, wenn wir selbst die Insel verließen. Und damit fühlte der Bürgermeister sich als der glücklichste Mensch unter der Sonne: bei ihm war wieder Segen eingekehrt. Mit neuem Elan besuchte er seine Großmutter in aller Stille und Einsamkeit, aber sie blieb hartnäckig. Eines Nachts wachte er immer wieder auf, schließlich verließ ihn der Schlaf ganz, sein *Aku-aku* ließ ihm keine Ruhe. Unablässig wiederholte er: »Geh in die Höhle, geh in die Höhle!« Zum Schluß hielt Pedro es nicht mehr aus, er stand auf und schlich sich zum Eingang der Höhle. Keine Menschenseele sah er unterwegs, er brauchte nicht ein einziges Mal in Deckung zu gehen. Wenn das bei einem Höhlengang geschah, bedeutete es das Wohlwollen der Vorfahren. Als er dann hineinschlüpfte, griff er nach einem Tierkopf mit großen Zähnen, aber der *Aku-aku* raunte ihm zu: »Nimm doch mehr!« Schließlich holte er eine Unmenge Plastiken aus der Höhle hervor. Er brachte sie in ein Versteck vor dem Dorf, wo ich sie nach Einbruch der Dunkelheit mit dem Jeep abholen sollte.

In diesem Versteck warteten die seltsamsten Fabeltiere auf mich. Ein Wesen kehrte immer wieder, es hatte einen langen Hals, eine lange Schnauze mit drei Hauern im Ober- und dreien im Unterkiefer, die sonst völlig zahnlos waren. Das Prunkstück aber bildete diesmal ein rundes, breites Schilfboot in Form einer richtigen Arche mit drei Masten und dicken gefurchten Segeln, die in runde Löcher längs der gewölbten Decks eingesteckt waren. Es sah aus wie das Meisterwerk eines Zuckerbäckers, nur aus erstarrter Lava geformt.

»Jetzt siehst du, woher ich wußte, daß unsere Vorfahren die Segel aus Schilf machten!« sagte der Bürgermeister stolz und zeigte auf die senkrechten Furchen, die die Schilfbündel trennten. Ich bemerkte, daß Pedro ein wenig hustete und krächzte; der *Cocongo*, die Grippe, schien sich bei ihm anzumelden. Mein Gegenüber mit dem Zuckerbäckerschiff meinte jedoch, so mild wie in diesem Jahr sei der *Concongo* nie verlaufen, solange er nur denken könne. Freilich dürfe er während der Erkältung keine weiteren Besuche in der Höhle unternehmen. Es bringe Unglück, einen solchen heiligen Platz aufzusuchen, wenn man nicht ganz gesund sei. Früher hätten das alte Leute zuweilen getan, aber nur, um dort in der Einsamkeit zu sterben.

Kurz danach kam Schlechtwetter auf. Der Kapitän mußte das Schiff in Lee bringen, er fuhr vors Dorf und ankerte dort ein paar Tage. Als der Sturm vorüber war und der Dampfer wieder seinen angestammten Platz zwischen den Klippen unserem Lager gegenüber einnahm, kam eine Funkdurchsage von Bord. Beim Kapitän befinde sich ein Eingeborener aus dem Dorf, der mir dringend etwas zeigen wolle. Ich fuhr also mit dem Motorboot hinaus zum Schiff und fand dort – den jungen, netten Estevan. Offenbar hatte er etwas Wichtiges auf dem Herzen. Ein Schimmer von kindlichem Glück lag in seinem breiten Lächeln, das mir die ganze Zeit gefehlt hatte, seit er seine Gänge zu den Höhlen so plötzlich eingestellt hatte. Er fragte höflich, aber voll Eifer, ob es irgendwo auf dem Schiff einen völlig finsteren Raum gebe, denn er wolle mich in ein großes Geheimnis einweihen. Ich führte ihn in meine Kabine und ließ die Gardinen herunter. Er schleppte ein paar große Bündel herein, worauf er sorgfältig die Kajütentür hinter sich schloß. Ich solle mich in einen Winkel stellen und ganz ruhig verhalten, was immer auch geschehe, bat er mich. Es herrschte solche Finsternis in der Kajüte, daß ich Estevan nur als verschwommenen Schatten wahrnahm, jedoch merkte ich, daß er sich niederbeugte und irgend etwas aus den Bündeln hervorzog. Mein erster Gedanke war, daß jetzt irgendein phosphoreszierender Gegenstand erscheinen würde und deshalb die Kajüte so dunkel sein mußte. Aber nein, was er herausholte, blieb ebenso pechschwarz wie die Umgebung. Dafür sah ich, daß er etwas anzog. Also handelte es sich um eine Totenmaske oder ein anderes Kleidungsstück. Lange Ohrläppchen schienen an den Seiten des Kopfes herunterzuhängen, aber es war zu finster, als daß ich irgend etwas mit Sicherheit hätte erkennen können. Zum Schluß holte er zwei große, ebenso pechschwarze Dinge aus den Bündeln, eins ließ er am Boden liegen, das andere hob er auf die Sofabank vor meiner Koje. Dann hockte er sich nieder, und ich sah undeutlich, daß er die Hände an beide Seiten des großen Gegenstands auf dem Boden legte, als wolle er ein vertrautes Gespräch mit einem lieben Freund beginnen. Mit leiser, feierlicher Stimme begann er einen Schwall polynesischer Worte zu murmeln; es klang weich und melodiös, aber ernst und unheimlich eindringlich. Eine seltsame Stimmung strömte auf mich über. Es vergingen Sekunden, bevor mir aufging, daß dies keine erklärende Vorführung für mich sein konnte. Der hübsche junge Mann stand mitten in einer ernsten heidnischen Zeremonie. Ich spürte, wie er selbst immer mehr in den Bann des Geschehens geriet, und als er nun mit dem Gegenstand auf dem Boden fertig war und die Hände um den anderen legte, der auf dem Sofa lag, wuchs seine Ergriffenheit so, daß der Tonfall wechselte und er schwer zu atmen begann. Ich konnte unmöglich seinen Worten folgen, fing aber auf, daß ich selbst mehrere Male erwähnt wurde. Er kämpfte zunehmend gegen ein stoßweises Schluchzen, und zuletzt weinte er so bitterlich, als habe er für immer einen guten Freund verloren. Ich fühlte mich im höchsten Maße unbehaglich. Es trieb mich, mit ihm zu reden, ihn zu trösten und herauszufinden, was da eigentlich vor sich ging, aber ich fand es doch geraten, mich vorläufig aus dem Spiel zu halten. Schließlich riß sich Estevan zusammen und begann, seine Verkleidung im Dunkeln abzulegen. Dann bat er mich, Licht zu machen. Als die Rollgardinen in die Höhe gingen, stand er mit ernstem Lächeln vor mir, die Augen noch vom Weinen gerötet. Ich mußte ihm ein Taschentuch verehren, das er dringend für Nase und Augen brauchte, aber im übrigen wirkte er so froh und erleichtert, als sei er eben aus einem bösen Traum erwacht. Das Gewand, das er getragen hatte, bestand aus einer dicken blauschwarzen Strickjacke und einer der üblichen schwarzen Polarmützen mit langen hängenden Ohrenschützern, die er von einem vorüberkommenden Walfänger erhalten haben mochte. Auf dem Fußboden saß ein großer roter Hund aus Stein. Er war durch gründliches Schrubben so abgenutzt, daß er wie eine halbgeschmolzene Schokoladenfigur aussah. Und auf meinem Sofa streckte sich eine diabolische Kreatur wie der leibhaftige Satan in Tiergestalt, mit einem Buckel und einem Knebelbart unter dem hämisch grinsenden Maul. Die Plastik war aus grauem, hartem Stein und prachtvoll erhalten, im Gegensatz zu dem verwaschenen Hund auf dem Fußboden.

Estevan zeigte ehrerbietig, fast mit Liebe, auf die Kreatur auf dem Sofa und erklärte, nach Aussage seiner Frau sei das der mächtigere von den beiden. Diese Figuren seien zwei der vier Wächter, die die Höhle seines Weibes hüteten. Zurückgeblieben seien zwei große Köpfe, die irgendwelche merkwürdigen Figuren auf dem Scheitel trügen. Die beiden Wächter hier vor mir seien erzürnt, weil seine Frau so viele Steine aus ihrer Abteilung hervorgeholt habe. Seit damals leide sie an Schmerzen im Unterleib, und nun halte sie es für das beste, die beiden zornigen Wächter ebenfalls mir zu übergeben, in der Hoffnung, sie würden versöhnt werden, wenn sie wieder über ihre

Oben: Titan auf Reisen. Es gelang dem Bürgermeister, unsere Tischgäste im Anakenatal dazu zu bewegen, probeweise eine neu ausgegrabene Statue ein Stück weiterzuziehen.
Unten: Atan Atan mit seinen ererbten Schätzen in einer Familienhöhle, deren Zugang unter Steinplatten verborgen lag, die man mit Erde und Gras überdeckt hatte.

Die bisher unbekannten kleinen Skulpturen der Osterinsel lagen in großen Mengen in Familienhöhlen verborgen. Der Schädel zuoberst war ein sogenannter Schlüsselstein, der den Zugang zu der geheimen Öffnung der Höhle freigab. Ein Pulver aus Menschenknochen, das man in die Vertiefung auf der Stirn des Schädels legte, sollte durch Zauberkraft Unwillkommene fernhalten. Ferner sind auf diesem Bild zu sehen: ein Binsenboot, eine Steintafel mit Schriftzeichen, ein Langohrschädel und ein Fuß.

Die merkwürdigsten Figuren, die bisher niemand außer ihrem erbberechtigten Besitzer gesehen hatte, kamen aus den Höhlen ans Tageslicht: ein Tier mit einem Menschenkopf, ein bärtiges Gesicht, ein Wal, der ein Schilfhaus und eine typische Esse der Osterinsel auf dem Rücken trägt, eine Frau mit einem Fisch auf dem Rücken, und ein Kopf.

Zu Hunderten ragten einst die Statuen auf ihren Mauerterrassen rund um die Insel empor. Nach den Bürgerkriegen, die in der dritten Periode der Inselgeschichte tobten, wurden alle niedergerissen. Lazarus und der Verfasser stehen vor dem wiederaufgestellten Titanen, der nun als einziger auf seinem Platz steht und über die alte Tempelstätte hinwegschaut.

angestammten Steine herrschen könnten. Außerdem bekam ich fünf weitere, gewöhnliche Höhlensteine, die zur gleichen Gruppe gehörten. Einer davon stellte ein doppelköpfiges Ungeheuer dar, das weit schreckerregender aussah, als der unschuldige geschrubbte Hund, der friedlich vom Teppich heraufglotzte. Es waren noch einige Figuren in der Höhle geblieben, die eigentlich diesen beiden Wächtern unterstanden, darunter auch das große Boot mit den Götterköpfen in Bug und Heck, von dem er mir vorher erzählt hatte. Das sollte jetzt alles mir gehören.

Ich fragte, ob ich diese Dinge vielleicht selbst aus der unterirdischen Kammer abholen dürfe, und Estevan schlug vor, wir sollten gemeinsam versuchen, seiner Frau zuzureden. Ich versprach, die beiden an einem der nächsten Abende im Dorf zu besuchen. Den Doktor würde ich gleich mitbringen, er könne sicher feststellen, was für eine geheimnisvolle Krankheit Estevans Frau befallen habe. Dann wandte sich Estevan wieder zu seinen Wächtern, dem Hund und dem alten Mephisto auf dem Sofa, und erklärte feierlich, sie seien jetzt ordnungsgemäß an mich übergeben. Er habe alles getan, was seine Frau ihm aufgetragen habe. Auf die gleiche Art sei die Übergabe auch von ihrem Vater vollzogen worden und vorher von ihrem Großvater. Nun liege die ganze Verantwortung bei mir, und wenn ich einst die beiden einem anderen übergeben wolle, müßte ich genau das vollziehen, was ich im Dunkeln miterlebt hatte. Am besten in einem Gewand, das die Finsternis nicht störe. Es stünde mir frei, die beiden Wächter an Bord zu zeigen, wem ich wolle, aber ja keinem Bewohner der Insel. Viermal im Jahr müßten die Figuren gewaschen werden, in drei Monaten zum ersten Male. Es genüge nicht, setzte er hinzu, Staub und Bewuchs herunterzuputzen, ich müsse sorgfältig das weiße Gespinst entfernen, das wie Baumwolle in den Poren des Steins saß. Jedes Jahr müsse ich die Insekten ausräuchern, die ihre Eier in die kleinen Ritzen legten.

Als ich die beiden Wächter und ihre Untertanen eingepackt hatte, wirkte Estevan, als habe man eine drückende Verantwortung von seinen jungen Schultern genommen. Er gab mir zu verstehen, er sei ein guter Christ, aber die Vorväter hätten eben mit den Teufeln Umgang gehabt, da sie es nicht besser gewußt hätten. Damit hinterließen sie ihren Erben eine fürchterliche Verantwortung, denn diese mußten die Teufel übernehmen und konnten sich ihren Launen nicht entziehen.

»Sind es denn Teufel?« fragte ich Estevan, und er meinte, auf spanisch müsse man sie wohl so bezeichnen, auch wenn die Vorväter sie *Aku-akus* nannten.

Nun hatte ich also zwei *Aku-akus* an Bord des Schiffes und wußte jedenfalls Bescheid. Estevan gab mir deutlich zu verstehen, daß ich, hätte er etwas zu sagen, auch noch die beiden übrigen aus der Höhle mitbekäme – am liebsten alle, die es auf dieser Insel gäbe. Das beste wäre es, jeden einzelnen *Aku-aku* an Bord zu bringen und für alle Zeit und Ewigkeit von der Insel zu deportieren. Dann brauche sich kein Mensch mehr um solche Dinge zu kümmern. Heute seien ja alle gute Christen, und niemand wolle mehr etwas mit diesen Dingen zu tun haben, wäre er nicht aus Angst um Leben und Gesundheit dazu gezwungen.

Estevan war zur Schule gegangen und konnte schreiben. Mit säuberlichen Buchstaben malte er auf, was er im Dunkeln gesprochen hatte. Den Text, so erklärte er mir, müßte ich jenem mitteilen, der einst von mir die beiden Wächter erbe. Ich las auf dem Zettel:

Ko au Ko Kon Tiki he Atua Hiva
Hua viri mai te i Ka uru atua na Ki te
Kaiga Einu Ehoraie Ehiti Ka pura Eurauraga
te Mahinaee. Ka ea Korua Kakai Kahaka
hoa ite umu moa ite umu kokoma ote
atu hiva.
Ko Kon Tiki mo hatu O Ko ia
To Koro Va Ka Tere Ko haho Kogao Vari
one ana Kena O Te Atua hiva Ko Kon Tiki.

Estevan war nicht imstande, eine genaue Übersetzung zu geben, aber der ungefähre Inhalt lautete, daß ich, ein mächtiger Mann aus der Fremde, mit meinem Gefolge hierher gekommen sei. Hier hätte ich Sorge getragen, daß die vier *Aku-akus* mit Namen Einu Ehoraie, Ehiti Kapura, Eurauraga und Mahinaee, die Eingeweide eines Hahnes vorgesetzt bekamen, der im Erdofen vor dem Eingang zur Höhle O Ko ia gebraten worden war. Mein Schiff liege indessen bei dem Sandstrand von Anakena vor Anker.

Ich begriff, daß die Erwähnung des Hahns sich auf einen Ritus bezog, den Estevan und seine Frau bereits in meinem Namen vor dem Eingang ihrer Familienhöhle abgehalten hatten.

Der Arzt und ich benutzten die erste Gelegenheit, ins Dorf hinüberzufahren. Ungesehen schlüpften wir in Estevans kleine Hütte. Ein winziger Tisch mit einer blumengefüllten Schale, zwei Hocker und zwei Bänke bildeten die ganze Einrichtung. Hinter einem Vorhang an der einen Wand stand offenbar das Bett. Alles war hellblau gestrichen und wirkte blitzsauber. Als dann Estevans Frau hinter dem Vorhang hervortrat, staunten wir über ihre vollendete Schönheit. Sie war bleich und wohlgewachsen, mit langem, schwarzem Haar, klugen, ernsten Augen und von ruhigem, bescheidenem Wesen. Eine vollkommene Sicherheit umgab die Kranke, die uns zwar barfuß, aber mit der Haltung einer Königin begrüßte. Sie sprach nur wenige Brocken Spanisch, Estevan mußte einspringen, wenn wir uns nicht verstanden. Sie entschuldigte sich, daß sie keine Stühle anbieten könne, aber wir setzten uns zufrieden jeder auf eine Bank. Ich betrachtete die gelassene junge Frau, als sie sich mit den Händen im Schoß niedersetzte. So hatte ich mir Estevans willensstarkes Weib nicht vorgestellt – ich hatte eine richtige Amazone erwartet. Präzis und überlegt beantwortete sie alle Fragen des

Arztes. Es stellte sich heraus, daß bei ihrem Leiden alle Aussicht auf rasche und gründliche Heilung bestand, wenn sie sich in das kleine Krankenhaus des Dorfes zur Behandlung begab.

Estevan brachte selbst das Gespräch auf die Höhle. Seine Frau beantwortete meine Fragen ebenso sanft und entgegenkommend, mit unveränderter Ruhe und Sicherheit. Ja, ihr Vater habe ihr erklärt, wenn ein Unberufener in die Familienhöhle eindringe, dann müsse jemand aus ihrer Verwandtschaft sterben. Sie wolle nicht sterben; und sie wolle auch nicht, daß Estevan etwas zustoße, deshalb könne sie mich nicht in die Höhle mitnehmen. Auf diesem Punkt beharrte sie unerschütterlich. Estevan setzte mit unglücklicher Miene hinzu, nach seinem letzten Überredungsversuch habe sie zwei Tage lang geweint. Als ich sah, wie bitterernst es ihr war, beschloß ich, klein beizugeben.

Statt dessen fragte ich, ob sie nicht für uns in der Höhle eine Fotografie machen wolle, wenn wir ihr beibrächten, wie man mit dem Apparat umgehe. Auch das lehnte sie ab; Unbefugte könnten auf diese Weise die Höhle im Bild sehen, und die Höhle sei tabu.

Das bedeutete für mich eine aufrichtige Enttäuschung. Schließlich fragte ich, ohne viel Hoffnung, ob man nicht den übrigen Inhalt der Höhle zum Hause bringen könnte, so daß wir hier die Aufnahmen machten. Zu meiner Verblüffung willigte sie ein, ohne sich auch nur einen Augenblick zu bedenken. Ja, die Steine dürften wir fotografieren.

Ich wunderte mich noch mehr, als Estevan ihr vorschlug, alle Steine in eine Höhle hinüberzubringen, die in ihrem Garten lag und auch einen versteckten Eingang hatte – ohne tabuiert zu sein. Dort könne ich fotografieren. Die Frau ging ohne weiteres auch darauf ein, allerdings müßten die beiden Wächterfiguren zurückbleiben. Sie sahen beide ehrlich betrübt drein, als ich den Kopf schüttelte und erklärte, an einer falschen Höhle sei mir nichts gelegen. Schließlich wurde vereinbart, die Skulpturen sollten lediglich hierher ins Haus gebracht werden. War alles beisammen, würde man mir Bescheid geben.

Bevor wir unseren Dank sagten und gingen, fragte ich noch, ob ihr Vater die Steine gemacht habe. Nein, antwortete sie, nur ganz wenige stammten aus seiner Hand. Ihr Großvater, der bei der Einführung des Christentums den Namen Raimundi Uki erhielt, habe vor seinem Tode im Alter von einhundertacht Jahren fast den gesamten Bestand angefertigt. Sie erinnerte sich noch, ihn als ganz kleines Mädchen gesehen zu haben, als er ihren Vater unterrichtet hatte. Man habe ihr auch erzählt, daß der Urgroßvater zuvor den Großvater »beraten« habe. Wann die Höhle selbst erstmalig in Verwendung genommen wurde, wußte sie nicht. Einzelne Dinge müßten aber sehr alt sein, meinte sie, wenn auch freilich die Mehrzahl erst zur Zeit ihres Großvaters entstanden sei.

Nun wußten wir immerhin, daß diese erstaunlichen Höhlen eine lebendig wachsende Institution waren und nicht ein abgeschlossener Bestand, der wie eine tote Schatzkammer seit der Zeit der ersten Bürgerkriege brach lag. Die Höhle, die Estevans Frau gehörte, war vielleicht die letzte auf der Insel, die noch Zuwachs bekommen hatte – sie war nun als erste eines Teils ihres Inhalts beraubt worden. Aber als uns das junge Paar zur Tür geleitete, hatte ich das sichere Gefühl, daß uns gerade diese Höhle für immer verschlossen bleiben würde.

Unter Göttern und Teufeln in den Tiefen der Osterinsel

Eines Abends ritten Lazarus und ich Seite an Seite den alten grasüberwachsenen Weg entlang, der vom Statuensteinbruch zum Lager in Anakena führte. Ich hatte unterwegs prophezeit, es werde einmal möglich sein, die geheimen Tunnel und unterirdischen Verstecke der Insel zu finden, wenn man mit einer Art »Hohlraumdetektor« durchs Gelände streifen könnte. Auf Lazarus hatte das tiefen Eindruck gemacht, und während unseres Rittes zeigte er mir mehrere Plätze, wo ein solcher Apparat sicher einen Ausschlag geben würde, weil dort geheime Höhlen lägen, deren Zugänge längst vergessen seien. Beunruhigt erklärte er, der erste, der eine solche Maschine auf die Insel bringe, würde schon bei einem Spaziergang vor den Häusern des Dorfes reich werden. Denn irgendwo zwischen dem Nordrand der Siedlung und dem Strand liege ein geheimes Höhlensystem von dreihundert Meter Länge, das einem der letzten Könige gehört habe. Es sei von einem Mann wiederentdeckt worden, der ein paar riesenhafte Speerspitzen mitgebracht habe, aber die *Aku-akus* hätten ihn Nacht um Nacht gebissen, gestochen und gequält, bis er schließlich sterben mußte.

Als ich müde in mein Zelt kroch, fand ich auf meinem Bett einen steinernen Schädel mit aufgesperrtem Maul, den Schädel eines Katzentiers, so groß wie der eines ausgewachsenen Löwen oder eines Pumas. Ich entzündete ein Streichholz und sah, daß Yvonne mit weit offenen Augen in ihrem Bett lag. Sie erzählte mir, eben wäre ein Eingeborener erschienen und habe den gewaltigen Tierkopf in die Zeltöffnung geschoben. Sie meinte, in dem geheimnisvollen Eindringling den jüngsten Bruder des Bürgermeisters erkannt zu haben.

Das stimmte auch. Am nächsten Tag erschien der kleine Mann mit dem Schnurrbärtchen und den großen braunen Rehaugen in meinem Zelt. Ich kannte bereits sein goldenes Herz, hatte er doch seinerzeit mit dem Bürgermeister, Lazarus und mir den ersten Wal ausgebuddelt. Lazarus, der sich seit der Übergabe seiner Schätze sicher und erlöst fühlte, versuchte schon seit einiger Zeit, dem kleinen Atan, von dem er wußte, daß auch er eine

Höhle besaß, Mut zu machen. Atan hatte ihm sogar gestanden, er habe die Absicht, seinen ältesten Bruder, den Bürgermeister, um Erlaubnis zu bitten, ob er Señor Kon-Tiki etwas aus der Höhle mitbringen dürfe.

Atan lugte zuerst vorsichtig aus dem Zelt, um sich zu vergewissern, daß uns niemand zuhörte, dann antwortete er bereitwillig auf meine Fragen und erzählte mir alles, was er wußte. Er war ein Vollblutlangohr wie seine drei Brüder. Der Bürgermeister Pedro Atan fungierte als Chef der Familie, dann kamen Juan Atan, Estevan Atan und er selbst, Atan Atan. Nach einem Vorfahren trug er den Beinamen Hare Kai Hiva. Von ihrem reichen Vater hatte jeder der vier Brüder eine Höhle geerbt. Atan als Jüngster mußte sich mit der kleinsten zufriedengeben, die bloß sechzig Figuren enthielt. Als Benjamin besaß er keinerlei Anrecht auf die Höhlen seiner Brüder; diese hingegen konnten auch über seine verfügen. Sein Vater hatte die Höhle einst von Maria Mata Poepoe geerbt, diese von Atamo Uhu, und jener wieder von Hare Kai Hiva, dem Hersteller der Figuren. Letzteren kannte ich schon aus dem Stammbaum des Bürgermeisters, er war ein direkter Nachkomme Ororoinas.

Auf meine Frage nach dem sonderbaren Katzentier antwortete Atan nach kurzem Zögern, der gewaltige Schädel, den er mir geschenkt habe, stelle einen Seelöwen dar, wie sie bisweilen an der Küste auftauchen. »Aber Seelöwen haben keine abstehenden Ohren«, bemerkte ich. »Ja«, stimmte er mir zu, »aber vielleicht gab es damals, als Hare Kai Hiva lebte, noch andere Seelöwen als heute.«

Atan kränkte sich aufrichtig darüber, daß man vielleicht später seine Höhle mit einer Maschine würde ausfindig machen können. Davon habe ihm nämlich Lazarus erzählt. Wenn er nur die Erlaubnis seiner Brüder bekäme, wolle er mir gern die ganzen Sachen überlassen. Er sei ein guter Christ und halte es für das beste, die Verantwortung dafür einem Museum zu übertragen. Atan war so unbefangen, daß er sich ohne große Mühe beeinflußen ließ. Nach all dem, was er gesehen hatte, bedurfte es keiner langen Überredungskünste mehr; drei Abende später lud er mich in seine kleine einfache Hütte am Rande des Dorfes ein. Er flüsterte mir zu, sowohl seine alte Tante Tahutahu als auch seine beiden Brüder Pedro und Juan gäben ihm freie Hand, die Höhle an mich zu übertragen. Es bleibe also nur der letzte Bruder, Estevan Atan, übrig, und um den zu überzeugen, müsse ich mithelfen. Während ich allein sitzen blieb und im Schein einer Kerze wartete, schlüpfte er zum Nachbarhaus hinüber, um seinen Bruder zu holen. Als dieser kam, merkte ich sofort, daß ich ihm noch nie begegnet war. Er arbeitete als einziger der Brüder nicht für mich. Atan vertraute mir in aller Unschuld an, sein Bruder sei der Kapitän der kleinen Mannschaft, die sich ein Boot gebastelt habe, um nach Tahiti auszurücken, sobald das Expeditionsschiff nicht mehr auf der Wacht liegen würde. Der Neuankömmling sah bei dieser Eröffnung ein wenig geniert drein, gab aber zu, daß es damit seine Richtigkeit habe. Er sei zwar nie zur See gefahren, habe aber von einem alten Einheimischen die

Orientierung nach den Sternen erlernt und wisse genau, wie man sich auf dem Meer zurechtfinde. So also sah der nächste Kandidat aus, der nach Tahiti auswandern wollte! Er war ein ungewöhnlich stattlicher Mensch, etwa dreißig Jahre alt, mit schmalem, festem Mund, ehrlichen Augen und aufrechter Haltung. So wie den anderen Brüdern, fehlten auch ihm die typisch polynesischen Züge. Überall in Nordeuropa hätte er durch die Straßen gehen können, ohne aufzufallen. Und doch gehörte auch er zu den echten Langohren, den direkten Nachkommen Ororoinas.

Estevan Atan – wir nannten ihn bald »Dorfkapitän« – erwies sich als lerneifriger Mann. Neugierig lauschte er meinen Erzählungen von der Trift des »Kon-Tiki«-Floßes und den vielen Ländern hinter dem Horizont. Es wurde spät, ehe der kleine Atan das Gespräch auf Familiendinge und Höhlen bringen konnte, aber es gelang schließlich ohne Schwierigkeiten. Gegen Morgen eröffnete mir der Dorfkapitän, er verwahre etwa hundert Skulpturen in seiner eigenen Höhle. Früher habe er auch ein kleines kaffeebraunes Gefäß aus *Ipu maengo* besessen, das sei aber leider zerbrochen. Seinen größten Schatz stelle ein »Buch« mit *Rongo-rongos* dar, alle Seiten voll beschrieben. Außer ihm kenne es keiner auf der Insel. Ich erfuhr nun auch, daß die alte Tante Tahu-tahu das Oberhaupt der Familienhöhlen war. Sie sei so etwas wie eine Zauberin und habe Umgang mit dem Teufel. Sie besitze eine sehr wichtige Höhle, die ihre Neffen sicher in naher Zukunft erben würden.

Die alte Tahu-tahu war mir glücklicherweise wohlgesinnt. Ich hatte ihr einen schwarzen Kleiderstoff und andere Geschenke verehrt, als sie in Anakena mit den Langohren getanzt hatte.

Einige Tage später wurde die Situation spannend. Zuerst drangen Gerüchte ins Lager, der kleine Atan habe sich eine Blutvergiftung zugezogen und sei ins Dorfkrankenhaus eingeliefert worden. Bald danach konnte Lazarus berichten, der Doktor des Dorfes habe Atan den Finger aufgeschnitten, aber es sei Segen darüber gelegen, und alles sei glimpflich verlaufen. Knapp danach erhielt ich eine Botschaft, die mich in allerlei versteckten Andeutungen aufforderte, Atan in seiner Hütte zu besuchen. Um so wenig Aufsehen wie möglich zu machen, fuhr ich spätabends mit dem Jeep bis zur Kirche und ging zu Pater Sebastian. Er glühte vor Spannung, als er hörte, was sich da anbahnte. Seit langem war sein innigster Wunsch, eine jener heimlichen Höhlen zu sehen, über die so viel geflüstert wurde und die er bisher für verloren halten mußte. Aber er sah ein, daß es unmöglich anging, ihn mitzunehmen. Ich mußte jedoch versprechen, mich zu melden, sobald mir der entscheidende Schritt gelinge. Ich könne zu jeder Tages- und Nachtzeit zu ihm kommen.

Das letzte Stück von Pater Sebastians Haus bis zur Wohnung Atans tastete ich mich im Stockdunkeln an einer Mauer entlang. Ich fand die Gartenpforte, trat ein und klopfte an die niedrige Tür. Atan, den Arm in der Binde, öffnete vorsichtig und ließ mich ein. Hinter mir sperrte er sorgfältig zu. Wir setzten uns einander gegenüber an einen kleinen Tisch, auf dem eine Kerze brannte. Atan zog ein Tuch weg, und da lag plötzlich ein grinsender Totenschädel vor mir. Er war aus Stein, aber mit ungemütlich realistischen Zügen: gebleckten Zähnen im Kiefer, Nasenlöchern und starrenden Augenhöhlen. Auf der Schädeldecke bemerkte ich zwei seltsame schalenförmige Vertiefungen, jede so groß wie ein Daumennagel.

»Bitte!« sagte Atan und wies auf den Totenschädel. »Hier ist der Schlüssel zur Höhle. Jetzt gehört sie dir.«

Ich fühlte mich so überrumpelt, daß ich zuerst gar nicht wußte, was ich darauf erwidern sollte. Aber der kleine Atan war mindestens ebenso bewegt wie ich, und bevor ich noch ein Wort hervorbrachte, wies er auf die beiden Grübchen im Schädel und vertraute mir an, sie seien sonst immer mit den pulverisierten Knochen eines *Aku-aku* gefüllt gewesen, der alle umbringe, die diesen Schlüsselstein berührten. Aber diesmal sei die alte Tahu-tahu in der Höhle gewesen und habe das Knochenmehl so sorgfältig entfernt, daß ich ganz unbesorgt sein könne. Atan nannte den Totenschädel immer nur »Schlüssel« und wies mich an, ihn unter meinem Bett aufzubewahren. In zwei Tagen, wenn wir zur Höhle gingen, müsse ich ihn mitnehmen.

Nie werde ich vergessen, wie Atan Atan im flackernden Kerzenschein neben dem grauen Totenschädel saß. Es war mir selbst nicht ganz geheuer, als ich und mein Schatten an der Wand den grinsenden Schlüsselstein packten, der jetzt mir gehörte. Das Licht und unsere Stimmen drangen kaum bis an die Wände des Raumes. Draußen hörte ich ab und zu Pferdehufe klappern. Ein paar einzelne Reiter ritten bergauf, bergab über die Hügel. Atan bat, ich möge am Tag vor dem angesetzten Höhlenbesuch bei mir eine Mahlzeit *Curando* bereitstellen lassen – das bringe Heil. Als ich daraufhin fragte, ob ich einen Freund mit in die Höhle nehmen dürfe, wollte er zunächst nichts davon wissen; aber dann überlegte er es sich. Die Höhle gehöre ja jetzt mir, und da ich sie nun auf jeden Fall ausräumen wolle, sei das vielleicht nicht so gefährlich. Er fühlte sich sichtlich erleichtert, als ich Ed vorschlug. Sein Bruder Juan hatte für Ed in Orongo gegraben und sich dabei überzeugen können, daß Ed ein guter Mensch war. Aber drei galt nicht als glückbringende Zahl, deshalb wollte Atan seinen Bruder Estevan, den »Kapitän«, mitbringen. Schließlich setzte ich durch, auch noch den Fotografen einzuschließen, aber da wollte Atan dann noch einen der Seinen hinzunehmen. So wurden wir zu guter Letzt sechs, denn 2, 4 und 6 sind »gute« Zahlen. Aber nun bat er mich entschieden, nicht noch weitere Vorschläge zu machen, denn sonst könnten wir vielleicht unabsichtlich den *Aku-aku* verärgern.

Als der große Tag anbrach, fuhr der Kapitän im Wagen ins Dorf, um Atan Atan zu holen, der seinen Bruder Estevan und seinen jüngsten Freund Enlique Teao mitbrachte, den ich bereits aus der Langohrmannschaft des Bürgermeisters kannte. Da die anderen schon gegessen hatten, gehörte nun das Messezelt uns. Der Steward servierte allerlei Kleinigkeiten auf skandinavische Art. Währenddessen bat mich der Dorfkapitän im Vertrauen, noch am gleichen Tag seinem Bruder Atan ein »Segensgeschenk« zu übergeben und ein anderes auch an die Tante Tahu-tahu zu schicken, da sie der Überlassung der Höhle zugestimmt, ja sogar am Morgen persönlich beim Höhleneingang ein Huhn für den *Aku-aku* gebraten habe.

Als wir uns niedersetzten, schlugen die Eingeborenen zuerst das Kreuz und verrichteten ein stilles Tischgebet. Danach sah Atan mich treuherzig an und erklärte, das sei »*otra cosa aparte*«, ein Ding für sich. Dann beugte er sich über den Tisch und teilte uns flüsternd mit, bevor wir zugriffen, müsse jeder von uns auf polynesisch wiederholen:

»Ich bin ein Langohr aus Norwegen. Aus dem norwegischen Erdofen der Langohren esse ich jetzt.«

Der Reihe nach sagten wir gehorsam diesen Spruch auf. Von da an vollzog sich die ganze Unterhaltung im Flüsterton. Erst später ging mir auf, daß wir hier zu Ehren der *Aku-akus* speisten und daß wir sie soeben von unserer Verbrüderung unterrichtet hatten. Ich wußte, daß Atan Atan seine Lieblingsidee, die Urbevölkerung des Eilands sei aus Österreich gekommen, inzwischen begraben hatte. Dafür waren sich nun sämtliche Langohren darin einig, daß mindestens ihre persönlichen Vorfahren aus Norwegen stammten. Besonders einer unserer Matrosen, ein dicker Bursche mit feuerrotem Haar, bestärkte sie in dieser Auffassung, und darum waren nun zu Beginn des Essens auch die *Aku-akus* in das etwas komplizierte Geheimnis unserer Verwandtschaft eingeweiht worden.

Als Ed mit einer Meldung im Messezelt erschien, erkundigte ich mich, ob nicht auch er an dieser segenbringenden Mahlzeit teilnehmen dürfe. Er sollte ja mit in die Höhle kommen. Also mußte Ed auf polynesisch – mit breitem amerikanischen Akzent – geloben, auch er sei ein norwegisches Langohr, das jetzt aus dem norwegischen Erdofen der Langohren esse. Dann ging das Mahl weiter, in tiefstem Ernst, und wenn wir sprachen, flüsterten wir mit heiserer Stimme. Ein Tischgespräch, das sich nur um Geister und finstere Höhlen drehte, war uns beiden ebenso neu wie unseren Gästen die norwegischen Gabelbissen. Atan packte einen Käsehobel, um sich großzügig mit Butter zu versehen, die Zitronenscheiben legte er aufs Brot statt in den Tee, aber trotzdem schmeckte es allseits vortrefflich. Als die drei Eingeborenen nichts mehr hinunterbrachten, zogen sie sich in ein leeres Zelt zurück, um sich auszuruhen. Es dauerte noch lange, bis wir zu unserer geheimen Fahrt aufbrechen konnten.

Ein paar Stunden nach Einbruch der Dunkelheit erschien Atan und verständigte mich, es könne losgehen. Er war ernst und feierlich gestimmt; sichtlich bedeutete es für ihn einen sehr wichtigen Akt, wenn nun die Höhle ihren Besitzer wechselte. Ebenfalls beklommen, wie vor einer langen, schwierigen Reise, ging ich noch einmal ins Zelt zurück, um Yvonne Lebewohl zu sagen. Dabei zog ich den grinsenden Totenschädel in einem Postsack unter meinem Bett hervor. Vorläufig ahnte ich nicht, wie man diesen unheimlichen »Schlüssel« benützte. Niemand konnte es mir sagen.

Ich hielt ja als erster Weißer einen solchen Stein in Händen. Yvonne reichte mir noch eine Tasche mit Geschenken für die alte Tahu-tahu. Dann kroch ich wieder ins Dunkel hinaus und verständigte Ed und den Fotografen, wir seien klar zum Aufbruch.

Die Höhle lag zwischen der Schafsfarm auf Vaitea und dem Dorf.

Die Fahrt führte zunächst an der Farm vorbei, die einsam mitten auf der Insel auf der Anhöhe liegt. Zur Tarnung hatten wir den Jeep mit Wäschebündeln beladen, die wir in Vaitea bei Analola, der einheimischen Wirtschafterin der Schafsfarm ablieferten. Sie besorgte mit ein paar Freundinnen die gesamte Expeditionswäsche, hatte sie doch Zugang zum einzigen fließenden Wasser der Insel, das man in Rohren vom überwucherten Kratersee im Rano Aroi herüberleitete.

Nach diesem kleinen Aufenthalt übernahm der Fotograf das Steuer. Unsere kleine Gesellschaft bestand aus ihm, den drei Eingeborenen, Ed und mir. Bei funkelndem Sternenlicht waren wir aufgebrochen, aber plötzlich überraschte uns nun ein Regenschauer. Atan, der auf dem Werkzeugkasten zwischen dem Fotografen und mir saß, machte ein besorgtes Gesicht und flüsterte, jetzt hätten wir besonderes Glück nötig. Ich hörte, wie der Dorfkapitän mit Grabesstimme Ed zumurmelte, es sehe aus, als ob der Wind umschlage. Die Eingeborenen vibrierten derart vor Spannung, daß ich aus dem tragischen Tonfall nicht mit Sicherheit schließen konnte, ob sie bekümmert waren oder ob nur der Ernst der Stunde sie bedrückte. Dabei hatte ich am allermeisten Angst, daß etwas dazwischen kommen könnte, was sie im letzten Moment zum Rückzug veranlassen würde. Auf dem Rücksitz wurde nun zwischen Ed und seinen beiden Nachbarn kein Wort mehr gewechselt. Auch der Fotograf am Lenkrad schwieg, aber das hatte andere Gründe. Er verstand weder Spanisch noch Polynesisch und konnte sich daher mit den Eingeborenen nur verständigen, wenn er die Hände für die international übliche Zeichensprache frei hatte. Als er plötzlich den Jeep zum Halten brachte, ausstieg und alle Räder nachsah, fingen die Brüder Atan zu zappeln an und fragten, was passiert sei. Ich versuchte sie zu beruhigen, es sei alles in Ordnung. Wußte ich doch nur zu gut, daß beide wie auf Nadeln saßen und auf Zeichen aller Art geradezu lauerten. ›Nur keine Panne‹, ging es mir durch den Kopf. Zu allem Überdruß begann der Fotograf, der die Situation überhaupt nicht begriff, heftig zu gestikulieren. Mit besorgter Miene setzte er mir auseinander, der Jeep laufe nur noch auf drei Zylindern.

Glücklicherweise ging es trotzdem bald in den tiefen, gewundenen Radspuren weiter, und zwischen dem treibenden Nachtgewölk leuchteten auch wieder einzelne Sterne – ohne daß sich freilich die Nervosität der beiden Brüder legte. Als wir die Stelle erreichten, wo wir aussteigen sollten, warf Atan plötzlich das Programm um: es sei besser, nach Hangaroa weiterzufahren und in seinem Haus zu warten, bis alles schlafe.

Als wir uns dem Dorfe näherten, entschloß er sich wieder anders und erklärte mir, sein *Aku-aku* habe gesagt, wir wollten zum Haus seines Bruders statt zu dem seinen fahren. Wir rollten mit vollen Scheinwerfern quer durch die Siedlung, bogen vor der Kirche in Richtung auf die Küste ein und fuhren dann an einer Mauer entlang eine kurze Strecke nordwärts. Schließlich wies man uns an, die Scheinwerfer zu löschen und stehen zu bleiben. Enlique Teao blieb zurück, um auf den Jeep aufzupassen. Wir anderen kletterten über die Mauer und wanderten im Sprühregen über ein weites, steinbedecktes Feld. Die kleinen, leichten Lavablöcke bedeckten den Boden so dicht, daß man im Dunkeln nicht wußte, wo man hintreten sollte. Atan bat den Fotografen, den ältesten von uns, sich auf seine Schulter zu stützen, damit er sich nicht den Fuß verstauche oder hinfalle. Gleichzeitig flüsterte er Ed mehrmals zu, für seine persönlichen Freunde bedeute es keine Gefahr, über diesen Boden zu schreiten. Er sei ein guter Mann, und deshalb passe auch sein *Aku-aku* auf, daß niemand etwas passiere, der über sein Gebiet ging. Naiv setzte er hinzu, er sei immer freundlich zu anderen gewesen. Wenn jemand hungere, gebe er ihm zu essen, und immer helfe er, wenn er darum gebeten werde. Daher sei auch sein *Aku-aku* mit ihm zufrieden.

Mitten auf dem Steinfeld lag ein kleines, weißgekalktes Haus. Vorsichtig klopfte der Dorfkapitän an Fenster und Tür, um sein schlafendes Weib zu wecken. Gleich danach öffnete uns eine eindrucksvolle Südseeschönheit, eine ernste Frau von etwa dreißig Jahren, ein echtes Naturkind; langes, rabenschwarzes Haar fiel über ihre prachtvollen Schultern, ihre Figur war bewundernswert. Der rassenbewußte Estevan hatte sich wahrhaftig unter den Kurzohren eine würdige Vahine ausgesucht, um sein Geschlecht weiterzuführen.

Zwei Bänke wurden an einen kleinen Tisch mitten im Zimmer gezogen, auf den die Schöne, die wie ein lautloser Schatten zwischen uns glitt, eine kleine Kerze niederstellte. Der »Kapitän« verschwand im Nebenraum und kam nach einer Weile mit einem Manuskript zurück, das er vorsichtig aus einem papierenen Zementsack hervorzog und vor uns in den Lichtschein auf den Tisch legte.

Das Buch, das hier mit vergilbten Blättern vor uns lag, war eigentlich ein dickes Schreibheft für chilenische Schulkinder, aber man hatte es zu etwas ganz anderem verwendet. Auf allen Seiten sprangen uns *Rongo-rongo*-Zeichen entgegen, kleine, sorgfältig gezeichnete Figuren von Vogelmenschen, Dämonen und andere merkwürdige Symbole – kurz, die berühmte, rätselvolle Bilderschrift der Osterinsel. Als wir das Heft durchblätterten, sahen wir, daß manche Seiten nur lange Reihen dieser unleserlichen Hieroglyphen enthielten, andere aber wie ein Lexikon die Übersetzung für jedes einzelne Sigel gaben. Die *Rongo-rongo*-Symbole waren dann jeweils an den linken Rand der Zeile gezeichnet, rechts davon stand bei jedem die Bedeutung im Osterinseldialekt des Polynesischen, in kleinen, naiven Lateinbuchstaben geschrieben. Sprachlos saßen wir um die Kerze und starrten auf die gebräunten Seiten des *Rongo-rongo*-Buches. Offensichtlich handelte es sich hier nicht um irgendeinen Schwindel, den unser Wirt vielleicht für uns inszeniert hatte. Dem, der diese rätselhaften Seiten geschrieben hatte, stand das Geheimnis der *Rongo-rongo*-Schrift offen, also repräsentierte dieses einfache einbandlose Heft eine wissenschaftliche Quelle von unabsehbarem Wert. Es eröffnete ungeahnte Perspektiven für die Deutung der alten, ungeklärten Bilderschrift der Osterinsel.

Ich stellte auf einer der Seiten die Jahreszahl 1936 fest und fragte den »Kapitän«, wie dieses wunderbare Buch in seinen Besitz gekommen sei. Er erzählte, sein Vater habe es ihm ein Jahr vor seinem Tod übergeben. Der Vater habe zwar weder *Rongo-rongos* noch moderne Buchstaben schreiben können, habe aber trotzdem selbst das Manuskript angefertigt, indem er sorgfältig ein älteres Buch kopierte, das seinerzeit sein Vater, also der Großvater des »Kapitäns«, hergestellt hatte und das zu zerfallen drohte. Und dieser Großvater war ein gelehrter Mann gewesen, der es verstand, *Rongo-rongos* sowohl zu singen als auch auf Holzplatten zu schnitzen. Damals gab es Leute auf der Insel, die während der Zeit ihres Exils als Sklaven in Peru Spanisch lesen und schreiben gelernt hatten. Einer von ihnen half dem alten *Rongo-rongo*-Mann, die Bedeutung der uralten heiligen Zeichen niederzuschreiben, die damals rasch in Vergessenheit gerieten, weil die meisten Kundigen während der Verschleppung zugrunde gegangen waren.

Atan und Estevans Weib staunten nicht weniger über das Buch als wir. Der Besitzer hatte es bisher keiner Menschenseele gezeigt. Er verwahrte es in seiner Höhle in dem alten Zementsack und holte es nur dann und wann hervor, wenn er das Bedürfnis empfand, seines Vaters zu gedenken. Eigentlich hatte er beabsichtigt, eine neue Kopie herzustellen, bevor dieses Exemplar zugrunde ging, aber er mußte bald feststellen, daß es eine fürchterliche Arbeit bedeutete, all die winzigen Figuren auf den einundvierzig Seiten des Heftes abzuzeichnen. Ich schlug ihm vor, das Buch dem Fotografen zu leihen, der dann eine genaue fotografische Kopie für ihn anfertigen könne. Er ging nur widerstrebend auf diesen Vorschlag ein[1].

Nach lokalen Begriffen war es recht spät geworden, und ich fragte daher, ob wir nicht aufbrechen sollten. Der »Kapitän« antwortete, es sei nicht notwendig, schon zu gehen. Er wisse immer genau, wann es elf Uhr werde, denn da brülle eine bestimmte Kuh. Mir entging dieses Zeitzeichen, aber jedenfalls verabschiedeten wir uns bald. Die schwarzhaarige Frau begleitete uns mit der Kerze zur Tür. Atan lotste wieder behutsam den Fotografen über den steinigen Boden, und bald langten wir beim Jeep an, wo Enlique, unser getreuer Wächter, wie ein Murmeltier über dem Lenkrad schlief. Wir rüttelten ihn unsanft wach und folgten mit dem Wagen den Radspuren nach

[1] Damit wurde der unersetzliche Inhalt des Buches für die Nachwelt gerettet. Der Zufall wollte es nämlich, daß der »Kapitän« gleich nach der Abreise unseres Expeditionsschiffes die lange geplante Flucht von der Insel unternahm. Seitdem ist er verschollen. Niemand weiß von seinem Schicksal. Vielleicht liegt das Buch noch in einer Höhle, deren geheimen Eingang nun keiner mehr kennt. Vielleicht nahm er es mit auf See.

Norden in Richtung auf das kleine Spital. Knapp danach aber bogen wir auf einen üblen Kuhpfad ein, der landeinwärts führte. Nun war es so dunkel und der »Weg« so absolut hypothetisch, daß Atan ständig wie ein Verkehrspolizist mit ausgestreckter Hand zeigen mußte, wo die Fährte durch das schwierige Terrain weiterlief. An die überstandene Blutvergiftung erinnerte nur noch ein weißer Verband um den Zeigefinger, der sich nun als Wegweiser in der pechschwarzen Nacht glänzend bewährte. Nach einer halben Stunde lagen Puna Pau und der Steinbruch der Haarschöpfe zur Rechten hinter uns, und Atan gab ein Zeichen, stehenzubleiben und den Jeep zu verlassen. Wir krochen alle sechs hinaus und streckten unsere durchgerüttelten Glieder. Im Dorf, drüben am Horizont, blieb alles dunkel und totenstill. Der Sprühregen hatte aufgehört, und wieder begannen die Sterne den Himmel zu erobern. Der »Kapitän« sah in die Höhle und flüsterte, das Aufhören des Regens bedeute für uns Glück und Segen. Ed und ich fanden, daß dies mitten in der Trockenperiode eine höchst eigenartige Feststellung sei. Sonst wurde um diese Jahreszeit jeder Regenschauer mit ungemischter Begeisterung begrüßt, ganz gleich, wo man sich befand und was man vorhatte. Der kleine Atan setzte eifrig hinzu, er sei sicher, es werde alles gutgehen. Seine alte Tante Tahu-tahu verfüge über ungeheures *Mana*. Sie habe ihm nicht nur alle nötigen Verhaltensmaßregeln gegeben, sondern auch persönlich den Erdofen bei der Höhle vorbereitet.

Gleich zu Beginn mußten wir über eine hohe, lockere Steinmauer klettern, wobei Atan dem Fotografen seine gesamte Ausrüstung abnahm und ihn fürsorglich betreute. Auch ich schwebte in Ängsten, es könne einer von uns die Mauer hinunterrasseln, was sicherlich als schlechtes Omen aufgefaßt worden wäre. Jenseits der Mauer betraten wir einen schmalen, kaum erkennbaren Steig, und hier bat man mich, mit der Taschenlampe vorauszugehen und den Weg zu zeigen. Nach einer Weile mußte ich stehenbleiben, weil die verdammte Batterie wieder einmal zu Ende war. Sofort fragten die beiden Brüder angstvoll und nervös, was geschehen sei. Ich versuchte, sie zu beruhigen, und nach mehreren Versuchen gewann ich der Birne auch wieder einen schwachen Schein ab. Damit tastete ich mich weiter. Aber die beiden blieben besorgt, bis mir der Fotograf heimlich seine Lampe zusteckte und ich also mit alter Lichtstärke weiterziehen konnte.

Der Weg schlängelte sich durch ein hohes, von offenen, steinigen Flächen durchbrochenes Maisfeld. Das Gelände hieß, wie mir Atan später erzählte, Matamea, was im einheimischen Dialekt dem Namen des Planeten Mars entspricht. Unablässig versuchte ich, mich zu orientieren, aber außerhalb des Lichtkegels vor meinen Zehenspitzen blieb es so stockdunkel, daß ich nur die Silhouetten von drei runden Kuppen gegen den Sternenhimmel erkannte. Eine lag direkt vor uns, die beiden anderen zur Rechten.

Es wurde eine merkwürdige Wanderung von sechs stummen Männern durch finstere Nacht, eine absurde Mischung von Gegenwart und Vergangenheit. Ich hielt die Spitze. Das kostbare *Rongo-rongo*-Buch hing in einer

Handtasche über meiner Schulter, und Atans grinsenden Totenschädel trug ich in einem Postsack des Königlich Norwegischen Außenministeriums. Hinter mir stapften die anderen im Gänsemarsch, beladen mit Kamerazubehör und leeren Pappkartons. Nach einer Weile erreichten wir eine offene Wiese mit hohem, gelbem, verdorrtem Gras. Atan wisperte mir zu, ich möge stehenbleiben und die Lampe auslöschen.

Sein älterer Bruder Estevan trat fünfzig Schritt nach links aus der Reihe und stellte sich mit abgewandtem Gesicht ins hohe Gras. Plötzlich hörten wir, wie er langsam und gedämpft auf polynesisch in die Landschaft hinaussprach. Seine Stimme ertönte klar über den Feldern, er sprach melodisch und beherrscht und gebrauchte nie die volle Kraft seiner Stimmbänder. Aber vor ihm im Gras gab es ja auch kein Lebewesen, zu dem er hätte sprechen können. Nur sein Rücken zeichnete sich als schwarze Silhouette gegen den Sternenhimmel im Westen ab. Atan raunte uns mit aufgerissenen Augen zu, der Bruder spreche zu den *Aku-akus* ringsum, um sicher zu sein, daß alles gut verlaufe. Als der »Kapitän« wieder zu uns zurückkehrte, erhielten wir den ausdrücklichen Befehl, von dem Augenblick, in dem wir den Pfad verlassen würden, nur noch zu flüstern. Selbst zu lächeln war verboten, wir mußten todernst bleiben. Dann baten sie mich, wieder voranzugehen, diesmal durch das hohe Gras bis nahe an die Stelle, wo Estevan Atan seinen Monolog gehalten hatte. Die trockenen Halme standen hoch, aber nur in spärlichen Büscheln, da und dort. Wir blieben stehen. Der »Kapitän« kniete nieder und begann mit den Händen im Sand zu wühlen. Und schon kam ein glänzendes grünes Bananenblatt zum Vorschein. Hier also hatte die alte Tahu-tahu bereits am frühen Morgen einen sogenannten *Umu* oder polynesischen Erdofen vorbereitet. Eine Schicht Bananenblätter nach der anderen wurde entfernt. Die letzten, bräunlichen dampften vor Saft, dann kamen das weiße Fleisch eines gebratenen Huhns und drei gebackene Süßkartoffeln zum Vorschein, wobei uns ein herrlicher, eigenartiger Duft in die Nase stieg. Er ließ uns das Wasser im Munde zusammenlaufen und füllte die Nacht mit dem Gefühl unbeschreiblichen Wohlbehagens. Atan rutschte nervös hin und her, als die Schichten im Erdofen der Reihe nach aufgedeckt wurden. Als sich der Inhalt dann als wohlgeraten herausstellte, fiel ihm sichtlich ein Stein vom Herzen. Tahu-tahus Erdofen hatte seine Pflicht erfüllt – das Glück war mit uns.

Während wir alle andächtig rund um den Erdofen hockten und den wunderbaren Geruch einsogen, wurde ich leise gebeten, den winzigen, fetten Bürzel des Huhns abzubrechen. Ich sollte ihn allein verspeisen, während die anderen zusahen, und dabei laut auf Osterinsel-polynesisch sagen:

»Hekai ite umu pare haonga takapu Hanau eepe kai noruego.«

Später stellte ich fest, daß es sogar den Eingeborenen schwerfiel, manche längst ungebräuchlichen Worte dieser Formel zu übersetzen. Sie besagte ungefähr, daß wir jetzt aus dem Erdofen der norwegischen Langohren essen würden, um *Mana*-Kraft zu bekommen, die uns den Zugang zur Höhle öffnen sollte. Nie habe ich mich so angestrengt bemüht, ohne Verhaspeln einen halb unverständlichen Spruch zu wiederholen. Gleichzeitig mußte ich all meine zoologischen Kenntnisse um die Anatomie eines zusammengerollten gerupften Huhns zu Hilfe rufen, bis ich mich schließlich an das richtige Ende vortastete, wo der Bürzel saß. Erst danach wurde mir klar, daß man die Beine in den Gelenken gebrochen und unter den Körper gepreßt hatte. Kopf und Hals waren zur Seite gedreht, der Schnabel an der Wurzel abgeschnitten. Mir fiel ein, daß der Bürgermeister einmal bemerkt hatte, er könne seine Feinde durch irgendeine Manipulation an dem Schnabel eines Huhns umbringen. Ich riß also den kleinen Steiß ab, steckte ihn in den Mund und kaute. Er schmeckte gar nicht übel. Nun bekam ich Weisung, auch einen Bissen von einer der drei Süßkartoffeln zu nehmen. Er schmeckte vorzüglich. Aber leider war mir ein kleiner Knochen im Mund geblieben, und ich wußte nun nicht, ob ich ihn schlucken oder ausspucken sollte. Hier galt es, nur ja nichts falsch zu machen. Ich lutschte also daran weiter, bis mir Enlique andeutete, ich könne ihn ruhig ausspucken. Aber Atan griff ein und bat mich, ihn auf ein Bananenblatt zu legen. Dann wurde mir aufgetragen, jedem der Anwesenden ein Stück Fleisch und einen Bissen Süßkartoffel zuzuteilen, und sowohl ich, der die Speise überreichte, wie der, der sie in Empfang nahm und verzehrte, mußte den gleichen komplizierten Spruch wiederholen. Ich machte schlimme Sekunden durch, als sich der Fotograf als erster aufs Glatteis begab, ohne auch nur ein Wort von der Formel zu verstehen. Aber er murmelte sie rasch und so undeutlich vor sich hin, daß niemand hätte sagen können, ob er etwas verkehrt machte oder nicht. Ed entzog sich dem Zeremoniell, indem er das leckere Stück Huhn sofort verschluckte, während ich ihm noch die schwierige Formel vorsprach.

So brachten wir diese Hürde hinter uns, und ich begann mich zu ärgern, daß mein Anteil an dem köstlichen Hühnchen auf den kurzen Bürzel beschränkt bleiben sollte. Ich war daher froh, als mir Atan zuflüsterte, jetzt seien die *Aku-akus* zufrieden; sie ließen uns sagen, wir sollten uns nur bedienen und das ganze Hühnchen aufessen, damit uns Glück zuteil werde. Nie schien mir eine Mahlzeit herrlicher zu duften, und nie habe ich ein delikater zubereitetes Hühnchen mit Süßkartoffeln gegessen als das auf dem Erdofen der alten Tahu-tahu. Insofern war dieses tanzende alte Gespenst wirklich eine Zauberin; ohne Kochbuch und Grill übertraf sie jeden erprobten Küchenchef. Aber welches Restaurant auf der Welt vermag auch einen solchen Sternenhimmel über seine Gäste zu wölben, mit Silhouetten von wiegendem Gras als Tapeten? Und wo hat man ein köstlicheres Gewürz als den Geruch von freier Wiese und ausgebranntem Feuer?

Aber wenn wir uns auch noch so delektierten, wir waren nicht die Ehrengäste dieser Mahlzeit. Das feierliche Essen wurde zur Ehre und zum Vergnügen von Personen abgehalten, die keinen Magen besaßen und deshalb auch keinen solchen Heißhunger entfachen konnten wie wir. Es genügte ihnen, zu sehen, wie gut alles schmeckte. Ich bedauerte fast die *Aku-akus*, die uns bei diesem Abendessen umgaben, besonders falls sie mit Geruchsinn ausgestattet waren. Atan flüsterte mir zu, wir müßten ab und zu ein abgenagtes Hühnerbein über die Schulter werfen und dabei murmeln:

»Iß, mein Familien-*Aku-aku*!«

Zu den *Aku-akus* sprach man laut, aber untereinander durften wir nur flüstern. Offenbar hörten unsere magenlosen Ehrengäste nicht besonders gut. Ihre Stärke lag anscheinend in den Augen.

Während wir munter schmausten, kam eine abscheuliche grüne Schmeißfliege angesummt und setzte sich mitten auf das Essen. Ich wollte sie gerade verjagen, zögerte aber wohlweislich einen Augenblick, um nichts falsch zu machen; das war mein Glück, denn Atan sah unablässig auf die Fliege und wisperte begeistert:

»Die *Aku-akus* singen, das bedeutet Glück und Segen!«

Er wurde immer fröhlicher, je weiter die Mahlzeit fortschritt. Als nur noch ein Brocken von einer großen Süßkartoffel übrig war, mußte ich diesen zu kleinen Stücken zerdrücken und rundherum auf den Boden streuen, auch auf die Bananenblätter und die leere Feuerstelle.

Als dies geschehen war, raunte mir Atan zu, es sei alles in Ordnung. Er erhob sich und bat mich, den »Schlüssel« mitzunehmen; wir wollten nun den Eingang der Höhle öffnen. Ich kann mich nicht erinnern, je zuvor auf irgend etwas so gespannt gewesen zu sein. Wir gingen nur fünfzehn bis zwanzig Schritte nach Westen, dann blieb Atan stehen, und wir hockten uns nieder. Ich legte den grinsenden, grauen Totenschädel auf meine Knie.

»Nun frage deinen *Aku-aku*, wo der Eingang ist«, flüsterte Atan plötzlich fast herausfordernd.

Ich wurde nervös. Wo wir standen, war alles eben wie ein Stubenboden. Kein Berg erhob sich weit und breit, bis auf die drei schwarzen Kuppen, die sich als ferne Silhouetten gegen den Sternenhimmel abzeichneten. Wo konnte da eine Höhle sein? Es gab in der Nähe keine Felsen, nicht einmal einen Brocken in der Größe einer Hundehütte.

»Nein«, antwortete ich, »danach kann ich nicht fragen. Es ist nicht anständig, sich nach dem Zugang zum Privatbesitz anderer Leute zu erkundigen.«

Glücklicherweise sah Atan das ein. Er zeigte auf den Boden, genau vor meine Zehenspitzen. Hier sah ich einen kleinen flachen Stein, halb von Sand und verrottetem Stroh verborgen, genauso wie zehn Millionen andere Steine in der Nachbarschaft. Atan raunte mir zu, ich möge mich mit vorgehaltenem Totenschädel niederbeugen und dem Stein am Boden laut zurufen:

»Öffne die Höhlentür!«

Ich fühlte mich gefoppt, tat aber, wie er mich hieß. Mit dem grinsenden Stein zwischen den Händen beugte ich mich zu Boden und wiederholte das magische Stichwort, wie Atan es mir vorgesprochen hatte:

»Mataki ite ana kahaata mai!«

Dann nahm er mir den Totenkopf ab und bat mich, »einzutreten«. Ich wischte Sand und Stroh beiseite, so daß die Umrisse des Steins klar hervortraten. Er erreichte etwa die Größe eines Frühstückstabletts. Ich rückte daran, er lag lose. Als ich ihn herumwälzte, öffnete sich ein finsterer Spalt, freilich zu eng, als daß sich jemand hätte hineinzwängen können. Also lockerte ich noch vier oder fünf vorstehende Blöcke, die darunter sichtbar wurden. Mit größter Vorsicht suchte ich, zu vermeiden, daß Sand und Stroh in die Tiefe fielen. Zum Schluß wurde die Öffnung groß genug, daß sich ein schlanker Mann hinunterlassen konnte.

»Nun tritt ein!« befahl Atan.

Ich setzte mich auf den Boden und streckte die Beine in das Loch, stemmte mich mit den Ellenbogen fest und tastete mit ausgestreckten Zehen, ob ich vielleicht den Boden erreichte – leider vergeblich. Auf einen Wink Atans ließ ich daher los und glitt in das Unbekannte hinunter. Dabei hatte ich das merkwürdige Gefühl, die Situation schon einmal erlebt zu haben, und im Bruchteil einer Sekunde erinnerte ich mich an eine Nacht während des Krieges, als ich auf die gleiche Weise mit den Beinen in ein dunkles Loch hinabhing. Damals war es ein Sergeant, der mich aufforderte, loszulassen. Ich trug einen Fallschirm auf dem Rücken und wußte, daß ich mich bald unter Freunden auf einem Truppenübungsplatz in England befinden würde. Diesmal hingegen war der kleine Atan, der mich mit seinen großen, freundlichen Augen ansah, der einzige Mensch, der wußte, wo ich landen würde.

Ich sauste also in die Dunkelheit hinein. Aber ich fiel nicht tief und landete erstaunlich weich auf irgendeiner federnden Unterlage. Sehen konnte ich gar nichts. Ich ahnte nicht einmal, worauf ich stand, nur direkt über mir entdeckte ich etwas, auf das sich mein Blick heften konnte: ein kleines rundes Loch mit ein paar blinkenden Sternen. Plötzlich schob sich der schwarze Schatten eines Kopfes in den Ausschnitt, ein Arm hielt mir eine Taschenlampe entgegen. Ich konnte hinaufreichen, es war gar nicht hoch. Als ich sie anknipste, leuchteten zwei glänzende Totenschädel neben meinen Beinen auf. Beide trugen auf dem Scheitel gefahrdrohende schwarze Obsidianspitzen, der eine war an den Schläfen kupfergrün gefärbt. Ich stand auf einer dicken Matte aus gelbem *Totora*-Schilf, das mit Rindenbast zusammengeflochten war. Sie fühlte sich dick und weich an wie eine Matratze.

Gleich neben meinem rechten Arm stieg die Bergwand senkrecht auf. Hier war die Höhle nur drei Meter breit. Von der gegenüberliegenden Wand starrte mir ein Wirrwarr grotesker Fratzen entgegen, soweit der armselige Lichtschimmer eben reichte. Anscheinend standen die Figuren längs der Wand auf ähnlichen Matten wie ich selbst.

Mehr als diesen raschen Rundblick konnte ich nicht tun, denn schon reichte mir Atan den »Schlüsselstein«. Dann drehte er sich um und kam mit strampelnden Beinen durch das Loch heruntergefahren. Ich bemerkte, daß direkt über mir das Höhlendach rund um die Öffnung aus großen Blöcken zusammengesetzt war, ein natürlicher Tunnel zog sich dann weiter ins Innere, glatte Falten erstarrter Lava hingen wie Vorhänge von der Decke herab.

Ich rückte zur Seite, damit Atan Platz fand. Kaum war er wie ein Ball auf der Matte gelandet, grüßte er ehrerbietig die beiden Totenköpfe. Danach grüßte er einen Schädel aus Stein, der ein Stück weiter im Gewölbe lag und genau jenem glich, den ich in den Händen hielt. Er flüsterte mir zu, ich solle den Schlüsselstein neben den anderen Wächter niederlegen und mit gedämpfter Stimme sagen: »Ich bin ein Langohr aus Norwegen, das hier mit seinem Bruder kommt.«

Anschließend zeigte er mir, daß die Tante auch aus der Grube des anderen Schädels das magische Knochenmehl entfernt hatte. Dann sah er sich rasch um und flüsterte, jetzt drohe keine Gefahr mehr. Die Tante habe alles wohl vorbereitet, er sei sorgfältig ihren Worten gefolgt, und die *Aku-akus* seien zufrieden. Ich leuchtete in die Ecken hinüber, wo diabolisch verzerrte Gesichter und merkwürdig verrenkte Gestalten aus Stein im Lichtschein Revue passierten.

»Dies ist dein Haus«, versicherte Atan, »du kannst dich jetzt überall frei bewegen.«

Er setzte hinzu, die Höhle heiße *Raakau*, seines Wissens sei das ein Beiname des Mondes. Um dem Fotografen und Ed Platz zu machen, die als nächste durch das Loch herunterkamen, krochen Atan und ich weiter in die Höhle hinein. Wir folgten einem schmalen Gang zwischen zwei breiten Steinstufen, die mit gelben Schilfmatten bedeckt waren. Darauf lagen zu beiden Seiten dicht nebeneinander die seltsamsten Figuren. Schon nach wenigen Metern endete die »Mondhöhle« Atans plötzlich an einer zackigen Querwand. Trotz dieser verhältnismäßig geringen Ausdehnung aber stellte sie eine wahre unterirdische Schatzkammer dar. Hier gab es Kuriositäten, die jeden Kunsthändler in Ekstase gebracht hätten. Der ganze Raum steckte voll mit den Erzeugnissen einer unbekannten, urtümlichen Kunst. Kein Museum der Welt hatte solche Plastiken aufzuweisen. Jeder einzelne Gegenstand bildete eine ethnographische Sensation und vermittelte uns einen erstaunlichen Einblick in die geheime Ideenwelt und die bizarre Phantasie der Insulaner, jede einzelne dieser zahllosen unterirdischen Skulpturen unterschied sich grundlegend von dem bisher Bekannten. Das einzige traditionelle Osterinselmotiv, das ich sofort wiedererkannte, war ein krummschnäbeliger Vogelmensch mit den Händen auf dem Rücken. Aber auch diese Figur war bisher nur in Holz bekannt. Nie zuvor hatte man eine Rundplastik des *Tangata manu* aus Stein gesehen. Auch gab es kleine Steinmodelle von den eigenartigen Paddelrudern der Osterinsel, kurz, wir fanden hier alles vertreten, von Menschen und Vierfüßlern bis zu Vögeln, Fischen, Kriech- und Weichtieren; auch phantastische Mischgebilde fehlten nicht. Da und dort stellten die Steine Figurengruppen dar, zum Beispiel zwei

Vogelmenschen, die ein katzenartiges Fabeltier zwischen sich hielten. Wir stießen auch auf viele verkrümmte und merkwürdige Gestalten, bei denen an den verschiedensten Stellen Köpfe saßen; andere wieder konnte keiner von uns richtig deuten.

Im Mittelgang zwischen den beiden schilfbedeckten Stufen lag ein Haufen trockenen Heus. Atan erzählte, als er noch ein kleiner Junge war, habe seine Tante Tahu-tahu für ihn die Höhle betreut. Noch immer komme sie bisweilen und schlafe hier, wenn etwas sie bedrücke und sie sich in die Vergangenheit zurücksehne. Heute morgen erst sei sie hier gewesen, um die Steine zu reinigen. Ich merkte, daß zwei sich feucht anfühlten.

Nach einiger Zeit verlor Atan seine ärgsten Hemmungen, und als eine halbe Stunde vergangen war, sagte er plötzlich mit ganz normaler Stimme zu mir:

»Nun ist alles klar, jetzt können wir reden und tun, was wir wollen – es ist dein Haus, mein Bruder!«

Offensichtlich meinte Atan, er sei nun der Gefahrenzone entronnen. Seit dem aufregendsten Moment – der Eröffnung des Erdofens – hatte er sich zusehends beruhigt. Jetzt aber, da alle Vorschriften seiner Tante befolgt waren, die Höhle mit ihren Freuden, Bedrohungen und Verpflichtungen recht und richtig übergeben, trug ich die Verantwortung. Er stand von nun an außerhalb des Hexensabbats. Ob er glaubte, nun habe ich die ganze Mühe, oder ob er argwöhnte, die *Aku-akus* hätten ihr Amt niedergelegt und sich in friedlichere Schlupfwinkel verzogen, wurde mir nicht ganz klar. Jedenfalls wirkte Atan trotz einer gewissen Ehrfurcht vor den Steinen völlig gelöst und normal. Er bat uns nur, die beiden Totenschädel, die von Angehörigen seiner Sippe stammten, in Frieden zu lassen. Im übrigen durften wir so viel Höhlensteine mitnehmen, wie wir in unseren Kartons unterbringen konnten.

Gegen Mitternacht waren wir in die Höhle geschlüpft. Als wir wieder emporkrabbelten, zeigte die Uhr auf zwei. Wir halfen einander aus dem Loch. Welch herrliches Gefühl, der Höhle entkommen zu sein und die frische Nachtluft in tiefen Zügen einzuatmen! Der Inselkapitän hatte eine saftige Wassermelone gepflückt, die wir begierig verzehrten. Dann verschlossen wir die Öffnung im Boden, ohne sie mit Sand und Stroh zu tarnen, denn die Leute der Expedition sollten am nächsten Tag die übrigen Steine abholen. Auf dem Heimweg scheuchten wir eine unsichtbare Pferdeherde auf, deren Hufe wie Trommelwirbel durch die Nacht dröhnten. Atan schleppte uns weiter; er kümmerte sich nicht mehr im geringsten um unseren Fotografen, der jetzt selbst auf seine Beine achten mußte. Offenbar lagen die *Aku-akus* nicht mehr hinter den Steinen auf der Lauer.

Ed fragte Atan, was er mit der leeren Höhle zu tun gedenke.

»Die Höhle will ich behalten«, erwiderte Atan, »wenn der nächste Krieg ausbricht, werde ich sie vielleicht brauchen.«

In dieser Nacht kamen wir nicht mehr viel zum Schlafen. Die Paraffinlampe leuchtete über dem Tagebuch, bis sich der Himmel im Osten zu röten begann. Kaum war es mir gelungen, ein wenig einzunicken, da hämmerte der Steward schon auf seine Bratpfanne, ein neuer Arbeitstag brach an.

Lazarus war bereits zur Stelle und strich neugierig um mich herum, während ich hinter den Zelten meine Morgentoilette beendete. Der Bürgermeister hatte mir einmal erzählt, wenn mehrere Menschen zusammen eine geheime Höhle beträten, so sähen sich die *Aku-akus* nach einer anderen Behausung um, und ohne *Aku-akus* verliere der geheime Eingang der Höhle rasch seine magische Kraft. Zufällig vorbeikommende Fremde seien dann leicht imstande, den Eingang zu finden. Ich begann jetzt, den höchst realen Hintergrund dieses Aberglaubens einzusehen, denn auf der Osterinsel gilt noch mehr als anderswo auf der Welt der Spruch: »Was einer weiß, das weiß niemand, was zwei wissen, das wissen alle.«

Kaum hatte Enlique die Botschaft erhalten, daß er mit in Atans Höhle dürfe, hatte er das auch schon eiligst an Lazarus weitergetratscht. Selbst drinnen im Dorf begannen die Leute zu munkeln.

Ein gefährlicher Spuk geisterte zusammen mit den *Aku-akus* über die Osterinsel, gerade in jenen Tagen, als es uns gelang, in die heimlichen Höhlen einzudringen. Schon einige Wochen zuvor hatte er sich gezeigt. Er schlich zwischen den Häusern des Dorfes herum, aber niemand konnte ihn packen. Immer näher pirschte er sich an uns heran, und bald tauchte er auch in den Zelten von Anakena auf, kroch den Leuten in Mund und Nase und lief durch ihre Körper Amok. Er war als blinder Passagier auf die Insel gekommen und hörte auf den Namen *Cocongo*. Der *Cocongo* – das ist der große Schrecken der Insel, die Grippeepidemie, die alljährlich durch den Schiffsbesuch vom Festland ausgelöst wird.

Der Bürgermeister hatte erst zweimal seine Höhle aufgesucht, um für mich Steine zu holen, da klopfte der *Cocongo* auch an seine Tür. Einige Tage kränkelte Don Pedro, dann mußte er ins Bett. Als ich ihn besuchte, lächelte er noch vergnügt und erzählte mir, meist pflege der *Cocongo* viel schlimmer zu verlaufen als diesmal, in wenigen Tagen sei es sicher vorbei.

Eine Woche später klopfte ich wieder an seine Tür. Da lag er aber schon im Krankenhaus des Dorfes. Dort konnte ich gleich den neuen chilenischen Arzt begrüßen, der mit der »Pinto« gekommen war, um den alten abzulösen; ich wurde in den kleinen Krankensaal geführt, aus dem mir der Husten der *Cocongo*-Patienten entgegenscholl. Zuerst entdeckte ich den Bürgermeister gar nicht unter ihnen und begann schon unruhig zu werden, da richtete sich in einer Ecke ein magerer Alter in seinen Kissen auf und rief mit heiserer Stimme zu mir herüber:

»Señor Kon-Tiki, hier bin ich!«

Ich war wie erschlagen, als ich ihn erkannte.

»Lungenentzündung«, flüsterte mir der Arzt zu. »Es sah sehr böse mit ihm aus, aber ich glaube, wir bringen ihn durch.«

Totenblaß, mit eingefallenen Wangen lag der Bürgermeister da, ein krampfhaftes Lächeln um die schmalen Lippen. Er winkte mich mit einer matten Handbewegung an seine Bettkante und flüsterte mir ins Ohr:

»Es wird schon alles gut gehen. Wenn ich wieder gesund bin, wollen wir miteinander wichtige Dinge unternehmen. Gestern ist meine Enkelin an *Cocongo* gestorben. Jetzt zeigt sie mir sicher vom Himmel aus den Weg, die Kleine. Das ist bestimmt keine Strafe, das weiß ich genau. Warte nur, Señor, uns steht noch Großes bevor!«

Ich verließ das Krankenhaus in sehr gedrückter Stimmung. Es tat mir weh, den lustigen Bürgermeister in einer solchen Verfassung anzutreffen, und sein Reden klang so merkwürdig. Ich verstand gar nicht recht, was er eigentlich wollte und was er gemeint hatte. Vielleicht war es das Fieber, das aus seinem sonderbaren Blick und seinen wirren Worten sprach. Daß der abergläubische Mann seine Erkrankung nicht als Strafe der *Aku-akus* deutete, war ein ausgesprochener Glücksfall, aber im Grunde sah es ihm gar nicht ähnlich.

Während der Dorfarzt in Hangaroa heldenhaft mit dem *Cocongo* rang, bekam der Expeditionsdoktor alle Hände voll mit unserem eigenen Arbeiterstab zu tun, der inzwischen auf fast hundert Mann angewachsen war. Zum Glück verfügten wir über genügend Antibiotika und andere Medikamente, die sich bei unseren eingeborenen Arbeitern bald großer Beliebtheit erfreuten. Vor allem schätzten sie die Kopfwehtabletten; wenn wir nicht scharf aufpaßten, naschten sie sie wie Bonbons. So überwanden wir eine *Cocongo*-Woge nach der anderen, und bald fühlten wir uns ein wenig sicherer.

Die Tage verstrichen. In diesem Jahr blieb das Enkelkind des Bürgermeisters das einzige Opfer der Infektion. Bald ging es Don Pedro besser, und er konnte nach Hause übersiedeln. Als ich ihn daheim besuchte, spielte wieder das merkwürdige Lächeln um seinen Mund. Er war fieberfrei, wiederholte aber trotzdem alles, was er mir schon im Krankenhaus gesagt hatte.

In den folgenden Wochen fühlte er sich noch zu matt, um zu uns in die Höhle von Anakena zurückzukehren. Er blieb zu Hause bei seiner Frau, und wir schickten ihm öfters Butter und andere kräftige Nahrungsmittel, damit er wieder ein bißchen Fleisch auf die Rippen bekam.

Der jüngste Bruder des Bürgermeisters, der kleine Atan, blieb diesmal verschont. Der *Cocongo* machte einen Bogen um ihn, und so verlor Atan allen Glauben an die Strafgewalt der *Aku-akus*. Seit er die Höhle mit ihren Pflichten und Gefahren losgeworden war, fühlte er sich wie erlöst. Statt der befürchteten Strafe der *Aku-akus* hatte er von mir eine Belohnung erhalten, die ausreichte, seine Familie in Zukunft sicher durch die Wechselfälle des Daseins zu bringen. Nach örtlichen Verhältnissen war er jetzt ein vermögender Mann. Aber er versteckte einen Großteil der Kleider und des Geldes unter der Erde, in dem geräumigen Safe der Natur. Als der Bürgermeister so lange zwischen Leben und Tod schwebte, deutete Atan dies nicht als Strafe für einen Tabubruch; im Gegenteil, er wußte ja gar nicht, daß mir sein Bruder auch schon Steine geschenkt hatte, und riet mir daher öfters, ich solle doch den Bürgermeister nach seiner Höhle fragen, sobald es ihm besser gehe, denn das sei die wichtigste von allen.

Er hatte außerdem schon lange den Verdacht gehegt, sein Schwager, Andres Haoa, könne Höhlenbesitzer sein. Nun hatte sich der Verdacht bestätigt.

»Kannst du dich an Andres Haoa erinnern, Señor Kon-Tiki? Er hat dir seinerzeit Scherben von *Ipu maengo* gezeigt. Diese und die großen Gefäße, die er Pater Sebastian unter die Nase hielt, liegen in seiner Höhle versteckt.«

Am liebsten hätte ich Andres Haoa aus der ganzen Sache herausgehalten. Er mußte ja weidlich erbittert über mich sein, seit ich ihn des Betrugs beschuldigt und ihm den Finderlohn vorenthalten hatte, weil er betrügerisch winzige Scherben in die Grabungsstelle am *Ahu* Tepeu gestreut hatte. Der kleine Atan war sich darüber im klaren, schlug mir aber vor, Andres Haoa eine Freundschaftsgabe zu übersenden; damit würde sich alles wieder einrenken. Ich übergab ihm zu diesem Zweck ein paar Dollars und zwei Kartons Zigaretten. Ich wollte dann in der Nacht von einer Gesellschaft des Gouverneurs zu Atans Haus hinüberkommen. Inzwischen sollte sich Atan bemühen, eine Zusammenkunft zu vereinbaren.

Kurz vor Mitternacht verabschiedete ich mich vom Gouverneur. Ich hatte ihm erzählt, daß ich im Begriff sei, in die Unterwelt der Insel einzudringen, ihm aber erst nach Abschluß der ganzen Aktion Bericht erstatten könne, da ich Stillschweigen gelobt hätte. Der Gouverneur dankte erleichtert für die Aufklärung. Die merkwürdigen Gerüchte, die durch das Dorf schwirrten, waren auch ihm zu Ohren gekommen, aber in Hangaroa wird so viel geklatscht, daß er gar nicht genau wußte, was er davon halten sollte.

Genau um Mitternacht trat ich in Atans kleine Hütte. Er öffnete die Tür, und als erstes erblickte ich im Schein einer flackernden Kerze das unrasierte Gesicht meines alten »Feindes« Andres Haoa, der mich mit blutunterlaufenen Augen anstarrte.

Er sprang von der Bank hoch, umarmte mich, nannte mich Bruder und versicherte mir, er wolle mich nach Kräften unterstützen. Die kleine Kammer füllte sich mit großen Worten. Gutgelaunt warf Atan sich in die Brust und prahlte mit seinem *Mana*. Er habe die Freundschaft zwischen uns beiden wiederhergestellt, deshalb träfen wir uns nun in seinem Hause. Dieses mächtige *Mana* habe er von seiner Mutter ererbt. Sie habe ihn erkoren, die Kraft ihrer Seele weiterzutragen; obgleich er der Jüngste gewesen sei, habe sie ihn all ihren Kindern vorgezogen. Atan erzählte mir, Andres Haoa sei beim Anblick meiner Gaben außer sich gewesen. Andres selbst bekannte, er habe vor Freude geweint, als er meine Gaben empfangen und die Botschaft gehört habe, die Freundschaft und Versöhnung verkündete. Er sei damals, als er mir die Scherben eines echten *Maengo* gebracht habe, in einer fürchterlichen Verlegenheit gewesen. Ich habe ja verlangt, er solle mir die Fundstelle zeigen. Nun konnte er mir aber doch nicht seine

Familienhöhle vorführen, aus der die Scherben tatsächlich stammten! Er sei daher gezwungen gewesen, uns an eine andere Stelle zu führen, um unsere Aufmerksamkeit von der richtigen Fährte abzulenken.

Andres' Geschichte klang gar nicht so unwahrscheinlich. Jetzt habe er von Atan so viel über mich gehört, fuhr er fort, daß er mir gern den »Schlüssel« überlassen wolle. Aber er habe einen jüngeren Bruder, der sei hart wie Stein, den müßten wir zuerst gewinnen. Der sei der eigentliche Herr der Höhle, denn er habe trotz seiner Jugend vom Vater den Schlüsselstein erhalten. Er lebe ganz im Schatten der *Aku-akus* und sei empört gewesen, als Andres ihm den Vorschlag machte, den Schlüssel Señor Kon-Tiki zu überlassen.

»Gehen wir also zu seinem Bruder«, schlug der kleine Atan vor. »Mit unserem vereinten *Mana* werden wir ihn schon überreden.«

Wegen des vorhergehenden Empfangs trug ich weißen Tropendreß. Ich mußte daher erst eine dunklere Khakihose und ein Sporthemd anlegen, die ich bei mir hatte. Dann schlichen wir drei aus dem Haus und wanderten vom Dorf nach Norden. Es wurde ein weiter Marsch im Mondschein, und je länger wir gingen und flüsterten, desto gewichtigere Worte fielen, von Freundschaft und Brüderlichkeit. Atan vertraute unbegrenzt auf unsere vereinte *Mana*-Kraft. Er beteuerte, er sei jetzt ein noch echteres norwegisches Langohr als ich selbst. Beide Begleiter schärften mir ein, falls Andres' jüngerer Bruder, Juan Haoa, mich in eine Falle locken wolle und Miene mache, den Schlüssel zur Höhle mir zu übergeben, dann müsse ich ablehnen und beide Arme über der Brust kreuzen. Erst wenn er den Schlüssel seinem Bruder Andres reiche, dürfe ich ihn dankend aus dessen Hand entgegennehmen.

Außerhalb des Dorfes gerieten wir in ödes, steiniges Gelände. Schließlich blieben wir vor einer hohen Mauer stehen. Dahinter glänzten große Bananenblätter unbeweglich im Mondlicht, halb versteckt lag zwischen ihnen ein niedriges, kleines, weißgekalktes Haus. Es war fensterlos und sah gespenstisch unbewohnt aus. Nichts verriet, daß hier jemand lebte. Eine morsche Leiter, in der einzelne Sprossen fehlten, führte auf den Steinwall, eine andere drüben wieder hinunter. Der kleine Atan riß allen Mut zusammen. Er wollte allein vorausgehen und unsere Ankunft melden. Die Leiter krachte vernehmlich unter seinem Gewicht. Kurz darauf erreichte er die Tür und klopfte.

Fünf Minuten blieb Atan verschwunden. Er sah unglücklich und verloren drein, als er wieder zu uns stieß. Andres' jüngerer Bruder habe sich entsetzlich hart und unzugänglich gezeigt. Jetzt müßten wir alle drei hineingehen und ihn mit unseren vereinigten *Aku-akus* bearbeiten. Also stiegen wir über die Mauer und schritten gemeinsam der Hütte zu. Ich trat als erster ein. In dem Raum, der nur mit einem weißgestrichenen Tisch und drei niedrigen Bänken ausgestattet war, standen zwei starke, grobschlächtige Kerle und starrten uns unverschämt und feindselig entgegen. Die beiden sahen aus, als sei mit ihnen nicht zu spaßen. Der eine war offenbar um die Dreißig, der andere mochte die Vierzig überschritten haben.

Ich grüßte. Die Antwort fiel sehr knapp aus, keiner der beiden verzog eine Miene. Der jüngere hatte stechend schwarze Augen, um Mund und Kinn zog sich ein schwarzer, stoppeliger Bart, genau wie bei seinem Bruder, der hinter mir stand. Bärte waren auf dieser Insel höchst selten zu sehen; nur dem Bürgermeister, Atan und ein paar anderen war es gelungen, sich eine solche männliche Zier zuzulegen. Der Mann stand steifnackig da, die Brust teilweise entblößt, und hatte die Arme in den Hemdschlitz geschoben. In seiner aufrechten, stoischen Haltung wirkte er wie ein Indianer aus einem Wildwestfilm. Aus halbgeschlossenen Augen sandte er mir einen durchbohrenden Blick zu und sprach langsam, mit vibrierender Stimme, als sei er in Trance:

»Sieh meinen *Aku-aku!* Das ist das Haus der *Aku-akus!*«

Jetzt mußte ich kühlen Kopf bewahren. Die Gesichter dieser Burschen zeigten deutlich, daß es hier den starken Mann zu spielen galt.

»Ich weiß«, sagte ich, »ich sehe es.«

Er ließ die Zustimmung an sich abgleiten, als wäre sie nur eine Belästigung. Herausfordernd trat er ein paar Schritte an mich heran und starrte mir forschend ins Gesicht. Dann sagte er fast zischend, mit einer Stimme, die vor unterdrücktem Grimm zitterte:

»Zeig mir doch die Kraft deines *Aku-aku!*«

Offenbar hatte Atan mich und meinen *Aku-aku* entsprechend gerühmt. Die vier Männer erwarteten von mir ein Wunder. Alle Gesichter zeigten hektische Spannung, in die sich in dem bärtigen Angesicht dicht vor meiner Nase noch etwas herausfordernd Verächtliches mischte. Der Mann glich einem Betrunkenen. Aber betrunken war er nicht. Er hatte sich in einen tranceartigen Zustand hineingesteigert. Er identifizierte sich jetzt mit seinem *Aku-aku*. Ich schob mich um weitere zwei Spannen näher an ihn heran, bis wir fast Brust an Brust standen, und richtete mich zu meiner vollen Größe auf.

»Wenn dein *Aku-aku* so stark ist wie der meine«, sagte ich und legte denselben Ton unterdrückter Verachtung in meine Stimme, »so schicke ihn zur Tür hinaus, sende ihn hinauf auf den Gipfel von Orongo, hinunter in den Krater des Rano Kao, auf die Ebene von Vinapu, zu den Statuen im Rano Raraku, nach Anakena, Hangaroa und rund um die ganze Insel. Frag ihn, ob sich die Insel verändert hat. Frag ihn, ob nicht alles besser geworden ist. Frag ihn, ob er die Mauern und Bauwerke gesehen hat, die aufgetaucht sind, die unbekannten Statuen, die sich aus der Tiefe emporrecken. Und wenn er dir alles bestätigt hat, dann will ich dich fragen: Verlangst du noch weitere Beweise für die Kraft meines *Aku-aku?*«

Der Mann zögerte keinen Augenblick und gab mir recht. Er lud mich ein, neben ihm auf der Bank Platz zu nehmen. Der kleine Atan fühlte sich mit einemmal wieder fest im Sattel. Er und Andres begannen nun, den Bruder geradewegs zu bestürmen, mir den Schlüssel auszuliefern, und bald schloß sich ihnen sogar der finstere Genosse meines Gegenübers an. Auch er schlug mit höflichen Worten vor, mir den Stein zu überlassen. Aber der Umworbene verzog keine Miene. Er ließ sich gar nicht dazu herab, auf dieses Gerede zu hören. Er saß wie auf einem unsichtbaren Thron aus Gold, mit überkreuzten Armen, aufrecht, mit verbissenem Mund und vorgeschobenen Lippen, wie die mächtigen Statuen auf den Hängen. In reiner Selbstsuggestion blies er sich in seinen Augen und in denen seiner Freunde auf; er glich einem autokratischen Priesterkönig, den man direkt aus der Urzeit heraufbeschworen und unversehens mit Hemd und Hose bekleidet hatte. Die anderen drei standen vor ihm und bettelten um den Schlüssel, aber er übersah sie noch immer. Sie umringten ihn und streckten ihm mit flehentlichen Bitten Hände und Arme entgegen, ja, einer fiel gar vor ihm auf die Knie.

Lange Zeit blieb der Mann in seiner großartigen Pose neben mir sitzen und genoß die Demut der Gefährten. Es sah aus, als bade er sich in einer künstlichen Sonne; ganz langsam drehte er seinen Kopf von der einen Seite auf die andere. Ab und zu wandte er sich steif zu mir herüber und betonte seine ungeheure Seelenkraft, sein *Mana*. Seine übernatürlichen Fähigkeiten stammten aus vielen Quellen, sagte er, denn in seinen Adern fließe das Blut aller wichtigen, großen Sippen. Hier bei ihm träfen sich alle *Aku-akus*. Sie umgäben ihn überall, von allen Seiten, und beschützten ihn. Hinter sich habe er den mächtigsten *Aku-aku* der Insel; er wohnte dicht vor der Hütte der alten Tahu-tahu, einer Tante seiner Frau. Die anderen Nachbarn wohnten weit. Es liege wohl noch eine verlassene Hütte ein Stück weiter rechts, aber deren Eigentümerin sei längst gestorben, dort hause nur noch ein *Aku-aku*. Einer decke also seinen Rücken, zwei stünden an seiner Seite und einer behüte das Haus.

Je mehr der bärtige Bursche sich aufpumpte, desto unzugänglicher und fanatischer wurde er; ein unheimliches Glühen stieg in seine Augen. Ich beeilte mich, ihn zu unterbrechen.

Als ich meinerseits loslegte, war es, als hätte ich ihm die Pumpe abgenommen und nun bei mir angesetzt, während bei ihm die Luft langsam wieder ausströmte. Ich behauptete, ich hätte gewaltiges *Mana* von meinem toten Adoptivvater, dem letzten großen Häuptling von Tahiti. Der habe mir, bevor er starb, den Königsnamen Terai Mateata, das heißt »Blauer Himmel«, verliehen. Außerdem habe Fatuhivas letzter Häuptling Tei Tetua all sein *Mana* auf mich übertragen. Als ich mit meinem Floß auf Raroia gelandet sei, hätte ich noch stärkeres *Manu* erhalten, denn die ganze Bevölkerung habe eben ein Fest zur Erinnerung an den ersten König der Insel, Tikaroa, gefeiert. Damals sei ich als Varao Tikaroa, das heißt »Tikaroas Geist«, in die Gemeinschaft aufgenommen worden.

Das reichte fürs erste. Mein Gegenüber sank mehr und mehr in sich zusammen, und zum Schluß fügte er sich. Er erhob sich langsam. Wir taten es ihm nach. Dann zeigte er auf seinen ernsten Freund und sagte:

»Tumu, du mußt Zeuge sein!«

Den Ausdruck *Tumu* kannte ich bereits. Es ist kein Name, sondern ein

Titel. Frühere Forscher haben ihn als mystisches Wort aus der ursprünglichen Gesellschaftsordnung der Osterinsel aufgefaßt, ein Wort, das die Eingeborenen selbst nicht mehr ganz verstehen und auch nicht erklären können. Jetzt stand so ein Tumu lebendig vor mir. Er dachte nicht daran, ein unverstandener Rest der Vorzeit zu sein, und entfaltete eifrige Tätigkeit. Atan erzählte mir später, Juan Nahoe sei der Tumu der Familie Haoa. Das bedeute, daß bei den internen Auseinandersetzungen der Brüder die Funktion eines Vermittlers und Richters ausübe.

Der bärtige Fanatiker pflanzte sich vor mir auf, sein Tumu stellte sich neben ihn.

»Hiermit übergebe ich dir den Schlüssel zu einer der beiden Höhlen«, sagte er mit Grabesstimme, als verkünde er ein Todesurteil.

Die übrigen standen mäuschenstill. Kein Laut. Selbst die Flamme der Kerze stand bewegungslos. Ich war in einem schweren Dilemma. Sollte ich jetzt die Arme überkreuzen und »Nein!« sagen? Er bot mir ja den Schlüssel an, allerdings ohne ihn mir zu zeigen. Ich zögerte einen Augenblick, dann antwortete ich trocken und ohne mit der Wimper zu zucken: »Danke.«

Auch er blieb starr und maß mich mit seinen rabenschwarzen, stechenden Augen. Dann drehte er sich jäh um und stolzierte zur Tür hinaus.

Die drei anderen wirkten unaussprechlich erleichtert. Ihr Aufatmen und ihre eifrigen Gebärden bildeten einen scharfen Kontrast zu dem steifen Haubenstock, der da eben hinausmarschiert war. Der kleine Atan trocknete sich den Schweiß, der auf seiner Stirn perlte, obwohl das winzige Licht, das jetzt dem Entschwundenen nachflackerte, in der Kälte der Nacht die einzige Wärmequelle war.

Einige Minuten vergingen, dann kam mein ungemütlicher Partner wieder. Er trug ein flaches, rechteckiges Paket unter dem Arm und einen schweren Korb in der Hand. Beide Gegenstände waren aus *Totora*-Schilf geflochten. Er übergab das flache Paket seinem Bruder, der es auf den Tisch legte. Dann stellte er sich wieder stocksteif vor mir auf, den Korb in der Hand. Er fixierte mich und zögerte sichtlich, ihn mir zu überlassen. Auch ich stand hölzern da und legte nur Verachtung und völlige Interessenlosigkeit an den Tag.

Plötzlich wandte er sich zu seinem älteren Bruder Andres und überreichte ihm den Korb. Andres gab ihn an mich weiter. Ich nahm ihn in Empfang und dankte dem jüngeren Bruder dafür, daß er den Schlüssel zuerst an Andres und nicht direkt an mich übergeben hatte. Der rauhe Bursche sah deshalb nicht ein bißchen freundlicher drein. Er wartete wieder ein gute Weile, dann zeigte er auf das Paket, das auf dem Tisch lag, und stellte mich ganz unerwartet von neuem auf die Probe.

»Was ist in dem Paket?« fragte er langsam. »Zeig jetzt die Kraft deines *Aku-aku!*«

Wieder umringten mich alle vier und sahen mich erwartungsvoll an. Ich zermarterte mir das Hirn. Es war wie eine Art Alptraum von einem Examen, bei dem durchzufallen eine Katastrophe nach sich ziehen mußte. Das Paket entsprach in der Größe etwa einer Aktentasche und schien mir zu flach, um einen Stein oder eine Holzplatte zu enthalten. Es war sorgfältig aus Schilf geflochten und wirkte, als Andres es vor sich auf den Tisch legte, leicht und biegsam wie ein Heft. Ich wußte, daß ich bereits den Schlüsselstein in der Hand hielt und durfte deshalb mir Sicherheit annehmen, daß auch das Paket auf dem Tisch aus der Höhle stammte. Korb und Paket zeigten dieselbe saubere Flechtarbeit.

Plötzlich dachte ich an die hübschen Federarbeiten, die uns Eingeborene oft überreicht hatten. Kopien der alten Federhüte und jener langen Federschärpen, die zur Tanzausstattung gehörten. Die ersten Entdeckungsreisenden hatten auf der Osterinsel hervorragende Persönlichkeiten mit Federmänteln und wehenden Federkronen angetroffen, ähnlich den Indianerhäuptlingen in großen Teilen Mexikos und Südamerikas. Konnte es möglich sein, daß etwas Derartiges, aus späterer Zeit freilich, in Andres' Höhle versteckt lag? Eine Federarbeit – das war keine dumme Idee! In diesem Fall konnte es sich nur um ein Stirnband oder etwas Ähnliches handeln. Ich mußte mich entscheiden – die anderen hingen gebannt an meinem Mund.

»Mein *Aku-aku* sagt: ›*Con pluma*‹, mit Feder«, sagte ich vorsichtig, um mich nicht allzusehr festzulegen.

»Nein!« platzte der rabiate Kerl los und sprang wie ein Tiger in die Höhe. »Nein!« wiederholt er wie rasend. »Frag deinen *Aku-aku* noch einmal!« Er duckte sich wie eine Raubkatze vor dem Sprung und genoß mit boshaftem Grinsen mein Versagen.

Der kleine Atan trocknete sich wieder den Schweiß von der Stirn und sah ganz verzweifelt drein. Er warf mir flehentliche Blicke zu, als wolle er mir erklären, jetzt sei es höchste Zeit, meinen *Aku-aku* zur Vernunft zu bringen. Der Tumu und Andres blickten mich voll Mißtrauen von der Seite an und traten langsam näher. Die Situation gefiel mir gar nicht. Diese Leute waren Fanatiker, und ich hatte mich ungebeten in die geheimsten Kammern ihres Aberglaubens eingedrängt. Wenn mir dabei etwas zustieß, würde niemand ahnen, wo ich mich befand. Kein Laut würde aus dieser verlassenen Hütte ins Dorf hinüberdringen; meine Freunde müßten annehmen, ich sei an der Küste abgestürzt oder in einer geheimen Höhle verunglückt. Nirgends auf der Welt gab es so viele Verstecke, wo ein Mensch spurlos verschwinden konnte, wie hier.

Ich hatte keine Ahnung, was dieses Paket enthalten mochte. Es war das reinste Rätselraten. Konnte es *Tapa* – Rindenstoff – sein?

»Etwas zum Anziehen?« versuchte ich vorsichtig.

»Nein! Frag deinen *Aku-aku* noch einmal, und frag ihn gut!«

Nun rückten sie alle drohend heran. Mein halbes Hirn stellte sich bereits auf die Notwendigkeit ein, mich zu verteidigen oder zu fliehen, die andere Hälfte grübelte verzweifelt weiter, was in diesem Paket stecken könnte.

»Ein Material!« – fiel mir als letzter Ausweg ein, in Anlehnung an die in den Quiz-Sendungen meiner Heimat bewährte Methode: »Tierreich oder Pflanzenreich.«

Als Antwort vernahm ich nur ein merkwürdiges Grunzen; man bat mich, das Paket zu öffnen, während mich alle wie Gewitterwolken umdräuten. Ich öffnete die Umschnürung aus Binsenfasern und zog ein ungebundenes Heft hervor, das voll von *Rongo-rongo*-Zeichen war. Es glich durchaus jenem kostbaren Manuskript, das ich vom »Dorfkapitän« erhalten hatte. Die hieroglyphenartigen Figuren waren mit Tinte gezeichnet, die vom Alter ausgeblichen war. Da kam mir blitzartig die Erleuchtung, daß auch im Spanischen die Schreibfeder und die Vogelfeder dieselbe Bezeichnung tragen. Ich warf das Buch so heftig auf den Tisch, daß beinahe das Licht ausging, und richtete mich empört hoch.

»Mein *Aku-aku* hatte ganz recht! Er sagte: ›*Con pluma*‹ – ist das vielleicht nicht ›*con pluma*‹ geschrieben –, mit einer Feder?«

Die Eingeborenen starrten einander entgeistert an. Ihre Gesichter veränderten sich mit einem Schlag. Also hatten sie den Fehler gemacht!

Der wüste Bursche mit dem struppigen Bart und den stechenden Augen war wie ausgewechselt. Das hatte er nicht bedacht! Der kleine Atan brach als erster die Stille. Er zerfloß vor Bewunderung und stammelte:

»Oh, was für einen mächtigen *Aku-aku* du hast!«

Diese Anerkennung löste einen Funken Eifersucht in meinem bärtigen Widerpart aus; er brummte:

»Schau dir den *Aku-aku* in diesem Buch an! Sieh ihn dir nur an!«

Er blätterte die großen Seiten um, wie in einem phantastischen Bilderbuch, bis er an eine Stelle kam, die er vor mir aufgeschlagen ließ. Die linke Seite war dicht mit der rätselhaften Bilderschrift bedeckt, ohne jede Erklärung. Rechts wurden zwanzig Symbole wiederholt und mit unbeholfenen lateinischen Buchstaben in die Sprache der Eingeborenen übertragen. Am unteren Rand der Seite jedoch stand ebenfalls in lateinischen Buchstaben, mit ausgeblichener bräunlicher Tinte gemalt, eine einzige Zeile.

»Das ist der *Aku-aku*«, grunzte er und zeigte darauf:

Kokava aro, kokava tua, te igoa o te aku aku, erua: Vorne abgegriffen, hinten abgegriffen, dann mußt du es neu machen, so heißt der *Aku-aku* dieses Buches«, sagte er voll Besitzerstolz und gab mir damit eine ungefähre Übersetzung des alten Spruchs.

Ich erkannte, wie genial das erdacht war. Derjenige, der das Buch einst herstellte, hatte ihm einen praktischen Rat mitgegeben, so daß seine Erben niemals wagen würden, das Buch zerfallen und den Text verlorengehen zu lassen, bevor nicht eine getreue Kopie angefertigt wurde. Diesen Rat hatte er zu einem *Aku-aku* gemacht, um sicherzugehen, daß ihn jedermann respektieren werde.

»Das hier ist der *Aku-aku*«, wiederholte der Mann stolz und legte den Finger auf die Zeile, damit wir sie alle gebührend bewundern konnten.

»Ein starkes Buch!« sagte ich und stellte dabei fest, daß ich das richtige

Eigenschaftswort gewählt hatte, statt »interessant«, »schön« oder »aufschlußreich« zu sagen. Der Mann konnte ja den Inhalt gar nicht lesen, sondern hielt es offenbar für einen Fetisch.

Plötzlich fanden wir uns als Freunde vereint. Man nannte mich Bruder, ich erntete von allen Seiten bewundernde Blicke. Aber ganz sicher fühlte ich mich noch immer nicht.

»Jetzt gehören wir zusammen«, sagte mein Konkurrent, und legte mir beide Hände auf die Schultern. »Jetzt müssen wir Blutsbrüderschaft schließen.«

Der kleine Atan betrachtete ihn dabei mit einer Mischung aus Angst und Bewunderung. Ich machte mich auf eine neue Prüfung von Körper und Seele gefaßt und bemühte mich, ein stoisches Gesicht zu bewahren. Nach den durchstandenen psychischen Qualen kam es mir auf ein bißchen Blutabzapfen auch nicht mehr an. Nur der Gedanke, das Blut meines schrecklichen Gegenübers trinken zu müssen, war unerträglich. Einmal hatten der Bürgermeister und Atan mir erzählt, daß sie ab und zu Knochenmehl ihrer Vorfahren mit Wasser verrührten und hinunterschluckten, um magische Kraft zu gewinnen. Vielleicht hatte man ähnliches mit mir vor.

Kerzengerade marschierte Juan Haoa in eine kleine Hinterstube, und ich erwartete, ihn mit einem Messer wieder auftauchen zu sehen. Statt dessen kam er mit einer Flasche und fünf Gläsern zurück. Er entkorkte sie und goß ein. Den anderen träufelte er bloß einen Fingerhut voll roter Flüssigkeit ins Glas, mir schenkte er es voll. Dann mußte jeder von uns immer wieder das Wort *Takapu* vor sich hinsagen. Atan hatte mir erzählt, dieses Wort verleihe *Mana* und rufe die *Aku-akus* als Zuschauer herbei. Frühere Forscher haben es mit »ritueller Erdofen« übersetzt, aber das stimmt nicht. Das Wort hat nichts mit einem Erdofen zu tun, außer wenn es im Zusammenhang mit *Umu* auftauchte, aber *Umu* heißt ja allein schon Erdofen.

Als wir das magische Wort hinreichend oft wiederholt hatten, überwand ich mich so weit, daß ich vorsichtig an dem schmutzigen Glas roch. Aber es war wirklich nur Rotwein, wie man ihn auf der »Pinto« bekam. Bevor wir ansetzten, sagte unser Anführer mit Grabesstimme:

»Jetzt haben wir unser Blut gemischt und trinken es.«

Die Vorstellung, daß der Wein Blut bedeute, hatte er wohl von der Kirche entlehnt. Wir leerten die Gläser, und er füllte nach, wieder nur einen Tropfen für sich und die anderen und ein volles Glas für mich.

»Du bist unser Anführer und unser Bruder, trink nach Herzenslust«, sagte er gutmütig, und ich war froh, daß er selbst nicht allzuviel abbekam. Aber er bestand ja jetzt nur noch aus eitel Freundschaft! Große Worte von *Aku-akus* und Verbrüderung fielen. Ich sei ihr Herr, denn ich habe jetzt den Schlüssel, den Schlüssel zu ihrer gemeinsamen Höhle, den Schlüssel zum Segen für uns alle.

Soviel ich begriff, war für die zweite Höhle der Tumu verantwortlich. Auch sie sollte mir zufallen, freilich erst dann, wenn ich eines Tages zurückkäme, um mich für immer unter ihnen niederzulassen. Bald war die Flasche leer, und ich hatte den Löwenanteil bekommen.

»Schau dir meinen Bart an«, sagte der schwarzhaarige Bandit, der nun mit einemmal mein jüngerer Bruder geworden war. »Da drin liegt meine ganze Kraft«, setzte er triumphierend hinzu. Ich konnte nur bedauern, daß ich nicht mehr so aussah wie damals, als ich hundertein Tage auf meinem Floß verbracht hatte. Aber man hatte ja jetzt meine überlegene Kraft anerkannt – auch in glattrasiertem Zustand. Schon lange nicht hatte ich einen Drink so nötig gehabt. Ich fühlte mich wieder ganz obenauf und sah auf die Uhr: drei Uhr nachts. Bis zum Lager stand mir noch ein langer Weg bevor. Ich mußte sehen, wie ich heimkam. Also bedankte ich mich freundlich und verabschiedete mich. Als ich das kostbare *Rongo-rongo*-Buch und den Korb mit dem Schlüssel zur Höhle an mich nahm, verkündeten meine neuen Verwandten, sie würden mich am nächsten Tag im Lager besuchen. Dann müßten wir zusammen ein von mir gestelltes Mahl verzehren. Ich versicherte ihnen, daß sie alle willkommen seien, und wanderte mit dem Tumu, Andres und Atan hinaus in die frische, kühle Nachtluft.

Am nächsten Tag holten mich meine »Brüder« ab. Sie führten mich auf die Spitze eines Berges. Dort bestieg unser Fanatiker einen Erdhügel und begann eine gedämpfte Ansprache zu halten. Sie richtete sich an unsichtbare Zuhörer draußen auf dem Meer. Das *Rongo-rongo*-Buch hielt er in der Schilfmappe unter seinem linken Arm, die Rechte streckte er zum Himmel empor. Er sprach polynesisch mit fast tonloser Stimme, erinnerte aber stark an einen Volksredner, der im Hydepark auf seine Seifenkiste steigt. Er zeigte auf den Himmel und auf uns, offenbar versuchte er, die Aufmerksamkeit eines unsichtbaren Heeres, das auf dem Meer und auf der Ebene unter uns lagerte, auf sich zu ziehen. Die lose Jacke flatterte, mit offenem Hemd stand er im Wind, mit einem Fuß noch in der Vergangenheit, mit dem anderen bei uns in der Gegenwart. Er war für mich das Monument eines Volkes in einer Übergangszeit.

Nach beendeter Rede stieg er ergriffen zu uns herab und verehrte mir eine hübsche Holzschnitzerei, einen fliegenden Fisch, den er selbst angefertigt hatte. Dann packte er das *Rongo-rongo*-Buch aus und blätterte energisch darin herum, bis er die Seite mit dem *Aku-aku* erreichte. Er legte den Finger auf den Vers und hielt eine neue Rede an all die Unsichtbaren rundum. Dann bat er mich, das Buch zu übernehmen und den *Aku-aku* laut vorzulesen. Umgeben von drei ergriffen lauschenden Männern, angesichts einer Fernsicht, die über weite Teile dieser seltsamen Insel reichte, las ich:

»Kokava aro, kokava tua, te igoa o te aku aku, erua.«

Das klang andächtig und stimmungsvoll, und damit ging die Zeremonie zu Ende. Die Vorväter konnten nunmehr bezeugen, daß das Buch rechtmäßig in meine Hände übergegangen war. Wir zogen den Berg wieder hinunter und begaben uns zu den Zelten, wo der Steward für uns eine kalte Platte hergerichtet hatte.

Die Mahlzeit, die nun folgte, erinnerte an jenen Lunch, mit dem wir den Weg in die Höhle des kleinen Atan eingeleitet hatten. Aber die Zeremonien schienen mir grotesker, die heiseren Stimmen noch brutaler, wenn wir uns von der Kraft und Stärke zuflüsterten, die in den Speisen lagen. Und diesmal durfte jeder von uns seine Vahine mitbringen. Yvonne erblaßte, als auch ich mit heiserer, unheimlicher Stimme zu sprechen begann und mich ebenso merkwürdig aufführte wie meine Mitbrüder. Nachher vertraute sie mir an, sie sei überzeugt gewesen, daß ich für eine Weile den Verstand verloren hätte. Mitten bei der Mahlzeit erhob sich mein unheimlicher Bruder und zeigte auf die kleine norwegische Tischflagge, wobei er sich den schwarzen Stoppelbart strich.

»Darin liegt deine Stärke, mein Bruder«, verkündete er plötzlich und packte die Flagge, »darin liegt deine ganze Kraft. Kann ich sie haben?«

Er bekam die Flagge und dazu noch eine kleine Zellophanschachtel mit einem Modell des Kon-Tiki-Floßes, das er um jeden Preis besitzen wollte. Mit diesen Geschenken unter dem Arm marschierte er triumphierend aus dem Messezelt und schwang sich in den Sattel, um mit den anderen ins Dorf heimzureiten.

Am nächsten Tag wurde in der Ebene von Anakena ein Volksfest mit Tanz gefeiert. Die beiden Ärzte – unser eigener und der Chilene – saßen im Messezelt und nutzten die Gelegenheit, den Ohren jener Gäste, die Pater Sebastian ihnen als unvermischt bezeichnen konnte, ein paar Blutstropfen zu entziehen. Als die Reihe an den Bürgermeister und seine Geschwister kam, setzten sie eine Miene auf, als sollten Diamanten aus ihren Ohren gezapft werden. Sie waren aus tiefster Seele überzeugt, daß das Blut aus dem Ohrläppchen eines echten Langohrs zu schwindelnden Preisen an Museen verkauft werden konnte. Als die kleinen roten Tropfen vor ihren Augen sorgfältig mit Chemikalien versetzt und in besonderen Behältern in den Kühlraum des Schiffes gebracht wurden, sah man ihnen die Genugtuung an. Natürlich fühlten sie sich um den wahren Gegenwert betrogen, aber was tut man nicht alles aus alter Freundschaft!

Während uns das Fest umbrandete, stolzierte der Bürgermeister, angetan mit einem Strohhut, herum und holte die Auserwählten der Reihe nach ins Zelt. Gesang und Gelächter, klimpernde Gitarren und wiehernde Pferde umgaben uns. Gerade als ich vom Feuer zurückkam, wo ich mich mit einem saftigen Brocken Fleisch gestärkt hatte, parierte ein hagerer alter Mann in einer abgetragenen Uniform vor mir sein Pferd. Er war ungepflegt, sein Mund zahnlos, die eingesunkenen Wangen bedeckte ein grauer Stoppelbart. Er grüßte mich freundlich. Ich bat ihn, aus dem Sattel zu steigen und sich aus dem offenen Erdofen zu bedienen. Er aber beugte sich nur zu mir herunter und murmelte:

»Ich bin gekommen, um dir zu sagen, daß Segen auf dir ruht. *El brujo*, der Zauberer, hat mir eröffnet, daß du Sonntag um Mitternacht viel Glück haben wirst, wenn du zu seinem Haus kommst. Von da an wird es dich begleiten.«

Auf meine Fragen wollte der alte Mann nicht antworten. Er zog an den Zügeln und ritt durch die Menschenmenge davon. Ich sah ihn nie wieder. *El brujo*, wer sollte das sein? Meines Wissens beschäftigte sich nur die alte Tahu-tahu mit der schwarzen Magie. Also konnte es sich doch höchstens noch um meinen neuerworbenen Bruder handeln. Wer sonst auf der Insel hätte eine solche Bezeichnung verdient? Er führte sich genauso auf, wie man es von einem Medizinmann erwartete. Er wohnte im Hause der *Aku-akus*, bei der Hütte der Tahu-tahu, und glaubte sich überall von Teufeln umgeben. Nein, es konnte kein Zweifel bestehen: der *Brujo* war niemand anderer als mein »Bruder« Juan Haoa.

Als die Nacht kam und es im Dorf dunkel und still war, ging im Haus des Bürgermeisters eine Kerze aus, und zwei Schatten schlüpften ungesehen aus der Tür. Der Jeep und die Pferde mit den Leuten der Expedition waren längst nach Anakena zurückgekehrt. Im Dorf und im Lager schlief man schon einige Stunden. Mitternacht rückte näher.

Aber der Jeep war noch einmal ins Dorf zurückgefahren und stand mit gelöschten Lichtern bei der Gartenumfriedung des Bürgermeisters. Im Wagen saßen der rothaarige Sohn Don Pedros und daneben der kleine Atan; sie machten stumm Platz, als die beiden Schatten aus dem Haus kamen. Dann rollte der Jeep so geräuschlos wie möglich mit abgeblendeten Scheinwerfern durch die Dorfgasse bis zum Kirchenhügel, von dort hinunter zur See, dann die Küste entlang auf das Spital zu.

Mit Unbehagen dachte ich an das Kommende. Ed sollte zusammen mit dem rothaarigen Burschen im Jeep warten, Atan und ich zu Fuß im Dunkel zum Hause der *Aku-akus* emporsteigen. Ed und ich hatten uns für diese Nacht in aller Heimlichkeit bei Don Pedro einquartiert.

Ein paar hundert Meter vor unserem Ziel stiegen Atan und ich aus.

Als wir die Mauer mit der halbvermorschten Leiter erreichten und das Spukhaus zwischen den großen, glatten Bananenblättern vor uns liegen sahen, blieb Atan stehen.

»Du mußt vorangehen«, flüsterte er, »du bist unser Bruder und Anführer. Klopfe an und sage: ›Juan, Zauberer, steh auf, das Glück kommt zu dir!‹«

Ich kletterte über die ächzenden Leitern und erreichte das Haus. Alles lag totenstill. Ich hob die Hand und pochte vorsichtig an die alte Tür.

»Juan, Zauberer, steh auf, das Glück kommt zu dir!« sagte ich mit gedämpfter Stimme.

Keine Antwort, nichts regte sich da drinnen. Nur der Wind raschelte leise in den großen, glänzenden Blättern, die wie gespreizte Finger nach dem Vollmond griffen. Aus der Ferne vernahm man schwach das Brausen des Meeres.

»Versuch's noch einmal!« rief Atan leise von der Einfriedung herüber.

Ich klopfte abermals und wiederholte mechanisch die Worte. Nur der Wind antwortete mir. Ich wurde unsicher. Vielleicht bedeutete das eine neue

Falle, vielleicht wollte man mich wieder auf die Probe stellen. Atan, der mich zögern sah, rief mit unterdrückter Stimme, ich solle noch einmal versuchen: die da drinnen müßten schlafengegangen sein, weil Schlaf Segen bringe. Daran glaubte ich nun gar nicht – sie erwarteten uns doch. Viel eher war zu befürchten, daß ich wieder etwas falsch machte. Standen die beiden etwa hinter der Tür und warteten, bis mein *Aku-aku* sie sah? Voller Mißtrauen stellte ich fest, wie stark es links drüben, dort wo die dicken Blätter den Silberschein des Mondes auffingen, im Schatten raschelte. Hatten sie sich etwa hinter den Büschen versteckt, um zu erproben, ob mein *Aku-aku* mir helfen würde? Ein paarmal meinte ich, es habe sich drinnen etwas gerührt, aber niemand öffnete mir. Nach sechsmaligem vergeblichem Versuch gab ich es auf und wandte mich zum Gehen, da hörte ich deutlich ein Geräusch hinter der Tür. Also klopfte ich ein letztes Mal:

»Juan, Zauberer, mach auf! Ich bringe dir Glück!«

Die Tür öffnete sich langsam. Eine junge Frau trat heraus und hob eine selbstgefertigte Talglampe in die Höhe. Ich spähte über ihre Schultern, sah aber niemand, nur die leeren Holzbänke und den kleinen Tisch.

Die drei Männer seien fort, berichtete sie. Sie glaube, sie seien zur Höhle gegangen.

Da hatten wir es! Vermutlich nahmen sie an, mein *Aku-aku* könne ihrer Spur folgen. Glücklicherweise entschloß sich Atan sofort, ins Dorf zurückzukehren und nach Andres zu suchen. Die Frau löschte ihr Talglicht und setzte sich auf eine Holzbank an der Hauswand. Sie bat mich, neben ihr Platz zu nehmen. Ich erkannte sie wieder, es war die Frau Juan Haoas, die jüngste Schwester des Bürgermeisters. In dem Mondlicht bezauberte mich ihr reines, klassisches Profil. Kein Zug an ihr dünkte mich polynesisch. Mit ihrer schwachgebogenen Nase und den schmalen Lippen erinnerte sie eher an eine arabische Schönheit. Es schien mir unvorstellbar, daß sie eine reinblütige Osterinsulanerin sein sollte, aber sie war eine echte Langohrfrau. Eine Probe ihres Blutes hatten wir auf dem Schiff.

Sie erwies sich als intelligente Frau, und ich kam mühelos mit ihr ins Gespräch. Wir fanden auch reichlich Gelegenheit zum Plaudern, denn die Zeit verstrich, es wurde ein Uhr, zwei Uhr, und Atan tauchte nicht auf. Unsere Mondscheinunterhaltung entwickelte sich recht ergiebig, ich konnte ihr nach und nach einige wichtige Auskünfte entlocken. So erfuhr ich, daß die drei Männer jetzt zur Ansicht neigten, ich müsse einen *Aku-aku* aus Federn haben, weil wir in der letzten Nacht über Federn gesprochen hätten. Um meinem *Aku-aku* Kraft zu verleihen, wären sie bei der alten Tahu-tahu gewesen, und sie hätte ein Huhn geschlachtet und eine Federkrone für mich gemacht. Die junge Frau hatte diese Krone noch auf dem Tisch liegen sehen, als sie zu Bett gegangen war; jetzt aber war der Kopfschmuck verschwunden. Sie nahm daher an, man würde mich damit in der Höhle erwarten. Wo diese allerdings liegen mochte, ahnte sie nicht einmal. Sie konnte mir nur sagen, daß ihr Mann in nördlicher Richtung aufgebrochen war. Sie wußte eine ganze Menge über Höhlenbräuche, aber sie hatte bisher nie eine Höhle betreten.

Der Hinweis auf die Federkrone würde mir vielleicht unschätzbare Dienste leisten, wenn mich die drei wieder aufs Glatteis führen wollten! Noch eine Stunde verging; erst gegen drei Uhr kam der kleine Atan eilig vom Dorf herüber. Er brachte die Nachricht, soeben habe er Andres und Juan im Hause ihrer Schwester aufgestöbert. Der Tumu sei auch bei ihnen.

Inzwischen hatte sich allerlei ereignet. Dem Tumu war eingefallen, sie müßten, bevor sie die Höhle an mich übertrugen, auch mit ihrer Schwester reden, die einen Anteil besaß. Nun fühlte sich aber die Schwester übergangen, weil die Brüder sie erst nach der Übergabe des Schlüssels an mich fragten. Man versuchte sie zu versöhnen, indem man ihr große Geschenke von mir in Aussicht stellte, aber sie wurde nur noch giftiger und drohte, Skandal zu schlagen. Nicht einmal auf Atan wollte sie hören. Die drei Männer gerieten in helle Verzweiflung, besonders der Tumu, denn bei ihm lag es ja, eine alle zufriedenstellende Lösung zu finden.

Atan bat mich in ihrem Namen um Entschuldigung, aber ich müsse eben weiter warten. Das taten wir auch, bis es vier Uhr wurde. Dann aber ging ich fort, um meine beiden Leute zu beruhigen, die im Jeep Wache hielten. Wir beschlossen, für diesmal zu kapitulieren.

Der Wagen rollte bereits zum Dorf zurück, als wir Hufschläge hinter uns vernahmen. Juan der Zauberer kam uns in wildem Galopp nachgeritten, und zwar aus dem Norden, nicht vom Dorf her. Er forderte uns auf, umzudrehen und ihm zu folgen. Man sah ihm die Erschöpfung deutlich an. Wir wendeten also den Jeep und folgten Juan mit gelöschten Lichtern im Mondschein die Küste entlang, immer näher auf das Spital zu. Ich meine, allmählich müsse man uns dort hören.

Mitten in einer Steinhalde, neben ein paar mächtigen Lavablöcken, gab unser Führer uns plötzlich ein Zeichen zu halten und auszusteigen. Als ich schläfrig, halb erfroren und steifbeinig aus dem Jeep kroch, kamen zwei dunkle Gestalten hinter den Steinen hervorgeschossen und hatten mich im Nu gestellt. Bevor ich mich wehren konnte, hoben sie die Arme über meinen Kopf und stülpten mir eine prächtige Federkrone auf den Scheitel. Juan der Zauberer sprang vom Pferd, warf die Zügel über einen Stein und ließ sich eine lange Girlande aus Federn über die Schulter hängen. Hastig erklärte er mir die Bedeutung: ich sei der älteste der Brüder, er käme im Rang nach mir. Dann bat er mich, zu folgen, und wir stolperten so rasch wir konnten über die Halde, hinter uns Ed, der Tumu, Andres und Atan. Der rothaarige Bursche blieb im Jeep sitzen und paßte auf. Tahu-tahus Meisterwerk stellte die getreue Kopie einer *Ha'u teke-teke* dar, eines Federschmucks, der einst häufig von der Bevölkerung der Insel getragen wurde und von dem heute einzelne Exemplare in verschiedenen Museen aufbewahrt werden. Mit der wiegenden Federkrone auf dem Schädel kam ich mir ziemlich lächerlich vor, so als wäre ich in die Kindheit zurückversetzt und fände Spaß daran, im

Mondschein auf der Osterinsel Indianer zu spielen. Etwas wirklichkeitsnäher dünkte ich mir schon, als ich kurz danach vor zwei Hühnern hockte und die Bürzel verspeiste.

Dann schoben wir in einem von tiefen Spalten zerrissenen und verwitterten Lavastrom einige Steine beiseite, und mit der Federkrone auf dem Kopf kroch ich als erster in den Schacht. Unter der Erde gelangte ich in einen weiten, wenn auch nicht sehr hohen Raum. Altes Heu bedeckte den Boden. Rechts vom Eingang stand ein kleiner altarartiger Aufbau, von einer Schilfmatte bedeckt, darauf thronte groß und majestätisch ein Steinkopf, flankiert von zwei Schädeln. Der eine stammte wirklich von einem Toten, der andere war aus Stein und lief in eine merkwürdige rüsselförmige Schnauze aus. Diese krümmte sich nach oben und endete in einer kleinen ringförmigen Schale oder Öllampe, auf die die leeren Augenhöhlen der Plastik niederstarrten. Gegenüber diesem unheimlichen Trio lagen ein weiterer gebleichter Totenschädel und ein schlanker Stampfer aus Stein, der an seinem oberen Ende ein Gesicht trug. Mitten auf dem Boden befand sich nochmals eine niedere Steinplattform, mit Heu bedeckt und einer Schilfmatte obendrauf. Juan der Hexenmeister bat mich, darauf Platz zu nehmen und in eine bestimmte Richtung zu sehen, so wie einst sein Großvater. Rund um die Wand zog sich eine ähnliche Plattform, voll von merkwürdigen Figuren, alle aus einer Welt, in der sich Wirklichkeit und Träume vermengten. Außerdem lag auf jeder Seite meines niedrigen Throns ein in gelbes Binsengeflecht eingeschlagener Gegenstand.

Als erstes holte Juan der Hexenmeister das kleine Floßmodell und die norwegische Tischflagge der Expedition hervor.

»Das ist dein Blut«, flüsterte er mir mit heiserer Stimme zu und schwenkte die Flagge. »Dafür sollst du auch frische Kraft bekommen – nimm hin – *Ipu maengo.*«

Als ich die gelben Schilfpakete öffnete und den Inhalt betrachtete, hielt ich vor Spannung den Atem an. In jedem lag ein brauner, unglasierter Tonkrug. Das mußten zwei von jenen drei rätselhaften Stücken sein, die Andres einmal voller Zorn Pater Sebastian gezeigt hatte.

»In der anderen Höhle gibt es viele davon, in allen möglichen Arten«, warf der Tumu ein. »Die ist voll von *Maengos*, und alle sollen dir gehören, wenn du einmal zurückkommst.«

Der eine der beiden Krüge wies ein einfaches Ornament auf, das sich wie ein Gürtel um den Bauch zog. Juan behauptete, sein Großvater habe ihn gemacht, und die Striche stellten Menschen dar, die in den Krieg zogen. Die Gefäße dienten den Toten zum Trinken, wenn sie durstig waren.

Als wir später im Lager die beiden Krüge auspackten, wußte nur Gonzalo den Typ einzuordnen. Er hatte ähnliche Gefäße in Chile gesehen, wo sie von den Indianern seit vielen Generationen verwendet und vermutlich in entlegenen Winkeln auch heute noch hergestellt werden. Damit standen wir vor einem neuen Problem. Solche mit der Hand modellierte Töpfe konnten nicht von Weißen angefertigt worden sein, die eine Töpferscheibe verwandten. Sie waren vielmehr nach echter Indianerart aus Tonwülsten aufgebaut. Wie hatten nun die primitiven »Indianertöpfe« ihren Weg zu den Eingeborenen der Osterinsel gefunden? Waren sie erst vor kurzem oder schon in grauer Vorzeit importiert worden? Und was machte sie wert, einen Platz zwischen den Plastiken der Familienhöhle zu beanspruchen? Warum füllte man das Wasser für die Geister nicht in ein Glas, eine Blechbüchse oder einen Kaffeekessel? Keramik ist in den Hütten der Eingeborenen unbekannt – und doch mußte Juan noch mehr Schätze dieser Art haben. Es stellte sich nämlich heraus, daß keiner unserer Krüge mit der Beschreibung übereinstimmte, die Pater Sebastian von den ihm gezeigten Exemplaren gab. Nur einmal noch hörte ich später von einer Höhle, die alte Gefäße enthalten sollte. Sie gehörte einem Vetter Enliques, aber der war leider mit der »Pinto« nach Chile gefahren.

Der Tag dämmerte, und schon krähten die Hähne, als ich mich wieder lautlos in den Garten des Bürgermeisters schlich. Niemand war zu sehen, und mein Bett fand ich vor, wie ich es um Mitternacht verlassen hatte. Unsichtbare Hände hatten Obstsaft und ein gebratenes Huhn bereitgestellt, aber das Beste von allem war, unter die sauberen, weißen Laken zu schlüpfen, die ich selbst einmal dem Besitzer des Hauses verehrt hatte, damals, als er die Reise mit der »Pinto« plante.

»Bürgermeister Don Pedro«, sagte ich, als mein Freund am Morgen lächelnd das Waschwasser hereinjonglierte, »herzlichen Dank für das herrliche Nachtquartier. Wann wirst du mir deine Höhle zeigen?«

»Immer mit der Ruhe, Señor. Du bist heute nacht sicher nicht erfolglos unterwegs gewesen?«

»Ich hatte Glück. Aber jetzt muß ich bald die Insel verlassen. Wann zeigst du mir Ororoinas Höhle?«

»Immer mit der Ruhe! Du hast ja den Schlüssel von mir bekommen. Hast du ihn auch unter dem Bett aufgehoben?«

Das hatte ich. Und wenn ich daran dachte, mußte ich lächeln, denn das, was ich unter dem Bett aufbewahrte, war zwar der Kopf eines Langohrs, aber von einer anderen Art, als ich erwartet hatte.

Überhaupt war mir in der letzten Zeit vom Bürgermeister allerlei Unerwartetes widerfahren. Schon seit seiner Entlassung aus dem Krankenhaus war er ein wenig merkwürdig, und ich kannte ihn irgendwie nicht ganz wieder. Daß er jetzt blaß und mitgenommen aussah, war zu verstehen, aber über den eingefallenen Wangen leuchteten seine Augen nun in einem neuen Glanz. Die Angst vor seiner Großmutter beherrschte ihn nicht mehr. Er war aufgeräumt und überoptimistisch, voll von abenteuerlichen Plänen. Jetzt würden wir die Höhle ausräumen und beide Multimillionäre werden! Er würde sich einen kleinen Dampfer kaufen und eine regelmäßige Touristenlinie zum Kontinent einrichten. Sein Bruder, der Dorfkapitän, könne die

Navigation nach den Sternen übernehmen, und sein rothaariger Sohn, der Jeep fahren gelernt habe, könne nach der Maschine sehen. Alle auf der Insel würden unvorstellbar reich werden, denn die Touristen würden mehr Vogelmenschen und *Moai kava-kavas* kaufen, als die ganze Bevölkerung schnitzen könnte. Ich versuchte, den gewaltigen Optimismus des Bürgermeisters zu dämpfen, aber meine Worte prallten an ihm ab. Es brächte nur Unheil, wenn ich so daherrede, meinte er.

Trotz allem Prahlen und allen großen Versprechungen brachte mir Don Pedro, seit er das Spital verlassen hatte, nicht einen einzigen Stein. Er wollte auch nicht mehr für mich arbeiten. Ihm blieb plötzlich für gar nichts mehr Zeit. Er war ja der Bürgermeister, ein fürchterlich beschäftigter Mann.

Eines Tages aber, als ich an seinem Garten vorbeikam, kam er mir unerwartet entgegengestürmt.

»Ein ganz großes Glück! Heute war ein Tag voller Segen!« wisperte er mir begeistert zu. Und dann erzählte er mir ungehemmt in Gegenwart des Kapitäns, Tahu-tahu habe ihm erlaubt, mir den Schlüssel zu Ororoinas Höhle zu überlassen.

Dafür wurde mir die Bedingung gestellt, ich müsse Tahu-tahus ältesten Sohn, den Bürgermeister und dessen Sohn mitnehmen, wenn ich die Insel verließe. Ich versprach, mit dem Gouverneur darüber zu reden, und Don Pedro hüpfte förmlich vor Freude. Eifrig bat er den Kapitän und mich, doch bei ihm einzutreten. Vor dem runden Tisch, an dem ich so oft gesessen hatte, fand ich einen kleinen, brutal aussehenden Kerl mit flacher Nase und gekräuseltem Haar. Er machte nicht gerade einen vertrauenerweckenden Eindruck, auch wenn er seinen Mund zu einem Lächeln verzog. Auf dem Tisch standen zwei leere Gläser und eine angebrochene Flasche chilenischen Pfefferminzlikörs. Die geröteten Augen des Unbekannten verrieten, daß er sich den Löwenanteil des Inhalts zu Gemüte geführt hatte. Betrunken war er jedoch nicht. Er erhob sich und streckte mir wohlwollend eine mächtige Pranke entgegen.

Der Bürgermeister versicherte mit Pathos, dies sei ein prächtiger Mensch, denn es sei sein leiblicher Vetter, ein Sohn Tahu-tahus. Von Vaters Seite aber stammte er von den Tuamoto-Inseln.

»Er hat uns geholfen«, versicherte der Bürgermeister. »Er hat Tahu-tahu herumgekriegt.«

Dann zog er einen Sack hervor und raunte mir geheimnisvoll zu, der Schlüsselstein sei ein Kopf mit drei Grübchen, in denen gewöhnlich ein todbringendes Mehl aus dem Gebein der Ahnen liege.

Der Mann mit den blutunterlaufenen Augen nickte düster dazu. Jetzt aber, beruhigte mich Don Pedro, sei alles Knochenmehl sorgfältig entfernt, der Schädel also ungefährlich.

Diese Eigentümlichkeit kannte ich schon von der Höhle Atans. Aber als der Bürgermeister den Schlüsselstein aus dem Sack holte, kam kein grinsender Totenschädel ans Tageslicht, ganz im Gegenteil: es war ein richtig jovialer Schweinskopf aus Stein, mit niedlichem Rüssel, rundem Kinn und langen Hängeohren, genau wie das munterste der drei kleinen Schweinchen Walt Disneys, das immer wieder vor dem Wolf dahintänzelt und sich ein Haus aus Strohhalmen baut. Aber im Gegensatz zu dem netten Schweinchen im Film hatte dieses Höhlenschwein lange, krumme Hauer und drei Grübchen auf der Stirn, dazu bestimmt, das Knochenmehl aufzunehmen.

Der Bürgermeister und sein Vetter schielten vom Schlüsselstein zu uns herüber. Ich versuchte, ebenso ernst dreinzuschauen wie sie, aber Don Pedro mußte bemerkt haben, daß ein unterdrücktes Lächeln um meine Mundwinkel spielte, denn plötzlich grinste er und drückte einen freundschaftlichen Nasenkuß auf den Rüssel. Der Kapitän und ich konnten uns nur mit Mühe beherrschen. Ich versuchte, mich möglichst seriös für den Schweinskopf zu bedanken. Der Kapitän schulterte einen Karton mit anderen Skulpturen, und dann strebten wir eiligst der Tür zu.

Don Pedro bat, ich möge mich doch noch einige Tage gedulden – mit dem Schweinskopf unter dem Bett. Er müsse jetzt ein paar Nächte hintereinander im Erdofen Hühner braten, erst dann sei der Erfolg unseres Höhlenganges gesichert.

Die Tage wurden zu Wochen. Offenbar briet der Bürgermeister alle seine Hühner im Erdofen. Inzwischen hatte der Schweinskopf schwer unter Anettes Nachstellungen zu leiden. Wenn man sie nur einen Augenblick aus den Augen ließ, kroch sie unter mein Bett und spielte mit Papas Nöff-Nöff. Die anderen Figuren befanden sich schon längst an Bord des Schiffes. Wir behielten sie nicht gern in den Zelten, denn aus den Ritzen und Blasen der Steine krochen oft dicke Skorpione heraus.

All das fiel mir ein, als ich dem Bürgermeister auf seine Frage nach dem Schlüssel erwiderte:

»Ja, heute nacht habe ich Glück gehabt. Und der Schlüsselstein liegt noch immer unter meinem Bett. Aber jetzt muß ich ihn bald an Bord nehmen. Wir wollen abreisen.«

Als der Bürgermeister das hörte, schien er auf einmal genug Hühner gebraten zu haben, denn er setzte unverzüglich einen Termin für den Höhlengang fest. Bill und der Fotograf dürften mitkommen, sonst niemand.

Gerade an diesem Tag tauchten besonders viele Eingeborene im Lager auf. Unter ihnen war ein offenbar geistig etwas beschränkter Junge, der mit sechs verwitterten Steinfiguren an mein Zelt kam. Auf einer davon wuchs Moos.

»Wer hat sie gemacht?« fragte ich.

»Ich«, antwortete der Junge phlegmatisch.

»Das kann nicht sein, da ist ja Moos darauf.«

Der Junge antwortete nicht gleich und machte ein Gesicht, als ob er zu weinen anfangen wollte. Dann vertraute er mir an, er kenne den Eingang zur Höhle seines Großvaters; sein Vater würde ihn verprügeln, wenn er davon erführe. Ich gab ihm reichlich Geschenke für ihn und seinen Vater mit, und überglücklich zog er nach Hause. Offenbar wußte er von einer Höhle, um die sich niemand kümmerte. Ich hörte von ihm nie wieder.

Ich versuchte, ein wenig Schlaf zu finden, bevor wir um Mitternacht wieder zum Bürgermeister loszogen. Kaum war ich eingedämmert, als schon der Fotograf meldete, der Jeep sei bereit. Bill wollten wir an einer vereinbarten Stelle im Dorf abholen; auf seinem Platz saß der Steuermann, der zu einer anderen geheimen Mission ausziehen sollte. Ein alter Eingeborener hatte ihm von einem rothaarigen Menschenkopf erzählt, der in einer Höhle verborgen liege. Selbst wage er nicht, das rote Haar zu berühren, aber er sei bereit, ihm die Stelle zu zeigen, wenn er vor einer nächtlichen Schwimmtour im Meer nicht zurückschrecke. Davor hatte unser Steuermann Sanne bestimmt keine Angst. Auch der Bürgermeister hatte einmal einen solchen Kopf erwähnt. Gab es wirklich in einer der Höhlen Mumienköpfe?

Schlaftrunken rollten wir in die Nacht hinein. Weiße Schafherden zogen wie Lämmerwölkchen den Weg entlang.

Mitternacht war längst vorüber, als wir beim Hause der Tahu-tahu anlangten. Unsere kleine Kolonne bestand aus Don Pedro, seinem Vetter und seinem rothaarigen Sohn, ferner aus Bill, dem Fotografen und mir. In der Steinhalde, gleich vor dem winzigen Haus, roch ich schon den wohlbekannten Duft eines im Erdofen gebratenen Hühnchens, und gleich darauf saßen wir auf den Fersen im Kreis und machten uns an das delikate Mahl. Ich mußte mit dem Bürzel beginnen. Der Ritus an einem solchen *Umu takapu* begann mir langsam vertraut zu werden, aber nie verlief er so gemütlich wie in dieser Nacht. Die Eingeborenen zeigten keine Spur von Nervosität, der Bürgermeister wirkte fast theatralisch selbstsicher. Er schmatzte und warf die Hühnerknochen den *Aku-akus* so nonchalant zu, als wären sie lästige Zaungäste. Gesättigt trat er ein Stück beiseite und entzündete sich eine Zigarette. Dann kam er zurück und lud uns liebenswürdig ein, in die Höhle zu gehen. Diesmal waren es mehr als nur ein paar Schritte bis zum Eingang. Wir mußten vom Platz der Zeremonie erstaunlich weit zu Fuß wandern. Dabei kletterten wir über Mauern, tasteten uns über steinigen Grund und folgten gewundenen Pfaden. Nach etwa zehn Minuten machte der Bürgermeister bei einem Steinhaufen halt. Auch wir blieben stehen und betrachteten den Platz; man sah auf den ersten Blick, daß sich die mittleren Steine nicht in der ursprünglichen Lage befanden. Der Bürgermeister bat mich, den Schlüssel hervorzuholen, den ich in einem Beutel bei mir trug. Wenn ich den Eingang mit Hilfe des Steins gefunden habe, müsse ich dreimal hinunterrufen, ich sei ein Langohr aus Norwegen, man möge mir den Weg auftun.

Ich trat bedächtig an den Haufen, den Schweinskopf wie ein Minensuchgerät vor dem Bauch; ich neigte ihn mit dem Rüssel gegen die verdächtigen Platten, wobei ich die Zauberformel des Bürgermeisters nachsprach. Wenige Augenblicke später hatte ich genügend Steine beiseite geschoben und konnte mich auf den Abstieg in die Unterwelt der Osterinsel begeben.

Rücklings rutschte ich in den engen Schacht hinunter. Unten angelangt, wollte ich mich eben aufrichten – in dem finsteren Loch kam ich mir vor wie ein Blinder –, als ich einen kräftigen Hieb in den Nacken erhielt. Ich war sicher nicht gegen das Dach gestoßen, sondern gegen etwas Hartes geprallt, das sich bewegte. Es mußte noch jemand hier sein. Bevor ich noch zu Ende dachte, warf ich mich zur Seite, wälzte mich herum und ließ dabei die Taschenlampe aufleuchten. Und richtig, ich sah irgend etwas sich bewegen. Aber was in aller Welt konnte das sein? Der Lichtstrahl fiel auf einen großen Raubvogel mit ausgespannten Schwingen und krummem Schnabel, der einen Totenschädel auf dem Rücken trug. Diese Steinplastik baumelte an einem Strick von der Decke herunter. Ich war mit solcher Wucht dagegengestoßen, daß sie immer noch langsam hin- und herschwang. Der Vogel sah allzu hell und neu aus, als daß er hier elf Generationen seit dem seligen Ororoina hätte hängen können, und auch das Tau konnte nicht alt sein. Ich leuchtete in der Höhle umher. Sie war nicht groß. Drei Schilfmatten mit parallelen Reihen von runden, flachen Steinen lagen auf dem Erdboden. In jeden Stein war eine Figur eingemeißelt, die zwar vergrößert, jedoch unzweifelhaft der *Rongo-rongo*-Schrift entnommen war. Ein kleiner Kopf mit Knebelbart lag als Wächter auf jeder Matte; ich sah sofort, daß die so reich variierten Skulpturen, die mir der Bürgermeister früher gebracht hatte, unmöglich aus dieser Höhle stammen konnten. Nur zwei Gegenstände unterschieden sich deutlich von dem übrigen Inhalt: ein Segelschiff und ein großer Steintopf in einer Ecke. Beide schienen mir sehr geschickt gearbeitet, sahen aber ebenso wie der Vogel unter dem Dach verdächtig neu aus.

Ich guckte in das Steingefäß. Darin lagen elf Büschel Menschenhaar in allen Schattierungen von Rot bis Schwarz, die meisten jedoch rot. Jedes davon war mit dünnem Rindenbast zusammengeknüpft, in dem man eine Anzahl Knoten geschlungen hatte. Aber die Haare waren keineswegs vertrocknet und ausgeblichen wie bei alten Mumien. Sie waren sichtlich erst vor kurzem abgeschnitten worden, denn sie bewahrten noch ihren frischen Glanz. Das schleichende Mißtrauen, das mich seit dem Zusammenstoß mit dem pendelnden Vogel nicht verlassen hatte, wurde damit endgültig bestätigt. Die Figuren in dieser Höhle konnten unmöglich alt sein. Man hatte sie erst vor kurzem hergestellt, sie bildeten bloß eine Staffage. So waren wir dem alten Gauner doch auf den Leim gegangen! Davor also hatte Juan der Hexenmeister mich warnen wollen! Mein nächster Gedanke war, sofort wieder hinaufzusteigen. Aber Bills Beine zappelten bereits im Schacht, ich konnte ihn nicht mehr aufhalten, dicht hinter ihm erschien der Fotograf. Es wäre sinnlos gewesen, jetzt Krach zu schlagen. Wenn die beiden Eingeborenen merkten, daß wir ihr Komplott durchschaut hatten, bekamen sie es vielleicht mit der Angst. Um sich peinliche Konsequenzen zu ersparen, brauchten sie bloß den Einstieg mit Steinen zu verrammeln, und wir säßen dann vergessen und verlassen drunten im Berg...

»Man hat uns betrogen«, flüsterte ich Bill zu, sobald er seinen Kopf aus dem Schacht freibekam. »Wir müssen sehen, daß wir so rasch wie möglich von hier wegkommen. Dies ist keine Familienhöhle, und das sind auch keine alten Steine.«

Bill sah ganz verdutzt drein. Verständnislos den Kopf schüttelnd, beugte er sich über die *Rongo-rongo*-Reliefs, um sie näher zu betrachten.

»Tatsächlich, da ist nichts Altes dabei«, stellte auch er fest.

»Schau dir bloß den Vogel und das Steingefäß mit den Haaren an«, sagte ich.

Bill leuchtete umher und gab mir recht. Da erblickte ich hinter mir die blutunterlaufenen Augen des Vetters. Er beobachtete mich lauernd, verstand aber nicht, was wir uns auf englisch zuflüsterten. Nun erschien auch das Gesicht des Bürgermeisters im Lichtschein. Er schwitzte vor Aufregung. Schließlich tauchte auch sein Sohn auf und sah sich mit großen Augen um. Damit war der Schacht wieder frei.

»Die Luft ist hier sehr schlecht«, sagte ich zum Bürgermeister und strich mir über die Stirn.

Lebhaft stimmte er mir zu und trocknete sich den Schweiß.

»Gehen wir hinauf und reden wir dort weiter.« Mit diesen Worten näherte ich mich dem Ausgang.

»Gut«, sagte der Bürgermeister und zog sich ebenfalls in Richtung auf den Schacht zurück.

Ich seufzte vor Erleichterung, als ich wieder unter freiem Himmel stand und zusah, wie sich die anderen der Reihe nach aus dem Loch hervorzwängten.

»Also gehen wir«, sagte ich barsch und hob den verdammten Schweinskopf auf, der auf dem Steinhaufen lag und mich hämisch angrinste.

»Einverstanden.« Der Bürgermeister sprang auf, als ob er bekunden wolle, dies sei keine Stätte des Bleibens.

Und so marschierte die ganze Karawane still und stumm den Weg zurück. Schläfrig, müde und verstimmt hielt ich die Spitze, der Bürgermeister trottete hinterdrein. Dann folgten Bill und die anderen. Der Vetter des Bürgermeisters verschwand alsbald im Dunkel, und gleich darauf verdrückte sich auch sein Sohn.

Als wir die ersten Häuser des Dorfes erreichten, verabschiedete sich Bill. Es war zwei Uhr, und er mußte sich beeilen, in das Haus seiner einheimischen Quartiergeber zu kommen. Bevor wir uns trennten, flüsterte er mir zu, vielleicht könne ich den Bürgermeister dazu bringen, doch noch in dieser Nacht in die wirkliche Höhle zu gehen. Dann bliebe ihm keine Zeit, einen neuen Schwindel zu inszenieren. Im Dorf bat ich den Fotografen, beim Jeep zu warten, und marschierte entschlossen den Gartenweg zum Haus des Bürgermeisters hinauf. Er folgte mir wie ein Hund dicht auf den Fersen.

Ich trat ein und ließ mich ohne ein Wort an dem runden Tisch nieder. Don Pedro setzte sich sofort neben mich und guckte harmlos mit leerem Blick an den Wänden herum. Ich trommelte mit den Fingern auf den Tisch. Er rückte ein wenig bequemer auf seinem Stuhl zurecht. Ich sah ihm scharf ins Gesicht. Einen Moment erwiderte er meinen Blick mit unschuldigen Augen, dann irrten seine Pupillen wieder die Wände entlang. So wäre es wahrscheinlich noch den Rest der Nacht weitergegangen. Er wollte nicht Farbe bekennen, sondern klammerte sich an die Hoffnung, daß das Spiel noch nicht endgültig verloren sei – noch war kein Wort gesprochen worden.

»Das bringt dir Unglück, Pedro Atan!« sagte ich plötzlich und merkte, daß wirkliches Gefühl in meiner Stimme schwang. »Unglück für dich, für mich und für deine geplante Reise.«

In der Brust des Bürgermeisters begann es zu arbeiten. Er hielt den Atem an, dann brach er in Tränen aus und warf die Arme über den Tisch. Eine Weile lag er da und schluchzte, dann sprang er auf und stürzte zur Tür. Ich hörte, wie er in den kleinen Nebenraum lief, sich dort auf das Bett warf und in sich hineinjammerte. Dann wurde es still. Plötzlich kam er wieder zu mir heraus.

»Es war mein Vetter, der böse, böse Vetter, der ist an allem schuld. Ich habe wie du geglaubt, daß wir in eine Höhle mit alten Figuren gehen.«

»Aber du hast uns ja den Weg gezeigt, und es war deine Höhle«, antwortete ich.

Einen Augenblick blieb er stehen und überlegte. Dann brach er wieder in Tränen aus.

»Aber er hat alles geplant. Ich hätte nie auf ihn hören sollen!« heulte er und stürzte schon wieder zur Tür hinaus und hinein ins Bett, wo er eine lange Zeit liegenblieb. Dann kam er wieder hereingestürmt.

»Señor, du kannst mich um alles bitten, aber nicht um den Zugang zu meiner Höhle, nicht um den Zugang. Ich will gerne alle Steine für dich heraustragen.«

»Du brauchst uns die Höhle nicht zu zeigen. Es wird dir ohnehin niemand mehr glauben. Du bist allzu flink im Herstellen von Figuren.«

Ich nickte verärgert zu dem verwünschten Schweinskopf hinüber, der in einem Beutel auf dem Tisch lag. Er war zweifellos meisterhaft gearbeitet, und so müde und niedergeschlagen ich auch war, mußte ich doch innerlich ein wenig über diesen Spitzbuben von einem Bürgermeister lächeln, der mich wie einen Narren mit vorgehaltenem Schweinsrüssel quer durchs Gelände gejagt hatte.

»Wenn du uns nicht heute nacht noch in die richtige Höhle nimmst, ist es aus mit uns. Bis zum nächstenmal hast du sicher wieder einen Haufen falscher Steine fabriziert.«

»Alles, nur nicht den Eingang zur Höhle«, erklärte der Bürgermeister ruhig und bestimmt.

Ich erhob mich zum Gehen.

»Ich kann dich heute nacht in eine andere Höhle nehmen«, lenkte der Bürgermeister ein, aufrichtig verzweifelt.

»Gehört sie Ororoina?« fragte ich.

»Nein. Aber sie ist voll mit alten Sachen.«

Ich packte den Beutel mit dem Schweinskopf, die einzige Erinnerung an das nächtliche Abenteuer, und ging ungerührt auf die Tür zu.

»Wenn du dich heute nacht anders entschließt, kannst du Bill aus Rapus Hütte holen lassen. Ich fahre jetzt nach Anakena hinüber.«

Als ich ausgelaugt und deprimiert zum Fotografen hinunterging, der geduldig im Jeep saß und wartete, stand der Bürgermeister noch immer händeringend auf der Türschwelle und verfluchte seinen Vetter.

Kaum waren wir verschwunden, da sauste der unglückliche Bürgermeister geradewegs zu Rapus Hütte. Er weckte Bill und bot ihm an, mich und ihn sofort in eine echte Höhle zu führen. Schlaftrunken wünschte Bill ihn zum Teufel. Als er überdies hörte, daß der Fotograf und ich nach Anakena zurückgefahren seien, weigerte er sich kategorisch, mitzukommen.

Im Morgengrauen mußte sich der Bürgermeister allein und unverrichteter Dinge nach Hause trollen.

Ungefähr um dieselbe Zeit kam der Steuermann Sanne nicht weit vom Krankenhaus an die Küste zurückgeschwommen. Der Alte hatte ihm nicht erlaubt, ein Boot zu nehmen, und er mußte im Sternenschein auf eine kahle Lavainsel hinausschwimmen, wo er nach der Beschreibung des Eingeborenen auch richtig zu einigen Begräbnishöhlen gelangte. In einer davon fand er wirklich einen vertrockneten Menschenkopf mit ungewöhnlich feinem rostbraunem Haar. Ein dickes Büschel hatte sich gelöst und lag daneben. Das stopfte er in einen Beutel und nahm es mit, als er an die Felsenküste zurückschwamm. Das Haar war glanzlos, knochentrocken und spröde. So hätten auch die Strähnen in dem Steintopf des Bürgermeisters aussehen müssen, hätte der nicht all seiner rot- und schwarzhaarigen Verwandtschaft der Reihe nach die Locken abgeschnitten. Dieser verdammte *Cocongo*! Er hatte dem Bürgermeister einen schweren Schock versetzt und ihm aufs neue Furcht vor seiner Großmutter und den *Aku-akus* eingejagt. Ich aber wurde dadurch zu einem ganz gewöhnlichen Sterblichen degradiert, der versucht hatte, ihn zu bluffen. Die Folge war, daß er mich nun seinerseits hereinzulegen versucht hatte. Um nicht womöglich unbekannte *Aku-akus* unnötig zu reizen, hatte er einen falschen *Umu* weit von allen Höhlen dicht am Weg zu Tahu-tahus Haus angelegt, wo er mit verständnisvollem Schutz rechnen durfte.

Gegen Nachmittag kam der rothaarige Sohn des Bürgermeisters, Juan, mit tiefernster Miene ins Lager geritten. Er war ein ungewöhnlich hübscher und wohlgebauter Bursch und sah, ebenso wie die ganze übrige Langohr-Familie, nicht im mindesten polynesisch aus. Man hätte ihn gut und gern für einen Iren halten können.

Juan erzählte mir düster, er glaube, der Vater werde sterben. Nicht einmal seine Frau wolle er sehen, er verweigere Speise und Trank. Er liege nur im Bett, jammere, weine und spreche von dem großen Unglück.

Juan setzte hinzu, er habe in jener Nacht an meinem Gesicht erkannt, daß etwas mit der Höhle nicht stimme. Er sei aber früher nie in einer solchen Höhle gewesen, darum sei ihm auch nichts Besonderes aufgefallen.

Als ich ihm meine Enttäuschung schilderte, verzog er keine Miene, nur die Tränen quollen ihm aus den Augen und liefen die Wangen hinab. Er berichtete, sein Vater sei sofort nachher zu Señor Bill gegangen, um ihm eine andere Höhle zu zeigen. Aber ohne Auftrag von Señor Kon-Tiki habe dieser nicht mitkommen wollen. Und nun liege der Vater im Bett und wolle sterben. Wenn ich ihm aber einen Zettel an Señor Bill mitgebe, würde Juan versuchen, vom Vater herauszubekommen, wo die andere Höhle lag, und er und Señor Bill könnten dann hingehen und wieder Segen über die Insel bringen.

Ich schrieb einen Zettel an Bill, und der Bursch galoppierte zurück ins Dorf.

Bill nahm den Zettel in Empfang; er wurde aber für den Rest des Tages von zwei Männern beschattet, sowie er nur den Fuß aus Rapus Hütte setzte. Auch Lazarus ließ man von nun an nicht aus den Augen. Gegen Mitternacht gelang es Bill endlich, sich davonzustehlen. Wie vorher verabredet, traf er mit Juan zusammen. Der Bursch erwartete ihn mit zwei Pferden und einem langen Seil; er brachte eine primitive Wegkarte mit, die sein Vater ihm auf ein Stück Papier hingeworfen hatte.

Aus der Skizze ging hervor, daß sie zuerst zum *Ahu* Tepeu reiten mußten, der weit entfernt in der Felswüste am Wege zur Nordküste lag. Als sie ihn spät in der Nacht erreichten, zogen sie die Karte neuerlich zu Rate. Nach der Anweisung Don Pedros mußten sie über die Einfriedung der Schafsfarm steigen und die Pferde zurücklassen. Der nächste Anhaltspunkt war eine Gruppe gewaltiger Lavablöcke zur Rechten. Direkt darunter, am Rande der Steilküste, sollte sich ein runder Stein befinden, stabil genug, um das Tau daran zu befestigen. Wenn sie bis ans Ende des Seils hinunterkletterten, mußten sie die Höhle finden.

Sie trafen auch richtig auf die Umfriedung, die Lavablöcke und den runden Stein an der Felskante und machten das Tau fest. Juan ließ sich in die Dunkelheit hinunter. Diesmal gab es kein Huhn, keinen *Umu takapu*, keine Zeremonie. Juan brauchte lange und kam erschöpft wieder, ohne eine Spur von einer Höhle entdeckt zu haben. Die beiden wählten also einen anderen Stein und versuchten von neuem ihr Glück, aber wieder ohne Erfolg. Sie wanderten mit dem Tau von Stein zu Stein die Küste entlang, bis der Bursch schließlich mit seinen Kräften völlig zu Ende war – so sehr, daß ihn Bill nach einem letzten Versuch über die Kante hochziehen mußte. Aber diesmal war er nicht umsonst abgestiegen: er hatte die richtige Stelle gefunden!

Also ließ sich Bill an dem Tau hinunter. Zuerst ging es nahezu senkrecht hinab bis zu einem Band, das einen guten Tritt bot, aber von da an baumelte das Seil frei in der Luft. Als er sich weiter hinabgleiten ließ, hörte er tief unter sich das Brausen der Brandung, konnte aber nichts sehen. Mit einem Male hing er mit der Nase direkt vor einem waagerechten Riß im Felsen. Er glaubte, irgendwelche Gegenstände drinnen erkennen zu können, aber der Spalt war zu tief, um hineinzulangen, und zu schmal, daß er den Kopf hätte hineinstecken können. Mit Hilfe einer Blendlaterne stellten er und Juan fest, daß der enge Schlitz mit Figuren vollgepfropft war, die unter einer dicken Staubschicht begraben lagen. Juan gelang es, Beine und Unterleib hineinzuzwängen. Mit dem Fuß beförderte er einen krummnasigen Kopf mit mächtigem Bart hervor, der in seinem Stil an mittelalterliche Kirchenskulpturen erinnerte. Die beiden waren so ausgepumpt, daß sie die zwanzig Meter bis zum Rand des Plateaus mit ihrer vorläufigen Beute nur mit Mühe schafften. Sie wagten nicht, den Versuch zu wiederholen.

Am nächsten Morgen schickte mir Bill einen Brief. Seiner Meinung nach war diese Höhle ein Volltreffer, die Stücke nach menschlichem Ermessen echt.

Wir untersuchten den wunderlichen Kopf, den er mitgebracht hatte. Er gehörte einem ganz anderen Typus an als die neuangefertigten Skulpturen der vergangenen Nacht. Diese Plastik war alt.

Ich suchte mir die beiden besten Kletterer an Bord aus, den Koch und den Zweiten Maschinisten. Von Juan und Bill geführt, ritten wir am hellichten Tag los, am *Ahu* Tepeu vorbei. Ein Regenguß prasselte auf uns nieder. Mitten in der Trockenzeit bedeutete das natürlich Gutes, und Juan, obgleich vor Kälte zitternd, strahlte über das ganze Gesicht. Als wir die Stelle erreichten, hörte es eben zu regnen auf. Wir zogen uns splitternackt aus, um die Kleider auswinden zu können, und ich trabte ein Stück an der Kante des Felsens entlang, um mich zu erwärmen. Plötzlich trug mir die Brise einen wohlbekannten Duft zu. Unter Tausenden von Blumen und Parfüms hätte ich ihn wiedererkannt. Es roch nach *Umu takapu* mit Hühnchen und Süßkartoffeln. Ich machte Bill darauf aufmerksam, doch als passionierter Raucher merkte er gar nichts. Man sah weder Rauch noch Menschen, aber irgend jemand mußte die bekannte Zeremonie vollzogen haben, denn normalerweise machten die Dorfbewohner keine Landpartien, um draußen auf den Klippen ein Hühnchen zu braten.

Juan band das Seil fest und warf es über die Felsen hinaus. Mich überlief ein kalter Schauer, als ich sah, wo Bill in der finsteren Nacht herumgeklettert war, aber auch er erbleichte, als er die Stätte seines Abenteuers im Tageslicht betrachtete. Es ging fast hundert Meter senkrecht zum Meer hinunter, die Höhle lag gut zwanzig Meter unter dem Abbruch des Plateaus.

Bill zeigte keinerlei Neigung, sein nächtliches Bravourstück zu wiederholen, und auch ich war froh, daß uns jetzt zwei geübte Kletterer zur Verfügung standen. Für den Augenblick hatte ich genug von solchen Eskapaden, und da der Ruf meines *Aku-akus* nicht mehr auf dem Spiel stand, überließ ich das Abenteuer gern den Jüngeren. Die Kletterer waren mit einem Sack und einem Haken ausgerüstet, um die Figuren aus der Felswand herauszufischen. Bald schwebte der Sack emsig auf und nieder. Phantastische Figuren von Menschen, Tieren und Dämonen kamen daraus zum Vorschein.

Plötzlich hörte ich einen Schrei der Überraschung. Bill hielt ein schweres Steingefäß in der Hand, einen hohen, elegant geschwungenen Henkelkrug. Das Relief eines fast verwischten Gesichtes im Osterinselstil und zwei fliegende Vögel wurden sichtbar, als wir die feine Staubschicht wegbliesen, die ihn bedeckte.

»Auf einen solchen Fund habe ich immer gewartet«, stieß Bill hervor. »Keine wirkliche Keramik, sondern etwas dieser Art aus Stein, etwas, das tönerne Gefäße zum Vorbild hat.«

Wir kannten Bill als ruhigen Menschen, der nie mit Superlativen herumwarf, aber jetzt war er Feuer und Flamme. Diese Höhle ließ sich nur als Versteck für Skulpturen erklären, die man vom *Ahu* Tepeu gerettet hatte, als Bürgerkrieg und Zerstörung das eindrucksvolle Bauwerk erreichten und die großen Statuen auf der Plattform umgestürzt wurden.

Wieder hievten wir den Sack herauf. Noch einmal enthielt er ein Steingefäß mit Henkel, diesmal aber ein kleineres. Daneben ein Phallus, mit drei Menschenköpfen geschmückt, ferner ein Krieger in fußlangem Federmantel, der auf dem Rücken einer Schildkröte ritt. Die vielleicht seltsamste Figur jedoch war ein Wal, dessen weit aufgerissenes Maul drohende Zahnreihen entblößte. Seine Schwanzflosse lief in einen Totenschädel aus, und auf dem Rücken trug er das Modell eines der üblichen bootförmigen Schilfhäuser. Man konnte die seitliche Tür und dahinter die fünfeckige Feuerstelle deutlich erkennen. Der Bauch ruhte auf sechs runden Kugeln, groß wie Apfelsinen, an der Seite des Wales aber liefen parallele Linien, die an ein aus Schilfbündeln aufgebautes Märchenschiff denken ließen. Eine kurze Treppe führte von dem Binsenhaus hinunter bis zu jenen Strichen, die man bei einem Boot als Wasserlinie gedeutet hätte.

Zu den Schätzen, die wir hier aus der Bergwand hervorholten, wußte Juan lediglich anzugeben, daß diese Höhle seinem Vater einmal von einer alten Tante gezeigt worden sei.

Endlich kamen der Koch und der Zweite Maschinist mit dem letzten Sack herauf. Sie erzählten, die Skulpturen hätten innerhalb der Spalte in einer kleinen Kammer gestanden, die größten ganz hinten und die kleinen weiter vorn. Alle waren mit einer dicken Schicht freien Staubes bedeckt und teilweise mit Spinnweben überzogen. Es gab weder Matten noch Skelette in dieser Höhle, die insgesamt sechsundzwanzig Plastiken enthielt.

Auf dem Heimweg ritt der rothaarige Bursch neben mir und sah mich wiederholt fragend an.

»Es war großartig«, erklärte ich, »und du wirst reichlich belohnt werden. Aber grüß deinen Vater und sag ihm: Ororoinas Höhle war es nicht!«

Wir luden die Steine in Rapus Haus ab. Dann machte ich einen kurzen Besuch bei Pater Sebastian. Als er hörte, der Bürgermeister habe uns nun doch eine echte Höhle gezeigt, klatschte er in die Hände und marschierte begeistert auf und ab. Der Zwischenfall der letzten Nacht hatte ihn aufrichtig bekümmert. Pater Sebastian war eben nach einem schweren Anfall von

Cocongo aufgestanden, ihn hatte es bereits erwischt, bevor noch die »Pinto« die Insel verließ. Aber selbst vom Krankenbett aus verfolgte er mit leidenschaftlicher Anteilnahme all das Seltsame, das da vor sich ging. Wenn ich manchmal mitten in der Nacht bei ihm hereinschneite, setzte er sich im Bett auf und lauschte mit großen Augen meinem Bericht. Immer konnte er mir interessante Erzählungen liefern. Diesmal erfuhr ich von ihm, es müsse nach den Andeutungen der alten Leute in der steilen Felswand nördlich des *Ahu* Tepeu mehrere solcher Höhlen »mit etwas drin« geben.

Die Ereignisse der letzten Tage gingen wie ein Lauffeuer durch das Dorf und riefen die merkwürdigsten Reaktionen hervor. Alle fielen über den armen Bürgermeister her, schrien *Reoreo* und »Lügner«, sobald er einen Fuß vor die Tür setzte. Jeder versuchte, aus der Situation Kapital zu schlagen.

Gerade jene Eingeborenen, die Don Pedro am meisten zusetzten, liefen eilig in ihre Hinterstübchen und begannen dort mit Hochdruck Steinfiguren anzufertigen. Jetzt, da andere das Geheimnis der Motive verraten hatten, verlor man alle Lust, ewig die gleichen Holzfiguren zu produzieren.

Von nun an begnügte man sich nicht mehr mit Modellen der großen Statuen oder mit kunstlosen Geröllsteinen, die nur Augen und Nase aufwiesen. Ein eigenartiger, ganz moderner Stil bildete sich bei mehreren Schnitzern und Bildhauern heraus. Es war, als sei plötzlich das Tor zu etwas Neuem aufgestoßen, das freilich auf einer alten Kunstform basiert, die durch die Kraft des Tabus Uneingeweihten bisher verborgen geblieben war.

Noch nie hatte jemand einen Höhlenstein verkaufen wollen. Alles war in der Form gegenseitiger Geschenke vor sich gegangen. Die neuangefertigten Plastiken aber wurden in eine Kategorie mit den Holzfiguren eingestuft und gegen Geld angeboten. Manche rieben sie gründlich mit Erde ab, andere peitschten sie mit verrotteten Bananenblättern, um ihnen den Anschein höheren Alters zu verleihen. Mit solchen zweifelhaften Produkten versuchten verschiedene Leute bei mir ihr Glück. Vielleicht war Señor Kon-Tikis *Aku-aku* doch nicht so überlegen; wie hätte er sich sonst vom Bürgermeister in die falsche Höhle locken lassen?

Auf der Osterinsel muß man auf alles gefaßt sein. Während die einen mit neuen Skulpturen auftauchten und deren Alter beteuerten, versuchten die anderen das entgegengesetzte Manöver, besonders in den letzten Tagen, bevor unser Schiff abfuhr. So wie damals der närrische Junge, boten sie alte Figuren an und behaupteten, sie selbst hergestellt zu haben. Sie erfanden die merkwürdigsten Erklärungen dafür, daß ihre Steine voll Moos und Flechten hingen, und wanden sich in Ausflüchten, wenn wir verwitterte Stellen bemerkten, die ihnen nicht aufgefallen waren. Angeblich stammten Stil und Motive aus Abbildungen in Büchern, obwohl bisher noch kein Forscher oder Schriftsteller eine Plastik vom Typ der Höhlensteine gesehen hatte. Wenn ich sie fragte, ob die Vorlage dem Buche Lavacherys entnommen sei, gingen sie mir regelmäßig in die Falle und bestätigten erleichtert, ja, von dort.

Eine Zeitlang begriff ich nicht, was da eigentlich gespielt wurde. Aber bald blieb kein Zweifel mehr: der Respekt vor dem Tabu ging nun endgültig in die Brüche. Durch die letzten Ereignisse hatte doch der eine oder andere die Angst vor den *Aku-akus* verloren. Zwar besaß Señor Kon-Tiki keinen allwissenden *Aku-aku*, aber dafür gab es auch keine in den Höhlen. Aberglauben war gegen Aberglauben entzündet worden. Die Furcht vor der Entrüstung der Nachbarn freilich, die Angst, sie könnten erfahren, daß man das Tabu durchbrochen und Steine aus seiner Höhle geholt hatte, dieses Motiv blieb so lebendig wie früher.

Der Bürgermeister focht in seiner Hütte einen stillen Kampf aus. Als wir unser Lager niederrissen, kam sein Sohn von neuem zu Besuch. Der Vater sei es müde, zum Lügner gestempelt zu werden. Er habe mich nicht betrogen. Seit meinem Eintreffen hier auf der Insel habe er mich nie angelogen, bevor wir in die unglückliche Höhle zogen. Jetzt wolle er mir und den Archäologen beweisen, daß alles wahr sei, was er von Ororoinas Höhle berichtet habe. Pater Sebastian und der Gouverneur mögen mitkommen und sich ebenfalls überzeugen. Alle wolle er mit in die Höhle nehmen. Denn Don Pedro Atan sei kein Hergelaufener, der sich mit *Reoreo* oder leerem Geschwätz abgebe.

Und schon wurde festgesetzt, in welcher Nacht wir in Ororoinas Höhle gehen sollten. Mit Bill, Ed, Carl und Arne fuhr ich spät abends ins Dorf, um den Gouverneur und Pater Sebastian abzuholen.

Da besann sich der Bürgermeister aber in letzter Sekunde anders. Hals über Kopf schleppte er vierzig Skulpturen in sein Haus, mit denen er auf dem Fußboden eine Art Ausstellung veranstaltete. Er verständigte Pater Sebastian, er könne uns doch nicht in Ororoinas Höhle mitnehmen, es seien dort unerhört viele Figuren – allzu viele, um sie mir zu überlassen. Und selbst wenn er uns nur bis zum Eingang mitnähme, wäre das Geheimnis durchbrochen, und ihm bliebe keine Stelle mehr, um die gewaltige Sammlung sicher aufzubewahren.

Pater Sebastian und der Gouverneur fuhren mit zum Bürgermeister. Lächelnd und mit offenen Armen begrüßte er uns an der Türschwelle und führte uns in die Stube, wo der runde Tisch beiseite geschoben war und die Skulpturen sich auf dem Boden häuften. Einige wenige sahen wirklich alt aus, die meisten entstammten offensichtlich jüngster Produktion. Sofort bemerkte ich ein paar Fälschungen, die man mir schon von dritter Seite hatte andrehen wollen. Andere Stücke wieder zeigten deutlich den Versuch, die Plastiken aus der eben geöffneten Höhle in der steilen Bergwand zu kopieren. Was in aller Welt dachte sich der Bürgermeister dabei! Warum unternahm er den von vornherein aussichtslosen Versuch, uns ein zweites Mal zum besten zu halten?

»Was fällt dir eigentlich ein?« fragte ich. »Warum hältst du nicht dein Versprechen, uns in Ororoinas Höhle zu führen, wenn es wahr ist, daß sie dir gehört?«

»Es ist wahr, Señor. Aber heute nacht sah ich in Ororoinas Höhle eine solche Unmenge von Skulpturen, daß ich sie dir nicht alle überlassen kann.«

»Das hättest du früher wissen müssen. Du hast mir doch erzählt, daß du alle deine Steine regelmäßig wäschst.«

»Ja, aber die, die ich heute nacht fand, lagen tiefer im Berg. Ich hatte sie bisher noch nie gesehen, sie waren ganz im Staub begraben.«

»Du hast mir doch einmal erzählt, daß du eine Art Inventar führst, in dem jede Skulptur verzeichnet ist, die dir gehört.«

»Nicht jede einzelne Skulptur, nur jede Höhle.«

»Willst du damit sagen, daß du in dieses Buch nur die Anzahl deiner Höhlen schreibst?«

»Jawohl, Señor. Es ist ein ganz, ganz kleines Buch«, sagte er freundlich und zeigte mit zwei Fingern etwa die Größe einer Briefmarke.

Da gab ich auf.

Es schnürte mir den Hals zu, als ich mit meinen Freunden die Treppe des kleinen Hauses hinunterstieg. Der Bürgermeister stand verzweifelt allein in der Tür, alle seine Steine hinter sich auf dem Fußboden. Das war das letzte, was ich vom Bürgermeister Don Pedro Atan sah, der merkwürdigsten Persönlichkeit der Osterinsel, dem letzten Fahnenträger der Langohren, dem Mann, dem der Kopf so voller Geheimnisse steckte, daß er selbst nicht mehr wußte, wo die Wahrheit endete und die Phantasie begann. War einst die Insel von einigen Tausend seinesgleichen bewohnt, dann brauchte sich niemand zu wundern, daß Riesenstatuen, hart an der Grenze des Unwirklichen, aus dem Berg krochen und sich nach Wunsch aufrichteten. Dann war es auch nicht erstaunlich, daß *Aku-akus* entstanden und unterirdische Schatzkammern, die wie bombensichere Tresore den Überschuß dieses Volkes an Phantasie aufnahmen und in Form seltsamer kleiner Skulpturen vor dem Zugriff der neugierigen Menschen bewahrten.

Als unter Kommandorufen die Ankerkette aus der Tiefe emporrasselte und der Maschinentelegraph die Kolben und Räder im Leib des Schiffes in Bewegung setzte, gab es nicht viele frohe Gesichter, weder an Bord noch an Land.

Wir waren im Laufe der Monate fest mit dieser kleinen Gemeinschaft verwachsen, unsere Zelte standen auf dem königlichen Grund von Anakena, als ob sie dort hingehörten. Nun stand der neuerrichtete Riese wieder einsam und verlassen da und starrte in das leere, sonnenerfüllte Tal, wo auf einmal niemand mehr wohnte. Als wir das letzte Zelt umlegten, war es uns, als bäte er, wieder niedergerissen zu werden, als wollte er daliegen wie Jahrhunderte zuvor.

Aber der Titan von Anakena war aus Stein. Im Dorf von Hangaroa verließen wir einen anderen Riesen, einen aus Fleisch und Blut. Aus dem Gewimmel unserer Freunde, die sich am Landungskai drängten, ragte Pater Sebastian hervor, barhäuptig in seiner weißen Kutte. Für uns gehörte er zur Expedition, so gut wie jeder andere. Aber er stand mit beiden Füßen fest auf der Osterinsel, und er stand nicht allein wie der Riese von Anakena; die lebendige Bevölkerung der Insel scharte sich um ihn, ihren Mittelpunkt und ihre Stütze, wie einst ihre Vorväter um König Hotu Matua, als er sie an Land führte.

Wir machten die Runde und schüttelten den Einheimischen die Hand, zum Schluß trat ein Expeditionsteilnehmer nach dem anderen vor und nahm von Pater Sebastian Abschied. Für jeden von uns bedeutete er etwas Besonderes. Nach Yvonne und der kleinen Anette kam die Reihe an mich. Ich stand vor ihm und reichte ihm die Rechte. Wir machten keine großen Worte. Es ist nicht leicht, Abschiedsworte zu finden, wenn man für immer einen Freund an der Küste der einsamsten Insel der Welt verläßt. Pater Sebastian drehte sich jäh um, und die Eingeborenen wichen zurück, als er in seinen schweren schwarzen Stiefeln allein den Hang emporstieg.

Der Gouverneur und seine Familie kamen ins Boot, um uns ein Stück hinauszubegleiten. Eben wollte ich den anderen nachspringen, als mich der alte Pakomio am Arm zupfte und beiseite nahm. Er war als erster mit mir hinaus auf die Vogelinsel gezogen, um mir eine Höhle zu zeigen – gefunden haben wir sie leider nicht. Inzwischen war er Arnes rechte Hand geworden und Vorarbeiter bei allen Grabungen im Rano Raraku. Als Arne einmal am Fuß eines der Riesen eine winzige Steinfigur ausgrub, bot ihm der alte Pakomio flüsternd eine ganze Höhle voll davon an. Aber als dann die allgemeine Aufregung um die Figuren ausbrach, wurde Pakomio kopfscheu, hielt sein Versprechen nicht und gesellte sich zu jenen, die mir fieberhaft versicherten, heute gebe es so etwas überhaupt nicht mehr. Ja, zur Zeit der Ahnen, damals habe man Höhlensteine gekannt, aber jetzt seien alle Eingänge längst vergessen, und wenn mir jemand Steinskulpturen bringe, so könnten es nur Kopien der verlorenen sein.

Alle anderen hielten sich stumm im Hintergrund, Pakomio stand verlegen vor mir und drehte seinen selbstgemachten Strohhut in den Händen. »Kommst du auf unsere Insel zurück, Señor?« fragte er zögernd und betrachtete mich mit seinen großen braunen Augen.

»Das hängt von den Steinen ab, die ich mithabe. Wenn es so ist, wie du sagst, und sie alle nur Lüge und Schwindel sind, dann bringen sie mir Unglück. Dann habe ich auch keinen Grund, wieder hierherzukommen.«

Pakomio sah zu Boden. Er zupfte an dem schmalen weißen Federkranz rund um den Hut. Dann aber blickte er mich ängstlich und doch freundlich an und sagte leise: »Nicht alle Steine, die du bekommen hast, sind Lüge und Schwindel. Sie werden dir Glück bringen, Señor.«

Wir gaben uns noch einmal die Hand, dann sprang ich in das Motorboot.

Zu Fuß und zu Roß folgte uns eine Karawane von Eingeborenen längs der Küste, um uns nachzuwinken. Es war mir, als dröhne der Boden hohl unter all den Pferdehufen – die Osterinsel wird für mich stets eine Welt in zwei Stockwerken bleiben. Aber in Wirklichkeit vernahm ich nur das Donnern der Wogen, die sich an den steilen Klippen brachen.

Also sprach mein Aku-aku

Hier oben im Taipital roch es nach Wildschweinen. Aber nichts Lebendiges ließ sich sehen, weder Mensch noch Tier. Und hören konnte man erst recht nichts. Der Wasserfall, der sich brausend von der Bergwand über mir losriß, stürzte zwanzig Meter frei durch die Luft, bevor er in das Becken niederbrach, in dem ich herumplätscherte. Rund um mich erhoben sich auf drei Seiten die Felsen senkrecht bis zur Höhe des stürzenden Wassers, grün, mit einer dampfenden Moosschicht gepolstert, kalt und feucht von dem ewig aufsprühenden Wasserrauch. Dazwischen saßen blinkende Farnbüschel und immergrüne Blattgewächse. Sie wiegten sich im Takt mit dem kristallenen Geriesel, das auf sie niederging. Schimmernd in allen Regenbogenfarben hüpften die Perlen von Blatt zu Blatt und hinunter in die tiefe Muschel, wo das göttliche Naß Wirbel bildete, überfloß und aufgesogen wurde vom Urwald, der sich eng geschlossen, mit aneinandergepreßten Kronen ins Tal hinunterzog.

Die Hitze brütete über der Tiefe. Um so mehr genoß ich es, in diesem kalten Bad zu liegen, mich hier oben in den Bergen zu erfrischen. Ich tauchte und trank und dehnte mich vor Wohlbehagen, lässig die Arme um einen Stein gelegt. Über das Dach des Dschungels hinweg eröffnete sich mir ein prachtvoller Ausblick. Von dort unten war ich gekommen, oft genug watend, kriechend, von Stein zu Stein springend. Ich war dem Bachbett gefolgt, über ein Gewirr von lebenden und toten Bäumen, die, mit Moosbärten überwachsen und mit Farnen und Schmarotzerpflanzen geschmückt, kreuz und quer über dem Wasserlauf lagen. Hier hatte niemand mit der Axt gerodet – seit es überhaupt Eisen auf den Marquesas-Inseln gab. Nur drunten am Strand, unter den Kokospalmen der größten Täler, wohnen heute Menschen. Das gilt nicht nur für Nukuhiva, wo wir uns im Augenblick befanden, sondern auch für alle anderen Inseln des Archipels. Man nimmt an, daß auf den Marquesas zur Zeit der Entdeckung hunderttausend eingeborene Polynesier lebten. Heute ist die Zahl auf zwei- bis dreitausend zurückgegangen. Auf dem Weg zu meinem Badeplatz hatte ich am Bachbett viele überwucherte

Grundmauern gesehen. Einst hatten dort rundum Menschen gehaust. Jetzt aber gehörte Melvilles berühmtes Taipital mir allein; das winzige Dorf in der Bucht, wo unser Schiff vor Anker lag, versteckte sich hinter einem vorgeschobenen Bergriegel.

Da lag ich nun in meinem kühlen Teich und durchlebte noch einmal im Geiste die ganze Reise. Die Osterinsel stand plötzlich als überwältigender Mittelpunkt vor mir. Die elf kleinen, rötlichen, grotesken Gestalten da drunten im Taipital und die paar anderen im Puamautal von Hivaoa dünkten mich irgendwie zufällig und armselig im Vergleich zu den zahllosen Titanen aus den zwei gewaltigen Perioden der Osterinsel. Die Zwerge hier im Westen erschienen mir wie die Brosamen vom Tische des Reichen. So wirkten auch die vereinzelten Figuren von Pitcairn und Raivaevae. Die Osterinsel trat deutlicher denn je als einzigartiges Kulturzentrum der Südsee hervor. Keine andere Insel hätte sich den stolzen Namen »Nabel der Welt« anmaßen dürfen.

Ein moderner Forscher hat dem Klima das Verdienst an der erstaunlichen Entwicklung zugeschrieben, die sich auf der Osterinsel abgespielt hat. Das relativ kühle Wetter habe nicht im gleichen Maße wie auf den anderen Südsee-Inseln zu exzessivem Liebesleben und Müßiggang eingeladen. Der Mangel an Holz habe dazu geführt, daß sich das künstlerische Interesse dem Stein zuwandte.

Was nun das Liebesleben der Osterinsel betrifft, so hörten wir von einzelnen unserer Matrosen ganz andere Ansichten über dieses Thema. Und wenn niedrige Temperaturen und Mangel an Bäumen solche Wirkungen ausüben sollten, dann müßte man ja eigentlich auch auf Island Riesenstatuen erwarten. Es gibt aber bei keinem der alten Kulturvölker Europas oder Nordamerikas Steinriesen in Menschengestalt. Hingegen kommen sie von Mexiko bis Peru vor, auch in Mittelamerikas heißesten Urwäldern. Es ist ferner gar nicht selbstverständlich, mit einem Stein in der Faust auf den Fels loszuschlagen. Niemand hat jemals einen normalen Polynesier bei so einem Versuch beobachtet, nicht einmal in den kühlsten Bergen Neuseelands. Man mußte über die Erfahrung vieler Generationen verfügen, um sich an ein solches Projekt heranzuwagen, man brauchte Leute mit fanatischem Arbeitsdrang und Unternehmungsgeist, Leute wie den Bürgermeister der Osterinsel. Der war weiß Gott kein typischer Polynesier, dieser verflixte Kerl! Ich sah ihn noch vor mir, wie er in der Tür stand, hinter sich eine regelrechte Kunstausstellung bizarrer Figuren. Und neben ihm, an seinem linken Knie, stand unsichtbar sein kleiner *Aku-aku*.

Ich schüttelte mich und kletterte aus dem kühlen Naß, um mich auf einem sonnendurchglühten Stein auszustrecken. Weiße Wasserschleier zogen über mich hinweg und machten das Dasein in der Tropenglut erträglich. Zufrieden legte ich mich auf die Seite und döste. Meine Gedanken wanderten rasch wieder auf die Osterinsel zurück. Sie waren eben mein *Aku-aku*, ich konnte sie hinschicken, wohin ich wollte, ebenso hurtig, wie der *Aku-aku* des

Bürgermeisters nach Chile oder in andere Länder zu reisen pflegte. Ich versuchte, mir ein klares Bild von Don Pedros *Aku-aku* zu machen. Es schien mir höchst zweifelhaft, ob der Bürgermeister selbst über dessen unsichtbares Äußere eine klare Vorstellung besaß. Im Grunde waren es wohl seine eigenen Gedanken, sein Gewissen, seine Intuition. All das setzte sich zu der Idee eines unsichtbaren zweiten Ichs zusammen. So formte sich etwas unendlich Bewegliches, ohne Knochen, das den Körper, solange er lebte, zu den merkwürdigsten Taten drängen konnte, etwas, was ohne Fleisch und Blut zurückblieb, um die Höhlen zu bewachen, wenn der Mensch selbst und sogar sein verwittertes Skelett sich aufgelöst hatten.

Sobald der Bürgermeister seinen *Aku-aku* zu Rate zog, stand er ebenso mäuschenstill und stumm, wie wenn er mit seiner toten Großmutter sprach. Wenn ich ungeduldig die Stimme erhob, riß ich ihn aus seinen innersten Gedanken. Versunken stand er da und fragte sein eigenes Gewissen, horchte auf seine tiefste Eingebung – das nannte er: mit dem *Aku-aku* sprechen. All das Unfaßbare in einem Menschen, das man nicht mit Meter und Kilogramm messen kann – nennt es, wie es euch beliebt. Der Bürgermeister gebrauchte dafür eben das Wort *Aku-aku*. Und wenn er ihn nicht irgendwo anders unterbrachte, dann ließ er ihn neben seinem linken Bein stehen. Warum auch nicht? Er war ja ohnehin ständig auf den merkwürdigsten Pfaden unterwegs...

Eigentlich tat mir mein eigener *Aku-aku* etwas leid. Ein ganzes Jahr war er mir wie an der Leine gefolgt, ohne sich einen Augenblick frei ins Universum hinausschwingen zu können. Ich hörte, wie er sich beklagte:

»Du bist schon ganz vertrocknet«, sagte er. »Du interessierst dich nur noch für kalte Tatsachen. Denk doch ein bißchen mehr an das Seltsame, das einst auf diesen Inseln geschehen ist. Diese verklungenen Menschenschicksale kannst du doch nicht mit einer Spachtel aus dem Boden hervorkratzen.«

»Mein Lieber, das ist eine wissenschaftliche Expedition«, erwiderte ich. »Ich habe den größten Teil meines Lebens unter Gelehrten verbracht und deren erstes Gebot gelernt: Die Aufgabe der Wissenschaft ist reine Forschung, nicht Spekulation. Man soll nicht versuchen, irgend etwas Vorgefaßtes zu beweisen.«

»Ach was, übertritt das Gebot«, meinte der *Aku-aku*. »Steig ihnen doch auf die Zehen!«

»Nein«, antwortete ich bestimmt. »Das habe ich damals gemacht, als wir uns auf einem Floß zu diesen Inseln treiben ließen. Jetzt handelt es sich um eine archäologische Expedition.«

»Puh«, sagte mein *Aku-aku*. »Archäologen sind auch Menschen. Ich bin ja dabeigewesen und habe sie mir angesehen.«

Ich bat meinen *Aku-aku*, um Himmels willen still zu sein, und spritzte etwas Wasser nach einer Mücke, die sich bis in den Nebelschleier der stürzenden Wasser vorgewagt hatte. Aber da fing mein *Aku-aku* wieder an. Er konnte seinen Mund nicht halten.

»Woher, glaubst du, kommen die rothaarigen Osterinselleute?« fragte er.

»O Gott, sei ruhig!« wehrte ich ab. »Ich weiß bloß, daß sie schon da waren, als die ersten Europäer landeten. Der Bürgermeister stammt aus einer solchen Familie, und außerdem haben alle Statuen rote Schöpfe. Wenn wir mehr sagen, stehen wir nicht auf dem festen Boden der Tatsachen.«

»Auf festem Boden standen die Rothaarigen auch nicht, als sie die Osterinsel entdeckten. Wären sie so vorsichtig gewesen wie du, so wären sie nie hingekommen«, wandte mein *Aku-aku* ein.

»Ich will nicht spekulieren«, entgegnete ich und legte mich auf den Bauch. »Ich will nicht mehr sagen, als ich weiß.«

»Ausgezeichnet. Aber wenn du mir jetzt erzählst, was du weißt, dann werde ich dir sagen, was du nicht weißt«, sagte mein *Aku-aku*, und damit kamen wir langsam auf eine gemeinsame Basis.

»Glaubst du, daß sie vom Klima der Insel rothaarig geworden sind?« fragte er weiter. »Oder was hältst du davon?«

»Unsinn!« sagte ich. »Ich weiß natürlich, daß Leute mit rotem Haar auf die Insel gekommen sein müssen, jedenfalls einzelne Individuen.«

»Gibt es welche in der Nachbarschaft?«

»Auf mehreren Inseln, zum Beispiel in der Marquesas-Gruppe.«

»Und auf dem Festland?«

»In Peru. Als die Spanier das Inkareich entdeckten, beschrieb Pedro Pizarro die herrschende Schicht, die sich von der Masse der kleinen, dunklen Anden-Indianer völlig unterschied; diese Menschen waren hochgewachsen und von hellerer Hautfarbe als die Spanier selbst. Von einigen Personen in Peru erwähnt er noch besonders, sie seien weißhäutig gewesen und hätten rotes Haar gehabt. Wir fanden diesen Typ in Mumien wieder. Bei Paracas, an der Küste des Stillen Ozeans, kennt man Friedhöfe mit mächtigen, luftigen Grabkammern. Der heiße Wüstensand hat die Mumien vollständig konserviert. Wenn man die bunte, noch unausgeblichene Umhüllung öffnet, findet man, daß bei einigen das Kopfhaar dunkel, glatt und dicht ist wie bei den meisten Indianern. Andere aber, unter denselben Verhältnissen beigesetzt, haben rotes, oft kastanienfarbenes Haar, seidig fein und gewellt wie bei Europäern. Es sind Langschädel; sie sind besonders hochgewachsen und unterscheiden sich stark von den heutigen Indianern Perus. Mehrere Experten stellten an Hand mikroskopischer Analysen fest, daß diese roten Locken all die kennzeichnenden Eigenschaften aufweisen, die die Haare der Europäer von denen der Indianer und Mongolen unterscheiden.«

»Und was sagen die Legenden? In einem Mikroskop sieht man doch nicht alles!«

»Legenden beweisen gar nichts.«

»Schön, aber was sagen sie?«

»Pizarro fragte, wer die weißen und rothaarigen Individuen seien. Darauf antworteten die Inka-Indianer, das seien die letzten Nachkommen der *Viracochas*, eines Göttervolkes hellhäutiger, bärtiger Männer. Die Europäer erinnerten in ihrem Äußeren so sehr an dieses Volk, daß man auch sie *Viracochas* nannte. Es ist Tatsache, daß Francisco Pizarro mit einer Handvoll Spanier nur deshalb in das Herz des Inkareiches vorstoßen, den Sonnenkönig gefangensetzen und dessen ganzes riesiges Reich erobern konnte, weil die gefürchtete Riesenarmee der Inkas den Fremden kein Haar zu krümmen wagte. Die Inkas meinten nämlich, die *Viracochas* seien aus dem Stillen Ozean zurückgekehrt. Nach ihrer berühmtesten Sage hatte der Vorgänger der Inkas, der Sonnenkönig Con-Ticci Viracocha, Peru verlassen und war mit all seinen Untertanen in den Pazifik hinausgesegelt.

Als die Spanier den Titicacasee droben in den Anden erreichten, stießen sie dort auf die gewaltigsten Ruinen Südamerikas: Tiahuanaco. Sie staunten über einen kunstvoll in Terrassen aufgegliederten Berg, Mauern mit klassisch geformten Riesenblöcken und zahllose gewaltige Menschenfiguren aus Stein. Sie fragten die Indianer, wer diese ungeheuerlichen Werke geschaffen habe. Der bekannte Chronist Cieza de Leon bekam zur Antwort, sie hätten schon längst gestanden, als die Inkas zur Macht kamen, und seien von weißen Männern, so bärtig wie die Spanier selbst, errichtet worden. Am Ende ihrer Herrschaft hätten diese ihre eigenen Statuen und Mauern im Stich gelassen und seien unter ihrem Anführer Con-Ticci Viracocha zuerst nach Cuzco und dann hinunter an den Stillen Ozean gezogen. Den Zunamen *Viracocha* oder ›Schaum des Meeres‹ habe man ihnen gegeben, weil sie so hellhäutig gewesen und schließlich wie Schaum auf den Wogen verschwunden seien.«

»Aha«, sagte mein *Aku-aku*. »Siehst du, das war interessant.«

»Aber es beweist nichts.«

»Gar nichts«, wiederholte mein *Aku-aku*.

Ich mußte zurück ins Wasser und mich noch einmal abkühlen; als ich wieder herauskam, hockte mein *Aku-aku* immer noch da und wartete.

»Aber der Bürgermeister kam doch aus so einer rothaarigen Familie«, fing er wieder an. »Und er und seine Ahnen, die die großen Statuen herstellten, nannten sich Langohren. Ist es nicht eine komische Idee, sich die Ohrläppchen so weit auszudehnen, bis sie auf die Schultern baumeln?«

»Das ist gar nichts Besonderes«, erklärte ich. »Denselben Brauch gibt es auch auf den Marquesas, auf Borneo und bei einzelnen Stämmen in Afrika.«

»Und in Peru?« hakte mein *Aku-aku* ein.

»Auch in Peru. Die Spanier erzählten, daß die herrschenden Inkas *Orejones* oder Langohren genannt wurden, weil ihnen zur Unterscheidung von ihren Untertanen gestattet war, künstlich verlängerte Ohrläppchen zu tragen. Jedesmal, wenn jemandem die Ohrläppchen durchbohrt wurden, um gedehnt zu werden, fand eine feierliche Zeremonie statt. Pedro Pizarro betont, daß sich die Langohren durch besonders weiße Haut auszeichneten.«

»Und was berichtet die Sage?«

»Auf der Osterinsel erzählt sie, daß dieser Brauch von auswärts gekommen sei. Der erste König sei von ›Langohren‹ begleitet gewesen, als er von

Osten her in einem seegängigen Fahrzeug das Eiland erreicht habe. Sechzig Tage soll er unterwegs gewesen sein, immer gegen Sonnenuntergang segelnd.«

»Im Osten lag das Inkareich. Und was weiß die Sage dort?«

»Con-Ticci Viracocha nahm Langohren mit, als er über das Meer nach Westen verschwand. Kurz bevor er Peru verließ, machte er auf seinem Wege vom Titicacasee zum Stillen Ozean hinunter in Cuzco Rast. Dort ernannte er einen Mann namens Alcaviza zum Häuptling und gab ihm den Auftrag, er und seine Nachfolger müßten sich nach seinem Verschwinden die Ohrläppchen verlängern. Die Spanier hörten ferner am Titicacasee von den Indianern, Con-Ticci Viracocha habe über ein Volk von Langohren geherrscht, das sich selbst *Ringrim* nannte, was ›Ohren‹ bedeutet. Con-Ticcis Untertanen seien in Schilfbooten auf dem See herumgefahren und hätten Löcher in ihre Ohren gebohrt, in denen sie große Ringe aus *Totora*-Schilf befestigten. Die Indianer erzählten auch, daß die Langohren Con-Ticci Viracocha halfen, jene kolossalen Steinblöcke von über hundert Tonnen Gewicht zu transportieren, die heute noch im Gelände liegen.«

»Und wie konnte man diese enormen Steine überhaupt bewegen?«

»Das weiß kein Mensch. Von den Langohren in Tiahuanaco ist niemand übriggeblieben, der – so wie unser Bürgermeister – ihre Methode der Nachwelt erhalten hätte. Aber es gab gepflasterte Straßen wie auf der Osterinsel, und einige der gewaltigen Blöcke müssen fünfzig Kilometer weit auf ungeheuren Schilfbooten quer über den Titicacasee verfrachtet worden sein, denn dies Art Gestein gibt es nur in dem erloschenen Kapia-Vulkan auf dem anderen Ufer. Ich habe selbst die gigantischen Blöcke gesehen, die verlassen am Fuß des Vulkans lagen, bereit zum Verschiffen über das riesige Binnenmeer. Die Ruinen eines dazu dienenden Kais sind noch immer in der Nähe sichtbar. Die Indianer nennen den ganzen Distrikt *Taki Tiahuanaco Kama,* das heißt ›Der Weg nach Tiahuanaco‹. Der nächste Berg heiß übrigens ›Nabel der Welt‹.«

»Jetzt gefällst du mir langsam wieder«, sagte mein *Aku-aku.* »Ich fühle mich allmählich wohl.«

»Aber das hat doch alles nichts mit der Osterinsel zu tun«, bemerkte ich.

»Heißt nicht das Schilf, das man am Titicacasee für die Boote verwendete, *Scirpus totora,* und ist es nicht mit dem berühmten Süßwasserschilf identisch, das das Osterinselvolk in seinen Kraterseen anpflanzte?«

»Freilich.«

»Und war nicht die wichtigste Pflanze auf der Osterinsel, von der Roggeveen und Kapitän Cook berichteten, die Süßkartoffel, die die Osterinsulaner *Kumara* nannten?«

»Ja.«

»Und die Botaniker haben doch bewiesen, daß diese Pflanze südamerikanischer Herkunft ist, daß sie nur auf einem Fahrzeug unter sorgfältiger Betreuung durch den Menschen die Osterinsel erreicht haben kann und daß der Name *Kumara* auch von den Indianern Perus verwendet wurde, um die gleiche Pflanze zu bezeichnen?«

»Ja.«

»Dann habe ich nur noch eine Frage an dich: Dürfen wir annehmen, daß auch die Vorgänger der Inkas zur See fahren konnten, da wir doch wissen, daß die Inkas selbst es taten?«

»Ja, wir wissen, daß sie wiederholt die Galapagos besuchten. Außerdem kennen wir große Mengen von Bootsschwertern mit Handgriffen aus den Vor-Inkagräbern von Paracas, also genau von dort, wo man die rothaarigen Mumien hochgewachsener Menschen gefunden hat. Ein Schwert kann man nicht ohne Segel gebrauchen, und zum Segeln bedarf man eines Fahrzeugs. Ein einziges solches Schwert verrät mehr von der hochentwickelten Segeltechnik im alten Peru als jede Legende oder gelehrte Abhandlung.«

»Dann werde ich dir etwas erzählen.«

»Ich will gar nicht auf dich hören. Du ziehst jetzt wieder Schlüsse. Wir sind hier auf einer wissenschaftlichen Expedition und nicht in einem Detektivbüro.«

»Aber geh«, sagte mein *Aku-aku*. »Was würde aus Scotland Yard werden, wenn die bloß Fingerabdrücke sammelten und keinen Versuch machten, den Dieb zu erwischen?«

Auf eine solche Frage wußte ich nun wirklich keine Antwort, und mein Plagegeist, der kleine *Aku-aku*, ergriff von neuem das Wort:

»Also genug damit. Langohrige Menschen mit rotem Haar haben langohrige Statuen, ebenfalls mit rotem Haar, auf der Osterinsel errichtet. Entweder taten sie es, weil ihnen kalt war, oder weil sie aus einem Land kamen, wo es üblich war, große Steine zu transportieren und Statuen aufzustellen. Aber dann landeten die Kurzohren. Sie waren Polynesier, und ihnen war nicht kalt, und sie fanden Holz genug, um Vogelmenschen und Plastiken von langohrigen Spukgestalten mit Bärten und krummen Inkanasen herzustellen. Woher kamen sie?«

»Von den anderen Inseln in Polynesien.«

»Und woher kamen die Polynesier?«

»Ihre Sprache deutet darauf hin, daß sie entfernte Verwandte der kleinen flachnasigen Völker im Malaiischen Archipel, zwischen Asien und Australien sind.«

»Wie sind sie von dort nach Polynesien gekommen?«

»Das weiß niemand. Keiner hat auch nur einen Anhaltspunkt gefunden, weder dort noch auf irgendeiner anderen Insel, die dazwischen liegt. Ich persönlich nehme an, daß sie der Strömung entlang der Küste Asiens gefolgt sind. Die biegt dann nach Nordosten und erreicht Nordwestamerika. Dort findet man auf den Inseln vor der Küste bedeutsame Spuren. Es gab dort einst gewaltige Doppelkanus mit richtigem Deck. Solche Fahrzeuge konnten sie dann mit Strömung und Wind nach Hawaii und den übrigen Inseln des Nordpazifik bringen. Sicher ist, daß die Osterinsel zu allerletzt erreicht wurde, vielleicht nur ein Jahrhundert vor der Ankunft der Europäer.«

»Wenn die Langohren von Osten kamen und die Kurzohren von Westen, dann muß man ja auf diesem Ozean nach beiden Richtungen segeln können.«

»Natürlich geht das. Nur ist der eine Weg unendlich viel leichter als der andere. Erinnere dich doch an unsere Entdeckungsreisenden! Die Europäer hatten längst in Indonesien und entlang der Küste Asiens Fuß gefaßt, bevor sich ein Fahrzeug gegen Wind und Strömung hinaus auf den Pazifischen Ozean wagte. Erst als Kolumbus der Strömung und dem Wind nach Amerika folgte und die Portugiesen und Spanier von dort aus, wieder mit Strömung und Wind, weiterfuhren, entdeckte man allmählich den ganzen gewaltigen Pazifik. Polynesien und Melanesien wurden von Spaniern besucht, die nach dem Rat von Inka-Seeleuten der Strömung von Peru aus folgten, und selbst Palau und die Inseln unmittelbar vor der Küste Asiens wurden von Südamerika her erforscht. Den Spaniern gelang nicht einmal der Rückweg. Ein paar Jahrhunderte lang fuhren alle ihre Karavellen von Mexiko und Peru quer über das Tropenmeer bis an die Küste Asiens, aber wenn sie heimkehren wollten, mußten sie dem Japan-Strom nach Norden folgen, bis sie auf der langen einsamen Route nördlich von Hawaii Amerika wieder erreichten. Wir dürfen von den Kanus der Malaien und den Balsaflößen und Schilfbooten der Inkas nicht mehr erwarten als von den Karavellen der Europäer. Erinnerst du dich an den Franzosen de Bisschop, der mit seinem Bambusfloß startklar vor Tahiti lag, gerade als wir diese Insel passierten? Er hatte früher einmal versucht, mit einem primitiven Fahrzeug von Asien nach Polynesien zu gelangen. Das war ihm nicht gelungen. Dann versuchte er, von Polynesien aus Asien zu erreichen; das ging so flott, daß das Kielwasser nur so schäumte. Jetzt will er mit einem Floß von Polynesien nach Amerika segeln. Er muß dazu weit nach Süden, in den kalten Antarktis-Strom; vielleicht besteht er als Europäer die eiskalten Stürme da unten. Aber wenn er sich dann mit heiler Haut Südamerikas Küste nähert, hat er noch das Schlimmste vor sich, denn dort muß er den Humboldt-Strom durchqueren. Gelingt ihm das nicht, so treibt er geradewegs nach Polynesien zurück, denselben Weg, den das Kon-Tiki-Floß nahm! Es ist leicht, mit dem Bleistift über eine Landkarte zu fahren, es ist schon schwieriger, einen Dampfer zu steuern, aber es ist ein noch ganz anderes Problem, sich mit einem primitiven Fahrzeug auf den Stillen Ozean zu wagen.«

Ich sah zu meinem *Aku-aku* hinüber. Aber der war sanft entschlummert.

»Wo sind wir stehengeblieben?« fragte er, als ich ihn aufweckte. »Ach ja, wir redeten von den Kurzohren. Sie sollen entfernte Verwandte der Malaien sein.«

»Richtig, aber keine echten Malaien. Sie müssen sich auf ihren Wanderungen im Pazifik in irgendwelchen bewohnten Gebieten aufgehalten haben, wo sie ihre Sprache, vor allem aber ihre Rasse völlig veränderten. *Rassen*forscher haben festgestellt, daß sich Polynesier und Malaien in jeder Hinsicht unterscheiden, von der Körperhöhe bis zu Schädelformen und

Blutgruppe. Die *Sprach*forscher hingegen konstatierten eine einigermaßen sichere Verwandtschaft. Das ist das Merkwürdige bei der Geschichte.«

»Na, und wem soll ich Ärmster dann glauben?«

»Allen beiden, solange sie nur Tatsachen vorlegen. Aber keinem von beiden, wenn sie einander ignorieren und jeder für sich allein das Puzzelspiel zusammensetzen will. Hier hast du den Vorteil der reinen Forschung«, setzte ich hinzu.

»Ja, aber auch ihren großen Nachteil!« meinte mein *Aku-aku*. »Die Spezialisten engen sich immer mehr ein und buddeln sich tiefer und tiefer, bis sie einander – jeder in seinem Loch sitzend – nicht mehr sehen können. Aber die Resultate bringen sie wenigstens säuberlich zutage. Da müßte dann ein dritter Spezialist kommen, und der geht uns bisher ab. Er darf sich nicht mit hinein in die Löcher locken lassen, sondern muß oben auf dem Erdboden bleiben und all die verschiedenen Resultate zusammensetzen.«

»Eine Aufgabe für einen *Aku-aku*!« sagte ich.

»Nein, eine Aufgabe für einen Gelehrten«, protestierte mein *Aku-aku*. »Aber als *Aku-aku* könnte man ihm ja ab und zu einen Tip geben.«

»Wir sprachen von den Malaien und den Kurzohren«, lenkte ich ab. »Wie willst du als *Aku-aku* zu einem Urteil kommen, wenn die Sprachforscher ja und die Rassenforscher nein sagen?«

»Wenn mir die Sprachforscher einreden wollen, daß die New Yorker und die kalifornischen Indianer aus England stammen, würde ich mich für die Rassenforscher entscheiden.«

»Aber jetzt haben wir mit dem Stillen Ozean zu tun. Du bist ein Idiot, wenn du die Resultate der Sprachforscher ignorierst. Die Sprache kann nicht vom Wind allein weitergeblasen werden.«

»Eine Sprache kann viele Wege finden«, sagte mein *Aku-aku*, »aber jedenfalls kann sie sich nicht allein *gegen* den Wind ausbreiten. Wenn ihre Träger verschieden sind, dann muß irgendeine Veränderung unterwegs passiert sein, entweder auf dem einen oder auf dem anderen Weg, im Norden oder im Süden.«

Drunten im Tal ritt ein einzelner Reiter. Ich erkannte den Arzt der Expedition, der eben aus dem Taiohaetal zurückkam. Er brachte eine Kassette voll kleiner blutgefüllter Ampullen mit. Auf jeder besuchten Insel hatte er seine Proben entnommen.

Häuptlinge, alte Männer und Lokalbehörden hatten uns geholfen, jene Leute auszusuchen, die noch als reinblütig gelten konnten. Von Tahiti waren diese Proben in eisgefüllten Spezialbehältern nach Melbourne in die Commonwealth Serum Laboratories geschickt worden. Von Panama sollte unsere nächste Sendung abgehen. Die allererste hatten wir seinerzeit der »Pinto« anvertraut. Damit erreichte lebendiges Blut von Eingeborenen dieser Inseln erstmalig in einem solchen Zustand das Laboratorium, daß sämtliche Erbgene studiert und bestimmt werden konnten.

Bisher konnte man nur mit den elementaren Blutgruppen A, B, AB und 0 arbeiten. Es zeigte sich schon bald, daß den eingeborenen Stämmen Polynesiens, genauso wie den Eingeborenen Amerikas, der Faktor B völlig fehlt, während gerade B bei allen Völkern Indiens und Chinas, bei den malaiischen Stämmen bis nach Melanesien und Mikronesien dominiert.

»Gott weiß, was das Blut uns noch erzählen wird!« sagte ich zu meinem *Aku-aku*. Ich ahnte damals noch nicht, daß Dr. Simmons und seine Kollegen die gründlichste Blutuntersuchung vornehmen würden, der man je eine Bevölkerung unterzog. Ich wußte auch nicht, daß nach ihren Ergebnissen alle Erbfaktoren des Blutes für eine Abstammung von der Urbevölkerung Amerikas zeugten und die Polynesier deutlich von allen Malaien, Melanesiern, Mikronesiern und anderen Bevölkerungsgruppen Asiens unterschieden. Das hätte mir mein *Aku-aku* selbst in meinen – pardon, in seinen kühnsten Träumen nicht zu erzählen gewagt.

Mich begann zu frösteln, ich kleidete mich an. Ein letztes Mal sah ich die Felswand hinauf, wo der Wasserfall rauschte und die Tropfen in das Moos sprühten. Ein paar gelbe Hibiskusblüten kamen mit der Strömung angewirbelt und tanzten über den Rand des Beckens dem Urwald zu. Nun wollte auch ich der Strömung in die Tiefe folgen. Das ging um vieles leichter, war doch strömendes Wasser von je der Führer der Reisenden gewesen, zum Ozean – und weit darüber hinaus.

Da standen wir nun wieder auf der Brücke und am Achterdeck. Selbst die Maschinisten kamen aus dem Bauch des Schiffes hervorgestiegen und starrten andächtig auf die wilden roten Felskonturen der Marquesas-Inseln, die sich wie ein gewaltiges Tor vor der lockenden Schönheit des Tales schlossen. Noch sahen wir, wie der gewaltige Urwald sich schwer und ewig grün die Hänge herab und auf das Meer zu wälzte. Die graziösen Kokospalmen hatte er gleichsam ganz hinaus an den Strand gedrängt, wo sie auf schlanken Beinen wippten und uns liebenswürdig ein letztes Lebewohl winkten. Ohne sie wären die Inseln ohne Kultur und Verfeinerung nur eine schöne Wildnis. Wir sogen Anblick und Duft in uns ein. Bald würde alles Herrliche zusammenfließen und wie ein unwirklicher Schatten am Himmel hinter uns versinken.

In der Tropensonne dufteten die Blumenkränze, die wir um den Hals trugen. Getreu der Tradition sollten wir sie jetzt ins Meer werfen, um uns auf diese lieblichen Inseln zurückzuwünschen. Aber wir zögerten, sie alle gleichzeitig über Bord zu schleudern. Sie trieben sonst auf den Wellen wie ein Schlußpunkt hinter unserem Abenteuer. Zweimal hatte ich bereits diesen Brauch vollzogen und war jetzt zum drittenmal zurückgekehrt.

Die ersten Kränze fielen in die Wogen. Vom Kapitän und von Sanne droben auf der Brücke, von Thor junior und dem Messejungen im Top des höchsten Mastes, von Archäologen und Seeleuten, vom Fotografen und vom Arzt, von Yvonne und mir. Droben auf dem Bootsdeck stand die kleine

Anette auf einem Stuhl neben der hohen Reling. Sie stellte sich auf die Zehenspitzen, plagte sich lange mit dem Kranz herum und schleuderte ihn endlich mit aller Kraft über die Reling. Ich hob sie vom Stuhl herunter und blickte nach. Da lagen dreiundzwanzig weiße und rote Blumenkränze und wiegten sich in unserem Kielwasser. Nur der der kleinen Anette fehlte. Er war auf der Reling des Decks unter uns hängengeblieben. Eine Weile betrachtete ich ihn, dann ging ich kurz entschlossen hinunter und schleuderte ihn über Bord. Ich hätte nicht sagen können, warum ich es tat ... Zufrieden kehrte ich zu den anderen zurück. Niemand hatte mich beobachtet – und doch: ich hörte deutlich ein leises Lachen.

»Wirf ja keinen Stein auf den Bürgermeister«, sagte mein *Aku-aku.*

CIP-Kurztitelaufnahme der Deutschen Bibliothek

Heyerdahl, Thor:
[Sammlung ⟨dt.⟩]
Das große Heyerdahl-Buch / [dt. Übers. von Karl Jettmar]. – Frankfurt/M, Berlin, Wien: Ullstein, 1980.
([Das gelbe Buch] Ein gelbes Ullstein-Buch)
Enth.: Kon-Tiki. – Aku-Aku. Orig.-Ausg. gesondert u. d. T.: Heyerdahl, Thor: Kon-Tiki ekspedisjonen u. Heyerdahl, Thor: Aku-Aku, Påskeøyas hemmelighet.
ISBN 3-550-06081-5